苦難と心性

苦難と心性

イタリア・ルネサンス期の黒死病

石坂尚武著

刀水書房

本書を永井三明先生の学恩に捧げる

苦難と心性——イタリア・ルネサンス期の黒死病

目次

序論　トレチェントの苦難　35

第一部 黒死病による苦難を都市・農村のレベルから見る 93

付　録

地図A　イタリア略図

＊北側の境界線は現在の国境

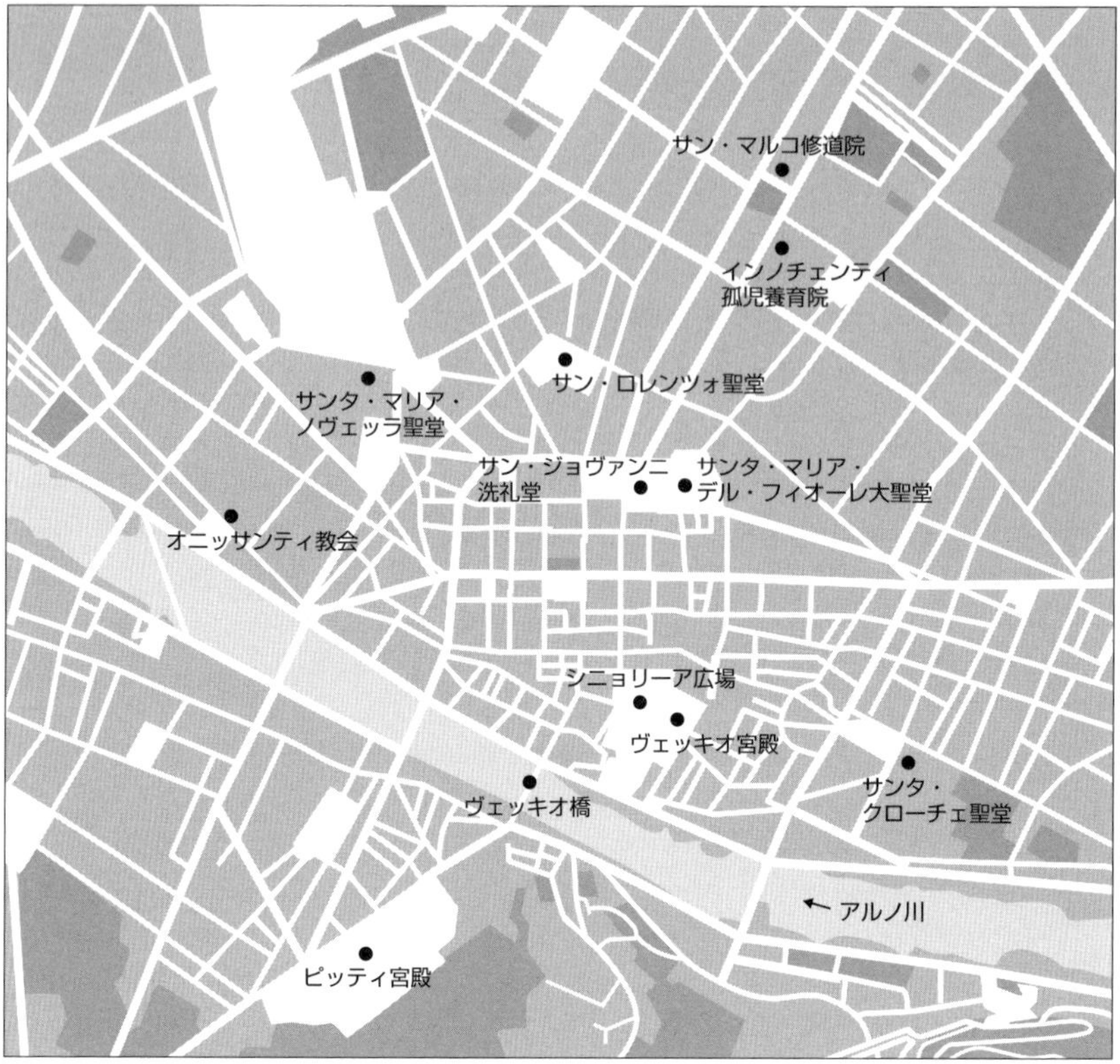

地図 B　フィレンツェ略図

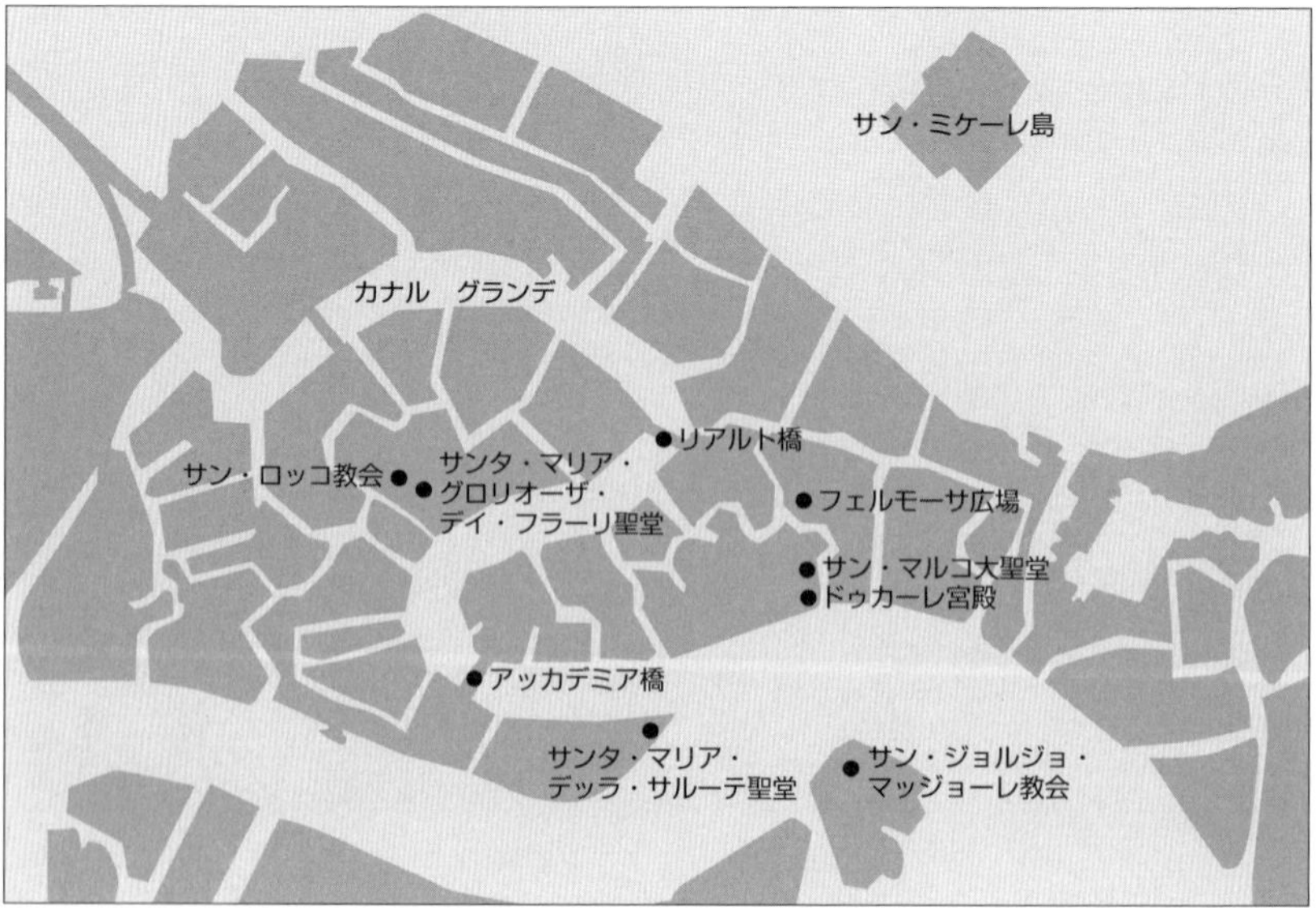

地図 C　ヴェネツィア略図

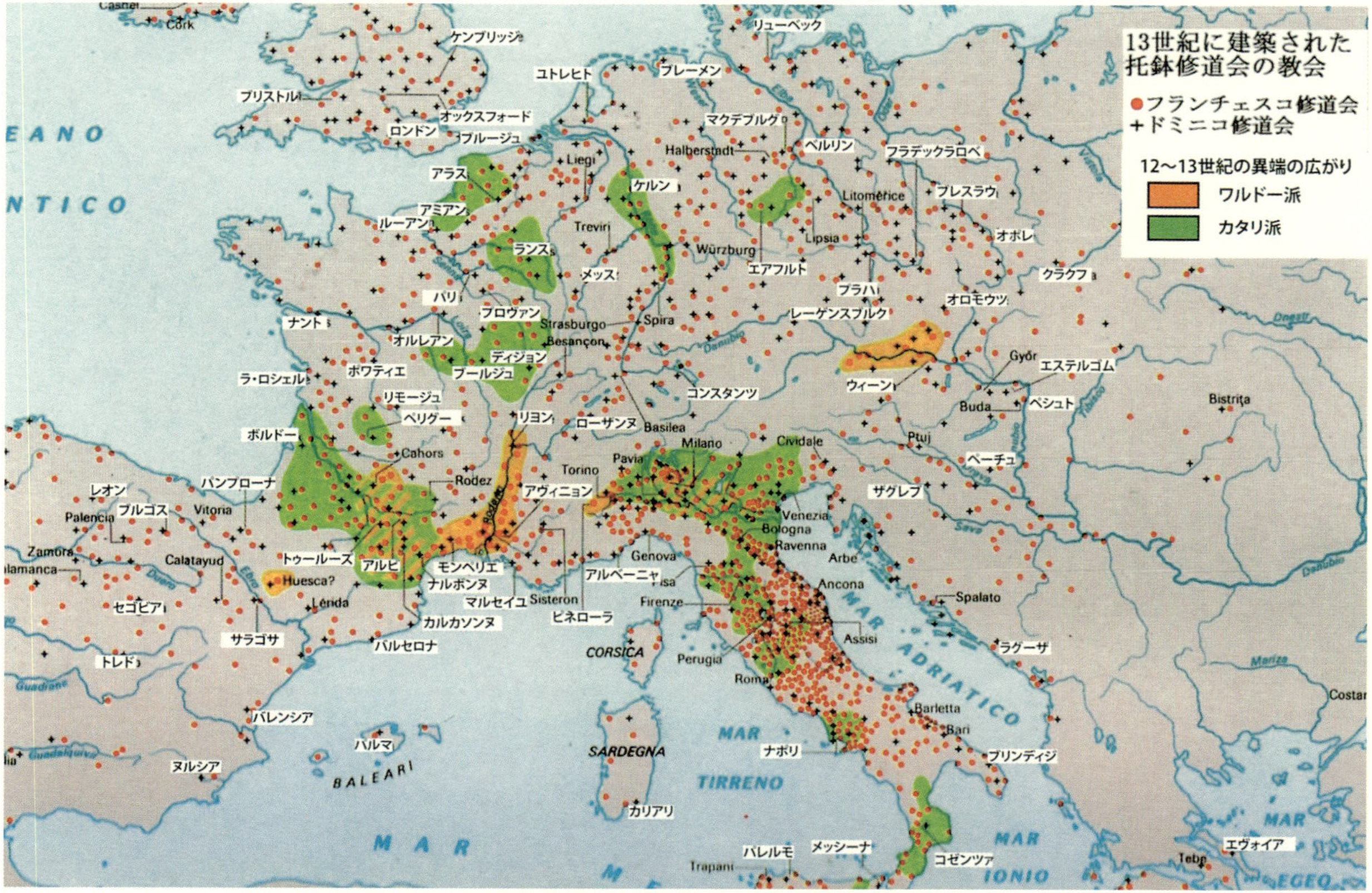

地図D（6－1） 13世紀に建築された托鉢修道会の教会（本文第6章第1節211頁参照）

Touring Club Italiano, *Abbazie e monasteri d'Italia. Viaggio nei luoghi della fede, dell'arte e della cultura*, Milano, 1996, p. 11.

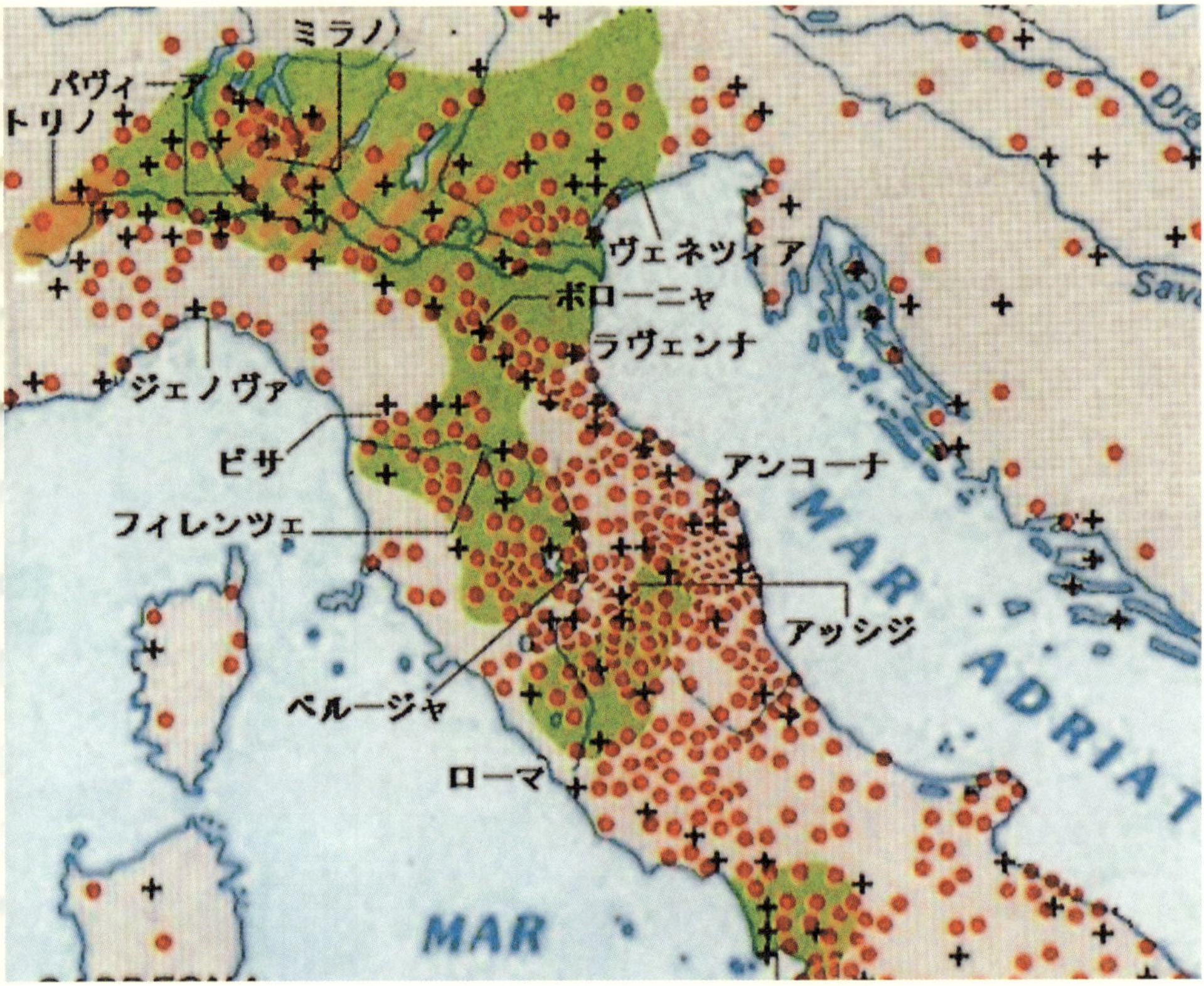

地図E（6－2） 13世紀にイタリアの北部・中部で建築された托鉢修道会の教会（本文第6章第1節211頁参照）

Touring Club Italiano, *Abbazie e monasteri d'Italia. Viaggio nei luoghi della fede, dell'arte e della cultura*, Milano, 1996, p. 11.

表A　イタリアにおけるペスト発生の年と地域

発生年	発生地域			
1347	北部	中部	南部	島
1348	北部	中部	南部	島
1349	北部	中部	南部	島
1350	北部	中部	南部	島
1351				
1352				
1353				
1354				
1355				
1356				
1357				
1358				
1359				
1360	北部	中部	南部	島
1361	北部	中部	南部	島
1362	北部	中部	南部	島
1363	北部	中部	南部	島
1364				
1365				
1366				
1367				
1368				
1369				
1370				
1371	北部	中部	南部	
1372	北部	中部	南部	
1373	北部	中部	南部	
1374	北部	中部	南部	
1375				
1376				
1377				
1378				
1379				
1380				
1381	北部	中部	南部	
1382	北部	中部	南部	
1383	北部	中部	南部	
1384	北部	中部	南部	
1385				
1386				
1387				
1388	北部	中部		
1389	北部	中部		
1390	北部	中部		
1391				
1392				
1393				
1394				
1395				
1396				
1397				
1398	北部	中部	南部	
1399	北部	中部	南部	
1400	北部	中部	南部	
1401				
1402				
1403				
1404				
1405				
1406				
1407				
1408				
1409				
1410	北部	中部		
1411	北部	中部		
1412	北部	中部		
1413	北部	中部		
1414				
1415				
1416	北部	中部		
1417	北部	中部		
1418	北部	中部		
1419	北部	中部		
1420	北部	中部		
1421				
1422	北部	中部	南部	
1423	北部	中部	南部	
1424	北部	中部	南部	
1425	北部	中部	南部	

発生年	発生地域			
1426				
1427				
1428	北部	中部	南部	
1429	北部	中部	南部	
1430	北部	中部	南部	
1431	北部	中部	南部	
1432				
1433				
1434				
1435	北部	中部	南部	
1436	北部	中部	南部	
1437	北部	中部	南部	
1438	北部	中部	南部	
1439	北部	中部	南部	
1440				
1441				
1442				
1443				
1444				
1445				
1446				
1447				
1448	北部	中部		
1449	北部	中部		
1450	北部	中部		
1451	北部	中部		
1452				
1453				
1454				
1455				
1456	北部	中部		
1457	北部	中部		
1458				
1459				
1460				
1461				
1462				
1463	北部	中部	南部	
1464	北部	中部	南部	
1465	北部	中部	南部	
1466	北部	中部	南部	
1467	北部	中部	南部	
1468	北部	中部	南部	
1469				
1470				
1471				
1472				
1473				
1474				
1475				
1476	北部	中部	南部	島
1477	北部	中部	南部	島
1478	北部	中部	南部	島
1479	北部	中部	南部	島
1480				
1481				
1482				
1483				
1484				
1485	北部	中部		
1486	北部	中部		
1487	北部	中部		
1488				
1489				
1490				
1491				
1492				
1493	北部	中部	南部	島
1494				
1495				
1496				
1497				
1498				
1499	北部	中部		
1500	北部	中部		
1501	北部	中部		
1502	北部	中部		
1503	北部	中部		
1504	北部	中部		

発生年	発生地域			
1505	北部	中部		
1506	北部	中部		
1507				
1508				
1509	北部			
1510	北部			
1511	北部			
1512	北部			
1513	北部			
1514	北部			
1515				
1516				
1517				
1518				
1519				
1520				
1521				
1522	北部	中部	南部	島
1523	北部	中部	南部	島
1524	北部	中部	南部	島
1525	北部	中部	南部	島
1526	北部	中部	南部	島
1527	北部	中部	南部	島
1528	北部	中部	南部	島
1529	北部	中部	南部	島
1530	北部	中部	南部	島
1531				
1532				
1533				
1534				
1535				
1536				
1537				
1538				
1539				
1540				
1541				
1542				
1543				
1544				
1545				
1546				
1547				
1548				
1549				
1550				
1551				
1552				
1553				
1554				
1555	北部			
1556	北部			
1557				
1558				
1559				
1560				
1561				
1562				
1563				
1564	北部			
1565				
1566				
1567				
1568				
1569				
1570				
1571				
1572				
1573				
1574				
1575	北部			島
1576	北部			島
1577	北部			島
1578	北部			島
1579	北部			島
1580	北部			島
1581				
1582				
1583				

発生年	発生地域			
1584				
1585				
1586				
1587				
1588				
1589				
1590				
1591				
1592				
1593				
1594				
1595				
1596				
1597				
1598	北部			
1599	北部			
1600				
1601				
1602				
1603				
1604				
1605				
1606				
1607				
1608				
1609				
1610				
1611				
1612				
1613				
1614				
1615				
1616				
1617				
1618				
1619				
1620				
1621				
1622				
1623				
1624				島
1625				
1626				
1627				
1628				
1629				
1630	北部	中部		
1631	北部	中部		
1632				
1633				
1634				
1635				
1636				
1637				
1638				
1639				
1640				
1641				
1642				
1643				
1644				
1645				
1646				
1647				
1648				
1649				
1650				
1651				
1652				
1653				
1654				
1655				
1656	北部	中部	南部	島
1657	北部	中部	南部	島
回数		北部	25回	
		中部	21回	
		南部	12回	
		島	9回	

表Ｂ　プロヴァンス地方のペストの発生

年代	ペスト ●	災害／飢饉
1329-30		
1330		飢饉（コンタ）
1331		
1332		
1333		
1334		
1335		
1336		
1337		
1338		
1339		
1340		
1341		洪水
1342		洪水
1343		
1344		
1345		多雨
1346		
1347		
1348	●	飢饉（アプトゥ）
1349		
1350		
1351		洪水　物価高
1352		洪水
1353		ローヌ凍結
1354		干魃
1355		豪雪
1356		
1357		デュランス川増水
1358		デュランス川増水
1359		
1360	●	
1361		厳冬・洪水　飢饉（カルパントラ）
1362		
1363		
1364		厳冬
1365		
1366		
1367		
1368		飢饉（アプトゥ）
1369		飢饉（アプトゥ）
1370		地震
1371		
1372	●	

年代	ペスト ●	災害／飢饉
1373	●	飢饉（タラスコン，アヴィニョン）
1374		
1375		洪水
1376		
1377		干魃
1378		
1379		
1380		
1381		
1382	●	厳冬　飢饉の危機（カルパントラ）
1383	●	
1384	●	
1385	●	飢饉（カルパントラ，アプトゥ）物価高（アヴィニョン）
1386		
1387		
1388		
1389	●	
1390		厳冬　飢饉（アプトゥ）
1391		飢饉（アプトゥ）
1392		
1393		
1394		飢饉（アプトゥ）
1395	●	多雨・地震
1396		多雨・地震
1397	●	洪水
1398	●	＊
1399		
1400		
1401	●	
1402		
1403	●	飢饉（アプトゥ）
1404		厳冬　飢饉（カルパントラ）
1405		
1406	●	
1407		
1408		厳冬
1409		
1410		
1411		
1412		
1413		

年代	ペスト ●	災害／飢饉
1414		
1415		
1416		
1417		
1418		
1419		
1420	●	
1421		
1422		
1423		
1424		洪水
1425		干魃　飢饉（アプトゥ）
1426	●	飢饉（全域）
1427		
1428		
1429-30		
1430	●	
1431		
1432		飢饉（全域）
1433		
1434		
1435	●	
1436		
1437		
1438		
1439		飢饉（カルパントラ）
1440		
1441		
1442		飢饉の恐れ（カルパントラ）
1443		
1444		
1445		
1446		
1447		
1448		
1449		
1450		
1451		
1452		
1453		
1454		
1455		飢饉（全域）
1456	●	飢饉（全域）

年代	ペスト ●	災害／飢饉
1457		
1458		飢饉（カルパントラ）
1459	●	
1460		
1461		
1462		飢饉（カルパントラ）
1463		
1464	●	
1465		
1466	●	
1467		
1468		洪水　飢饉（カルパントラ）
1469		飢饉（カルパントラ）
1470		
1471		洪水
1472		飢饉（全域）
1473		飢饉（全域）
1474	●	洪水
1475	●	
1476		飢饉（カルパントラ）
1477		
1478		
1479	●	
1480		風・寒さ　飢饉（カルパントラ）
1481	●	飢饉（カルパントラ）
1482	●	飢饉（カルパントラ）
1483		飢饉（カルパントラ）
1484		
1485		
1486		
1487		
1488	●	
1489		
1490	●	
1491		
1492		
1493	●	
1494		洪水
1495	●	
1496		
1497		
1498		
1499-1500		

表C　ドイツ中世都市のペスト流行

ニュルンベルク	アウクスブルク	ハイルブロン	ハノーファー	ヒルデスハイム	ブラウンシュヴァイク	マクデブルク	リューネブルク	ブレーメン	リューベック
	1350	1350	1350		1350	1350	1350	1350	1350
	1357	1358			1359	1357			1367
1377・79			1366		1366	1375	1375	1375–77	(1375)
	1380・81・89	1382・88			1383	1383	1382	1381・83・88	1381・83・88
	1398	1394・99	1398				(1397)		1396
1407	1402・07	1407	1404			1405			1405
	1420			1420			1420・21	1420・21	1420・21
1427	1429・30	1427	1428			1428	(1429)	1429	
1437	1438		1436–38	1439・40	1439			1438	
1451		1452	1450・52	1450・52	1452・53	1450	1451	1449・50	
1462	1462・63	1463	1463	1463	(1460) 1463	1463		1464	
1474			1477	1472・73	1473	1474	(1474)		
1483		1482	1484	1484	1484	1483	1484		
1494		1493							
1505	1504・05	1502						1505	
	1511・12			1516	1516	1516	1516		
1519–21	1521								

凡例

1　聖書からの引用は原則的に『聖書　新共同訳』（日本聖書協会、一九九五年）を利用した。教会やキリスト教関係の用語（訳語）や説明は、『岩波キリスト教辞典』（二〇〇二年）、『新カトリック大事典』（一九九六〜二〇〇九年）、『キリスト教人名辞典』（日本基督教団出版局、一九八六年）、『イタリア旅行協会公式ガイドブック』（全五巻）（NTT出版、一九九五〜一九九七年。絶版）とそのイタリア語版の最新のもの（Touring Editore, *Guida Rapida d'Italia*, 2012.）を利用した。さらに詳しい語句についてはIstituto della Enciclopedia Italiana, *Dizionario Enciclopedico Italiano*（Roma, 1970–1984）を利用した。さらに不明なものについてはインターネットからの情報も精査して利用した。

2　イタリア語の仮名表記については、原則としてB. Migliorini, C. Tagliavini, P. Fiorelli, *DOP*, 1969, Torino. や『伊和中辞典』（第二版、小学館、一九九八年）に拠ったが、表記がすでに日本で定着しているものについては、それに従った。同様に、人名・地名は現地読みを基本とし、聖職者はラテン語読みとしたが、日本における慣用に従った場合も多い。

3　史料の文章や語句の途中を省略する場合は、「（中略）」ということばを入れずに「……」で済ませている。また、［━］は原典の文字や語句の空白または欠落を示している。

4　史料中の太文字はすべて引用者（石坂）による強調であり、本文中では断っていない。なお、原典で強調がなされている場合は、傍点を用いている。

苦難と心性——イタリア・ルネサンス期の黒死病——

まえがき——研究対象の基本的把握

第一節　歴史的動因としての苦難

この長い「まえがき」では、序論・本論に先立って、本書における著者の考え方の基本的なものを示唆したい。苦難が心性に影響を及ぼしたこと、とりわけ中世末から近世の四世紀間においてペストが宗教的心性を大いに刺激し、人びとの行動様式に作用したこと、それは従来の近世の枠さえも越えて「ペスト期」という一時代を形成するかもしれないこと、そして、ペストを「神罰」と捉えたルネサンス期や近世が、ペストの周期的な発生のゆえに非常に宗教色の強い時代であったこと、などを示唆したい。その具体的な実証は本論で展開されるであろう。

思えば、そもそも人類の歴史は苦難の歴史であった。苦難は、まぎれもなく人類の歴史を構成する重大な本質的要素である。

これまで人類は、おそらく昔であればあるほど、無防備のままに、容赦なく襲い来る種々様々な災難に翻弄された――地震、洪水、豪雨、火山の噴火、また、治癒できない数多くの病気や大量死を招く疫病の流行や、旱魃などによる凶作、飢饉による餓死などである。さらに人災として戦争、内乱、火事による苦難、そして身分や人種など、時代の社会体制がもたらす過酷な差別などによる苦難など、様々な辛酸をなめてきた。ヨーロッパに底流として流れるペシミズムや初期キリスト教的な心性（「現世は涙の谷間」「現世の苦しさは来世の至福」）を支えたものは、こうした苦難かもしれない。その苦難のなかで、人はどのように考え、どのように行動に出たかは、これまた人類の歴史の本質的課題である。本書は、それについて、ペストを中心に据えてその苦難のあり方が歴史に及ぼす影響を論じるものである(1)。西洋史研究において、これまでこの問題に本腰をあげて論じた研究がないのが不思議である。

我々は、歴史を政治史や経済史の利害関係の展望から見るだけでなく、その時代に起きた疫病や災害や飢饉がもたらしたかもしれない心性的変化――神観念の変貌、神罰意識の高まり――などからも展望する必要があるだろう。その論証として、本書第四部で見るように、政府の政治的決定、国策さえもその心性から発せられることもあったのである。

こうした「苦難と心性」をめぐる著者の思いや考察は、著者がここ一〇年あまりかけて史料を収集・翻訳した『イタリアの黒死病関係史料集』（以下『黒死病関係史料集』）（刀水書房　二〇一七年）に携わっているなかで次第に培われたものである。そこに収められた史料五一点（ラテン語文献四一点、イタリア語文献一〇点）の翻訳の作業の中で、苦難に生きた人びとの思いが肌で感じられ、時代の苦難を身近に感じ、考察を発表しようという気になったものである。

率直に言うなら、ペストのすさまじさは、巻末の〈付録〉二の「年代順死亡者リスト」をぱらぱら見ていただけるならば、まさに直截にかつ生々しく伝わるであろう。このリストで網掛けした人びとはほとんどすべて周期的にやって来るペストによって命を奪われたフィレンツェ市民である！　このようなリストはこれまでつくられたことがなかった。このような、社会を構成する最も基本的な人びとのペストによる一人ひとりの大量の死はこれまで無視されてきたような気がする。まさに当時の戦争以上のすさまじさである。近世の最大の苦難はペスト死かもしれない。

さらに、その史料集に収められていない史料でも、ペストは四世紀にも及んで人びとを苦しめたことから、ペストによる苦難を示す一次史料はかなり存在する。例えば、G・ブラッカー（Brucker, *The Society of Renaissance Florence: A Documentary Study*, reprinted, Toronto, 1998. 以下略称 Brucker, *A Documentary Study*）やD・チャンバー、B・ピュラン（S. Chambers, B. Pullan and J. Fletcher, *Venice: A Documentary History, 1450–1630*, University of Toronto Press in association with the Renaissance Society of America, Toronto, 2001. 以下略称 *Venice: A Documentary History*）などである。次の文

は、そのひとつ、一五七六年から七七年のペスト（「サン・カルロの疫病」）が流行した時に疫病患者を観察したヴェネツィアの公証人（ロッコ・ベネデット）による報告書である(2)。これを読むと、数千人を収容していたヴェネツィアの隔離病棟（ラッザレット）のなかで、生存できる可能性の〇・一パーセントを賭けて生きんとしあがくひとりの疫病患者の、必死に「助けを求める」光景がありありと目に浮かぶであろう。

旧隔離病棟では、看護に従事する者たちは、すでに非常に多くが死んでしまっていて、患者の世話をする者がいなかったために、彼らは自分で食事をとり、ほかのことをするにも自分で起き上がらねばならなかった。やることといったら、自分のベッドから仲間の死体を持ち上げて、死体を遺棄する穴に投げ入れること以外、誰も何もしなかった。

ここでよく起こったことがあった。死体運搬人は、もはや何も話さず全く身動きしない死の寸前の者たちや、意識を失ってしまったままの者たちについては、彼らがもう息絶えてしまったかのごとく持ち上げて、死体の山の上に放り込んだのである。その時に、そうした彼らのひとりが手や足を動かしたり、助けを求めたりして合図をして、それが死体運搬人の目に留まるようなことがあって、さらに、死体運搬人が憐れみに心を動かされて、わざわざその者の所へ行って救いにやって来たならば、まことに幸運なことであった。

第二節　「苦難」とは「心性」とは

まず本書でいう「苦難」と「心性」とは、いったいどのようなものか――それを示すために、ここでは、遥か遠いルネサンスの期の出来事ではなく、まず、我々にやや身近な時代、すなわち大正期の日本の出来事を例に挙げよう。その方がわかりやすいと考える。

大正一二年（一九二三年）九月一日、北は函館、南は広島まで体に揺れを感じられたという「関東大震災」の場合、その勃発がもたらした被害——すなわち、死者・行方不明の合計「一四万二八〇七人」（東日本大震災の七・七倍！）、破壊・焼失家屋「七〇万戸」(3)——は、確かにまぎれもなく極めて甚大な人的、物的な被害と認識される。しかし、現代の我々には、それ以外の被害・損傷についてはあまりイメージがわかない。しかし、実は、明治初頭以来、半世紀に渡って、「文明化」を目指し、国民が一体となって営々と築き上げたものが、首都圏を中心に一瞬のうちに煤塵《はいじん》に帰したのである。当時の人びとにとって、この「苦難」によるメンタルな面でのダメージは、極めて深刻なものであったという。そのため、失望、無念、挫折、厭世の念——ある種の悲観的な「心性」——が広く人びとの間に共通して漂ったという。それを示す証言は非常に多い(4)。大震災の苦難を受けたことによって人びとにほとんど共通して抱かれた心性——ある種の悲観的な心性——が生まれたのである。これは、「苦難」から生まれたひとつの「心性」の例である。

　振り返れば、第二次大戦で日本人が体験した「苦難」も同様であった。戦争による苦難とそれによって刻まれた心性は、あまりに強烈なものであり、戦後の日本に常に強く鳴り響く通奏低音となった。この苦難によって刻まれた心性——一種の非戦の心性——は、戦後の人びとの意識において大きな重石となっている。ここでは心性は捉えがたい曖昧なものではなく、認識の容易な、顕著な心性となっている。すなわち、戦争に直接参戦した者も——「もう戦争はこりごりじゃ」(5)（小津安二郎監督）——、また、被爆者の遺族のみならず、家族や大切な人を失った人も、さらに子どもとしてＢ29と焼夷弾の空襲に恐怖した人も（今やそうした生き証人も、もうかなりの高齢者である）、「もう戦争はいやだ」という痛切な思い——その思い一筋で生きてきた。その苦難に刻まれた思い——すなわち「心性」——は、戦争を体験して帰還した人の妹や弟や子にまで及んで浸透した。さらに、戦後に生を受けた多くの人びとの心性にさえ深く刻み込まれた。これほど国民に広く浸透した心性も少ないかもしれない（同様に——少しだけ触れるなら——韓国や中国の人びとの反日感情の根強さは、侵略中に日本から受けた強い不合理な苦難によって深く刻み込まれた心性によるものである）。

さらに、我々が二一世紀になってから体験した出来事でいえば、二〇一一年三月一一日に起きた「東日本大震災」は、我々の心性に深い爪痕を刻み込んだ出来事であった。我々の心性は、千年に一度と言われるこの巨大地震に激しく揺さぶられ、人は皆一様に、非情なる大自然の脅威を痛感させられた。この心性への強烈な打撃は、我々日本人が共有する体験であり、以後の我々のものの見方や感じ方、すなわち心性は、多かれ少なかれ、変化を余儀なくされたといえる。現代の場合、テレビなどの画像によって事件が直接伝えられる分だけ、こうした事故が与える心性へのダメージは、昔の人びとの場合とは比べものにならないほど強烈なものであり、それだけ深く共有されるものであろう。

とりわけ福島第一原発のメルトダウンの大事故が、日本人のみならず広く現代に生きる人びとに与えた衝撃は、実にはかりしれないものがあった。私の親しいあるイタリア人は、「高度な技術をもつ日本人でさえ原発事故を起こしたのだから、原発の安全管理はもう無理だ」と言っていた。第一原発の事故は、怪物を手なずけることのむずかしさを教え、世界にエネルギー政策について本質的な再考を強いる世界史的な事故となった。思えば、原発については確かにもともと科学者から警鐘が強く鳴らされていた。――昔、私が大学の一年生として教養の講義を受けていた時に、ある教師（他大学の若い講師であった）が真剣な顔つきで、「原発は非常に危険だ」と力説していた。その真剣さが私には非常に印象的で、私は、それ以後ずっとその話を忘れずにいたが、あれは本当だったのだ（「真実」を毅然と、頑固に言い伝える教師こそ、本物の教師なのかもしれない）。それにもかかわらず我々は、戦後の高度成長の勢いのもとで楽観的に科学文明を信仰していたのかもしれない。ここでは、原発のリスクの問題――子孫に関わる問題――に正面から立ち向かうよりも、目先の安価なエネルギー資源の獲得が優先されたのかもしれない。こうして「フクシマ」――文字どおり「ハッピー（福）・アイランド（島）」であるべきなのに（これはある外国人から聞いた）——のあのメルトダウンの大惨事で、多くの人びとが不幸のどん底に突き落とされ、文明観や歴史観が深刻な打撃を受けたのである——「はじめて終末がきたと思った」(6)（黒田博）。また、宮澤賢治が抱いたような「自然との共生」を訴えて、「太陽に帰れ」との声も上がった（梅原猛）。今や大地震とその大事故で我々の心性そのものが揺さぶられたのだ（一方、もたらされた苦難を知りながら、なお原発依存の姿勢が存続している現実がある。目先ではなく、子孫のために、将来・未来を見すえた対処の必要性が希求されるべきであろう。こうしたところに世界大戦が一度で済まなかった人間の問題性があるのかもしれない。現代の一点のアキレス腱がテロなどの標的にされる恐れはないか）。

現在、被災地では、放射能汚染そのものに苦しみ、先が見えない状態に置かれている。幼い頃、うさぎ追いしふるさとを追われ、その地で老いて死ねない双葉町や大熊町などの被災地の人びとの思い——心性——は、いかばかりのものであろうか。ＮＨＫ ＢＳの《あの日わたしは》（二〇一四年九月一六日）で、双葉町から避難している高齢の天野正篤さんは「きれいなふるさと。双葉でなくてはだめなんです。本当にここ双葉で死にたいと思う」と語っている。その沈痛な思いを思うと、文部省唱歌「ふるさと」ほど、胸に痛切に響く歌はないだろう。その上、不幸に不幸の上塗りをするように（辛酸をなめた激戦地の沖縄にそのまま基地が設置されるのに似て）、福島県の各地から、放射能汚染・除染された土はすべて、そのまま袋詰めされ、山積みにされ、今まさに皮肉にも、双葉町に集積されている——はるか先の「二〇四五年」まで「中間貯蔵施設」に指定されたのだ。

近現代の日本で起きたこのような出来事を見ると、災害などによる苦難によってまず「心性」が大きな打撃や変化を被ることがわかる。これはいつの時代でも同じであろう。しかし、私の専門である西洋の中近世において、特にその疫病や災害について言うと、その苦難やそれから受けた心性の打撃の問題はあまり本質的なものとして扱われず済まされているように思われる。本書が扱うルネサンス期やさらに近世のペスト（黒死病）の場合もその傾向にある。ペストは社会全体を襲う社会史的事件である。その事件は人びとの心性と行動・思想にも多大な影響を及ぼす。しかし、多くの場合、ペストのもたらした死亡率の高さ、死者数のみが記述の中心となっている。例えば、ある大手の出版社が作成した一二〇頁もの詳しい世界史年表（高校の副教材）を見ても、昔の初版をそのまま継承したためであろうか、西洋のペストについては「一三四八年の黒死病（ペスト）」しか記載されていない。また、高校の世界史の教科書の場合、ペストについて扱う本文の分量については、例外はあるものの（近年増えた）、概して非常に少ない。シェアーの高い教科書でもほんの二、三行程度である（しかし、現実にはペストによる死者はしばしば当時の戦争以上の死者を出し、人びとの心性と行動を根底から規定したのである）。これは、研究者の社会史の研究の成果がまだ「末端」（すなわち高校の教科書や教師・高校生）にまで達していないためであろう。いや、「末端」と言うべきではなく、むしろ成果が最も問われる重要な「氷山の頂点」にまで浸透していないためであろう。限られた時間で教える教育現場においては、水面に現われてはっきり目に見える「政治的事件」や「戦争」などの出来事を追う方が、見えにくい海面下の、広大な裾野を支える氷山の本体そのものを扱うよりも好都合なのだろう。

確かにペストの死亡率や死者の多さは、極めて重要な問題であり、本書もまずそれを本質的な問題として扱い、その実態に実証的に立ち向かいたいと思うが（第一部）、しかし、同時に先に述べた関東大震災・第二次世界大戦・東日本大震災の衝撃を思うと、本質において「心性」への痛撃も同様に重要な問題として扱われるべきと考える。厳密にいえば、「苦難」と「心性」は密接不離なものとして、ともに扱うべきものである。心性こそは人びとの考え方や行動を根底から規定する最も本質的なものである。人はこころで感じ、そこで納得して行動に出る。理論で納得してもこころが動かなければ行動に出ない。

第三節　心性が及ぼした影響

苦難によって生まれた心性は、それぞれの時代において人びとの行動や考え方にどのように影響を及ぼしたのだろうか。

例えば、関東大震災の場合、ひとつの解釈ではあるが、苦難から高じた心性のもと、虚無感や社会不安が高まり、巷に流言・デマが飛び交い、一部の行動として朝鮮人や社会主義者への虐殺事件などが引き起こされ、さらに、人びとのなかには、この大震災こそは、第一次大戦後の贅沢や自由放縦に対する天罰であると主張する者が出て来た。彼らが今やこの時代において支配的な存在となり、それまでの大正デモクラシーを逆行させ、保守化と思想統制と右傾化を促進していった側面が認められるという。

しかしながら、近世などの遠い過去の場合、その心性はしばしば見にくい場合がある。出来事とこころ、こころと行動の因果関係が把握しにくくなっている。ここに心性の把握のむずかしさがある。関東大震災直後の動きの典型である甘粕事件など、比較的我々に近い時代の場合、政治的事件とその背後に横たわる時代の風潮や心性は、まだ把握可能なものに思われる。しかし、一方、古い時代であればあるほど、史料の不足などから、その背後に奥深く潜んでいる心性的な要素は、見えにくく、歴史学から看過されがちなものである。人によって見え方も違うかもしれない。しかし、先に見たように、大災害や大疫病による苦難が人びとに心性的な影響を及ぼさなかったとは考えにくい。政治的な「事件」は記録されやすいが、「こころ」の有り様は記録されにくい。波打ち際に書いた砂の文字のように、押し寄せる時間の波によって消し流されてしまうかもしれない。

しかし、私見では、苦難から生み出された心性は、「歴史を動かすひとつの力」である。後の時代からは捉えにくいが、確かに広く潜在的に存在して、人びとの考え方や思想や行動を刺激したり、方向づけたりしたもの——心性——が確かにあったと思う。ひとつの時代において、苦難に遭遇した人びとの心性について、史料がやや乏しくても、それを有機的に構成するならば、ある程度まで明らかにされるかもしれない。生活史料（手紙・日記）や法令の前文などを有効にかつ有機的に用いるならば、その時代に生きる人びとの日々の意識や思いにまで降りて、その心性の存在や行動のあり方が明るみにされるかもしれないと思う。時代の表面だけでなく時代の根底にどっぷり浸かることが重要である。本書の第二部・第三部は、この「心性」と「それに導かれた行動のあり方」との密接な結びつきを示す試みである。思えば、これまでの歴史学は、その時代の「政治的野心」や「経済的欲求」、「領土拡大の欲求」など、現代から見ても説明しやすい利害意識・欲求中心の見方が中心であった。しかし、人間の行動については、そうした利害・欲求だけですべて十分に説明できるだろうか。遠い時代であればあるほど、心性の捉えがたい側面があるかもしれない。

　本書の主題であるペストについていえば、ペストはまさに世界上、類を見ない圧倒的な苦難であった。

　このペストは、一三四八年のペストでヨーロッパの人口をおそらく半減させた後に、それにとどまらずに、四世紀もの間、周期的にヨーロッパの人びとに襲いかかり続け、大量死をもたらした。この、四世紀に及ぶペストによるほぼ同質の苦難のもとで、ペストに対する人びとの心性は、一四世紀から近世の時代（一八世紀初頭）まで、ほとんど変わることなく持続し、その心性は人びとの行動様式や思想に作用したと考えられる。ここでイタリア・ルネサンス期に限定せず、もっと大きな展望から西欧のペストの苦難と心性を論じてみよう。「ペスト期」という時代には、まさにそのペストゆえに同質の心性が流れていたと考えざるを得ないのである（そのためおのずとルネサンス期という範囲を超えて話さざるを得ない）。

　四世紀間に及ぶこの苦難がもたらした心性への影響について、これまで研究者はあまり関心を払って来なかった。

多くの研究者が、個々のペストの死亡率や荒廃した惨状を述べることに精力を注ぎ、そこで終わっている（これだけでも大変であるが）。しかし、被害を受けた人びとの内面――心性――に迫る試みはこれまでなされなかった。彼らがどう思い（どういう心性を抱いて）、どう行動したかも重要な問題ではないか。ペストは生命の打撃だけではなく生き残った者に対して深刻な心性的、精神的打撃をも与えた。その後の人間の心性・意識・行動と思想にも影響を及ぼしたと考える。心性の変化は、心性を母体とする「思想」の変化を意味する。《峻厳な神》の心性は、ほとんどそのまま《峻厳な神》の神学（私はルター神学がそうであると思う）の形成への導入になり得るものである。本書はこの歴史上のファジーな部分に挑むものである。

この時代、すなわち、「ペスト期」における心性のあり方を探るうえで重要なことは、ペストは、西洋中近世のキリスト教社会において、今日の我々が思うような、ただの「病気」――一種の身体的な現象――ではなかったことだ。ペストは、キリスト教社会を背景にして起きたことから、人びとの心性においてキリスト教的に解釈された。すなわち、この時代を生きた人びとは、キリスト教のレンズを通してペストを見て、ペストの発生を神の意思と見て、まさに「神罰」と解釈した。すなわち、《峻厳な神》が神罰をもって人間を諫めると解釈されたのである。ルネサンス期やペスト期の多くの文献を見ると、**表0―1「疫病を神罰と認めた文書」**からわかるように、その解釈を証明することばは非常に多い（その一方で、その例外的な文献――つまり「疫病は神罰ではない」という史料――は目下のところ私は全く見出すことはできない）。こうして、人びとは、まずこの世に生きる者として、「怒れる神」を恐れ、神を宥めようと念じて物事を考え、贖罪行為や鞭打ち苦行などの行動に及んだ(7)。これは利害や欲望を越えた行動である。さらにそれは公的な領域世界（政策・判決等）にまで及んだ（と考える）。さらに、みずからの死後を案じて、伝統的なキリスト教的死生観や来世観にもとづいて、あの世（煉獄）での苦しみを乗り越え、救済を志向する

表0－1　疫病を神罰と認めた文書（証言者・身分・文書・証言年代）

ジョヴァンニ・ヴィッラーニ　年代記作家　『年代記』　1348年

神は、人間が犯した罪を処罰するために人間や都市や農村に対して、先に述べた疫病やその他のことを引き起こしたのである。これは間違いのないことであり、我々が信じなければならないことである。それというのも、ただ単に惑星や星座がそのような経路をたどるからだけではなく、宇宙の支配者であり天界の経路の支配者である神は、星座の位置をいつでも好きなように神の判断に合致させてしまうからである。（『黒死病関係史料集』51頁）

しかしその大量死はとどまるところを知らず、その結果がいっそうひどい被害を与えたのは、トルコと向かい側の沿岸の国々［中近東のこと］においてであり、またタタール人の間においてであった。**そしてこのタタール人の間に起こったことは神の偉大な裁きであった。それはほとんど信じられないことであったが、しかし正真正銘の、本当に起こった事実である。**（『黒死病関係史料集』52頁）

多くの地方や都市で人びとはずっと悲嘆にくれたままであった。一三四七年三月半ば、厳粛な行列がおこなわれた。この行列は、神が疫病を終息させ、我々の都市フィレンツェとその周辺部を守ってくれるように願ってなされたものであり、それは三日間続いた。**そしてこのようなことは人間が犯した罪を罰する神の裁きである。**気の滅入る、むごたらしいこの話題についてはここまでにして、次に神聖ローマ帝国の新しい皇帝であるボヘミヤのカールの行動について少し話そう。（『黒死病関係史料集』54頁）

著者名不詳　サン・ドニ修道士　『フランス大年代記』1348年頃

二人の修道士は、修道院長から任された仕事を果たすためにその村を出発した。それから、命じられた仕事を全部済ませて、帰路の旅につき、先の村に差しかかった。ところが、その村には見ると、ほんのわずかの人しか見当たらなかった。そしてそのわずかの人は皆誰もが悲しい顔付きをしていた。そこで二人の修道士はこう尋ねた――「少し前にこの村で盛大な宴を催していた男たちと女たちはどこへ行ったのかね」。

すると村人たちはこう答えた――「**ああ、神の怒りはあられを伴う嵐となってやって来ました。というのも、その大嵐は村中の至るところにあまりに突然やって来て、そのため急死する者もいれば、どこへ行くのか、どこに向かうか分からないままに唖然としてそのまま死んでいく者も出たのです**」。（『黒死病関係史料集』88頁）

ムッシス　公証人（1356年頃没）『疫病の歴史』　1350年頃

何という数の、何という死にざまの死者であることか。中国人、インド人、ペルシャ人、メディア人、クルド人、アルメニア人、キリキア人、グルジア人、メソポタミア人、ヌビア人、エチオピア人、トルコ人、エジプト人、アラブ人、サラセン人、ギリシャ人と、ほとんどすべての東方地域の人びとが感染したが、彼らは先に述べた年から一三四八年のつらい出来事によって涙を流し、嘆き悲しみ、神の最後の審判が下されたと思ったのであった。

目を東から西に向けて、今度は我々が自分の目で見たり、知ったり、証拠にもとづいて考察したことのすべてについて論じる。**そして神の恐ろしい審判について述べることができる。耳をすませてみよ。目から涙が溢れてやまないだろう。なぜなら全能の神は、言われたのだ――私は、創造された人間をこの地上から消し去り、人間を肉であり血であるので灰と土に戻してしまう。我が魂はもはや人間のなかには留まらない、と。**

「良き神よ、何をお考えなのですか。こうしてあなたの創造物と人間を破壊してしまうのですか。このようにしてその急激の全滅を命じるのですか。いったいあなたの慈悲の心はどこにあるのですか。また我が父の信仰や、罪人をひざに抱く清き聖母はいったいどこに。また殉教者の人びとが流した貴い血、懺悔者や処女の貴い人びとの群れはいったいどこに。また絶えず罪人のために祈る天国の案内人はいったいどこに。そして十字架の上のキリストの最高に貴い死、我々のすばらしい償いはどうなったのですか。王なる神よ、お願い致します。**どうか怒りをお静め下さい。このように罪人を滅ぼすのはおやめ下さい。そしてあなたは犠牲よりもむしろ慈悲を望まれるのですから、改悛した者からあらゆる悪を取り除きたまえ。そして正義が不正で非難されないようにしたまえ**」。

「罪人たちよ、お前がもらしている言葉は私の耳に聞こえるぞ。もらすべきはお前の涙だ。私はお前に泣けと命ずる［ヨブ記 16-21］。**慈悲をかける時は過ぎ去ってしまっているのだ。私は報復のために呼び求められた。罪と悪に対して報いをするのが私の楽しみだ。私は死にゆく者に印を与える。彼らに霊魂の安寧に向けた措置を講じさせよ**」。（『黒死病関係史料集』13～14頁）

我々が知っているとおり、我々が受ける苦しみはどれひとつ取っても、我々が犯した罪に対する

正当な報いである。だから、主が激怒されている時は、正しき道からはずれて身を滅ぼさないために甘んじて罪の償いを受けなくてはならない。高慢な者をして謙虚たらしめよ。貧民に施しを与えない守銭奴をして恥辱の念から赤面せしめよ。好色家をしてその不潔な習慣を捨てさせ、清廉な生き方で際立たせよ。激怒する者をして暴力を自粛させよ。大食漢をして断食で食欲を適度にせしめよ。怠惰に服した奴隷をしてよき労働で従事せしめよ。青少年をして流行を追い求める喜びを放棄せしめよ。信義、裁判の公平さ、商人の間での法の尊重を存在せしめよ。ペテンやごまかしをする弁護士をして彼らが書類を作成する前に、彼らによく調べさせ賢明な人間たらしめよ。修道会の人たちをして偽善を放棄せしめよ。高位聖職者をしてもっと世の役に立たしめよ。あなたがたすべての者をして急いで救済の道に足を踏み込ませよ。身分の高い女性が示す傲慢な虚栄心を抑制せしめよ ── それはいとも容易に性的な挑発と化すからである。預言者イザヤが激しく非難したのはそうした女性の傲慢さであった。(『黒死病関係史料集』21〜22頁)

マグヌス4世　スウェーデン国王（在位1319〜1364）1350年末

神は人間の罪のために急死というこの大きな罰を与えた。それによって我々の国民のほとんどが死んでしまった。(Gottfried, p. 57 ; Byrne, p. 22)

ペトラルカ　詩人・人文主義者　「ジェノヴァ大司教宛書簡」 1367年

この疫病は、二〇年間ずっとあらゆる国々を襲い続けている ── 時々、ある地域で中断、潜伏するものの、実際には決して消滅しないといった具合に。もう過ぎ去ったと思ったまさにその時に、再びやって来て、束の間の幸せを送る我々を欺いて再度襲いかかる。**これは、私の間違いでなければ、罪を繰り返す人間に対する神の怒りのしるしなのである。もし人間が罪を犯すことをやめるならば、神の処罰は少なくなるか、もっと穏やかなものになっていくことだろう。**(『黒死病関係史料集』173〜174頁)

こうした出来事［疫病や地震］は、私がその発生の原因が隠されていると述べた出来事である。ほかのことと同じく、**この災難についてこれこそ人間の罪に対する神のおとがめだということを人間が信じなければ、今後も数限りない規模の災難はなくならないだろう。**疫病と地震の違いといえば、一方が人間によって直接もたらされ、もう一方が自然からもたらされるという位のものである。**神は、人間の犯した罪を罰するために災難がやって来るのを許したり、命じたりしているのである。人間が罪を犯すのをやめるならば、この神罰もまた止むことだろう。**結局は、原因がどうであれ、世の著述家たちがどう書こうとも、事の真実は私がここで述べたとおりであり、それ以外の何ものでもないのである。(『黒死病関係史料集』175頁)

トマス・ブリントン（Tomas Brinton）　ロチェスターの司教　1374年

現在はノアの時代よりも肉欲による堕落や邪悪の企みがひどい。ノアの時代になかった何千もの種類の悪徳が存在している。それだから、神が我々に与えた罰 ── 疫病 ── は、惑星のせいでなく、我々の犯した罪のせいであると認めよう。(Byrne, p. 22)

サルターティ　フィレンツェ書記官長・人文主義者　『都市からの逃亡について』 1383年

疫病は、医師が認めているような諸要素や大気の腐敗というよりも、むしろ神罰によって引き起こされたものであり、結局のところこのことを認めるだけで十分である。医師たちは、疫病の原因は、多くの者を罰し、いくらかの者を是認する神の意志であることを認めるべきなのに、腐敗した大気やいくつかのほかの要素のせいにしているのだから、医師の考えに根拠のないことがはっきり理解できるのである。神の意思に反しては医学も役に立たないのであり、都市からの逃亡も、また優れた頭脳をもつ人がようやく発見できるその他の事柄も役に立たないのである。人間に起こることはすべて神によって先に決定されており、偶然によって起こるものは何もない。すべて神の意思次第なのだから、疫病の地域で生活することが、そのまま命を縮めることになるわけでもないし、健康な地域に移り住むことで我々の命が死から守られるわけではない。(『黒死病関係史料集』228〜229頁)

イングランドの作者不詳の詩　疫病（14世紀）についての詩

見よ、イングランドが涙に濡れてで嘆き悲しんでいるのを。
国民は罪にまみれて悲嘆に戦いている。
なぜだ？　なぜならここでは悪徳が遮られることなく
支配しているからだ。
ああ、全世界が悪意に身を任せている。
人びとの間にやさしいこころは見出せるのか？

誰も十字架に掛けられたキリストのことを思わない。

それゆえに人びとはその報復のしるしとして滅び行く。

（R. Horrox, *The Black Death*, ed. trans. p. 126）

ヘンリー・ラム（Henry Lamm）15世紀初頭のドイツの医師
一般に聞かれる意見を繰り返すと、**疫病が神から発生するというのは正しい。**（Byrne, p. 22）

ラーポ・ディ・マッツェイ　公証人　友人ダティーニに宛てた書簡　1400年
こちらでは昨日、二〇一人が死にましたが、施療院で死んだ人たち、托鉢修道士や修道士の死亡者、それに墓堀人を呼ばずに埋葬された死者は、その数に含まれません。もっぱら私たちの施療院にはたくさんの病人がやって来ます。今日は、八人、六人、一一人と、次々とやって来ます。私たちの施療院は、今日、約二五〇人の病人を抱えています。**神が我々を罰しているのです。**（本書第七章　第4節（5））

ミラノの「キリストの貧者の慈悲のための機関」（援助機関）　ミラノのジョヴァンニ・マリア・ヴィスコンティに訴えたことば　1405年
この悲惨なミラノでは飢えた貧民と疫病患者が満ち溢れ、彼らは腫物と横痃を見せながら都市をさまよう。その一方で豊富でありあまる食糧が、彼らに与えられずにいるが、これでは事態は一体良い方向に進むものであろうか。……**だから神が飢えと戦争と疫病という3つの鎌をもって、ミラノに対して終末的な疫病をお与えになるのは、この邪悪さのためです。**（Alfani, G., *Il Gran Tour*, p. 76）

サン・ジミニャーノのポーポロ協議会　決議文　1462年
神にして我らが主であるイエス・キリストは、父と聖霊とともに今なお生きて不滅の唯一の神であり、祈禱は悪徳をただすこと、悪意を変えること、このことによってなされなければ他によりよい形ではおこなうことはできない。なぜならば書かれているものによると、**災難は我々の罪ゆえに生じるものであるにしても、非常に多くの実例が証明しているように、祈禱をおこなうことによって寛大で慈悲深い神がその嘆願する人びとに対してしばしばその心を和らげて、和解したことがあるからである。**それだからこそ、先に述べた賢者の進言によって「プリオーレ」諸氏と「カピターノ」諸氏が、サン・ジミニャーノのコムーネの名において、サン・ジミニャーノとその他の地域の都市およびコンタードの個々の修道会に対して、彼らの意見にしたがって、**我々の罪と過ちに対してまさに当然の報いであるこの悪疫の罰を遠ざけて下さるように、ミサと祈禱によって神にして我らが主イエス・キリストに祈願するように求めることがここに決議される。**（『黒死病関係史料集』681頁）

ヴェネツィア元老院　法令　1464年
疫病に対して出来得る限りの対策が講じられなければならない。そして、その救済策の第一の措置は、我らの神にして救世主イエス・キリストの恩寵と慈悲を請うことである。それゆえに以下のことが制定されるべきである。すなわち我々の最も敬われる総大司教様には祈禱者たちに絶えず祈りを唱え続けさせることを求める。というのは、このような恐ろしい疫病の襲来から我々の都市を救済するためである。（***Venice : A Documentary Study***, p. 122）

ランドゥッチ　フィレンツェの薬種業者　『フィレンツェ日記』　1497年
さらに施療院で疫病の患者がいくらか出たといわれた。毎日、一〇人か一二人が施療院に運ばれていた。この日、サンタ・マリア・ヌオーヴァ施療院では二四人が死亡した。このほかにいやなことがあった。人々は宗教的な欠乏状態とともに食糧の欠乏状態に陥ったのだ。そのため貧民が死んでいっても人はそんなに格別悲しいとも何とも思わなかった。それでも大量の貧民が次々と死んでいった。**これは正当な裁きの疫病である。**（『黒死病関係史料集』656～657頁）

ヴェネツィアの元老院　法令　1630年
いつも神はその怒りを天罰としてみせつけ、我々にもっとよい奉仕の仕方を想起させる。
（B. Pullan, “Plague and Perceptions of the Poor in the Early Modern Italy”, p. 104）

行動へと進んだのである。これは利害意識というより、宗教的な心性にもとづいた行動である。

具体的に見るなら、一四世紀の美術（オルカーニャ）や一五世紀の文学（『往生の術』）など芸術・文学の多くの領域にも、黒死病のすさまじい被害のなかで、《峻厳な神》が意識されたと考えられる。こうした心性的背景は、哲学や神学の世界にも及んで作用し、おのずと思想傾向も変質を来して、しばしば唯名論者が優位に立っていった（これも解釈である）。スコラ神学の合理的な秩序だった論理学的な弁証学は動揺を来した。「唯名論者は、宇宙を恣意的な動きに支配されたものであると見なした。」「アクィナスの秩序に関する崇高な感覚は、黒死病の体験と調停することはむずかしかった」（D・ハーリヒー）(8)。神は、実感としては、もはや論理学やスコラ学では捉えにくくなったのである。ここに神秘主義神学が説得力をもってくる。ペストの反復によって高じた終末意識の高まりなかで提起されたルターによる宗教改革も、その動向に沿うものである。ルター神学は、中近世の《峻厳な神》の心性の落とし子としての本質的部分がある。拙著（『どうしてルターの宗教改革は起こったか――ペストと社会史から見る――』）において、私は、ルターの宗教改革が、疫病によってもたらされた時代の心性と深く結びついた動きであったことを論証しようと試みた。

第四節　「ペスト期」を中心とする三つの時代区分

試論として大きなことを言うことになるが、私は、紀元一〇〇〇年以後から一八世紀までの西欧の時代区分として、三つの時期を設定することができると考えている。すなわち、まず第一に紀元一〇〇〇年以後の「ペスト期に先立つ時代」（三世紀間。一〇〇〇年から一三〇〇年まで）、第二に「ペスト期」（一三〇〇年から一八世紀初頭までの四世紀間）、第三に「ペスト期が終わってからの時代」（一七二〇年代から一八〇〇年まで）の三つの時期である（一九世紀以後は扱わない)。これですべてが合理的に説明できるとは思わないが、ペストのもたらした心性(ペスト的心性)はそれほど大きなものであったと考える。この見方ではルネサンス期と宗教改革期は「ペスト期」に入りほぼ同質の時代と区分される。以下、細部は本論において述べることにして、次に試論の基本構造を述べる。

まず「ペスト期に先立つ前の時代」とは、ヨーロッパが経済的活力を得た一一世紀から一三世紀の時代、気候が温暖で人口が急増した豊穣の中世の後期・盛期の時代である。この時代は前の時期(中世前期)と比べて作物に恵まれ、飢饉が減少し、農業と商業が活性化した時代である。十字軍遠征はこの時代の活力の現われである。そして、まだペストに悩まされる時代ではなかった。

この比較的恵まれた時代において、一二五五年、フランチェスコ会士の神学者ボナヴェントゥーラ(一二二一〜七四)は、飢饉は過去の遺物であると言い張った(9)。さらに、この時代は、グレゴリウス改革の仕上げ期にあたり、ローマ・カトリック教会において七つの秘跡や典礼・教会法が都市を中心に浸透・確立した時代であった。来世に旅立つ者に対して、信徒は、宗教的遺贈を含む遺言書――「死後世界へのパスポート」(10)(ル・ゴッフ)――を執筆し、終油の秘跡を受けることによって、地獄行きを回避し、まずは煉獄行き――天国への過渡的段階――を保証された(形式の重視)。この形式化は、死をも飼い慣らし、救済への道筋を照らす光となった。そして、聖母ならびに聖人が、教会や聖職者とともに、信徒に対して神への「とりなし役」として機能した。このカトリックの考え方では、俗人が犯した罪は、修行を積んだ(聖性を得た)聖職者が神へのとりなし役として機能し、告解などを通じて神からの罪の赦免が信徒に与えられるという、寛大なキリスト教であった。ここには聖俗の機能の分業の考え方がある――つまり、俗人はたとえこの世で罪にまみれようが、自分たちの俗事に専念することが許される。他方、聖職者は聖界にあって祈り、俗人たちのまみれた罪の赦しに専念する。一種の分業である。

この時代のカトリックの教えでは、儀式・形式が重要な宗教的装置として機能した。天国へ通じるものとして煉獄（現世の罪の贖罪・浄化）の世界が位置づけられた。もともと煉獄の世界は聖書に記載・根拠を見出すことができないものであったが、歴史的背景のなかで、半ばこの時代の新しい宗教的工夫として、罪人も一定の期間を経て救われるとして考案されたものであった。ここには、クリュニー修道会やシトー会が見出したもの（死者供養や煉獄）を一三世紀という新時代の旗手である托鉢修道会が継承・発展させていった側面が認められる。

托鉢修道会は、こうした宗教的装置を多くの都市で活性化し、司牧活動を都市の市民生活の宗教的なバックボーンにしたのである。実は、一三世紀といういわば富の時代において、都市の人びとの間において広く抱かれた「不安」があった。すなわち、「天国へ行ける者は貧しい者だけである」というキリストのことばは、富者に天国の門を閉ざすものと思われたのである。富の時代において皮肉にも人びとは、救済の不安に陥りがちであった（それはこの時代のあちこちの民衆運動からわかる）。そして、富裕になりつつあるあった人びとの抱いた不安をぬぐったのが托鉢修道会であった。托鉢修道士は、清貧の教えを聖書の福音のことばにもとづき、わかりやすく人びとに教えて、彼らの罪の自覚を高め、それを告解の秘跡の形式を通じて解消（赦免・贖罪）させたのである。とりわけ富者には、貧者・病者への「慈善活動」――これは観念的なものではなく、物的なものであった――が天国への門を開くものであることを、聖書の福音のことばから教えた。

繰り返すと、ここにはいくつもの宗教的装置が設定されていた。すなわち、七つの秘跡、とりわけ臨終の際の終油の秘跡（「死の飼い慣らし」）、遺言書作成、告解を通じた贖罪、煉獄を経て天国へ至る道筋の信仰、聖母・聖人・聖職者のとりなしの重要性などである。こうした装置が説得力を得たものであることは、一三世紀の二〇年代からその世紀の終わりまでの八〇年間で、イタリアに七〇〇もの托鉢修道会の教会が建設されたことからわかる（**地図6―1「一三世紀に建設された托鉢修道会の教会」、地図6―2「イタリアの北部・中部で建設された托鉢修道会の教会」**巻頭地図ＤＥ参照）。

付記

なお「煉獄」という、地獄や天国と比べてやや現世に近い世界（ハイスターバッハのカエサリウスのいう「第三の場所」）(11)が設定されたことで、死者は自分たちが置かれた世界、すなわち、煉獄での「具合」（死後の冥福の具合）を生者に報告するようになる。生者の方も、死者が来世でどうしているか気がかりであった。それに応えるかのように死者は「幽霊」となってこの世に生きる家族や友人の前に登場するようになるのである。この意味で、例話（教訓的逸話）では、死者の来世からの報告というパターンが非常に多くなる。煉獄（時に地獄）にいる死者が、そのあまりの苦しみから「幽霊」となって出没するイメージが人びとの間に高まり、文学作品において幽霊が盛んに登場して、やり残したがゆえに（過去の不信心ゆえに）あの世から過大な苦しみを切々と訴えるのであった。『デカメロン』などでも幽霊が登場するが、その設定は例話からの影響によるものである(12)。

一三世紀は托鉢修道会の世紀であった。彼らの活動はあくまでも都市中心の活動ではあったが、基本的には、この時代は、彼らの司牧活動によって、教会に通うならば、人びとが救済への道筋が見通すことができると信じられた時代であった（ひとつの時代は常に複雑で多様な要素を含むものであり、単純化できないかもしれないが）。彼らの活動の基本型は以後の時代にも続いていくが、その顕著な成果を見ると、そのようにいえる。

この時代の神学者、ドミニコ会士のトマス・アクィナス（一二二五～七四）の『神学大全』は、あらゆる神学的な問題について三段論法を駆使して形式的な弁証法論理学を展開した著書であるが、現代のトマス研究者G・K・チェスタートンは、この著作について、その全体を通じて雰囲気として《オプティミズム》の光が輝いていると述べているが(13)、このことばは、来世の救済に向け、はっきりと見通しをもつことができたこの時代の心性を示唆している。トマスという存在は、この時代の人びとが抱いていた宗教的な心性をまさに共有した存在なのかもしれない。こうした一二世紀・一三世紀という中世盛期は、ドイツの研究者P・ディンツェルバッハーのことばを借りると、「神は、主として慈愛深い、愛に満ちた穏やかな神、一言で言えば、《善き神》であった」(14)。神は、この時代において、教会に集う人びとに恩寵のイメージを与えたのである。

次の時代が「ペスト期」である。「ペスト期」は、一時代を画する。一四世紀になるや、小氷期による寒冷化による気候の悪化によって急に凶作・飢饉が頻発し、それに疫病(ペスト以外の)や家畜伝染病などによって苦難が重なった。一四世紀初頭の「大飢饉」の時代(北ヨーロッパ)や一三三〇年代から一四〇〇年代は、ペストと密接に関わる下地の時代として「ペスト期」に含めて考えたい。この「ペスト期」は、英仏は百年戦争、イタリアは領域国家拡大の戦争の時期と重なることとなった。その疲弊した人びとに、東方から到来した新しい疫病、「ペスト」(黒死病)が一三四八年を中心に襲いかかり、ヨーロッパ全般において猖獗を極めた。今や神は、《善き神》から打って変わって《人を死に追いやる神 la divinità mortifera》(ディンツェルバッハー)となってしまったのである(15)。

最近の精緻な研究によると、そのペストの死亡率はさらに高められて、四五パーセントから六〇パーセントといわれている(第五章で詳説)(16)。ここにおいて、一三四八年に疫病死したドイツの福者ヴィッテティヘンのルイトガルト(一二九一~一三四八)のいうことばは、極めて痛切である――「神は、鶏を絞め殺すように、人びとを絞め殺すことを望んでおられる」(17)。今や、神は《善き神》から《峻厳な神》に変わってしまった。この《峻厳な神》のイメージは、ジュスト・デ・メナブオーイ(一三九三年頃没)の作品に端的に表れている。すなわち、パドヴァ君主の妻であったフィーナ・ダ・カッラーラが遺言を通じて完成させたパドヴァ洗礼堂の一連の作品群(一三七六~七八)がそれである。その神はまさに我々を厳しく見下ろす神である(図0―1「メナブオーイ《全能の神》」〈一三七六~七八、フレスコ画、パドヴァ洗礼堂〉)。さらにその洗礼堂には、キリストが鎌をもって我々を威嚇する姿が描かれている

（図0―2「メナブオーイ《後方に十字の光輪のあるキリストと天使》」）(18)。この鎌はペストにほかならない。

さらに、一三六〇年代になってペストはヨーロッパにおいて今や風土病となり、「二年から二〇年の間隔」（R・S・ゴットフリート）(19)で（一七世紀にはもっと長いスパンで）周期的に流行するようになってしまった。それが西欧において一七二一年のマルセイユのペストまで約四世紀間も続いた。

ペスト期という時代においては、人びとの心性において《峻厳な神》が意識され、神の意思に反する存在に対して厳しく対処した。人びとは、神のご機嫌を損なうまいと、神の怒りを買うような存在に対して厳しい対処に出た。ソドミー、ユダヤ人、魔女、高利貸などに対して従来よりも厳しい対処に出るに至った。例えば、高利貸について言うと、以前と変わって、ペスト後、フィレンツェの銀行家に対して罰則をもって厳しい追及がなされたことがセグレによって研究されている(20)。高利――すなわち「貪欲」という悪徳の現われ――に対する厳しい姿勢は、当時の絵画においても認められ、「多くの人々が、地上にはいつくばり、哀れにも足に踏みつけられて敗走する貪欲を見て、特別の快感を覚えたことは疑いない」と美術史家ミースは述べている（図0―3「ジョヴァンニ・デル・ビオンド《傲慢・貪欲・虚栄》《福音史家聖ヨハネ》の一部」）(21)。絵画では、古いスタイルに回帰した庶民的な画家ジョヴァンニ・デル・ビオンド（一四世紀後半〜一五世紀）は、《福音史家聖ヨハネ》（一三五〇年代、ウッフィツィ美術館）のなかで、ヨハネに踏みつけられ苦しむ《貪欲》を描いている。この絵画は、人物を正面から描く点や、悪者が踏みつけられて苦しむ姿をユーモラスに描く点において、つい最近まで下位にあった成上りの好みの表出かもしれない。

また、神を喜ばすために、施療院での慈善活動、つまり貧者や病人や孤児などへの隣人愛の実践（これらは以前からあったものだが）に向けて、それまで以上に精力的に立ち向かった。それも集団的であった。集団による行為の方が神に届くと信じられたからである。そして、何より神への高い意識は、自己の信仰のイデオロギーと信仰心を信じて、それに反する立場の者と戦う姿勢が高じて、宗教戦争が繰り返された。「ペスト期」は宗教的対立が激化

図0－1　メナブオーイ《全能の神》

図0－2　メナブオーイ《後方に十字の光輪のあるキリストと天使》

した時代であった。

一四世紀後半の時代において、飢饉や経済的苦境と平行して、「大規模ペスト」が六回ほど次々と繰り返された。こうした社会の激しい動揺を背景にイングランドで教会の抜本的な改革を訴えたのがウィクリフであった。時代の悲惨さと苦難を前にウィクリフは、教会の現体制そのものに対して懐疑し、教皇を頂点とする教会体制を否定し、従来の形式主義的な教会に対して反旗を翻したのであった。当時、社会においては、人びとの間にペストによる惨状とペスト死への恐怖、飢饉の苦しさのなかで、生活苦や宗教的不安に喘ぐ下層民を中心に広く西欧で反乱が繰り返された。ペストや飢饉の反復のなかこの時代ほど社会が大きく揺れ動いた時代はなかったが、それだけ時代はウィクリフの思想のような新しい抜本的な思想を求めていたのかもしれない。

巷にあふれるペストによる大量死。非情な拷問を受けるかのように苦しみ悶える家族の死——それを目の当たりにして、人びとは、このように現世がすでに厳しい「浄罪の世界」（煉獄）であるならば、死後の本当の煉獄での浄罪

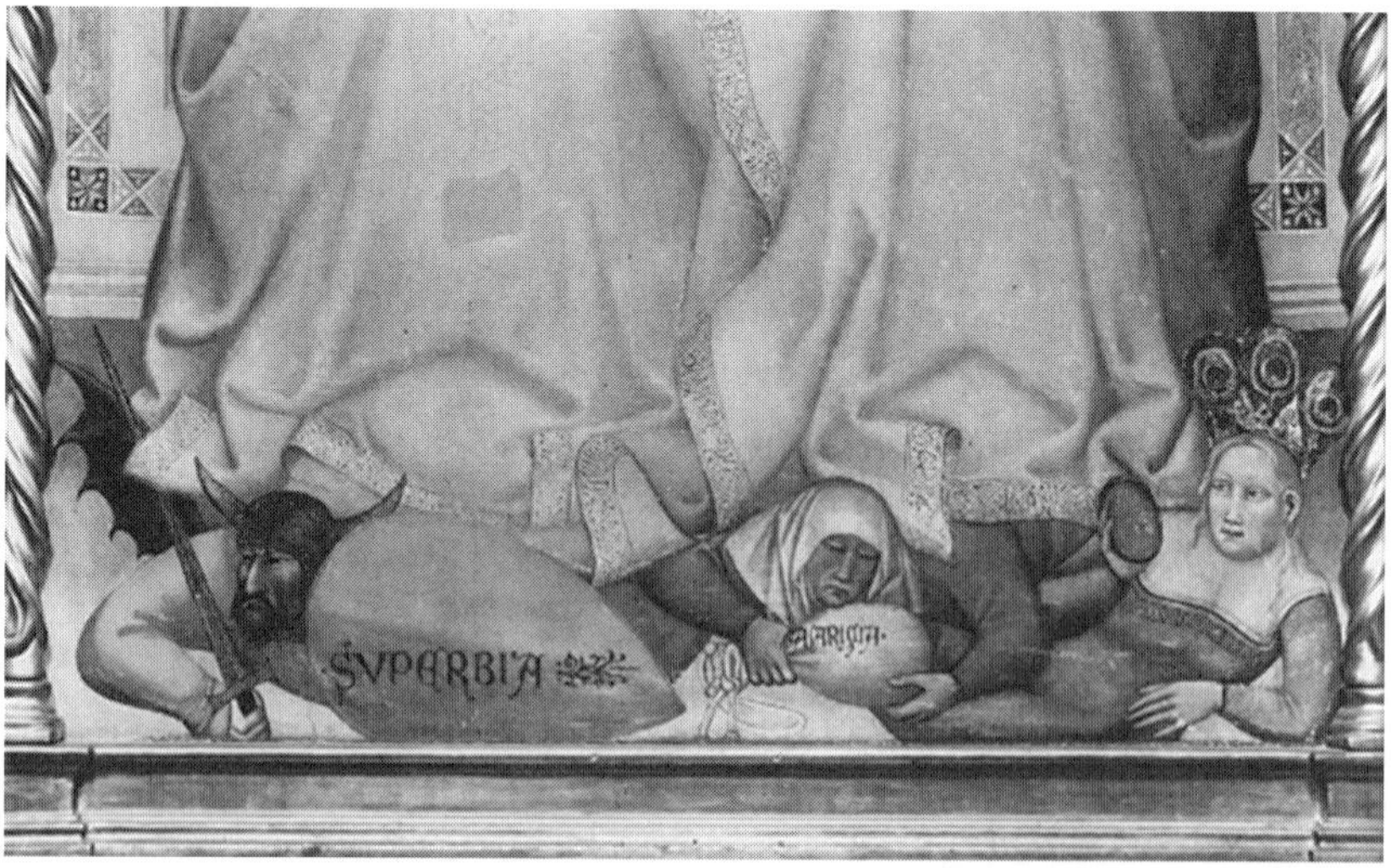

図０—３　ジョヴァンニ・デル・ビオンド《傲慢・貪欲・虚栄》（《福音史家聖ヨハネ》の一部）

はいかばかりか、と恐れおののいた（「煉獄の地獄化」）。こうして、ペストは、来世の煉獄への恐れを刺激し、「供養ミサ」（煉獄での苦しみを緩和するもの）が西欧世界でこれまでになく増加した。例えば、フランスのアヴィニョンの供養ミサの増加はJ・シフォローが実証している(22)。

付記　ル・ゴッフは「煉獄の地獄化」は扱わなかった

なお、中世後期における「煉獄の誕生」のあり方を歴史的に浮き彫りにしたル・ゴッフも、ペスト期における煉獄のイメージの変容、すなわち、「煉獄の地獄化」については扱っていない。私が問題とするような、苦難としてのペストが人びとの煉獄観のイメージに及ぼす心性的問題までは論じていない。しかしほとんど周期的に繰り返されるペストによる大量死を目の当たりにすることで、民衆の間で、今や「煉獄の地獄化」が強くイメージされた。現世のペストのイメージが増幅することで、民衆が煉獄での贖罪の苦しみを大いに懸念する社会的な現象が宗教改革前夜を特徴づけるのだ。これが供養ミサの需要を高め、ルターによる宗教改革へのひとつの端緒となる。これはル・ゴッフも論じていないことである。

ルターが大学で教えていたドイツのヴィッテンベルクでも供養ミサの増加は同じだった。町の聖マリエン教会では、一五二〇年代初頭には、ミサは年間に九九〇〇回もおこなわれていた。通常のミサは、一日三回、年間にして一一〇〇回程度とすると、残りのほとんどすべて（八八〇〇回程度）は、供養ミサ（レクイエム、死者ミサ、私誦ミサ）であり、そのための八三人の聖職者が必要とされたという。このため同じ教会のいくつもの場所で供養ミサが同時進行でおこなわれた(23)。さらにイングランドでは、一四三六年、一〇〇万回の供養ミサを要求して死んだ金持ちがいた。彼は、それでも不安だったのか、施療院の病人、癩病棟の患者、ロンドンとウェストミンスターの囚人、聖堂参事会員などにも遺贈や施しをするように遺言書で指示している(24)。
煉獄での罪のあり方については、一三世紀初頭のハイスターバッハのカエサリウスの『奇跡についての対話』(一二二三年頃)を読むと、「そこそこの善人」と「そこそこの悪人」の両者が「煉獄で穏やかな罰を受ける」(istis ut *mitius* puniantur)と記述されているに過ぎない(第一二書第三九章)(25)。煉獄は、一種の通過儀礼に過ぎなかったのだ。ところが、世界の「煉獄」の世界のイメージが、今や、反復されるペストの惨禍によって増幅され、死後のための活動——煉獄の苦しみを緩和する活動——が活発化した。貧民救済などの善行・隣人愛の実践、喜捨、巡礼、時禱書による祈り、信心会(兄弟会、信徒会)活動など、「市民的キリスト教」(市民的宗教)が広がった。ペストの原因である《峻厳な神》が強くイメージされた。

A・E・マクグラスは、一四五〇年と一五二〇年の間に、供養ミサを求める民衆の宗教的信心がドイツやオーストリアで大いに増大していたことを指摘する。マクグラスは、市民的キリスト教の高まりについて述べたB・メラーの研究を紹介している——「一四五〇年と一四九〇年の間にオーストリアの中流上層階層の人びとによって設けられたミサ(供養ミサ)の数はしだいに増え、一四九〇年から一五一七年の時期にピークに達した。メンバーが死んだ時、司祭に謝礼を払ってミサを立ててもらうために宗教的信心会を結成する流行が起こった。この信心会はいずれも貧者の供養のためであった。この信心会の存在は、煉獄とか聖人のとりなしとかいった、死と永遠の生命についての一連の信仰と結びついていた。ハンブルクだけでも、宗教改革前夜にそのような信心会が九九も存在したが、それらはみな一四五〇年後に結成されたものであった」(26)。

こうした宗教的行為そのものは、ペスト期以前の宗教行為とほぼ同じ類の内容であるが、活発化による数的、量的な程度の違いは歴然としていた。広範囲に及んで、死後の至福の世界を念ずる信仰が高まりを見せたといえる。すなわち、煉獄を恐れる切実な宗教的心性が強く広がっていた。ペストの反復によって、「煉獄の地獄化」がイメージされ、終末意識がますます刺激された。免罪符の販売（これはごく一部の動きであった）もそうした人びとの必死の心性に対応したものであった。これが宗教改革の前夜の宗教的状況であった。

これに対して、ルターは、人びとと同じ心性――《峻厳な神》のイメージ――を抱いていたが、それゆえにこそ（つまり神は非常に峻厳なるがゆえに）、そうした小細工めいた善行や免罪符は、神の前では通用しない。死後の世界はすでに神の決定に委ねられていると教えた（決定論）。

一六世紀、一七世紀において、宗教的確信のもとに、新旧両派のいずれの立場においても、神の意思に従って妥協なき立場が堅持され、宗教戦争が展開された。この時代に頻発した魔女狩りも、それぞれ《峻厳な神》に従った宗教的運動によるものであった。魔女の存在を許しておくことが神の怒りに触れ、みずからの罪であると信じられたのである。

ペスト期には政治が宗教を要求し、宗教が政治を要求した。ここには複雑な関係があり、一方のみから単純化できないところがある。ペスト期は、何と言っても、絶対主義国家の形成期と重なる部分があった。しかし、全般的に見て、ペストは、宗教と教会と聖職者に強い追い風となり、ある種の宗教意識を大いに高揚させたことは間違いないだろう。教皇国家の確立もその恩恵の部分があろう。バロック美術は宗教的なエネルギーが背景にあり、それに先立つマニエリスム（ポントルモ［図8―6《十字架降下》］など）は、私見ではペストがもたらす不安（さらには終末意識）が、古典主義の崩壊とともに、その成立の背景のひとつにあるかもしれない。ペスト期の四世紀間において、類似した心性的イメージ――《峻厳な神》――のもとにおいて、宗教問題や宗教改革や宗教戦争が時代の中心にあったといえる。

そして次に「ペスト期が終わってからの時代」、すなわち、啓蒙思想の時代（近代）が来る。ようやく一八世紀初頭（一七二一年）になってペストはマルセイユのペストをもって西欧で基本的に終焉する（イングランドではペストは早くも半世紀前の一六六五年に終息)。こうして、人間はようやくペストから解放されたという思いからであろうか、「ペスト期」が終わってしばらく(数十年から半世紀)すると、「人間の理性」をスローガンとし、宗教に束縛されまいとする啓蒙思想が知識人層を中心に台頭し、近代の幕開けが始まった。中近世にも「人間の理性」の評価はあったが、あくまで神の理性の従属的な地位にとどまっていた。ここでは人間の理性はもっと自律的な要素が強くなった。同様に、この思想のひとつの特徴傾向は、宗教への反発である。ペスト期において宗教や教会がペストの流行から追い風を受けて盛んであったのと対照的である。例えば、フランス啓蒙思想の代表作である『百科全書』は、その出版以来、その反宗教的性格ゆえに、教会や聖職者から強い反発を買った。聖職者側の反発は、啓蒙思想の本質的傾向から当然のものであったといえる。上層の知識人中心に時代の反宗教的な性格は高まり、そこに育まれた啓蒙思想は、フランス革命を引き起こす導火線または思想的バックボーンとなったのである。

実際、フランス革命によって教会や修道院の建造物や教会内の墓がフランス中で数多く破壊されたり、撤去されたり、民間に売却されたりした。啓蒙思想の著名な著作は、例えば、以下のものがあげられよう。ロック(イギリス)『統治論』(一六九〇年)、ヒューム(イギリス)『人間本性論』(一七三九～一七四〇)、モンテスキュー(フランス)『法の精神』(一七四八年)、ルソー(フランス)『社会契約論』(一七六二年)、ベッカリーア(イタリア)『犯罪と刑罰』(一七六四年)、アダム・スミス(イギリス)『国富論』(一七七六年)、ディドロ、ダランベール他(フランス)『百科全書』(一七五一～一七七二、一七七六～八〇)。

もちろんペストから解放されたことだけでそのまま啓蒙思想が誕生したとは考えにくい。やはり一七世紀の「科学革命」の下地が大きなひとつの要因として作用したのであろう。しかし、しばしば誤解されているが、実は一七世紀の科学革命を担った科学者・数学者は、同時に、神学者・天文学者(占星術)・哲学者であった。デカルトは、『方法序説』のなかで「神学は天国に至る道を教えてくれる」と言っている(27)。彼の学問体系は伝統的なものであった。彼らは、アリストテレス的学問体系である小宇宙・大宇宙の普遍的追究の実践者であった（アリストテレスは「神」ではなく「自然」を究極の真理・摂理と見たが、キリスト教徒はそれを「神」に置き換えて考えた）。科学革命の推進者の多くは強く神学に関心を抱き、神を中心に世界を見ながら、その信仰ゆえに、自然界と天体の動きのなかに神の理性、世界や天体の秩序だった合理的なあり方を認めて、関心を深め、天文学・自然学（＝自然科学、自然哲学）の学問を継承・発展させていったのである。ここに天体の秩序を信じて数学的アプローチに向かったのかもしれない。その自然哲学（自然科学）では観察と運動が中心課題であった。例えば、ケプラー（一五七一～一六三〇）、デカルト（一五九六～一六五〇）、スピノザ（一六三二～一六七七）、ライプニッツ（一六四六～一七一六）、ニュートン（一六四二～一七二七）などは、みなそうしたものに関心を向けた人びとである。神が合理的秩序をもたらすという考え方が天体の秩序の解明につながったのである。

一方、自分たちの生きるこの社会のあり方については、みずからの信じる神のイメージのもと、排他的に宗教的政治的な戦いを展開して、その分だけ熾烈になった。一七世紀は、「危機の世紀」であった。一四世紀と同じく、気候の寒冷化によって凶作と飢饉が繰り返され、経済的危機に陥った。そこにペストの流行が追い打ちを掛けた。ペスト期にしばしば起こった宗教戦争、とりわけ三十年戦争や、数々の内乱は、戦場から戦場へと移動する兵士を通じてペストやチフスを拡散させた。疫病と戦争によって人口が激減し、ドイツなど、アルプスの北では多くの都市が荒廃し、混乱ばかりが目に付く時代であった。ここにおいては、世の中にもはや確実なものは見えないように思われた。

一六世紀にモンテーニュやピュロンの懐疑論が支配するなかで、再出発を目指したのがデカルトであった。三十年戦争の最中にあったデカルトは、科学革命を発展させた。すべてを疑うなかで、第一原理である自己の思惟の原理（「我思うゆえに我あり」）を見出し、その思惟を支える存在としてまさに神を認めたのである。自己の思惟の原理と神の存在は一体のものであった(28)。ここでは、自然現象の背後にある確実な原理や数学的な原理が、彼らの最初の拠り所となった。ここでは、とりわけ自然学・天文学のあり方に神の摂理、つまり神の合理的秩序の世界が示唆されたのである。

科学革命が決して神を否定したわけではなかったことは留意すべきである。神は、一方で、神罰を下し、《最後の審判》をもってこの世を破滅に導く恐るべき存在であると同時に、天地や万物のすべてを創造し、そのすべての被造物のなかに、まさに共通の有機的な神性（理性）を通わせている存在であった。その神性こそ、万物のなかに摂理と合理性と秩序を保証するものであり、ひとり理性をもった人間がアプローチすることのできる普遍的真理の根拠であった。普遍的人間の考え方は、古代ギリシャの「自然」を「神」に置き換えるだけで、なおもペスト期の世界で生き続け得るものであった。

神のこの二面性に直面していたのが一六六五年のニュートンであった。大規模なペストがロンドンで猛威を振るい、彼の住むケンブリッジにも迫ろうとしていたのだ――

表0―2「一六六五年の死亡週報」は、一六六五年にロンドンを襲ったペストの死亡者についてロンドン当局が発表した週報である。人口四〇万人のロンドンの場合、住民の二〇パーセントの七万人（おそらく実際は一〇万人）の命を奪うペストが流行した(29)。毎週四〇〇〇人から五〇〇〇人ほどの人びとの命が夏の二カ月間に続けて失われたのである。大パニックであった。この大事件すら、先の一二〇頁からなる世界史年表には載っていない。このパニックのなかで都市当局は犬や猫を疫病の原因だと思って大量に処分してしまった(30)。

ロンドンの北方一〇〇キロのケンブリッジ大学も神の手が及ぶところであった。若きニュートンも、一方において、神の不可解な側面、恐るべき《峻厳な神》を痛感しつつ、故郷のウールスソープに疎開したが、そこで、神のもう一方の側面、世界・天体に張り巡らす合理的な摂理・真理のマクロの世界を、先輩のデカルトやガリレオの天

表０－２　1665年の死亡週報

８月８日～15日	3880人
８月16日～22日	4237人
８月23日～29日	6102人
８月30日～９月５日	6988人
９月６日～12日	6544人
９月13日～19日	7165人
９月20日～26日	5533人
９月27日～10月３日	4929人
10月４日～10日	4227人

文学的、数学的研究を手がかりに発展させ、数学的原理（主に幾何学的手法）から万有引力の法則を発見したのであった。ロンドン・ペストの恐怖と万有引力の摂理が、同一時期に、同一人物の頭にあったのはおもしろい。

　次の科学史の研究家のことばは、こうしたニュートンの基本姿勢を説明するものである――「ニュートンは神学や錬金術にも強い関心をもっていた。実際、二〇世紀になって競売に付された彼の膨大な手稿や蔵書目録から錬金術の実験、神学の研究、キリスト教的年代学の研究は余技ではなく、力学や光学に劣らないほど彼の学問の本質的部分を占めていたことがわかる。もちろん、これらの研究は彼の自然科学の研究と無縁ではなかった。彼は重力の原因を神の存在に求めようとしていたし、『光学』においては、自然哲学、つまり自然科学の主たる任務を「仮説を捏造することなく結果から原因を導き出して」、第一原因、つまり神に到達することだと明言していたのである」(31)（田中一郎）。

　ニュートンの抱く明確な神への信仰は『プリンキピア』（一六八七年）の次のことばからも明らかである――「神は永遠にして無限、全能にして全知であります。すなわち、永劫より永劫に持続し、無限より無限にわたって存在するのです」。「わたくしたちは神をその完全性のゆえ賞め讃え一方またその支配ゆえに崇め拝むのです。事実神の僕として神を崇めるのです」(32)。

　ニュートンは、その体内に伝統的な宗教観を深く染みこませていて、ダニエル書やヨハネの黙示録について真剣に神学的考察を展開している。事実、神学者ニュートンは、キリスト再臨の時がいつか、世界の終末がいつかについて考えていた。ニュートンによれば、アンチキリストの支配は「蛮族が侵入しローマ帝国の中にいくつかの王国が樹立された頃」と述べている(33)。また、ある研究者は、ニュートンが書いたダニエル書の論文を分析して、ニュートンが「二〇六〇年」を世界の終末の年と見ていたと発表している（二〇〇三年）(34)。このように見ると、ひとりの人間の傑出した業績（『プリンキピア』）だけでなく、彼が生きた時代とともに、その人間の全体像から理解すべきであろう。

いずれにせよ、ペストからの解放が、部分的にせよ、啓蒙思想の誕生の背景の一因となっていたような気がする。大陸と比べてペストから半世紀早く解放され、ほかの側面で先行していたイングランドでこそ、啓蒙思想が半世紀早く芽生えたのかもしれない。一七二六年、イングランドに渡ったヴォルテール（一六九六～一七七八）は、その息吹を自国に持ち帰った。

ペストの終焉、すなわち、《峻厳な神》のイメージの解消したことは、いわば人間の理性の賛美の「追い風」として作用したことは可能性としてありうることである。この可能性は、初期の啓蒙思想家の書いたものを綿密に分析して、その心性・内奥のあり方を浮き彫りにして、明らかにすべき課題である。社会背景が個人の関心事を規定するはずなので、この背景と執筆内容の相関を明るみにしなければならないだろう。また、一八世紀において注目される社会的な出来事は、科学技術の発展、産業革命がもたらした富と人口の増加、そして、新世界の地理的広りの認識である。古代ローマ人も知らなかった新世界の存在を我々は知っているという自負は、過去からのパラダイムを脱却する力になったかもしれない(35)。

イングランドが最後のペスト（一六六五年）から解放されてから五六年後の一七二二年になって、イングランドで画期的なことばが発せられた。ペスト期に信じられた「ペストは神罰である」という心性（ペスト的心性）に対して、この啓蒙思想の時代になってようやく異議を唱える者が現われたのだ。『ロビンソン・クルーソー』を執筆したダニエル・デフォー（一六六〇〜一七三一）は、この一七二二年、《ペストが神罰であると主張するのは、明らかな無知と狂信のせいであって、軽蔑するほかないだろう》と書いている（『ロンドン・ペストの恐怖』）(36)。デフォーの発したこの《反神罰》のことばは、私が読んだペスト期の文献では見出せなかった注目すべきことばである。デフォーよりもっと前の時代にこうしたことばがあれば是非教えを乞いたいものである。

第五節　本書の主張と構成について

まず、本書の主張と構成について述べておこう。基礎となる第一段階（第一部）として、歴史的に最も大きなペストであった「一三四八年を中心とした黒死病」（以下、便宜的に「一三四八年の黒死病〈ペスト〉」、「大黒死病」）について、その被害がどのようなものであったかについて、先行研究に負いながらその基本的確認と批判的考察を試みたい。それはそれ以降に発生したペストの傾向とも通じるものがある。

心性の形成に先立ってまず認識しなくてはならないのが、被害の実態である。また、ここではペストを受け止めた側の社会構造（貧民層など）がどのようなものであったか、また、ペストが乳幼児や子どもにどう作用したかなど、中近世全般にも関わる側面にも及んで論じる。しかし、とりわけこの第一段階で中心となるのは、一三四八年のペストとそれ以後のペストが《都市と農村》にもたらした被害の実態（死亡率等）とその根底にある都市社会と農村社会の構造的な要素である。

次に第二段階としてこの苦難の与えた心性的影響を考えるべきである。ペストは甚大な生命の打撃をもたらしただけでなく、生き残った者に対して甚大な心性的、精神的打撃をもたらしたのである。このことをひとりの個人の生涯と都市政府の治政者から見るのが第二部と第四部である（第三部は近世のペストの概観）。

第二部において、トスカーナ地方の《ひとりの個人のレベル》に視点を据えて、苦難と心性の相互の結びつきのあり方、さらに、苦難によって刻まれた心性の引き起こす行動様式のあり方を見る。奇跡的に残された一四世紀から一五世紀初頭の一個人の豊富な史料、すなわち、プラートの商人フランチェスコ・ダティーニ（一三三五〜一四一〇）の豊かな書簡を通じて、苦難と心性と行動の結びつきのあり方を見る。生活史料（手紙）から等身大の心性が浮かび上がるかもしれない。

第四部において《都市政府の為政者のレベルの心性》に焦点をすえて、その政策、行政、司法に現れたペストの苦難によって刻まれたペスト的心性のあり方を見ていきたい。人びと全般に共有された心性は、一五世紀の為政者の発した都市政府の政策・法令・判決事項に認めることができるのである。

こうしたペスト的心性の側面を見ることから浮かび上がるのが《峻厳な神》である。本書は、従来の光り輝くルネサンスのイメージや見方に対して本質的または部分的に再考を提起するものである（ルネサンス期はペストの脅威にさらされ、宗教的行為が盛んな悲愴な時期であった。これは先の例話の拙著（『地獄と煉獄のはざまで――中世イタリアの例話から心性を読む――』）でも述べた(37)。ことによると、心性史から見える展望が従来の歴史的アプローチや歴史観のあり方そのものを問うかもしれない（ただしここではルネサンス文化論の本質を扱う場ではない）。

ペストという苦難の視点から中世末から近世の世界を見ると、西欧がキリスト教社会であったがゆえに、四世紀に及ぶペストの災禍が人間の心性と行動に対して宗教的に影響を及ぼして、ある程度までそれを規定していたありさまが、極めて見通しよく展望される。ペスト（宗教的事件）の視点から見渡すと、「近世に繰り広げられた歴史的事象」が、そのかなり共通するその宗教性ゆえに、有機的な一体として把握されるのである。この意味で、ペスト的心性からこの時代を見ると、まさに「一等三角点」に立ったように遠くまでものがよく見えるような気がする(38)。

序論　トレチェントの苦難

第一章　トレチェントの時代と危機

第一節　前史——トレチェントに先立つ時代

本章は、様々な苦難に見舞われたイタリアの一四世紀——すなわちイタリア語で「トレチェント」(Trecento)——の時代の歴史的状況を概観する。それはペトラルカが先頭を切った初期ルネサンスの時代である。その苦難の状況のなかにおいても、とりわけ最大の苦難であった黒死病について、イタリアを中心に歴史的に展望することを目指すものである。地方分散的な中近世イタリアについては、個々の都市・地域のもつ特有の性質が少なくなく、それを一般化して語るのは容易ではないかもしれない。ここではその時代状況についてごく基本的、初歩的な概説にとどめて提示したい。

まず、トレチェントに先立つ時代はどのような時代であったか。ヨーロッパ全般の傾向も視野に入れながらイタリアを中心に事例を交えながら簡潔に見ていこう。一二世紀と一三世紀は、それまでになく気候に恵まれた上に、水車の利用による農耕用の鉄製品や馬の蹄鉄の生産などの技術革新、耕地面積の拡大、三圃制農法（この農法の有効性はかなり地域差がある）(39)などにより、特にアルプス以北を中心に、生産が飛躍的に高まった時代であった。そうして得られた余剰生産物や地域の特産品は広域に及んで商業を大いに刺激し、全ヨーロッパ的規模で、さらには、ヨーロッパを越える規模で交易が盛んにおこなわれ、定期的に大市が開かれるようになった。ここで大商人（長距離交易業者）は大いに利するところがあった。北海・バルト海沿岸での商業活動ではリューベック、ハンブルクなどのハンザ都市が主役であったが、地中海ではイタリア都市が主役であった。イタリア人は、イタリアの内部の都市間の商品（穀物等）の交易をおこなう一方で、地中海の中心部に突き出たその半島を拠点にして、航路を通じて北のネーデルラント、フランドルから、東のアラビア世界までを股に掛けて商業活動を展開した。

たとえば、マルコ・ポーロ（一二五四～一三二四）は、まだ少年の時に、東方貿易によって商利をねらうヴェネツィア商人の父や叔父に引きつれられて、中国にまで足を伸ばして、結局、元王朝と深く関わることになったが、この生涯はこうした背景の所産である。世界が広がる一二世紀と一三世紀の中世後期の時代は、以前の自給自足を中心とする経済と比べて、はるかに広域な、世界に目を向けた時代であり、経済規模が格段に広がった時代であった(40)。十字軍運動やスペインのレコンキスタ（国土回復運動）や中世都市の発展の背景には、ヨーロッパのこうした経済的な活力があった。

ヨーロッパの経済的活力は人びとの生活を豊かにし、それは人口の圧倒的な増加となってあらわれた。ヨーロッパの国々の中世初期から黒死病発生前（一三四〇年頃）までの人口の発展は表1―1「中世西ヨーロッパにおける人口の増加」から端的にわかる。ここでは一〇〇〇年以降の人口を見ると、あくまで推定であるが、イタリアの場合、一〇〇〇年頃に五〇〇万人であった人口は一四世紀初頭において二倍の一〇〇〇万人の人口にまで増えた(41)。他の国について一〇〇〇年頃の人口とペスト前の人口を比べると、イタリアの増加を凌いでいる。フランスと低地諸国は三倍の増加、イングランドも三倍、ドイツやスカンジナヴィアもほぼ三倍に増加している。

表1―1　中世西ヨーロッパにおける人口の増加

J・C・ラッセルの推定（斜字体部分は W・エイブルによる）

（単位 100 万）

国	650 年	1000 年	1200 年	1340 年
イタリア	2.5	5	–	10
リベリア半島	3.6	7	–	9
フランス	–	–	*12*	*21*（1328）
フランス＋低地諸国	3	6	–	19
イングランド	–	1.1（1086 年）	*2.2*	3.7
イングランド・スコットランド・ウェールズ	0.5	2	–	5
ドイツ	–	–	*8*	*14*
ドイツ＋スカンジナヴィア	2	4	–	11.5

A. De Bernardi, S. Guarracino, *I tempi della storia,* vol.1, E. S. Bruno Mondadori, 1989, 10.

表1―2　中世イタリアの都市の広さと人口

都市	面積（ヘクタール）			人口		
	1130 1160	1180 1200	1280 1300	1130 1160	1180 1200	1280 1300
ミラノ		200?	500?		90000	200000?
フィレンツェ		97	603	25000	50000	100000
ヴェネツィア						80000
ナポリ						50000
パレルモ					30000	50000
ボローニャ	23	120	400			50000
ジェノヴァ	53		110	25000		50000
ヴェローナ				380		40000
パトヴァ			480			36000
ローマ						35000
ピサ	114		185	11000	15000	38000
パヴィーア					40000	20000

A. De Bernardi, S. Guarracino, 35.

イタリアの中世都市について見ると、表1―2「中世イタリアの都市の広さと人口」からわかるように、イタリアの多くの都市は、その面積（市壁内面積）を拡大させつつ、人口を飛躍的に上昇させていることがわかる。フィレンツェの場合、一二世紀初頭に二万五〇〇〇人だった人口は、一四世紀になる頃には、実に四倍の一〇万人の人口にふくれあがった。ジェノヴァは二倍、ピサは三倍以上に膨れあがっている。

こうしたなか、急激な人口増加に対処するために開墾と新たな土地への定住が盛んにおこなわれ、たとえば、中央ヨーロッパの場合、多くの都市が建設された（「都市」とは、ペスト前で人口「一〇〇〇人」以上が目処であり、世帯数で言うと、一二〇世帯から二五〇世帯である）。グラフ1―1「中央ヨーロッパの都市の建設」(42)からわかるように、一三〇〇年をピークとする驚くべき都市の建設ブームをもたらした。ドイツの人口史の研究によると、まさに一二九〇年から一三〇〇年までのわずか一〇年間に驚異的なピッチで都市建設が展開され、一〇年間のうちに約三〇〇もの都市が建設され、そこに人びとが入植したのである。しかし、人口の急

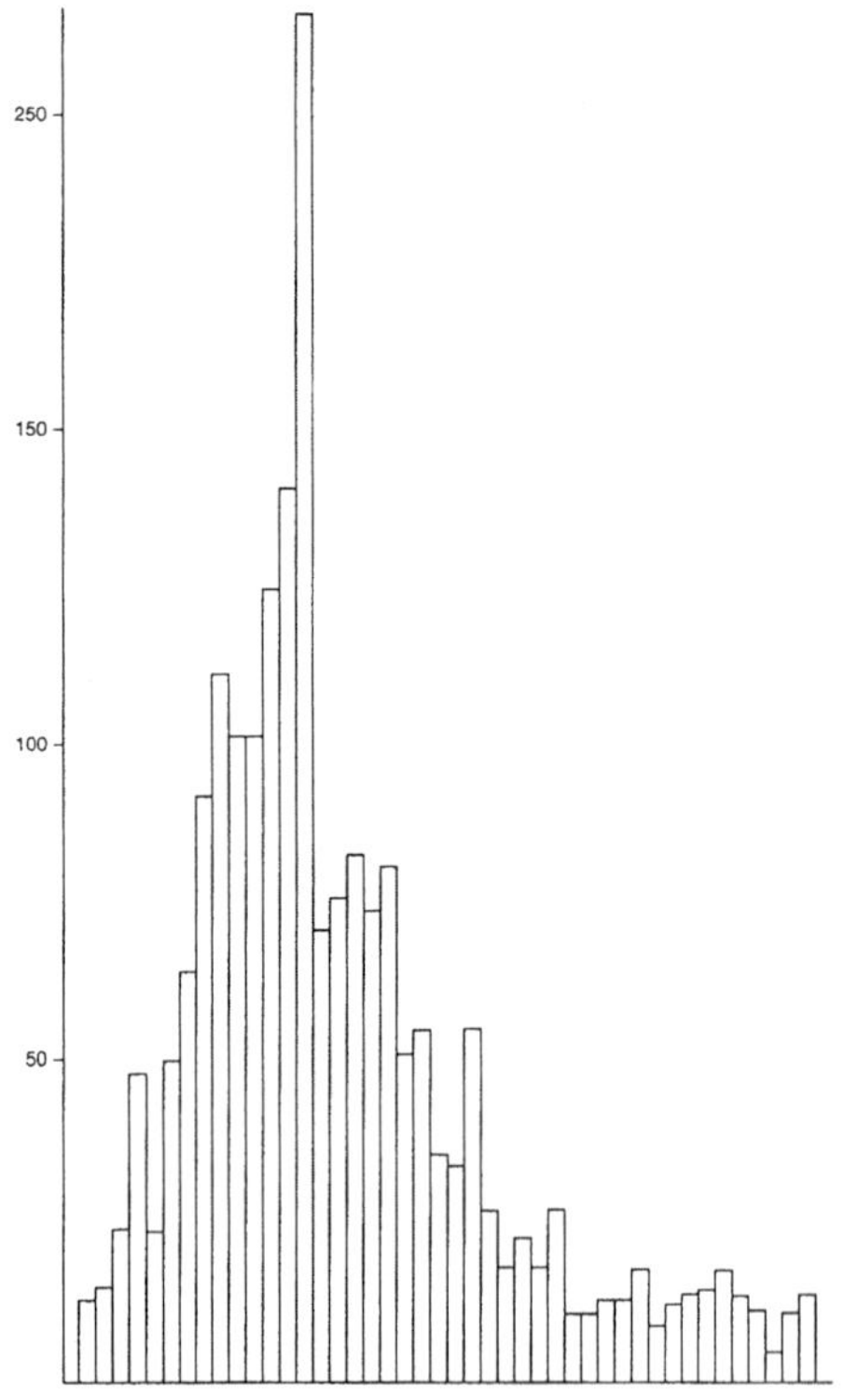

M. L. Bacci, *La popolazione nella storia d'Europa,* 1999, Rome－Bari, 34.（source：W. Abel, *Geschichite der Landwirtschaft,* Stuttgart, 1963, 46）

グラフ1―1　中央ヨーロッパの都市の建設

激な増加は、食糧不足の問題を引き起こし、特に凶作の年と重なった場合、深刻な飢饉を招くことがあり、そのために飢饉への対処から、さらに一層開墾や灌漑が促されたのである。「人口増加」と「開墾」は、鶏と卵の関係と同じく、どちらが先行したかは、一概にいえない、相関関係の性質のものかもしれない(43)。

めざましい発展はイタリアの北部・中部においても認められた。主役は都市（大小様々の集合的共同体）であった。多くの地域で「都市コムーネ」（「自治都市国家」）が、在来の地域の豪族を抑えて政治的、経済的主役となった。その数は、イタリアの北部・中部において二〇〇から三〇〇も存在したといわれる。そのうち、おそらく九〇前後の都市コムーネが、地方の宗教的中心地である「司教座都市」、つまり高位聖職者である「司教」を擁する都市であった。「都市コムーネ」は、商業を本質的活動にしながら、政治・軍事・宗教のバックボーンを備えた統合体であった。ただ、軍事に関しては、所詮、都市の人口はふつう数千人から数万人程度なので（「農村」は一〇〇〇人以下の共同体、ペスト前の時代、一三四七年以前の世帯規模では二二〇〜二五〇世帯である）(44)、フランス王やイングランド王のように、大軍団の常備軍を備えることはできなかった。コムーネによって様々だが、多くは、必要な時にその都度、傭兵隊長と傭兵を雇った。

この時代の中部・北部イタリアは、名目上「神聖ローマ帝国」に帰属したが、ふつう都市コムーネは、その拘束や支配を受けず、事実上、独立と自治権を享受した。いわば薄いベールをまとっただけの、名前だけの権力の実体の乏しいこの帝国においては、そこから事実上保護も受けられず（そこでは帝国による警察権力も治安も存在しなかった）、各コムーネは、みずから必要最低限の範囲を市壁（城壁）で囲んで外敵から身を守り、そこで自治を営んだ。そうしたなか、一二世紀・一三世紀の都市は、人口増加に応じて古い市壁を壊して、新しい市壁を築いて都市を拡大していった。

こうした狭い空間に密集した市民の間で、愛郷心は高まり（ひとつの国であったので「愛国心」といってもよい）、市

図1―1　カルカータ

コムーネの起源は古く、古代エトルリア人が関与しているといわれるが、**12**世紀になってから城壁・街区が形成された。ヴィテルボからバスで行くと、山間に突如として現われるカルカータの姿は威容そのもの。住民に聞くと、住民（旧市街）の数は**50**人程度という（**2007**年）。町に入ると、年輪を重ねた住居の石の色が実に重厚である（ラツィオ州ヴィテルボ県。標高**172**メートル）

民の矜持の念とエネルギーは、イタリアにおいても、まず、公共建築物に向けられた。公共建築物は、力のこもった多くの傑作がもたらされた。まず、俗人による管理委員会（Opera del Duomo）が中心となって「大聖堂」の改築・新築が着手され、旧来の狭いロマネスク様式の教会が取り壊され、北方ほど壮大ではないにしても、天井が四分ヴォールト（交差ヴォールト）に象徴されるイタリア・ゴシック様式の教会が登場した。市民の霊魂の救済につながるものとして、都市の中心教会である大聖堂の造営は、極めて公共性の高い建物であった。新建築はまさに市民の文化様式の象徴となった。さらに「国家」（都市国家）にふさわしい立派な「市庁舎」（事実上それは「国会議事堂」であった）が築かれた。こうした都市の愛郷心は、現在もなお多くの地方都市にも息づいている――それは今もイタリアなどの多くの地方都市の魅力の原動力となっている。

図1—2　チヴィタ・ディ・バニョレージョ

12世紀に自由コムーネとなり、経済的、文化的に繁栄した。ラツィオ州のヴィテルボの北20キロに位置。建設の起源はエトルリア人によるといわれるが、史料ではこの地名は6世紀末に登場する。現在、住民は8人（*Il Borghi più belli d'Italia : guida 2010,* **425**）。オルヴィエートからバスと徒歩でアプローチする（ラツィオ州ヴィテルボ県、標高485メートル）

この都市コムーネのほか、その周辺に、多かれ少なかれ都市に従属した（まれに都市を従属させたものもあったが）「農村コムーネ」があり、それもまた人口の増加により次々と建設された。農村コムーネの場合についても、同様に治安上、防備が重要な要素だったことから、地形的にそれを満たす場所は好まれたようである。たとえば、ラツィオ地方のカルカータ（Calcata）（図1—1「カルカータ」）は、断崖絶壁のもつ場所の軍事的防備性の高さゆえに、一二世紀になって城壁・街区が形成されたコムーネである(45)。また、ラツィオの北端の図1—2「チヴィタ・ディ・バニョレージョ」（Civita di Bagnoregio）も、すでに六世紀の史料にその存在が認められるが、一二世紀に自由コムーネとなり、繁栄と文化的活力を享受し、近隣のオルヴィエートの勢力にもかかわらず、自治を維持したコムーネである(46)。

図1―3　トレーヴィ

アッシージ、スポレート（**Spoleto**）、スペッロ（**Spello**）などとともに、ウンブリア州の魅力的な山岳都市。近くに同じく魅力的な中世山岳都市モンテファルコ（**Montefalco**）がある（トレーヴィの旧市街人口は**1,070**人（*Il Borghi,* **404.**）。ウンブリア州ペルージャ県、標高**412**メートル）

農村、都市いずれのコムーネにおいてもその立地には可能なら周囲から隔絶された小高い山が好まれ、その景観は今もウンブリア州やトスカーナ州を走る電車の窓から、我々を楽しませてくれる（図1―3「トレーヴィ」）。

一三世紀において、都市コムーネは、おそらく人口は数千人規模のものが多く、一万人のコムーネはかなり立派なコムーネであった。実際、この頃のヨーロッパやイタリアの人口は、大ざっぱにいえば、今の時代の一〇分の一程度であったから、当時の一万人の都市は、今の一〇万都市に相当するわけである。一三世紀において、イタリアの北部・中部の経済的優位は高く、人口二万人を越えた都市は二三都市もあり、一方、南部（両シチリア王国）にはわずか三都市しかなかった(47)。ヨーロッパ全体から見ても、ヴェネツィア、フィレンツェ、ミラノなどのイタリアの中部・北部のコムーネは、圧倒的な規模の大きさを誇った。すなわち、一三〇〇年の時点では、それぞれ八万人、一〇万人、二〇万人程度と考えられている(48)。同じ頃、ロンドンの人口がまだ四万人であったことを見ると（二〇一三年でのロンドンの人口は約九八〇万人！）、イタリアの中部・北部都市の活力と規模がわかるだろう。

第二節　トレチェントにおける様相の変化――トレチェントの危機

一三世紀における経済的発展は、しかしながら、一四世紀に入る頃からヨーロッパの多くの地域においてその様相を大きく変貌させた。農業は、地球が寒冷期に入って悪天候が慢性化して凶作が続いた。南イングランドのウィンチェスター司教区に残っている荘園の会計簿は、作物の収穫について記録されているばかりでなく、天候が作物に決定的に重要であるとの認識から、天候の様子（乾燥〈wet〉、湿潤〈dry〉、晴雨、洪水）が克明に記録されており、天候の悪化と収穫の低下との密接な関係が細やかな数値で確認されている(49)。一二〇九年の収穫率は、小麦一粒の播種量に対して五～六粒の割合であったのに、一三〇〇年にはわずか二粒の割合にまで落ち込んだ(50)。この記録では、こうした生産の低迷により、記録上多くの都市で人口の減少が認められる。**表1―3「トレチェントの危機とその後の都市の人口回復率」**を見ると、イタリアの一五世紀（クァットロチェント）において、ヴェネツィア、ナポリを除いて、ほとんどの都市でトレチェントの人口減少を回復できなかったことがわかる(51)。

そうしたなか、一三世紀のコムーネの繚乱の様相とは異なってひとつの新たな政治的傾向が現われた。大きい都市が小さい都市を食うことで経済的低迷を凌ごうとしてきたのである。ここにおいて従来の「教皇派（ゲルフィ派）」対「皇帝派（ギベッリーニ派）」という対立の中身は実質的変化をみせるようになる。すなわち、一三世紀においては、確かにそれはある程度まで実質的な意味をもち、《神聖ローマ皇帝フリードリヒ二世とその息子》を支持する陣営と、《ローマ教皇》を支持する陣営との抗争は激しい火花を散らしていた。その戦いは、イタリアの多くのコムーネを二分し、さらには、時にはひとつのコムーネのなかの政治勢力をも二分するものであった。しかし一三世紀後半の皇帝フリードリヒ二世の死やその子孫の敗北による権力の低下に加え、トレチェント、特にその後半に露骨になる大都市の拡大政策によってその抗争は意味を変えていったのである。

すなわち、トレチェントになってから、コムーネは、自己の勢力の強化や保持に都合のよい連携や同盟を重視する傾向を示した——つまり、弱小であれば、弱小同士が組んで強大な都市を牽制しようとした。このことを、トスカーナ地方を例にして見てみよう。大規模なコムーネである教皇派のフィレンツェは、経済的混迷のなか、周辺の都市を征服しようと動き出した。それに対して、東西南北から取り囲む、中規模のコムーネのピストイア（北）、アレッツォ（東）、ピサ（西）、シエナ（南）は、そろって連携して「皇帝派」としてフィレンツェと対抗した。それらのコムーネが「皇帝派」であった理由は、敵対すべきフィレンツェが「教皇派」であったからである。仮にフィレンツェが「皇帝派」であったなら、反対に「教皇派」に与して、フィレンツェに対決し、みずからの独立を守ろうとしたことだろう。過去の大義や名目よりも、個々のみずからの身を守るという実質が大切であった。

しかし、熾烈な戦いのなかで大都市が弱小の都市を食って、大規模なコムーネによる、やや広域な支配（「領域支配」）が次第に確立されていった。そして、一五世紀の「ルネサンス文化」こそは「領域支配」の土壌に花咲いた文化の要素が強

表1―3　トレチェントの危機とその後の都市の人口回復率

——1300年と1450年の比較——

都市	1300年	1450年	比
ジェノヴァ	50000	50000	100
ミラノ	120000	85000	70
ヴェネツィア	80000	100000	125
ピサ	38000	8000	21
ルッカ	20000	12000	60
フィレンツェ	100000	40000	40
シエナ	30000	15000	50
ローマ	35000	30000	85
ナポリ	50000	80000	160
パレルモ	50000	40000	80

De Bernardi, S. Guarracino, 116.

い。こうして周辺の中小のコムーネは大きな規模の都市コムーネによる経済的搾取に苦しむこととなったのである——ここで例としてフィレンツェの東方に位置するアレッツォについて見てみよう。

アレッツォは、一三八四年に傭兵隊長により攻め落とされて、同年すぐにフィレンツェに売却された（「都市が売却された」というのもおかしな話であるが、傭兵隊長の圧倒的な軍事力はそれを可能としたのである）。この後、フィレンツェの支配に下ってから、年ごとに進むアレッツォの経済的凋落は明らかである。アレッツォ史とフィレンツェ史の研究者が示した次の数値からわかるように、アレッツォの没落は、アレッツォの富裕層がごっそりフィレンツェに引き抜かれてフィレンツェへ移住を余儀なくされたことから始まる。その結果、当然ながら、「アレッツォ市民の平均収入」もまた半減する。同様に「アレッツォの総収入」も半減している。ここでの数値から、支配に降ったアレッツォが急激に貧困化の道をたどっていたことがはっきり読み取れる(52)。

アレッツォの人口の下落

一三九〇年	約七〇〇〇人
一四二七年	四一二三人

アレッツォの平均収入の下落

一四二三年	四五五フィオリーノ
一四四三年	二五〇フィオリーノ
一四八〇年	二〇〇フィオリーノ

アレッツォの総収入の下落

一四二三年　五二万九〇〇〇フィオリーノ
一四四三年　三七万一五〇〇フィオリーノ
一四九〇年　二一万九二〇〇フィオリーノ

アレッツォと同じ道を歩んだのがピサであった。先に見た表1―3「トレチェントの危機とその後の都市の人口回復率」に示されているように、ピサは一三〇〇年の時の人口（三万八〇〇〇人）の何と二〇パーセント（八〇〇〇人）にまで落ち込んだのである。これも二、三大きな理由があるが、ひとつは、フィレンツェの領域支配に屈したことによるものである。

トレチェントの時代は、戦争によって大きなコムーネが「領域支配」の拡大を推進していった時期であった。この頻発する戦争を背景に、兵器についても大きな変化が認められた。一四世紀初めから、殺傷力の強い大砲が登場した。それがどの程度イタリアで活用されたかはわからないが、戦争はいっそう熾烈なものへ進むこととなったのである。しかも、戦争に従軍する者は、多くの場合、愛国心ゆえに命をかける市民ではなく、ただお金目的のために戦う傭兵（傭兵隊長）であったから、彼らへの給与の支払いは大変であった（国庫における傭兵への支出について優れた研究がある）(53)。コムーネは、防衛や攻撃が必要な時、その都度、彼らとの間で契約を一定期間（たとえば数カ月から一年間）交わしたが、その編成は、例えばしばしば一〇〇〇人近い人数から数千人の規模の集団であったので、彼らを一定期間、たとえば一年間の契約で食べさせ、戦に向けてそれなりの準備をさせて、命がけの（?）戦争をさせるとなると、破格の費用がかかったのは当然である。手当てをけちれば、敵に陥落されてしまうかもしれなかった。一四世紀末から一五世紀初頭、フィレンツェはミラノとの相次ぐ戦争で戦費の調達に苦しみ、公債や強制公債をそれに充てるが、なお不足し税制そのものの大改革を迫られることとなった——この新しい租税調査・税制度が『カタスト』（一四二七年）と呼ばれるもので、これによって財産と人口の詳しい調査が実施・記録され、当時のフィレンツェ領の財産のあり方や家族状態を知ることができる。

兵士の主力は、イタリア人もいたが、ふつう主にイタリア出身以外の者から構成された（ドイツ、ボヘミア、イングランド、ハンガリー、スイス、コルシカ、カタルーニャ等々）(54)。もともと傭兵は祖国のためでなく、生きるために職業として働いたので、それで命を落とすような戦争は避けた。傭兵隊長は、事前に敵の傭兵隊長と通じて戦争を操作したり、契約違反や寝返りも珍しくなかった。そのために雇用主である都市に逮捕され首をはねられた者もいた。しかし、時に、強大な武力をもつ傭兵隊長のなかには、みずからの意思でコムーネを征服したり、先のアレッツォのように征服したコムーネを他のコムーネに売る者もあった。お金に困ると、コムーネ（シエナなど）を恐喝してお金を奪い取る傭兵隊長も多かった(55)。また、支配した都市で居座ってそのまま君主となることもあった。時には土地を与えられそこに住みつく者もいた。

傭兵隊長の主導する戦争では、ふつう戦死者は極めて少なかった。ところが、一五世紀末から一六世紀になると、神聖ローマ皇帝とフランス王がイタリアを戦場にして戦うようになり（イタリア戦争）、状況は一変する。小規模の戦闘は過去のものとなり、戦闘は血なまぐさいものとなる。血なまぐさい戦いに転じた最初のもののひとつが、パルマの南西にあるフォルノーヴォでの戦い（一四九五年）であった。グイッチャルディーニ（一四八三〜一五四〇）によれば、この戦いは、「ひとつに、最初の、かつ長期にわたってイタリアでの殺傷を伴った戦闘であったがために、また、それ以前には軍事行動ではごく少数しか死亡しなかったがために、記憶されるだろう」と述べた。この戦いで、フランス側の犠牲者は二〇〇人弱に上り、イタリア側は三〇〇人以上の兵士が犠牲になり、さらにその他に三〇〇〇人に及ぶ多くの兵士が犠牲となった。こうして、この後、はるかに血なまぐさい戦闘が繰り広げられることになった。グイッチャルディーニによると、アニャデッロの戦い（一五〇九年）で六〇〇〇～九〇〇〇人、そしてラヴェンナの戦い（一五一二年）では少なくとも一万人が戦死したという(56)。もはや傭兵隊長のおこなう狭い世界の戦闘ではなくなってしまった。

付記　戦争とペスト

「イタリア戦争」の時期と「一五〇〇年前後のペスト」の発生は相互に絡んでいた。ペストは、「一四九九年～一五〇六年」の時期にイタリアに北から到来した（巻頭の表A「イタリアにおけるペストの発生の年と地域」参照）。この時期は、ルイ一二世が率いたフランス軍がイタリアから撤退する時期と重なり、また、チェーザレ・ボルジア（一四七五～一五〇七）が活躍する時代とも重なる。ペストは、一四九九年には、ローマ、マルケ地方、フェラッーラとその周辺地域、フィエッソ、ラヴェンナとフォルリを襲った。さらに、ペストは、一五〇〇年には、シエナ、ヴェローナ、一五〇一年には、メッシーナ、ジェノヴァ、コモ、モデナ（モーデナ）、一五〇二年には、ミラノとロンバルディーア地方の他の地域を襲った。一五〇三年にはヴェネツィア、ピアツェンツァ、そしてもう一回、ローマとフェッラーノを襲った。加えて、ペストは、一五〇四年には、ローマとレッジョ・エミーリア、一五〇五年は、ペルージャ、レカナーティ、フィレンツェとその他のトスカーナ地方、ボローニャとヴェローナ周辺地域、フェラーラと、三年連続でローマにペストが襲った。このコッラーディの年代記や他の史料から、研究者アルファーニは、ペストが一五〇四年から一五〇五年にかけてパルマにあらわれたと述べている。一五〇五年から一五〇六年には、別の深刻な疫病がクレモナに襲った――これはペストではなく、点状出血をもたらす発疹チフスであった。この病気は、ジローラモ・フラカストロ（一四七八～一五五三）によると、それが最初にあらわれたのは、一五〇五年のイタリアであり、おそらくそこの風土病であったと思われるキプロス島から来たものであろうという(57)。

さらに、ミラノの南方のメレニャーノMelegnano（マリニャーノMarignano）での戦い（一五一五年）は、それまでイタリアで起きた戦争全体のなかでも最も凄惨な戦闘となった。これについて傭兵隊長ジャンジャーコモ・トリヴルツィオ（一四四〇〜一五一八）が老年になってからみずから述懐している。彼は自分が参戦したメレニャーノの戦いと、それ以前に彼が参戦した一八回の戦いとを比較して、こう言っている。「メレニャーノの戦いは、「人間による戦いではなく巨人の戦い」であり、自分がそれ以前に参戦した一八回の戦いは「子どもの喧嘩」であった」、と。この戦いの戦死者は、アルファーニによると、一万五〇〇〇〜一万八〇〇〇人と推定されている(58)。

こうして戦争はますます大規模になり、神聖ローマ帝国側とフランス側は、ラヴェンナの戦い（一五一二年）ではそれぞれ二万五〇〇〇人の兵士、パヴィーアの戦い（一五二五年）では、それぞれ二万八〇〇〇人の兵士で戦った（イタリア人の参戦者は二〇パーセントに過ぎない）。しかし、一六世紀後半以降、特に一七世紀以降には、戦争は主にアルプスの北でおこなわれ、イタリアは幸運にも戦禍を免れるようになる。北方での戦争の規模は驚くほど拡大し、一七世紀の三十年戦争に従軍した兵士の数は、一五万人にまで達したのであった。それに比べれば、一六世紀後半や一七世紀のイタリアは恵まれ、そこに経済的回復が認められるようになるのである。

再び話をトレチェントの時代に戻す。今も、ヴェネツィアやベルガモやフィレンツェなどの広場には、トレチェント期やその後の傭兵隊長の栄光を称えた記念物——騎馬像や礼拝堂や墓——が残っている。しかし、それがどこまで真意——つまり本当の賞讃——によるものか疑問である。たとえ真意による賞讃であっても、後の時代と比べると、都市間の小規模な戦いゆえに傭兵の軍事力がものをいう現実を前提にしたものであり、必要悪として傭兵隊長の存在を認識したうえでのものであっただろう。傭兵隊長の記念碑は、良かれ悪しかれ、トレチェントの時代における傭兵隊長の存在の大きさを伝える記念碑である。トレチェントにおいては、兵器があれば、それをもってあらゆる不合理が押し通された。傭兵隊長とその手下どもは、苦難と混乱ゆえに正義が通らないトレチェントの社会をいいことにした。傭兵隊は、不合理な社会に巣くう悪の企業体である。傭兵の横暴は、まさにトレチェントの苦難の象徴のひとつである。ただ、今日、当時の傭兵隊長に対するマキャヴェッリなどの同時代人の批判から一定の距離を置いて、傭兵隊長に対して再評価がなされている。そのハード（武器・築城等）とソフト（組織等）の両面から彼らの動きは時代に対応して時代の改革を見せた側面も認められるとしてその再評価がなされるようになっている（P・ピエーリ、M・マレッロ、永井三明ほか）(59)。

ともかく、傭兵は問題が多かった。こうしたなかで傭兵に対する支払いなど、都市の軍事費の上昇による増税が強制公債の負担などのかたちとなって市民を圧迫した。下層の都市民のなかには高額化する税金が払えず、それが罪としてコムーネによって投獄される者も出た（一三九六年のフィレンツェの靴修理業者）(60)。また、次のようにプリオーレ（都市政府の最高行政官）に対して、困窮にあえぐ人びとがいることを深刻に訴える者もいた（一三九三年四月三日）――

強制公債や臨時徴収といったフィレンツェの貧民が支払わねばならない諸税について対策を講じるべきです。それらの強制公債や臨時徴収が低減されなければ、反乱が起こるでしょう。というのは、ここには大変な窮乏があるからです。市民はほとんど稼ぎがなく、物価が一三か月以上も急騰しているので、窮乏のなかで暮らしています。三人か四人、もしくは五人の子どもたちを抱え、二～三フィオリーノを課され、労働で生きていかねばならない者のことを考えてください(61)。

トレチェントの時代では、主に「都市コムーネ」と「都市コムーネ」とがお互いに争ったが、都市コムーネ内部でも争いが絶えなかった。そのひとつに、「階層」と「階層」の争いがあった。そのひとつとして「市民」と「豪族」の争いがあった。イタリアの北部・中部の場合、ふつう商業（長距離貿易）に従事する人びと、つまり「大商人」はその圧倒的な富を獲得していた。彼らは同時に羊毛を輸入してそれを加工する毛織物産業、絹織物産業、両替・銀行業にも従事していた。実はそのどれもがすべて密接に関係する業務であった。こうして、大商人・織物産業家・銀行家は一体の場合が多かった。都市では商人は政治と経済の中心勢力であった。

こうした商人の優位のなか、フィレンツェなどでは、都市の政治は「市民」（「平民」、「ポーポロ」）が加入する「アルテ」（「組合」、ギルド）によっておこなわれるべきとの規定がなされていた。そこでは、ふつう「アルテ」は都市の最富裕層の市民が属する「大アルテ」とそれに次ぐ富裕層の市民の属する「中アルテ」が政治権力を完全に掌握していた（下層市民の「小アルテ」や、アルテに加入すらできない労働者・貧民は政治から排除された）。こうして大市民（「ポーポロ・グラッソ」）が主体の政治体制によって、もともとその地域で特権的地位にあった封建領主——豪族「マニャーテ」——を政治から排除しようとしたのである。

こうして「市民」対「豪族」という対立の構図が都市内でうまれた。豪族は、多くは、封建領主として旧来の中世の騎士階級の末裔であり、都市に入り込んでは、しばしば武器を用いて武力を行使した。時には彼らは「塔仲間」を結成し、都市に高い塔を築いた。身を守るためにそこに立て籠もったり、そこから投石して攻撃した。豪族などの塔は、その反社会性から多くが取り壊れたが、そうした都市のひとつ、サン・ジミニャーノには現在、一五の塔が残っていて（それでも盛時の一三世紀には七二もあった）、中世都市のシンボルとしてそびえている。また、豪族とその家来どもの横暴ぶりと犯罪性を示す公文書の記録がトレチェントの時代や、さらにそれ以後の時代においてさえ数多く残っている（トレチェントのメディチ家も同様である）(62)。たとえば、ここで二つの事例を挙げる(63)。

《カルロ・ディ・ルイージ・ロベルト・アディマーリ。彼は、仲間とともに、民家に押し入り、そこに住む妻の首を剣で切り落とし、さらに、その一五歳の娘を強姦し、衣類を盗み、娘を連れ去った（一四〇四年）》
《ドゥッチョ・ディ・アゴスティーノ・ドゥッチョ・デ・ベネーリ。彼は、ジョヴァンニの娘を妻にしたが、その妻を虐待したうえに、さらに妻を殺そうとしたところ、義父ジョヴァンニが正式の手続きを得て自分の家に連れ戻したのに恨みを抱いて義父を殺害し、さらに、六〇人以上の武装集団で、残された家族を威嚇し、その家族が耕作できないようにしている（一三七七年）》
《バルトロメーオ・ディ・リナルド・ドナーティ・ダ・フィレンツェ。彼は、人妻を強姦しようとし失敗した後に、次にその夫に繰り返し槍を投げて殺そうとした（一三八一年）》

——である。しかし、トスカーナ地方のコムーネにおいて、「市民」、とりわけ「大商人」の政治的優位は揺らぐことはなかった。むしろ豪族のなかにも、早くからみずから商業に転向して富を得る者が多く出ていた。有名なアルベルティ家やストロッツィ家などの都市貴族は、そうした転向を果たした家である（一方、地域によっては、豪族が独裁的君主——「シニョーレ」——として「市民」を支配したところもあった）。

また、豪族と大商人とは都市のなかで争ったが、豪族も大商人もそれぞれが所属する同じ階層のなかでも他の家と争った。シェイクスピアの『ロミオとジュリエット』（一五九五年頃）は、ヴェローナの有力家族の争いによって悲劇的な最期を遂げる若い男女の架空の話である。シェイクスピアは、この戯曲の「プロローグ」でこの話のことをこう紹介している——「いずれ劣らぬ名門の両家をめぐり、古き遺恨は新しき不和を招き、血で血を洗ふ忌まわしき物語」であると(64)。この「血で血を洗ふ忌まわしき物語」は、この時代のイタリアの都市内の「家」同士の抗争を見事に象徴化している。

ふつう都市空間は狭かった。これが特殊な心理の支配する世界をつくった。

我々日本にいる者がその広さをイメージするために京都市の中央に位置する京都御苑を基準に考えるといいだろう。京都御苑は、南北は丸太町通りと今出川通り（約一・三キロメートル）の間に、東西は寺町通りと烏丸通り（約七〇〇メートル）の間に囲まれた空間で、約六三ヘクタールの広さの都市公園である。東京の皇居の場合は、その広さは、御所の約二倍の一一五ヘクタールである。トスカーナ地方で比べると、一二世紀のフィレンツェの広さは、京都御苑よりやや大きい約八〇ヘクタール（その後一四世紀に六二〇ヘクタールにまで拡大）。トスカーナ地方の強国シエナ（やや変形したかたち）は、東西一・三キロ、南北一・八キロ程度（一一八・七ヘクタール）で、京都御苑の一・八倍であり、皇居とほぼ同じ広さである。市壁が現在そのまま見事に残っているルッカは、南北九〇〇メートル・東西一キロ半（一八五・五ヘクタール。一五世紀にはこれよりまだ狭かった）であり、京都御苑の三倍程弱。多くの中世・ルネサンス都市が、端から端まで歩いてもせいぜい二〇分程度であっただろう(65)。

このように、ふつう都市には、多くて一万人からせいぜい数万程度の市民が、数十ヘクタールから百数十ヘクタール程度の市壁に閉ざされた狭い、空間に住んでいた。そうした環境では、共同体意識が高まるとともに、共同体での個人や家の名誉や名声が刺激され、覇権争い、勢力争いが起きやすくなるものである。そしてこの狭い空間にあっては、婚姻などで結ばれた同じ親族から形成された「家」（一族、親類）は立派な「党派」を構成したのである。彼らにとって、いかに自己の「家」の権勢と名誉を守るかが最大の関心であった。こうしたなかにおいて、子孫のために書き残した記録（商売の心得・教訓、先祖の生没の記録）や、広く読者を想定した家族のあり方を示唆したリコルディや著書は、この時代の市民の価値観を知る格好の研究史料となっている。ジョヴァンニ・モレッリの『リコルディ』（一三九三～一四一一、一四二二年）やレオン・バッティスタ・アルベルティの『家族論』（一四三二～三四、一四四一年）などがそうした例である(66)。なお、『リコルディ』について断っておくと、家族・一族の発展を目指すという関心だけでなく、もっと広く、公的なもの（年代記の要素もある）への関心からも書かれている。したがって、《リコルディ》とは、その本来の意味において、「メモ」の意味の「覚書き（備忘録）」でもなく、また、過去を振り返って記す「回想録」でもなく、正確には単に「書き物」「書き記すもの」の意味であり（それゆえ以下《リコルディ》と呼ぶ）、主に教育を受けた市民（商人）がペンを執って物を書くことが当たり前となる中世末期から近世のイタリアのなかで重要な文学的ジャンルを形成することになったものである(67)。

こうしたなかで有力家族は、自分の家の名誉が傷つけられると、復讐や私闘も辞さなかった。たとえば、一家の若い娘が性的暴行を受けた場合、その女性の人権からというよりも、家長や一家の名誉が傷つけられたという理由から熾烈な復讐の応酬が始まったのである。都市において、それはこの時代の重要な価値観であるキリスト教的要素の「平和」と対極をなすもので、「平和」（当時のキリスト教のスローガンのひとつ）を説く説教師が説教のなかでいつも批判したものである(68)。

トレチェントにおいては、勢力拡大のために、陰謀や裏切り、復讐やクーデターの試みがなされ、血なまぐさい争いが絶えなかった。この政治的体質は、次の世紀、すなわち一五世紀――「クァットロチェント」――にも引き継がれることになる傾向である（一種のクーデターの試みとしてメディチ家の当主ロレンツォ・デ・メディチを暗殺しようとした「パッツィ家の陰謀」〈一四七八年〉が有名である）。一五世紀に書かれたルーカ・ランドゥッチの『日記』（一四五〇～一五一六）を通読すると、フィレンツェで政争・陰謀が日常的であったことが痛感される。次はその日記の一節である（一四九七年）。ランドゥッチは、政府に対する陰謀を画策したという廉で一四七八年七月一七日に処刑がおこなわれたことを記している。

八月一七日

パラッツォでプラティカ［シニョリーアとそれが選出した市民が参加する政府諮問会議］の法廷が開かれて、朝から深夜まで審議が続いた。そこには一八〇人以上が出席した。そして罪人は口頭で死刑判決を受け、その財産は法にもとづいて没収されることとなった。そのように判決が下されたのは、以下の五人であった。すなわち、最初にベルナルド・デル・ネーロ、それからニッコロ・リドルフィ、ジョヴァンニ・カンビ、ジャノッツォ・プッチ、そしてロレンツォ・トルナブオーニである。五人に対してフィレンツェ中の市民が悲しんだ。そのようなことをすることに誰もが皆驚いた。とても信じられないことだった。五人は同じ夜に死刑を執行された。あの若いロレンツォ・トルナブオーニが柩に入れられてトルナクィンチの角を通過するのを見た時は、私はどうしても涙を抑えることはできなかった。それは夜明けの少し前のことであった(69)。

トレチェントに書かれた『死者台帳』（フィレンツェのサンタ・マリア・ノヴェッラ聖堂）の記録をみると、政争に敗れ、処刑された有力な家の人たちの名前が列記されている。たとえば、「一月一四日」（一三六九年）の死者の記載の欄には、政変に失敗して処刑された者が七人も続けて記載されている。処刑は「見せしめ」のねらいから公開されたので町中の多くの人たちの前で執行された。都市のちょっとしたイヴェントとして、市民に興奮をもたらした(70)。

一月一四日（一三六九年）

ルドヴィーコ・デイ・チッチョーニ殿　サン・ミニアート・トラ・レ・トッリ教区民

ロドルフォ・チッチョーニ殿の息子ビアージョ　サン・ミニアート・トラ・レ・トッリ教区民

ラッザリーノ・ボッロメイ殿の息子セル・フィリッポ　サン・ミニアート・トラ・レ・トッリ教区民

ナルド・ディ・マルチニャーナ　サン・ミニアート・デル・テデスコ教区民

アントーニオ・ディ・フィリッポ・マガニーニ、セル・ニッコロ、セル・サルヴィ・ジョヴァンニ・グイドゥッチーニ、以上サン・ミニアート・デル・テデスコ教区民　以上、処刑による一族と一族の争いは、単に家と家の争いに留まらずに、場合によっては、その背後に、教皇派と皇帝派との争いが絡んでいることもあった。だから、例えば、もし教皇派の一族が、都市内の政争で負けた場合、都市政府を牛耳る皇帝派の一族によって、正式の法的措置をもって、教皇派の者に対して死刑や国外追放の刑が宣告されることがあった。例えば、メディチ家、アルベルティ家など多数の家がこの宣告による苦難を被った（だが、一度挽回した暁には、今度は逆に敵対する一族に対して苦難の宣告を申し渡したのである）。

ダンテは、フィレンツェの政争に敗れて（一三〇二年）、不本意にも亡命先のラヴェンナで客死したし（一三二一年）、詩人・人文主義者ペトラルカ（一三〇四〜七四）もアルベルティも、ともに父親がフィレンツェの政争に敗れた結果、逃亡先（それぞれアレッツォ、ジェノヴァ）で生まれたのである（［森田『メディチ家』45頁］）。もし皇帝派の者が国外追放になれば、逃げる先はふつう皇帝派のコムーネであり、そこで迎え入れられ、故国の政争を見守り、故国の皇帝派の勢力の巻き返しを願った。そして、もし仲間の勢力の巻き返しが果たせた場合、堂々と故国に帰還することができたのである。

このような都市の上層部の間で権力をめぐって争われた闘いのほかに、「上層富裕市民」と「下層民」の争いがあった。

下層民は、概念や都市によって異なるが、大まかに三分の二かそれ以上存在した。特に一三四八年のペストのためにフィレンツェの人口が激減し、生き残った者の相対的地位が高まるなか、大多数を占める下層民の動向は、政治に対して重大な影響を及ぼした。一三七八年七月、市政への不満から広場に集まって暴動を起こした多数の「チョンピ」（毛織物産業の下層労働者）は、暴徒となって有力な富裕市民の家を次々と焼き打ちし、市庁舎にまで火を放った。暴動に加わったチョンピの人数は一万人と言われる。この頃のフィレンツェが五万人から六万人であったから、大規模な騒動であったといえる。そして、「カピターノ・デル・ポーポロ」（警察長官。ポーポロ評議会の議

長）をさらし首にした。そして、彼らは、市庁舎に立てこもっていた都市政府を構成する中心人物プリオーレ（最高行政官）を追い出して、中下層の市民（中・小のアルテの組合員）と提携して、一時的に政権を奪取したのである——しかし、過激な動きもここまでであった。チョンピの乱の指導者が、富裕市民から買収されるなかで、四〇日間で鎮圧されてしまったのである（こうした民衆や労働者の反乱は混迷のヨーロッパの一四世紀に多い。第三章第六節〈四〉「暴動に走る貧民——時代の不安と不満から」参照）。

政治の実権を握った富裕商人たちは、とりわけペスト以後、暴徒化する傾向のあった下層民を常に警戒していた。その警戒心は、彼らの住む「パラッツォ」（石造りの邸宅、文字通りの意味は宮殿）の建築様式にあらわれている。それは堅固な要塞としての機能を備えている。すなわち、フィレンツェのパラッツォ・ヴェッキオの近くに位置する「パラッツォ・ゴンディ」（図1—4a、図1—4b、図1—4c）（ジュリアーノ・ダ・サンガッロ設計、一四九〇年代着工）を例に取ると、暴徒が家に侵入したり、家の破壊に及ばないようにする工夫が認められる。まず一階が非常に高い。この建物の大きさは、図1—4cからわかるように、そばにいる観光客の姿と比べるとよくわかる。そして、次に、もともと非常に高いところに位置する一階の窓も非常に小さく、そこからの侵入や破壊を許さないようにつくられている。そうした要塞的な機能を満たしたうえで、ルネサンス様式として、窓や入り口が左右対称に配列されたことから生まれる整然とした安定感（古典主義）、出入口と二階の窓のそれぞれに類似した形で配置された丸みのあるアーチがもたらすリズムと優雅さ、そして、一階に荒削りの石でなく平らで丸みのある石を用いたことから来る気品さなどが見事に表現されているのである(71)。

チョンピの乱に関わる党派争いと暴動の影は『死者台帳』にも認められる。

フィレンツェのサンタ・マリア・ノヴェッラ聖堂の『死者台帳』の「一二月二二日」と「一二月二三日」には、五人の処刑が記載されている。これら五人は、すべてチョンピの乱の騒動のなかでその謀反が発覚したことで処刑

図1―4a　パラッツォ・ゴンディ

図1―4b　パラッツォ・ゴンディ

図1―4c　パラッツォ・ゴンディ

された人たちである(72)。

一二月二二日

一三七九年　カルロ・デイ・マンジョーニ　サン・ミケーレ・ベルテルデ教区民　処刑による

一三七九年　フィリッポ・ディ・ブラージオ・ストロッツィ　サン・ミニアート・トラ・レ・トッリ教区民　処刑による

一三七九年　ジョヴァンニ・ディ・ピエートロ・アンセルミ　パンクラーツィオ教区民　処刑による

一二月二三日

一三七九年　バルトロ・シミネッティ　サンタ・マリア・ソープラ・ポルタ教区民　処刑による

一三七九年　チプリアーノ・ディ・リポッツォ・ディ・マンジョーニ　サン・ミケーレ・ベルテルデ教区民　処刑による

実は、トレチェントの苦難の大きな要因のひとつは、すでに触れたが、気候の悪化が挙げられる。気候史的に見れば、この時代は地球的規模において気温が急激に下降した寒冷期にあたる。これについては、「氷河学」、「ワイン生産」、「太陽の活動」など、とりわけ「年輪解析」の研究（これについては日本の優れた研究がある）(73)が大きな成果を見せている。ヨーロッパにおいては、特に北方で深刻な被害をもたらしたものが、一三一五年から一三一七年の「大飢饉」である(74)。飢饉の多発は、夏季の高温・乾燥に恵まれて豊作の多かった一三世紀とは対照的であった。イタリアにおいては、一三一五年から一三一七年の時期は特に目立った飢饉は記録されていないが、一四世紀は、夏季の降雨（湿潤）・冷夏のために全般的に作物が獲れなくなった。何よりもこの時代の経済は、圧倒的に農業中心の経済であり、商業貿易の七五パーセントから八〇パーセントが農作物であった。このため凶作は社会全体を直撃した。凶作は、直接に個人の窮乏・飢餓や国家の財政破綻の要因につながるものであり、これは、様々なもめごと――政治的争いと社会的混乱――の間接的な引き金になっていたかもしれない。フィレンツェの場合、フィレンツェ経済において最も指導的であった大商人のバルディ家（イングランド、フランス、フランドルに支社をもち国際的交易を展開していた）やペルッツィ家などの大会社（商社・銀行）が一三四五年から一三四六年に次々と倒産したのである。それは波及的に下位の会社の倒産まで引き起こし、フィレンツェの全経済は前代未聞の大危機に陥った――その原因は、イングランド王エドワード三世の王室が財政破綻を来して、フィレンツェの商社から借りていた巨額の負債の支払いの停止令を出したことによるものであった。そしてそのエドワードの破産の背後には、ウィンザー城の再建や百年戦争の膨張する戦費のほかに、凶作・不況による王室への収入の減少、それも慢性的な収入の減少という問題が存在したのである。実際、一三四七年には、エドワード三世は、フランスの征服どころか、その経済的悪化からフランスとの間に新たに休戦条約を結ばなければならなくなったのである。

なお、イタリアでは、慢性的な凶作に加えて、火山（エトナ山）の大噴火による農作物の多大な被害、トビバッタの大量発生、大降雹などが続いたと年代記作家は報告している。それらは、飢饉にいっそう拍車を掛け、餓死者も多く出したという。しかし、さらに、痛撃を加える出来事が起こった――それが大地震であった。

第三節　トレチェントにおける大地震の頻発――「我々のアルプスが地震で揺れた」

一四世紀はまた大地震が多発した時代でもあった。多くの年代記作家が大規模な地震について記述している。そのひとり、トレントの聖職者ジョヴァンニ・ダ・パルマは『年代記』のなかでこの地震についてこう報告している。

主の生誕から一三四八年の一月二五日、聖パウロの改宗の祝祭日の晩禱の刻〔一五時から一七時の間の時間〕に、最初にわずかな地震が起き、それからほとんど休まずにすぐに再び非常に激しい地震が発生した。そのため教会の洗礼盤のなかの水が外にあふれ出てしまった。またサンタ・マリア教会の鐘楼が大きく傾いて、そのなかの鐘がひとりでに鳴りだした。また、館《パラッツォ》のたくさんの軒蛇腹《コーニス》が倒れた。また家々も倒れてしまった。また、この地震は、アヴェ・マリアの聖句をゆっくり六回繰り返し唱えることができる位に長い時間揺れ続けた(75)。

ここでいう「アヴェ・マリアの聖句」とは、ふつう教会で聖母に向って祈るときのことばであるが、同時に、中世においては、現代のストップウォッチのように短い時間を計るのに用いられた。ここでの記述によると、地震は「アヴェ・マリアの聖句をゆっくり六回繰り返し唱えることができる位に長い時間揺れ続けた」とあるので、その長さは、私が試みたところでは、三分程度の長さである。もしそうなら、これは東日本大震災で震度六強を観測した仙台市の地震と同じ長さである。東北大学の地震波形の解析によると、仙台市では三分間にわたって大きな揺れを四回繰り返したことがわかっている。

「アヴェ・マリアの聖句」とは以下の五行からなるものである。

Ave Maria gratia plena Dominus tecum.
Benedicta tu in mulieribus et benedictus
fructus ventris tui Jesus.
Sancta Maria Mater Dei ora pro nobis
peccatoribus nunc et in hora mortis nostrae. Amen.

大意　私は感謝を込めて挨拶します――ようこそマリア様、そして神よ。マリア様、あなたは女性のなかでも最も祝福されています。あなたの子イエスは祝福されています。聖なるマリアよ、神の母は、今、我々の死の時に我々罪人のために祈ります。アーメン。

さらに続けてジョヴァンニ・ダ・パルマは『疫病年代記』のなかでこう言う——

また、さらにいっそう重大な出来事が他国からやって来た人びとから伝えられた。すなわち、アクィリア［イタリア東北部のフリウーリ地方の都市］の総大司教であるウティーノの館《パラッツォ》が倒壊した。ドイツでは川に土砂が地滑りしたために逆流した川があった。そして他の地域では地震のために大勢の人びとが死んだ。そして私が書き留めることのできないもっと深刻なことが数々伝えられた(76)。

また、有名な人文主義者のペトラルカもこれと同じ地震をヴェローナ（北イタリア）で体験した。この地震について彼は手紙のなかでこう書いている——

この年［一三四八年］の一月二五日の日没時に、我々のアルプスが揺れた時には——ヴェルギリウスが言っているように、アルプスは常に揺れることはないのだが——イタリアの全体とドイツの大部分が非常に激しく揺れたので、多くの人びとがこの世も終わりかと思ったほどである。このような揺れは初めてのことであり、その激しさは、それまで全く考えられないほどの地震であった。

私はその時ヴェローナにいて、自分の書庫にひとり座っていて、このとんでもない出来事に不意打ちされた。私は地震という現象を知らないわけではなかったが、これには本当に不意打ちを食わされてしまった。そして足元で地面が揺れるのを感じた。そして回りから本が次々と私の方に落ちて来た。びっくりして部屋から飛び出したが、見ると、最初に家族の者が、次いで多くの者たちが顔面蒼白になっておびえて外へ逃げ出して来た(77)。

さらにペトラルカは、翌年の一三四九年にもローマで地震が起こり、「塔と教会が破壊された。この地震はトスカーナまで広がって揺るがしたのである」と書いている。それは前年の一三四八年の大地震の余震であったと考えられる。また、七年後に発生した大地震についても報告している。ペトラルカは、頻発する地震のために「もはや驚きとか不安といった感情は消えてしまっているのである」と述べている。

それから七年後に今度は低地ドイツとライン川の全流域において非常に強い地震があり、この時、バーゼルが破壊されたのであった。バーゼルは大きくないが美しい都市であり、極めて堅固に築かれた都市と思われていたのだが。いったいこの自然の衝撃に耐えられるほどの堅固な都市がどこにあるだろうか……。

地震のあった当日、ライン川の両岸にあった八〇以上の城が地震で倒壊したのである。もし、まだ我々の時代が始まった昔の頃［ローマ帝国が崩壊して以後の時代を指す］だったら、地震が起こって牧童の一軒のぼろ小屋でも倒れもしたら、それだけで当時は記憶に留めるに値する、驚くべき事件として語られていたことだろう。一方、現在は、わずかの間に次々と頻繁に災難が発生しているので、人びとのこころのなかから、もはや驚きとか不安といった感情は消えてしまっているのである(78)。

第二章　黒死病とは——その衝撃と原因

第一節　大惨事を測定する——フォスター・スケール

トレチェントのイタリアの人びとが被った苦難のうちでその最たるものが、まぎれもなく一三四八年の黒死病であった。さらに、一三四八年の黒死病はヨーロッパの長い歴史を見ても、まず筆頭に挙げるべき大惨事と思われる。一体これ以上の大惨事があっただろうか。

地震の規模を示すのに「マグニチュード」があるように、歴史上生じた「大惨事」（disasters）に対しても一定の基準から測定しようとする試みがなされている。カナダの地理学者H・D・フォスターは、人が生まれてから死ぬまでに経験する種々の出来事の心理的衝撃度を測定した心理学者（T・H・ホームズ、R・H・ラー）からヒントを得て、歴史上の出来事についても衝撃度を測定しようと試みた(79)。そこでは歴史上の大惨事は死亡率だけでなく、その物理的・精神的衝撃度も考慮して測定すべきとされ、彼の基準（「フォスター・スケール」）によると、一四世紀の黒死病（ヨーロッパ・アジア地域レベル）の惨事の測定数値は、「一〇・九マグニチュード」であり、これは第二次

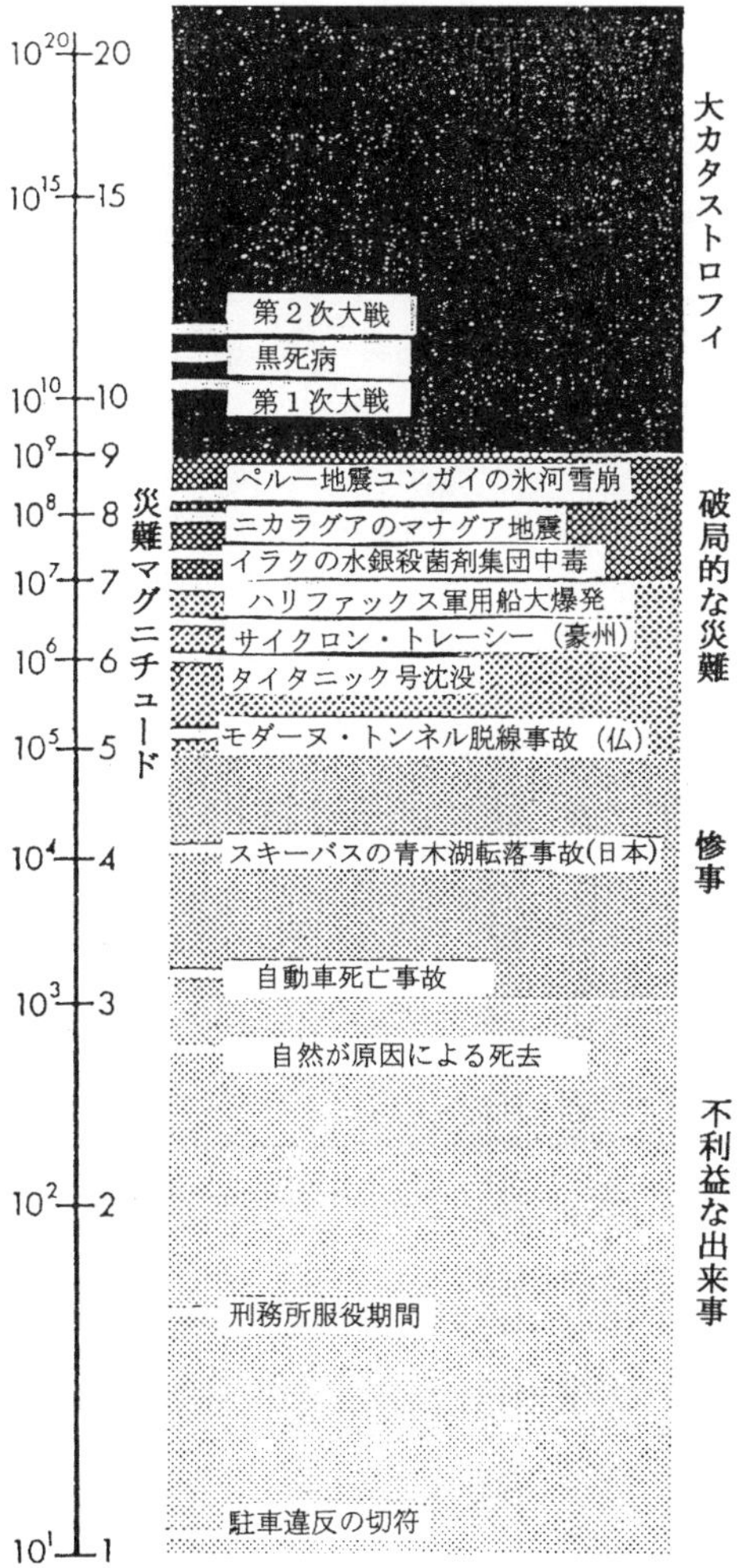

H. D. Foster, "Assessing Disaster Magnitude : a Social Science Approach," *Professional Geographer,* 28 (1976), 246.

図２—１ 災難マグニチュードのレベル

世界大戦（全世界レベル）のそれの「一一・一マグニチュード」に次ぐ歴史上、第二の大惨事であったという。第三位は、第一次世界大戦（ヨーロッパ地域）の「一〇・五マグニチュード」である。図２—１「災難マグニチュードのレベル」が示すように、フォスターの表においてはこの三つの出来事は、他の出来事の群を抜いて格段に高いポイントを与えられている(80)。

しかし、これはなるほど興味深い試みではあるが、フォスターの測定方法と測定結果（さらには測定することそのもの）には本質的な問題が存在しているように思われる。第一次世界大戦と第二次世界大戦とは、ある程度比較が可能かもしれないが、黒死病と世界大戦との比較は、それぞれの事象の形態・期間、時代状況、地理的範囲、認識度（つまり正確な事実の把握の具合）が全くと言っていいほど異なることから、比較そのものに無理があるだろう。確かに第二次世界大戦がまぎれもなく人類最大の大惨事のひとつであることはわかる。

だが、フォスターがどうしても比較したいというなら、次の点まで比較すべきである――すなわち、かなり割り切って言うと、「第二次世界大戦」は、ヨーロッパ地域についていうと、「人口の約五パーセント」を「七年間」で奪ったが、一方、「一三四八年頃のペスト」は、流行したヨーロッパそれぞれの地域においてほんのわずか数カ月のうちに――とりあえず死亡率については通説に従っていうと――「人口の三三パーセント」の人びとを死に至らしめたのである。さらに、ペストの心理的恐ろしさは、ある時期（季節）に集中する大量死とともに、その死の異様さにあったといえる。すなわち、激烈な苦痛とともに、悪臭・幻覚・狂気・昏睡などの症状を伴うという、実にすさまじい病気であった。それは、しばしば引用されるボッカッチョが『デカメロン』の序文で述べているとおりである。暗紫色の斑点が体中に現われて、皮膚が黒ずんで見え、あふれた膿で身体がただれ、遺体の様は、それは見るも恐ろしいものでありまさに神罰と思われたという(81)。無惨で壮絶な大量の死者が町にあふれ、遺体はもはや墓場に埋葬しきれず、広場に穴を掘って埋められたという。

現代のイタリアのペスト史研究者（L・カパッソ、A・カペッリ）は、一三四八年のペストの猖獗ぶりについて「ペストによって、非常に高い死亡率で、数百万人の人びとがほんの数カ月の間に死亡した。それに比べられるのは、現代の原子爆弾だけである」と述べている(82)。また、ベネディクトヴは、ヨーロッパ全人口におけるペスト死者の数についてこう述べている――「一般に信じられているように当時のヨーロッパの人口が八〇〇〇万人ほどであったとすると、黒死病で五〇〇〇万人が死亡したことになる」と言っている(83)。このように見ると、心理的衝撃については、黒死病の方がいかなる出来事よりも群を抜いてポイントは高いと言わざるを得ない。

第二節　名称の問題——当時「黒死病」も「ペスト」も使われていなかった

「黒死病」ということばは、狭い意味では、トレチェントの最初のペスト、すなわち一三四八年を中心に人口の激減をもたらした、最も有名なペストを指す。しかし、黒死病は、歴史的にはそのペスト以後にも数多くペストが発生し、一八世紀初頭まで繰り返されたので、広い意味では、中近世のペスト全般を「黒死病」（「歴史上のペスト」）と呼ぶこともできる。このことから、一三四八年頃のペストをほかの時期のペストと区別するために「大黒死病」「大ペスト」と呼ぶ場合もある。本書では、誤解のないように配慮しながら、いずれの使い方もしている。本書では翻訳上の特別の場合は除いて、ふつう「ペスト」と「黒死病」とは、ほとんど同じように使っている。

では、なぜペストのことを「黒死病」というのであろうか。

これについて、ふつう、死体の暗紫色や黒ずんだ色から「黒死病」（「黒い死」）（英語 ***Black Death*** 伊語 ***la peste nera***）という名称が当時の人びとによって与えられたと、そのように説明されるが、実は厳密にはこれは正しくない。——ここで「黒死病」という名称の由来や「ペスト」ということばの使い方について、三点ほど、注意を促したい。

まず注意すべき第一点は、黒死病が発生した当初においては、ここで用いられている「黒」は、オックスフォード大辞典によれば、語源的には「恐ろしい」***dreadful, terrible*** という意味で用いられていたということである。だから、「黒死病」は本来「畏怖の念を与える病気」という位の意味であり、ペスト患者やその死体の皮膚が黒ずむことから与えられた名前ではない。

次に注意すべき第二点目は、この黒死病という名称は、ようやく一七世紀あるいは一六世紀になってから使われるようになったということである。中世では「黒死病」ということばを使っていなかった(84)。

さらに注意すべき第三点目は、トレチェントの当時、特定の病気の名前として「ペスト」ということばをもっていなかったということである。現代の我々が「コレラ」とか「チフス」というように、そのような個別の、特定の病名として「ペスト」ということばを中世・ルネサンス期の人びとは持っていなかった。当時の色々なはやり病をすべて「疫病」と読んでいた。この恐ろしい疫病を他の疫病と区別なく、一般的に単に「疫病」（悪疫、伝染病、流行病）と呼んでいた。研究者H・ハーダーは、こう言っている——

《黒死病》ということばは、一七世紀になって一三四八年の疫病を振り返って使われたことばである。一四世紀には、その病気はたんに「疫病」***the plague*** と呼ばれた。そのことばは、イタリア語では、***la peste*** ということばであり、流行性の病気なら、区別なく用いられたことばである(85)。

しかし、トレチェントの人びとにとって、他の疫病と比べた時に、この疫病に特有の、尋常ならざるあり様——神がかり的な——に驚愕した。すなわち、まず大パニックを引き起こす大量死、次に、無惨で激烈な症状と高い致死率である。そしてとりわけこの病気に特徴的な卵大かりんご大の鼠蹊部のできもの・横根（リンパ腺の肥大化の特異な腫脹）に目が行った。ボッカッチョが『デカメロン』で「ガヴォッチョロ」と呼んだ「ぐりぐり」（できもの）である(86)。ゆえに、このタイプの疫病を特別に表現するために、「横根の疫病」（英語 ***bubonic plague***　伊語 ***peste bubbonica***）、「横根の病」、あるいは「横根の症候の疫病」、俗に「ぐりぐりの疫病」などと呼んで、我々のいう「ペスト」を指した(87)。

この疫病が流行した当初の一四世紀半ばにおいては、この、いわば《前代未聞》の新しいタイプの恐るべき疫病を表現しようと、この疫病（ペスト）に特徴的な「横根」（リンパ腺の腫脹）についてほとんど必ず触れたのである――そして、ふつう、先に述べたように、《横根の疫病》呼んだのである。「横根」は、ペスト菌が人間の血液中に侵入した時に、ペスト菌に対してリンパ腺から抗体が作用することによって生じる腫れ物である。しかし、この特徴的な病気に対して、一語で示す病名は決してつけなかった。

一四世紀半ばに発生したペストが《前代未聞》の新しいタイプの恐るべき疫病と述べたが、これは厳密には正しくない。というのは、実はヨーロッパではすでに六世紀にペストが発生したことがあったからである。ユスティニアヌス帝（みずからこのペストに罹病）の統治する時代にペストと考えられる疫病（罹病した皇帝にちなんで「ユスティニアヌスの疫病」）が発生しており（五四二年）、それは、一三四八年頃のペスト、すなわち「第二回パンデミック（世界的流行）」に対してふつう「第一回パンデミック」と呼ばれるものである。ヨーロッパ人は、実際には、過去に「ペスト」（ほぼ同種の病気）を一度体験していたのである。

一三四八年を中心にヨーロッパで猛威を振るった「横根の疫病」（ペスト）は、ヨーロッパでは一三五〇年頃（最北のヨーロッパでは一三五三年頃）にようやく終息した。黙示録的な惨禍がようやく終わり、ようやく神の罰の鞭が下ろされた――と、そのように思いきや、この恐るべきペストは、驚くべきことに、一回切りではなかった。それ以降もペストは、ヨーロッパで春・夏を中心に慢性的に発生するようになった。今やヨーロッパで風土病化してしまったのである。そしてそれ以降、およそ二年から一〇年前後、あるいは二〇年前後の周期で発生するようになったのである。

不幸にも次々とやって来るようになったことから、今やペストは、ヨーロッパでは珍しいものではなくなってしまう。また、その死亡率については、一七世紀の三〇年代から五〇年代に発生したペストや一六世紀後半のペストを除けば、最初のペストほど多大な被害をもたらさなかった。特に一五世紀の前半のペストは比較的軽微なものが多かった。こうしたことから、人によってはあえて日記に記録しないペストもあった。たとえば、フィリッポ・リヌッチーニ Filippo Rinuccini は一五世紀半ばに書いた彼の『リコルディ』のなかで家族の記録を記したが、一四一一年の疫病と一四一七年の疫病については言及しているが――《一四一一年の疫病は一四一七の疫病に比べれば小さかった》――一四三〇年の疫病については全く記録していないのである(88)。また、『道徳神学大全』(*Summa theologia moralis*)を書き、フィレンツェ大司教を歴任したアントニヌス Antoninus(アントニーノ Antonino)(一三八九～一四五九)(フィレンツェのサン・マルコ修道院を創設。後に列聖される)も、発生した疫病について記録するのをみずからの重要な義務と感じていたが、一三二四年と一四三〇年に発生した疫病については触れていない(89)。このことは、ペストが日常化したなかで軽微なペストは無視されたせいであろう。こうしたなかで、「横根の疫病」が目新しいものでなく日常化すると、わざわざ「横根の疫病」といわずに、再び単に「疫病」(そう言えば最大の関心のある疫病を指した)と言って我々のペストを指すようになった。

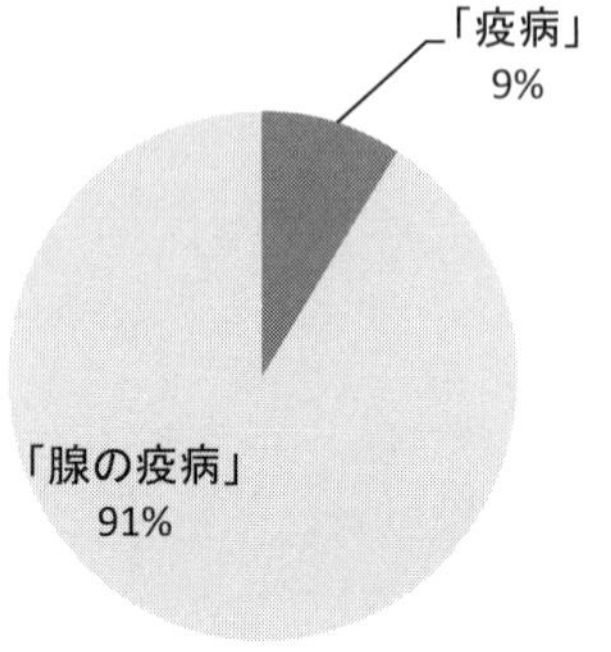

グラフ2―1a　《ペスト》を意味する言葉遣い1350～95年

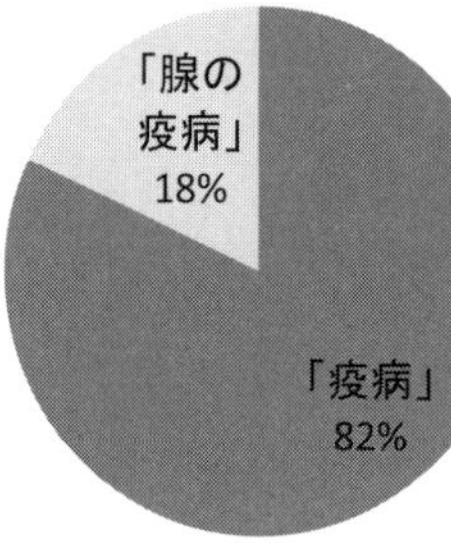

グラフ2―1b　《ペスト》を意味する言葉遣い1405～50年

表2―1「《ペスト》を意味する言葉遣いの変化」とグラフ2―1a「《ペスト》を意味する言葉遣い　一三五〇～九五年」、グラフ2―1b「《ペスト》を意味する言葉遣い一四〇五～五〇年」を見てみよう。A・カーマイケルは、一九世紀の研究者アルフォンソ・コッラーディ(一八三三～一八九二)の『イタリア疫病年代記』(五巻)のなかに掲載された一次史料(第一・四・五巻)を分析した(90)。それによると、「一三五〇～九五年」に書かれた文書では、

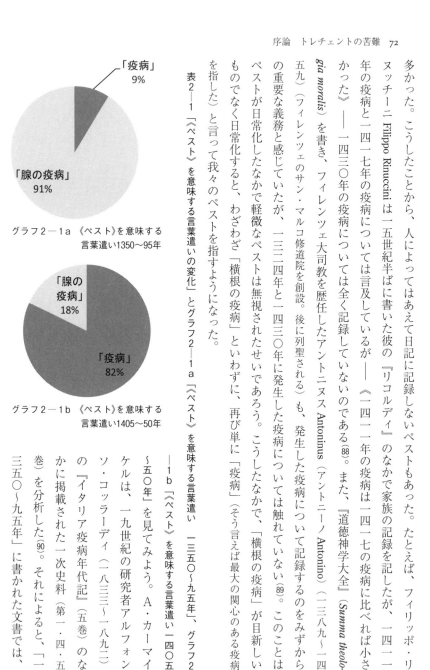

全部で一八〇回にわたって新出の疫病、つまりペストを意味することばが記されているという。この前代未聞の悲劇的な疫病（ペスト）について、もはや従来通りたんに「疫病」という名称で済ます記述は少ない。それはわずか「九・五パーセント」（一七回）しかない。やはりこの恐るべき疫病に特徴的な症状から「横根の」ということばを添えて「横根の疫病」と明示する表現が断然多くなった。それは文書全体の「九〇・五パーセント」（一六三回）にも及ぶ。ところが一五世紀になって、「横根の疫病」が周期的にやって来て、それが当たり前になってしまうと、「一四〇五年〜一四五〇年」に書かれた文書からわかるように、「横根の疫病」のことを単に「疫病」と呼んで済ますことが多くなるのである（全体の「八二・二パーセント」）。今やわざわざ「横根の疫病」と呼ばなくなってしまうのである。「横根の疫病」と呼ぶ文書は四一回にすぎず、それは全体の「一七・八パーセント」でしかないのである。

表2—1　《ペスト》を意味する言葉遣いの変化

	「疫病」	「横根の疫病」
一三五〇〜九五年	一七回	一六三回
一四〇五〜五〇年	一八九回	四一回

「疫病」といえば、今や一五世紀前半の人びとにとって、「横根の疫病」のことを意味した。それというのも、ペストは人びとの間で最も恐るべき関心の高い疫病であり、周期的にやって来る身近な疫病であったからである[91]。ペストは流行している場合、たとえほかの疫病（特に子どもの病気）が同時に流行していても、そちらにはあまり眼が向けられない傾向があった。また、一六世紀になってからのことであるが、イタリアのトスカーナ大公国において、「発疹チフス」が流行した。ところが、この時、その発疹チフスによってたとえいくらか死者が出ても、医師や公衆衛生局の役人たちはこの疫病にあわてることなく、鷹揚に構えていたという。というのも、医師や公衆衛生

局が遺体に立ち会って症状を確認して見ると、「横根」を伴う「疫病」、すなわち今日いうところの「ペスト」でないとわかったから、恐れずに足らずと見たのである(92)。このように人びとは疫病と言えば、ペストを中心に考えていたのである

ペストはその深刻な被害と頻度の多さから、中世末と近世を通じて疫病の「親分格」として君臨した。そして、これは私の勝手な想定であるが、事実上、「疫病」の親分格としての地位を得て、疫病の象徴となったペストは、医学の発達した近代になって、名称に他の疫病との区別を必要とされた時に、「疫病」という一般名詞の名前をそのままみずからの固有名詞――「ペスト」――にしてしまったのである（日本語で「ご飯」〈ライス〉が、食事の親分格・象徴であり、そのまま一般的に「食事」を意味するのと少しと似ているかもしれない）。

いずれにせよ、「ペスト」という特定の疫病を指す医学的な名称は、近代になって医学が発達するなかで使われるようになったものである。特に決定的な時は、一八九四年に香港でペストが流行した時に、北里柴三郎とアレクサンドル・イェルサンがそれぞれ個別に顕微鏡をのぞいて、病原菌を特定できた時である。こうして「ペスト」が名実ともに病気として特定化されたのである。発見者の名にちなんで、「イェルシニア・ペスティス」と名付けられたのである。

付記　業績を無視された北里柴三郎

しかし、残念なことをいえば、この病原菌の発見についてはイェルサンの方にのみ名誉が与えられて「イェルシニア・ペスティス」、すなわち「イェルサンの（発見した）疫病」と名付けられている。ハワード＝ジョーンズの一九七五年の論文(93)によれば、これは研究者の間に誤解が存在したことのせいであるという(94)。北里は一八九四年、ペスト菌を発見した。イェルサンが香港に来たのは一八九六年である。ところが、イェルサン

の助手だったラグランジュは、六月一四日、北里が一九二五年に東京でおこなった学会の講演で「イェルサンだけがペスト菌の発見者である」と発言した（それは文書による証拠がない）という神話を流布させてしまったのである。こうして一九四三年にオーデゥロイ（Hauduroy）が、一九五三年にハワード・スコットがそれを信じて論文を書き、神話が一般化してしまったのである。しかし、実際には発見そのものは北里の方が早かったという。

したがって、以上の長い経過からわかるように、*plague* も *pestilence* も辞書ではそれぞれ「疫病」と「ペスト」と二種類の訳語が載っているが、状況によって訳し分けしなくてはならないのだ。つまり、トレチェントの人びとが、みずから年代記や手紙などで使った時は、「疫病」と訳すべきである。たとえば、我々が当時の年代記を翻訳する時に、「町に疫病がやって来た」は正しいが、「町にペストがやって来た」は不適切である（当時「ペスト」という、医学的に特定され、個別化され病名はなかった）――ペスト関係の日本のほとんどの翻訳書がこのことに無頓着なのは残念である。

なお、*plague* や *pestilence* をすべて「ペスト」と訳すのは論外である。そのようなことをすれば、古代から、人類は実に様々な種類の「疫病」に苦しんできたが、そうした色々な「疫病」に苦しんだ人びとはすべて一種類の病気「ペスト」だけに苦しんだことになってしまう。

第三節　ペストの症状――同時代人の報告

ペストの症状はどのようなものだろうか。

ペストの症状については、現代の歴史研究者のなかには、近現代にインドや香港やアフリカで報告されたペストの症状を詳しく紹介して、それがそのまま中世の人びとを襲ったペストの症状であったかのように説明する人がいるが、これは問題である。なぜなら、病気や疫病はあくまで「生物」（細菌、バクテリア）であって、それらは、置かれた状況（環境・風土・宿主等）の変化に対応して、時間とともに、耐性や繁殖力など、その性質を変化（進化）させることがあるからである。六〇〇年以上も前に発生した時のペストの症状と近現代に発生したペストの症状が全く同じとは限らない。だから一四世紀にペストに罹病した人の致死率を推定するのに、現代において確認されたペストの致死率を持ち出すのは問題がある。

実際、二〇世紀末にマダガスカル島で見つかった新しいペスト菌は注目すべきものであった。新聞（『朝日新聞』一九八七年九月四日）によると、「一九八五年に発病したマダガスカルの少年（一六歳）から見つかったペスト菌」が「抗生物質が効かない」――という報告がフランスとマダガスカルの研究者によってなされたという。「特効薬のストレプトマイシンやテトラサイクリンを含む八つの抗生物質を試したが、すべて効かないことがわかった」。このようにペスト菌のなかには、進化し、強くなっていくものもあったのである。確かに二〇世紀になってから抗生物質による化学療法が非常に有効となり、ペストは以前のように恐ろしい病気ではなくなったと思われたが、このマダガスカルの事例を見ると、必ずしも安心できるとは限らないようだ。実際、現代でもアフリカを中心に毎年二〇〇〇人以上の人たちがペストに罹病しているのである(95)。

ペスト菌も質的に変化しうることを考えると、現代の医師たちが観察した患者のペストの症状ではなく、一四世紀の数多くの年代記作家が観察したペストの症状そのものに注視すべきであるということになる。ただ、その一方で、年代記作家の個人的な誤認や認識不足、修辞的誇張がありうることにも用心しなければならない。以下数点、黒死病が一三四八年に発生した当時の史料を紹介する。

まず、北イタリアのドロミテ渓谷に近いトレントの町の聖職者で年代記作家でもある、ジョヴァンニ・ダ・パルマ（聖職者）が『疫病年代記』（ラテン語）を書いている。彼は、まず大地震と疫病の二つの大きな災難が、同じ年の一三四八年に続いて起こったことに注目する。地震と疫病が同じ年に起こったことに注目し、深い結びつきを認める年代記作家は多い(96)。

彼はその年代記の冒頭のなかで、まさに彼自身がこの疫病に罹病し、年代記の執筆中もまだ完治していないと述べて、記述にリアリティを与える。その罹病体験から、また、圧倒的な被害をもたらす出来事への高い関心から、その症状の詳しい報告はかなり信頼がおけるものかもしれない。

彼は、この年代記の執筆の動機に触れて、この疫病の流行という出来事が「長く記憶に止められることを願って」書いたと述べる。そして、「起こった通りそのままにきちんと記述しておこうと決心した」という。しかもその報告はトレントに発生したトレチェントの四回の疫病だけにしぼった詳しい報告となっている。

この疫病について彼はわかりやすく「五つの症状」を挙げている。そこで注目すべきポイントと思われる部分については、引用者（石坂）は太字にして示している。冒頭の「凡例」に示したように、本書において引用文における太字は、すべて引用者によるものである。

トレントの司教座聖堂参事会員である私、ジョヴァンニ・ダ・パルマは、以下に述べる疫病の出来事を直接この眼で見た者であり、またそれについて人から聞いた者である。またこの私自身もこの疫病にかかった者である。そこで以下に述べる事柄が長く記憶に留められることを望んで、実際に起こったことやその並々ならぬ出来事の一切について、起こった通りそのままにきちんと記述しておこうと決心した次第である……［以下に、先に引用した地震の記述が続く］。

同じ年［地震が発生した年と同じ年］の一三四八年の六月二日、五つの症状を伴う疫病がトレントに発生した。その症状とは、第一に発熱、第二に鼠蹊部や腋の下に現れる腫れ、第三に疔、第四に《アントラス》と呼ばれる血痰、第五に、《聖クリストフォルスの患い》と呼ばれる昏睡であった。そしてトレントでは間違いなく六人中五人が亡くなった。そして家族のなかに死亡者を出さないところはなかった。多くの家族が全滅した。また、一族のなかで生き延びる者がいなかったために多くの一族が途絶えてしまった。かくして貴族の多くの家には一人も住む者がいなくなってしまったのである。

おまけに多数の人びとが発狂した。その病気にかかった者のうちで三日や四日や五日を越えて生き延びる者はほとんどいなかった。しかし、大多数の者は罹病してから三日目か、二日目か、一日目か、さらには、罹病してすぐに死亡した。しかし、二〇日以上生き延びた人は治癒した。たくさんの人びとが、道を歩いている途中に、ちょうど熟した果実の実が木からぽとりと落ちるように、倒れて息絶えたのであった。

私は、血痰が治った者がいたとか、その他の病状から治った者がいたとかいう話は、これまで見たことも聞いたこともない。ほとんど大部分の人が病にかかり、治らないままであり、長い時間が経っても容易には解放されることはなかった。私自身もまだ腺の病から完治していない(97)。

次は、西ヨーロッパで最初にペストが発生したメッシーナ（シチリア島の東北端）の報告である。ミケーレ・ダ・ピアッツァ（生没年）は『年代記』（ラテン語）のなかで、この疫病が黒海沿岸のカッファから帰ってきたジェノヴァ人からもたらされた病気であると述べる。そして、ペストが流行した時のシチリア島での人びとの混乱とパニックぶりを鮮やかに描写するが、その最初のところで疫病の症状について詳しく記している。

疫病の発生は非常に強烈なものであった。そのため俗に《アントラーキ》と呼ばれる膿疱ができただけでなく、一種のできものが胸や足や腕や喉など、身体のあちこちに吹き出した。これらの腫瘍は、最初はハシバミの実の大きさで、その後、際だった硬直化と悪寒が続いた。それは人間の身体を非常に衰弱させ、激痛を与えたので、罹病者はもはや立っていることができなくて倒れた。この段階では病人の身体は非常に高い熱になり、深い衰弱状態に苦しんだのであった。そしてこれらの腫瘍は次第にクルミの大きさになり、それから鶏やガチョウの卵の大きさにまでなったのである。そしてその激痛と、付随して生じる体液の腐敗のために、罹病者は咳をして血痰を出したのであった。そして喀痰は、感染した肺から喉へ通過する時に身体全体を腐敗させた。そして罹病者の死はこの腐敗とこの体液の不調によるものであった。病気は三日間続いた。四日目についに罹病者は死んでいった(98)。

次に紹介するピアチェンツァ（北イタリア）の公証人ガブリエーレ・デ・ムッシス（一三五六年頃没）が書いた『疫病の歴史』（ラテン語）（一三五〇年頃）は、一三四八年のペストについて、当時において最も詳しく論じた歴史書であり、それ以後書かれた文書の情報源にもなっている重要史料である。疫病が東方からヨーロッパに伝わる初期の経緯について詳しい。その描写があまりに詳しいので、彼自身がジェノヴァ人のガレー船に乗船していたと記述する研究者もいるほどだが、それは誤りである。なぜなら、彼の作成した公証人文書が残っていて、その記された作成日から、彼がずっとピアチェンツァにいたことが立証されたからである(99)。彼は次のように、疫病の与えた「四度の凶暴な打撃」に注目する。

私は、この疫病の様子や原因や徴候が、誰にでもわかるように説明するために書き始めようと決心した。この疫病によって、健康である人も、また死を恐れない人も、男であれ女であれ、四度の凶暴な打撃によって打ちのめされた。第一に、憂鬱感から一種の悪寒が身体を苦しめた。ちょうど矢の先で衝かれているようなちくちくした痛みが感じられた。次の段階は、ひどい発作が走り、非常に固いおできの形ができた。人によっては、これが腋の下で大きくなったが、人によっては陰嚢と胴体の間の鼠蹊部で大きくなった。それが固くなるにつれて燃えるような熱が起こって、患者は悪臭を放つひどい熱病に陥った。それには激しい頭痛が伴った。それが激しくなるとともにその極端な苦痛は色々なものを引き起こすことがあった。場合によっては耐え難い悪臭を放った。また場合によっては吐血したり、背中や胸部や大腿

> 部のそばの腐った体液が出るあたりから悪臭が漂った。なかにはまるで酔ったように呆然として寝込んでしまい、呼びかけても目を覚ますことができない者もいた。しかと見よ、はれものを。主から送られた戒めのしるしであるはれものを見よ［このことばはペストが神罰であることの認識を示す］。こうした徴候の人びとは皆、死の危機に瀕していた人達である。なかには疫病に取り付かれたまさにその日に死んだ者もいた。また翌日に死んだ者もいた。そしてそのほかのたいていの者は三日目と五日目の間に死んだ。吐血を防ぐ治療法は何もわからなかった。昏睡に落ちた者、あるいは腫れ物ができたり、体液が腐敗して悪臭を出した者で助かった者はめったにいなかった。しかし時々高熱から回復することもあった[100]。

以上の三人の記述はほぼ類似したものながら、微妙に表現が異なるが、ペストの症状として注目される主なポイントを挙げてみよう。――憂鬱感と悪寒を伴う発熱、刺されるような痛み、発作、衰弱、脇の下や鼠蹊部の横根（小さな木の実程度からガチョウの卵の大きさまで次第に大きくなる）、（脇の下や鼠蹊部のリンパ節が破れたことによる）膿・疔とそれによる悪臭、高熱、激しい頭痛、吐血（「アントラス」）、発狂状態（激しい頭痛や高熱によるものか）、昏睡・意識障害、罹病してすぐ死ぬ者もいるが、一日目から五日目で死亡、「トレントでは六人中五人が亡くなった」。時々回復する者もいる。二〇日以上生き延びれば治癒に至る――。

ここで紹介した症状のほとんどが、現在「腺ペスト」と呼ばれるものである。腺ペストは、現代の医学によると、主要な三種類のペストのひとつであり、ペストのうちで最も発症が多かったものであった。このほかに「敗血症ペスト」と「肺ペスト」がある。敗血症ペストは全身の血液中が敗血症を来すものであるが、これは年代記作家の記述からは見分けるのは困難である。驚くべきは、肺ペストである。肺ペストは、腺ペストの患者が菌血症から肺炎を併発して起こす病気であり、激しい咳、血痰などから心不全を起こして短時日のうちに死亡する。当時の人たちも「腺ペスト」（当時の人は「横根の疫病」「ぐりぐり」と呼んだ）と「肺ペスト」の二種類が存在していたことは知っていた。肺ペストの死亡率は極めて高いようだ。先のミケーレ・ダ・ピアッツァの文章で――

罹病者は咳をして血痰を出したのであった。そしてこの喀痰は、感染した肺から喉へ通過する時に身体全体を腐敗させた。そして罹病者の死はこの腐敗とこの体液の不調によるものであった(101)。

という部分は、腺ペストが転じて肺ペストになり「原発性肺ペスト」に転じたことを示している。腺ペストの場合では、ペスト菌は媒介種を通じて人間の皮膚から血液中へと入り感染するが、肺ペストでは、咳やくしゃみなどの飛沫感染によって媒介なしに人から人へと直接に発病する。次に紹介するミケーレ・ダ・ピアッツァの報告は、肺ペストと思われる症状について語ったものである。この病気について、ミケーレ・ダ・ピアッツァは、この病気が「疫病にかかった者と話をして、その息を吸うだけで」感染する「衝撃的な」病気であると述べている。まさに《神罰》としか考えられない過酷な死に様であったようだ。

疫病にかかったジェノヴァ人や彼らから疫病を移されたメッシーナ人には、その身体に次に述べるような死の徴候が認められたのであった。疫病にかかった者と話をして、その息を吸うだけで、人は疫病に侵され、疫病は人びとの間に次々と広まっていった。罹病者は病気によってたちまち倒れ、いわば打ち砕かれたようであった。人間を打ちのめすこの衝撃的な病気は、息を吸うだけで感染した。さらに一種の興奮状態に陥り、股《もも》や腕に豆位の大きさの腫れ物ができた。それは身体をあまりにひどく侵したために罹病者は激しく咳き込んで血を吐いた。そして三日間絶え間なく嘔吐し続けてから（これには手の施しようがなかった）、死んでいった。そしてその罹病者だけでなく罹病者と話した人も、さらに罹病者の持ち物を手に入れたり、触ったり、つかんだ人も死んでいった(102)。

第四節　ペストの発症とメカニズム——ペストの原因

ペストの発症と流行のメカニズムはどのようなものであったか。

ペストの主役はノミとネズミである。この時代に即していうと、ペスト菌の媒介種である「ペストノミ（ケオプス・ネズミノミ）」（*Xenopsylla cheopis*）と「クマネズミ」（*Rattus rattus*）である。この二者が人間の命を脅かす張本人であった。この二者がもたらすペストは、どのようにして人間にまで達するのであろうか。その感染経路をたどってみよう。

ペスト菌（*Yersinia pestis*）の本来の温床の地域は、諸説あるが、主としてモンゴルのステップ地帯と砂漠と考えられている。ペスト菌は、ペストノミの血液中に含まれ、そのノミの宿主が当地のマーモットなどの齧歯動物であった。その後、当地の齧歯動物が南へ移動するなど、何らかのかたちで、雲南地方に生息するクマネズミに感染した。こうしてクマネズミが新たなペスト菌の運搬者となった。クマネズミは、家ネズミ（イエネズミ）の一種で人間の民家やその周辺に生息するタイプの動物である——屋根裏部屋や倉庫などに生息し、輸送物などにも潜り込んだ。ここにペストと人間の密接な結びつきがうまれたのである。

もともとクマネズミはヨーロッパに生息していなかった生き物であるが、それが一三世紀頃の盛んな東西交渉と元の大帝国の形成に伴う広域の商業の発展によって商業路に沿ってヨーロッパに侵入してきたと考えられる。一四世紀になって、中国は地球規模で及んだ寒冷化のために凶作がつづき、それによる飢饉に苦しみ、さらに政治的動乱が社会を一層ひどい困窮に導き、そうしたなか、ついに一三三四年に元の大都（北京）でクマネズミが侵入してペストが大流行したと考えられる。

ペスト菌は、ペストノミに潜み、そのペストノミは、寄生したクマネズミに運ばれて、当時すでに確立されていた商業路に沿って、輸送物などに潜んで、西進した。そして、バルハシ湖の南に達した。バルハシ湖に達したとわかるのは、旧ソ連の考古学者の墓地の発掘によるものである。そこでネストリウス派のキリスト教徒の墓地を発掘してみると、一三三八年と一三三九年の埋葬者が異常に多いのに気づき、それがペストによる疫病死による大量死であると特定されたのである(103)。

ペストノミを寄生させたクマネズミは、バルハシ湖をさらに西進し、黒海沿岸カッファに至った。カッファはジェノヴァ商人の東方貿易の商業拠点であった。この時、ジェノヴァ人はモンゴル人（ムッシスによると「タタール人」）と戦っていた。城壁内に立て籠もり、敵のモンゴル人と戦っていたが、この時、モンゴル人の間で疫病が蔓延。彼らは、疫病死（ペスト死）した味方の兵士の遺体を投石機で城内へ投げ入れたという。この一種の細菌戦争によってペストが今度は城内のジェノヴァ人の間で蔓延したのである。

ペストにかかったジェノヴァ人の生き残りは、城壁を出てガレー船に乗り故国ジェノヴァを目指し逃げた。そして、まず一三四七年一〇月初頭、一二艘のガレー船はシチリアのメッシーナに到着した（「一二艘」という数値はミケーレ・ダ・ピアッツァによる）(104)。そしてメッシーナ人がジェノヴァ人と接触するや、疫病が蔓延。それがジェノヴァ人からの感染と見て、メッシーナ人は彼らを追い払った（しかしすでに遅くその後疫病はただちにシチリア中に広がった）。次に二艘のガレー船が停泊したピサ（一三四八年一月）やジェノヴァやマルセイユでも同じように疫病を蔓延させては、追い払われ、ガレー船は地中海を西へと進んで行き、ペスト菌を西ヨーロッパへと広げた。

こうして、一三三四年に元の大都を出発したペスト菌は、約一五年の旅によって、約一万五〇〇〇キロ先のロンドンに達したのである（一三四八年末）。

もしこの時代にヨーロッパと中国を結びつける商業交通路がまだ存在していなかったら、まさか一万五〇〇〇キロも越えてペストはヨーロッパにやって猛威を振るわなかったはずである。さらに日本について言えば、もし元寇（一二七四年）において元軍が鎌倉幕府を破っていて、元と日本との間に政治や商業などの何らかの交渉があったら（元と日本との間はわずか数百キロしか離れていない！）、我々の日本の祖先の間にもペストが大流行し、日本人の人口は激減していたことであろう。そうしたら、あなたの祖先もそれで疫病死していて、現在のあなたの存在は最初からなかったかもしれない。

ペストノミ（ケオプス・ネズミノミ）が生息する適温は、一五度から二〇度、湿度は九〇パーセントから九五パーセントと言われる（これも現代からの推定である）(105)。ペストノミにペスト菌が含まれ、クマネズミがペスト菌に侵されている場合、多くのクマネズミはペスト死する（だから彼らクマネズミもペスト菌の犠牲者であった）。もしクマネズミが死ななければ人間に近寄ることはない。クマネズミが死んだ場合、ペストノミは、養分の取れない死んだクマネズミを離れて、新たな養分を得るべく次の寄生先として人間にとびつく。だが、ペストノミもすでにペスト菌に冒されており、その消化器官（前胃）はペスト菌による血のかたまりによって塞がれてしまっている（ノミも深刻な罹病者であった）。そしてペストノミは、空腹状態にあることから、新しい宿主である人間の皮膚を刺して吸血しようとする。その時に、前胃のなかで塞がれてしまっていたペスト菌とその血のかたまりを一気に逆流させて、それを人間の血管に吐き出す。この時に糞も排泄することがある――こうして人間は吐き出されたペスト菌によってペストに感染する。あるいは時に、ノミの排泄した糞のなかでペスト菌が生き残る場合があり、ノミによる傷口があれば、そこから血管に流入して感染するかもしれない。

類似したケースとして、発疹チフス――その媒介種はシラミである――の場合も、同様のことが起こりうると確認されている。発疹チフスの発症のケースとして指摘されていることだが、人が、シラミに刺された傷口のかゆみを無意識に掻くことで、シラミの糞に含まれた発疹チフスの細菌――リケッチャ――を人の血管のなかに流入させてしまう――こうして発疹チフスの感染に至る場合があるという。糞のなかでペスト菌やリケッチャがしぶとく生き残るのである）(106)。

人間はふつうの場合、ペストノミからの経皮感染によってペスト菌に感染することで、ペスト菌に冒された二者、すなわちペストノミとクマネズミに次いで、第三の犠牲者となる。だが、第二の犠牲者であるクマネズミが大量死すると、ペスト菌も、また、ペストノミも、ともに養分を得る場を失い、その後、長い期間ずっと、人びとの間でペストは流行しないことになる。ペストの周期性はここから説明される。

ペスト菌は、保菌しながらも発病しなかったクマネズミのなかで生き残ることがある。そこでノミは胆嚢で冬眠し、新たな活動期――春から夏（すなわち、腺ペストの流行期）――を待つ。人間は、顕微鏡で確認できるまで、こうした感染のルートに何世紀もの間、全く気づかなかったのである。

ただ、ペストの感染と流行については、我々の知らないところで様々な要素が作用するので、当時のペストのメカニズムについては、はっきりと解明するにはむずかしいかもしれない。昆虫や動物の生態学的な要素、当時の季節の特殊性、人間の免疫力なども、現在からはそう簡単には推し量ることはむずかしい。たとえば、ペスト菌やペストノミやクマネズミの性質については、二人の研究室による指摘が注目される。第一点目は、R・ホロー、第二点目は酒井シズによる指摘である。それによれば、ネズミノミやペスト菌にはかなり特殊な性質があるようだ。まず、第一点目として研究者R・ホローの指摘を紹介しよう。

　ペスト菌は、それを感染させるには厳密にはネズミを必要としない。ノミがいれば十分である。感染したノミは少なくとも八〇日間は宿主なしに生きていける。それだから商品のなかに入り込んで長い旅にも耐えられる。ムッシスは、盗んだ寝具から感染した話をしているが、それはこのことから説明がつく。おまけに、ペスト菌は、ノミの糞のなかで五週間生き続けることができる(107)。

ホローが指摘するムッシスの話とは以下のとおりである。

ここで話すことのできる恐ろしい事件がある。ある軍隊がジェノヴァの近くに露営した時に起こった恐るべき事件である。四人の兵士が略奪物を求めて軍隊を離れ、海岸のリヴァローロに向かって進んだ。その町では疫病がすべての住民を死なせてしまっていた。家々が締め切られていたが、四人はあたりに誰もいないのを見て、一軒の家に押し入ってベッドの上に毛布を見つけて盗んだ。それから軍隊に再び戻って、次の晩、四人は毛布をかけて寝た。朝になると彼らは死んでいた。その結果、皆恐怖に怯えた。それから誰一人として死者のもっていた品物や衣類は使おうとしなかった。それどころか、手に触れようとさえせずに、即座にはねつけたのであった(108)。

二つめの指摘は、戦時中の満洲での加藤正司らの日本人研究者によるペスト菌の研究報告からのものである。当時、日本軍七三一部隊は人体実験によってペスト菌を細菌兵器として利用しよう考えていた（これについては村松高夫の研究がある）(109)。加藤正司らは、「ペスト菌は冬の間どこに潜んでいるのかを突き止める研究をしていた」という。この研究によって、彼らは、「ペスト菌が冬季にネズミの胆嚢の中で冬眠して、夏季になると活発になって血中に出てきて、ネズミについたノミに入り、ノミから人間に感染するというサイクルをはじめて明らかにした」という(110)。

このように見ると、ヨーロッパに巣くって数世紀間ずっと人びとを苦しめたペストのメカニズムは、複雑でそう簡単に把握しにくいものであることがわかる。

第二章の補足　ペスト菌をめぐる近年の細菌学的研究
――変質したペスト菌の考え方と別の病気説の対立

これまで科学者によって展開されたペストをめぐる細菌学的研究の動向について、ここで補足として、簡単に展望したい。この領域は、私の専門外であることから、主としてグイード・アルファーニが近年に発表した研究（二〇一〇年）にもとづいて紹介する。

はじめに

顕微鏡を用いることによって一九世紀末に香港においてイェルサンと北里柴三郎がそれぞれ別々にほぼ同時に「ペスト菌」を発見し特定した（一八九四年）。さらに続いてフランスとイギリスの研究者によってペスト菌とペストノミとクマネズミのメカニズムが解明された。この特定によって、中世末から近世の数世紀に及ぶ長い期間（一三四七年〜一七二〇年代）に人びとを大いに悩ませ、人びとを悲劇のどん底に陥れた過去のペスト、すなわち黒死病は、その正体が解明されたと信じられた。例えば、一九七〇年代を中心に優れたペスト研究を展開したチポッラもここで特定された「イェルシニア・ペスティス」を前提に中近世のペストを論じていたのである。

しかし、今日の学界の動向によると、実際にはここで特定されたペスト、つまり「イェルシニア・ペスティス」は、中世末から中近世に流行したペスト――これを「歴史上のペスト」または「黒死病」と言おう――とはほとんど別の種類のペストであった。「それは、《歴史上のペスト》の「亜種」か「次亜種」のペストであった」（G・アルファーニ）。以下、こうしたことが認識されるに至った学界の動向について紹介する。

黒死病の流行形態の謎――どうしてノミを介さずに流行したのか――

カッファにいたジェノヴァ人によって黒海から運ばれた一三四八年頃の最初のペストについては、後の多くのペストと比べて、どうして季節を問わず広い地域に及んでずっと大量死をもたらしたのか（それは従来「肺ペスト」によるものとして説明されることが多かった）また、人から人へと直接伝染した病因やメカニズムは何か、そうしたことについては、謎や疑問が多く存在する。一方、一四世紀の二度目以降のペスト（最初のペストから約一〇年後に流行）は、風土病としてヨーロッパのおそらく山間部に棲みついたもので、次第にヨーロッパの気候・風土と生態系に対応し、それに順応していったと考えられる。そのペストは、多くの場合、春に始まり、夏にピークに達し、秋に衰えるという、季節性が高いものである。それは、人から人への感染はほとんどなく（しかし、チフスと併発した一七世紀のペストの場合は、これはあてはまらないかもしれない）、腺ペストが通常流行する形態であったと思われる。

ペスト否定派

一四世紀から一七世紀の墓地を調査した動物学者グラハム・トウィッグは、「歴史上のペスト」が、一九世紀に特定された「イェルシニア・ペスティス」とは別のものであると主張した。トウィッグは、一九八四年にイギリスの墓地を調査・収集したデータに基づいて、一四世紀から猛威を振るったネズミの個体群（その細菌）は、「イェルシニア・ペスティス」の拡大に不可欠と推定されたネズミの個体群とは、いかなる点でも一致しないことを証明したと主張した。トウィッグは、中近世のペストにおいて、ネズミが果たした役割、つまり、ノミが寄生する宿主であるネズミの役割について、現代の解釈を否定し、さらに「歴史上のペスト」と一九世紀末に確認された「イェルシニア・ペスティス」との間に数多くの不一致があることを強調した。トウィッグの理論によれば、ペストと考えられていたものは、別の病気であり、候補として「炭疽病」（炭疽菌）が考えられるとされた(111)。

しかしながら、果たして一三四八年を中心として襲来したあの恐るべき「パンデミック」（世界的流行）を引き起こすほどの力が炭疽菌にあるものなのか、また、炭疽病の引き起こす症状が疫病年代記に記述された症状と一致するものなのか――こうした点で、解決どころか、むしろそれ以上に多くの問題を引き起こし、トウィッグを支持する研究者はひとりとして現われなかった。

しかし、別の理由から、他の研究者によって「歴史上のペスト」と「イェルシニア・ペスティス」の相違点が提唱された。

今のところこの分野における主要な研究はスーザン・スコットとクリストファー・J・ダンカンによって行われている(112)。この二人は「歴史上のペスト」は実際には「エボラ出血熱」と類似している「ウイルス性出血熱」であるという。これを証明するために二人は、「歴史上のペスト」の疫学的要素を評価するために、教区の登録簿のような史料や登録簿復元技術を用いて、イングランドの北西部のカンブリア州のペンリス Penrith のペスト（一五九七～九九）とイングランドの中部ダービーシャー州の村イーム（イーヤム）Eyam のペスト（一六六五～六六）に焦点を当てた。この情報にもとづいて、この病気は、直接人から人へと伝染しうるものであり、それに「出血性ペスト」という名称を与えた。――なお、ここに挙げられたイーム村について少し触れると、ここには興味深い歴史がある。一六六五年にこの村がペストに襲われた時に、村の人びとは、村のピューリタンの牧師モンペッソン Mompesson（一七〇八年没）の忠告に従い、疫病がそれ以上に他の地域に流行するのを防ぐために、村人全員が外部との接触を断ったという。「村に誰も入れない、村から誰も出さないという自主的な完全隔離」である。その結果、この自主的な隔離によって三五〇人の村人のうちほとんどの村民、すなわち、二六〇人以上の者がペスト死して、生き残ったのは、わずか八三人であったという。この悲壮なドラマをもつイーム村は現在ペストの恐ろしさを伝える観光地になっている(113)。

しかし、アルファーニによれば、スコットとダンカンによる、この病気を特定する試みは説得力をもつものではないという。というのは、ひとつに、それは極めて少ない事例に基づいているからである（およそ一〇世帯）。それも登録簿の復元技術の疑わしい適用に基づいているからであるという。こうしたことから、スコットとダンカンの理論は、トウィッグと違って一部の研究者には受け容れられたものの、アルファーニや多くの研究者からは受けいれられていない。

「ペスト否定派」に属すると思われる研究者にはトウィッグ、スコット、ダンカンのほかにサミュエル・コーンがいる。コーンは、「歴史上のペスト」と「イェルシニア・ペスティス」のペストの大きな違いとして両者の流行の形態の相違をあげている。すなわち、一三四八年の黒死病そのものが、そもそも固有の意味の「ペスト」ではなく、別の病気（炭疽病）であったと見る立場である。一三四八年など中近世の黒死病の流行の仕方をよく見ると、後のペストと異なった現象が認められるという。一四世紀の黒死病の場合、ここで示した動物への感染という現象のほかに、まず、最初（一三四八年）に一気に激しい流行をもたらして、それから急速に終息したという現象、一方一九世紀末のインドのペストの場合、最初はわずかな流行にすぎず、それが次第に激しくなったという現象、また、カミュの小説『ペスト』の記述(114)にあるようなネズミの大量死、すなわち、《先立つネズミ大量死》が、一四世紀の黒死病についての年代記のなかにあまり認められないこと、さらに、黒死病が夏に限らず冬にも劣らず流行が続いたという現象（これは後の時期のペストには認められないという）などから、一三四八年の黒死病が固有の「ペスト」ではなかったと指摘する。

どうしてノミを介さずに人から人へ直接的に感染することができたか——ノミが活動を停止しているはずの冬季やその他の時期でさえ、どうしてペストが直接的と思われる感染ができたのか。これについて、「歴史上のペスト」の謎を解く新たな鍵は、ペストの流行には、それを「肺ペスト」の存在だけで説明するには無理なところがある。これについて、「歴史上のペスト」の謎を解く新たな鍵は、ペストの流行には、その頃に同時に流行していた他の疫病の存在を想定してみるべきではないか。この見方は、ジョン・ヘンダーソンの研究によって示唆されたものである（二〇〇一年）。ヘンダーソンは、一六三〇〜三一年のフィレンツェのペストは、実際は、腺ペストとチフスの混合した伝染病であったと主張している。チフスはシラミを介して容易に人から人へと感染することから、これによってその疫病の特徴の一部を明らかにできるかもしれないという。

DNA鑑定によるペストの特定

その一方で、黒死病の犠牲者の遺骨をDNA鑑定して特定しようと研究者も現われた。そのひとつ、フランスの研究者を中心とするグループは、「イェルシニア・ペスティス菌」の遺伝子、すなわちペストに特有のDNAの断片を特定できたと発表した（二〇〇二年）。このDNAは、フランスのフェドン Fédons の墓地で見つかった歯髄から採取されたものだという。その墓地は一五九〇年のペスト流行期に掘られた墓地であった。この研究者グループは、これを証明するための技術が改良される必要性を認めている一方で、ペスト菌が「歴史上のペスト」の病原体であるという事実について確信をもっているという。しかしながら、一方で、他の研究者は、このグループによって獲得された結果を、その技術やその改良した方法によっても再現できなかったとして異議を唱えている(115)。

ペスト菌は時代によって亜種を生んでおり、それが「歴史上のペスト」であると特定できず

最近になって、八種類ものイェルシニア・ペスト群が確認され、そのすべてはおよそ六五〇〇年前かそれ以前に発生した原初イェルシニア「偽結核症」（pseudotubercolosis）に由来するという。しかし、アルファーニによれば、その説はいまだ進化生物学の技術に基づいたきわめて仮説的な再構成にすぎないという。それは疫病の三つの「亜種」を区別した先の仮説を修正するものである。すなわち、三つの亜種とは――

「アンティクア」（ユスティニアヌス帝期のペストに起因するもの）、

「メディエヴァリス」（一三四七年にヨーロッパに入ってきたもの）、

「オリエンタリス」（一九世紀から二〇世紀のアジアの伝染病の原因となったもの）

――である。たとえそれらの疫病がイェルシニア・ペスト群であったとしても、亜種であったとしても、問題は変わらないという。したがって、たとえペスト期に掘られた共同墓地で病原菌のＤＮＡを発見したと主張する者によって認められたとしても、イェルシニア・ペストの遺伝標識の存在は、「歴史上のペスト」の病原体が現代のペストと密接に関係しているということを単に保証するにすぎない。

「歴史上のペスト」は、ひとつは次亜種であるか、そうでなくとも、ともかく現代のイェルシニア・ペスティスと多かれ少なかれ距離ある関係の病気である。それは部分的に我々の理解できないいくつもの特徴をもつものである。しかし、人から人へと一層効率的に感染する能力を備えるものである。「歴史上のペスト」と「イェルシニア・ペスティス」とは異なった病気であり、横根（リンパ線炎症による腫瘍）ができるといったわずかな症状において共通点を持つにすぎないという。この場合、歴史上のペストは我々には知られていない過去の病気であり、スコットとダンカンの仮説で述べられているように、おそらくすでに消滅してしまった病気であろう。あるいは、次亜種であるか今も存在している病気の関連種であろうが、非常に異なった症状を持つものなので識別が困難なものである。歴史上のペストは現代の我々には知られていないすでに消滅した種類の遠い関連種であろう(116)。

第一部　黒死病による苦難を都市・農村のレベルから見る

第三章　黒死病による苦難の実態に迫る――総論的考察

はじめに

ペストの歴史を見ることとは、単に病気そのものを真空状態のなかで孤立させて見ることではない。ペストもまた社会と時代の一種の産物であり、つまるところ、時代状況とそこに生きる生身の人間の姿を見ることになる。

本書のねらいは、「まえがき」で述べたように、黒死病（ペスト）という苦難が及ぼした《人びとへの心性への影響》を明らかにすることである。その前提として、まず黒死病による被害――苦難――の実態がいかなるものであったか――このことを明らかにしなくてはならない。

ここでは、まず、ペストのなかでも最も甚大な被害をもたらした「大黒死病」、すなわち一四世紀最初の黒死病を中心にしつつ、しかし同時に、その後、繰り返された黒死病（一四世紀後半〜一八世紀初頭）についても触れ、イタリアやヨーロッパにおいて黒死病全般がもたらした被害の態様と、そのような被害をもたらした中近世の社会実態の基本構造を明らかにしたい。

大黒死病（以下、「黒死病」「ペスト」とも表記）は、その衝撃性のゆえに同時代の人びとによる報告も少なくなく、さらに、これまで多くの研究者の最大の関心を呼び、比較的、先行研究に恵まれている。ここでは、その先行研究、特にここ数十年間のめざましい研究成果を活用しつつ、イタリアを中心に疫病としての黒死病の特殊な傾向、富裕層と比べて貧民層の生活から見た被害の実態、都市と比べて農村の生活から見た被害の実態などを扱う。さらに、大人に比べて乳幼児や子どもの受けた死亡率の高い実態、男女の違いによる死亡率の相違も論じたい。事例は、イタリアを扱う本書の性格上、許す限りイタリアを中心に扱いたいが、できるだけ基本的な視野は広くヨーロッパ全体にも向けていきたい。

本章は、総論として、今世紀の学界の研究成果を踏まえて、死亡率を特定する基本的な考え方を述べ、次章では、各論として、人口変動の史料の残されたイタリアの地域におけるペスト死亡率の特定を扱う。

大黒死病研究については、今世紀初頭に発表されたベネディクトヴの研究が圧巻である。その際立った成果を前に、この総論ではどうしてもそれを中心に扱わざるを得ない。その研究は、村や町や荘園という最も小さな単位を扱う史料・専攻論文を幅広く（二〇〇点以上）かつ根気よく検討し、国レベルやヨーロッパ全般のレベルへと視野を広げて、ヨーロッパ全体の死亡率を特定する優れた研究である。

これまでの様々な先行研究にもかかわらず、イタリアを含めてヨーロッパでの大黒死病の死亡率の把握となると、これは非常にむずかしい問題である。大黒死病については、現在日本で使われている高校の教科書は、その扱い方や関心はまちまちであるが、概して大黒死病によってヨーロッパの「三分の一」の人びとが死んだだろうと書かれている(117)。実際のところ、これは、学界の通説に沿った数値である。現在、学界ではペストの死亡率は、「三分の一」、あるいは、少し控えめに「四分の一」で通っている(118)。また、研究者R・S・ゴットフリートは、死亡率の幅広い地域差（スカンジナヴィア半島・イタリアのトスカーナ地方の「五〇パーセント」の死亡率、ボヘミア、ガリシアの

「一五パーセント」の死亡率）の平均を取ったかたちで三分の一の妥当性を説明している（一九八三年）。さらに、黒死病の流行をみずから体験したJ・フロアサール（一三三七頃～一四〇五頃）のような同時代の年代記作家の記述にも「三分の一」という死亡率が認められる(119)。

しかし、実際には、その通説はあまり科学的、学問的根拠があるわけではない――実は、それは、ヨーロッパの疫病の歴史研究者によるここ数十年の知性を結集させた成果によるものとは言えない。実際のところ、はるか遠い一四世紀という中世末の時代において、当時の人口を伝える史料となると、あまり多くないのも事実である。そこでこの重大な問題について「憶測」や「勘」でものをいうことがまかり通った。

つまり、次のような勘や憶測が支配する判断がなされた。すなわち、たまたま史料が残された地域――都市が多い――の場合には、人口の五〇パーセントから、時に六〇パーセントを越える高い死亡率が認められるのは確かだとしながらも、しかし、史料の残されていない多くの地域については、さほど黒死病の被害がなかっただろうと、そのように憶測して判断がなされたのである。それはちょうど刑法に適用される「疑わしきは罰せず」の論理のようである。結局、こうした判断から、ヨーロッパ全体を押しなべて見ると、死亡率は薄められて、全体の「二分の一」には遠く及ばず、せいぜい「三分の一」から「四分の一」程度の死亡率が打ち出されたのである――それどころか、研究者のなかには、大胆にも「二〇分の一」という死亡率まで打ち出す者も出て来るほどであった(120)。恐らくそれは、ひとつに「三分の一」という死亡率そのものがあまりに衝撃的で、あまりにセンセーショナルな性質を帯びていると思われたので、それを薄める見方の方が、冷静で科学的、学問的な態度を示すものと思われたからかもしれない。

だが、ここには問題がある。というのも、ここでは、史料によって実証されたものを考慮して判断がなされたわけではないからある。つまり、ここでは、史料のない「未知の部分」に対しては、黒死病の与えた大きな影響をマイナスに（つまり否定的に）見積もり、一方的に死亡率を割り引いたのである。これは決して科学的な判断とはいえない。この判断に作用したと考えられる三つの推測がある。その推測とは――

第一に、黒死病は、都市に比べて農村や山間部にはあまりやって来なかっただろうという推測、

第二に、黒死病は農村部に来ても農村では人がまばらなので、死亡率はあまり高くなかっただろうという推測、

第三に、第二の憶測の結果として、人口比からすれば、都市の人口よりも農村部の人口の方が圧倒的に多く、平均すれば全体の死亡率はずっと薄められるだろうという推測

である。そう推測しながら、それでいて、決して農村部の史料を探そうとしなかった（あるいは農村部の地方史の研究実践に注目しようとしなかったのである）。「勘」を実証する気もなかったのである。

ところが、一九五〇年頃以降、一部の研究者によってペスト史研究は新しい段階を迎えた。ミラード・ミースのようにペストがフィレンツェやシエナの美術様式や精神構造に与えた強烈な影響が説得力をもって追究される一方で[121]、ペストについて地方史研究が精力的に展開されたのである。ここには、有力なペスト史研究者のほかに、大学で学んでから地域で史料研究を展開する多くの地方史・郷土史家の存在があった。彼らは地域の古文書によって実証的、個別的研究に向かった。さらに追い風として、二〇世紀の学問の新しい傾向として、社会史的な関心（簡単にいえば「英雄」ではなく「一般人」を歴史の主役と見る立場）と、それと深い関係をもって二〇世紀半ばに誕生した歴史人口学（現代の人口問題等が研究を刺激した）の研究の発展が作用した。こうして、従来から支配的であったマルクス主義的歴史学などの原理中心の演繹的な見方や事件史（政治史）中心の見方から一定訣別した、新たな学問的傾向も生まれたのである――つまり、先入観なしに、個々の史料や現象に注視する個別的な学問傾向が強まり、それはしばしば現実的（歴史的）で豊かな事例研究を生み出したのである（――そして、その「個別研究」は今や「全体〈総括〉研究」を待っていた）。

しかしながら、ヨーロッパの様々な国の地方史研究によって蓄積された豊かな「個別研究」は、その論文が地方の小さな雑誌に掲載されたせいで、あまり学界から注目されないことが多かった。しかし、ようやくここにおいて、意識的に、それも極めて意識的に、個別研究を集約して、「全体（総括）研究」を目指す研究が現われた。そして、様々な地方で発表された数多くの個別の地方史研究をほとんどくまなく目を通して、さらにそれを批判的に検討して、一三四八年頃のヨーロッパの最初の黒死病の全貌を見る研究が現われたのである。それが、O・J・ベネディクトヴ（ノルウェーのオスロ大学教授）の研究（二〇〇四年）である。ベネディクトヴはこう言っている――

> 今日に至るまで、研究者は概してほんのわずかな都市の史料やイングランドの教区司祭の死亡者数という、かなり不十分な根拠にもとづいて、黒死病がヨーロッパの三分の一か四分の一の人びとを死亡させたと、そのような全般的な推定をおこなってきた。しかし、二〇世紀の最後の四〇年間にめざましい数の新しい研究が出版され、その成果は、黒死病が及ぼした人口への影響を評価するのに極めて新しい機会を与えてくれたのである。そうした研究は、注目に値する、驚異的ともいえる成果をもたらしてくれたのである[122]。

ベネディクトヴがその著書で扱ったヨーロッパ諸国の黒死病関係の専攻論文・著書は、総数三〇〇点に及ぶもので[123]、それは目を通すだけでも大変な労力である。それらをひとつひとつ点検することは、これまで誰も挑むことのなかったことである。言語的（語学的）な問題だけに関しても、これは驚くべきことである。なぜなら、各地域の中世の難解な一次史料も含め、ヨーロッパには数多くの近代言語が存在し、そうした言語的障壁を越えた上で（若干の表記・数値のミスはあるにしても）おそらく研究成果のほぼ全容を展望し切ったからである。

その著書は、小さめの活字で四五〇頁を越える英語の大著である（『黒死病――一三四六～一三五三年――』*The Black Death 1346–1353*）。そのサブタイトルは「完全な研究」*The Complete History* と銘打っている。このことばは、なかなか使えるものではない。研究で完全なものなど、どこにもないからだ。しかし、実際そのことばを使うに足る労力が払われている。この著書が扱う「黒死病」（狭い意味の黒死病、つまり一三四八年頃のペスト。大黒死病）の「流行の拡大」（第二部）に関しては、ヨーロッパの東西南北のほとんどの地域を扱い、従来黒死病による被害が少ないとされたボヘミア、ベルギー、ポーランド、ネーデルラントにも研究のメスを入れる。そして、西欧諸国の死亡率を扱う「第四部」が本書の核心部分である。それだけで一五三頁に及ぶものである(124)。その「第四部」で独立した章を設定して詳しく考察を展開している国・地域は、スペイン、イタリア、フランスおよびサヴォイア伯領、ベルギー、そして、最もきめ細かい研究のイングランドである（――残念ながらドイツなどが欠如している）(125)。そこで言及・考察した都市・村落・荘園は、主要なものだけで二五〇点に及ぶ。

私は、これまでに数々の黒死病関係の研究書を調べてきた。しかし、このベネディクトヴの研究書は、ヨーロッパの数多くの第一級の先行研究を網羅して全体的に統括しようとする研究として、これまでの研究とは非常に次元が異なる。確かに、これまでに黒死病の「概説書」（啓蒙書）として全体を概観する書物はあった。しかし、歴史人口学の成果にもとづいた史料批判の方法を駆使して、説得力をもって結論を導いた研究となると、これまでは存在しなかったように思う。しかも彼が提起したその学説（死亡率の算出等）も非常に注目すべきものであった。それは、後述するように、人口激減のなかで現実に生じた特異な現象を直視したものであった。このような理由から、「トレチェントの苦難」のなかでも最も中核的な黒死病を扱うベネディクトヴの著書は、ここで扱う値打ちが十分にあると考える。そこで、関連する他の研究者の成果や、さらに私見をかなり加えて、もっと包括的に自由に論じていく。そこでは、彼の歴史人口学的な考え方は、あくまで具体的な個々の都市や農村の事例を各論的に扱っているにすぎず、基本的な考え方（総論）は示していない。そのため、ここ第三章では、私は「総論」として、最初に彼の基本的な見方を整理して提示したい。彼の分析の特徴的な成果は「階層変動」という考え方である。その考え方のほかに、他の研究者の成果も加えて自由に敷衍して論じる。

ここでは、従来の古典的な研究に対して、貧民の死亡率の高さが認識されるであろう。次に第四章において「各論」として、本書の直接的な課題であるイタリアの都市と農村の事例に絞って分析を扱う。最後に第五章として、彼によって得られた死亡率の結論（大黒死病によるヨーロッパ全体の死亡率）と、それに対する私の評価・批判として、私の史料解析の実践などにもとづいた課題、主に男女の死亡率の違い、乳幼児・子どもの高い死亡率、老人の死亡率の低さの扱いの課題を提示したい。

なお、ベネディクトヴが、先行研究を利用しつつ、調整して割り出したヨーロッパの各地域の共同体の死亡率の推定が、本書の最後に「付録」として紹介したものである（「付録一　ベネディクトヴによる共同体の死亡率一覧（一三四八年の黒死病）」）。このような死亡率のリストは、ベネディクトヴ自身は著書のなかで作成しておらず、私が試みに簡略に作成した。あくまで彼の解釈であるが、これをざっと見るだけでも大黒死病の死亡率の高さがイメージできるかもしれない。歴史において最も大切なのは個別研究（それも数多くの）かもしれない。そう実感させる、従来見られなかった豊富なデータである。

第一節　総論――ペストによる人口変動の暗部に光を当てる

ベネディクトヴによれば、従来の黒死病死亡率の算出の方法にはいくつかの問題があった。つまり、その史料が作成された直接的動機・背景や、その調査や記録が対象とした人びとの特殊性について比較的無頓着に扱っていた。さらに、黒死病直後に生じた特有の社会的変動の状態に対して、あまり注意を払わなかったと言うのである。黒死病の流行後の社会の実態の特殊な事情を配慮せず、史料批判も不十分であったと言う――以下、このことをわかりやすく見ていこう。

およそ、現在まで残っていて、人口算定に役立つ史料は、当然ながら、それが「必要であった」からつくられたものばかりである。近代になるまで、人間は、純粋に人口そのものを把握する客観的な調査にあまり関心がなかった。あまり知りたいとは思わなかったのである。そのため、史料として残っているものは、主に、「租税徴収」のための調査、「住民への食糧の配給」のための調査、「戦争に向けて兵役に従事できる人数の把握」のための調査、「職業組合（アルテ）構成員」の一覧、「聖職者の就任記録」、「埋葬者の記録」（死者台帳）など、どれも「必要であった」から作成された実用的で特殊な史料に限定される――いずれの史料も、当局の「必要」に応じて作成された個別的な性格が強い史料であった。例えば、「租税調査」の場合、当時ふつう税金は、必要上、世帯主から徴収できればよかったので、「世帯主」――この時代ではふつう成人男子――の存在しか見ない（ふつう女性は法的権限が与えられていなかったことから、女性のみの世帯でなければ、史料にはその姿を見せない）。また、世帯主さえわかれば良かったので、通常の場合、役人にとってその世帯が「何人家族であったか」などは、知る必要がなかった。だから、租税調査さえも、そのままでは必ずしも総人口を正確に反映したデータになり得ると限らないのである。例えば、家族における乳幼児の高い死亡率を無視して、黒死病による世帯主の減少から黒死病による人口減少率を導くという従来の算定法には問題がある。こうしたことから、ある特定の「個」から「全」を割り出すこと、つまり「ある個別的な集団」の黒死病死亡率から、そのまま都市や地域などの「共同体の全体の死亡率」を割り出すことには、問題があるのである。

こうしたことから、ベネディクトウは、例えば、世帯減少率をそのまま人口減少率として採用するといった従来の単純な黒死病死亡率の算出法は、いくつかの点で黒死病死亡率を実際の数値よりも低く見積もりがちであると批判する。ベネディクトウによれば、成人男性（＝世帯主）中心の従来の算出法のなかには、中世末の社会構造の内部の実態に踏み込めていないものや、十分な史料批判がなされていないものがあるという。ベネディクトヴによる黒死病死亡率の新しい割り出しの考え方の特徴的なものを示すと、ペスト流行期における、「乳幼児・子どもの高い死亡率の重視」、「女性の高い死亡率の重視」（この女性の高い死亡率については、私はベネディクトヴの見解には疑義がある。後述）のほかに、以下の（A）（B）（C）の三つのポイントにまとめられよう――といっても、この三点は相互に関係し合っていている。また、彼は決して箇条書き的に述べているわけでもない。彼は、あくまで研究者の個々の史料研究を個別に批判的に検討するなかで、その都度、この考え方を一種の「てこ」にして利用し、結論（黒死病死亡率の特定）に導くのである。

（A）貧民、特に「見えざる貧民」の重視

ベネディクトヴによれば、都市に住む「貧民」には、史料やデータから把握される「貧民」のほかに、実は、そこから漏れた貧民、すなわち、いわば「見えざる貧民」（史料に現われない極貧の人びとを指す。石坂の名称）がいた。「見えざる貧民」の存在自体が看過されていたこと、また、彼らが最下層の貧民として他の者よりも高い死亡率を被っていたこと、このことに注視するだけで都市の総人口における黒死病死亡率はおのずと押し上げられることになる。

（B）黒死病直後の特殊な社会実態の把握に向け「標準想定」を適用する

黒死病は人口の激減によって特有の社会的変化をもたらした。黒死病後の社会において、例えば、家族の構成員が黒死病以前よりも平均的に少なくなったこと（「世帯規模の縮小化」）、社会的傾向として農村から都市への人びとの移動があったこと（自主的な都市への流入、都市の人口増加策による）、下層の農民が痩せた農地から肥沃な農地へ移動したこと（疫病で空洞化した肥沃な土地への移動）、黒死病直後の結婚ラッシュによって世帯数が増加したこと。こうした変化に注目し、その割合を標準的な数値で把握しようとする。たとえそれがその地域についてデータによって数値として把握できなくても、他の多くの地域の事例を参考にして得られた数値、すなわち「標準想定」を適用し、実態に向け補正する。

（C）農村の死亡率の重視

史料が少なく、「見えにくい」農村部については、従来から黒死病死亡率が低いと考えられてきた。しかし、ここ数十年間の人口史料の発見、農民の生活の困窮さと不衛生の認識、ネズミ・ペストノミの生態学的な研究成果から、農民の高い死亡率が実態であるとして、従来の見方は見直すべきであるという。ここに小作人が被った非常に高い黒死病死亡率が示唆される。そうしたことはあくまで想定である。ところが、イングランドの小作人を扱った箇所において、それが想定ではなく実際に存在したことが見事に実証的に証明される。最底辺の小作人はヨーロッパ大陸では無税であることから、人口把握が困難であり、あくまで「想定」の域を越えない。ところがイングランドの場合、最底辺の存在でも人口把握が可能なのである。それは、最底辺にあるどんな者でも人頭税を課されたからである。ここでは、大陸で仮説的、想定上の存在でしかなかった者が見事に実証可能な存在となるのである。その小作人が最底辺に生きる「ガーションズ」と呼ばれる「土地を持たざる男」であり、ベネディクトウのこの存在についての記述は読んでまさに目が開かれる部分である（それについては、別の拙稿において紹介している）(126)。

（D）階層変動の重視

注目すべきは、黒死病直後の人口の激減・混乱がもたらした「社会的動態」(127)（石坂のいう「階層変動」）であるという――すなわち、階層変動（社会的動態）とは、黒死病によって全般的に人口が激減した後に、富裕者の高い階層のうちの、疫病死した人びとによってもたらされた空白部分、すなわち、無人となった空洞化部分へ、もとは下の階層にいて幸い生き残った者たちが、はい上がってそこに居場所を見出すという現象である。ペストによってこの成り上がりの現象は顕著なものとなったのである。

このような階層変動の現象が起こったことの証拠は、美術の様式の変化においても認められる。すなわち、美術史家のミラルド・ミースは、「不法な遺産相続その他の異例の事情によって、俄成金階級が同市［フィレンツェ］に起こった」と述べて、新興のあまり教養のない彼らが成り上がって美術のパトロンとして注文した作品の美的な好み・様式――庶民的傾向――について論じている(128)。フィレンツェにおいて黒死病後の階層変動から生まれた新参者や成金の場合、彼ら学問のない「無知な者」（ペトラルカ）が好んだ美術様式は、わかりやすい庶民的なものであり、それは、ジョット以後、一四世紀前半に顕著となった革新的な様式ではなく、一三世紀後半に復帰するスタイルの様式であった(129)。以下、この階層変動について具体的に見てみよう。

例えば、最下層の貧民であったがゆえに租税が免除され、租税の対象にならず、徴税役人の視界に入らず、それゆえに史料から漏れていた人びとの存在を考えてみよう。彼らは、黒死病前の時代では、史料から「姿をくらましていた」存在である。ところが、人口の激減の後に、彼らのうちの生き残った者たちが、黒死病後に生じた上の階層の空き家や空き地を得て、そこで富を得ることになると、その地に居住するがゆえに、今度は租税の義務の対象者に転ずるのである。つまり、彼らが新たな土地を得て、生産し、租税の対象となった場合、彼らは、もともとそこでペスト前に生産し富を得ていた人たちが、あたかも疫病死しなかったかのごとく、すり替わってしまう。こうしてもともと最下層の無税の者として「姿をくらませて」、分母（黒死病直前の総人口）を実際よりも少なくしていた貧民は、今度は上の階層のなかに忍び込んで再び「姿をくらます」のである。黒死病の生存者を分子とすれば、こっそりその分子の一部になって、全体の生存率を高める存在になってしまうのである。

これが二重の誤差をうむのである——繰り返して述べよう。すなわち、実際には黒死病前に貧しい人びとが存在していたにもかかわらず、租税の対象でなかったがゆえに、総人口にカウントされずにすまされ、母数としての黒死病前の総人口が少なく処理されてしまう（第一の誤差）。さらに、黒死病の発生後、実際には疫病死した富裕な人びとがいたのに、彼らに成り代わってその地位にのし上がって租税を支払うようになった者が出てきたために、先の富裕者があたかも死ななかったかのように処理されてしまう（第二の誤差）。こうして、黒死病前においては、総人口は実際より少なくカウントされた上に、一方、黒死病後は疫病死した人びとの数が無視され実際より少なくカウントされてしまう。これでは黒死病死亡率は、当然ながら、二度の誤差によってずっと低く見積もられてしまうのだ——我々は、正しい死亡率を導くためにこの階層変動の現象を見抜かなくてはならないという。これはおもしろい、説得力のある指摘である。

第二節　「見えざる貧民」

（一）　流民等の人びと

ベネディクトウが、その黒死病死亡率の算出において常に配慮し重視したものが、史料やデータから漏れてしまった人びと、「見えざる貧民」の存在である。ベネディクトウはこの「見えざる貧民」の存在に光を当てることで、従来の黒死病死亡率の算定の修正に迫ろうとした。

どうして貧民の一部が見えなくなってしまったのだろうか。その理由として、まず、先の述べた税金の支払いを免除された「見えざる貧民」がいる。租税役人は、自分たちの任務とは無縁な彼らには目を留めなかったので、そうした貧民はデータ（黒死病前の総人口）としては残らないのである。さらに、貧しい人びとのなかには、課税の対象でありながら、虚偽の申告などによって税金の支払いをうまく免れた貧民がいたことが考えられる。

さらに、最下層の貧民のうち最も典型的な存在が、移動する貧民である。中世において多いのが、住所不定として都市から都市へ、または農村から都市へと移動する流動的存在――「流民」――であった。

まず、季節に応じて農村から出稼ぎとしてやって来る小作人（移動労働者）がいた(130)。彼らは地主から借りた慢性的な借金を返済するのに、収穫物による収入だけでは無理なので、季節労働者として都市や他の農地にやって来て日雇い労働による収入を得たのである（ふつう、日にち計算で週ごとに支払われた）。そのほかに、約一万五〇〇〇人（一三七〇～八〇年）の毛織物産業に従事する経済的に不安定な無産労働者が存在し、それは暴動の懸念となっていた。彼らへの賃金の支払いを示す織物の帳簿も残っている(131)。流民のなかには、教会やコムーネや一般の市民が、キリスト教的隣人愛からおこなう慈善を受けようとやって来た貧民がいた。その多くは物乞いや浮浪者であった。さらに、ぽん引きや売春婦、行商人など、この時代において最も軽蔑されやすい人びとがいた。こうした流民の数はかなりのもので決して無視できない存在であった（そもそも、すでにヨーロッパ中世は、身分の高い者も、また、低い者も、旅をして大いに移動した。すでに流動的な時代であった）(132)。そうした貧民のなかには、窃盗や強盗に走る者たちも少なからず存在していた（フィレンツェの場合、その存在はカピターノ・デル・ポーポロ〈警察長官〉の記録や判決記録からわかる）(133)。フィレンツェの訴訟や判決の記録のなかには、アルプスの北からやって来た外国人の名前や、フィレンツェに流入した他国人（フィレンツェ領以外のイタリア人）の名前が記載されている。様々な人種から成る彼ら流民は、ふつう人口関係の史料から隠れた「見えざる貧民」であり、彼らもペスト死した。いや、むしろもっと高い割合でペスト死した。ベネディクトヴはこう言う――

ほんのわずかの例外を除けば、中世社会では、無産階級を構成する貧民、資産も持たない労働者階級、転借人、季節労働者などの人びとは記録から除外されている。なぜなら、彼らは全く税金を支払うことができず、それゆえに記録するに値しなかったからである(134)。

(二)　見えざる貧民をめぐる「標準想定」の設定

ベネディクトヴは、この除外された貧民の割合を標準的な想定にもとづく数値で示そうとした。それは、他の歴史人口学者の成果にもとづき、この時代のヨーロッパ社会の数多くの事例から割り出されたものである。こうして、役人によって登録されなかったためにデータに残らなかった、隠れた存在をベネディクトヴは、総人口の「五〜六パーセント」と算定している。彼はそれを「標準想定」と呼んだ。これにはもちろん問題があると考えられるだろう――すなわち、隠れた貧民の多さは、状況等の違いによって地域差・時代差があったはずで、そうしたなかで割り切って一律に「五〜六パーセント」を提示するのは少し問題に思われるだろう。しかし、登録されずに隠れた貧民が一定いたことは間違いない。だから、「標準想定」の考え方は、数値としてはあくまで個別に検証されるべきものとして保留しつつも、実態に迫るべき補正として一定考慮されてしかるべきものであろう。この「標準想定」の考え方の設定はベネディクトヴの理論の重要なポイントのひとつであり、「見えざる貧民」をあぶり出すほかに、黒死病直後におしなべて発生した大きな現象、すなわち、「結婚ラッシュによる世帯の増加」や「世帯規模の縮小化」や「農村から都市への移住」についても適用する。ベネディクトヴは、フランスのモーリエンヌ地方の山村の黒死病死亡率を扱っている箇所で、この「見えざる貧民」について「標準想定」の考え方を提示してこう述べている――

総人口死亡率に関する現実的な考え方に近づくために、私たちはまた、土地を持たない世帯を含めなければならない。

そして、当時の中世社会において、通常、人口のほぼ半分かそれに近い数を担っていた貧困層の恐るべき死亡数を考慮しなければならない。この点において慎重な一般的な想定によると、無産階級間の恐るべき死亡数は、通常よりも約五〜六ポイントも高かったと見積もられている(135)。そこで全農村の人口の死亡率を得るには、二・五ポイントを加えるべきであることが広く考えられるだろう。

(三)　劣悪な生活（住居・食糧）は貧民の死亡率を高めた

黒死病の死亡率の研究において最も重要なことのひとつは、中世・ルネサンス期の社会において「貧民」は、その過半数または大多数を占め、人口のなかで数的に最も重要な部分であったということである。この貧民の圧倒的な多さという実態は、現代の状況（先進国の場合）と全く異なる本質的な要素であり、我々は常に忘れてはならないことである。

このことの当然の結果として、忘れてならない、この社会のもうひとつの重要な要素が浮上する。それは人びとの短命さ（平均寿命二〇歳代）である。産業革命による高い生産性（物質的豊かさ）、医学や科学の発達などにより、我々の近現代世界においては（一部の開発途上国を除けば）、高い平均寿命はごく普通のことであるが、中近世の時代においては人間の短命さは、厳然たる事実であった。それは社会の底辺、すなわち貧困層において、とりわけ疫病の流行時にいっそう顕著に現われたことである。

人口学的研究によると、平均寿命（誕生時での平均余命）についていえば、中世も近世も、ずっとほとんど同程度であり、ずっと変わることはなかった。たとえば、一七〇〇年頃のフランスでの平均寿命は「二五歳」、一八世紀のイタリアでも平均寿命は「二〇代前半」であった。その短命さは、現在の貧困な開発途上国の人びとの短命さに近いといえる(136)。

表3－1　コールとデメニーによる標準生命表（西洋モデル、レベル4）
―誕生時の余命25歳の男性人口における各年齢での余命と死亡率―

Benedictow, 249.

年齢	千人あたりの死者	死者の数	生存者の数	平均余命	年齢
0	322.57	32257	100000	25.26	0
1	195.23	13226	67743	36.13	1
5	51.41	2803	54517	40.57	5
10	36.97	1912	51714	37.65	10
15	50.17	2498	49803	33.99	15
20	71.10	3364	47304	30.65	20
25	79.51	3494	43941	27.79	25
30	91.75	3711	40447	24.97	30
35	107.09	3934	36736	22.23	35
40	128.38	4211	32802	19.59	40
45	147.54	4218	28591	17.09	45
50	183.83	4481	24373	14.59	50
55	220.24	4381	19892	12.29	55
60	290.59	4507	15511	10.03	60
65	371.25	4085	11004	8.08	65
70	480.85	3327	6919	6.13	70
75	623.98	2241	3592	4.75	75
80	744.08	1005	1351	3.49	80
85	869.24	300	346	2.51	85
90	952.01	43	45	1.77	90
95	1000	2	2	1.24	95

中近世における人びとの短命さの大きな要因を構成するものとして、女性の産褥死による死亡率（これについてはフィレンツェに有効なデータがある）[137]のほかに、乳幼児と子どもの高い死亡率があった。一七世紀と一八世紀のボーヴェ（フランス）の人口変動を研究したP・ゴベールによると、ボーヴェ市近郊のオヌーユという小さな町の場合（一六五六～一七三五年の期間）、誕生して一年目の乳児の死亡率は、「二八・八パーセント」であるという。それから、死亡率は半減し、その半減した死亡率が三年間、同じレベルで毎年続き、無事二〇歳に達するのは、生まれた子どもの「四九パーセント」であったという[138]。

この高い乳幼児死亡率の観点からベネディクトウが注目するのが、人口統計学者A・J・コールとP・デメニーが改良した標準生命表である[139]。そこには、現代の発展途上国の乳幼児の高い死亡率を参考につくられた標準生命表があるのだが、ベネディクトヴは、中世に近いものとして、そのうちのひとつの標準生命表を取り出す。それが、表3―1「コールとデメニーによる標準生命表（西洋モデル、レベル四）――誕生時の余命二五歳の男性人口における各年齢での余命と死亡率――」である。それによると、誕生時の余命が「二五・二六歳」である。そして、一歳になっただけでその余命は、「三六・一三歳」にまで延び、さらに五歳に達しただけで、余命はさらに「四〇・五七歳」にまで延びる。もともと抵抗力の弱い乳幼児の死亡率はほとんどいつの時代でも最も高いのであるが、ヨーロッパ中世とりわけ黒死病にさらされた時代において、格別高かった。子どもは、併発する諸々の病気・流行病にさらされやすい脆弱な存在であった。子どもの高い死亡率は、データとしては現在から見えにくく、歴史のなかで埋もれやすい現象であった。当時において、一家の大黒柱の死は、記録に残されやすいが、生まれて間もない乳児やその他の子どもの死は、ありふれたものとして無視されやすかった。

第三節　都市の貧民――富裕市民との対比から

次に中世末や近世の貧民の実態に絞って、もっと具体的に見てみよう。トレチェントの苦難、とりわけ疫病による苦難によって、貧民は全般に誰よりも無防備なままに死の危機にさらされた。免税された貧民にせよ、納税義務を負う貧民にせよ、両者を含めるなら彼らは社会において大多数を占める存在であった。この意味で、まさしく《ペストと貧民と死》の三者の結びつきほど深くつながった関係はないのである(140)。

（一）　都市における貧民の割合

貧民は都市の貧民と農村の貧民に分けられる。当時の「都市」（人口一〇〇〇〇人以上）の場合、「貧民」はどの程度いたのだろうか。

都市の「貧民」の割合の特定は、むずかしい。概念規定にもよるが、トレチェントの都市フィレンツェの場合、「富裕市民（「ポーポロ・グラッソ」）」の対立概念であり、都市内に住む実質的「下層民（plebe）」（市民権を持たない）が中心をなす。さらに、「小市民」（「ポーポロ・ミヌート」）のなかの一部の貧困層（下層市民）も含まれ、両者を合わせると、都市全体における割合は非常に高い――富裕市民も小市民もいずれも「市民」であるのに対して、下層民は市民権を持たない。しかしそれは身分であって時に実態と乖離する。私見では大まかに見て「貧民」は、都市の住民の二分の一から三分の二程度であったと思われる(141)。

S・コーンの場合、「貧民」を都市の半数とみている。すなわち、コーンは、貧民について、その「三分の一」が毛織物工業の労働者が占めており（これは一三三八年のヴィッラーニの記述による）(142)、それに加えて「一〇パーセント」から「一五パーセント」のそれ関係したその他の者がいるとして、合わせて約四五パーセントの都市の住民が該当すると見ている。そうした人びとは、コーンによると、嫁資（持参金）として「五〇フィオリーノ未満」の金額を交わす階層の住民の割合（「四四・六二パーセント」）にほぼ等しいという(143)。

また、G・ブラッカーは、一三七九年（フィレンツェの三度目の黒死病直後）のサンタ・クローチェ市区（四市区のひとつ）の直接税を分析して、一〇ソルド以下の課税者を「貧民」と規定するならば、全体の六〇パーセント（「五四七世帯」中「三〇二世帯」）が「貧民」となるという(144)。また、ハーリヒーとクラピッシュ＝ズベールも、これはフィレンツェ領の諸都市（従属都市［ディストレット］）の場合であるが、住民のなかの「六〇パーセント」を「ポーポロ・ミヌート」と分類し、彼らを資産「一フィオリーノ」から「二〇〇フィオリーノ」しかもたない者としている(145)。しかし、やはり「税額」や「資産額」――これらはある基準で便宜的に計算されたもの――は、あくまで目安であって、それではっきりと「身分」を分けることもむずかしいのが実態であろう。おそらく、「身分」的に見ると、「貧民」には、「小組合の組合員」（「市民権」をもち、織物工業に属する織り元）と従属従業員（ソットポスティ）と最下層の臨時雇いの織物産業等の無産労働者やその他の流民が該当するだろう。しかし、断っておくと、例外として、小組合員でも裕福な者はいたし、中組合員でも貧しい者はいた（「小組合に属する職人や商店主のなかに裕福なブドウ酒商や金物商を見出すこともできた」）(146)。

しかし、どんな時にも《人に頼らずに食べていくことのできる人》は、まぎれもなく「貧民」ではないと規定するならば、この意味の「貧民」は、いったいどの程度いただろうか。黒死病発生の前年、一三四七年に起こった飢饉の時に、フィレンツェの都市は「貧民」に食糧を供給した(147)。この時にフィレンツェの都市から食糧の供給に甘んじた「貧民」は、都市の住民の「五分の三」から「五分の四」に及んだという（年代記作家G・ヴィッラーニ）(148)。また、これに先だつ一三三〇年の九月のこと、ある慈善家の遺言で、《物乞いをして浮浪するフィレンツェのすべての貧民》と自認する者に遺贈の小銭を配給したところ、それが一万七〇〇〇人にも及んだことに、ヴィッラーニ自身もその多さにびっくりしている(149)。

ともかく、こうしたことから見ると、「貧民」は相当の数に及ぶ。ここでは、フィレンツェのような大きな都市の場合、おおよそ、半数から三分の二程度が「貧民」であったと見ておきたい。これは、ヴェネツィアの場合でもほぼ同様であり、研究者B・ピュランは、近世ヴェネツィアの場合、幅広いことばの弾力的な語法によると、《少なくとも人口の三分の二が「貧民」であった》と述べている(150)。――おそらく前近代（産業革命前）の、人びとの平均寿命を二〇代とならしめるような社会というものは、そうした貧民の高い割合によって成立していたといえるかもしれない。

ここで都市における貧民の存在を特に問題にしようと思うのは、既に述べたように、貧民は疫病と深い関わりがあるからである。ひとたび都市が疫病に襲われるや、貧民こそが非常に高い割合で死亡したからである。それは否応なしに全体の死亡率をぐんと押し上げると考えられる大きな存在であった——例えば、ヴェネツィアの場合、あるモデナ出身の一五世紀の年代記作家は、ヴェネツィアで一四七七年に発生した疫病について「ヴェネツィアで死んだ二万人の大半は《社会的地位の低い者》であった」と述べている(151)。ここでの《社会的地位の低い者》とは、「貧民」や「下層民」とほぼ同義であるが、彼らの疫病死は、その人数の多さからいやが上にも全体の死亡率を押し上げるのである。

しかも、従来の多くの黒死病研究では、貧民に属する人びとのうちの最も底辺に位置した人びと、それゆえ最も高い割合で疫病死した人びとは、史料の外に置かれていたことから、彼らの存在は無視・看過されがちであった。しかし、二〇世紀から歴史人口学にもとづく黒死病の研究によって、貧民の存在とその重要性には意識的に光が当てられてきた。今やその暗部に光を当てる社会史的な研究の努力が、ベネディクトヴ、カーマイケル、ピュラン、モラその他の多くの研究者によってなされつつあるのである。最も高い死亡率を被ったであろう「見えざる貧民」が、「標準想定」によって客観的、実証的に数に入れられて、死亡率を割り出すならば、全体の死亡率は従来の死亡率よりも高くなることだろう——そうした、哀れにも貧困に喘いだ末に疫病死した人びとが、実際には紛れもなくペストによって死んだにもかかわらず、その死が後世の人びとによって認知されず、死者としてカウントされなかったとしたら、死んだ彼らにとってどんなに哀れなことであろう。日本での言い方をしたら、彼らは決して「浮かばれない」だろう。

(二)　都市の最下層の貧民が置かれた状況——住居と食生活

財力の差による住居の差が大きく死亡率に関わることについてベネディクトヴは、C・M・チポッラやD・E・ザネッティなどの研究を根拠にこう述べている。

ネズミやそれに寄生しているノミが、感染の決定的な役割を果たしていたのである。それゆえに、ネズミにとっての快適さと関連して、住居の質における階級間の相違もまた考慮に入れなくてはならない。この問題は、近世における疫病の流行に関してかなりの関心をひきつけるものであった。イタリアでは、チポッラとザネッティが次のような趣意の主張をして関心を引いた。それは、貧困層ほど狭く密集した不衛生な住居に住んでいたために、格段の大量死を被ったという主張であった。またポール・スラック博士は、一五四〇年から一六五〇年のブリストルにおける疫病を研究したことから、富裕な社会階級の間よりも貧困層の間での死亡率のほうが高いと力説している。また彼は次のような説明を加えている――「当然ながら、この両者の結びつきの背後に潜んでいた決定的要因は、ペストを運ぶネズミやノミをひきつけたり追い払ったりするかもしれない住居と衛生の水準の差であった」(152)。

次に、ベネディクトヴの記述に限定せずに、何人かの研究者の成果を紹介しながら、中近世の貧民が置かれた状況のゆえに、彼らが高い疫病の死亡率にさらされていた状況を具体的に見ていこう。

まず、都市において貧民が住んでいる劣悪な住居・環境がペストの温床となった。わらと木でできた家は、外から丸見えで、屋根もほとんどなくいつも風にさらされて、あまり雨露がしのげないあばら屋であった(153)。しかもそこに何人もの人が密集して住んでいた。寝具はわらで、これがノミやシラミには申し分ない快適な空間であった。あばら屋の周辺はゴミや糞尿が散乱し、じめじめした不潔な貧民街は、これまたクマネズミの格好のすみかであった。しかし、そうしたあばら家さえも持たない「流民」がいた。彼らの多くは、慈善や臨時雇いなどを求めてよその地域から流れ込んできた存在で、常に不信感をもって見られた人たちであった。実際、都市内へペストを運び入れる存在にもなりえた。一七世紀のイタリア中部の場合、J・カルヴィの研究によると、疫病患者は、盗賊や行商人とともにアッペニーノ山脈を越えてやって来ると考えられ、都市当局は常に警戒し、取り締まりの目を光らせていたという(154)。山を下りてくる旅人がもし衰弱していると（たとえば歩き方が変であると）疫病にかかっているのではないかと告げ口され、厳しい取り調べがおこなわれたのである。流民は不潔な生活環境にあり、彼らの、着替えることのない（これは当時多くの人がそうであったが）ぼろの服や持ち物にはペストノミが潜んでいることもあった。彼らは、町の広場や、教会の中庭やアーケードや柱廊のなどで寝るか、そこを追い払われた場合、多くの売春婦と同様に、市壁の周辺に住むことを強いられた。しばしば、そうした郊外の貧民街から、恐るべきペストが（主にペスト菌の活動が始まる春に）発生したのである。フィレンツェのコムーネの書記官長サルターティ（一三三一〜一四〇六）の次のことばは、一三八三年のフィレンツェの疫病の発生が、市壁のすぐ外にある貧民街から発生したことを示しているものである――そして次の段階で疫病は市壁内に侵入することになるのである。

今回、私が目の当たりにしたことだが、フィレンツェの市壁の外側では、市門の入口の前までこの疫病が猖獗を極めていたのに、一度市壁のなかに入ると、誰ひとり疫病にかかっている者はいなかったのである(155)。

こうしたことから、富裕市民は、貧民、特に最下層民とその貧民街を日頃からうさんくさい存在と思っていて、ひとたび疫病が蔓延し、次いで、そのために自分たちの家族を失うと、富裕市民は貧民こそがその原因に違いないと思って（また腹いせもあって）貧民街や売春宿を襲撃することもあったのである。ピュランはこう言う――「後に梅毒を広めたという理由で非難されることになる前から、イタリア、フランスでは売春宿は、疫病の感染の潜在的中心として襲撃されたのだ」(156)。実際、売春宿の方も、疫病が流行すると、身の危険を感じて、さっさとみずから宿を閉めたのであった。

不潔な生活状況にあり、もともと疫病の温床となりやすい住居と環境に生きていた貧民は、さらに、栄養の摂れない食生活のために病気に対する抵抗力を持っていなかった。つまり、住居に加え、その貧しい食生活も本質的に貧民の疫病の死亡率を高めるように作用したのである。この時代においては、多くの者にとっても通常の食生活を営むのが大変な時代であったが、もともと貧民はほとんどいつも飢えていたと言える。

貧民はもともと慢性的な栄養失調の状態に置かれていたといえるが、一四世紀になってから飢饉が頻発し、いつも餓死と隣り合わせの生活を強いられていた。飢饉の時には、物価高から食糧はいっそう手に入れにくかった。そうした最悪の状態にあった貧民の身体に対して、疫病はしっかりねらいを定めて最初の決定的な打撃を容赦なく与えた。こうした意味で《貧民・飢饉・疫病》の三者は、多くの場合、密接に関連しあった。

四巻からなる膨大で緻密な疫病史を記述した一九世紀の歴史家A・コッラーディ（一八三三〜一八九二）の『疫病年代記』を参考にして、ペスト（横根の疫病）に先立つ飢饉の発生を、トレチェントのイタリアの北部・中部について見ると、こう書かれている（流行した年代は地域によってずれるが）――

一三四八年のペスト……一三四七年の飢饉が先行[157]
一三七一年〜一三七三年のペスト……一三七〇年からの飢饉が先行[158]
一三八三年のペスト……一三八〇年〜一三八二年の飢饉が先行[159]

表3―2　ピストイアで記述された疫病と飢饉　（　）のなかは石坂の補足

年	記述内容	出典
一三一三年	飢饉	サルヴィ『歴史』
一三二八〜二九年	飢饉	『ピストイアの歴史』

一三三九〜四〇年	疫病と飢饉。人口の四分の一が死去	『ピストイアの歴史』
一三四六年	飢饉	ピストイア国立古文書館
一三四七年	飢饉と疫病（「ペスト」）の兆候	ピストイア国立古文書館
一三四八年	黒死病	ピストイア国立古文書館、『ピストイアの歴史』
一三五一年	食糧不足	ピストイア国立古文書館
一三五七年	「致死的な熱病」	サルヴィ『歴史』
一三六九年	食糧不足	サルヴィ『歴史』
一三七〇年	食糧不足	ピストイア国立古文書館
一三七五年	飢饉	サルヴィ『歴史』
一三八三年	病気（「ペスト」）	サルヴィ『歴史』
一三八八年	食糧不足	サルヴィ『歴史』
一三八九年	疫病（「ペスト」）、飢饉	ピストイア国立古文書館
一三九〇年	食糧不足	サルヴィ『歴史』
一三九三年	飢饉、疫病	サルヴィ『歴史』
一三九九〜一四〇〇年	疫病（「ペスト」）、人口の半分が死去	ルーカ・ドミーニチ『年代記』
一四一〇年	飢饉と疫病（「ペスト」）の兆候	サルヴィ『歴史』
一四一一年	食糧不足	ピストイア国立古文書館
一四一六年	疫病（「ペスト」）	サルヴィ『歴史』
一四一八年	疫病（「ペスト」）	サルヴィ『歴史』
一四二〇年	食糧不足	ピストイア国立古文書館
一四二三年	疫病（「ペスト」）	サルヴィ『歴史』
一四三六〜三九年	疫病（「ペスト」）	マネッティ『年代記』
一四五七〜五八年	疫病（「ペスト」）	サルヴィ『歴史』

また、ハーリヒーも、ピストイアで発生した「疫病」（一三四八年以後は「ペスト」）と「飢饉」を年表にして示している[160]（年表での「出典」の詳細は以下を参照。Herlihy, *Medieval and Renaissance Pistoia. The Social History of an Italian*

Town, 1200–1430, New Haven and London, 1967, p. 105)。

このように見ると、一四世紀と一五世紀を生きるピストイアの人びとは、他の地域の多くの人びともそうであったと考えられるが、「疫病」と「飢饉」――この二つの苦難によって挟み撃ちにされ、日常的に苦しんでいたことがよくよくわかる。それはピストイアの近隣都市プラートの都市と農村の人口の激減からもはっきりと把握される（グラフ3―1「プラートの人口変動」）。プラートの人口激減は、都市のみならず農村でも平行して認められ、また、飢饉のおかげですでにペストの発生以前から激減は始まっていたのである。ペストと飢饉の相互的な関係については、いくつかの特別の関係があったにしても、基本的に見ると、ペストは飢饉という災難に激しく追い打ちを掛け、人びとを苦難の極みへと導いたといえる。

飢饉と疫病の関係については、一七世紀になっても同様であった。イタリアの小説家マンゾーニ（一七八五～一八七三）は、小説『いいなずけ』（一八二七年）のなかでペストによって若い主人公（二人のいいなずけ）が翻弄される運命を書いたが、そこで

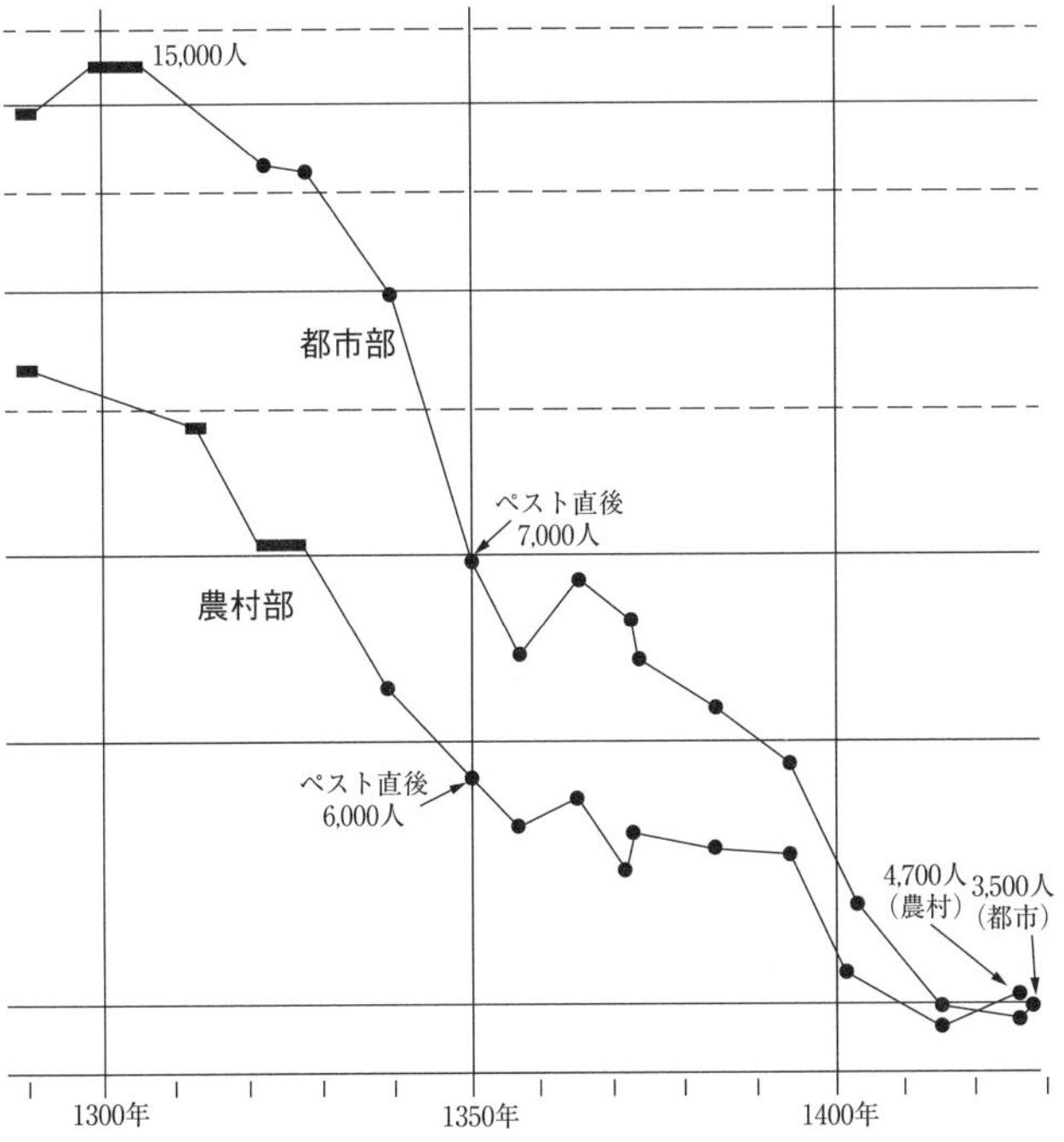

グラフ３―１　プラートの人口変動（1290～1427）

D. Herlihy and C. Klapisch-Zuber, *Tuscans and their Families*, 62.

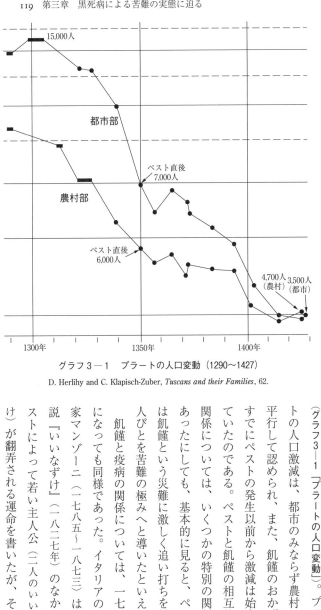

マンゾーニが史料として利用したものが、一七世紀の歴史家リパモンティの著作『一六三〇年のミラノの疫病』（一六四〇年）であった。この年代記では、疫病に先だってミラノに飢饉が発生する。そして、パンを求める貧民の暴動が勃発し、パン屋が襲われる。次いで貧民街でのペストの発生と全市へのペストの悲劇的な蔓延が記述されている(161)。飢饉（栄養失調）と疫病との間に密接な関係があることに対しては、研究者によって若干異論もあるが(162)、ふつうペストはまず弱い者から、つまり抵抗力のない弱い貧民から襲いかかったと考えられる。貧民街がまずもってペストの温床となったのは基本的に正しいだろう。戦争などによる社会全般の生活の困窮なども、ペストやその他の疫病の発生・蔓延を促す条件となった（こうしたことは、人間に限らず動物についても同様であり、一四世紀には動物伝染病がよく発生し、食料であり、生産手段である家畜の伝染病の発生も人間に深刻な痛手となった）。一四世紀を生きた商人ジョヴァンニ・モレッリは、飢饉に苦しむ貧しい農民、疫病（ペスト）にかかっても手当てされない貧民について、こういう――

疫病の前年［一三四七年］にフィレンツェは大飢饉に見舞われた。パンや小麦をもっていた者は一〇〇人中二〇人もいなかったと私は信じている。パンや小麦をもっていた者でも少ししかもっていなかった。草や草の根、それにひどい食べ物――今ではそれがどのようなものかわからない――を食べ、水を飲んで生きた。そしてコンタードでは牛や馬のように草を食む人びとであふれかえっていた。彼らの身体がどんなにやせほそっていたか考えてみよ。すでに述べたように彼らは疫病に対して手立ても治療法も何ももっていなかったのである。事態は極めて厳しい状態になったので、もはや互いに助け合うことなどできなかった。こうした理由のために彼らは何も治療の施しようもなく死んでいったのである(163)。

また、年代記のなかで、マッテーオ・ヴィッラーニ（一二九五頃～一三六三）も、一三四八年のフィレンツェの貧民と疫病の両者について報告している――「貧民は、かなりの人が疫病の打撃を受けた。というのは、彼らは最初に打撃を受けたし、手当もあまり受けずに、困難な状況に置かれていたからである」[164]。

当時の都市の富裕者からすれば、貧民は困った連中であった。ヴェネツィアの貴族は、ペストが何度も繰り返される状況のなかで、貧民と疫病の深い結びつきを直感してこう考えた[165]――いつも疫病は連中の間から発生するのだ。そして、それから死の危機は次第に我々に及んでくるのだ。飢饉時、連中は、食べるものがなく、食べるものを求めて都市の周辺からどっと流れ込む。がりがりにやせ細って骸骨のようで、市場に残された腐った魚や肉や野菜を食べている。「それで連中の体内が腐敗する」。そして、貧民どもの身体は、皮膚が汚れて、身についた悪臭（「餓死の悪臭」）は、「大気を汚染させる」。こうして大気が汚染され、「それがもとで疫病が発生するのだ」（こうした「腐敗」や「大気の汚染」の考えは、古代のガレノス医学によるもので、当時依然として権威をもって疫病の原因の考え方として信じられていた）。さらに疫病と貧民の密接な関係を痛感していた富裕者は、瀕死の者たちの苦しむすさまじい光景を見るだけで、疫病と同じぐらいに害になると考えたのであった。

疫病を引き起こす貧民に対するイメージは、富裕層の間ではもっと後になってからも変わることはなかった。一六世紀のあるヴィチェンツァの貴族はヴェネツィアにいる友人に手紙で、興味深い疫病観を展開して、こう書いている――

私は空気中には疫病は存在しないと思う。病気は人のこころのなかに存在するだけだ。その病気は貧民を見て彼らに同情を感じることで引き起こされるのだ[166]（一五二八年三月二六日付）。

疫病は得体が知れないものであったことから、人によって様々に原因が直観され、解釈されたのである――ここでは、餓死寸前の悲惨な貧民に同情することから疫病が自然と誘致されるのであると考えたのであった。これは体験的にそう信じられたものであろう。

ペストの罹病後の食糧は重大であった。ペストの場合、たとえペストに感染しても、人によっては死に至らずに回復する場合がある。それは、特に病人に十分な栄養が保証されると、抵抗力がうまれて回復が促進されるからである。しかし、もともと食べ物がない貧民の場合、それもおこなわれず、病人は放置された。そもそも、貧民に限らず、かなりの者が放置されたようである。『デカメロン』にもこう書かれている――「……罹病した者がかなり多くありましたが、大がい、その家に置き去りにされて、衰弱して死んでしまいました」(167)。人は疫病が自分に感染するのを恐れたのである。こうして栄養や手当が与えられなかったことで、患者はますます衰弱していき、確実に死への道を歩んだのである。この手当ての不十分さは、一種の「二次災害」である(168)。劣悪な住居、貧しい食生活は貧民の疫病死亡率を高めた要素であると強調してベネディクトウはこういう――

無産階級の人びとは、著しい死亡率を被ったと想定されるべきである。その死亡率は免疫システムを弱めてしまう栄養失調や栄養不足のために、また、住宅水準が低く、家屋のなかでの衛生水準が悪かったことの結果によって、ネズミやノミに高い頻度で身体をさらしたことによるものであった。これまで述べた要素の重大さを大まかに考慮すると、無産階級の大衆の死亡率の推定は、租税や借地料を支払う世帯主よりも、七・五パーセントほど高かったことを示している。いや、むしろ少し高めに一〇パーセントほど、加算して主張することも十分に可能だろう(169)。

(三)　富裕層市民の生活と疫病への対応――都市からの逃亡

これまで述べた貧民の家と比べると、都市の最富裕層の住居は対照的であった。彼らは「パラッツォ」(館、邸宅）と呼ばれる石造りの家に住んでおり、それは貧民街の家に比べると、極めて衛生的であった。貧民街の多くの家の場合、「わらぶき屋根は特にネズミの隠れ家にもってこいなので、ノミが天井から下にいる人間の上に落ちてくるのが容易だった」(170)。それと比べると、都市の最富裕層の住居は、ペストノミとクマネズミがあまり寄りつく空間ではなかった。さらに、富裕階級は食生活にも恵まれ、疫病にかかっても十分な栄養が与えられ、まだ疫病からの一定の回復のチャンスが与えられたのである(171)。

さらに、貧民と富裕者の死亡率を高めたものがある。ペストが都市に来れば、富裕者は汚染されていない農村部や別の町に逃げ、貧民はじっと耐えてペストが去るのを待った。一五世紀後半からペストが繰り返し周期的にやって来るようになると、いつも富裕階級は「最後の切り札」を切った。すなわち、彼らは都市で貧民が疫病死し始めると、食糧を買い出し、荷物をまとめ、疫病のない町や農村に逃げた。都市を立ち去る市民には、不在中の都市内の治安確保（暴動に対する特別部隊の配置）のために課税が課されたけれども、さっさと都市を逃れたのであった。彼らは、今どこが安全かについて情報収集のためにネットワークを巡らせていたので、安全な方角へ逃れたのである(172)。

また、この都市からの逃亡は、当時、医学的根拠にもとづいて医師が勧めたことであった。すなわち、ボローニャ大学の医師トンマーゾ・デル・ガルボは一三四八年に『疫病に対処するための勧告』を執筆したが、そこに貫かれている理論は、中世医学に支配的であった伝統的な古代のガレノス理論である。ペストの原因は、大気が汚染されて、それが人間の体液に悪く作用するという、体液病理学理論によって説明された――

最初に取るべき最も確実な措置は、疫病が存在する場所から逃れることである。……また、空気が汚染されていない場所に身を移動させることである。その理由は、疫病というものは風に吹かれることで次から次へと先へ移動していくからである。風が吹くおかげで腐敗したガスは、腐敗していない場所へと運ばれているのである。ある場所でいったん疫病が発生すると、その疫病は、たとえばコンタードといった、そのすぐそばの所へと次々と広がっていくというのは、ほんとうのことである。第二の措置は、疫病が近づいてくる度に次々と場所を変えていくことである(173)。

しかし、この都市からの逃亡は、貧民には、とても無理な話であった。彼らは、疫病が発生しても逃げる資力も逃げる場所もなく、ただ疫病が収まるのをじっと待つだけであった。おまけに疫病時には食生活は最悪となったのだ。なぜなら、富裕層の市民が不在であったことから、彼らに日雇いの仕事も与えられず、失業して収入は断たれてしまったのである。市内では聖職者や、施療院で働く職員や公証人や有志の市民などが、隣人愛の精神から貧民に対応したものの、パンやワインの配給など、富裕層の市民のおこなう慈善活動はどうしても滞りがちであった(174)。

そして、疫病が過ぎ去った後に富裕層は都市に戻って、そこに多くの貧民の死亡を確認して、多くの富裕層は、ほくそ笑んだという。

一四世紀末から一五世紀、ペストが繰り返されるようになり、富裕層が決まって田舎に逃れ（疫病の流行は夏だった）、夏の一種のバカンスを味わうのである。そして、疫病死するのは都市の貧民となる現実から、一五世紀頃のペストは、研究者によって「貧者のペスト」といわれている。

都市から逃げるか逃げないかによってどれだけの違いがあったのだろうか。これについては、フィレンツェとヴェネツィアのそれぞれから同時代の市民の証言がある。サルターティの友人アントーニオ・ケッロは、一三八三年の時点で、みずからが疫病時に都市から逃亡することを正当な行為であると主張するなかで、「正確な数字で示すと、［疫病時に］祖国に留まった者のうち、大体四分の一か五分の一の者が命を落としてしまうのである」と述べている(175)。いずれも疫病死した者のすべてが貧民であるわけではないが、ほとんどすべて貧民と考えられる。

そして、フィレンツェの場合、政府（シニョリーア）は特別部隊を使って、そうした貧民による暴動や略奪の防止にあたったのである。一四世紀後半に繰り返されるペストの時期に、田舎の別荘に逃れたポーポロ・グラッソは、避難先から疫病の終息を待ったのである。そして、都市に帰った時に、貧民どもが疫病死し、都市内の貧民どもが少なくなっていることを期待したのである。――ただ断っておくと、富裕層でも都市に留まった者もいて、疫病死に甘んじた者も少なくなかった。ジョヴァンニ・モレッリ（一四四四年没）の『リコルディ』を読むと、富裕層に属する彼の父親とその三人の兄たち（伯父）（計四人）とその他の親類は、ペストの荒れ狂うフィレンツェにおいて、次々とペスト死しているのである（一三六三年、一三七四年など）――表3―3「『リコルディ』に記載されたモレッリ家の人びと（大規模ペスト期）」、表3―4「モレッリ家における疫病死の割合（大規模ペスト期）」(176)。

（四）　富裕層の抱いた貧民観

富裕者は、乞食や浮浪者こそが、疫病をもたらす元凶であると信じたので、疫病が流行し出すと、乞食たちを特定の地域や施設に閉じ込めるか、都市から追い出そうとした(177)。一六世紀後半に発生した「サン・カルロの疫病」（一五七五〜七七）が流行した時には、パドヴァやヴェローナの富裕層は、飢饉の時と同様に、放浪者と乞食（両者はよそ者であるとして住民扱いにされなかった）を都市から追い出す措置に出た(178)。ミラノでは、都市当局はすべての乞食と放浪者を集め、疫病の最中に労働に従事させた。しかし、働くことができない者たちは、市壁外の施療院に閉じ込められ、そこでボッロメーオ枢機卿が提供した食糧で耐え忍んだ。トリノでは一五九八〜九九年には、「恥を知る貧民」（没落貴族など）が、住居に配給された施し物を受けることができた。乞食は、市壁の外側の場所など、特別の場所に入れられるか、一方、貧民の外国人は市門で阻止されて都市のなかに入れてもらえなかった。

表３―３　『リコルディ』に記載されたモレッリ家の人びと（大規模ペスト期）

執筆者ジョヴァンニ・モレッリの家族・親族（父・伯父・叔母・きょうだい・いとこの場合）
（最終執筆年の1411年頃の時点まで）

系図番号	著者との関係	名前	生死	死亡年	備考	生年	享年（約）
⑨	伯父（長男）	ジョヴァンニ	●疫病死	1363年７月８日	２度目のペスト	1308年	55歳
⑩	伯父（次男）	カランドロ	●疫病死	1363年６月18日	２度目のペスト	1309年	54歳
⑪	伯父（３男）	ディーノ	●疫病死	1363年７月７日	２度目のペスト	1323年	40歳
⑫	父（４男）	パーゴロ	●疫病死	1374年６月14日	３度目のペスト	1335年	39歳
⑬	叔母	ラーパ	？	？	？	？	？
⑭	叔母	リザベッタ	？	？	？	？	？
⑮	叔母	エルメッリーナ	？	？	？	？	？
⑯	従兄弟	ベルナルド	●疫病死	1400年８月２日	６度目のペスト	1356年	44歳
⑰	従兄弟	バルトロメーオ	●疫病死	1383年夏	５度目のペスト 妻は1400年●疫病死	？	？
⑱	従兄弟	グァルベルト	●疫病死	1374年夏	３度目のペスト	？	（20歳代）
⑲	従兄弟	ジャーノ	（存命）	－	－	－	－
⑳	従姉妹	アンドリウオーラ	（存命）	－	子ども多数出産。１人以外皆1400年疫病死●●●●	－	－
㉑	従姉妹	（女）	乳児死亡？	？	－	？	？
㉒	従兄弟	（男）	乳児死亡？	？	－	？	？
㉓	従兄弟	（男）	乳児死亡？	？		？	？
㉔	長姉	バルトロメーア	病死	1369年２月15日	－	1365年	４歳
㉕	次姉	サンドラ	●疫病死	1400年７月29日	５度目のペスト 夫も●疫病死	1369年	31歳
㉖	長兄	モレッロ	（存命）	－	－	1370年	－
㉗	本人	ジョヴァンニ	（存命）	－	－	1371年９月	－
㉘	弟	ジョヴァンニ	乳児死亡？	1372年	－	1372年	０歳

『リコルディ』が執筆された最終時点において死亡の原因の確認のできる者13名のうち12名が疫病死と記載されている。このままで単純計算すると，疫病による死亡率92％となる。しかし世帯主への関心が高く，偏った傾向となっていると考えられる（下記のＢ「『リコルディ』の関心の対象」を参照）。しかし，少し割り引いたとしても大変な疫病死亡率である。モレッリ家のような富裕な家でも高い死亡率となったことから，ひとつに，大規模ペスト期のすさまじさが想定されるとともに，14世紀において，都市に疫病が発生すると，富裕者は決まって農村部へ避難したとは限らなかったことも想定される

このリストに人名が記載されている者20名のうち，３名が不明，４名が存命，病死が１名，疫病死と確認できるのは８名。残り６名のうち乳幼児の死亡者３名の死因は不明。全体における乳幼児の死亡者は12人中３名＋「多数」（アンドリウオーラの子ども）

《備考》　⑲ジャーノ1416年死去（死因は不明だが，この年はペストの流行年である）。執筆者ジョヴァンニ・ディ・パーゴロ・モレッリ1444年死去（享年72歳，コッラーディによると，この年はペストの流行年ではない。非疫病死と考えられる）

表3－4　モレッリ家における疫病死の割合（大規模ペスト期）

	疫病死	他の病死	不明	乳幼児・子どもの死亡	存命者	疫病による死亡率（不明・存命者除く）
リストの中の全20名	8名	1名	3名	4名	4名	8÷13 61.5%
リスト以外の者も含める（配偶者等）	10＋＊4名？（アンドリウオーラの子）	1名	3名	4名	4名	（10＋4）÷19 74%（？）

＊⑳アンドリウオーラの子どもは「多数」いたという。この時代で「多数」とは少なくとも6～7名が考えられるが，ここでは，5名と推定して，そのうちひとりだけが1400年のペストを生き延び，残り4名は疫病死したと計算する（ここでの4名とは控えめの数値である）

《参考》　大規模ペスト期の高い死亡率

第18章「サンタ・マリア・ノヴェッラ聖堂の『死者台帳』」で扱った時代とジョヴァンニ・モレッリの『リコルディ』の記載時期はほぼ一致する。『死者台帳』で確認されたフィレンツェの人びとの高い疫病死亡率62.1％は，モレッリ家の高い疫病死亡率61.5％とほぼ対応する。ここで下にサンタ・マリア・ノヴェッラ聖堂の14世紀の半ばから後半の時期の疫病死の割合を示す

そうした最下層の貧民やマイノリティに対して、富裕市民層は、蔑視の念から、興味深いことに、彼らなりの《富者の論理》を展開していた。つまり、ここで、富裕層が抱いていた貧民やマイノリティに対する心性が疫病の発生を介して浮き上がる。まずマイノリティについていえば、他国から来た難民やユダヤ人や臨時雇いの労働者・季節労働者に対する蔑視にもとづく排除がおこなわれた。一五世紀半ば、ヴェネツィアでは、ペストをもたらす嫌疑がスラヴ人やアルバニア人に対しておこなわれた。また、ヴェネツィアでは一六世紀になってネーデルラントから来たマラーノ（キリスト教徒になったユダヤ人）に対する排除がおこなわれた。その排除の理由は、ひとつに、彼らがキリスト教とユダヤ教をまぜこぜにして、両方の宗教を往き来する態度にあったが、同時に、彼らの不潔で密集した住居が疫病の温床に違いないという畏怖の念から来ていた[179]。そして、同様に都市にやって来る出稼ぎ労働者・季節労働者——近隣地域の小作農——は、飢えて悪臭を放っており（特に飢饉の時に）、当時ペストは空気の腐敗によると信じられていたことから、これまた嫌悪と恐れの対象となった。一六三一年のペストの流行を目の当たり

にしたあるベルガモの医師は「汚染する悪臭、遺体と瀕死の者たち絶えざる光景には誰も我慢ができない」と述べている。同様に、ある医師は貧民を蔑視して手紙のなかでこう書いている（一六三〇年代）――《都市の貧民は、人間の身体の睾丸、すなわち、恥ずべき末端の器官のようなもので、心臓や脳から遠い器官である。そして、その末端の器官は、高貴な部分によって排出される、有害物質を収める場所である》(180)。

同様に、ペストがジェノヴァで猛威を振るうなかで、隔離病棟を管理していた神父アンテーロ・マリア・ディ・サン・ボナヴェントゥーラは、疫病の原因を《貧民の多産の結果》であると考えた（実は、当時、富裕市民にとって、娘に非常に高額の嫁資をもたすことが容易でなく結婚が控えられ、そのため子どもはあまり出産されにくかった側面があった）。だから、彼の考えによれば、疫病こそは、一種の神の見えざる手であった。すなわち、《神が、増えてしまった貧民どもを減らすために疫病をお与えになったもの》であり、この世に必要なものであった。これは、一定の食糧に対して人口が抑制されるべきであるという、バランスを重視するマルサス主義的な見方である(181)。同様に、「自然」が、過剰となった人口を抑えるために作用しているのだと考えた。例えば、一五七七年のこと、ヴェネツィア人ロッコ・デ・ベナデッティは、前年の疫病（「サン・カルロの疫病」）について、それは過剰に膨らんでしまった人口に対して、「自然」がもたらした恩恵の洪水であると述べた(182)。

富裕層にとってペストは人減らしの好都合な神の手であった。ヴェネツィアにペストの到来がなかった一六世紀前半は人口が激増した時期であった。一五〇九年から一五六三年の間に一一万人から一七万五〇〇〇人にも膨れあがり、小麦粉の配給が追いつかなくなってしまった。人口の急増の一因は、書記アルヴィーゼ・コルナーロによると、疫病が流行しなくなり、人減らしをしてくれないからであった。このことを歎いて、こう述べている(183)――貴族の方々が講じた措置［疫病を阻止する政策のこと］のおかげで、恐ろしい疫病の勃発は止んでしまった。疫病は、八年から一〇年ごとに人口の五分の一の命を奪ってきたのだが。このために、疫病から生き残った者たちは人口を増加させ、さらに、その子どもたちが増えることによってヴェネツィアの人口の数を倍化しているのだ。一〇〇年後にはヴェネツィアの人口は二倍になってしまうだろう。

こうして富裕層の人たちは、ペストが過ぎ去り、避難先から帰って、都市のなかに、貧民とほかの「役に立たない」人びとが多く疫病死して、いなくなったのを見てほっとしたのであった。貧民による過剰人口が緩和されたと感じたのである。トレチェントの大規模ペストは、比較的広範囲の人びとを死に至らしめたといえるが、一五世紀から一六世紀前半のペストは、小規模なペストが多かった上に、ふつう富裕層は疫病時には都市をさっさと退散し、疫病の猛威にさらされるのは貧民層であった。これが、一五世紀のペストが《貧者の疫病》と言われるゆえんである。このようにして、富裕層・支配者層は、都市に疫病が発生すれば、みずからさっさと農村の別荘へ待避したのである。

ところが逃亡する市民を責める市民もいた。疫病が来れば都市から逃亡し、都市を見捨てる市民に対して、都市に残って声を大にして彼らを非難する市民もいたのである。しかし、それは貧民の立場に立った発言ではなかった。それは「貧民どもから共和国を守ろう」という愛国心にもとづく発言であった。すなわち、フィレンツェの書記官長サルターティはいう――疫病が来たからといって易々と都市を見捨てていけない。富裕市民がいないことをいいことに貧民どもは都市で傍若無人に振るまい、略奪に走るのだ。サルターティは、暴動に走る貧民に嫌悪の情をもって語る――

そもそも連中は人間か。そう人間なのだろうか。いや、ここで言っているのは人間ではなく、邪悪極まりない獣だ。

連中は過去において町に火を放ち、多くの市民を追放し、最富裕層の人びとの家を略奪したのである。成功に有頂天になり、略奪品で豊かになり、獣のよう人殺しをやりたい放題やって国家政治と国家権力を略奪したのである(184)。

フィレンツェの書記官長サルターティは、都市政府の支配層に属する人間として、富裕者の視線から貧民の暴動や疫病の有り様を間近に見て報告している数少ない知識人であった。実は、疫病も次々と周期的にやって来るようになると、多くの年代記作家も、富裕者として、みずから疫病を恐れて都市を立ち去ったので、疫病が都市に猛威を振るっている情景についてあまり記述せず、詳しい状況は残されていないのである(185)。

（五）　貧民層と富裕層の財力と生活の格差

一般的に、貧民と富裕層との間のペストの被害の差は歴然たるものであった。スコットランドの一四世紀の年代記作家フォーダンのジョンは、「貧しい者や民衆が一様に皆疫病に罹った一方で、有力者はめったに疫病に罹ることがなかった」という(186)。そして重要なことは、この被害の差はすべて財力の差によるものであったということである。次に示すように、両者の貧富の格差は現在では信じられない大きなものであった。

黒死病直前の貧富の差の実態を数値で示す実証的な史料は、残念ながら残存せず、ここでは一五世紀の初頭の史料を用いて類推するほかはない。もし一四世紀前半の史料があれば、いっそう大きな格差が認められたように思われる。というのは、ペスト後、ペストによる人口の激減のために、労働者と労働力が強く求められ（売り手市場）、労働者の賃金や条件がよくなり、下層民の生活水準は向上したからである。ペスト前は、ペスト後と比べると、貧富の差は相当激しかっただろう。

それでもペスト後の社会において貧富の差はなおも甚だしかった。一五世紀初頭にフィレンツェとその支配領域の世帯を対象におこなわれた調査（租税額を決めるための資産調査『カタスト』）を解析したハーリヒーとクラピッシュ＝ズベールによると、フィレンツェの都市の上位わずか「一パーセントの家」が都市の「二〇パーセントの財産」を所有し、わずか「一四パーセントの財産」を所有していた(187)。都市の世帯のわずか「一パーセントにすぎない約一〇〇世帯」が、都市の持つ莫大な「財産の四分の一」も所有し、それは同時に、「フィレンツェ領トスカーナの約六分の一の財産」に相当したのである。さらに、驚くべきは、フィレンツェ領トスカーナ地方の全世帯である「約六万世帯」のうち、わずか「約三〇〇〇世帯（五パーセント）」が持つ財産が残る「九五パーセントにあたる五万七〇〇〇世帯の財産」よりも多くの財産を所有していたのである。富の集中、ここに極まれり――の感がする。その一方で、フィレンツェの都市の「約一四パーセント」の貧しい世帯が、課税対象の財産を持たずに免税とされた。さらに、控除（扶養家族を持つ場合などに認められる）が認められて無税になった貧しい世帯を加えると、全体の「約三〇パーセント」が租税を免除された貧民世帯であった。富裕層の所有する膨大な財産に比べると、下層市民や下層民が持つ財産など、取るに足らない、非常に微々たるものであった。この時代のトスカーナ社会は、経済的に次第に活気を失って行ったが、それは大衆が大量消費するだけの力や自由を持たなかったことにひとつの原因があるだろう。消費できるのはごく一部の富裕層であったのだ。

そのように貧富の格差が際だった社会であったからこそ、金持ちは、家に何人もの使用人（農村部などから来た下男・下女）を雇い、奴隷（ヴェネツィア商人などを経由して購入したスラヴ系の白人女性など）を所有することができたのである（奴隷を買うのは、ペスト後の現象であり、使用人を雇うより安くついた。ペスト前はもっと安い賃銀で使用人が雇えた）。また、少数の最富裕層に富が集中したからこそ、彼らエリート層は、芸術の選ばれたパトロンとして自認し、惜しみなく芸術にお金を注ぐことができたのであろう。都市の指導者としての見栄と気前よさの競い合いから、極上のルネサンス文化の花が咲き乱れたのかもしれない。ブルクハルトの言うように、ルネサンスは富裕層の文化であった(188)。

階層や身分差や財力の差はそのままペスト死亡率に結びついた。だから、たとえ上質の優れた史料が貴族の階層に残っているからといって、J・C・ラッセルのように、貴族の黒死病死亡率をもってそのまま総人口の黒死病死亡率としてはいけない(189)。同様に聖職者の場合も、聖職者階層での身分の違いがそのまま死亡率の違いを反映した――イングランドの聖職者の場合、司祭の死亡率は、控えめに見て「四五パーセント」であったのに対して、身分と生活水準において遥かに上をいく司教は、死亡率は「一八パーセント」にまで下がるのである(190)。

第四節　農村の貧民――農村での多大な疫病被害

（一）　農村の貧困さ

以上述べたことから、貧民は黒死病による被害を受けやすかったことがわかる。その貧民は都市において半数から三分の二もの高い割合で存在した。では、農村部ではどうだったろうか。――実は、農村部ではそれより遥かに高い割合で貧民が存在していたのだ。農民はかなりの割合で貧民を意味した。空間的には、都市はヨーロッパにおいて大海に浮かぶ孤島のようなものであり、農村世界こそ、大海そのものであった。そして、その大海のように広大な農村には、多くの場合、実は、散在しながらも、ほとんど貧民ばかりが住んでいたのである。それゆえペストによるひどい被害を示唆する史料がある。

すなわち、一三四八年の黒死病による農村の被害のひどさを示唆する年代記の史料として、ジャン・ド・ヴェネットの『フランス年代記』がある。そこでは、次のように記されている。「この疫病は一三四八年と一三四九年の大部分の間、フランスのこの地域［パリ］で続いた。そしてついに終息した。一方、農村の多数の村と村の家々はほとんど無人となり見捨てられてしまった。それからあっという間に幾多の家が廃屋と化してしまった。それはパリの多くの家についても同様のことがいえたが、それも他の地域の荒廃ほどひどいものではなかった」[191]。

この記述や、数千にも上ったといわれる地方での廃村の現象から見て、一三四八年の黒死病の死亡率を考えると、農村についての従来の三つの憶測、すなわち——

黒死病は、都市に比べて農村や山間部にはあまりやって来なかっただろうという第一の推測、黒死病は農村部に来ても農村では人がまばらなので、死亡率はあまり高くなかったであろうという第二の推測、第二の憶測の結果として、人口比からすれば、都市の人口よりも農村部の人口の方が圧倒的に多く、平均すれば全体の死亡率はずっと薄められるだろうという第三の推測、こうした憶測は、その正当性が疑問視されるべきかもしれない。

次に、黒死病前の史料ではないが、一四二七年の『カタスト』の史料から、農民の貧困さを証明してみよう。この史料によると、フィレンツェ領の全人口の「六六・五パーセント」を占める農民が、全体のわずか「一七・一パーセント」の資産（生産手段）しか持っておらず、また、フィレンツェの都市に住むひとりの個人の場合、所有する「課税対象資産額」（所得・収益をもたらす資産額。住居等は課税対象ではない）は、平均「二七三フィオリーノ」にも及んだが、農村に住む個人が所有する「課税対象資産額」はわずか「一四フィオリーノ」にすぎなかった[192]。実に、農民は都市民の「二〇分の一」の資産額しか所有していなかったのである（当時、一人の人間が一年間生きていくために必要なお金は「一四フィオリーノ」と見なされていた）。これが都市と農村の貧富の差をすべて物語るといっても過言ではないだろう。こうしたことがイタリアの他のどの地域にも当てはまるとは限らないが、さしあたって利用できる史料からはそのように見えてくるのである。

この差からも、農村に住む小作人が、わざわざ都市に出稼ぎに出ることでどうにか糊口を凌いだ実情がわかるであろう。農家の若い女性の場合、口減らしのために都市の富裕層市民の家に家事の手伝いに送られた。そこで彼女たちは住み込みで一定の年齢まで家事を手伝い、結婚できる時期が来て、結婚相手が見つかったら、主人の恩恵に預かり、嫁に行くための援助——嫁資（持参金）など——をもらって嫁に出たのである(193)。多数の農村女性が都市に出たので、都市における男女比にもいくらか影響を与えたと考えられる。

多くの農民はぎりぎりのところで生きていたので、不幸にもその農家の家長が死ぬようなことがあれば、一家離散の憂き目にあわざるをえなかったのである(194)。その場合、たとえば、寡婦は都市の使用人として、また、少年は近隣の農家の労働力として、少女は市場町へ、青年は都市の下層労働者として、それぞれ家を出て行かねばならなかったようだ。

中部イタリアの農村について見ると、そこではかなりの割合の農民が地主（すなわち都市民であった）に従属する小作農であり（小作農は、土地を所有していてもわずかであった）、貧しい生活状態に置かれていたのである。折半小作制のもとで、「持たざる」小作農と「持てる」都市民（土地所有者）との間には、多くの場合、敵対意識があり、それはモレッリなどの私的な書き物に容易に認めることができる(195)。さらに、彼ら小作農は、日々の生活の困難さから、臨時収入を得るために都市に出稼ぎに出ざるを得なかった。フィレンツェのコンタードの場合、これは一五世紀初頭の史料であるが、そうした小作人は南西部（サン・ミニアートやカステルフィオレンティーノなど）の出身の小作人が多かった（一方、フィレンツェ南部のインプルネータなどの小作人の場合、比較的裕福であったことから、移動せずに定住した者の割合が高く、資産調査をおこなっていた二年間について、定住率「八七パーセント」であった）(196)。

小作人が都市で労働者として働くのは、家畜や種子や食糧の購入のために地主から借りた金（貸し付け）を返済するためであった。こうして彼らは都市の毛織物工業などで日雇の下層労働者として働かざるを得なかったのである。構図として、富裕な都市民層に農民層、すなわち小作人層は服属していたのである。

（二）　ペストに好まれた農村

では、農村部には黒死病が来たのであろうか。かつて黒死病は農村部にはあまり来なかったと考えられた。しかし、その認識は根本的に覆される。これにはまずスペインの黒死病研究者による研究成果がある。それによると、農村はむしろ都市よりも疫病の猛威がひどかったという。腺ペストの場合、農村においては、ネズミとペストノミが繁殖する場合が多く、それによって両者の密度が非常に高くなり、人間の人口密度による人間同士の相互感染よりも強い感染作用を人間に及ぼすという。つまり、農村においては、大量に発生したノミが農民に直接病気を感染させると説明する。ベネディクトヴは、スペインの研究者の成果に依拠してこういう――

　いかなる病気も、拡大する力は感染しやすい人間集団の密度が高まることによって増加するということは、疫病学の基本的な学説である。しかし、数人の研究者が提示したひとつの興味深い一般的な見解がある。それは、スペインにおいて黒死病は、都市部よりも農村部の方をいっそう激しく荒廃させたという見解である。この見解は、ペストの死亡率の地域的分布に関する全般的な研究と一致する。疫病としての黒死病は、都市よりも、比較的人口の過疎な農村部においていっそう強力に拡大する力を見せる傾向があり、この事実は、その疫病が圧倒的に腺ペストであったということを示している。人間間を交差感染によって直接的に拡がるすべての病気の場合、感染される人間集団の密度が高くなると、疫病の拡大を推進する力として決定的な要因となるものである。しかし、この腺ペストという病気の独特の特徴こそ、ネズミとネズミノミが密集している場合には、それは人間が密集することによる交差感染の影響をも凌駕して、いっそう大きな影響を人間に対して与えるところにあるのだ(197)。

こうしたスペイン史からの提起とともに、イギリスの動物学者からの提起も注目される。農村部も都市部と同様にペストの衝撃は強かったという。すなわち、イギリスの動物学者グラハム・トウィッグの研究（一九八四年）によると、《ペストの衝撃については、少なくともイングランドにおいては、地域によっては、人口密度の低い農村においても、人口密度の高い都市と変わらないほど激しかった》という(198)。

（三）　農民の住居

また、別の研究者も、ペストは都市も農村も変わらず同程度の被害を与えたのであって、少なくとも「都市の方が被害はひどく、農村はさほどのことがなかった」という見方はあたらないという。そのひとり、ハーリヒーはこういう――

　少なくとも現在のところ、都市も農村もどちらの側においても、中世末の猛烈な疫病に対してしっかりとみずからの身を守ることができたという証拠は存在しない。《死》という人を平等に扱う大きな存在は、農村共同体も都市共同体もどちらに対しても同じくらいの厳しさで過酷な責め苦を与えたのである(199)。

さらに、フランスのプロヴァンス地方を研究し、優れた歴史人口学の著書を著したバラティィエも、都市における死亡データと、農村部における死亡データとの間に、実質的な相違はないと述べている。黒死病での死亡率が、都市中心部よりも農村部のほうが低かったという趣意の推論には何の根拠もないという(200)。

そして、一度農村にペストが来れば、ペスト菌というバクテリアにとって、農民が住んでいた家がまことに快適な環境であった。これは都市の貧民の住居について述べたことと同様である。ベネディクトヴは、イングランドの農民の住居の不衛生さについて述べている（それは、そのままヨーロッパ全般の庶民の家に及んでいると言う）。

なぜ農村において黒死病がそれほどまでに猛威を振えたのだろうか――それは小作人の家の構造から説明がつく。小作人の住居は、荒打ち漆喰で造られている。荒打ち漆喰とは、棒や枝を組み合わせ、そこに粘土や泥を塗って壁や屋根を造るものである。これらの材料は、ネズミの活動や定住に対して抵抗力を期待できるものではなかった。住居の内部も粗末で不衛生な状態であった。小作人の家族が土の床に干草を直接置いた上で眠っていたとき、豚や鶏、牛や羊までもが同じ部屋にいたかもしれない。高い温度、大量の糞は、ネズミには絶好の生活環境であった。ツィーグラーのおどけた、しゃれた言葉によると――「中世の家屋は、ネズミたちが健康で心配のない満足のいく生活を享受できるように、ネズミたちが集まって開いた会議で細部に至るまで承認されて建てられたものかもしれない」。同じことは、都市の貧民層の住居についても言うことができる。事実、こうしたことは、イングランドだけでなくヨーロッパ中の庶民の住居全般について言えることである(201)。

以上をまとめよう。これまで農村部でのペストの被害（黒死病死亡率）は、都市に比べれば、大したものではないと判断されてきた。それは史料がないことによる憶測であった。この判断に作用したと考えられる理由とは、《黒死病は、そもそも都市に比べて農村や山間部にはあまりやって来なかっただろうという理由》（第一の憶測）、《たとえ黒死病が農村部に来ても、死亡率はあまり高くなかったであろうという理由》（第二の憶測）、また、《人口比からすれば、都市よりも農村部の方がずっと多かったことから（ここまでは正しい）、総人口から見ると、都市の高い死亡率は、農村の低い死亡率によって薄められ、全体の死亡率はずっと下がるだろうという理由》（第三の憶測）であった。しかし、ヨーロッパの多くの地域においてここ半世紀に見出された農村部の史料の考察によって、三つの憶測はすべて否定された。つまり、「疫病学的、生物学的理由」、「中世末の経済・商業の世界における都市と農村の一体化」（流通的世界システム）、「農民の衣食住の貧しさ」などの理由により、ほとんどどの農村においても都市と同程度かむしろ高いレベルの死亡率が認められるのである。その具体的な死亡率の数値による実証は、次章（第四章）において各地方の共同体の個別研究で見ることにする。

第五節　黒死病による階層変動

（一）　農村部における階層変動

黒死病で人口が激減したことで、社会は大パニックに陥った。人々は、想像を絶する不幸のどん底に陥れられたのであった。しかし、生き残った者には良いこともあったのである。すなわち、人口が激減――仮に「五〇パーセント」としておこう――したのに、少なくとも不動産は当然そのまま減少することなく残ったのである。すなわち「一〇〇パーセント」そのまま残ったのである（動産もある程度まで残ったことだろう。この富からルネサンスと宗教改革が引き起こされたと考える研究者もいた）(202)。ここから、ベネディクトゥヴによれば、黒死病によって「階層変動」（「社会変動」）が生じたという（ベネディクトゥヴは、人口激減の事態のなかで、それぞれの階層のなかのかなりの割合の者が、それぞれワン・ランク上に上昇したと考えている）。

ベネディクトゥヴはこの変動のあり方を諸地域の分析のなかでその都度、断片的に述べているにすぎないが、私はここではその「階層変動」のあり方について、最も低い身分の者から、最も高い身分の者に至るまで、社会の全体的変動がわかるように説明を試みたい。図3―1「黒死病による階層変動」はその説明がわかりやすくなるように私が作成したものである。これを利用して、基本型（理念型）を見ていきたい。その際に、他の研究者による優れた成果や私の若干の補足を加えていく。

土地があまり肥沃でなく生産性の乏しい寒村を想像してみよう。その農村には最下層の極貧の小作人――図3―

1「黒死病による階層変動」のなかのA——がいる。彼らは、一三〇〇年頃まで続いたヨーロッパの人口増加が終わって（イタリアの場合、もう少し遅いかもしれない）、遅れて登場した人びとであり、残されていた痩せた土地で生きていかねばならなかった人びとであった。そこは耕作に決して条件のいい土地ではなかった。彼らは、黒死病が発生する前は、そこで地主に雇われて小作人として働くものの、痩せた土地の収穫だけでは食べていけずに、都市で労働者としても働いていた——彼らは税を免除されコムーネの登録や記録から漏れた存在である。よって現代の研究者からも見落とされ、人口の分母に入れられない存在である。図3—1のピラミッド図では、史料からは見えない水面下の存在である（線分ａｂの下の網掛け部分に位置する）。

　そうした寒村に黒死病が発生し、彼らの多くは疫病死したが、同時に彼らを雇っていた地主や、近隣の自営農民など、多くの人びともまた疫病死したために、その村では誰も耕すことのない耕地が発生しただろう。しばらく放っておかれ荒れ地に化していたかもしれない。そこで、生き残った、もとは極貧状態の小作人や転借人や全く土地に縁のなかった農民は、そうした農地に容易に入り込んで、それを取得したことであろう。彼らは、

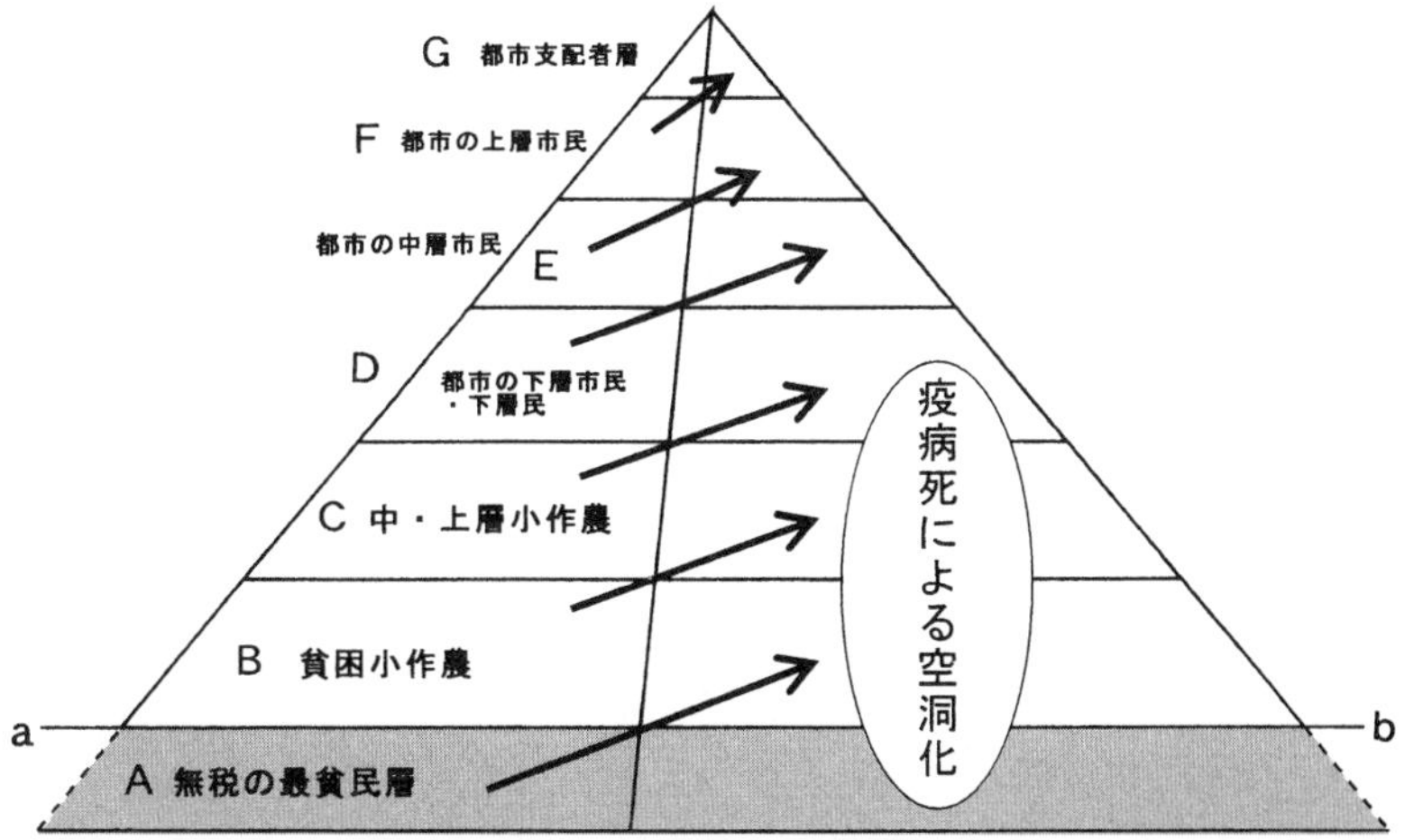

図3—1 黒死病による階層変動

極めてわずかな値段で合法的に空き家や農地を購入したかもしれないが、どさくさの混乱のなかで不法に取得したかもしれない。こうして、彼らのなかには、「赤貧の小作人」という地位から、「安定した小作人」という地位にのし上がることができた者もいたと考えられる。そうして、次に安定した小作人、あるいは自営農民として、課税の対象者に加えられることになったように思われる。

（二）黒死病後になぜ多くの村が廃村になったか――階層変動のひとつの現われ

しかし、そうした、もともとあまり肥沃でない耕地で小作農をする寒村の人びとの場合、生き残った住民は、もっと肥沃な土地を得る機会を与えられて、思い切って寒村を見捨てて、その村を「廃村」にした場合もあった。実際、黒死病でヨーロッパの多くの国で数千もの廃村が発生した。かつて存在していた多くの村が地図から姿を消したのである。そのことがわかるのは、ひとつに、航空考古学によって廃村の存在が上空から確認されているからであり、また、人の苗字（姓）の研究にもよる(203)。すなわち、中世において苗字は出身の村や町がしばしば用いられた。ところがペスト後、出身地と同名の苗字が用いられているのに、そのもともとの村自体が廃村によって消失して、どこにも見当たらないことが起こる。こうしたことは、ハーリヒーのピストイアの廃村についての優れた研究からしっかりと実証されている。ピストイアの農村部の場合、平野部・丘陵部・山岳部と三分類に分けて、具体的にどのように廃村化がうまれたかが示されている(204)。

表3―5　ピストイアにおける黒死病による廃村の数

平野部	黒死病前	一二共同体	↓	黒死病後	九共同体（廃村　三）	減少率　二五パーセント
丘陵部	黒死病前	二五共同体	↓	黒死病後	一五共同体（廃村一〇）	減少率　四〇パーセント

山岳部　黒死病前　二四共同体　↓　黒死病後　二〇共同体（廃村　四）減少率　一七パーセント
全　体　黒死病前　六一共同体　↓　黒死病後　四四共同体（廃村一七）減少率　二八パーセント

なぜ疫病後に多くの村に誰も住まなくなり、廃村になったのか。もちろん村人が一人残らず疫病死した場合もあったかもしれないが、むしろそれは稀である。というのは、ペストに罹らなかった者もいた上に、たとえ多くの人がペストに罹病したとしても、その致死率は一〇〇パーセントではなかったからである。ペストによる致死率について、一三四八年のペストのデータはないが、一六〇九年～一〇年のバーゼルに発生したペストの致死率について、当時のある医師がデータを提供してくれている。彼によると、疫病に罹病した者たちの致死率は「約六〇パーセント」であったという(205)。だから運良く生き残った者たちは、これまで住んでいた痩せた土地や山間の耕地を捨て、もっと肥沃な、生産性の高い耕地に移ったのである。肥沃な農地では、地主や領主から、賃金や住居やその他の色々な面でもっと良い条件を提示されたのである。なにしろ、地主にとっては、耕作する小作人が半減したために、みずから所有する農地の半分かそれ以上が、耕作されずに荒れ地と化していたからである。地主は、なんとしてでも人手を確保しようとしたことであろう。ここにおいて小作人は引く手あまたであった。場合によっては、小作人のなかには、運良く土地を合法または非合法に肥沃な農地を獲得して、一気に自営農民にのし上がった者もいたかもしれない。

あるいは、貧しい寒村にいた小作人の家の場合、例えば次男や三男の若者は、季節労働ではなく、全面的に都市に移住して、農村にいるよりも高賃金の得られる都市の無産労働者となった者もいただろう。幸い、都市では、これまた人手不足から賃金はうなぎのぼりに高騰したのである。このことは、シエナなど多くの都市で賃金抑制条例が頻繁に発布されたことからわかる(206)。これはどの地域や国についても言える傾向であった。さらに、富裕化した人びとは金遣いが荒くなり贅沢に走り、都市当局は奢侈禁止令を乱発したのである(207)。実際、史料からわかるのだが、都市部においてペスト後の数年間に農村部からの流入による人口増加が多く認められるのである（これは第四章の各論研究で示される）。あるいは彼らのなかには、うまくいけば、都市で市民権を持つ下層市民（手工業者等。組合で言えば「小組合」に加入）にのしあがった者も出たかもしれない。黒死病によるシエナの社会的影響を論じたW・ボースキーは、ペスト後の都市への流入は下層民、農民であったという。シエナでは、一三四九年の五月の法令によって周辺の農民をコンタードから訣別させて、都市に迎える推進力としたという(208)。

しかし、研究者プレスナーによると、シエナの都市部に移った人びとは、「極貧の者」だけではなく、彼らと共に、小都市のかなり「富裕な者」も含まれていたという(209)。黒死病の直後の混乱と社会変動のなかで、貧富の際だった対照的な二種類の人びとが、同時に都市に移動したのである（富裕層については少し先で触れよう）。

痩せた農地ではなく、もともと肥沃な農地にいた小作農はどうだったろうか。彼らのなかには、その農村にいた地主や自営農たちが多数疫病死したために、空き家になった家や、所有者のなくなった農地やブドウ畑を、合法もしくは不法に獲得したことだろう。こうして、労せずして小作人の身分から脱して肥沃な農地の自営農民になるか、たとえ小作人であっても以前よりずっと広く多くの収入の得られる農民にのし上がった者が出たのである。これはイタリアの事例ではなく、イングランドの事例であるが、同じ小作人であっても、黒死病後に一八エーカー以上の豊かな土地（すなわち、ほかの副収入の仕事をしなくても済む広さ）を与えられ、安定した生活に転じた小作人がいたことが指摘されている(210)。

また、肥沃な農地を有する農村部において、もともと比較的裕福であった農民（図3―1のC）や、やや小規模な都市（従属都市など）に住んでいた市民はどうであっただろうか。黒死病直後、フィレンツェのような大都市は、黒死病によって大量の死者を出し、都市の経済は停滞の極みにあったことから、経済の活力の回復のために都市の周辺の人びと、とりわけ富裕層を精力的に誘致する政策を展開したのである[211]。人口回復をねらう大都市の政府から、免税等の優遇措置、市民権の授与などの提案を受けて、彼ら富裕農民や近隣の都市の豊かな市民は、大都市での富と地位を求めて、野心的に大都市に乗り込んだのである（このためアレッツォ、ピサ等は人口減少した）[212]。そこで彼らは、市民権を得て、職人・手工業者や小売業者（『日記』の著者ランドゥッチの父親――ディコマーノの出身――は、おそらくこれに相当する）や、さらに、その資力に応じて中層または上層の市民になった。憧れの都市の「市民階級」（ポーポロ）にのし上がることができたのである。彼らのなかには、毛織物業に関わる商会（商事会社）などを開設することが可能となった者もいたであろう。その際、彼らは、出身地の農村にもともと所有していた農地・ぶどう園は売却せずに、そのまま地主として所有し、そこで契約によって小作人を雇った（小作人が激減したことから、かなり好条件を出さねば獲得できなかっただろうが）。その契約は、収穫の半分をふつう現物として獲得したのである。この現代まで続く折半小作制（メッザドリーア制）の形成・発展は興味深いものがある[213]。また、夏になって都市に周期的にペストがやって来るようになると、都市を逃れ、生まれたふるさとの田舎などに逃げて、この別荘で過ごしたかもしれない（なお、夏のバカンスの習慣は一四世紀に始まるといわれるが[214]、もしそうなら、ことによると、夏にペストから逃れて田舎暮らしをするこの生活様式が、夏のバカンスの習慣につながったのかもしれない）。

（二）　都市部における階層変動

同じような階層変動――階層的上昇――は都市民の間でも起こった。「疫病が発生した家には、しばしば一家全滅の場合があった」[215]（年代記作家コッポ・ステーファニ）という事態では想像以上のことがあり得た。この事態において、都市の住民のなかでもペストに生き残った下層民のなかには、人手不足の状況から、独立した職人・手工業者の地位にのし上がる者が出ただろう。「小組合員」程度の下層市民（図3―1のD）のなかには、その空洞化した部分、すなわち中層市民階級（図3―1のE）に上昇的に参入して経済的、政治的に身分を高めた者がいたことだろう。ここでも、空き家となった家を法的、もしくは不法に獲得したことだろう（当時、たまたま名字が同じというだけで空き家の遺産相続を主張し、それを獲得した者がいたといわれる）。

そして、もともと都市の中層の生き残った市民層、およそ「中組合」程度の構成員（図3―1のE）のなかには、上層市民層の半数の空洞化した部分（図3―1のF）へ上昇的に参入した者がいたかもしれない。さらに、都市の上層の市民層のなかの生き残った層（図3―1のF）の一族のなかには、最上層の最も指導的な市民層（図3―1のG）にのし上がり、経済力とともに、政治権力をも獲得する一族が出てきたかもしれない。流動的なこの時代はそれを許したのである。

すべての者や家がこのように機械的にワン・ランク上にうまく上昇したわけではないにしても、生き残った者によるこうした上昇傾向はある程度まで基本的傾向であっただろう。それが一年や二年ですぐに起こったとはいえないにしても、数年程度やもっと長い年月を要して生じたことであろう。人口が突如として半減するという前代未聞の大混乱では、「家の断絶」（ヨーロッパでは、日本と違って婿入りや家督相続は認められず、家は途絶えた）、「都市への大移動」、「遺産相続や詐欺」、次男以下の生き残った者による「家督の相続」が容易に生じたことだろう（「家督の相続」は、フィレンツェのモレッリ家に具体例を見ることができる）(216)。また、マルサス主義的な現象（すなわち、人口減少の後に反発的に人口増加が生じる現象）である「結婚のラッシュ」と幅広い層の結婚と、それにともなう「ベビーブーム」はこの時代の多くの年代記作家が記述している社会現象である。さらに野心的な者による、より上位の職業への転職や、より上の身分への上昇などは大いにある得たことである。こうした階層変動と人びとの生活の変化について、同時代の年代記作家ステーファニは実際こう記している――

この疫病はすでに述べたように、一三四八年の五月に始まったが、その年の九月に終息した。人びとは都市に戻り始め、家のなかに入って家具の具合を調べ始めた。しかし、財産がいっぱいありながらも、そこに主人のいない家が数多くあった。それを見て人は茫然自失に陥った。間もなく財産を相続する者が姿を見せ始めた。こうして疫病前には一文なしだった者が、相続人として金持ちになった。このため疫病の前には何も所有していなかった者が金持ちになった。それらの財産は実は彼らのものでなかったように思われたのである。こうして相続人として不適格と思われる人が、男も女も、衣服や馬に金をかけて贅沢な暮らしを始めた(217)。

ここで人口の正しい測定のために注意すべきことがある。くどいようだが、それを最後に繰り返して述べておこう。従来の歴史人口学者がその人口測定において看過したものが、この階層変動であった。ベネディクトゥによれば、その見誤った測定において、「見えざる貧民」は、二度無視され、そのために二度正しい人口測定を狂わせたのである。つまり、黒死病前には、彼らは租税の対象でなかったことから、存在が見えずに無視され（「一度目の無視」）、黒死病後に、ワン・ランク上の階層に上昇し、そこで租税台帳に載せられ、あたかもその階層にもともと疫病以前から存在していたかのように扱われて無視されたのである（「二度目の無視」）。一度目の無視では、黒死病前の総人口が実際よりも少なく測定されることで人口測定を狂わせた。二度目の無視では、彼らは、実際には黒死病で死亡してしまったワン・ランク上に位置していた人びとと誤って同一視され、疫病による死亡者がなかったかのごとく扱われ、実際の人口減少を見落として、黒死病死亡率を低くしてしまった。この二重の見誤りを是正するだけでも、黒死病死亡率はかなり高まるであろう。ベネディクトゥはフランスのプロヴァンス地方の人口測定の場面でこういっている――

黒死病直後における労働者階級の生き残りメンバーは、空になった立派な住居へと移り住み、もっと良い職業へと転職し、しっかりと記録される納税者階級に参入したに違いない。これらの租税台帳には、以前は貧民社会層にいた人びとが登録されたが、その貧民社会層の人びとの多くが以前は［無税であったがために］台帳登録係に見過ごされていたことは疑いない。しかし、今では彼らは新しい社会的身分で登録されたことであろう。この動きは、黒死病の衝撃のいくらかを覆い隠すように作用したかもしれないのである(218)。

第四章　イタリアの都市・農村の大黒死病の死亡率——各論的研究

はじめに

イタリアの人口変動の実態把握に向けてイタリア史の研究者が数多く挑んできた。フィウーミ、ファルシーニ、ハーリヒー、クラピッシュ＝ズベール、ピーニ、グレーチ、リーヴィ・バッチ、デル・パンタ、ボースキー、ロテッリ、コンバなどである。彼らは、中世後期から近世の人口変動、特に大黒死病が流行した頃の人口学的史料を探し求め、有効な史料を解析してきた。研究者にとって一番好ましい史料は、大黒死病の発生する直前とその直後の広い階層の住民の数がわかる史料である。そうした史料やそれに準じた史料が、幸い入手できた場合、それにもとづいて研究者は人口変動にもとづく疫病死亡率の分析をおこなった。そうした分析に対してベネディクトヴは新しい歴史人口学的見地を加えて評価・調整を展開している。本章では、これまでなされた多くの研究者の分析と加えてベネディクトヴの評価・調整を紹介したいと思う。私の見方や批判は第五章で試みたい。以下、（　）のなかの頁はベネディクトヴの著書の頁である。

ベネディクトヴによると、イタリアに関して、疫病死亡率の史料として有効なものは、トスカーナ地方（中部イタリア）と中世サヴォイア伯領（北イタリア、フランス等）に認められるという。南イタリアについては、これまで十分な史料と研究がなく、ベネディクトヴは、南イタリアについては、ほかの多くの地域と同程度の死亡率であっただろうと推測している。

トスカーナ地方は、フィレンツェをはじめとして豊富な史料がある。この地方の主要な都市のかなりの部分、すなわち、フィレンツェのほかに、シエナ、サン・ジミニャーノ、プラートを扱う。この地方については研究者によって緻密な考察が展開されている。

中世のサヴォイア伯領（伯国）は、「神聖ローマ帝国」に服し、モンブラン（四八〇七メートル）などのアルプス山脈を取り囲むように、現在のイタリアやフランスやスイスの一部などを含む非常に広域の地域であった。ここではピエモンテ地方のサヴォイア伯領における疫病死亡率が特定できる地域を扱いたい。

第一節　トスカーナ地方の共同体

（一）　フィレンツェ

イタリア中部のトスカーナ地方（地図4―1「トスカーナ地方において黒死病死亡率のわかる共同体」）とその中心地フィレンツェ（pp. 285–292）は、他の国や地域と比べて、極めて上質の史料に恵まれている。黒死病発生直前のフィレンツェの都市（市壁内）の貧民も含んだ総人口の推定については、同時代の年代記作家によるものと現代の研究者によるものとの二種類がある。フィレンツェの都市内には、同時代の年代記作家のジョヴァンニ・ヴィッラーニ

（一二七六頃～一三四八）によると、「九万四〇〇〇人」(219)、研究者E・ファルシーニによる研究（一九七一年）では、「九万人以上」(220)、ハーリヒーとクラピッシュ＝ジュベールの研究では、「一二万人」がいたとされる(221)。しかし、ベネディクトヴは、一三四七年の飢饉による人口減を考慮に入れて、さらにヴィッラーニが《自分の出した数値は最小限の数値である》ということばを重視した上で、ヴィッラーニとファルシーニの中間を取る。そうして総合的

（Benedictow, p.293.）

地図４―１　トスカーナ地方において黒死病死亡率のわかる共同体

に判断して「九万二〇〇〇人」と見る（p. 286）。一方、大黒死病直前の人口については、日本においても齊藤寛海が研究し、以下のように考察を述べてハーリヒーを支持している――「飢饉に襲われた一三四七年（大黒死病襲来の前年）には、フィレンツェ市民のうち、政府当局が配給する悪質なパンを必要とする人数（それを必要としない人は含まない）だけで、パンの配給券の数から算定すると九万四千人いた。この記事〔ヴィッラーニの『年代記』第一二巻第七三章〕にもとづいて推測すれば、次の一二万人という人口は納得できる」(222)。

フィレンツェの黒死病直前（一三四七年末）の人口推定

G・ヴィッラーニ	九万四〇〇〇人
E・ファルシーニ	九万人（以上）
ハーリヒー、クラピッシュ＝ジュベール	一二万人
O・J・ベネディクトヴ	九万二〇〇〇人

一方、黒死病直後のフィレンツェの都市人口についてては、それを直接示してくれる好都合な史料はなく、残存し利用できる史料は、一三五二年（すなわち大黒死病が終息して三年が経過）の租税台帳に記載された総世帯数、「九、九五五世帯」という数値しかない。ただ、この一三五二年の台帳に記載された「九、九五五世帯」という世帯数は、都市内の住民すべてを網羅したものでなく、相当数の登録漏れがある。そこには、税金を支払わない前産業革命期の無産者階級が漏れている。租税役人は、業務上、無用の彼らに関心を払わなかった。租税台帳には彼らがどの程度いたかその人数についても記録していない。ベネディクトヴは、「標準想定」によりこうした人びとの存在を考慮して算定しなければならないという。標準想定の数値は他の多くの都市を参考にして割り出したものであり、台

帳などに記載された総世帯数に「六パーセント」を加えることになる。この調整によって一三五二年のフィレンツェの都市の実際の総世帯数は「一万五五五二世帯」に修正されるという（p. 297）。

しかし、これもまだ正確な都市の世帯数ではないとして調整が必要であるという。というのは、黒死病直後から課税台帳がつくられた一三五二年までの三年の間に、「新たに結婚した世帯」と「コンタードからの流入による世帯」の増加を考慮しなければならないからである（pp. 287–288）。ペストで大量の人が死んだことから、黒死病直後のフィレンツェには豊かな財産と土地が所有者なしに転がっていた。ペスト後の社会においては、ペストにより急激な人口減と世帯減があったが、それに反発するかのように――マルサス主義的現象として――生き残った人びとの間で結婚が数多くなされたのである。この現象は黒死病後、黒死病関係の年代記などにもよく記載されており、多くの都市で共通する現象であった(223)。

このような疫病直後に新たに加わった世帯の数を差し引いて調整することによって、黒死病直後の総世帯数の実数に近づくことができるという。ここで、黒死病後の新婚世帯の増加ぶりについて、この時代の他の多くの都市から割り出した「標準想定」（年〇・七五パーセント）を用いて、フィレンツェについても、三年間で「約二・五パーセント」（「二三三一世帯」）あったとみなし、それを差し引き、疫病直後の実質世帯数「一万三三二〇世帯」が割り出される（p. 288）。

一三五二年のフィレンツェの租税台帳に登録された総世帯数	九九五五世帯
無産者世帯を加えた一三五二年のフィレンツェの都市の総世帯数	一万　五五五二世帯
調整後のフィレンツェの都市の黒死病直後の総世帯数	**一万　三三二〇世帯**

次に問題になるのは、平均世帯規模である。総世帯数がわかっても、この時代の一世帯の構成員の平均値がわからなければ人口は特定できない。これについては、三〇年後の一三八〇年の平均世帯規模がわかっていて、それは、「四・二人」である（表4―1「イタリアの四つの地方の平均世帯規模」）。では、三〇年経って大混乱が落ち着いた時代の平均世帯規模をそのまま採用できるだろうか（採用すれば、「一万三二〇世帯×四・二人」から、四万二〇〇〇人の都市人口が割り出せる）。しかし、黒死病の猖獗直後の場合、家族のうちひとりか何人かを失った家もあったはずで、全般的に世帯規模が縮小しているはずである。実際、エンリーコ・フィウーミの研究（一九六二年）(224)によると、はっきり平均世帯規模がわかっている近隣のコムーネのサン・ジミニャーノの研究を参考にして、一三五〇年では都市ではペスト前に「四・〇人」であったものがペスト後に「三・五人」、農村では同じく「四・五人」であったものが「四人」となった（p. 389）。これを参考にして、フィレンツェの場合、一三八〇年の「四・二人」から「〇・五人」を引いて「三・七人」という数値を黒死病直後のフィレンツェの平均世帯規模とすべきである。こうして「一万三二〇世帯×三・七人」で「三万八一八三人」（これは「三万八一八四人」の計算違いであろう）が得られる（p. 290）。

しかしながら、これでもまだ正確な数値ではない。実際の数値に近づけるために「調整」がなされねばならない。というのは、人口が激減してフィレンツェに仕事を求めて流入してきた人びと、自主的に、あるいはフィレンツェの政策に従って、「ディストレット」と呼ばれるフィレンツェが支配する近隣都市や農村部などからやって来ていた人びとの人数を差し引かなくてはならないからである［疫病後、減少した都市の人口を埋め合わせる対策として農村から都市へ誘致した。これはイタリアのコムーネの全般的傾向であった。これは一四世紀のランドゥッチの日記にもなお認められる現象である］。そこで、ベネディクトゥスは、比較的近隣の地域にあり、はっきりと都市への移住率のわかっているボローニャの数値、年平均「〇・八パーセント」をフィレンツェに適用して、黒死病後の三年間で「二・五パーセント」の増加があったとみなし――フィレンツェの方が資本主義的な生産形態の規模はずっと大きかったので、こ

表4－1　イタリアの4つの地方の平均世帯規模

(Benedictow, p. 289.)

地域	年	農村部データ	都市部データ
プラート	1339	4.3	
サン・ジミニャーノ	1350	4.0	3.5
モンカリエーリ	1374	4.3	
フィレンツェ	1380		4.2

れはまだ控えめな数値である——それを差し引く。——こうして最終的に「三万七二五〇人」（「三万七二二九人」を繰り上げる）という黒死病直後の人口が得られる。こうして黒死病の「直前」の人数と「直後」の人口から黒死病死亡率を算出して、死亡率「五九・五パーセント」（「約六〇パーセント」）が得られる（p. 291）。

この「五九・五パーセント」という人口減少率は、フィレンツェの年代記作家マッテーオ・ヴィッラーニ（一三六三年没）（ジョヴァンニ・ヴィッラーニの弟）が述べている証言、すなわち「五人中三人が死んだ」（すなわち六〇パーセント）という証言と見事に一致する(225)。また、ハーリヒーとクラピッシュ＝ジュベールの死亡率の推定「六五パーセント」にも近い。もちろん、ボッカッチョの提示した数値（「一〇万人死亡」）は誇張として受け入れられないにしても、驚くべきことに、フィレンツェの市壁内で「九万二〇〇〇人」の総人口のうち「五万五〇〇〇人」もの人びとが、春から夏の数カ月のうちにペスト菌で殺戮されたのである（p. 291）。

フィレンツェの都市の黒死病による総人口死亡率
黒死病直前（一三四七年末）の人口　九万二〇〇〇人
黒死病直後の人口　三万七二五〇人
調整による総人口死亡率　五九・五パーセント（六〇パーセント）

（二）　シエナ

トスカーナ地方の有力な都市国家シエナ（pp. 299-301）については、黒死病の猖獗ぶりを再現したボースキーの研究がある(226)。しかし、フィレンツェの場合のような、黒死病による人口変動の手がかりとなる世帯中心の史料は、ここには見あたらない。だが、ここには黒死病前後の時期を扱った、兵役に就くことの可能な男子の数を記録した台帳（『兵役適格者台帳』）が有効である。ふつうイタリアのコムーネでは自衛のために、下は一六歳～一八歳までの若い男性、上は六〇歳～七〇歳の男性について『兵役適格者台帳』が作成されることがあった。この台帳によると、黒死病直前にシエナには「四三部隊」が存在したのに、それが黒死病直後に「二一部隊」に減少してしまった。「五一パーセント」の減少である。では、この数値をそのまま全体を示す数値として利用できるであろうか。もうひとつ史料を見てみよう。

シエナの黒死病死亡率についてサン・ドミニコ修道会の教会の『死者台帳』を利用した研究がある。これはトスカーナ地方の二人の歴史人口学者の代表的存在ロレンツォ・デル・パンタとマッシモ・リーヴィ・バッチとによるものである(227)。デル・パンタは、この台帳によると、通常の年は「二〇人」程度の埋葬者であるのに、一三四八年には、それが二〇～二一倍の埋葬者となった（四〇〇人～四二〇人）。このことから、通常の年間死亡率が三～四パーセントと考えて――いや、実際はもっと高かったであろう――それを二〇倍して黒死病による死亡率を、少なくとも六〇パーセント（三パーセント×二〇）、多くて八〇パーセント（四パーセント×二〇）と見たのである［「三パーセント」を採用するか、「四パーセント」を採用するかで、あまりに大きな幅が出てしまうわけである］。シエナを代表するこの立派な教会に埋葬された人びとが、シエナのすべての人びと（つまり階層・年齢・男女）をそのまま公平に代表しているとは限らない。死亡率が高かったはずの貧困な人びとのほかに、第五章第三節（子どもの死亡率の問題を扱う）で見るように、多数死んだと考えられる幼児・子どもがいる。実際、シエナの年代記作家アーニョロ・ディ・トゥーラは、年代記に「私は自分のこの手で自分の五人の子どもを全員葬った」と書いているが、これは子どもの高い死亡率を示唆している(228)。貧民や子どもなど、当時地位の低かった人びとがこの格の高いこの教会に平均的に埋葬されたかは疑わしい。

［＊さらに問題がある。一三四八年のペストによるあまりの大量死のために通常の埋葬ができなかったことが考えられる。死者があまりに多く、もはや墓地に埋葬されずに、教会の前に穴を掘って臨時に埋葬した都市も多かったという。この場合、『死者台帳』には記載されなかったかもしれない。また、埋葬を担当した托鉢修道会の修道士自身が数多く疫病死してしまい、台帳の記録を担当していた修道士さえ死んでしまったかもしれない。フィレンツェのサンタ・マリア・ノヴェッラ聖堂の場合、修道院の一三〇名の聖職者のうち、「六六パーセント」が疫病死したという」(229)。

さらに、女性とペストの深いつながりが考慮されるべきである。すなわち、ずっと家にいてノミやネズミにさらされることの多い女性の考えられる疫病の高い罹病率を考慮すべきであるとベネディクトヴはいう。兵役可能な元気な男性をリストアップしたこの史料をそのまま利用すれば、それは実際の死亡率を低く見積もるように作用するであろう。［＊女性の疫病死が高いと考えるベネディクトヴに対してそれと対立する研究がある。石坂は、フィレンツェのサンタ・マリア・ノヴェッラ聖堂の台帳を解析してペストに対して男性が圧倒的に弱かったと主張する」(230)。

このように考えると、シエナの一般の死亡率は、『兵役適格者台帳』を基本に考えて（「死亡率五〇パーセント」）、それをもっと弱い人びとの存在を考慮して修正し、さらに、他の多くの地域の死亡率の傾向も（六〇パーセント）考慮して、少なくとも「五五パーセント」、いや実際には「六〇パーセント」であったに違いない（pp. 300-301）。

（三）　プラート

プラートの人口変動はE・フィウーミの一九六八年の研究に負う(231)。プラート（pp. 296–298）はフィレンツェ北西二〇キロメートルに位置する。このプラートには人口の把握に役に立つ興味深い史料がある。それが、食糧供給のために実施された人口調査である。一三三九年、プラートのコムーネは、一四世紀になって相次ぐ飢饉の現実に対応して、コムーネの人びとを飢饉から守ろうとして非常に前向きな調査をおこなった。コムーネは、心配されていた飢饉に対処すべく、住民に対して必要とされる量の食糧の供給を考え、人口調査をおこなった。この調査に対して貧困層は非常に協力的であった。なぜなら、自分たちがしっかりと記録されることで、いざ飢饉という時に、コムーネが自分たちに食糧を配給してくれることを願ったからである。こうして、この食糧確保のための調査では、ふつう課税のための調査がしばしば税金逃れのための虚偽の申告を伴うのに対して、ほぼ登録漏れのないものとなり、山間の小村ポピリアーノの記録漏れの例外はあるものの、実際の人口をよく反映したものとなった（p. 296）。

農村人口の変動を先に見る。一三三九年におこなった食糧確保のための人口調査によると、農村部の人口については、平均世帯規模が「四・三人」で「一七九六世帯」からなる。計「七七二三人」が算出されるが、ポピリアーノの「一六世帯」、「七三人」がもれており、それを加えて、「七七六三人」という信頼の出来る数値が得られる（p. 296）。

それから、黒死病が過ぎ去って三年後、一三五二年に租税調査がおこなわれた。その台帳によると、農村部には「一〇三二世帯」が登録されている。租税台帳に記載されたこの数値にはやはり「調整」が必要である。ここでは貧困層などにおいて生じる登録漏れ分を加えなくてはならない。その標準想定として「六パーセント」が加算される。この調整によって実際の農村部の総世帯数として考えられる数値が、「一〇九八世帯～一一〇〇世帯」である。

だが、これからさらに調整しなくてはならない――

すなわち、黒死病が去って租税台帳が作成されるまでの三年間に結婚した新しい世帯の増加があったはずである（標準想定によると、三年分で「二・二五パーセント」の増加）。しかし、その一方で豊かなプラートの都市部への人びとの流出による減少もあった。というのは、自作農（独立自営農民）など、富裕な農民の一部は、疫病で人口の激減した都市部に有益な職業を求めて移住したからである。結局、ここでは、新婚世帯の増加分と都市への流出による減少分で、両者は相殺されたとみなされる。こうしてペスト直後の農村世帯数は、その平均世帯規模を「三・八人」と見て、合計「四一八〇人」となる。黒死病前の一三三九年から一三四七年末までの飢饉等による人口減少分も考慮して、減少率は「四五パーセント」となる（p. 297）［＊この辺のベネディクトヴの計算は若干あいまいなところがある］。

プラートの農村部の黒死病による総人口死亡率

黒死病前の人口		（七七四〇人）(232)
黒死病直後の人口	一一〇〇世帯	四一八〇人
調整による最終的総人口死亡率		**四五パーセント**

次に、プラートの都市人口については、一三三九年の食糧供給のための人口調査のほかにペスト後の一三五一年の租税台帳がある。しかし、租税台帳の方については、プラートの一行政区画（市区）であるポルタ・フーイア（Porta Fuia）しか利用できない。そこでポルタ・フーイアに絞って考察することになる。この市区では一三三九年に平均世帯規模「三・五六人」からなる「三四九世帯」があり、この市区の合計は「一二四三人」である（p. 297. l.

8)。この数値は、貧民層も含んだ数値であり、実数を示したものとしてそのまま信頼できるものである。一方、一三五一年の租税台帳は「一二二世帯」を記載しているが、そこには貧民層を中心とする登録漏れが考えられ、それを補う標準想定にもとづく「六パーセント」分、すなわち「一三世帯」を加える。そして、黒死病直後から調査までの期間に発生した新たな結婚による世帯の増加分と農村部から移住してきた世帯の増加分の両方を合わせて、三年分、計「三パーセント」を差し引く。そして黒死病後の平均世帯規模の縮小を考慮して「三・五六人」を「三・〇人」に直す（pp. 296–297）。

この結果、ポルタ・フーイア市区の総人口は一三三九年の「一二四三人」から黒死病直後の「六八五人」に減少する。これによってこの市区の人口減少率は「四二・五〜四五パーセント」となる（p. 297）。これは農村部の減少率と同じであり、黒死病が及ぼした被害の大きさが、農村においても都市においても変わらなかったことを示唆している（pp. 298–299）。

［＊なお、ここで石坂の私見を言えば、市区の人口の算出法に若干問題が感じられる。それは、プラートのようなフィレンツェの支配下にあるコムーネでは、一部の富裕なプラート市民はその事業をフィレンツェ市内へ次々と移転していった。その数が相当数あることをベネディクトヴは見逃していることである。先に見たように（第二章）、アレッツォやプラートやピサなどの従属都市（ディストレット）に住んでいた富裕層のなかには、地元にいた場合に取られる高い税金、逆にフィレンツェへ移転して得られる優遇（租税軽減）のために、一部の者がフィレンツェに移住したのである。黒死病後、傾向として一部の人びとは、豊かさを求めて農村から都市へ移動したが、また同時に、同じ理由から、一部の者は小都市（プラート）から大都市（フィレンツェ）へも移動したのである。この移動は、二度目以降のペストの流行についても同様に生じていった］。

プラートの都市部（ポルタ・フーイア市区）の黒死病による世帯減少率と総人口死亡率

一三三九年のポルタ・フーイア市区の世帯と総人口　三四九世帯　一二四三人
黒死病直後のプラートのポルタ・フーイア地区の世帯と総人口　二二八世帯　六八五人
調整による黒死病による総人口死亡率　四五パーセント

第二節　ピエモンテ地方の共同体――スーザ渓谷の村落群

ピエモンテ地方の共同体の研究（pp. 303-307）はC・ロテッリの研究（一九七三年）とR・コンバの研究（一九七七年）に負うものである(233)。ピエモンテ地方の北西地域に黒死病の被害を伝える史料がある。「ピエモンテ」は、「山麓」を意味し、ここでは、フランスとスイスへ至る西アルプス山脈からほぼ地中海まで伸びる平野を指している。

ピエモンテ地方で残された黒死病による人口変動の関係の史料は、スーザ渓谷地方の八つの村落に残されている（スーザ地域は、**地図４―２「サヴォイア伯領とプロヴァンス伯領における黒死病死亡率のわかる地域」**では東南に位置している）。これらの村落群は、トリノの都市とスーザの都市の中間地点にある。その二つの都市をつなぐようにドーラ・リパーリア川が東から西へと流れ、その川沿いの街道やその近辺に村落群がある。スーザの町（**図４―１「スーザ渓谷の中心都市スーザとロッチャメローネ山（三五三八メートル）」**）は、それらの村落と商業的につながりをもつ中心地であった。八つの村落のうちのひとつ、ブッソレーノは、**図４―２「スーザ渓谷のブッソレーノの牧畜業」**（車窓から撮影）からわかるように、アルプスの美しい景色を背景に現在も牧畜業などが営まれている。このように、この地域では農業と牧畜業の両方を営んできた。その村落群のなかには、都市スーザとの間に商業的、経済的関係があり、その交易のルートは、悲しいかな、そのままスーザからの疫病の感染ルートにもなったのである。

地図４―２　サヴォイア伯領とプロヴァンス伯領における黒死病死亡率のわかる地域

(Benedictow, pp.316–7)

八つの村落には、黒死病による被害を示唆する史料として、一三三五年と一三五六年の世帯登録の台帳がある（表4—2「ピエモンテのスーザ渓谷近郊の村落群の世帯数」）。ベネディクトヴによると、二つの年代には二〇年を越えるほどの期間があるので、そこからそのまま信頼できる情報を得るのはむずかしいという（標準想定の考えが必要とされる）。また、ベネディクトヴの持論であるが、飢饉時には牧畜業を営む地域は、他の一般の農村地域ほど深刻ではなかったとする。すなわち、この地域のうち、スーザに近い六村落は、牧畜業が経済の中心であり、黒死病前の時期における飢饉（一三三九年、一三四七年）に際しては、家畜の肉を食べることで飢饉を凌ぐことができ、人口減少は他の農業地域ほど深刻なものでなかったと考えられるという。このことは、おそらく一三四八年のペストの襲来が端境期であったことから食糧不足が生じ、すなわち、この二次災害に対して対応する力をもっていたといえる。この地方はペスト直後の食糧不足の深刻な事態にも強かったといえるだろう。

この地域における「黒死病前の平均世帯規模」は、モンカリエーリ（トリノの近郊）において一三四七年、すなわち、黒死病到来の前年に食糧配給のためにおこなわれた人口調査から「四・三二人」とわかっている。この「四・三二人」という数値はトスカーナ地方で確認された「黒死病前の平均世帯規模」と驚くほど近似している。黒死病後には、この数値は立証済みの標準想定により「〇・五人」引いて、「三・八二人」になる。

図４—１　スーザ渓谷の中心都市スーザとロッチャメローネ山（三五三八メートル）

スーザの町はトリノから西へ電車で50分。ここをさらに西へ行くとモン・スニ・トンネルがあり、フランスのモダーヌの町に入る

図４—２　スーザ渓谷のブッソレーノの牧畜業

スーザ地方の農民の場合、その黒死病死亡率は他より低かったが、それはひとつに牧畜によって栄養が補給されたためと考えられる

表4—2　ピエモンテのスーザ渓谷近郊の村落群の世帯数（1335年、1356年、1367年）

（Benedictow, p. 304.）

	世帯 1335	世帯 1356	世帯 1367
サンタントーニオ	50	40	24
ヴィッラール・フォッキアルド	116	61	56
サン・ジョルジョ	129	70	50
キアノッコ	71	45	38
ブッソレーノとフェッレーイレ	217	159	79
計	583	375	247
ボルゴーネ	66	31	
サン・ディデーロ	20	9	
ブルゾーロ	71	44	
計	740	459	

表4—3　トスカーナ地方とイタリアのほかの2地域の総人口の推定死亡率

（Benedictow, p. 307.）

地方	都市部	コンタード
フィレンツェ	60	
サン・ジミニャーノ	66	52.5
プラート	（42.5－）45	45
シエナ	60	
ボローニャ	45	
スーザ渓谷		52.5
イタリア	50–60	

ベネディクトヴによれば、黒死病後にこの地域においても階層変動、すなわち、小作人や日雇い労働者などの無産階級が、所有者のいない土地に引っ越して、税金を支払う階層に加わるという現象が起こったと考えられる。この階層変動を前提に、標準想定にもとづいて、黒死病流行の直後から一三五六年までの七年間に合計「一〇パーセント」の世帯数の増加があったと想定されるので、これによって一三五五年には「三一九七人〜三二〇〇人」、さらに年代をさかのぼると、一三四九年には「一三三五人〜一六〇〇人」の人口を抱えていたことになるという（p. 306）。

このことから、この地域の村落

の総人口の黒死病死亡率は五〇パーセントがまず考えられるが、それでもまだ不十分である。非常に貧しい階層の存在を考慮して一般の死亡率を「二・五パーセント」だけ引き上げることを考慮に入れなければならない。こうしてこの村落群の最終的な死亡率は「五二・五パーセント」となるだろうという（表4―3「トスカーナ地方とイタリアのほかの2地域の総人口の推定死亡率」）。

第三節　イタリア全体の黒死病死亡率

ベネディクトウは、イタリア全域の黒死病死亡率（一三四八年）として「五〇〜六〇パーセント」という数値を提示する。それは以下の平均による。それを構成する下部の代表は、フィレンツェ（都市部六〇パーセント）、サン・ジミニャーノ（都市部六六パーセント、コンタード五二・パーセント五）、プラート（都市部四二・五〜四五パーセント、コンタード四五パーセント）、シエナ（都市部六〇パーセント）、ボローニャ（都市部四五パーセント）、スーザ渓谷（コンタード五二・五パーセント）である。これはヴェネツィアやローマや南イタリアなどは欠落しているが、この数値は、南ヨーロッパの全般的な死亡率の傾向とも合致するものとして受け入れられるだろうという。

第五章　地域研究の総括的展望——ベネディクトウの見方に対する批判と評価

第一節　批判その一　女性問題——女性はペストに弱かったか

ベネディクトウは、各地域の黒死病の死亡率を特定する際に、いつも女性や老人の黒死病死亡率が高かったことを強調する。しかし、その強調は史料を具体的に示して立証した上でなされているわけではない。それは、ふつうそう思われているという（一般的に承認されている）「疑いの余地のない」根拠にもとづいている。この問題は、都市や農村の比較といった地域的な問題に先立つ本質的で重大な問題である。ここでは、これについて疑問と批判を提示したい。その第一がこの女性の死亡率の問題、第二が老人の死亡率の問題、第三が乳幼児や子どもの高い死亡率の問題（というより、それを全体の死亡率にどう反映させているかという問題）である。さらに、本質的な問題として、それに関連して黒死病の地域研究に利用される「標準想定」という装置の問題性について検討したい。

中世・近世では租税はふつう世帯ごとに徴収され、その徴収記録が残されて、それがかろうじて人口の把握と黒死病死亡率の把握に役だっている。そこで、納税記録にもとづいて死亡率を算出した場合、その死亡率（世帯減少率）は、納税世帯主、つまり成人男性の死亡率となる。そこでベネディクトウは、老若男女、貧富など、様々な人間からなる社会一般の平均的な正しい死亡率を出すためには「調整」が必要であると考える。そして、黒死病後の世帯規模の縮小、最下層民の存在とその高い死亡率、階層変動等の調整をおこなう。その際にベネディクトウは、女性については、世帯主である成人男性よりも死亡率が高かったと繰り返し述べている。しかし、果たして女性は黒死病に対して男性より弱かったか。これについて、私がフィレンツェの教会の埋葬記録の史料を解析した立場からベネディクトウに対して疑問・批判を投げかけたいと思う。

まず、ベネディクトウは、繰り返し次のようなことばを述べている——

「**子どもと女性のかなり高い、相当上回った死亡率については疑いの余地がないものであること**から、青年や成人の男性の死亡率の水準は……」（p. 314）。

「たとえ世帯主が生き残ったとしても、必ずしも残りの家族が厳しい試練を生き延びたとは限らなかったであろう。なぜなら、先に述べたように、特に子ども、そして**女性はペストの流行によってもっと高い死亡率を被ったのである**」（pp. 275–276）。

「**女性の場合は、ペストにさらされることについて格別に高いリスクを負っている**。なぜなら、女性は、クマネズミがその連れ合いのノミとともに好んで過ごす人の家のなかに、男性よりも長い時間を過ごすからである」（p. 299）。

このような女性の「弱さ」は、実際に年代記作家からも指摘されている。例えば、一三四八年のペストについてトレントの惨状を目撃した年代記作家ジョヴァンニ・ダ・パルマ（生没年不明。一四世紀）は「女の子の場合、美しい女の子の方が早く死んだ。また、成人の場合、男性よりも女性の方が早く、また多く死んだ」と述べている。しかし、人の見方には、好ましい、美しいものが失われた場合、その無念さから、それを実際以上に強調して報告しがちである。女性――それも若くて美しい少女――の死は、目の前で起こった場合、極めて鮮烈で強く印象に残る事実かもしれない。ジョヴァンニ・ダ・パルマはこう伝えている――

私の聞いた限りでは、今回の疫病は、いつも女の子から始まった。それも特に美しい女の子から始まった。実際にトレントで起こったことなのだ。というのも、私自身、この眼で見たのだが、宮廷において、美しかった三人の少女が、ここで述べた出来事が始まった時に、一日のうちに死んでしまったのである(234)。

しかし、年代記作家もベネディクトゥヴも、女性の弱さを強調するが、説得する実証的な数値は何も示していない。それに対して私はパソコンを利用して、フィレンツェのサンタ・マリア・ノヴェッラ聖堂の『死者台帳』を克明に解析した(235)。この台帳の夏季三カ月間（六月～八月）と冬季三カ月間（一二月～二月）、合わせて六カ月間の死亡者、すなわちこの台帳に記載された全埋葬者「一七七〇人」のうち六割の約一〇〇〇人（正確には「九七五人」）の氏名と記載項目をすべてパソコンに入力して、データ解析を試みた。内訳は、男性「五九二人」、女性「三八三人」であり、男性が六割、女性が四割である。ここでは、データ処理によって、全死亡者のうち、ペストによる死者の割合を「男」と「女」について数量的に特定することができた（また、女性の全死亡者のうち、ペストによる死者の割合を「妻」「寡婦」「独身」についても、数量的に特定でき、特に「寡婦」について非常に興味深い事実を発見した）。『死者台帳』に対してこのような数量的アプローチはこれまでなされたことがなく、これによってトレチェント（一四世紀）のペストの傾向について新しい発見ができたといえる(236)。

この『死者台帳』は一二九九年から一六〇年間ほど記録された。しかし、毎年ほぼきちんと継続的に記載され、史料として信頼できる（と私が判断した）期間は、一三三〇年から一三八七年までの五八年間である。この五八年間のサンタ・マリア・ノヴェッラ聖堂に埋葬された死亡者の数は表5―1「サンタ・マリア・ノヴェッラ聖堂の五八年間の夏と冬の死亡者」に示されている。目を引くのは、一番左側の欄の「死亡者」――一年間の夏冬の死亡者の総数――の太字で示された数値であろう。それは「疫病年」の数値であり、死亡者の数が圧倒的に際だっている（「疫病年」には下線が引かれている）。一三四〇年、一三四八年、一三六三年などが際だっている。実際、年代記作家もこれらの都市に疫病が流行したことを報告している。

この表をもとに、女性がペストに対して弱かったかどうかを見てみよう。イタリアの場合、ペストは腺ペストであり、流行は夏中心であった。ペスト菌が活動を停止する冬には死亡者はゼロとなる。春は流行の前触れ、秋は流行の余波として、疫病死は確かに認められるのだが、数が多くなく、それがペスト死なのか、それ以外による死なのか区別するのが非常にむずかしい。その意味で、この夏と冬のみの解析は、そうしたあいまいな時期を排除してしまうので、一定有効である。

まず、この聖堂に埋葬された男性は、女性よりも数においてかなり多いことに注意しなくてはならない。この五八年間では、男性の死亡者（埋葬者）が「五二五人」、女性の死亡者が「三四六人」である（この教会は比較的富裕な層が利用。格式が高かったことから男性の方が多く埋葬されたのであろう）。これは「六」対「四」の割合である。調整しなくては比較がしにくい。そこで女性の数値を「一・五二倍」することで「五」対「五」の割合が得られる。つまり、ある年の女性の「死亡者」を男性のものと公平に比べるには、「一・五二倍」すればよい。

ペストに対する男性の弱さという観点から第一回目のペスト（一三四八年）と第二回目のペスト（一三六三年）を見てみたい。表5―1から見ると、一三四八年のペストのために総数「七二名」が埋葬され、そのうち男性が「五四人」であったのに対して、女性は「一七人」である（ペスト以外による死亡者も男女それぞれに若干名いるはずだが、ここではいずれも便宜的に無視する）。五分五分の比になるように、女性の「一七人」を「一・五二倍」することで

表5－1　サンタ・マリア・ノヴェッラ聖堂の58年間の夏と冬の死亡者

	死亡者	夏	冬	男	夏	冬	女	夏	冬
1330	5	4	1	3	2	1	2	2	0
1331	14	13	1	8	7	1	6	6	0
1332	3	1	2	2	1	1	1	0	1
1333	21	6	15	6	3	3	15	3	12
1334	6	4	2	4	3	1	2	1	1
1335	11	2	9	4	2	2	7	0	7
1336	17	9	8	8	4	4	9	6	3
1337	18	9	9	10	5	5	8	4	4
1338	6	4	2	5	4	1	1	0	1
1339	7	2	5	6	2	4	1	0	1
1340	**70**	**64**	6	46	41	5	24	23	1
1341	14	12	2	6	6	0	8	6	2
1342	1	1	0	1	1	0	0	0	0
1343	11	4	7	8	5	3	3	1	2
1344	4	2	2	3	2	1	1	0	1
1345	11	1	10	3	0	3	8	1	7
1346	9	3	6	5	1	4	4	2	2
1347	22	22	0	14	14	0	8	8	0
1348	**72**	**71**	1	55	54	1	17	17	0
1349	5	5	0	4	4	0	1	1	0
1350	1	0	1	0	0	0	1	0	1
1351	2	1	1	2	1	1	0	0	0
1352	6	4	2	3	1	2	3	3	0
1353	5	2	3	3	2	1	2	0	2
1354	0	0	0	0	0	0	0	0	0
1355	11	8	3	4	2	2	7	6	1
1356	3	1	2	2	1	1	1	0	1
1357	6	6	0	4	4	0	2	2	0
1358	7	4	3	6	4	2	1	0	1
1359	2	2	0	1	1	0	1	1	0
1360	10	7	3	6	2	4	4	3	1
1361	5	5	0	1	1	0	4	4	0
1362	9	6	3	5	2	3	4	4	0
1363	**99**	**96**	3	77	74	3	22	22	0
1364	5	4	1	3	2	1	2	2	0
1365	3	1	2	2	1	1	1	0	1
1366	8	7	1	5	5	0	3	2	1
1367	7	4	3	2	2	0	5	2	3
1368	2	2	0	2	2	0	0	0	0
1369	10	1	9	8	0	8	2	1	1
1370	11	6	5	4	3	1	7	3	4
1371	7	5	2	2	0	2	5	2	3
1372	12	1	11	4	0	4	8	1	7
1373	**19**	**13**	6	12	10	2	7	3	4
1374	**44**	**36**	8	23	18	5	21	18	3
1375	1	1	0	1	0	1	0	0	0
1376	3	2	1	1	1	0	2	2	0
1377	12	3	9	7	3	4	5	0	5
1378	9	3	6	3	0	3	6	3	3
1379	10	2	8	9	2	7	1	0	1
1380	13	3	10	4	1	3	9	2	7
1381	18	8	10	9	4	5	9	4	5
1382	**27**	**16**	11	12	9	3	15	7	8
1383	**117**	**106**	11	72	67	5	45	39	6
1384	8	5	3	6	4	2	2	1	1
1385	3	3	0	2	2	0	1	1	0
1386	12	2	10	8	1	7	4	1	3
1387	17	5	12	9	4	5	8	1	7
	871	620	251	525	397	158	346	221	125

「二五・七九人」（約二六人）が得られる。そうすると、全疫病死者のうち、男性の占める疫病死亡率は「六七・六三パーセント」、女性の占める疫病死亡率は、「三二・三六パーセント」となる。その差は歴然としたものである（グラフ5―1「一三四八年のペスト　男性の圧倒的な死亡率」）。興味深いことに、冬になると、死者の数は男性が「一名」（はっきり言えないが、おそらくペスト死以外の死因）、女性が「ゼロ」であり、この年の夏の惨状がうそのように静まりかえる。

次に一三六三年のペストを見てみよう。このペストでは総数「九九人」が埋葬された。そのうち男性が「七四人」、女性が「二二人」である。これは調整して死亡率を出すと、男性が「六八・八九パーセント」、女性が「三一・一一パーセント」である。ここでも男性の圧倒的な高い死亡率が推測される（グラフ5―2「一三六三年のペスト　男性の圧倒的な死亡率」）。

このように最初の二度のペストは高い割合で男性にダメージを与えた。この時代について、ふつう子どもの高い死亡率が出生の減少をもたらしたといわれるが、男性の大きな減少もまた結婚の成立と子どもの出生にも大きな支障となったであろう。これはまだ誰にも指摘されていないことである。

次の表5―2「家庭的身分による非疫病死と疫病死の割合（全期間）」は、台帳に記載されたすべての期間の夏・冬において疫病で死んだと考えられる男女（厳密には疫病流行時に死んだ男女）と、疫病によらずに死んだと

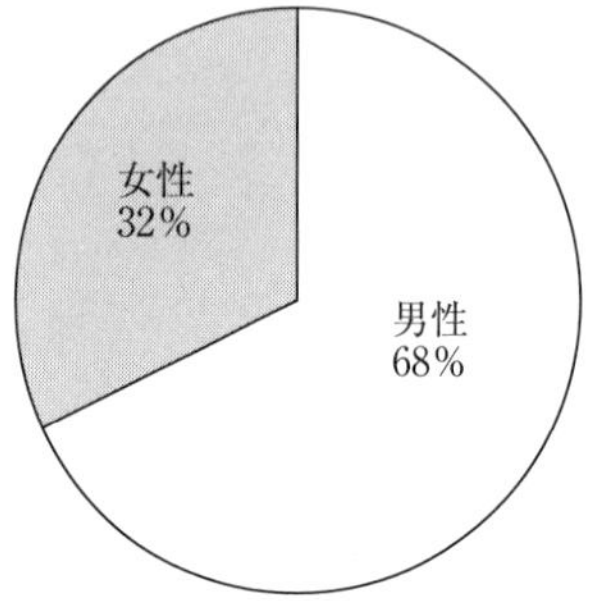

グラフ5―1　1348年のペスト
男性の圧倒的な死亡率

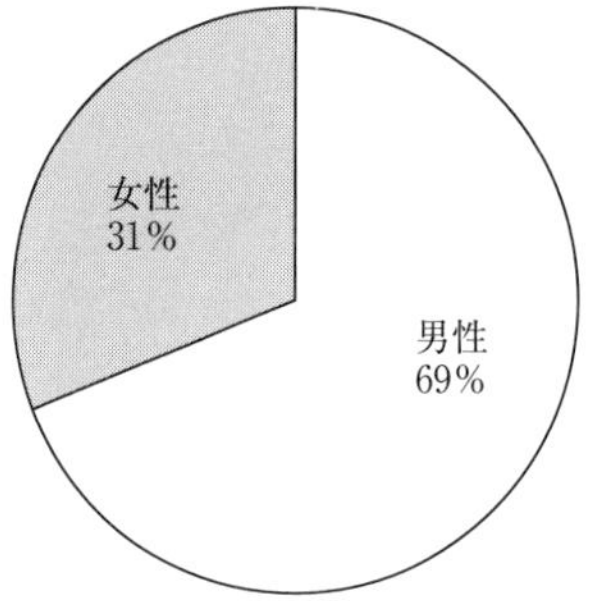

グラフ5―2　1363年のペスト
男性の圧倒的な死亡率

表5―2　家庭的身分による非疫病死と疫病死の割合（全期間）

	男	女（計366人）				
	計	妻	寡婦	独身	その他	計／平均
	592人	計216人	計75人	計75人	計17人	計975人
非疫病死	319人	133人	62人	45人	10人	569人
	54%	62%	83%	60%	59%	58%
疫病死	273人	83人	13人	30人	7人	406人
	46%	38%	17%	40%	41%	42%
聖堂での全疫病死者のなかでの割合	67%	21%	3%	7%	2%	100%
同上	67%	33%				100%

考えられる男女の数と割合を示したものである。まず男性の欄を見ると、この一六〇年間の夏・冬に、この聖堂に埋葬された男性の総数「五九二人」のうち、疫病がやって来なかった年や、疫病年の冬に死んだ人の数は合わせて「三一九人」である。これは男性の総数の「五四パーセント」を占める。他方、疫病死したと考えられる男性は「二七三人」である（厳密には疫病年の夏に死んだ男性。疫病で死ななかった数名の例外はあるが、ここでは便宜的に無視する）。これは死者の総数の「四六パーセント」に及ぶ。夏と冬から見ると、一四世紀と一五世紀にまたがる一六〇年間に死んだ男性のほぼ半数は、実に疫病死によると考えられるものである。

では、女性はどうだろうか。女性については、幸い、台帳に記載する時に、家庭的な身分を記載する習慣があったので、その女性が「妻」であったか、「寡婦」であったか、「未婚」であったかが都合良くわかる。総数「三六六人」の女性の死亡者のうち、妻の身分で死んだ女性が「二一六人」であった。そのうち疫病によらずに死んだ女性は、「一三三人」であった。これは「六二パーセント」である。男性の死亡者の「非疫病死者」が五四パーセントであったのに対して「八パーセント」も高い数値、つまりペストに強い数値が出ている。次に、疫病死は「八三人」であり、「三八パーセント」であり、男性の疫病死の割合「四六パーセント」よりも「八パーセント」低い。つまり疫病に対する女性の相対的な強さが認められる。寡婦に至っては、疫病に対する強さは顕著である。寡婦の全死者「七五人」のうち、疫病で死ななかった寡婦は「六二名」（「八三パーセント」）である。寡婦、つまり高齢の女性は、おそらくほとんど疫病にかからずに、相応の年齢まで生きて「高齢死」（当時、年齢が高く呼吸器系・慢性病・痛風等を原因とする死をこう言った。五〇～六〇代にも適用）のために死亡したり、ほかの理由で死亡したのである。なお、この時代の女性の「長生き」についてカーマイケルは一五世紀のフィレンツェの穀物局の『死者台帳』から実証している(237)。**表5—3「女性の高齢死の高い割合」**はその成果のひとつである（なお、断っておくと、「高い割合で女性が高齢で亡くなったということは、女性の方が男性より長生きしたという意味である）。

私が以上で述べたことから、疫病に対する弱さについて、ベネディクトヴのように女性を幼児と同列に扱うことは誤りであることがわかる。ただ断っておくと、ペストへの強さ・弱さは、その時期のペスト菌の性質、環境、生態学的な状況によって変化するものであり、固定されたものではない。

表5—3　女性の高齢死の高い割合

年	計	女性	女性（%）
1424	91	62	68
1425	129	95	74
1429	15	9	60
1430	63	43	68
1439	65	42	65
1441	45	25	56
1442	19	11	58
1443	9	6	67
1444	54	43	80
1445	1	1	100
1448	54	32	59
1449	65	40	62
1450	89	62	70
1451	51	34	67
1452	1	1	100
1454	1	1	100
1455	1	1	100
1456	36	23	64
1457	102	65	64
合計	891	596	67%（平均値）

（Carmichael, p.38）

第二節　批判その二　老人問題――老人はペストに弱かったか

若い女性と老齢の女性とでは、どちらの方が多く疫病死したのだろうか。若い女性の場合、その活力でペストをはねのけ、老いた女性は、抵抗力が弱っている分だけ、あっけなくペストの餌食となったの

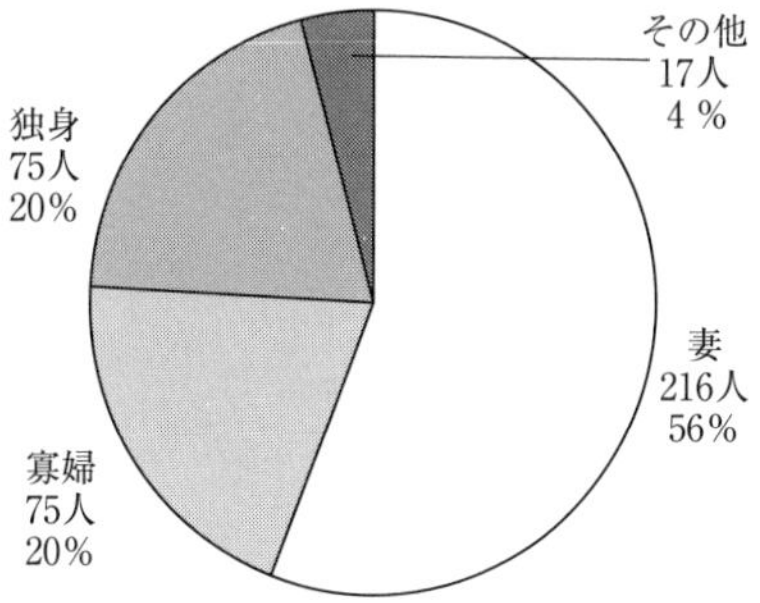

グラフ5―3　女性の死亡者の家庭的身分
（全期間）

であろうか――

実は、答えは正反対である。老人はペストに強かった。老人はペストに罹りやすかったと見るベネディクトヴやハーリヒーの見解に相違して、高齢の女性である「寡婦」が最もペストに強かった。都合がよいことに、サンタ・マリア・ノヴェッラ聖堂の『死者台帳』では、女性については、男性の場合と違って、埋葬される女性が「独身」であるか、「妻」であるか、「寡婦」であるかがわかる書き方をしている。そのおかげで全期間（夏・冬）の女性の死亡者の家庭的身分の割合は、グラフ5―3「女性の死亡者の家庭的身分」で示される。したがって、この三種類の家庭的身分の女性については、「疫病死亡率」をおよそ算定することができる。それが前出の表5―2「家庭的身分による非疫病死と疫病死の割合（全期間）」である。ここでいう「疫病死亡率」とは、誤解を避けるためにいうと、《すべての死亡者のうち疫病で死亡した者の割合》である。例えば、妻の「疫病死亡率」とは、疫病の流行時に死んだすべての妻のなかで疫病死した妻の割合を示すものである。その割合が低ければ低いほど、疫病による直接的な死去を免れたということができる。その場合、疫病以外の一般的、ないしは個別的な原因による死の割合が高くなるわけである――つまり、「非疫病死」の割合が高くなることになる(238)。

この三種類の女性の「疫病死亡率」を知ることで、女性における疫病死と年齢との関係、すなわち、疫病死に年齢傾向が認められるかどうかということがわかる――というのは、三種類の女性のうちで「独身」の女性が一番若いはずである。また、「妻」と「寡婦」とでは、いうまでもなく平均的に「寡婦」の方が高齢である。

『死者台帳』のデータは、この三種類の身分の女性の死のあり方について集計している。表5―2「家庭的身分による非疫病死と疫病死の割合（全期間）」によると、「疫病死亡率」は、妻については「三八パーセント」（妻の全死者「二一六人」中「八三人」が疫病死）であり、これが、グラフ5―4「非疫病死の妻と疫病死の妻との割合」で示される。独身女性については、グラフ5―5「非疫病死の独身女性と疫病死の独身女性割合」で示されるように、「四一パーセント」（全独身女性の死者「七六人」中「三一人」が疫病死）であり、いずれのタイプの身分の女性も同程度の疫病死亡率であるのに対して、興味深いことに、「寡婦」は、断然低い疫病死亡率、すなわち「一七パーセント」（全寡婦の死者「七五人」中「一三人」が疫病死）である（グラフ5―6「非疫病死の寡婦と疫病死の寡婦の割合」）。老いた女性は、その抵抗力の弱さのために疫病や病気に弱いと思われるのに、まさに逆の結果であるのは、不思議な結果で非常に興味深い。

「寡婦」――高齢女性と言い換えていいだろう――について、なぜこれほど低い疫病死亡率が出るのであろうか。その理由は、おそらく医学的、疫病学的、血液学的、生物学的な特殊な理由によるものと思われ、医学の素人の考えるべきことではないかもしれない――しかし、推測が許されるなら、物理的、直接的な要素が考えられないであろうか。ペストノミは、クマネズミの死によって栄養の摂取を断たれ、みずからもペスト菌に冒され、消化能力は

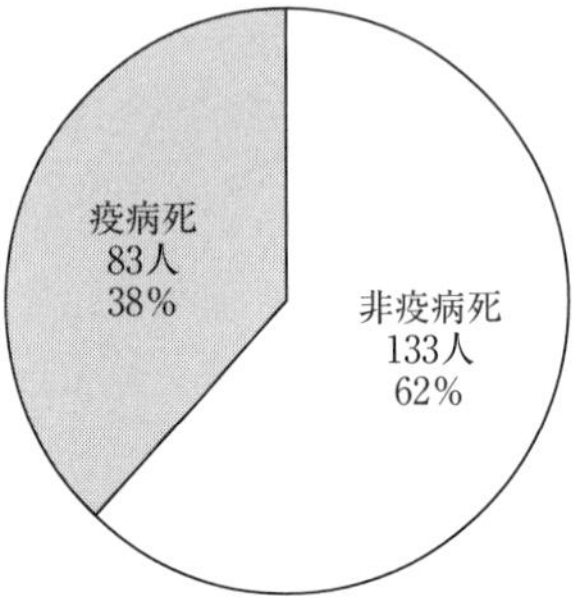

グラフ5―4　非疫病死の妻と疫病死の妻との割合(計216人)（全期間・夏冬）

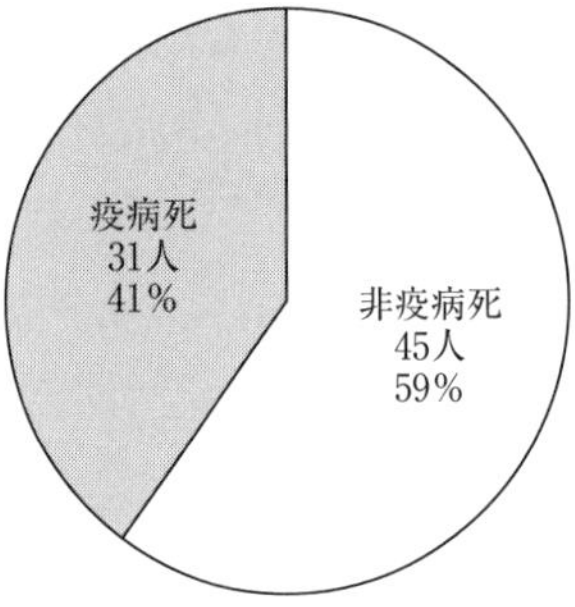

グラフ5―5　非疫病死の独身女性と疫病死の独身女性割合（計76人）（全期間・夏冬）

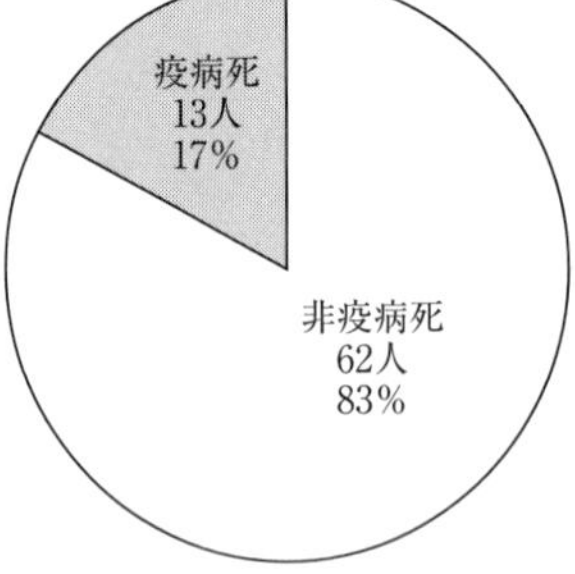

グラフ5―6　非疫病死の寡婦と疫病死の寡婦の割合（計75人）（全期間・夏冬）

機能せず、空腹状態にある。この時、血を求めてノミが特に好んで刺す人間の皮膚は、刺しやすい皮膚、例えば、幼児や子どもの柔らかい暖かい皮膚ではないだろうか。この時、皮膚について高齢者特有の体質的なものがペストノミに対して作用したのではないだろうか。ペストノミがあまり寄り付かない――ペストノミから、幸いにして、嫌われるような何か物理的なもの、例えば、「皮膚の硬さ」などの理由が高齢女性に認められるのではないだろうか。これは高齢男性についても同じである。

ひとつの見方として、高齢者がペストに強かったのは、免疫力が付いたせいであるという解釈もあろう。それもあるかもしれない。実際、プラートの商人ダティーニがそうだった（一三七四年のアヴィニョンのペスト）。腺ペストに罹病した者の致死率は、その時代のペストの特質や環境によるので、はっきりしたことは言えないが、例えば、「五〇～六〇パーセント」と考えられる。ペストに罹病しても、おそらく「四〇～五〇パーセント」程度の者は死なずに回復したので、そうした栄養補給に恵まれて回復したダティーニのような人びとには、以後、免疫が付いたのかもしれない。しかし、注目すべき事実がある。すなわち、一三四八年の最初のペストの時にすでに高齢女性はペスト死しなかったのである。一三四八年の夏の聖堂の全死亡者「七一名」のうち、ペスト死した「寡婦」は一名のみである（一三四八年七月一六日死亡の「故サバティーニの妻モンナ・チリア」）。誰もまだペストに対して免疫をもっていない第一回目のペストにおいて、すでに寡婦はペストに強かったのである。この寡婦のペスト死の極めて低い実態は、免疫力とは別の理由から説明づけられねばない。

老人とペストの関係についての私のこの研究結果は、他の地域の黒死病研究の成果と合致しているようである(239)。研究者G・ロシオは、こう述べている――「疫病の流行で死の選別が行なわれた結果、都市は老人の重みでゆがんでしまった。疫病の時代は、他のどの時代よりも、人々が若者の弱さを認識した時代である。黒死病はおそろしく残忍で、長く生きてきた者を残す一方、若者の命を奪った」(240)。

同様に、研究者G・ミノワは一九八七年の著書で次のように述べている。

老人がペストをまぬかれたと判断する根拠には、人口統計にあらわれた確かな事実がある。当時の人々を驚かせたこの事実を、歴史家たちは最近になるまで見落としていた。つまり、一四～一五世紀に流行した殺人的な疫病、とりわけペストは、とくに子どもや青年を襲い、その結果一時的に老人が増加し、年代層の構成に不均衡が生じたのである。当時の人々は、一三五〇年頃から老人の割合がふえていることに気づいていた(241)。

さらにミノアは、「今日の人口統計学者たちも、こうした観察記録の信憑性を認めている」と述べて、フランスやスペインやイタリアなどのヨーロッパの地域の研究成果を具体的に見て、老人の割合が目立って増加している例を示す。《高齢者がペスト死しにくかった事実》を地域の先行研究を利用して、極めて具体的に説明している。すなわち――

一五世紀前半のコンタ地方［現在のヴォークリューズ地方の一部、訳者］では、疫病が猛威を振るった後、老人の割合が目立って増加している。家長の「二四パーセント」が「五四歳」以上、「二二パーセント」が「五七歳」以上、「一二パーセント」が「六二歳」以上である。一三八〇～一四〇〇年のシャロン＝シュール＝ソーヌでは、死亡率は、年齢が上がるにつれて明らかに低下している。一四〇〇年のペリグー地方では、死亡率は年齢が上がるにつれ明らかに低下している。ナバラ王国の状況は、モーリス・ベルトの詳細な記録によって明らかにされているが、ここではペストの波が襲うたびに一人暮らしの老人の数が増えた。一四二二年、オテザ村ではペストで老女だけが生き延びた世帯が六戸あった。ラランザールのマルタン・ミギュア一家については《家族全員が死亡したが（中略）、オルシャンダという老女だけが一人だけ生き残った》と戸籍台帳に記されている(242)。（中略）

サン・マルタン・ダンクスでは、生き残ったのは村の《長老》たちだけだった。一四二九年、マルカランでは、一二の農家のうち一〇戸がペストで家族の多数を失い、生き残ったのは老人だけだった。「この現象に仮説がたてられるとしたら、それは回復した病人に免疫ができたというだけである」と著者は言う。ペゴリ共同体では、一四三三年に一三世帯しかなく、家長の年齢は二世帯で七〇歳以上、九世帯で五〇～七〇歳、五〇歳以下は残る二世帯だけだった(243)。

（中略）

一四三三年のセスマ共同体では、一六三戸中二九戸、つまり全体の一八パーセントが、老人だけの世帯である。たとえばマルタン・サクリスタンとその妻はともに八〇歳、夫婦二人暮らしで家畜も持っていない。また、身体が不自由なテレザは七五歳、寡婦で施しを受けて生きていた。こうした身寄りのない老人たちは、ペストで崩壊した別の世帯の生き残りと共にひとつの世帯を構成し、寄り合って生き延びることもあった。一四三三年、ジュデールでは年寄りの寡婦が、孤児となった孫三人と結婚した息子一人と一緒に暮らしていた。また、四〇歳のペロ・ペリズは、八〇歳で寡婦の叔母と二人の甥を引き取っている。どこを見ても、若年層と中年層が欠落し、老人の数が増えたという印象を受ける。

このように、本章のデータで示された、高齢女性がペストに強かったという認識は、高齢男性も含めて、どうやら他の地域の史料や人口研究とも合致するようである。確かに、当時の聖職者やペスト期のフレスコ画《死の勝利》《ダンス・マカブル（死の舞踏）》は、「死は誰にも公平である」と教える。王も物乞いもみな「死」に導かれ行列をなして行進している。しかし、実際は、ペストによる死は、「不公平」であったようである。ペストという苦難は、これから夢に胸を膨らませ目一杯生きていこうとする若者の命を容赦なく瞬時に奪い、過去の思い出のなかで静かに余生を送る老人の命には指一本も触れず、そっとそばを通り過ぎたのであった。かくしてベネディクトヴの考えは修正されねばならない。

第三節　批判その三　子ども問題
――子どもの高い死亡率は最終調整死亡率に反映されているか

ベネディクトヴは、貧民とともに、「子ども」が高い死亡率にさらされ、しかも数値として表面に現われにくいことを度々指摘する。この指摘はまことに正当である。しかし、その高い死亡率が地域の事例のなかで具体的に立証されておらず、そのことが結局、ベネディクトヴがそれを全体の死亡率の算出にまで反映させるところまでできていない一因ではないかと思う。ベネディクトヴは、地域や都市の最終的な死亡率を算出する際に、階層変動にもとづく見えざる貧民の存在は、調整すべきものとして忘れずに加算している。それにもかかわらず、子どもの死亡率の高さについては頭から消えていて、どこにも反映されていないからである。ここでは、子どもの死亡率の高さの認識から、全体の死亡率のなかに還元できるように再検討すべきであると提案したい。その認識のために、以下において、地域研究でなされた子どもの高い死亡率の研究を紹介・検討したい。

まず、その前に子どもの死亡率をほとんど無視した死亡率の算出法がなされていたことを指摘したい。従来の算出法のひとつ、兵役適格者名簿を利用した従来の死亡率の算出を紹介する。そこで子どもの存在が欠落していることが示されるだろう。イタリアのエミーリア・ロマーニャ地方に属するボローニャには、人口史料「兵役適格者名簿」がある。この史料を用いたA・I・ピーニは、その著作（一九八一年）で、従来の研究と同様に、黒死病の死亡率を、兵役適格者集団の「黒死病前の人数（人口）」で「黒死病後の人数（人口）」を割ることで算出し、若干の補正をするが、ほぼそのままの数値をボローニャの都市全体の死亡率として採用している(244)。

一三四八年の兵役適格者人数　一二〇七人（A）
一三四九年の兵役適格者人数　七八三人（B）

ピーニは、「黒死病に対する生存率」を（B）÷（A）から算出して、「六五パーセント」を導く。そしてそこから逆算して「黒死病による死亡率」を「三五パーセント」と割り出した。そして、若干の調整作業として、「女性の死亡率の方が高かっただろうということ」（これはベネディクトヴと同じ見方）、また、「聖職者が史料から排除されていること」（聖職者は死亡率が高かったという認識なのだろうか）の二つを考慮して死亡率に幅を持たせて、ピーニは、こう結論を述べている——「直ちに帰結されることは、こうである——すなわち、ペストは三分の一から五分の二の間の、幅のある割合で都市の住民の生命を奪ったのである」(245)。

つまり、ピーニの説によれば、ボローニャの「黒死病死亡率」は「三三パーセント」から「四〇パーセント」である。この説では、確かに「死亡率が高いはず」の女性と聖職者の存在について一定配慮がなされるべきとしているが（これも具体的実証がなされていないように思われる）、乳幼児や子どもの高い死亡率は一切考慮されていないのだ(246)。

子どもの高い死亡率については、ハーリヒーの史料研究において強調されている。しかも、極めて実証的に示されている。これについて、ハーリヒーらが中世末・ルネサンス期のトスカーナ地方を扱った史料を見てみよう。まず、ハーリヒーとクラピッシュ＝ズベール（共著）によると、ペスト期の子どもの死亡率はかなり高かった。次に示すものは、一三四八年のペストではなく、一四二四年と一四世紀の末年（一四〇〇年）のペストの事例である。それによると、成人と子どもの死亡率の違いが次のように示されている——「一四二四年のペストは、フィレンツェではかなり軽いものであったが、その期間の子どもの死亡率は、一〇〇〇人あたり約一〇三人にまで急上昇した。これは、比較対象の成人の死亡率（一〇〇〇人あたり五三人）の約二倍である」(247)。

また、ハーリヒーはその中世ピストイアについての単著において「子どもとペストの関係」について以下のように述べている。それは、一五世紀のピストイアの公証人パオロ・ドミーニチが、「子ども」（一五歳または二〇歳未満と思われる）の疫病死の多さに注目して観察した記録によるものである。これは、具体的で、非常に示唆に富むものなので、長くなるが、引用する(248)（他の引用と同じく太字は引用者による）。

一四〇〇年において、「ピストイアの」ペストの猛威のさなかに公証人セル・パオロ・ドミーニチは犠牲者の数を数え、彼が書いた遺体についての一覧表は、彼の兄弟で公証人でもあるセル・ルーカ〔一四一〇年没〕の年代記に組み込まれた。もちろんセル・パオロはすべての遺体を記録することができたわけではなかった。というのも、彼はようやく五月になって遺体の数を数え始めたように思われるからである。しかしペストは前年の秋以来、犠牲者の命を奪い続けていたのである。さらに、死者に関して彼が与える情報は、全く完全なものでもなければ、また一貫したものでもない。ひとつのある教区の死者は、名前を特定することができていない。そして他の四つの教区の犠牲者については、名前は確認できるけれども、その犠牲者が父親であったのかまたは母親であったのか、息子または娘であったのか、世帯主またはその一員であったかどうかについて、何ら記されていない。セル・パオロは、「三二三四体」の遺体を見たと述べている。さらに彼は教区によって「二三〇一体」の死体を確認しているが、そのなかで、彼が詳細な情報を与えることができたのはわずか「一六二五体」にすぎない。

セル・パオロの死者の調査はこうしたことから、完全なものではないけれども、彼の目録はそれでも重要であり、ある程度の正確さを持ってペストの特徴的な犠牲者を特定するという稀有な機会を与えてくれるのである。

「一六二五体」の死者のうち、「四三〇体」は明確に「子ども」（**fanciulli** 男の子、または **fanciulle** 女の子）と表記されるか、あるいはまだ若い年代であることを示す他の名称（**nipote** 甥または孫、**garzone** 男の子、**fante**「ちび」〈少年〉、**giovane** 若者）で表記されていた。さらに多数を占める「七一〇人」の死者については、彼ら自身の名前ではなく、彼らの家に住む世帯主の「息子」や「娘」として表記された。またこれらの「誰かの息子」「誰かの娘」と表記された人のうちの少数は成人であっても、まだ両親と一緒に住んでいたかもしれない。しかし、我々は一四二七年の都市の一世帯の標準人数がたった「三・六人」であることを知っている。それは明らかに、結婚した子供または成人した子供であっても、都市で長い間彼らの親と一緒に住み続けていたという事例は極めてまれであることを示している。自身の世帯を持たない、または彼らの父親の名前によってのみ識別されているこれらの「七一〇人」のペストによる犠牲者は、その大多数が子どもであったに違いないと考えられる。そして名前が付いている「一六二五人」の犠牲者のうち、「四八五人」の犠牲者だけが、一家の世帯主や女主人として、さらにまた疑いなく成人として記載されているのである。

こうしたことから、『疫病台帳』に記載されている統計によれば、名前が付いている「一六二五体」の犠牲者のうち、およそ「一一四〇体」、すなわち全体の「七〇パーセント」が、その時点で親に頼って住む幼児または子どもであったと考えられる。このような幼児・子どもの大量死とともに一家が絶えたことは間違いなく、セル・パオロによると、遺体のリストのなかで次のような裏付けで示される。彼の記述を読むと「彼の息子であるクッラドと五人の子どもたち」と記されている。他の記述には「彼の息子であるラッゼロの妻と五人の子どもたち」と記されている。ペストの犠牲者のうち「三〇パーセント」にあたる「四八五人」は確実に成人であり、その多く、おそらく大半が老人で、間違いなく彼らのうちの何人かは、すでに衰弱していたといえる。

他のペストについての記述も、同様に統計的な厳密さに欠けるものの、幼児たちと老人たちが多数、ペストの餌食になったことを示唆している。一三四八年のシエナでは、「五万二〇〇〇人」のペストの犠牲者のうち、「三万六〇〇〇人」、すなわち優に「七〇パーセント」が **"vechi"** [sic] すなわち老人であると記述されていた［この文にはケアレス・ミスがある。後述（石坂）］。同じ年、シエナ人の年代記作家アーニョロ・ディ・トゥーラは、先に述べたように、自らの手で自分の子ども五人全員を埋葬した。一三四八年のピストイアでは、後年の歴史家によって保存されていた記述によると、ペストは「若い世代の人々」をまっさきに襲ったとある。一四〇〇年のペストにおいては、多少歪曲した文章の中で、セル・ルーカは「全く手の施しようがなかった」のはとりわけ「幼児・子ども」と「あらゆる世代の老人」であったと述べている。そして幼児と老人が特徴的なペストの犠牲者であったことは、一四二七年の『カタスト』（資産調査）についての我々の考察から想定していた通りの結果でしかない。

子どもの高い死亡率に関してハーリヒーの見方を整理してまとめよう。ハーリヒーによれば、ペストの犠牲者に幼い者が多くを占められたという。その具体例としてピストイアとシエナのペストが挙げられている。そして、最初にピストイアの一四〇〇年のペストの例が挙げられ、公証人セル・パオロ・ドミーニチの貴重な報告が紹介されている。すなわち、そこでのペストによる死者「一六二五人」のうち、およそ「七〇パーセント」にあたる「一一四〇人」が幼児や子どもであったという。残り「三〇パーセント」が成人であったと考えられるという。その成人のおそらく大半が「老人」であったという。「老人」の概念も問題とすべきであろう——当時は、それは比較的幅広い概念で四〇代も含めた高齢者を指していたようである(249)。

子どもの高い死亡率についてはシエナの史料においても認められるという。ただこのシエナの一三四八年の幼児死亡率については、ハーリヒーの勘違い、もしくは原典テキストの誤訳がある。すなわちハーリヒーはシエナの年代記作家アーニョロ・ディ・トゥーラの記述から、誤ってこういう——

一三四八年のシエナでは、五万二〇〇〇人のペストの犠牲者のうち、三万六〇〇〇人、すなわち優に七〇パーセントが“vechi”［sic］すなわち老人であると記述されていた。

しかし、これはハーリヒーの勘違いによるものである。実際にアーニョロのテキストを見ると、こうある——

シエナではこの時期に二〇歳以下の者が「三万六〇〇〇人」死亡した。他の者も含めると全部で「五万二〇〇〇人」が死亡した(250)。

表5―4　1400年の大規模ペストの総死者数における子どもの死者の割合（%）　（5～10月）

5月	65.8
6月	70.4
7月	62.8
8月	64.1
9月	54.8
10月	50.1

A. G. Carmichael, *Plague and the Poor in Renaissance Florence*, Cambridge, 1986, p. 94.

つまり、全死亡者「五万二〇〇〇〇人」のうち、二〇歳以下の者（「子ども」の意味か）が「三万六〇〇〇〇人」（つまり全死亡者の「七〇パーセント」）であったということである。要するに、「七〇パーセント」も死亡したのは、老人ではなく、二〇歳以下の者であったのである。そのように読むと、すぐ後に続くハーリヒーの文章もおさまりがよい——「同じ年、シエナ人の年代記作家アーニョロ・ディ・トゥーラはみずからの手で彼の子ども五人全員を埋葬した」。ハーリヒーの文の前後の筋が通る。つまり、ピストイアの一四〇〇年のペストと同様に、一三四八年のシエナのペストでも、子どもの死は圧倒的に多かった（すなわち「七〇パーセント」の死亡率）。また、カーマイケルの作成した表5―4「一四〇〇年の大規模ペストの総死者数における子どもの死者の割合（%）」（五月～一〇月）の傾向ともほぼ符合する[251]。ここでも子どもの高い死亡率が確認される。

このように子どもの高い死亡率の確認は、従来の疫病死亡率の算出法、例えば、「世帯主中心の死亡率算定」「兵役適格者名簿」による死亡率の算出法に異議を唱えるものとなる。子どもの存在、いや死亡を考えると、それが世帯主のそれを上回るならば、租税台帳や兵役名簿という「表面」に現われた数値よりも何ポイントか高く押し上げられるべきであろう。

また、先にも触れたが、カーマイケルもフィレンツェの穀物局の『死者台帳』を解析して、子どもの高い死亡率を指摘する。一五世紀にもなると、都市政府は、ペスト対策——早期発見による早急の対応措置——の見地から、この時代の台帳には、好都合なことに、死因も記載されている。そのため一四四九年のペストの場合、全死者のうち「六五・七でパーセント」も子どもであったことがわかる——

一四四九年の七月の間、「疫病」が死因として登録されたすべての人のうち、「六五・七パーセント」が子どもであった。しかしわずか「一二三人」だけが被扶養者として一人ひとり記録されたにすぎず、これらの子どものうち「一一七人」（「九五・一パーセント」）が「疫病」で死亡した。この疫病の年に《子どもの死》と診断されたわずか「六人」の子どもが《疫病》以外の診断を下されたに過ぎない(252)。

ただ断っておくと、子どもは、様々な病気にさらされていたので、たとえペストの流行期であっても、ペストと併発したほかの病気で死ぬ場合もあった。例えば、一四三九年のペストの流行時の場合、子どもの全死亡者のうち、わずか「一一・三パーセント」だけが疫病死であったという(253)。

以上のことから子どものペスト死亡率は、おのずと全体の死亡率の算定に影響を及ぼすであろう。例えば、プラートの商人の家族を思い出そう。六人家族のうち両親と弟ひとりと妹ひとりの計四人がペスト死して、ダティーニと弟の二人だけが生き残った（母親は妊娠中にペスト死）。サルターティの場合、父親と少なくとも一〇人の弟妹がペスト死して、母親とサルターティと他の一、二名の弟妹が生き残った(254)。また、何度か見たように、シエナの年代記作家のアーニョロ・ディ・トゥーラも五人の子を失った。

このように見ると、子どもの死亡率は、一般の成人（男女両方）の平均的な死亡率を明らかに上回るものである。それは、母親の死亡率はもちろんのこと、父親の死亡率をも上回るかもしれない。私は、父親すなわち世帯主は、妻よりも高い割合でペスト死したと信じているが（少なくとも最初の二度のペストにおいて）、子どもの死亡率は、世帯主と同程度かそれ以上のレベルであろう。世帯主に対して子どもの死亡率がどの程度のものであるかは、全体の死亡率の算定に関わる重要な問題である。というのは、ベネディクトヴの算定法は、基本的に世帯主を基準にしており、実際より高めの死亡率になっている可能性があるからである（彼自身は、「女性の方が多数死んだのだから、これは控えめなものである」と言っているが、そうではない）。子どもの死亡率が世帯主に対して相対的なかたちで数値（比）で示すことができれば、もっと実態に即したものとなろう。この子どもの高い死亡率を具体的なデータのわかる地域の研究データから特定して一般化して（つまり「標準想定」にして）、その結果から、世帯主死亡率に対してポイントを加えるか、そのままにすべきか、判断すべきであろう。この「標準想定」については、次の第四節「評価と課題（三）グルニの事例から「標準想定」を考える」から具体的に説明したい。

第四節　評価と課題――共同研究と「標準想定」

（一）　残された地域と共同研究の必要性

ベネディクトヴは、彼の著書においてひとりの研究者ができる最大のことをおこなったように思う。これ以上のものを望めば、出版はもう一〇年ほど遅れたことだろう。ひとりの人間でこれだけ広汎にかつ詳細に考察を展開できるものかと、ただ驚かざるを得ない。そこには長い年月の労苦があったに違いない。たとえば、著書のなかの、わずか一頁から二頁程度の文章でも立派な専攻論文のような高い専門性をもっており、そこには、ありがちな啓蒙的、通俗的な概説的要素はない。

しかしそれでもひとりでできることはやはり限界がある。この著作の巻末にある参考文献表を見ると、まだ言及されていない都市で黒死病死亡率の特定が可能に思われるような論文が見受けられる。まず、ベルクドルトの黒死病の名著(255)が出版されたドイツの場合、自治性の高い有力な中世都市なら、そこにはきっと黒死病死亡率の推定に役立つ史料がまだあるように思われる。ブレーメンの場合、都市は、特に黒死病の症状（付け根の「ぐりぐり」）

で死んだ者の数をひとりずつリストに記載し、その数は「六九六六人」になったという(256)。ドイツでは、ギルドの結束・組織力も強く、その関係でペスト直前と直後の組合員の史料がありそうである。また、ドイツでは、壮大な《死の勝利》や《ダンス・マカブル》のような、ペストへの脅威の感情から直接うまれた一群の傑作があり、また、それに関して優れた研究がある(257)。イタリアの場合、ヴェネツィアは史料が豊富に存在しているように思われる。ヴェネツィアは、そのじめじめした不衛生な風土からしばしばペストの温床となったので――トーマス・マンも『ヴェニスに死す』でコレラの蔓延するこの町を描写している――ペストを語らずしてヴェネツィアの歴史は語れないであろう(258)。ヴェネツィアの芸術と宗教を代表するサン・ロッコの大信心会（大兄弟会）は、ペスト除けを祈願したものである。また、サン・セバスティアヌスもサン・ロッコ（ロクス）と同じようにペスト除けの聖人であるが、私はこのヴェネツィアの町に、この聖人セバスティアヌスに祈願した美術作品を探してみたが、何と「一五点」も見つけることができた(259)。ヴェネツィアの歴史において、ペストは、それが猛威を振るわなかった時でも、ペストの脅威の意識は人びとのこころのなかで、通奏低音のようにずっと不気味に鳴り響いていた。今もカナル・グランデ（大運河）から見える教会には、ペストを生き延びたことへの奉納として建造された教会もある（サンタ・マリア・デッラ・サルーテ聖堂）。パッラーディオもその関係の建築物を残している（レデントーレ教会）。また、ヴェネツィア以外の場合、たとえばピストイアについては、ハーリヒーのほかに、コムーネによるシリーズの研究がある(260)。オルヴィエートについては、カルパンティエのオルヴィエートの優れた研究がある(261)。イタリアについては、ベネディクトヴが地域研究の成果を言及していない南イタリアでも若干の成果があり(262)、今後の関心が高まることが期待される。おそらく東欧も同様であろう。

ベネディクトヴが示した歴史人口学の手法を今後他の地域に応用発展させて黒死病の実態がいっそう広く把握されることが期待できる。イスラーム世界も従来から死亡率「三分の一説」で通っているようだが、これを機に再点検されるかもしれない。

いずれにしてもヨーロッパ全体の死亡率の特定となると、やはりひとりの研究者では力の限界がある。共同研究を組織していくことで対処すべきであろう。そうすれば、それを機に新しい史料の発見の可能性もまた高まることであろう。

（二）「標準想定」の想定の問題

ベネディクトウが、人口把握において一種の「てこ」として応用する「標準想定」standard assumption は、検証されるべき課題である。今後、それが正当に想定しうるものか、想定しうるならば、地域の実態をいっそう精緻に把握してきめ細かい基準を設定していくべきであろう。たとえば、「世帯規模」などの場合、黒死病前の世帯規模にせよ、以後の「縮小化」された世帯規模にせよ、アルプスの北と南、山間部と地中海沿岸地域、その他の地理的、文化的状況によってかなり差が出ると思われる。一律に同じ設定ではなく、事例を数多く集積し（そこでは共同研究による情報交換が必要となる）、そこからいくつもの類型を設けてそれによって対応すべきのように思われる。おそらくこれについて、今後よりきめ細かい「標準想定」を提起する研究者があらわれることだろう。また、中世において「都市」と「農村」の違いは微妙である。ベネディクトウが総人口を見積もる場合、その共同体を「都市」と認定するか、「農村」と認定するかによって、世帯規模の基準が大きく異なり、総人口の人数の算出にもかなりの違いをもたらす。一四世紀のトスカーナ地方のような都市の性格の非常に高い地域と、スイスなどのアルプスの北の地域のそれほど「都市」の性格の強くない「都市」とでは、かなりの差がでてくるだろう。この意味からも、地域によって精緻な基準が設定されるべきであろう。

また、彼がいつも遠慮がちに、控えめに提起する、黒死病後の「世帯の縮小」（各世帯「〇・五人」分減少）」が妥当なのか、一律にそのように扱えるものなのか、もっと遠慮なく差し引くべきなのか、数多くの事例の集積が鍵となろう。ピストイアの公証人セル・パオロの記録を利用したリーヴィ・バッチによると、ピストイアのサン・ヴィターレ教区（都市部）の黒死病による世帯の縮小の度合いがわかる[263]。

それによると、一三四八年の疫病で死者を出した家は「一一〇戸」であった。疫病によって、ひとりの死者を出した家族が「四二パーセント」、二人の死者を出した家族が「三五パーセント」、三人の死者を出した家族が「一五パーセント」、四人の死者を出した家族が「四パーセント」、五人の死者を出した家族が「一パーセント」、六人が「二パーセント」であった（残念ながらこの教区のすべての家族の数が不明であるが、おそらくほとんどの世帯に死者が出たであろう）。これによると、世帯の縮小率は「〇・五人」どころのものではなかっただろう。

こうした疑問は、黒死病直後の「農村から都市への移動率」や「結婚ラッシュ」や「年間死亡率」についてもいえることである。特に重大なのが、「見えざる貧民」の存在の割合である。彼らがその都市や村にどの程度存在したかとなると、地域によってかなり差がでるように思われる。それを一律総人口の「五～六パーセント」として、一律共同体の死亡率に「二・五ポイント」加えるのは、まだ課題があるように思われる。

（三）　グルニの事例から「標準想定」を考える

右に述べたことを次に具体的な事例で考えよう。

小さいサンプルではあるが、イメージのわきやすい具体的な事例から、ベネディクトヴに対して批判したい。それはこの事例によって彼の運用する「標準想定」の問題性について考察したい。これは、イタリアではなく現フランス（当時サヴォイア公領）のモーリエンヌの山間部の部落グルニ（Grenis）の事例である。これについては、デンマークの研究者（M. Gelting）の非常に精緻な優れた研究がある[264]。その研究を踏まえてベネディクトヴは、グルニの部落の黒死病死亡率を次のように明快に（明快すぎるのでは？）述べている（p. 268）。

モンデニの教会区（現在ではサン・ジュリアン）にあるグルニの部落についての研究がある。一三四六年、グルニには農民人口を構成する「一一」の納税世帯があった。ひとりの女性世帯主を除いた後、他の研究と比較できる「一〇人」の男性世帯主による小集団が残された。これらの世帯主のすべては黒死病直前の時点まで生きていたようだ。これらの男性のうち「六人」は、ペストの年に亡くなったようで、他の共同体における死亡率と同じように、農民世帯主の死亡率「六〇パーセント」が得られる。ペスト前の時代とペスト後の時代の標準世帯規模がそれに対応する農民世帯主の数と掛け合わせられたとき、その結果はグルニにおける黒死病直前の農民人口は「四五人」、ペスト直後の農民人口は「一六人」となる。それは農民人口の死亡率「六四・五パーセント」に相当する。また、この山間部の村には恐るべき死亡率を被った土地無所有者階級の世帯が含まれていることを想定せねばならない。このことから、総人口死亡率は「六七パーセント」、もっと正確には、おそらく「六五〜七〇パーセント」という数値が算出される。

ベネディクトヴは、このグルニに存在したペスト直前の「一一世帯」のうち「一〇世帯」を扱う。するとこの部落には、ベネディクトヴが想定し運用する「四・五」の標準世帯規模からして、「一〇世帯」に「四・五」を掛けて、ペスト直前の部落の総人口は「四五人」であると、ベネディクトヴは考える。それがペストにより縮小される。一〇人いた世帯主が「六人」疫病死して、世帯主の死亡率は「六〇パーセント」となる。ペスト後の世帯規模の標準（標準想定）は、「マイナス〇・五人」だけ世帯規模が減り、その「標準世帯」（四・〇人）を運用して、それに四人の世帯主の数を掛ける。そこでペスト後のこの部落の総人口は「一六人」になるという。ペスト直前の「四五人」からペスト直後の「一六人」となり、部落の人口の死亡率は「六四パーセント」となる。明快であるが、いつもながらのかなり機械的な計算の印象を受ける。結局、こうしてベネディクトヴによると以下のようになる――

グルニの部落の黒死病前の世帯主の死亡率と総人口死亡率

黒死病前（一三四六年）	一〇世帯
黒死病後（一三四八年）	四世帯
世帯主の死亡率	六〇パーセント
調整後の納税人口死亡率	六四・五パーセント
調整後の総人口死亡率	六五～七〇パーセント

ところが、実は、このグルニの部落の一〇世帯の住民についてデンマークの研究者は古文書館にそれぞれ個別に残されていた租税関係（死亡税等）の台帳の記載を探し、次のような貴重な情報をリストにしている（これについてはベネディクトヴも言及している）。それは、ペスト前とペスト後の家族の変動を伝えるリストである。

＊以下のコメントは、私がこの研究者の論文の脚注の内容を参考にして付け加えたものである。世帯主の死去は●、その生存は〇を付けている。

一　「ヨハンネス・デ・グレニアーコとその兄弟たちは死去した。多分、嫡出子はいない」。

＊世帯主ペスト死●。妻はいない。　　三人家族⬇マイナス三

家族のうち男性「三人」が死去。世帯主の弟は複数なので、三人以上かもしれないが、ここでは二人死去とする。それが成人か子どもかは不明（ここでは成人とする）。

二　「ヤコブス・コステは多分死んだ。嫡出子は多分いなかった。妻が生き残った」。

＊世帯主ペスト死●。妻は生存。　　二人家族⬇マイナス一

ヤコブス・コステはペスト死したようだ。死亡税が一三五〇年に支払われた記録があるからである。この部落には「ヤコブス・コステ」という名の人物は二人いて、もうひとりのヤコブスの方は、ペストを生き抜いた（一三七一年死去）。妻（寡婦）のヤコブス・コステのイザベローナはこのペストを生き抜いたが、一三六二年に首つり自殺した。

三　「ヨハンネス・ロイマンの子どもは、ヨハンネスとヨハンナであった。ヨハンナの方は疫病の流行中に死んだ。一方、ヨハンネスの方は成人まで生きた」。

＊世帯主は生存○。妻はいない。　　四人家族⬇マイナス一

ヨハンネス・ロイマンは、一三四八年のペストは生き延びたが、一三六一年の二度目のペストで死んだだろう。子ども二名のうち一名が死去。妻については言及されていないので、もともとペスト直前にいなかったようだ。

四　「アイモ・デ・モラーリオは生き残った。しかし、甥（または孫）のアイナルドゥス・デ・モラーリオは死んだ」。

＊世帯主は生存○。妻はいない。　　三人家族⬇マイナス一

世帯主アイモは、最初のペストは生き延びたが、一三六一年の二度目のペストで、子どもがいないままに死去した。妻はすでに死去していた様子。甥または孫はペスト死した。

五　「アイモ・デ・フルノは二人の娘を残して死んだが、ひとりの娘は、その後、遅れて疫病で死んだ」。

＊世帯主ペスト死●。妻はいない　三人家族⬇マイナス二

世帯主アイモはペストの流行中に死んだだろう。家族のうち二人死去。そのため、生き残ったただひとりの娘ベアトリクスは、子どものいない姉妹のヨハンネータ（父の後に続いて疫病死）から遺産を相続した。ベアトリクスは、その後、父の死に際して死亡税を支払ったが、その支払いが遅れたことで、罰金も払った。何も言及もない妻はペスト以前に死去していたと考えられる。

六　「ヨハンネス・デ・フルノは死去した。寡婦と幼い子どもたちが残された」。

＊世帯主はペスト死●。妻は生存。　三人家族⬇マイナス一

世帯主ヨハンネス・フルモは疫病死。妻は生存。子どもが何人かは不明。

七　「ヨハンネス・デ・フルノ〔六とは別人〕の二人の娘は、一三四六年に世帯主ヨハンネスが死亡した際に記載された三人の娘のうちの二人に違いない。マテオウダ、マルガリータ、アウディシアが三人の娘。この三人の娘はその後どこにも名前は見あたらない」。

＊世帯主はペスト前にすでに死亡。妻はいない　　四人家族⬇マイナス三（?）
ベネディクトヴは、この世帯主をペスト死と判断していると思われる（そうしないと一〇世帯のち世帯主のペスト死は六人にならない）。しかし、「一三四六年に世帯主ヨハンネスが死亡した際に記載された三人の娘」とあるのでペスト前にすでに死亡したと見るべきである。三人の娘についてはペスト死の可能性が高い。

八　「アンセルムス・カステッロの子どもがミカエルとペトルスである。ペトルスとその母親アニェソーナは疫病の時に死んだ。一方、ミカエルはかなり高齢になるまで生き、一三九〇年頃死んだ」。

＊世帯主は生存○。妻はペスト死。　　四人家族⬇マイナス二
世帯主アンセルムス・カステッロの死亡税は、一三九二年に支払われたので、ペストは生き延びたことになる。この家では妻と片方の息子が疫病死した。

九　「ステファヌス・デ・グリニアーコは死んだ。少なくとも三人の子どもが残された」。

＊世帯主はペスト死●。妻はいない　　五人家族⬇マイナス一
家族のうち世帯主だけが死去。妻はいない様子。世帯主のステファヌスの死亡税は息子のアイモが払った。名前が知られているもうひとりの息子がヨハンネスで、一三八〇年頃に名前が見られる。その後の相続の様子からペストを生き延びた息子がもうひとりいるに違いないという。

一〇　「ヨハンネス・アメデイは生き残ったが、妻は死んだ」。

表5－5　グルニの部落の人びとの生死　A案

●疫病死　○生存

	世帯主（夫）	妻	子ども	成人
1	●			●●
2	●	○		
3	○		●○	
4	○		●	
5	●		●○	
6	●	○	○	
7	—		●●●	
8	○	●	●○	
9	●		○○○？	
10	○	●	—	
計	●5　○4	●2　○2	●7　○7	●2

世帯数	10戸
記載された全人数	29人
死亡した世帯主	5人
世帯減少率	50%
平均世帯規模	3人
ペストの死者	16人
生存者	13人
総人口死亡率	53%

＊世帯主は生存○。妻はペスト死。　二人家族⬇マイナス一

世帯主ヨハンネスは生き延びて一三八一年に生存の記録があるが、この時には高齢になっている。このヨハンネスが、リストの最初の（一）のアメデウス・デ・グレニアーコ（グリニアーコ）の息子であるとすると、父の死んだ一三二二年には彼はまだ幼かった。

私はこの情報から表5―5「グルニの部落の人びとの生死　A案」を作成した。このリストでは四世帯の妻の生死に触れていないなど、不明な部分が多く（台帳の記録が見つからないのだろう）不十分であるが、できるだけ研究者の得た情報を尊重した。あいまいなところがあるが、私は判断を加えて、情報に記載されたままに表を作成した。ここでの総世帯人数（総住民数）は、ペスト前で「二九人」であり、平均世帯規模は、何と「三・〇人」である。ここに生死が言及されていない者が家族として存在していないとすると、この時点ですでにベネディクトヴが標準想定として利用した「四・五人」とはかなりの違いが出ている。すでに出発点が違っている。ペスト後の住民数は「一三人」でベネディクトヴの想定の16人に近い。この表にもとづく部落の総死亡率は、この部落としては「五三％」である。ベネディクトヴの「見えざる貧民」という納税を免れた人びとを標準想定で加算すると（これも地域差があるように思うのだが）、グルニの村の最終的な調整死亡率は「五五・五パーセント」（約五六パーセント）となる。

問題は一～一〇までの妻の記載内容である。「一」や「三」や「五」や「九」のように、情報が得られない場合、妻をどう扱うかである。妻について触れていない場合、妻はペスト前にすでに死んでいたと判断するか、あるいは、指摘されていない者は生きていると見るかである。このリスト全体の文章表現から、私見は基本的に前者と取るべきである。大黒死病の猛威のなかで「生き残った」こと自体が重要なことだったので、触れずに済まされないだろう。例えば、「二」には「妻は生き残った」、「一〇」には「妻は死んだ」と、はっきり生死に言及している。

次にベネディクトヴの考え方に従って表を作成しよう。ベネディクトヴの言う総人口「四五人」になるように敢えて作成した表がB案である。これは、グルニの構成員のほとんど虚像の表である。ベネディクトヴによれば、ペスト前の世帯数が「一〇世帯」であるならば、グルニの総住民数は、標準想定を運用して機械的に「四五人」とされるので、A案に記載されたメンバーは「二九人」――これは実態を忠実に反映させたもの――を「四五人」に水増ししなくてはならない。この場合、A案で「空欄」だった者については、どうにか村の構成員に加えることがで

表5－6　グルニの部落の人びとの生死　B案

●疫病死　○生存　（　）は推定

	世帯主（夫）	妻	子ども	その他（成人）
1	●	（○）		（●男●男）
2	●	○		
3	○	（○）	●○	◆（●●）
4	○	（○）	●	
5	●	（○）	●○	
6	●	○	○	◆（●●）
7	（●）	（○）	●●●	
8	○	●	●○	
9	●	（○）	○○○◆（●）	◆（●●）
10	○	●	—	◆（●●）
計	●6　○4	●2　○8	●8　○7	●10　○0

世帯数	10世帯
ペスト前総人口	45人（推定）
世帯主減少率	60%
女性(妻)死亡率	20%（推定）
子ども死亡率	56%（推定）
生存者	18人（40パーセント）（推定）
疫病死	26人（推定）
死亡率	58%（推定）

きるかもしれない（そこでA案で言及されてなかった六名の「妻」はここでは仮に「生存者」として加えられる）。しかし、それ以上についてはほとんど無理がある。そうした無理をして挿入した者については、表では（　）を付けた上に

その前に◆を付けている。◆を付けた数は「五点」「一五名」(妻「六名」を加えている)にもなる。――これは全くの虚像の表でしかない。

このように見ると、ベネディクトヴの「標準想定」には無理がある。実態を無視して一人歩きしてしまっている。これは、研究者によってグルニの部落や家族の構成が再現されたから明らかになったことではあるが、地域(ここではモーリエンヌの、それも標高八〇〇メートルの高地のおそらく寒村)の傾向をよく把握して、地域の特殊性を把握しなければ、標準想定という装置は実態から乖離するものとなってしまうであろう。データ不足は否めないが、ベネディクトヴの理論の問題性がここにおいて明らかになるであろう。

第五節　評　価

ヨーロッパにおいて黒死病でどれだけの人が死んだか――これについて、これまで各地域の貴重な先行研究とそれにもとづいてベネディクトヴがおこなった総括的な考察を見てきた。ベネディクトヴは、考察の結びで次のように言う――《死亡率を推定する史料の残っている地域については、どこも共通して高い死亡率を示しており、なかには若干低い死亡率を示す地域もあるが、それでも五パーセント程度低いだけで、それは例外的なものである》(p. 381)。そして、表5―7「地方・国ごとの黒死病死亡率」を示してこう言う――

「もしこれらのデータがヨーロッパのほかの黒死病による被害を代表していて、当時のヨーロッパの人口が、ふつうそう信じられているように、八千万人あたりであったとするなら、彼らのうちの五千万人が黒死病で死んだのである」(p. 382)。

表５―７　地方・国ごとの黒死病　死亡率

地方及び国	税金及び賃貸支払いの世帯主	税金及び賃貸支払いの人口	総人口
ナバラ王国	55–60	60–65	60–65
カタルーニャ地方	71	74	(60–70)
「スペイン」	55–60	60–65	60–65
フィレンツェ			60
トスカーナ地方			50–60
ピエモンテ地方	42	50	52.5
「イタリア」			50–60
プロヴァンス地方	54.5	60	60
ラングドック地方とフォラン地方	50–55	55–60	60
サヴォア地方	50–55	55–60	60
「フランス」	50–55	55–60	60
イングランド	55	60	62.5
総合	50–55	55–60	60

これは彼自身も驚くような死亡率の数値（「六三パーセント」）である。実際、ヨーロッパの北部について見ると、イングランドの死亡率の数値が「六二・五パーセント」であり、ヨーロッパの南部については、カタルーニャ地方の死亡率が「六〇～七〇パーセント」を示している。史料のある地域は、例外はあるが、ほとんどが六〇パーセントか六〇パーセントを少し出ている。こうして、ベネディクトヴは、結論として「六割の死亡率」を提起する（心情的には「六割強」のようである）。以下、その結論とその結論を構成する考え方（方法、基本的な見方）について検討する。

ベネディクトヴはヨーロッパで「八千万人」のうち「五千万人」が疫病死したとして、ヨーロッパの黒死病死亡率をほぼ「六〇パーセント」と見る。そして、それもほぼ万遍なくどの地域にも同じように被害をもたらしたと見る。彼がおこなった史料の検討・考察の展開を見ると、彼が提示したこの死亡率は、恣意的な操作さえなければ、考え方の基本はおおむね賛同できる。実際、病気としての同時期の黒死病が、細菌学的に、病理学的に当時の人間にほぼ同じレベルで作用したということはありそうなことである。

私見ではいくつもの疑問・批判はあるものの、このような、思い切って高い死亡率の学説を打出せたのは、ひとつに従来の死亡率が「納税者死亡率」にとどまっていたことを見事に看破したからである。「納税者死亡率」はあくまで「世帯主死亡率」であって、幼児や子どもを含んだ家族全体を考えると、死亡率は高まる。そこでは一家につき「〇・五人」の減少が想定されるという。たとえば、黒死病前に「一〇〇世帯」あった村が、黒死病直後に「五〇世帯」減少した場合、総人口死亡率は「五〇パーセント」ではない。黒死病前は農村の平均世帯人数は標準想定によって「四・五人」であったので、総人口は「四五〇人」である。一方、黒死病後においては、世帯規模は、「〇・五人」分が減少したので、「四・〇人」である。したがって、総人口は、「二〇〇人」となる。「四五〇人」が「二〇〇人」に減少したということは、全体の死亡率は「五五・六パーセント」となる。さらに「五～六パーセント」の登録もれの最下層の貧民がいて、彼らの半数が死んだと考え（いや、実際には彼らの劣悪な生活環境からふつうより「一〇パーセント」高い死亡率と見てもよいという）、本来の全体の死亡率に「二・五ポイント」を加えて総死亡率は「五八パーセント」にまで達するという次第である。

この死亡率の算定の仕方にもとづく、さらに標準想定等をよりいっそう精緻なものにすることや子ども死亡率を加味することなどで、黒死病の死亡率の研究は新しい展望が開けることだろう。

ベネディクトヴの著書が出版されたのが二〇〇四年であるが、その三年前の『疫病百科事典』（G・C・コーン監修）では、「四分の一から三分の一」という死亡率を明示されていた。ところが、ベネディクトヴの著書が出て四年後の二〇〇八年に出版された大部の二巻本の『疫病・パンデミック・ペスト百科事典』（J・P・バーン監修）では、ベネディクトヴの学説が影響したのかどうかはわからないが（おそらく影響を与えたのであろう）、こう書かれている――

様々な地域研究に携わっている歴史家は、総人口死亡率を見積もる努力をし続けている。その推定では、現在のところ、死亡率は黒死病が流行した地域の「四五パーセント」から「六〇パーセント」の間にあると考えられている(265)。

このように見ると、そろそろ日本の高等学校の世界史の教科書も、「三分の一説」から脱却して、少なくともこの事典のいう程度のレベル（「約二分の一」程度の死亡率）に改めるべきところに来ているといえるだろう。そうでもしなければ、無惨にも黒死病で死んだものの、その死が認められていない大量の人たち（「約一六〇〇万人」）は決して「浮かばれない」だろう。

最後に、ベネディクトヴの学説が学界でどう評価されているか触れておこう。歴史雑誌『スペクルム――中世研究ジャーナル――』（二〇〇六年）の書評において次のように書かれている。やはりここでも「標準想定」の想定が問題にされているのである。

ベネディクトヴの推定では、ペストの結果、六千万人［これは「五千万人」の誤解か。石坂］近い人びとが死んだという。これはすなわち、流行した地域の人口の六〇パーセントにあたる。この数値は、ほかの研究者によってよくあげられる「三分の一」よりもかなり高い割合である。こうした数値は、彼が説得力をもって論じているにもかかわらず、歴史家からも、また微生物学者からも論議され続けることになるであろう。たいていの中世の人口研究がそうなのだが、彼の結論についても、わずかな一次史料の証拠しかない基盤においては、それも特にわずかな人口集団のサンプルにもとづいている場合においては、信頼できる結論を引き出すのはしばしば困難であるので、あくまで試論の域に留まらざるを得ないのである。ベネディクトヴは、農村部で四・五人、都市部で四・〇人の平均寿命全世帯規模を仮定し、黒死病後に、それがそれぞれ四・〇人、三・五人に減少するという。また、死亡率は財産をもつ階層の死亡率よりも相当高かったという。こうした事柄は、筋は通っているが、それでも推論にすぎない結論である(266)。

第二部　ペストによる苦難と心性を個人のレベルから見る

第六章　人はペストにどのように対応したか——個人の生涯と心性から見る

第一節　本章のねらいと方法論——心性史的アプローチ

（一）課　題

一四世紀から一五世紀の人びとは、ペストをどのようなものとして捉え、どのように感じ、どのようなイメージからペストに反応したのであろうか。ここでは、《ペストと心性》の関係を探る心性史的アプローチを「歴史上のひとりの個人とその周辺の人びとのレベル」から試みたい。

ペストは、ヨーロッパの歴史において不幸極まりないものであったが、その衝撃があったからこそ、人びとがそれに反応して、その反応から我々の目の前に明るみにされる当時の人びとの「心性」——ものの見方や感じ方——が理解されるのではないだろうか。反応や行動は心性の表象である。ここで試みとしておこないたいのが、反応や行動から心性を明るみにする心性的アプローチの試みである。

一方、心性的アプローチと対照的なものは、ひとつに、外見に現われた政治的行動を出来るだけ客観的に追うアプローチであり、ひとつに、数値的（数量的）アプローチ、例えば、ペスト前とペスト後の租税台帳などを比較してそこから得られたデータを利用して、ペストによる死亡者の数や死亡率などを具体的に割り出すアプローチである。この後者のアプローチについては、例えば、教会の『死者台帳』を解析する数量的なアプローチがある。本章では、このような政治的行動のアプローチや数値的アプローチではなく、日常生活を営む一人ひとりの人間の心性に対してどのように作用したか――心性的打撃を与えたか――を見てみたいと思う。

ここで大事なことは、あくまで市民・庶民の心性の把握に照準を定めることである。人間社会の構成員の上層部のごく一部の存在でしかない人たち、すなわち著名な「君主」や「思想家」の行動や判断や考え方ではなく、できるかどうかわからないが、日常生活を送る当時のごく一般的な市民の心性に照準を定めたい。普通の人間の、いわば等身大に映された心性を見ることをねらって、それをペストという現象の「窓」を通じて見ていきたいと思う。

（二）　生活史料について

「中世」という時代にしても、あるいはもっと狭めて一四世紀という時代にしても、我々にとってあまりに異質な世界であるかもしれない。実際、ロシアの中世史家アーロン・グレーヴィチは、「中世人」の抱いたものの見方や心性を理解するには、特別の尺度が必要であると考えて、彼らを理解するために特別の「カテゴリー」――一種の装置――を用意して、その想定のもとに、「時間」「空間」などについて中世人の抱いた特殊な心性について、興味深く、しかし難解で観念的に説明した(267)。しかし、我々と中世人の間には、直接にこころの通う接点、メンタルに共有し合える領域は、全く存在しないのだろうか。「中世人」をいわば「宇宙人」のように異質な特別の存在の人種として見て、すべて割り切ってしまうのではなく、我々と彼らとの距離を埋めるものは存在しないのであろうか。私は、それはあると思う——我々と彼らの距離を埋めるひとつの可能性は、中世の一般の人びとが日々の生活のなかで残した「生活史料」（手紙、日記、覚書など日常的な書類）にあると思う。「生活史料」によってこそ、我々は、観念的ではなしに、こころの通ったかたちで、心性が同じにせよ異なっているにせよ、我々の心性と彼らの心性との比較が可能であるように思われる。

しかし、私の考える「生活史料」は、さすがに今日まで残存されにくく、それが手に入るのは、私の知る限り、「中世」というよりも「中世末」の世界、さらに、「農村」（農民）というよりも「都市」（都市民、商人）の世界においてである。早くから都市社会が開けた地域、中世末期（ルネサンス初期）イタリア中部のトスカーナ地方の商人世界には、ペンと紙と文字を生活に駆使する世界が、一部ではあるが、市民の生活に浸透していて、私たちを「生活史料」に触れさせるものが残っているように思う。すでにトスカーナでは、活動する世界が広域の交易によって拡大し、都市の広場に時計が設置され、貿易商人・産業家の支配する新しい世界が形成されていた（それは、グレーヴィチが抱いた典型的な中世人の世界空間とは、少し異なるかもしれない）。そうした中世末の世界にペストは襲いかかったのである。このペストに対する人びとの反応について、トスカーナ地方に残された生活史料を通じて、その内に込められた心性に光を当ててみたいと思う。

裸一貫から広域に商業を営む大商人にまでのし上がったプラートの商人フランチェスコ・ダティーニ（フランチェスコ・ディ・マルコ・ダティーニ Francesco di Marco Datini）（一三三五年～一四一〇）の場合、一四世紀にしては豊かな史料に恵まれている。それというのもダンテの文学を生んだ一四世紀のトスカーナ地方では、富裕な都市商人は早くから学校で文字を習得し、そのペンをもって実務のみならず、日常的な様々な事柄について記録する習慣が定着しつつあったからである(268)。彼らのこの生活史料では、ペストという大惨事は、近親者の命を奪うかたちで、彼らの人生に直接否応なしに関わり、その悲しい出来事は彼らの記録に克明に記載されて、今も我々に生々しく伝えられているのである。その記述は、多くの場合、例えば、ベネディクト会の修道士や都市政府に奉ずる人文主義者らの、特定の立場から書かれたイデオロギー性の強い内容と異なり（とはいっても、その記述にそれなりに生活意識を刻んでいるかもしれない）、比較的ありのままの思いが認められるように思う。

そして、日々その感じるところ、思うところを克明に綴り続け、そのこころの内を吐露している例が認められるかもしれない。それは、一四世紀という苦難の時代に生きた人びとの内面に迫る心性史的なアプローチ、時代の性格からして、特に宗教的要素の強い心性へのアプローチを可能にさせるかもしれない。そこで、まず本題の前提として、この時代の人びとの心性において中心をなす宗教的心性とはどのようなものかを次に検討してみよう。この時代の宗教的心性そのものについて日常的生活のレベルで論じた研究はあまり認められないように思う。

（三）　利害関係以外に人と時代を動かす要素――宗教的心性

一四世紀のキリスト教社会において、一般の人びとはどのような心性、とりわけ「宗教的心性」を抱いて日々の生活を営んでいたのであろうか。これは、我々、現代の日本に生きる者にとって、宗教意識と時代状況があまりに異なるせいもあり、なかなかイメージしにくいことのように思われる。また、それを知る有効な史料も少ないのも事実である。そのため、そうしたこころの内に秘められた、あいまいな捉えにくいものを追い求めるよりも、むしろ権力者が引き起こした「政治的事件」について、新聞記事のように、「いつ」「どこで」「誰が」「何を」起こしたか、そこにどのような領土をめぐる「利害関係」があったか、はっきりと「かたち」として表面に現れた事柄――それは時代を越えて我々にもわかりやすい――に目を向け、それをもって中世や近世を客観的に理解できたと済ます方が楽なのかもしれない。しかし、果たして「十字軍」や「百年戦争」などの、一部の指導者による事件は、利害対立による政治的事件として認識して、それで済ませる類いの事件であったのであろうか。実際には、その「理解」が、その時代の本質的な理解と言えるかは疑問かもしれない。なぜなら、そこには行動をもたらす内的構造や心性の把握が欠落していると思われるからである。「利害関係」がもたらした要因の大きさは認めるものの、人を行動に駆り立てるものが本当にそれだけであったのだろうか。宗教的心性の奥底まで見なくてはならないのではないだろうか。

日本の高校の世界史の教科書では、ヨーロッパ中世については、商業や荘園制についての記述のほかに、「十字軍」や「百年戦争」といった権力者による政治的な事件が中心的に扱われている。しかし、時代全体の把握という見地から見ると、それは時代を生きたごく一部の権力者の行動でしかない。「十字軍」や「百年戦争」といった政治的事件は、例外もあろうが、中世全体（農民がほとんどであった）を構成する人びとから見ればごく一粒の人間が関わったにすぎない事件である——つまり、そこで指導的で中心となったのは、一般の人びと全般というよりも、貴族（騎士）や聖職者のなかの最も上層部に位置するごく一部の人たちや、ごく一握りの兵士・俗人たちなど、つまり人口のせいぜい数パーセントか、時には一パーセントにも満たない人たちであったということである（そもそも、当時、豊かな資力をもち、はるかイェルサレムに達しえた人間は、全体から見ればケシ粒ほどの人間でしかない）。その時代の圧倒的に大多数を占める一般の市民や農民にとっては、十字軍（特に第二回以降）のような事件は、時期にもよるが、押しなべて、直接関係のない、ほとんど無縁の事件であったかもしれない。当時、新聞などのマス・メディアが存在しなかったことから、「十字軍」や「叙任権闘争」などの事件が、どれだけ多くの人びとに身近に感じられていたかも疑問である。およそ人は、新聞やテレビなどで知らされなければ、自分の生活に直接関係のないことにはあまり関心をもたないものである。このように見ると、大多数の人びととあまり関わりのない（と思われる）、一部の者による政治的事件（それが重要であっても）をもって《時代とその人びと》、つまり《歴史》について高校生に教えたと思っていいものであろうか。

また、事件の評価について言えば、たとえば、十字軍の失敗によって教皇権が動揺したと、そのように高校の教科書には書いてある。しかし、現代からの判断ではなく、当時生きていた人びとは、教皇権について実際にどう見ていたのであろうか。この観点から見ると、判断はそう容易なものではない。実際、一三世紀において十字軍の失敗によって本当に教皇権が「動揺」したというなら、その判断の理由を同時代のどのような史料にもとづいて言っているのか——その実証的な根拠を示してもらいたいものである。そこには日本人的な思い込み（「失敗したのだから、当然権威は失墜したはずだ」）が作用している可能性がある。相手が日本人だからそれで十分説得できてしまう要素が作用している可能性がある。

政治中心のものの見方は、この時代の人びとのものの見方、人を動かす心性のあり方については触れず、「結果」や「利害関係」（これらを言われると人はすぐに納得してしまうものである）、あるいは表面に現れた事件だけをなでているにすぎない危険性がある。しかし実際には、中世の人びとの行動は、それだけでは我々には理解しにくく、たとえば、同時代人にとっては、重要であった「贖罪意識」やその他の内的な、宗教的なもの（心性）に動かされている場合が多いものである。ふつう心性は利害・損得だけでは構成されない代物である。宗教的要素の強い世界では、このことは、いつでも、言えそうなことである。

この意味でひとつ問題がある。同じ一三世紀についていえば、私見によれば、むしろ社会全般においてひとつの最も注目すべき出来事がある。それは、ふたつの托鉢修道会、フランチェスコ会とドミニコ会が全ヨーロッパ的規模において（さらにそれを越えて）一大宗教運動を展開したことである。十字軍がことごとく不調に終わった一三世紀は、同時に托鉢修道会の世紀であった。彼らは、説教活動や日常的な司牧活動において精力的にローマ・カトリックのキリスト教信仰を推進したのである。この運動のなかでカタリ派などの「異端」が排除され、カトリックの秘跡が市民生活の奥深くに浸透するようになり、人びとの生活に強い影響力をもたらしたのである。これは、ごく一部のリーダーによっておこなわれた先の政治的事件よりも、当時の人びとの全体を巻き込む運動であり、都市中心であったが、中世社会そのものに遥かに大きな影響力をもつ出来事であったといえるかもしれない。おそらくそれは、富裕化する社会のなかでもたらされた富の呵責の念と救済の二律背反の心性――マモンと神の背反――を背景に、救済の道と方法を示唆する運動であったであろう。

イタリアについていえば、托鉢修道会は、すでに述べたように、一三世紀の二〇年代頃に本格的に活動を開始したが、その世紀の残るわずか八〇年間のうちに、イタリア内のあらゆる地域の諸都市に、猛烈な勢いで五〇〇以上の托鉢修道会の教会を建築してしまったのである――これは極めて驚くべき勢いである。そして托鉢修道会はその都市の人びとの宗教的、社会的、文化的生活に強い指導力を発揮したのである(269)。

巻頭掲載の地図6―1「一三世紀に建築された托鉢修道会の教会」、地図6―2「一三世紀にイタリアの北部・中部で建築された托鉢修道会の教会」を見てみよう(270)。托鉢修道会の教会が、イタリアにおいて、密集するほどに建築され、西ヨーロッパにおいてほとんど満遍なく建築され、さらにヨーロッパを越えてまで広がって建築されていることがわかるであろう。一三世紀のヨーロッパの多くの都市民にとって、たとえば、「近々、我々の都市にも托鉢修道会がやって来て、教会を建てるぞ」といった知らせは、彼らの生活そのものに直結したものであったことから、強い興味を持って受けとめられ、実際にその教会が市民の寄進によって建築されて、いざ托鉢修道士の活動が始まるや、それは生活に極めて多大な影響を及ぼしたのであった（都市を拠点にした彼らの活動は周辺の農村部にも少しずつ影響をあたえることになっていく。しかし、当初は必ずしも都市を中心にしようとは考えていなかったところがある）(271)。そして、こうした教会の建築ラッシュは、托鉢修道会だけの勢いで可能になったのではない。「托鉢修道会が急速に広がったのは、その目標が時代の関心事と見事に合致したことの証しである」(272)（M・モラ）。思うに（モラは言及していないのだが）、彼ら托鉢修道士を都市に受け入れ、その建築費を惜しまず喜捨した都市の信徒のエネルギーによるところが大きかったに違いない。いわば、托鉢修道会の側の《使命感》（新約聖書の福音的生活の実践・普及）と、おそらく都市の信徒たちの側の《救済願望》や内的な欲求とが、合致した結果として可能になったと見るべきである。とすると、修道士の使命感とともに、都市の信徒たちの側の内的欲求や《救済願望》――宗教的心性――を見なくては、《時代とその人びと》の本質を無視したことになるであろう。

そして重要なことに、その托鉢修道会は、何よりも教皇を絶対的な権威者として崇め、その上で運動を推進したのである。彼らは、教皇に忠誠を尽くし、教皇権を至上のものとして崇めて、一三世紀に――さらにそれ以後も――全ヨーロッパ的規模で非常に多くの都市に進出したのである。そして人びとの宗教生活と宗教的心性やそれを越えた多くのもの（政治・文化・学問・教育など）において指導的であったのである。この一三世紀の托鉢修道会の運動によって、はじめてキリスト教がヨーロッパに浸透したといわれるほどである。この浸透こそ、《教皇を頂点とする教会制度》とそれと密接に関わる《キリスト教的な救済システム（秘跡等）》の浸透であり、人びとの《キリスト教的心性》の浸透でもあった。この意味で、一三世紀という時代は、世界史の教科書の記述とは違って、当時の多くの人びとには、教皇の権威が動揺する時代であるどころか、むしろ高まったと思われたであろう。高校生にヨーロッパ中世の本質に触れさせるには、政治史で表面をなでるだけでなく、土台となってそれを動かしたものへの、社会史的、心性史的アプローチをも示すべきである。およそ物事を理解するには、どのようなものでも、《かたち》や《行動》をもたらす《内なるもの》を理解しなくてはならない。《かたち》と《内なるもの》との両方を重視する見方は、ごく当たり前の見方である。それはごくふつうの、オーソドックスな歴史学である。

もちろん、君主などの一部の権力者の起こした政治的出来事であっても、その影響が時代とともに下部（一般の人びと）に及んできて社会的重要性をもたらすことが多く、そうした意味での重要性は否定できない。むしろ、ここで言いたいのは、一部の政治家が時代の姿を代表し、時代のあり方を示す代表者とは限らないということである。

同様のことは、思想家の思想的著作についても言えることである。たとえば、中世を代表する「思想的著作」である、一三世紀のトマス・アクィナスの『神学大全』を理解すれば、中世社会に生きた人びとの宗教的心性を理解できるかと言えば、これもまた問題であると言わざるを得ない。大思想家（神学者）は時代から生まれるが、非凡なほどの高い知性のゆえに平均的な時代人から離れ、むしろ時代を越える――彼は時代の心性の呼吸を吸うが、そこから神学的、社会的課題に新しい方法で応え、時代を越え、思想界において時に次世代を導く強いライト・モチーフとなる。アクィナスは、その弁証法的論理学の思想史的名著によって時代を代表するかもしれないが、《時代の人びとのこころを映す鏡》という意味では、決して代表ではないかもしれない（また、そもそもそれがどれだけ人に読まれたかも極めて疑問である）。思想家は、一九世紀後半のニーチェのように、極端な場合、意図的に時代への反逆、《反時代的な》立場から「思想」を打ち出す。その思想は《時代の人びとのこころを映す鏡》から程遠い内容、むしろはっきりと正反対の内容を映したものとなる（このニーチェのパラドックスも時代の心性の反映なのだが）。往々にして、大思想家の思想は、あくまで時代の産物であるものの（知識人も成長過程で時代の空気を吸っている）、時代の心性の鑑とは別物である場合がある。

では、どうして思想の把握が、必ずしも心性の把握に結びつくとは限らないのであろうか。「思想」は、ふつう「思考」によって論理的に構築される。しかし「心性」(273)は、「感性」を主体とした一種の（捉えにくい）浮遊物である。それは多くの場合、思想（教義）の傘の下にあるが、時にはそれに拘束されず「自由」であり、「感じる」ままに漂い、かならずしも論理的なものとは限らない。それというのも、心性とは、過去（伝統・習慣・風習など）から蓄積された様々な意識・無意識・価値・利害が、論理的に整理されずに、重層的に蓄積される性質のものであるからである。さらに、その時代に新たに形成された精神風土や、思いがけず起こったショッキングな出来事や飢饉や戦争など、様々な要素による作用を受けやすい。心性は生《なま》の時代状況に非常に敏感であり、たとえばペストなどによって強く反応する。例えば、「まえがき」で述べたように、近代日本の場合、関東大震災の勃発による甚大な被害は、こんにちの我々、現代に生きる者にとっては、大規模な物的な被害しか思い浮かばないかもしれないが、実は、明治維新から営々と「文明化」を目指していた当時の人びとの心性そのものにも深刻なダメージを与えたのである——「大震火災の体験をへた多くの人たちが、無常や不信や、焦慮と絶望を語った根底には右のような広い意味での震災体験があったのである」(小田切進)(274)。

「論理」だけが人を動かすのではない。理屈はわかっていても、人はその理屈どおりには行動できるとは限らない。思想を与えられても、こころのなかでまず納得しなければ行動に移せないのが人間である(納得しても動けない場合さえある)。理屈や思想が、心性に浸透して、つまり、「頭」と「こころ」と、さらに置かれた「生きた状況」が一体となってはじめて行動に出ることができる。心性が行動にとって重要なのは、これゆえにである。この意味で、《行動》は《思想》の表象ではなく、《心性》の表象である。この意味で、どれだけ読まれたかわからない一三世紀の名著よりも、たった一回だけの(二回以上ならなおさらである)、人のこころに痛烈な衝撃を与える出来事の方が、直接的に心性に響き人を行動へ駆り立てるということはありうることである(特に科学未発達のゆえに、生じる現象の原因がよく把握されていない場合はそうである)。この意味で、歴史研究においては、生きた状況から作用されやすい心性のあり方を重要視すべきであり、それをよく理解した上で、歴史上の個人・集団の取った行動、歴史的事件にアプローチしなければならない。心性とその結果としての表象である事件・行動(あるいは不作為)は、状況のなかで可能な限り結びつけて考えられなければならない。

では、心性、とりわけ宗教的心性はどのように認識されるのであろうか。ここでは、あまり厳密にことばの意味を規定しないが、およそ心性は、原則として、まず少なくとも彼らがみずから「文字」をもって表現した場合において、その認識が好都合となるものである——文字によらない表現媒介も重要であろうが、ここでは立ち入らない。

心性は、過去や伝統（蓄積されたもの）から受け継いだものを底に秘めつつ、生じた時代状況の新たな変化にさらされつつ、ふつうの人間が、「文字」と「紙」によって思うままに記述する「習慣」が定着していた場合、我々がその心性をつかみ、感じ取るのに好都合である。そして一年、三六五日の日常生活のなかで、小さな問題から、生死にかかわる重大な宗教的問題に至るまで、日々ありのままに様々な事柄を記述する習慣があれば、それはいっそう認識に好都合である。ガードせずに、ありのままに感じるところを吐露して表現する記述媒介（文字等）があることが大事である。

人がガードするのは、ある一定の立場にこだわるからである。政治的立場の団体、例えばゲルフィ党（教皇派）などの団体・集団が発する表明は、セクト集団と同じく、自己を正当化し、自己のイデオロギー擁護を至上とするためのものであり、本音や真意の吐露からはほど遠く――よって彼らは負けや失敗を認めない――、そこには自然のかたちの心性の吐露がなされず、我々が彼らの心性を認識するにはかなり困難さが伴う（それだからといってそうした著作を心性の一部の把握に利用することは放棄するべきでないのだが）。神学者や哲学者などによって体系化されたもの――『神学大全』の類い――も、同じ意味で、例外もあるかもしれないが、原則的には一般の人びとの心性の認識の把握にそのまま採用するには問題がある。

このように見ると、ヨーロッパにおいて、私の知る限り、《宗教的心性》（特定の個人というよりも一般的な人びとのもの）の認識に好都合な時代は、歴史（学）的にはふつう中世末期に位置づけられ、精神史的、美術史的には初期ルネサンスにも位置づけられる、一種の移行期の時代と私の考えるイタリアの「トレチェント」（「一三〇〇年代」、一四世紀）まで待たねばならないように思われる。すなわち、トレチェントにおいてはフィレンツェなどの都市の人びとが、「文字」と「紙」をもって、我々の認識に好都合なかたちで、日常生活における（宗教的）心性を自然に吐露し、しかもその文字と紙が幸いにして残存しているのである。その例のひとつが、一四世紀のトスカーナ地方の市民階級（商人階級）の文書であり、そのなかでも類い稀なほど豊かな史料を提供してくれたプラートの商人フランチェスコ・ダティーニと彼の周辺の人たち、例えば、彼の友人である公証人ラーポ・マッツェイ（一三五〇～一四一二）らの文書である。

第二節　ダティーニ文書とダティーニの生涯

（一）　ダティーニ文書

一八七〇年、中部イタリアのトスカーナ地方の都市プラート（フィレンツェの北西約一八キロ）で、一五万通にも及ぶ一人の中世イタリア商人の書簡が発見された。それは一四世紀後半から一五世紀初頭を生きた商人の経済活動や日常生活における市民のものの見方・感じ方を身近なかたちで伝えてくれる貴重な文書である。一個人の今から六〇〇年も前の商人とその会社の文書――五〇〇〇冊以上の帳簿や覚書、一四万通の商業書簡、何百通もの契約書・保険証書・手形等、夫婦間の往復書簡――が現在まで残されて、そのまま現在の図6―1「プラート国立古文書館」に保存されたのは、プラートの商人フランチェスコ・ダティーニがみずからの遺言によってその保存を命じたことによるほか、いくつかの好都合な事情が重なったひとつの奇跡である(275)。ポンペイの発見が古代世界を蘇らせるひとつの「古代史の奇跡」であったとすると、このダティーニ文書の発見は、規模は違うにしても、中世の商業活動と日常生活・中世人の心性を蘇らせるひとつの「中世史の奇跡」といってもよいであろう。この発見も「歴史の世紀」であった一九世紀のなし得た成果である。――しかも、ダティーニの生きた時代は、黒死病がヨーロッパを襲い、繰り返し恐怖となった一四世紀後半の「大規模ペスト期」の時代であり、その文書は、黒死病の危機にさら

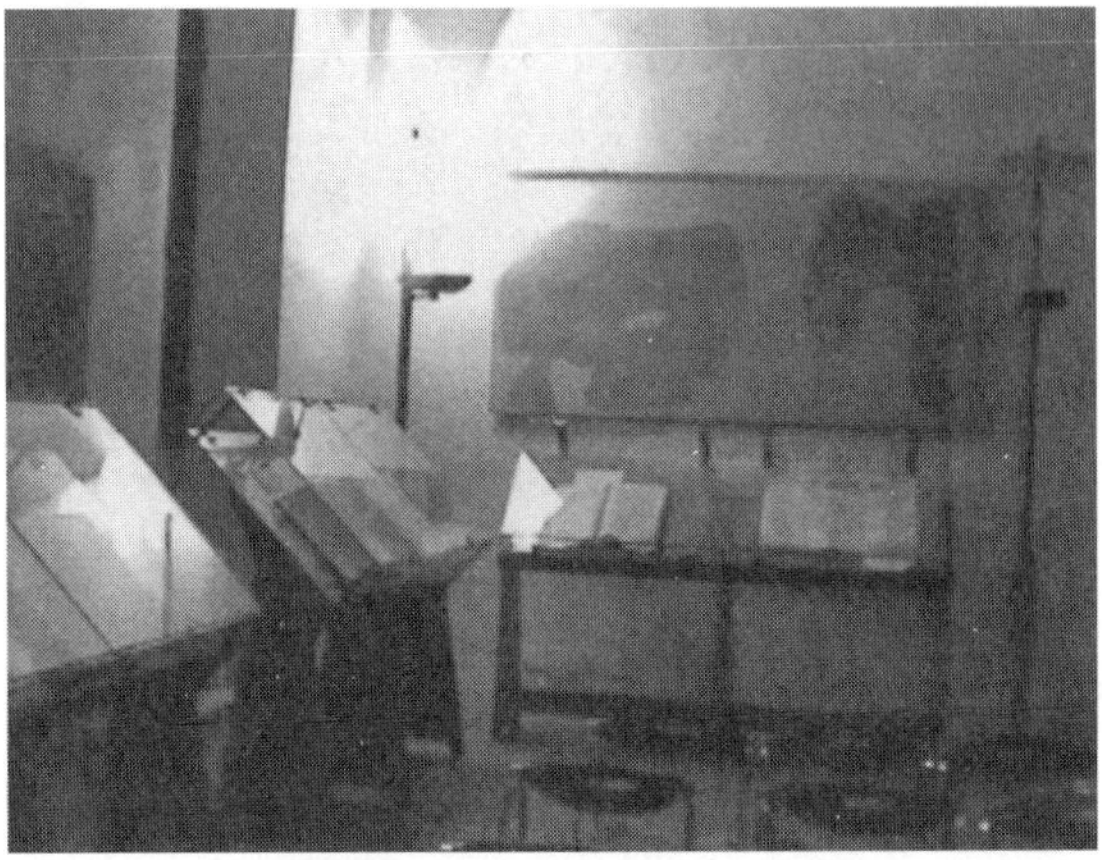
図6―1 プラート国立古文書館

されて生きた人間のあり方、黒死病が人間に与えたかもしれない心性を知る好都合な史料のように思われる。

以下、本章では、ひとつに、イリス・オリーゴの名著『プラートの商人 中世イタリアの日常生活』[276]——その見事な翻訳と綿密な監修も称讃に値する——を活用しながら、同時に、そのほかの優れた研究にも注目して、主題はあくまで心性のあり方に絞りたい。ダティーニ研究については、オリーゴも依拠したE・ベンサ、C・グァスティの史料紹介と研究、また、G・リーヴィ、L・ピアットーリなどの様々な研究がある。さらにオリーゴの著書以後の注目すべき、最も精緻な史料分析にもとづき、総合的に展望したF・メリス、またその他の比較的新しい研究も利用して、ダティーニの生涯、日常生活、宗教生活について、またペストによって照らし出された彼と周辺の人びとの《心性と行動》、《宗教的心性》を見ていこうと思う。歴史（学）において最も大事なことは、現実の豊かな具体的な事例の凝視を通じて本質的なことを示唆し、再び事例にもどり検証することである——いわば、個別と本質の往復運動である（いかに個別のみに埋没している研究者が多いことか）。限られた条件（史料・能力）のために、それができるかはむずかしいが、先行研究を活用して、本章においてそれに挑戦してみたい。

なお、本章で引用されるダティーニや同時代の人びとの手紙は、当然ながら、すべて直接イタリア語（中世イタリア語）の原文にもどって翻訳した。手紙等のテキストは、第一にM・メリスなどの研究書、第二にマッツェイ書簡集[277]、第三にプラート国立古文書館のホームページが提供する書簡集、第四に、オリーゴのイタリア語版の『プラートの商人』から得た。第四の場合、注では、オリーゴの邦訳（オリーゴ『プラートの商人』と表記）と区別するために、Oligo, *Il Mercante* と記した（Iris Oligo, *Il Mercante di Prato. La Vita di Francesco Datini*, tra. Nina Ruffini con una Prefazione di Francesco Giavazzi, Milano, 1957.）。

（二）　遺言書によって現代になおも生きるダティーニ

二〇一〇年は、一四一〇年（八月一六日）に死去したフランチェスコ・ダティーニのちょうど没後六〇〇年であった。このため二〇一〇年八月一七日、彼の没後六〇〇年を記念して、プラートのコムーネ広場のダティーニ像の前で高らかなファンファーレとともに華やかに「没後六〇〇年記念式典」が開かれた（図6―2「ダティーニ没後六〇〇年記念式典」）。遺言書を通じてダティーニが残した莫大な遺産（一〇万フィオリーノ）は、一方で図6―3「フィレンツェのインノチェンティ捨子養育院（一四四四年、ブルネッレスキ設計）」の建築資金の一部（一〇〇〇フィオリーノ）に役立てられるとともに、他方、残る全財産は「フランチェスコ・ディ・マルコの貧民の財団」に遺贈され、死後ずっとプラートの貧民救済に役立てられてきた。この貧民救済の基金は、ダティーニが、遺言書を通じて、彼が所有した農地などから毎年得られる収益を、彼が特別に設立した財団（「マルコ・ダティーニの貧民救済財団」）によって管理し、貧民に配分するように命じたのである。二〇一〇年においても、その収益はなおも残っていて、毎年およそ二万ユーロに及ぶという[278]。

このダティーニがおこなったこの慈善活動の偉功を称え、プラート市は、市費で毎年彼のために供養ミサを挙げてきており、二〇一〇年も、記念式典に引き続いて、例年どおり八月一七日に、彼の遺体が埋葬されているプラートのサン・フランチェスコ教会で供養ミサがおこなわれた（図6―4「ダティーニの供養ミサ」）。この年、彼の存在は、

図６－２　ダティーニ没後600年記念式典

図６－３　フィレンツェのインノチェンティ捨子養育院（1444年、ブルネッレスキ設計）

これは、均衡・比例・簡潔さにおいてブルネッレスキによる最初のルネサンス様式の建築物である。この施設のためにダティーニの遺産のうち**1000**フィオリーノが拠出された

図6－4　ダティーニの供養ミサ

これはドン・ロレンツォ・レンツィ司祭（**Don Lorenzo Lenzi**）によっておこなわれたもの

図6－5　リカーソリ通り（コムーネ広場の前の通り）にて

プラートの通りや広場などのあちらこちらで感じられた（図6—5「リカーソリ通り（コムーネ広場の前の通り）にて」）。また、新聞報道でも、式典行事の予定が「ラ・ナツィオーネ」紙で紹介されたほか（二〇一〇年八月一四日）、「イル・ティッレーノ」紙では、ダティーニは「プラート人の企業精神の象徴」「初期ルネサンスの類い稀な商人の実例」であると紹介され（この見方はオリーゴの著書の影響が強い）、その歴史的意義が強調された（二〇一〇年八月一四日）。

（三）ダティーニの生涯と周辺の人びと

ダティーニの生涯の概略を述べておこう。その際に、ダティーニに関わった周辺の人びとの姿にも触れておきたい。

（ⅰ）出生からアヴィニョンでの成功まで

フランチェスコ・ダティーニは、一三三五年にプラート（市壁内人口約一万人）に生まれた[279]。父親（マルコ・ダティーニ）については、詳しいことはわからないが、プラート近郊の出身のようである。F・メリスによれば、小売商であった。というのも、その名前が、プラートにある一四ある組合のうち、「商店主組合」（l'arte dei tavernieri）[280]に登録されているからである[281]。資産については、遺言書に記載された遺贈のレベルから、特別に裕福な部類の市民ではなかったことがわかる。

ダティーニは、まだ少年にすぎない人生の出発点において出端をくじかれた。すなわち一三四八年、ダティーニが一三歳の時に、ヨーロッパを襲ったあの最大規模のペストで両親を失ったのである。孤児となったダティーニは、後見人（ピエーロ・ディ・ジュンタ・デル・ロッソ）の世話を受けて、孤児の養育を快く引き受けた女性（ピエーラ・ディ・プラテーゼ・ボスケッティ）に預けられた。ダティーニの回想によると、その女性は自分のことを「モンナ・

ヴェルミリャ「ダティーニの実の母親」と同じくらいに」扱ってくれたという(282)。これは、孤児に暖かく情愛を注ぐキリスト教的精神の実践と思われる。

しかし、ダティーニはすぐにその翌年（一三四九年）、後見人（ピエーロ・ディ・ジュンタ・デル・ロッソ）に付き添われフィレンツェに行き、そこで色々な店で働いた。後見人は、父親の遺産から引き出した金の用途を詳しく記録して残している(283)。ダティーニが大都市フィレンツェに出て就職した背景には、ペストによって人口の約六割を失ったフィレンツェの深刻な人手不足と、それに伴うフィレンツェ政府の人口回復策も作用していたであろう。そして、次の年、一三五〇年、プラートは、領域国家の拡大を目指すフィレンツェの支配下に下って都市国家としての独立を失ってしまったが、ちょうどこの年、一五歳のダティーニにまさに人生の転機が訪れることになる。

すなわち、ダティーニは、アヴィニョンに稼ぎに行ったことのあるフィレンツェ人から話を聞いて、自分もアヴィニョンに稼ぎに行こうと決心する。こうしてダティーニは、みずから蓄えた金に加え、父からの遺産から得た一五〇フィオリーノをその資金に加えた（史料によれば、「わずかな地所を約一五〇フィオリーノで売った」(284)とある。しかしそれは一部の地所であり、全部を売ったわけではない）。少年ダティーニは、イタリア商人が活躍しているというアヴィニョン――ここはイタリアとフランドルの中継貿易の重要地点であった――に旅立ったのである（一三五〇年三月八日）。これが生涯の成功への糸口となった。そこには多くのフィレンツェ人が働いていた。ペトラルカ（一三〇四～七四）も、アヴィニョンに公証人の仕事を得た父に付き添ってその近郊に住み、青年期にこの都市の自由を満喫して育った(285)。研究者トレクスラーによると、一三七一年にアヴィニョンの居留地に住んでいたフィレンツェ人男性は、約三〇〇人を数えることができたという(286)。なお、この時代、アヴィニョンは教皇領であった。

結局、このアヴィニョンは、それから青年期・壮年期の重要な拠点となった（三三年間）。それでも一方で、プラートの養母ピエーラやトスカーナの友人たち（マッツェイ、ニッコロッツォ・ディ・ナルド）とのつながりは失わず、一三七二年あたりから(287)、彼らとよく手紙を交わした（ダティーニの場合、手紙がよく交わされた時期とそうでない時期がある）(288)。なお、長距離商業が確立されていたこの時代、すでに郵便制度はかなり整備され、日常生活において十分に実用的に機能していた(289)（といっても、重要な手紙の場合、リスクの回避のために同時に別のルートからも郵送することがあった）。

一三歳（一三五八年）には、ダティーニはこのアヴィニョンで独立して商事会社を起こすまでになっていた。そのため、この年、ただ一人の兄弟ステーファノ（弟）をプラートから呼び寄せることができた（この時、プラートに残しておいた遺産の地所を処分した）(290)。それから二七歳（一三六一年）の頃に、その商業の事業が成功し、以後も順調に拡大し、交易商人として確固たる地位を築いていった。この頃彼の扱った商品は、武器（「死の商人」！）のほかに、美術品・織物・染め物・奢侈品・家庭用品・穀物など、多岐に及んだ。こうして、ひとつの商品に偏ることから生じる大きなリスクを回避していた。

ダティーニのアヴィニョンでの交易は、彼のそれ以後の交易の傾向と同様、会社の規模は概して大きくなく（アヴィニョンの本社の場合、召使を含めて一八人程度の会社）、比較的リスクの少ない商品を扱った(291)。彼が回避したのは、フィレンツェの名だたる大商人がおこなったような王侯への貸付であった。この時代には戦争や不況が多発したことで、財政的に困窮した王家が、借りた金をしばしば返済できず、支払い停止令を出し、そのあおりを受けて倒産する大商人の会社が少なくなかったからである。

こうしたリスクの多い時代にもかかわらず、ダティーニは貪欲なまでにひたすら営利を追求してやまなかった。その姿は後に人文主義者ポッジョ・ブラッチョリーニが『貪欲論』（一四二八〜二九年）(292)で非難するタイプの人間と重なる部分が多い。彼の商業活動そのものは、大規模ではないものの、アヴィニョンの商館を本社として、仲間の共同経営者たちと連携できる範囲のなかで、いくつもの地域に支社を置いていくかたちで、着実に少しずつ広がっていった（一三九二年ピサ、フィレンツェ、ジェノヴァ、バルセロナ、一三九二〜九三年バレアレス）。こうして一三七四年、アヴィニョンでは、富裕者なみの高額の税の支払いを義務づけられるまでになったのである（このことは、ピエーラへの手紙からわかる。教皇へ二六〇フィオリーノの税金を払わなくてはならないことをこぼしてこう書いている——「わたしは金持ちの仲間に入れられたのです」）(293)。

（ⅱ）花嫁マルゲリータ

こうした多忙な日々のなか、ダティーニはいつも周囲の人びとから結婚を勧められていたが、ようやく一三七六年（四一歳または四二歳）の謝肉祭の時に、アヴィニョンに住む貧しいフィレンツェ貴族の娘、約二〇歳も年下のマルゲリータ・バンディーニ（一六歳または一八歳とも）と結婚(294)。マルゲリータの家は、その父親ドメニコ・ディ・ドナート・バンディーニ（一三六〇年没）がフィレンツェでの政治的抗争で敗れ、「フィレンツェを教皇に売ろうとした」という廉で一三六〇年に処刑され（この年マルゲリータが誕生）、財産没収されていたことから、生活は貧しかった(295)。そのためこの結婚は、ダティーニには嫁資はもたらすものではなく、成り上がりの商人にしばしばあるように、むしろ血筋を得るための結婚であった。しかしこの結婚にもかかわらず、二人の間には望まれた子どもはできなかった。若い妻は、勧められるままに、当時信じられていた懐妊のための薬や治療を色々試みたようである。マルゲリータは、二六歳の時に、当時アヴィニョンで名声を得ていた有能な医師ナッディーノ・ダ・プラートの治療も試みたという（一三九五年二月）(296)。この頃、友人ニッコロ・フレスコバルディから、ダティーニが正式の息子（嫡出子）をひとりか、それ以上もつように手紙で助言されている（一三九五年三月）(297)。

(ⅲ) プラートへの帰還

この頃、教皇グレゴリウス一一世（在位一三七〇～七八）がアヴィニョンからローマへ帰還した（一三七七年）（この後、一三七八年から一四一七年まで、二人、のちに三人の教皇が対立する大シスマの時代に入る）。このローマ帰還によって、ダティーニはアヴィニョンでの商品（奢侈品）の需要の減少を予測して、トスカーナへ帰ることを考えるようになり(298)、ついに四八歳（一三八三年）の時にプラートに帰郷。ダティーニは、「アヴィニョン帰り」の富豪として、故郷へ錦を飾り、立派な邸宅を構えた（図6―6「ダティーニ館」）（この邸宅は、晩年には諸国の王侯や大使や枢機卿を迎え、豪勢な料理をふるまう宿泊所として利用され彼の自尊心を満足させたようである）。こうして次の四年間、ダティーニはプラートを彼の事業の拠点とした。

プラートでは毛織物取引商組合（ラーナ組合）に加入して、プラート布として有名であった特産の毛織物の交易に乗り出した(299)。そしてイタリア内外

図6―6　ダティーニ館　ダティーニが存命中の頃のもので現在よりも立派なものであったという

の船舶の出入りするピサに支社を開いて、そこから原料である羊毛や染料を確保した(300)。しかし、仕事上、大都市フィレンツェとの関わりが多いこともあって、家を留守にすることが多くなった。この事情から、我々にとって幸いなことに、ダティーニ夫婦の間に非常に数多くの手紙（総数四二五通）(301)が交わされ、我々はこの手紙から二人の日々の関心事や宗教的な話題を自然なかたちで知ることができるのである（一方、妻マルゲリータにとっては、この別居は好ましくないことであった。夫フランチェスコ・ダティーニから次々と送られる手紙によって、あれこれ一方的に家の管理を指示され、女主人として仕事量の多さからストレスがたまったのであった）(302)。

(iv)　妻マルゲリータと友人マッツェイ

マルゲリータについては、夫フランチェスコ・ダティーニに宛てた手紙の内容から見て、彼女がフィレンツェの貴族の出身としての高い誇りをもった女性であるとともに、篤い信仰心を備えた人であったことがわかる。マルゲリータは、夫ダティーニが商売で怒りに狂って仕返しに燃えるとき、そっと「復讐は神様に任せなさい」と教え諭したという(303)。当時、実際、都市のなかでは復讐の連鎖が断ち切れず、血を血で洗う抗争が少なくなかった。そうしたなかで、マルゲリータは、人が直接人に復讐の手を下すべきではないと諫めたのである。この、裁きを神に委ねるべきであるという考えは、おそらく当時、説教師が話す例話から学んだように考えられる――というのも、一四世紀の例話集には次のような話があるからである(304)。


ある修道士が修道院長フィロジオのところにやって来てこう言った――。

「私は、何としてでも自分を侮辱したあの修道士に復讐をするつもりです。」

すると修道院長は祈りを捧げてから、彼を前にして神にこう言った――。

「神よ、あなたの審判はもはや必要ありません。この修道士が申しますように、我々みずからで審判を下すつもりですので。」

そのことばを聞いてその修道士は恥じ入って自分が受けた侮辱を許した。

このように、マルゲリータは、商売に暴走する夫に宗教的な助言を与えた。すばらしい説教に出会うと、夫にもその説教を聞くように勧めたのであった(305)。このマルゲリータの信仰心は、この時代においておそらく特別なものではなく、ごく平均的なものであったと思われる。

妻マルゲリータと同様にダティーニと数多くの手紙のやり取りをしたのが、一五歳年下の親友である公証人マッツェイ（セル・ラーポ・マッツェイ、「セル」は公証人等につける敬称）であった。マッツェイは、一三八七年から始まる二〇年間の仕事と友情の両方の深いつながりから、ダティーニに四〇〇通以上の手紙を書いて送った(306)（それは、文学的に優れていることもあって、C・グァスティの編集によって二巻本のマッツェイ書簡集が公刊されている(307)。またダティーニ没後六〇〇年を記念した出版物も出た）(308)。ダティーニとマッツェイの二人は、一三九〇年九月の手紙で正式に友情の契りを交わした。ダティーニからの友人の関係の申し出に対して、マッツェイは手紙で「私は、あらゆる愛情をもって弟となり、友人なることを全面的に受けいれます」と書いて答えた。そして、マッツェイを「心から敬愛する」と書くダティーニに対して、マッツェイは、胸が詰まって涙が出て、どれほど圧倒されたことか、自分は手紙を何度も読んだと、書いて答えた。こうした誓いなどを経て、ダティーニから食事の招待を受け、薪や小麦やワインやアンチョビの贈り物を受けたのであった。ワインについては、マッツェイは自分の好みのものを伝え、ダティーニの方は、その友の願いを叶えようとして贈ったのであった。また、マッツェイはダティーニに自分の子どもの名付け親になってもらったり、娘の結婚の相談、嫁資の額の相談などをしたりした(309)。マッツェイは三人

図6—7　〈セル・ラーポ・マッツェイ通り〉の標識

の子ども抱え、貧しいとは言えないが決して豊かではなかったようである。

マッツェイは、ダティーニに対して遺言書による貧民救済を勧めた助言者であり、また、その厚い信仰心と高い知性の持ち主であったことから、現在、コムーネ広場の東側を走る道の名前は、彼の栄光を称えて「セル・ラーポ・マッツェイ通り」と名付けられている（図6—7「〈セル・ラーポ・マッツェイ通り〉の標識」）。

マッツェイは、フィレンツェのサンタ・マリア・ヌオーヴァ施療院で公証人として勤務し、法的文書を作成し、その管理・運営にも携わっていた。施療院は慈善活動の拠点であり、病人の手当のほか、貧者に施し物を配給するなど、極めて宗教的な施設であった。一四世紀は、度重なる凶作のために飢饉が頻発し、大勢の餓死者が出た時代であった。こうした背景から、この施療院の貧者救済の仕事は社会的に重大な役割を果たした。マッツェイはここで働くにふさわしい篤い信仰心をもつ人物で、強欲に走りがちなダティーニを諫めるよき助言者であった。このように見ると、ダティーニは、妻マルゲリータと親友マッツェイの二人の信仰心から挟み撃ちをされていたように思える（というよりも、実際は、彼の周辺のほとんどの人びとから助言や批判を受けていたようである）(310)。彼の周囲の多くの人びとが彼より深い信仰心を抱いていたようである。

なお、マッツェイは、ボローニャ大学を出た有能な公証人であり、以前に書記官長サルターティの公証人事務所でも働いたこともあった(311)。サルターティ（一三三一～一四〇六）と、彼より五歳年下のダティーニ（一三三五頃～一四一〇）の二人は、ともに長命で七五歳まで生きたので、同時代人であったといえる。おそらく二人はマッツェイを介してフィレンツェで出会っていたことであろう(312)。

ダティーニの政治的スタンスについて述べると、彼はプラートでは、評議会議員に選ばれたのち、一度だけ政治的に高い役職「正義の旗手」に就いた程度で[313]、概して終生、政治抗争から距離を置いていた。政治世界に関与して役職をもてば、政府に金を貸さなくてはならなくなり、さらに政敵をつくり、そのために彼の商売や稼いだ財産は危うくなると考えたのである[314]。その一方で、ダティーニは当時刻々と目まぐるしく変わる国際政治の状況には目を光らせ、各地の商館（一三九〇年代にはバルセロナ、アヴィニョン、ピサ、後にジェノヴァやマヨルカなど）の部下を使って、国際政治の動向をキャッチするアンテナを巡らせた（その一例に一四〇〇年一一月にジェノヴァ支社の部下から送らせた詳しい報告がある）[315]。ダティーニは、この政治的情報を得て、予想される戦争によって受けるかもしれない商品輸送のリスクを考え、戦争や政変によって利益が見込める武器などの商品に目をつけ、その調達に走ったのであった。彼の商売のやり方は、この頃も、先のアヴィニョン時代と同様に、時代の不安定な政情に機敏に対応し、危険なものから手を引き、商社の財産・資本を常に分散し、ひとつの失敗で決定的な打撃を被らないように配慮されたものであった。

ダティーニの家庭生活に目を戻すと、妻マルゲリータとの間には、二人の意に反して、終生子どもはできなかった。こうしたなか、ダティーニは、購入した奴隷の女性（おそらくアドリア海の対岸ダルマティア地方の南スラヴ系の白人）との間に庶子の娘ジネーヴラをもうけた（一三九二年）。当時、白人の奴隷の購入も、またその庶子の誕生も、さらに、その子を孤児院に送ることも、当時それほど珍しいことではなかった。しかし、ジネーヴラの誕生は、もともと恒常的な別居状態と家事の取り仕切りから不満を抱いていた妻に憤りを与え、二人に不和と軋轢が生じ、それは手紙のなかにはっきりと認められた[316]。こうして、当時よくあったことだが、ジネーヴラは孤児院に送られ[317]、さらに近隣の村（モンテルーポ）に里子に出されたりしたのであった。しかし、ジネーヴラの誕生から六年後のこと、マルゲリータがこの幼いジネーヴラを見てかわいらしく感じたことから、ようやくマルゲリータの合意が得られて、家に引き取られる。そしてジネーヴラは、マルゲリータの暖かい愛情を受けて育てられ、ジネーヴラが一六歳になった一四〇七年に、「庶子」の身分でありながら、それを償って余りある、当時として破格の一〇〇〇フィオリーノという高額の嫁資（これが富豪ダティーニのステータスを表した）を携えて、ダティーニの仕事仲間であり、またいとこでもある家にめでたく嫁ぐことになるのである。

なお、白人の奴隷を買うことはペスト以前にはあまりなかった。ところが、ペストによって人手不足が生じ、下男・下女を雇うことは賃金のうえで高く付いた。それよりも、一時的な出費はあったが、奴隷を購入してしまった方が安く付いたのであった(318)。

(v)　フィレンツェへの進出

一三八〇年代後半になってダティーニは一大決意をした。それまでフィレンツェで慢性的であった政情不安定、すなわち、フィレンツェの銀行の連続的な倒産、フィレンツェを大混乱に陥れた下層民による「チョンピの乱」（一三七八年）などの一連の動乱、教皇庁との戦争などが、ようやくフィレンツェで収まったことから、フィレンツェに進出して、事業の拡大をねらった――そして、ついに拠点を一三九四年フィレンツェに移転したのである。そして同年すぐにダティーニは市民権（同時に富裕市民の招致政策として優遇され一定期間の税の免除）を与えられた。こうしてフィレンツェで市民権を与えられたが、ここフィレンツェにおいても、ダティーニは、プラートにいた時と同様に、政治に関与することを極力避けた。「ダティーニは政府の役職に就くことを嫌ったが、それは、集団で統治に関われば、友人よりも敵の方を多くつくることになるという信念から出たものであった」(319)（トレクスラー）。そして、ペストの関連でいえば、ダティーニがプラートからフィレンツェに移転したのは、ひとつにペストによって人口の激減を見たフィレンツェが人口回復策として富裕市民を誘致する政策を打ち出していたからである。フィレンツェは、コンタード（周辺農村部）やディストレット（支配都市）に居住する富裕層に対しては重い税を課しており、この重税を逃れるべく、アレッツォ、プラート、ピサなどの支配都市から地元の富裕市民の多くがフィレンツェに移転したのであった（そのためそれらの都市において経済的基盤の動揺をきたしたのであった。このことは、すでにアレッツォの例から示した）(320)。

こうしてダティーニは、フィレンツェでは、フィレンツェ特産の高級毛織物をバルセロナ、マヨリカ、バレンシアなどのスペインに向けて販売する業務に携わった(321)。この頃、フィレンツェはアルビッツィ家などの都市の一部の上層市民の主導する「寡頭体制」（それは続くメディチ家体制の基礎となる）に入っていて、ダティーニは、そこに政治的、経済的安定を読んだのであろう。今から見てもこの判断は正しかったといえる。フィレンツェではカリマーラ組合（絹織物取引商組合）に加入し、さらに後に両替業組合にも加入した。

こうして、ダティーニは、プラートを離れて本格的にフィレンツェを拠点にするようになり、それから約二〇年間に及んで、ダティーニとマルゲリータとの間で手紙のやり取りが頻繁におこなわれるようになった（もともとプラートを拠点にしていた時でも、出張してはその出張先からほどほどの頻度でマルゲリータに手紙で指示していたが）(322)。こうして家の管理（戸締まり、菜園など）についてはますます頻繁に手紙を書いて、マルゲリータに対してあれこれ事細かく、口うるさく指図するようになったのである。――こうしたなかで、どうしても夫婦仲は次第に悪くなっていった面があった。例えば、ダティーニが、「この二日間、昼も夜も寝ずに、あまりに多くの書類を書いたので、昨夜はもうへとへとだった。パンを少しかじるだけだった」と、手紙を書いてこぼせば、マルゲリータは、それに対して「お願いです。出来るだけ私を困らせたり、苦しみを与えたりしないで。私はもう我慢できません」と返した(323)。この不満の手紙などを読むと、六世紀もの時間的距離を乗り越えて、夫婦それぞれの思いが我々にごく身近に伝わって来る。

ピサでは支社を通じてイングランドからの羊毛の輸入に携わり、それをフィレンツェの毛織物業者に売るなどして、ピサとフィレンツェをせわしく行き来した。このほかにフィレンツェで小売業も営んだ。こうして、一三八四年から一四〇〇年まで一六年間、ダティーニと妻は（ペストを逃れて共に過ごしたピストイアでの一三九〇年の一年間を除けば）基本的にほとんど別居状態のままであった。

（vi）高齢期のダティーニと死

ダティーニが特に老いを自覚するようになった一三九九年から一四〇〇年の間は、フィレンツェが戦争と疫病という二つの危機と不安に悩まされた時であった。一三九九年、大規模なペストが北イタリアで発生し、それがさらに南下する恐れがあり、人びとの間に死の不安が高まった。他方、ミラノの君主ジャンガレアッツォ（ジャン・ガレアッツォ）・ヴィスコンティの率いるミラノ軍が破竹の勢いで南下し、中北部のほとんどの地域を制圧し、フィレンツェへの侵攻が間近に迫った。このフィレンツェの軍事的危機を救ったのは、皮肉にもペストであった。ペストがジャンガレアッツォの命を奪ったのだ。一方、ペストは南下をやめなかった。

ペストへの人びとの不安が高まるなか、白衣をまとったビアンキの改悛行列が、群衆を巻き込んで北部イタリアで一大運動となり、それは中部のトスカーナに瞬く間に波及して、ダティーニ自身もこの運動に参加したのであった。

しかし神に赦《ゆる》しを乞うこの改悛の運動にもかかわらず、一四〇〇年三月に、ついにフィレンツェにおいてペストが発生。ダティーニは、死を覚悟し遺言書を作成し、作成した直後に、ボローニャに逃れ、どうにかペストから身を守ることができた。そしてボローニャで一年ほど暮らした。ここでフィレンツェに戻るのが果たして賢明か、すなわち、フィレンツェで公平な扱いを受けて老後を過ごせるものか思案したようである(324)。ダティーニは、この

図6―8　プラートのサン・フランチェスコ教会とダティーニ没後600年式典パレード

町と君主ヴェンティヴォッリョのことを気に入ったようで、ここに定住することも考えたようであるが、結局、フィレンツェからの高額の税負担を避けて、プラートに移ったのであった(325)（ヴェネツィアも定住先に考えたようである）(326)。こうして、フィレンツェの会社は幹部に任せて、仕事は第一線から退き、残る晩年の九年間は、妻と共にプラートで過ごすこととなった。結局ダティーニの会社は、一三九八年が最盛期であり、その支社の数が最も多かった。一三九八年にダティーニの会社は全部で一〇社程度。商業と銀行の両方を扱う会社が五社、（織物）産業関係の会社が四社、銀行が一社であった(327)。それから、ダティーニは、腎臓病などいくつもの病気を患った末に、一四一〇年八月一六日に死去した。彼には跡継ぎとなる息子がいなかったこともあって、遺言書によって、事業はすべて清算され、一代で築き上げた巨額の遺産(328)のほとんどすべては貧民や孤児（彼自身が孤児であったことによる）に献金されたのであった（同時に、彼の遺志で彼の関係の文書のすべての永久保存が命じられ、結局そのおかげでダティーニ館は一四世紀の歴史資料の貴重な宝庫となった）。

彼の遺体は、遺言書にしたがってサン・フランチェスコ教会に埋葬された（図6―8プラートのサン・フランチェスコ教会とダティーニ没後六〇〇年式典パレード」）。実際、彼の埋葬先はこの教会以外には考えられないともいえる――この托鉢修道会の教会は、彼の父親マルコの眠っている教会でもあり、また、彼が日頃からフランチェスコ会の托鉢修道士から贖罪を受けて世話になっていた教会であり、何よりも彼と同名の教会、つまり彼の守護聖人の教会であった。図6―9「サン・フランチェスコ教会の祭壇前のダティーニの床面墓」からわかるように、ダティーニの墓（図6―10「ダティーニの床面墓」）は、サン・フランチェスコ教会の中央の祭壇のすぐ下にあり、まさに聖人なみの最高の待遇であった。そして、オリーゴによれば、死後ずっと毎年「プラートの大聖堂」において、彼のために市費でミサがおこなわれているという(329)（しかし、それは「プラートのサン・フランチェスコ教会」の間違いである）。それは、「供養ミサ」であり、彼自身にとっては早く煉獄から天国へ抜け出ることを意図したものであり、また、コムーネにとっては、彼が巨額の遺産を投げうっておこなった貧民と孤児への慈善行為を称えるためのものである。

第三節　ダティーニのペスト体験とその心性への影響

（一）　第一回目から第五回目までのペスト体験

ダティーニは、遺言書を通じて、どうして全財産をなげうつような、そのような思い切った遺贈を決断したのであろうか――それは、大きくは、ダティーニやその周辺の人びとが抱いていた心性・ものの見方から理解できると考える。たしかに、彼が結果的におこなった驚くべき規模の遺贈は、一般の市民とは掛け離れたものであり、彼は例外的な人物として理解すべきかもしれないが、しかし、次に紹介する日常的な内容の手紙のやり取りから吐露される心性のあり方から見て、彼の心性はごく普通の一般的な市民のものであったと判断される。その遺贈の規模が大きかっただけのことである。以下においては、まず心性の形成に作用した背景として、私が最も重要なもののひとつと考える黒死病（ペスト）との関わりから見てみよう。

ダティーニの心性に作用した最も大きなものは、彼の生涯に何度も襲ったペストであった。少年時代に両親をペ

図6―9　サン・フランチェスコ教会の祭壇前のダティーニの床面墓

図6―10　ダティーニの床面墓
「…… 1410年8月16日に死す。霊魂の安らかに眠ることを」とある

ストで失ってから、晩年の死への恐れに至るまで、ずっとペストは、不吉に鳴り響く通奏低音のごとく、彼の心性に威嚇として響き、作用していたものと考える。したがって、まず、ダティーニのものの見方、宗教的心性を刺激し強く作用したと考えられる彼の六回のペスト体験について見てみよう。ただ、残念ながら、そのペスト体験のすべてが詳しく知られているわけではない。その分、ペストがやって来た時の都市の被害の一般的な様子を述べて、ダティーニが置かれた状況を推察したい。

ダティーニは、その生涯において以下の六回のペストを体験した。

第一回目　一三四八年（プラート）
第二回目　一三六一年（アヴィニョン）

第三回目　一三七四年（アヴィニョン）
第四回目　一三八三年（プラート）
第五回目　一三九〇年（プラート）
第六回目　一四〇〇年（フィレンツェ）

最初に遭遇したペストは、一三四八年のあの世界史上、最も悲惨で、最も破局的なペストであった。ダティーニが一三歳の年である(330)。

実は、このペストに先立つ前年の一三四七年に、プラートなどのトスカーナ地方や多くの地域で凶作による大飢饉があった。年代記作家ジョヴァンニ・ヴィッラーニによれば、「飢饉のためにフィレンツェで死者四〇〇〇人が出た」(331)とあるように、食糧事情が最悪であったことも、翌年のペストの猛威に拍車をかけたようだ(332)。すでに何度か確認したように、衰弱した体は、ふつう疫病への抵抗力をあまりもたないからである。一三四八年のペストが発生した時期が夏であり、まだその年の秋の穀物の刈り入れがおこなわれず、端境期として食糧が不足がちな時であったことも、事態を悪くしたかもしれない。そして、こうした食糧不足、飢え、飢饉は、一四世紀になってからずっと慢性的なものであった。そのためこの事態に対して、プラートのコムーネは、必要な食糧の確保のために、「世帯数」の綿密な調査を実施していた(333)。これがペスト前の人口把握に役立っている。

ダティーニの住んでいた都市プラートのペストによる被害はどうであっただろうか。これについては、第四章第一節のなかのプラートの人口推移で扱っている。それによれば、都市の人口減少率は「四五パーセント」（ベネディクトヴ）である。ペスト前（一三三九年）の綿密な調査によると、「二七六二世帯」が存在していた。その世帯が、ペストの後（一三五一年）には「一八三七世帯」にまで減少している。いずれにせよ、トスカーナ地方の人口減少率は高かった。E・フィウーミの世帯数の変動を示すグラフ6―1「ヴォルテッラとサン・ジミニャーノの世帯数の変動――一二二七年から一九五一年まで――」からわかるように、ヴォルテッラやサン・ジミニャーノなども、この一三四八年のペストによって急激な人口減少を被ったことがわかる(334)。

　ダティーニ家の場合はどうであっただろうか。ダティーニ家では、悲惨なことに、このペストで六人家族のうち、実に四人もの命が奪われた（死亡率「六七パーセント」）。すなわち、疫病死したのは、父親マルコ、母親ヴェルミーリャ、弟ノフリ、妹ヴァンナである。この時、母親は胎内にダティーニの弟または妹になるはずであった五人目の子どもを身ごもったまま死亡した。生き残ったのは、二人、すなわち我々のフランチェスコ・ダティーニと弟のステーファノだけであった（ちなみに、有名な人物で言う

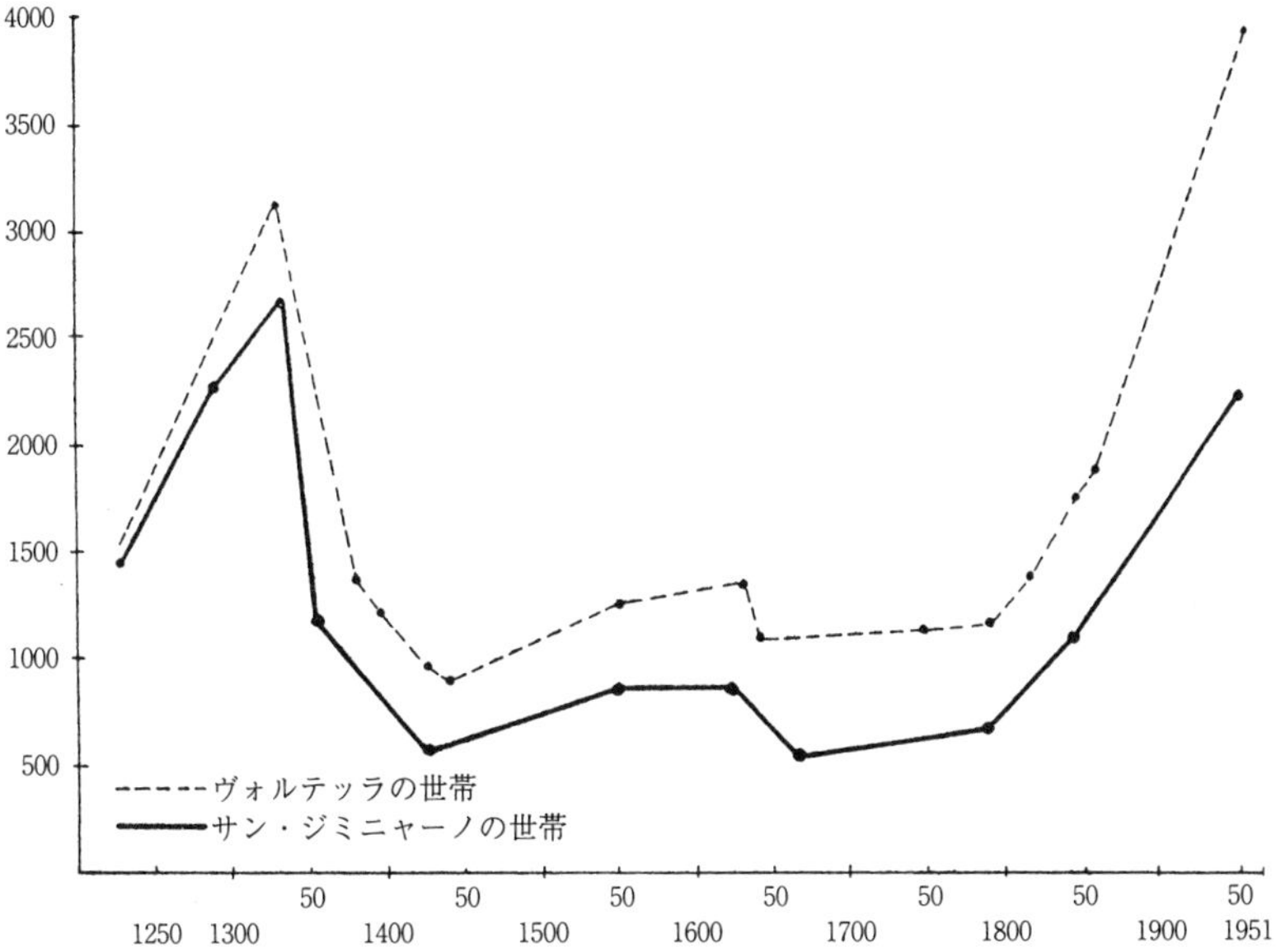

グラフ6―1　ヴォルテッラとサン・ジミニャーノの世帯数の変動 ― 1227年から1951年まで ―

(Enrico Fiumi, “La popolazione del territorio volterrano–sangimignanese ed il problema demografico dell’età comunale”, in *Studi in onore di Amintore Fanfani*, 1968, 286.)

と、サルターティはこのペストで父親を失っている。一五世紀のペストでは、父親と母親をともに奪われた人物としてエラスムスがいる)。父親マルコが最初の犠牲者であった。それがわかるのは、父親がペストで死亡する直前に作成した「マルコ・ダティーニの遺言書」において、妻ヴェルミーリャやその他の家族の全員の名を挙げて相続人に指名していることからである。この遺言書は石坂が翻訳して紹介している[335]。

おそらく少年ダティーニは、家族四人がペストによって、高熱・激痛・精神錯乱で苦しみうめき、絶叫しながら、次々と死んでいくありさまを目の前にして、号泣したことであろう。また、『デカメロン』に描かれているように、町に出ると、教会の墓地には死者があふれかえり、広場に穴を掘らなければならないほどの大量死の光景も目の当たりにしたであろう。この種の悲惨な情景は、一二世紀も後のナポリの絵画であるが、図6—11「ミッコ・スパダーロ作《一六五六年の疫病の時のナポリのメルカテッロ広場》（サン・マルティーノ博物館蔵）」から想像がつくであろう（ちなみに、この絵画で注目すべきことは、画面上部で、神が怒りの鞭を振るっていること、すなわち疫病は神の罰であるというメッセージが読み取れる）。地獄を見たようなこのペスト体験は一三歳の少年の脳裏に刻み込まれ、彼の意識のなかから終生決して消えることはなかったであろう。ダティーニの多数の手紙を研究して彼の生涯を詳しく論じた研究家オリーゴも、「ダティーニの書簡の大部分には、この恐怖〔疫病の恐怖〕が影を落としている」。「ダティーニの通信の中で、この脅威にまったく触れていない年はごくわずかである」と書いている[336]。実際のところ、ペストはこの一三四八年以後も、彼の生涯ではおよそ一〇年前後の間隔で周期的にやって来て彼の周辺の人びとを容赦なく死に追いやり、ダティーニ自身も、《自分もまた疫病死するかもしれない》と考えていたようである（実際のところ、この時代、死者の半数以上〈フィレンツェのサンタ・マリア・ノヴェッラ聖堂の『死者台帳』による試算で五五・八パーセント〉がペスト死であったと考えられることから、ダティーニがそのように考えてもおかしくなかったであろう）。

ダティーニの二度目のペスト体験は新天地アヴィニョンにおいてであった。アヴィニョンにとっても、またダ

図6―11　ミッコ・スパダーロ作《1656年の疫病の時のナポリのメルカテッロ広場》（サン・マルティーノ博物館蔵）

これは、**1656** 年の疫病の時のペストによる大量死の惨状を伝えるドキュメンタリーな絵画である。この疫病でナポリの総人口 **40〜45** 万人のうち **24〜27** 万人が死亡した。**1348** 年のヨーロッパ各地の大量死の惨状もこのようなものであったと推察される。遠方遥かにヴェスヴィオ火山が見える

ティーニにとっても二度目となるこのペストは、一三六一年（ダティーニ、二六歳）にやって来た。最初のペスト体験から一三年後のことであった。ダティーニは、幸いこの二度目のペストを生き抜いた。これについての記述は、残念ながら認められなかった。

このペストと最初のペストとの間には根本的な違いがある。最初のペストは、黒海沿岸のカッファでペストに感染したジェノヴァのガレー船員によってヨーロッパに「運ばれた」。ガレー船がアドリア海の南から北へと次々に停泊した港、すなわちメッシーナ（シチリア）からピサ、マルセイユの港という具合に、南から北に向ってペストは広がった（そして、どの港でもガレー船は疫病神として追い払われた）。そして、それらの感染した港からペストは陸路を突き進んで、内陸一帯を汚染していった。それ

とは違って二度目のペストは、すでに第一章で見たように、「運ばれた」というより、「自生的なもの」となった。ペストはまさに風土病としてヨーロッパに定着してしまったのである。さらに、一度目と異なって、風土病化したペストは、逆に北から南へと進んだ。すなわち、ペストはヨーロッパの北部で春の到来とともに発生し、次第に南の方へと進んだのである。途中で冬になると、そこでペスト菌は一度休眠（冬眠）し、春を待つ。そして、春になると南下を再開する――これはおそらく細菌学的、生物学的な原因によるものであろう。

十数年後に到来した二度目のペストの被害規模について言及した研究はどの地域においても多くない(337)。そのひとつの理由は、関心が最初のペストに集中してしまい、それ以後のペストへの関心があまり注がれていないことによるためである(338)。そうしたなか、フィレンツェのサンタ・マリア・ノヴェッラ聖堂のドミニコ修道会の『死亡者名簿《ネクロロージオ》』は、修道士の死をもらさず記入しており、ペストの被害の規模を知る有力な個別的史料である(339)（グラフ6―2a「疫病年におけるドミニコ会修道士の死者の数　一三四八～一四三七年」）。この史料は一人ひとりの修道士の生涯の業績を述べるもので、死者の把握は非常に正確なものである。これによると、確かに二度目のペストで疫病死した修道士の数は、最初のペストで疫病死した修道士の数と比べてずっと少ない。しかし、注意すべきは、最初のペストで人口が半減し、人口の母数がすでに小さくなっているなかで、これだけの数の修道士が死んだのである。このグラフによって、二度目のペスト――フィレンツェでは一三六三年に流行――は、後の一四〇〇年のペストと並んで、最初のペストに次ぐ大きな被害（死亡率二〇パーセント）をもたらしたものであることがわかる。さらにこのグラフの価値は一五世紀の疫病による被害を比較するのに役立つということである。このグラフと穀物局から得られるデータ（グラフ6―2b「フィレンツェの一四二四～一四五七年の疫病の死亡者数（穀物局）」）から傾向を探ることができるであろう。

まずダティーニがアヴィニョンに来る前の一三四八年のペストについて触れると、ここでも甚大な被害を受けていた。カッファを出たジェノヴァのガレー船は、マルセイユに寄港し、そこからペストは一気に北上した。当時、アヴィニョンは教皇庁が出来たために人口が急増していた（ゴットフリートによると、「人口二万人から五万人」）。早くも一三四八年一月に到来したペストのためにアヴィニョンは、ピーク時の六週間のうちに一万一〇〇〇人もの人が死亡したという(340)。流行の時期が冬であったこと、非常に高い死亡率であったことから、「肺ペスト」が猛威を振るったのではないかと考えられているが、不明な点があり、はっきりしたことは言えない。ことによると他の病気と併発していたかもしれない。「肺ペスト」の場合、ペストノミに噛まれるというかたちをとらずに、咳などによる飛沫感染で人から人へと感染するもので、罹病者の死亡率も非常に高いものあったと考えられている。アヴィニョンでは、二月から五月の間に一日につき四〇〇人を越える犠牲者が出たという。死亡率は五〇パーセントと言

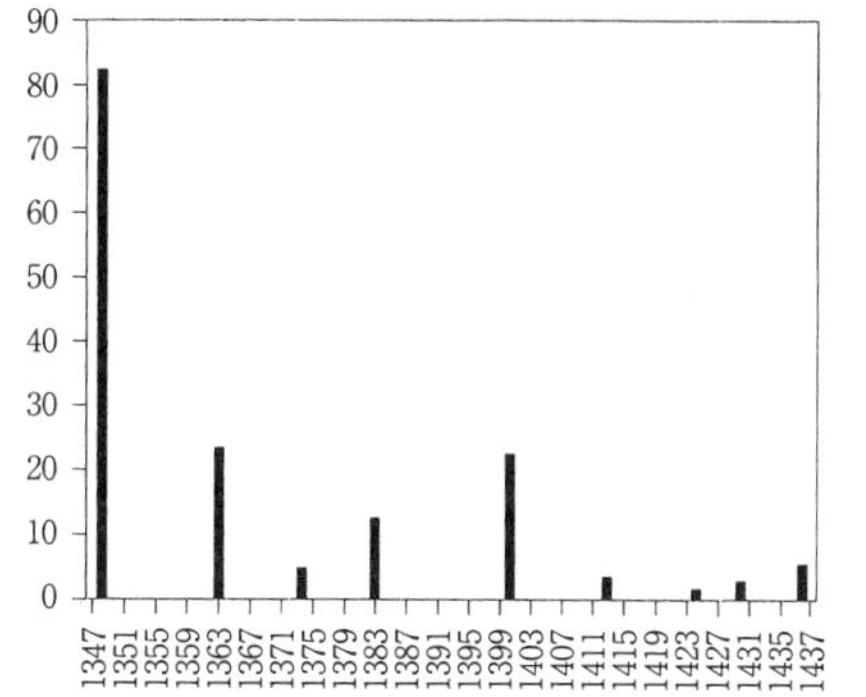

グラフ６－２ａ　疫病年におけるドミニコ会修道士の死者の数　1348～1437年

（**Samuel K. Corn, *The Black Death Transformed : Disease and Culture in Early Renaissance Europe,* London, 2002, 194.**）

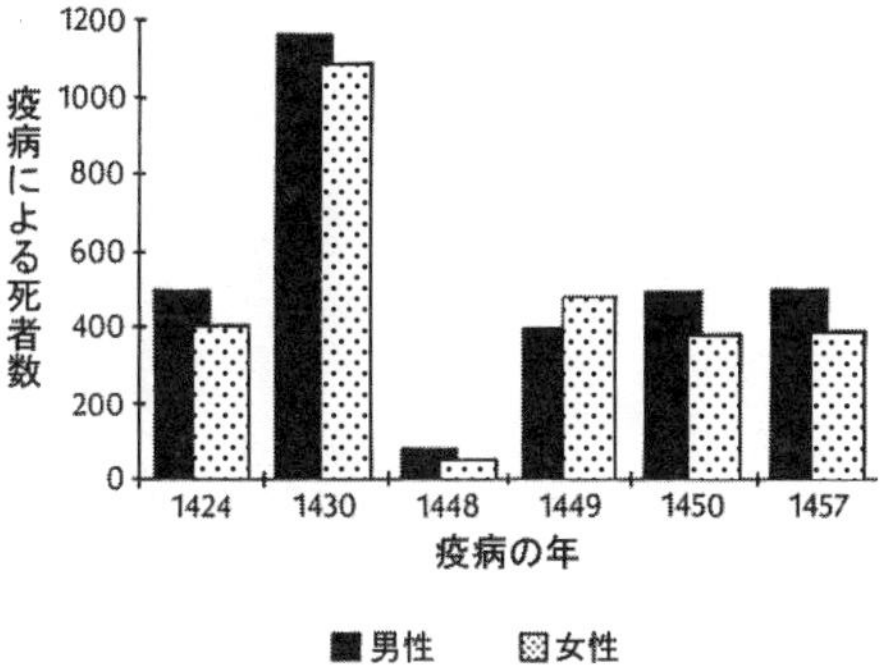

グラフ６－２ｂ　フィレンツェの1424年～1457年の疫病の死亡者数（穀物局）

A.G. Carmichael, *Plague and the Poor in Renaissance Florence*, Cambridge, 1986, p. 94.

われるが、ベネディクトヴの死亡率の算定法を採用すると、もっと高まるように思われる。

一般的に言うと、この二度目のペストでは、傾向として、一三年前の最初のペスト以後に生まれた子どもたちが数多く命を奪われた――その理由は、子どもたちにはペストに対する免疫がなかったためかもしれない。この死の傾向のために、この疫病は、しばしば多くの地域において、次のように「子どもの疫病」と言われた(341)――「一三六一年、イングランドで二度目の疫病が発生した。それは〈子どもの疫病〉と呼ばれた」（作家不詳年代記）。「それは〈二度目の疫病〉と呼ばれ、金持ちも貧乏人もどちらも死んだ。しかし特に若者と子どもが死んだ」（イングランドのヘンリー・ナイトン）、「一三六一年、男性、特に思春期の子ども、少年に疫病が発生した。その結果、それはふつう〈少年の疫病〉と呼ばれた」（イングランドのルース・パークの年代記）。ここアヴィニョンでも、疫病の犠牲者のなかに子どもが多かったことが報告されている(342)。

ダティーニは、幸いこの二度目のペストを生き抜いた。なお、二度目のペストもまた人びとに衝撃を与えたようである――神は《まだ我々を赦されていない》という衝撃を。遺言書（遺贈内容）を分析・考察したS・コーンは、シエナ領域国家においては、この二度目のペストの方が、最初のペストよりも人びとの心性に与えた影響が大きいと示唆している(343)。

ダティーニは、二度目のペストを生き抜いたものの、一三七四年の三度目のペストでは、ついに罹病してしまう。ダティーニはこのペストでかろうじて一命を取り留めたようである。腺ペストに罹病した者の致死率は、その時代のペストの特質や環境によるので、はっきりしたことは言えないが、五〇～六〇パーセントと考えられる。ダティーニは、この致死率をどうにかくぐり抜けて生き残ったことになる。このペストは、イングランドで一三六九年に流行してから、そこから（あるいはヨーロッパ大陸の北部か中部から）時間をかけてゆっくり南下して来たもので、アヴィニョンでは一三七四年に流行した。ダティーニは、生死をさまよった末にようやく回復したと、プラートにいる養母ピエーラに手紙で報告している。しかし、この罹病によってダティーニは、本人は自覚していなかったであろうが、以後のペストに耐える免疫力がついたと思われる。

ダティーニの四度目となるペスト体験は、アヴィニョンを去り、プラートに帰省した年の翌年（一三八三年）のことであった。一五歳から四八歳までほぼ三三年間も過ごしたアヴィニョンに別れを告げ（一三八二年一二月）、三日間もの帰省の長旅（途中ミラノで商用）に出たが（この旅での出費を細かく記載するダティーニの几帳面さが、研究者F・メリスによって紹介されている）[344]、ようやく一三八三年のはじめにプラートへ帰省。その翌年、四九歳の時にプラートはこのペストに襲われた。トスカーナでは、これに先立つ三年間とこの疫病の年は、旱魃《かんばつ》や時季はずれの寒さ（六月の降雪）や豪雨など、気候変動が激しく、小麦・ワイン・オリーヴが欠乏した時であった[345]。一三八〇年のトスカーナでは、一方で旱魃により四カ月間ほとんど雨が降らなかったのに、一〇月末になって、逆に豪雨に見舞われたという。「小麦はわずか、ワインはごくわずかしか、そしてオリーヴについては、全く取れなかった」[346]。この一連の凶作による飢饉（栄養不足）がペストの大きな流行の伏線になっていたようである。

この四度目のペストは、ことによると一三七四〜七九年にイングランドなどで猛威を振るっていたものかもしれない。それが今やアルプスを越えて、最初フリウーリ地方（イタリア北東部）において一三八一年に発生したのかもしれない。あるいは、商船から大陸の港から直接イタリアの港に運ばれたのかもしれない。いずれにしてもヴェネツィアやパドヴァを経て、フィレンツェなどのトスカーナ地方では一三八三年の夏に発生。結局、このペストはイタリア半島の北部・中部・南部の全域に及ぶものとなり、その被害の規模も決して小規模なものではなかった。「死者が毎日一〇〇人」（フォルリ、一三八二年）、「墓地に週に約九〇〇人が運ばれた」（ジェノヴァ、一三八三年）[347]。

この四度目の疫病の激しさについて、私が集計したフィレンツェのサンタ・マリア・ノヴェッラ聖堂の埋葬者の数によって見てみよう。この聖堂の一三八三年の夏（六〜八月）の埋葬者の数は、先立つ六年間（一三七六年〜一三八一年）のそれと比べると、次のように際立ったものとなっている。このペストの大流行の前触れは一三八二年の夏に認められた。一三八二年は、二年続きのペストの第一年であり、翌年の第二年目のペスト大流行の伏線となったものである。

一三七六年　二人　一三七七年　三人　一三七八年　三人　一三七九年　二人　一三八〇年　三人
一三八一年　八人　一三八二年　一六人　一三八三年　一〇六人

一三八三年、フィレンツェは、この疫病の流行と貧民の暴動が重なって最悪の事態となった。疫病が猖獗を極めた夏のピーク時には、同時代人によると、一日につき四〇〇人かそれ以上が疫病死したという(348)。この大量の疫病死のために、恐れをなした多くの富裕層がそろって都市から逃亡し、それに乗じてチョンピたちの下層労働者が、最初の「チョンピの乱」（一三七八年）のまさに記念日である七月二二日に、大規模な蜂起を起こしたのであった。これをシニョリーアと八人委員会とカピターノ・デル・ポーポロは武力で抑え込み、その何人かを絞首刑にした。この事態に対してシニョリーア（都市政府）は見事難局を逃れたとして、上層市民層から称讃された。

現在［一三八三年七月］、このフィレンツェに残っている人はかなり少なくなっている。チョンピの一団は聖女マグダラのマリアの祝祭日の夜に反乱を企てた［七月二二日、一三七八年の本来のチョンピの乱記念日］。彼らは街中を「二四の組合と教皇派万歳！」と叫びながら歩き回った。そして彼らは組合の旗を掲げた。しかし、神の助けとシニョリーアと「八人委員会」［戦時体制委員会］の対策とカピターノ職にあったメッセル・カンデ・ダ・ゴッビオの仕事のおかげで、その後反逆者は逮捕され首をはねられた。それから、シニョリーアは優れた監視を続け、何の事故もなく立派にその政治を終えた(349)。

サルターティ『都市からの逃亡について』はこの年一三八三年のこの事態を背景に執筆されたものである(350)。こうしたフィレンツェの政情の不安定を見て、ダティーニは、商業の拠点をフィレンツェに置くことにずっと躊躇していたのであった。

このペストもフィレンツェで猛威を振るった。ある年代記作家はこのペストで死亡した人の数を記述している。それによると(351)——

六月には、一日につき六〇人～一〇〇人
七月初頭には、一日につき二〇〇人～三〇〇人、七月末には、一日につき四〇〇人

であった。この驚くべき数の死亡者をもたらした四度目のペストは、ダティーニの関係者の間では、どのような被害を与えたのであろうか。この疫病のためにフィレンツェにいた彼の親類（義兄ニッコロ・デッランマンナート・テッキーニ）の家に幼い男の子の犠牲者が出た。ニッコロはダティーニに手紙で「疫病はフィレンツェのコンタードではいっそう多くの地域で強まっています。そして広がっていて、こちらのフィレンツェにやって来ています」と書いてきた（五月二七日）(352)。それからニッコロは子どもたちを連れてフィレンツェからその近郊のシーニャへ逃れたが、すでに遅すぎたのであった——「私の坊やのナンニが病気に冒され、一日半後には私は彼を埋葬しました。フィレンツェでは、疫病により貧乏な人びとが打ちのめされています」(353)と、ニッコロは書いて寄こした。

それからは七年後の一三九〇年にトスカーナで疫病が発生。これがダティーニにとって五度目のペストである。このペストは、トスカーナ地方に先立って、すでに前年の一三八九年の七月にミラノなどのロンバルディーア地方のほとんどの都市で流行し、ヴェネツィアにも達していたものである。「ボローニャでは三月か四月に発生し、八

カ月から一〇カ月も続き、都市でも農村でも五人中三人が死んだという」(354)。それからトスカーナ地方、マルケ地方、そしてローマへと順に広がっていった。ピストイア（トスカーナ）の年代記作家ピエーロ・ミネルベッティは「ピストイアとそのすべての周辺部で大量死が発生し、疫病による腫瘍のために人は二、三日で死んだ」と記している(355)。

ダティーニ家ではどうだったか。ダティーニが妻マルゲリータから受け取った手紙によると、一三九〇年、このペストがプラートに達した時、マルゲリータは、親戚から預かっていた女の子（カテリーナ）を連れてピストイアへ逃れていたところであった。そしてフィレンツェにいたダティーニもペストを逃れて、フィレンツェからピストイアへ行き、そこで家族と一年間留まった(356)。このペストは、最初フィレンツェに先立ってプラートが感染したようで、たまたまプラートに帰っていたダティーニは、フィレンツェにいるドメニコ・ディ・カンビオから、早くプラートを逃げ出し、フィレンツェに戻るようにと、繰り返し手紙で勧められていた。ドメニコの手紙には、ペストに対して民間で信じられていた疫病の原因や処方が述べられていて興味深い。

疫病を逃れて是非こちらに来てください。こっちの方では空気はきれいで澄み切っています。でもこっちに来る方法は自分で見つけてください。そうすれば、健康でいる方法を教えましょう。私たちは時々あの医師のいう処方に従います。その処方はこうです――《家を出る前に焼いたパンを一切れとグラス半分のワインを飲みなさい》。この医師はこの処方のおかげでもう七〇年も生きているのです(357)。

また、フィレンツェにいたダティーニの共同経営者（ニッコロ・ディ・ベルナルド）が書いてよこした忠告は、当時の疫病の原因についての同様の一般的な認識を伝えている――すなわち、疫病の原因は空気が腐敗することによるものであるという認識である――「お願いだからあまり長くそちらに留まらないでください。というのも、空気は腐敗し始めたら、つづけて重くなるからです。特に暑さが加わる時がそうです。八月頃が最も危険です。後生ですから、どうかそちらから逃げてください」(358)。

(二)　ダティーニと人びとの宗教的心性の特徴

(i)　四旬節と改悛

これまでダティーニの五回のペスト体験について簡単に見てきた。次に来るのが、晩年の六五歳の時の、最後となる六度目のペスト体験である。これこそ、ダティーニをして二つのことを実行に移させたものであった。ひとつめが、「ビアンキの改悛の巡礼」への参加、二つめが、「遺言書の作成」(厳密には書き直し)――貧者救済――であった。この二つの実行はいくつかの要素が重なってなされたものかもしれないが、大規模な疫病の流行による死の予感が直接的で最も大きな要因であったことは間違いない。ダティーニは、この頃、老齢にあって病み、死を意識していたが、この大規模な疫病が迫っていると知らされ、この疫病と死への恐怖が高まっていたなかで、まずビアンキの改悛の巡礼に参加し、次に、フィレンツェのサンタ・マリア・ノヴェッラ聖堂の托鉢修道士ドミーニチや友人のマッツェイの慈善行為に向けた助言を得て、遺言書を作成したのであった。

ダティーニの手紙を読むと、彼が晩年になる前から、日頃の自分の生活ぶりを振り返り、常にその生活の罪深さをある程度自覚していることがわかる。これは当時の一般のキリスト教徒に共通する傾向であったかもしれない。そもそもキリスト教の考え方においては、人間とは、アダムとエヴァの原罪によって生まれ、それ以後、人間とは、その本性において日々罪を犯す存在であり、罪を犯しては神の愛から離れ、再び「改悛」をもってようやく赦されて、神の愛を回復させるのである。教会とは、改悛によって神の愛を回復させる場であり、毎日おこなわれるミサという重要な儀式もこの改悛と贖罪のための儀式であった。この確立されたメカニズムにあっては、人びとにとって、日々おのれの罪を新たに自覚することは当然のことであったと思われる。一三九六年、ダティーニは妻にこう手紙を書いている。

私が多くのことで罪を犯したのは確かなことだ。そのことは、今、私に非常に重たくのしかかる。そして私が罪を犯したことは、人が死ぬのと同じ位に確かなことだ。しかし、私は、これからは違ったふうにやっていく気でいるのだ」(359)（一三九六年一一月三日）。

こうしたダティーニは、一年間のなかでもとりわけ「四旬節」の時期には、自分が犯した罪を悔いて、深い改悛の情を抱いたのであった。この時代、人びとは「教会暦」にしたがって、「待降節」（降誕祭前の四週間）に始まる一年間をキリストの生涯の出来事を追体験するかたちで暮らしたが、その教会暦では、図6—12「灰の水曜日」、図6—13「灰の水曜日」（灰は「改悛」のしるし）に始まる「四旬節」は、犯した罪の「改悛」を促す一種の特別強調期間であった。それは、キリストがおこなったとされる断食の期間に合わせて「四〇日間」——文字どおり四旬節——つづくものである。それは季節としてはおよそ晩冬を中心とし、この時には教会では華やかな音楽は控えられ、信徒の食生活についても、四〇日間も肉食が禁じられた（ダティーニも他の多くの人びとと共に、この時期には肉食を慎んでいたようである）。この四旬節には、世間においていわば改悛の雰囲気が高められ、おそらくいつもよりも多くの人びとが、教会の告解場に行き、告解聴聞師（聴罪司祭）の前で、七つの秘跡のひとつ「告解の秘跡」（罪の告白と赦免・贖罪）を受けたことであろう。告解聴聞師は、神の代理人として、赦しを乞う信徒に赦免を与えたのである。そしてこの厳粛な期間が済んで、晴れて春の輝かしい「復活祭」（移動祭日。春分後の最初の満月の次の日曜日）を迎えることができるのである。

告解は一二一五年のラテラノ公会議によって規定され、それ以降、キリスト教徒は、少なくとも年に一回は「告解の秘跡」を受けることが義務づけられたのである（なお、現在のカトリック教会では「義務」ではなく、自主的なものとして、おこなわれている図6―14「告解」）。このラテラノ公会議の義務化がどこまで徹底していたかは不明であるが、台頭する托鉢修道会の修道士（告解聴聞師）の需要をいっそう高めることにつながったと考えられる。もともと托鉢修道会は、説教を中心活動として設立されたが（例えば、ドミニコ会の正式名は「説教者修道会」Ordo Fratrum Praedicatorum）、その説教はあくまで「種蒔き」であって、それが成果として認められるのは、信徒一人ひとりが教会に

図6―12　「灰の水曜日」ミラノの教会「マリア・マードレ・デッラ・キエーザ」にて

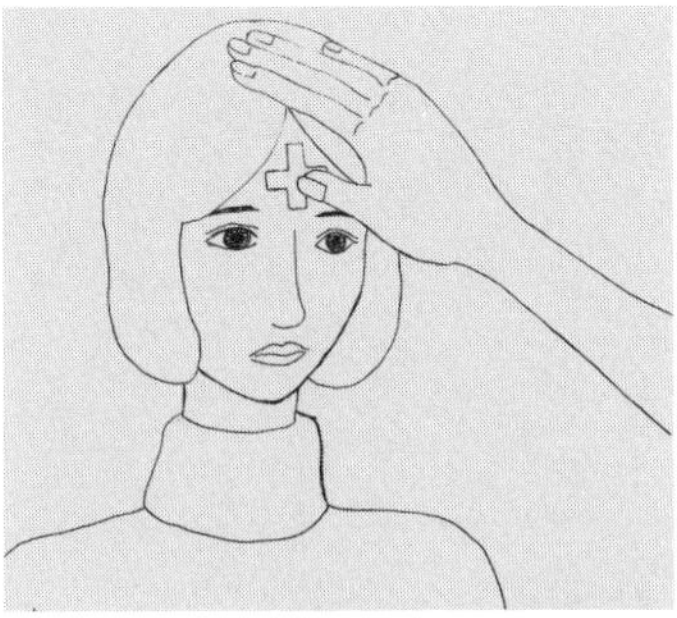

図6―13　「灰の水曜日」
灰は古代から改悛の象徴であった（安藤里沙子氏作）

図6—14　告解（ベルガモ）

ここでは男性は立ったまま告解を受けているが、ふつう、信徒は座って直接顔を合わせず、告解場のなかの聴聞師から、網状の仕切りを挟んで告解を受ける

告解を求めてやって来ることであり、それこそが「刈り入れ」とされた。このたとえはロマンのフンベルトゥス（一二七七年没）による。こうして、托鉢修道会は、宗教的回心を訴える説教のなかで、人びとにしきりに改悛と告解を訴えたのである。

とりわけこの四旬節には、改悛を促す数多くの説教がおこなわれた。その説教では、往々にして、死や来世のことを忘れ、富や欲ばかり追い求めて生活する者に対して、戒めが説かれた。改悛は、キリスト教の本質に関わるものであったことから、この時期は最も重大な時期であったともいえる。しかしその重大さをさらに自覚させ、四旬節をいっそう重大なものとする出来事が相次いだ。それはいったい何であったろうか——

それが一三四〇年代から次々と発生した疫病であった。一三四〇年の最初の深刻な

「疫病」（これはペストではなかった。G・ヴィッラーニも言及している）[360]、それに加えて、一三四八年（シチリアは一三四七年）から次々と周期的に襲うペストであった。

病気とキリスト教との深い関係についていえば、ヨーロッパにペストが流行する以前から、いやそもそもキリスト教が成立した時から、キリスト教では、「病気」は「人が犯した罪の現れ」であるとずっと認識され、最も高い関心が払われてきた（新約聖書では、キリストは病気の治癒者として描かれる）。一四世紀においても、人は神から与えられた病気を甘受し、その克服によって人はその罪が浄められる——治癒すればその罪が贖罪されたと考えられたのである。一四世紀初頭（まだペストが到来していない時期）の例話集にこう書いてある[361]——

聖教父はこう言った。

「お前はわしに病気を治してほしいと望んでいるが、病気は必要なものなのだ。なぜなら薬が病んだ体を治してくれるように、病気は罪深い霊魂を浄めてくれるからである。」

しかし、今や、一四世紀の四〇年代になって、「浄罪」のはずの病気で人びとの命が奪われてしまう。「贖罪」としてこの世において死を甘受せねばならない。この状況は、聖職者にとって、すべての信徒に罪の自覚、改悛を導く格好の機会となった。災難の多かった一四世紀は、その当初から飢饉が多発し、それもまた神罰であると当時からみなされていたが[362]、特に一三四〇年にフィレンツェで大量死をもたらした疫病（ヴィッラーニによると一万五〇〇〇人死亡）を経て、疫病はどれも規模において圧倒的であり、それはあらためて疫病の「神罰」としての性格を痛感させるものであった。

この疫病の衝撃に対して、対照的な二様の反応があった。

一方では、鞭打ち苦行団の反応のように――「鞭打ち行為」は、宗教的には「肉体蔑視」と「贖罪」の象徴である――、みずからの罪をみずからの半裸の体を鞭打って、血しぶきをあげる壮絶な行列をおこない、神に対して改悛と贖罪のアピールをする者が現れた。個人でなく集団でアピールすることの方が神に伝わると考えられた。もう一方の反応は、もっと穏やかなものであった。教会において、托鉢修道士らの聖職者は、告解の秘跡の重要性、とりわけ四旬節における改悛と贖罪の重要性を強い説得力をもって改めて説いた。彼ら托鉢修道士の本領こそ、信徒集団への「説教」（＝「種蒔き」）による《全体指導》であり、その説教の成果は、一人ひとりの信徒が個別に告解場にやって来ておこなう「改悛」（＝「刈り入れ」）の受け入れ（告解聴聞）という《個別指導》であった。黒死病の年にフィレンツェのサンタ・マリア・ノヴェッラ聖堂のドミニコ会修道院長であったヤーコポ・パッサヴァンティ（一三〇〇頃～一三五七）が、黒死病直後（一三五〇年代）に『真の改悛の鑑』（四九の説教例話集）(363)を執筆し、人が四旬節においてどのように改悛をすべきかをわかりやすく説いたのも、疫病によって改悛の重要性が再認識されたという背景が作用している。その説教例話集には、強盗や娼婦などの改悛（懺悔）が、様々な「実例」と模範（鑑）によって生々しく示され、説教師の《全体指導》と告解聴聞師の《個別指導》のあり方が示されている。

ダティーニもこうした時代の背景から、多くの人と同じく四旬節に信徒がおこなうべき事柄について真剣にこころを傾け、実践したようである。こうしたなか、ダティーニの妻のマルゲリータも、この時期に足しげく説教を聞きに教会へ通い、すばらしい説教があれば、手紙を書いて出張先（フィレンツェ）の夫に、プラートに戻って来て、それを聞くように勧めたのであった。

　出来るだけ急いで来た方がいいですよ――というのも、この修道士がこれほどすばらしい説教をしたことはありませんからね。これを聞いたら、ほかの説教などは、どれもばかばかしく思いますよ。あなたがここ数日の説教を聞き逃したのは残念なことですよ。このような説教がいつまた聞けるかは、神様にしかわかりませんから[364]（一四〇〇年四月八日）。

ダティーニも、四旬節の説教を聞いて、次のように、自分のこれまでの金儲けに明け暮れする生活から足を洗うべきだと——ほんの一瞬だったかもしれないが——感じたこともあったようである。ダティーニは一三九一年の四旬節で年長の共同経営者（ストルド・ディ・ロレンツォ）に手紙でこう書いている。

私はうまく自己制御できず、義務としてやるべきことをしなかったので、この四旬節にわずか六回しか説教を聴かなかった。私のような身分の者には、まことにご立派な生活ぶりだよ。だから覚えておくがいい——私は、これまで私が過ごしたような生活はもはや金輪際つづけるつもりはない。もうあくせく働くつもりはない……。君にこう言うのも、もう君に新しい仕事を引き受けないように気をつけてもらいたいからだ。だから、これまでやったことに決着をつけたい。そこで、これまでとは違ったやり方で生きていくつもりだよ[365]（一三九一年三月一八日）。

ここでもまた再び「別の生き方」が決心されている。しかし、これもまた実行されずじまいに終わってしまう。また、次のことばも四旬節の説教を聞いた時のダティーニの手紙である。

「私は砂の上に足場を築いた。そして壁が崩れかけている。私がいっそう大きな望みをかけたのは、俗世の人びとに対してであって、神に対してではなかった。そして俗世の人びとの方は私によく報いてくれたのだが」[366]。
「私は生涯ずっと過ちを犯せる限り犯してきた。うまく自分を制御できず、規律をもつことができず、間違いをしてきた。その罰は甘んじて耐え忍ぶよ。だが、ヨブのようなおこないができたらいいのに。ヨブは神に感謝したのだ。私にはヨブがしたようなことはどうにもできないだろう。なぜなら私はあまり神には受け入れられていないからだ」(367)。

(ii)　商業と貪欲

ここでは神から与えられたあらゆる苦難に耐えて神の栄光に浴した旧約聖書の義人ヨブへの敬愛が述べられている。ヨブの体に現われた皮膚病の症状は、ペストで死んだ人の黒ずんだ皮膚と重ね合わされて考えられたことから、ヨブはペスト期において人気のある義人となった。しかし、こうしたヨブの高い信仰をめざす「決心」にもかかわらず、四旬節が過ぎてしまうと、ダティーニは再び商売のもうけを求める生活に舞い戻ってしまった。商品の買い付けや輸送、支社への連絡、寝る間も惜しむ帳簿への記入、各商館を東奔西走する仕事に舞い戻ってしまったのである。そして、実は、舞い戻ってしまった彼の仕事そのものが問題であったのである。すなわち彼の仕事である商業、これがまた問題と考えられていたのである。

もともと、キリスト教的見地からは、農業のように、目に見えるかたちで「作物」を収穫する仕事、「無」から「有」をつくる仕事は、「生産的なもの」としてよしとされた。また、聖書において、神の掟を破って楽園を追放された人間が、その贖罪のためにまずおこなったのが汗を流す労働、耕作であったことからも、農業は大いに正当化された。その一方、右にあるものをただ単に左に移すだけで営利を得る商業は、「非生産的なもの」であり、経済倫理的に問題があると考えられたのである。この意味でフィンクルの聖ゴドリクのように、回心して、商人から隠修士に転身することほど、見事な転身はなかったかもしれない(368)。

たしかに、事実として、この商業活動そのものに付随する問題性は、すでに述べたように、時代の流れとともに、都市の政治において商人が支配的存在になるにつれて、また、世俗的価値が頭をもたげて来る社会において、次第に現実には大目に見られるようになっていった面もあった(369)。しかし、それでも高利で稼ぐ高利貸・銀行業や、為替業務を高利獲得の「隠れ蓑（みの）」とする業務は、都市でも「不当利得」を得る業務として、貪欲を戒めるキリスト教的な経済倫理から問題視される場合が多かったのである。そしてこの「不当利得」にダティーニも、いささかではあるが関与していたのは否定しがたい事実であった。実際のところ、当時「不当利得」と呼ばれた業務にダティーニが関与していたことを、彼自らが認めている文書がある。それが彼の遺言書（その前半）である。そこでは「不当利得」で得た儲けを返却するために、つまり「富の返還」のために、一五〇〇フィオリーノもの巨額の金が彼によって用意されたのである。これはダティーニが商業で犯した罪を償い、天国へ行くための条件として、托鉢修道士から提示された金額であった(370)。

このように問題の多い仕事に関わるダティーニに対して、日常的レベルで親身になって節度を教え、貪欲を戒めて助言したのが、ダティーニが信頼する親友で、公証人であったマッツェイ（ラーポ・マッツェイ）であった。マッツェイは、伝統的な価値観に支えられていて、貪欲というものが、「必要以上のものをほしがることである」（アウグスティヌス）(371)ということ、また「際限のない所有欲、いやもっと適切には、富の蓄積に目がくらんだ一種の枯渇状態」であることを知っていて、節度と中庸を教えたのである。類似したことばは、人文主義者ボッジョ・ブラッチョリーニ（一三八〇～一四五九）の『貪欲論』にも認められる(372)。マッツェイこそは、先に述べたように、清貧な生活に甘んじ、施療院で日々貧民救済の活動に励む敬虔な人であった。トマス・アクィナスを通じて、アリストテレスの哲学が復活していたこの時代において、《貪欲》と《中庸》は対置されていた。このマッツェイは手紙でこう書いてよこした。

　君が、自分の周りを壁で固めて、何も改めないままに、こうした事業に対して、過度の貪欲さと、過度の欲求と、過度の慰めと、過度の不安をもって取り組んでいることは、遺憾に思われます。そしてそのようなことはよくないことです。賢明な者は、そのようなことに打ち勝つことを考えなければなりませんし、そのように欲求に走らぬように考えなければなりません。むしろ適度と調和をもって物事をおこなうことを考えるべきです。これは友人からの助言です……。考えてもみてください――下女が女主人を支配しているような家は気持ちのいい家ではありません。同じように、霊魂のなかで、欲望が理性に優っているような状態は、神を不愉快にさせます(373)（一三九六年一月二四日）。

また、ダティーニの商売の共同経営者ドメニコ・ディ・カンビオでさえも、彼の度を超した貪欲な姿勢をいさめて、「どうかお願いですから、空を飛んでいる鳥をどれもこれも捕らえようとすることはやめて下さい。神が貸してくださったもので満足して下さい」と手紙で書いてきた(374)。また、一三歳から一四歳の頃、ペストで両親を失い孤児となったダティーニの面倒を見てくれた最愛の養母ピエーラからも「全世界を自分のものにしようと思ってはいけません」と諫められたし(375)、さらにプラートの旧友で、アヴィニョンから文通していたニッコロッツォ・ディ・ナルドからもこう手紙で戒められていた――

神は、君がこの世のものを手に入れることに多大な恩恵を与えてくれたし、今も与えてくれていることは君もわかっているね――神が褒め称えられますように！　また、君はこれまで大きな気苦労に耐えてきたし、今もまたそれに耐えている。お願いだから、他国人のためにそんなにあくせく働き、苦労を続けないでください。私が望むのは、君の記憶が残って、死後、君のために誰かが祈ってくれることです。あれこれすべてをほしがってはいけません。君はもう十分なほどたくさん持っているのですから(376)。

また、よく妻からも、欲望を抑えるように注意されたのであった。こうした周囲からの助言をダティーニは素直に聞くだけの耳はもっていた。というのも、この時代を生きる他の人びとと同様に、ダティーニも、その心性にお

図6―15　フェッラウ・ダ・ファエンツァ《最後の審判》

いて、罪を犯した者が来世で受けるはずの責め苦を十分自覚し、恐れていたからである。ダティーニは、ダンテの『神曲』にある程度通じていて、ダンテがリアルに描いた七つの大罪に対して与えられる劫罰の世界――地獄と煉獄の世界――を意識していたようである。また、ダティーニは、――ダンテの場合、フィレンツェの洗礼堂の天井画で見たが――おそらく教会の西側（西は「終末」の象徴である）の入り口を入ってから、振り返って見上げたところなどに描かれた《最後の審判》の地獄絵を、フィクションではなく起こりうる現実の世界のものとして受け入れていたはずだからである。それは中近世の人びとにとってごくあたりまえのことであった。――そもそも死後の世界に関わるキリスト教の教え、すなわち霊魂の不滅、天国と地獄の存在、最後の審判の教えは、この時代に絶対的なものとして信じられ、疑われることはなかったと考えられる(377)。なお図6―15「フェッラウ・ダ・ファエンツァ《最後の審判》」はトーディ（ウンブリア州）大聖堂の西側（つまりファサードの裏側）に描かれている一六世紀の大作である。

(ⅲ) 生活と心性の中心に君臨する宗教性

実際、トスカーナの中世末期のトレチェントにおいても、宗教は、政治社会や家庭生活を支配する中心的な要素のひとつであった。教会とは無縁のはずの世俗の多くの物事においても、宗教的要素が強く認められ、例えば、国政をおこなう政庁（「市庁舎」）においても、数多くの宗教画が描かれ、公式な儀式として神や聖人に対して祈願がなされ、その備え付けられた礼拝堂ではミサが執りおこなわれていた。フィレンツェの場合、都市の議会（評議会）の評決は修道士がおこなった。都市を上げての宗教的イヴェントもその実行において都市政府がしばしば指導的であった。聖遺物は都市のシンボルとして必要とされた(378)。孤児院や隔離病棟の設立という慈善事業も都市が主体となった。こうしたことの背景には、世俗世界そのものが神の支配のもとにあり、それに逆らって神の怒りを買えば、疫病・天災・戦争その他の不幸がもたらされると考えられていたからであった。信徒の自主的な宗教的な集まりである信心会（兄弟会）に対しても、別の宗教的理念から政府が介入し、活動と組織の廃止を命じたのである(379)。臨終に際して、遺言書の作成が先か、終油の秘跡が先かといった宗教的問題に対しても都市政府は見解を出して、影響力を及ぼしたのである。

また、当時、制作される美術品は、「実用的なもの」がほとんどであった。それは公私いずれにおいても、ほとんどの場合、宗教的な場所に設置して人が崇めるための「実用品」であった――それを我々は現在、美術館で「美術品」として「鑑賞」しているのである。救済を頂点とする理念のなかで政治も芸術も位置づけられていた。

さらに、色欲をタブーとする宗教的規制が、《食生活》と《性生活》のあり方に対してまで及んだ。まず、年間にして延べ百数十日ほどに達する日曜日・祝祭日は、聖なる日として、肉食は禁じられた。家畜などの動物は「交は含まれなかった。それというのは、魚は交尾で生まれていないという認識によるものである。

ここでは、結婚生活の営みをめぐって、二つのものの対立と兼ね合いがあった。すなわち、「色欲」と「子孫の存続」とである。キリスト教が成立した頃の禁欲思想がここに生きていて、色欲は悪とされ、規制の要を成した。しかしそれを完全に閉め出せば、子は生まれずに人類は滅んでしまう。また、キリスト教成立以前の旧約聖書にあるように、神は人間に「生めよ、増えよ」と命じた（キリスト教自体が旧約と新約の二つの聖書の調停を強いられていた。調停は初期キリスト教の理論形成の礎となった教父の仕事だった）(380)。そこでローマ・カトリック教会は人間を二種類に分けて、分業を制度化して、聖職者は結婚せず、聖性（霊性）を追求する。その聖性のもとに、俗人の過ちを神から赦されるように、神と人間の間に立って両者のとりなしをする。一方、俗人には、神の命令のもとに結婚は善なるものとして許され、世俗世界での悪徳による多少の過ち（小罪）は、聖職者が修行で獲得した聖性の恩恵に浴して、神にとりなしをしてもらい、赦されることになる。

「結婚は善であり、欲は悪である。そして夫婦間の行為は善と悪の混合である」（J・モレイ）(381)。つまり、性欲は夫婦が子どもをつくる手段としてのみ許された（つまり性交は「快楽」を「目的」にしてはならなかった）。教父アウグスティヌスは、俗人の色欲は、あくまで子孫の存続のためにのみ許容され、それゆえに性交によって快楽を楽しんではならないと教えた（アウグスティヌスは長い間、愛人と同棲生活を営んでおり、子どもまでいた立派な経験者であった）。ここで、子が生まれないように操作することは、子どもを殺すことと同罪とされた。夫婦は、毎晩寝室を共にすることから、毎晩、一触即発のむずかしい立場にさらされた性欲のあり方について、数多くのスコラ神学者たちをも悩ませ、その位置づけの問題は議論を刺激した。彼らは、寝室で裸の二人でなされるありとあらゆる性的行為を想定して――おそらく彼ら神学者は、アウグスティヌスと違って、結婚生活を知らないはずなのに――具体的に性的行為を分析した。つまり、性的行為の状況・場面（祝祭日、生理日、妊娠中）(382)、性的行為の相手、性交の体位、射精の時期、そして性交中の意識――たとえば妻と交わるときにほかの女を頭に思い浮かべているか――などを実に事細かに列挙・分類し、神から離れる罪深さの程度、さらには冒瀆の度合いを、まじめな顔をして、分析したのであった――「これは《小罪》である」（赦される）、「これは《大罪》である」（赦されない）と(383)。あるいは、犯した罪に対して贖罪の内容（パンと水だけの生活など）まで用意した(384)。そして、どこまで許容され（小罪）、どこから許容されないか（大罪）、真剣に論じ、論争が論争を生んだ(385)。彼らスコラ学者の名誉のために言えば、彼らは決して好色の思いからそうするのではなかった。アウグスティヌスが、色欲は、人が「神の国」（天国）に行くための大きな障害として論じたからであった(386)。キリスト教徒を天国に送り出すのはまさに聖職者の務めであり、その意味で色欲のあり方を公式化しようと努めたのである。

告解場（懺悔室）では信徒側から色々な罪の告白があっただろう。告解場で色欲や性生活の問題が出なかったはずはない。権威とされる存在、教父アウグスティヌスはまだしもトマス・アクィナスを直接読んだ告解聴聞師は少なかったはずである。しかし、口づてに伝えられた教父の色欲論は、聖職者の間で権威として受容され、さらに一般の人びとの間でもおそらくそのようなもの（色欲＝悪徳）として受容されていたであろう。ことによると、アウグスティヌスでさえ、古代から継承されたそうした人びとの心性をベースに理論化したのかもしれない。そもそも人間には、性欲を恥ずかしいものとする傾向が本来的に備わっているのかもしれない。

こうして夫婦の《性生活》の禁欲が設定された。一年間に数多くの禁欲日が――どこまで徹底したかは不明であるが――定められていた(387)。特に四旬節は色欲を最も慎むべき期間であった。研究者によれば、この時代に生まれた子どもについて、その誕生日から逆算して懐妊した時期を割り出すと、四旬節の時期の妊娠した子どもの数は他の時期のそれより少ないという。

商業活動や生産活動にさえ宗教的な要素が生きていた。たとえば、都市の商人からなる組合（アルテ）で定められた規約によって、「主日」の曜日である日曜日は一週間のなかで最も神聖な日であり、この日にはフィレンツェでは処刑は避けられ（役人もいやがった）、その前日の土曜日に執行されたという[388]。そして、日曜日とともに、祝祭日――これもまた宗教的なものばかりである――とともに、労働することは禁止されていた。この禁止によって、フィレンツェの場合、およそ年間一二二日もの祝祭日が存在し、この日の労働の禁止は、「日雇い労働者」であるチョンピなどの多くの下層民の生活苦を助長していた[389]。また、契約日や税・借金の支払い日、市場の開催日などは聖人の祝祭日に設定されることが多かったし、契約書・遺言書の冒頭の書き出しのフレーズや本文中の文言にもキリスト教独特の表現が認められた（それはレトリックであるとは言い切れないものである）。私は、試みに、ダティーニ研究者のG・リーヴィの研究書の巻末に紹介されている書簡集を利用して調べてみたが、ダティーニの私的な手紙には、注目すべきことに、一〇行に一度の頻度で「神（Dio, Iddio）」ということばが登場していることを確認した[390]。

　こうしたことから商人の営利の獲得の仕方も、先に述べたように、「七つの大罪」（これも実はキリスト教以前の古代ローマの心性が蓄積されたものであり、先行する時代を継承している）のひとつである「貪欲」に反しないように、聖職者から強い規制や圧力を受けた。それに反すれば、教会の墓地に埋葬されてもらえず、よって死後、霊魂は地獄に堕ちるものとされたのである。墓のない霊魂は、はかない運命にあり、地獄行きであった。霊魂は「不滅」であり、死後は「永遠」であったから、これは「永遠の劫罰」であった。この規制や圧力は、我々、現代日本を生きる多くの者には想像がしがたいものかもしれないが、当時としては決定的な重要性をもち、実際、商人ダティーニもこうした規制や圧力に敏感であったのだ。その敏感な「心性」は、「行動」となって象徴的に現れたのである。繰り返すが、行動は心性の表象である。

第四節　第六回目のペストと心性の現れとしてのダティーニの「実行」

(一)　第一の「実行」としてのビアンキの改悛巡礼への参加

ダティーニは、一般的なキリスト教徒として常に罪の意識にさらされていたといえるが、さらに個人的には、既に見たように、いくつもの大きな罪を犯していた。まず、「やましい」業務に携わった貪欲な商人であった――すなわち、貪欲の罪。また、部下や家族に対してがみがみと怒り散らしていた――すなわち、怒りの罪。加えて肉体的な快楽を追い求めてやまず、「肉体の快楽をすべて知っている男」「女を囲う男」(マッツェイ)であった――すなわち、色欲の罪。こうしたみずからの過去からも、強く罪の意識や良心の呵責を感じていたようである(391)。また、友人や妻や養母などの周辺の人たちからそうした日々の罪の贖罪を促す助言もよく受けたのである。その結果、彼の罪の意識は、先に見たように、時々、一時的ながら、「別の生き方」を「決心」するかたちで現れていた。しかし、「実行」にはなかなか至らなかったのであった。

ところが、年老いて、日々病気の痛みを感じるようになり、まさに「死」が間近であるという自覚によって、この呵責はいっそう強化されるようになった。これまで蓄積した過去の罪をどうにか贖罪をしなくては、という差し迫った思いが募ってきたのであった。そしてついに「決心」を「実行」に移す機会を与えられたのであった。それが一三九九年から一四〇〇年におこなわれた二つの実行、すなわち(一)「ビアンキの改悛の巡礼への参加」、(二)「遺言書の作成」(内容的に慈善行為の実施)であった。しかし、この踏み込みには、実は周囲や状況の後押しがあってようやくなされたものであった。ダティーニの心性に新しい状況と周囲の動きが作用して行動が起こされたのである。

フィレンツェでは、一三六三年に二度目のペストが発生した後、その一〇年後の一三七三年に三度目のペストが発生し、さらにそれから一〇年後の一三八三年に四度目のペストが発生した。このようにペストはこの頃、ちょうど一〇年毎に発生し、毎回大量死をもたらしていた。したがって一三九〇年代末のこの時点では、六度目がやって来ても少しもおかしくはなかったのである。そして、実際、少し遅れながらも、やはりやって来たのであった。この疫病は、一三九八年から九九年にかけて、ジェノヴァ、ヴェネツィア、フェッラーラなどのイタリア北部の地域一帯で蔓延し、猛威を振るった。その勢いからいよいよ次にトスカーナ地方に南下してくるのは必至であった。

この六度目のペストの知らせはダティーニとフィレンツェの多くの人びとを震撼させたが、それに呼応して北イタリアで改悛の巡礼が猛烈な勢いで流行していることをダティーニは知らされる。そうした死の恐怖と高まる改悛の雰囲気のなかで、ダティーニはようやく「決心」を「実行」に移したのである。

一四〇〇年という年は、一三〇〇年、一三五〇年に続く三度目の「聖年」（ジュビレーオ、ユビレウム）の年であった。最初の聖年の年である一三〇〇年は、ボニファティウス八世（在位一二九四〜一三〇三）によって全キリスト教世界に向かってローマ巡礼が呼びかけられ、はるばる巡礼に来た者には罪の赦しがおこなわれた。二度目の聖年は、ヨーロッパで一三四八年のペストの大悲劇があった翌々年、すなわち一三五〇年であった。ペストは神の怒りであると考えられたことから、神から赦しを得られるという巡礼は、当時の人びとの思いと一致した。こうして一三五〇年には、罪を自覚した非常に多くの人びとが、贖罪を求めてローマに向かいヨーロッパ的な巡礼運動となった。これには、ペトラルカをはじめとする多くの人びとが続々とローマを目指して大巡礼となった——しかし、皮肉なことに、この巡礼には疫病患者も含まれていたことから、ローマの最終的な中継地点のひとつであるオルヴィエートでは、疫病感染による大混乱が生じた(392)。

一三九九年、すなわち一四〇〇年の聖年の前年において、改悛のための巡礼の機運が高まりつつあった。この巡礼は、ほかの聖年と違って、ひとりの貧しい農民がマリアから受けた「お告げ」にしたがって、近隣地域の教会を九日間巡礼してまわることが目指された（ローマを目指すものではなかった）。これは、イタリアにおいて大きなうねりとなって大勢の人びとを巻き込む歴史的な大運動となった。この巡礼こそ、イタリアの北部と中部に急速に広がった、世に有名な「ビアンキの改悛巡礼」（図6—16「ビアンキの改悛巡礼」）であった(393)。「ビアンキ」（「白」「白衣」の意）の改悛巡礼は、イタリアの中北部の多くの人びとが共通の心性を抱き、神への罰の恐れと贖罪・改悛の必要を抱いていたことのあらわれであろう。また、ここには、個人の心性が運動という集団的なものに巻き込まれ、さらに別の集団的な動きを刺激していく連鎖反応の有り様がよく示さている。ひとつの都市の市民は、別の都市から来た集団の運動を見て刺激され、今度は自分たちが、急遽一切の仕事を放棄して、九日間つづけて運動を起こし

図6—16　ビアンキの改悛巡礼

て別の都市に向かって巡礼をしたのであった。こうした波及的な宗教的な現象は、現代では考えられないことである。これは、確かにひとつに集団心理の作用もあろうが、当時においては、結集して大きな群衆になればなるほど、人びとの改悛の強い思いは、大きなうねりとなって神の御心に届くであろうと、当時信じられていたことによるものでもある(394)。

(二)　ビアンキの巡礼の発端とその背景

このビアンキの改悛巡礼の運動の発端については、「ピストイアの年代記作家ルーカ・ドミーニチの『年代記』より」に述べられている(395)。それは、北イタリアに住む一人の貧しい農民が、聖母マリアから「お告げ」を受けるというものであった。この貧しい農民によると、人間の悪行に対して怒りに燃えた神キリストが、罪深い人間の世の中を全滅させようとして、疫病を蔓延させようとした。すると聖母マリアがそうならないように、その農民に「九日間の改悛の巡礼をしてキリストに赦しを乞いなさい」と伝えたという。次にそのマリアのことばの一部を紹介する。

聖母マリアはこう言われた――

「……どの男にも、またどの女にも、子どもにも、司祭にも修道士にも、どの年齢の人にも、今私が着ているように白い麻の服を着せなさい。あるいは鞭打ち苦行団のような服装を着せなさい――女は頭に朱色の十字架のついた頭巾を被り、男は肩に朱色の十字架を背負って頭巾を被り、それぞれ自らを鞭打ちながら、九日間にわたって十字架のキリスト像を先頭に、列をなして歩き、できる限りの声を張り上げて「ご慈悲を、ご慈悲を、ご慈悲を。平和を、平和を、平和を」と叫びなさい。そして都市のなかで眠らずに、八日間この服を脱がずに、寝台で眠らずに、毎朝どこかの都市や町に入って少なくとも三つの教会を訪ね、ひとつの教会で荘厳ミサを歌い、説教をしてもらい、肉を食べずに、第一土曜日にはパンと水だけの節食をして、裸足で歩いて、大きな声で次のような文句の賛歌や真の続誦を歌いなさい。「悲嘆に暮れる聖母は涙にむせび、御子が刑を受けたる十字架のもとにたたずみ給えり」。そしてその他のよき賛歌とオラトリオを歌いなさい。すべてのキリスト教徒はまる九日間、昼も夜もこのような行為をしなさい。あなたたちがこのようにしている間、私は天に昇って御子の前に出るでしょう。あなたたちと同じように私もまた昼も夜も祈ります。そしておそらく我が子キリストは、慈悲と恩寵のこころにあふれて、少なくともそのような行為に励む者たちに対しては、そのような罰〔世界を破滅させる罰〕をおこなうのを撤回するでしょう。

すべての国々のためにそれを始めなさい。そして私が言ったことをしなさい。そしてよき信仰の心を抱いてそれをおこないなさい。そして先の私が言ったようなやり方で、すべての都市、町、村、そしてすべてのキリスト教世界をまわって昼も夜も涙を流しなさい。そして改悛し、お互いに赦し合い、あなたたちの間で平和を確立しなさい」。

この運動は、基本的に見て、迫るペストの脅威を背景にして、改悛と懺悔を訴える運動にほかならなかったが、同時に、別の特異な本質的な側面も備えていた。それは、マリアの「お告げ」のなかで示されているように、《平和》のスローガンを強調していることであり、また、それが事実上、この運動の中核をなしていたということである。確かに、この「お告げ」と内容的によく似た伝承は、実は他にもリグーリア地方やピエモンテ地方などに存在していており、どこが最初の伝承であったかははっきりしない。しかし、運動が最初に発生した場所としてははっきり確認できるのは、リグーリアの海岸を見下ろす山岳地帯、すなわちジェノヴァの西方のヴォルトリ、オルトレジョーゴ、ポルチェーヴェラなどの地域であった。そしてこの辺りは政治抗争が極めて激しい地域であった[396]。この運動で《平和》が叫ばれた背景のひとつに、この地域の政治抗争という実態が存在していたと考えられている。しかし、リグーリア地方（あるいはピエモンテ地方かもしれない）から始まった平和の運動が、イタリア中北部全体を席巻する一大運動にまで発展したことを考えると、この地域の政治抗争という背景だけでは十分に説明しきれず、むしろこの時代にキリスト教徒全般の憂慮の的となっていた大きな宗教的抗争の問題、すなわち大シスマ（教会分裂）の問題が背景にあったことも指摘されている。これがイタリア中北部全体を席巻した大きな理由のひとつかもしれない。──つまり、具体的に言えば、キリスト教徒として人が天国の門に入る鍵をどちらの教皇が握っているのか。ペテロは、その鍵をアヴィニョンの教皇に渡したのか、それともローマの教皇に渡したのかという問題であり、これはキリスト教徒全体にとって救済と教会制度のあり方そのものを根底から揺るがす一大問題であった。これは、全キリスト教徒にとって、ごく一握りの者たちが参戦した十字軍や百年戦争などよりも──比較する必要はないのだが──はるかに深刻な身近な問題として受け止められ、当時ほとんど誰でも話題にした問題であった(397)。

実際のところ、ピエモンテやリグーリアの地域はアヴィニョンとローマのちょうど中間点に位置することから、その地域の人びとにとって、どちらの教皇によって任命された司教が正統なのかは、目の前の深刻で現実的な問題であった。平和によって正統の教皇が確立されてほしいという切実な願いが、この地域での運動の発生を説明するものかもしれない。

それとともに、イタリア中北部全体を席巻したひとつの理由は、やはりペストによる恐怖をあげなければならないだろう。生きている人間にとって一番大事なことは、ハムレットではないが、生きるか死ぬかである。ペストを前に人は、自分が生き残るか、死に絶えるかのいずれかをイメージしたはずである。神罰としてのペスト死を恐れ、神に対して一大行列もってみずからの罪を悔いて改悛し、神のみ心にしたがって、残る人生をやりなおそうと思ったのではないだろうか(398)。

マリアのお告げに刺激されて、ジェノヴァの北部・西部の山岳地帯に発生したビアンキの巡礼団は、まずジェノヴァ市内に向かった。一三九九年七月五日、土曜日の朝、およそ五〇〇〇人の男、女、子どもがジェノヴァ市の門に到着した。そしてサン・ロレンツォ大聖堂で大司教をはじめ多くの聖職者のもとにミサが執り行われ、人びとは祈禱したのであった。それからこの運動は、ジェノヴァの町中の市民を宗教的熱狂に包み込むものとなった。このジェノヴァのビアンキの熱狂ぶりについて、ジェノヴァ支社の商館に派遣されていたダティーニの部下は、ダティーニにこう報告している（一三九九年七月一三日付）(399)。

こんなことはこれまで見たことがありません。最初の日には二万人を数えました。男も女も、全員が都市からやって来ました。人びとの数は今言ったよりももっと多いのです。多くの奇跡が報告されています。私にとって最もすごくて最高に印象的なのは、彼らが平和をもたらし、受けた危害を許すことです。人はこのことが神からもたらされたものであると考えています。彼らは行列をなして、これからレッコ（Recco）へ行くと思われています。そしてそこで歓迎されるのです。これは大変な熱狂ぶりで、それは海岸沿いに広がっていくように思えます。行く先々いたるところで平和をもたらすことでしょう。これが神に祝福されますように。

そして巡礼団は、二手に分かれた。地図6―3「イタリアの北部・中部におけるビアンキの改悛巡礼の広がり」(400)は、ビアンキの運動の流れを全体的に見たものである。リグーリア地方から端を発して、一方は東進してロンバルディーア地方とヴェーネト地方へ、他方はリグーリア地方を海岸沿いに南下してトスカーナ地方へ向かい、ローマに達した。この運動は急速な勢いで四方八方に拡散し、燎原の火のごとく各地に広がったのである――。

この運動には、従来の巡礼の運動とは異なった珍しい特徴が存在した。まずこの巡礼は、行き先として共通の特定の巡礼地をもっていなかった。巡礼先はどこでもよかった。そして決まった服装として誰も共通に巡礼用の長い白衣を着ており、九日間（あるいは九泊）の期間、《平和》を呼びかけて練り歩き、近隣の都市（コムーネ）や農村コムーネの教会（最低三つ）を次々と巡り、そこでミサを挙げて祈禱をして帰ってくるというものであった。ある程

地図6―3　イタリアの北部・中部におけるビアンキの改悛巡礼の広がり
（**Daniel E. Bornstein, *The Bianchi of 1399 : Popular Devotion in Late Medieval Italy,* Ithaca, 1993, 69.**）

度までは、ほとんど誰にでも可能な範囲の巡礼であったことから、大勢の人が参加した。隣の都市からやって来た巡礼団を見たその都市の人びとは、その宗教的熱狂に刺激されて、今度は彼らがみずから近隣の別のコムーネに向かい、そこで今度は他のコムーネの人びとを刺激し、ちょうど玉突きやドミノ倒しのように一種の連鎖反応を起こした。例外もあったが、多くの都市は市門を開けて巡礼団を歓迎した。

ビアンキの改悛の巡礼団の宗教的熱狂ぶりはすさまじいものであったにもかかわらず、その行列は、平和を唱えるだけであって、秩序正しく、俗人と聖職者が協力しておこなわれており、カトリック教会の規律からの逸脱はなかったという。その巡礼の先頭に司教が立つこともあった。概してそれは穏健なもので、一三四八年のペストの時に流行した鞭打ち苦行団（結局その過激さから禁止された）のように、みずから鞭で半裸の体を鞭打って血がほとばしるような壮絶な苦行（さらにはユダヤ人迫害）に走ることはなかった。ビアンキの場合、その鞭打ち行為は、ただ単に象徴的な意味でおこなわれたにすぎなかった。スローガンとして罪の改悛と平和を近隣の諸都市の人びとに訴えるものであった。実際、トスカーナではピストイアやルッカの場合のように、そこでの長年の政治的抗争を和解させたところもあった。そこにはノーマン・コーンが指摘するような終末論的なメッセージはなかったのである(401)。巡礼中、いわゆる肉食は禁じられた。しかし、パンや野菜や菓子類は自由に食べることができた。

(三)　トスカーナ地方のビアンキの運動の展開

リグーリアから南下してやって来たビアンキの巡礼は、我々のダティーニの住むフィレンツェにどのような勢いで流れ込んで来たのであろうか。以下、年代記（主にジョヴァンニ・セルカンビ・ダ・ルッカの年代記）にもとづくD・A・ボーンシュタインの研究から紹介する(402)。**地図6—4「イタリアの中部におけるビアンキの改悛巡礼の広がり」**(403)は、トスカーナを中心とした運動の大まかな流れである。

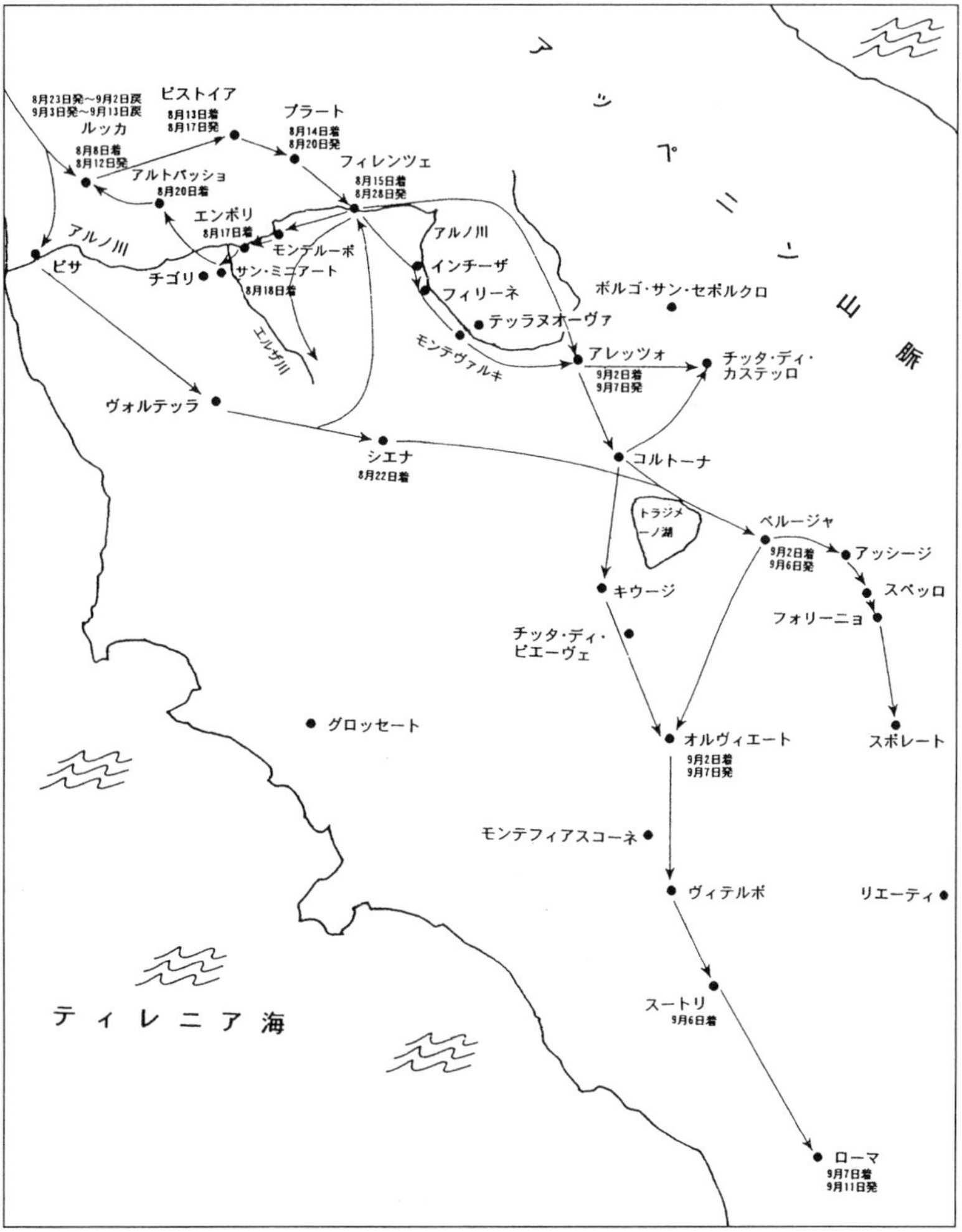

地図６－４　イタリアの中部におけるビアンキの改悛巡礼の広がり

（**Bornstein, *The Bianchi,* 86.**）（筆者が一部加筆）

まず、ルッカ（人口一〜二万人）では、八月一〇日、北方のピエトラサンタから来た人びとが、ビアンキ巡礼の熱狂を残して立ち去ったが、その日、刺激されたルッカ市民のなかには、巡礼に即刻出発すべきであるという積極派と、それほどでもない消極派とに分かれた。積極派の市民は、ドミニコ会の教会（サン・ロマーノ教会）において、ドミニコ会士数名とともに、ビアンキの巡礼の開始日を翌々日とすると決定。ルッカの元老院はその計画を知り、巡礼の中止を命じたものの、積極派の市民は一〇〇〇人以上もの人を集め、予定どおりに八月一二日に出発。その夜、ピストイア近郊のヴァルディニエーヴォレで夜を過ごしたが、この時には約二〇〇〇人を数えた。翌日ピストイアに到着し、ここでは大歓迎され、その夕方に東方のプラートに向かった。八月一四日にプラートのサンタ・マリア・デッレ・カルチェッリ教会に行き、霊験あらたかなチントーレの聖母を参拝してから出発、次に野宿。八月一五日（別の年代記では一六日）、フィレンツェに入場。サンタ・クローチェ教会で奇跡の治癒をおこなったものの、フィレンツェ市民からは全体として懐疑の念で迎えられた。一行はフィレンツェを立ち去る決心をする。その晩、アルノ川沿いで野宿。ラストラ（一六日）、エンポリ（一七日）、サン・ミニアートとサンタ・クローチェ（一八日、一九日）、アルトパッショとカパンノーリ（二〇日）、二一日にルッカに帰還。それはビアンキの巡礼規則にしたがった九日間の巡礼であった(404)。

一方、消極的であったルッカの元老院議員も巡礼を決心。これは市内の教会を次々と巡るものとされた。こうして八月一五日のマリア被昇天の祝祭日に司教・元老院議員と多数の市民は行進を開始した。その数、男性一二〇〇人、女性一六〇〇人。市内の教会を次々と回り、そこでミサに参加、祈禱した後に帰宅。次の日もそれを繰り返し、最後の九日目の八月二三日にサン・マルティーノ大聖堂で祈禱した。

先にルッカを出た人びとのビアンキの巡礼は周辺地域の市民の巡礼を大いに刺激した。ルッカの周辺地域の人びとは、逆にルッカに向かい、そこの教会に詣でた。まず、八月一五日モンテティニョーゾから一〇〇人のビアンキ、マッサから二二五人のビアンキがそれぞれルッカに到着し、その後、さらに別の都市の教会へと向かった。一七日には五〇〇人のビアンキがカマイオーレからルッカにやって来た。一八日にはピサから一団が到着。一九日にはガルファニャーナから、二〇日にはバルガ、ガッリカーノから、それぞれビアンキが到着。続く三日間にはピサからも次々と到着。二三日にはヴァルディニエーヴォレから新たに六〇〇人のビアンキが到着した(405)。

元老院議員を中心とするルッカの消極派は、先に述べたように、はじめのうちはルッカの市内の教会を巡るに留めていたが、高まる宗教的興奮から、もはやそれでは収まらずに、市外に出る巡礼に踏み切った。八月二三日、一八〇〇人のビアンキがサン・フレディアーノ教会に集合し、そこの十字架を持って南西の方向に向かった。彼らは、ピサ、カシーナ、モントーポリ、チゴリ、サン・ミニアート、サンタ・クローチェ、サンタ・マリア・アル・モンテ、ヴィコピサーノ、ブーティ、ポンテットを次々と巡礼した。行く先々で平和を訴え、修道院ではそこに立ち寄った。九月二日の夜、ろうそくの明かりを手にルッカに戻って来た。そしてサン・フレディアーノ教会に十字架を返還した。

さらに次の日、九月三日、ルッカから新たにビアンキの巡礼団が出発した。これはルッカから出発する三番目のビアンキの一行であった。彼らは、サン・ピエートロ・ソマルディ教会から十字架を借り出して、フィレンツェに向かった。九泊の巡礼の後に九月一三日にルッカに戻り、十字架をサン・ピエートロ・ソマルディ教会に返し、解散した。――このようにしてルッカにおいて、ほぼ一カ月間、ビアンキの運動の嵐が吹きすさんだ(406)。

こうした高揚した宗教的情熱はついに我々のダティーニのいるフィレンツェに及んだのであった(407)。フィレンツェでは、八月一五日頃以降、その北や西にある諸都市から次々と大勢のビアンキの巡礼団が流入した。すなわち、ピサ、ルッカ、ピストイア、プラートなどの諸都市の巡礼団である。フィレンツェの人びとは、はじめは彼らに対して懐疑的であったが、次第にその宗教的熱狂に刺激され、意識と行動において影響を受けるようになった。そして八月二八日頃からシニョリーア（都市政府）もビアンキの運動に積極的になり、一方でフィレンツェの市外へ向かう大巡礼団と、他方、それができない人のための、連日都市内を巡る巡礼団との二つを組織した。後者は、フィレンツェ司教に先導され、毎日、昼には都市内の教会を巡り、そこで祈禱し、夜になって暗くなると解散し、各自帰宅するというものであった。このためフィレンツェ市内には、あちこちいたるところ、長い白衣を着た人びとであふれかえり、その光景についてサルターティは、「フィレンツェは町中が白一色である」と書簡で伝えたほどであった。銀行は店を閉め、金貨と銀貨の両替はできなくなった。このようなことは、翌年に荒れ狂うことになる一四〇〇年の大規模ペストの時と、一三四八年の最初の、そして最大の被害を与えたペストの時以外にはなかったことであった。

フィレンツェから市外に巡礼に出て行くビアンキの改悛の行列は、三つの集団に別れて別のコースをたどった。第一の集団は、サン・ジョヴァンニ市区の市民の集団であり、フィレンツェの東方のシエーヴェ川の渓谷から、アルノ川の右岸を進んで、最終地点のアレッツォに九月二日に到着した。第二の集団は、サント・スピリト市区の市民の集団であり、フィレンツェの南のエルザ川の渓谷を南下して進んだが、どこで迂回したかは、記録はない。

第三の集団が、我々のダティーニが加わった巡礼団である。これは、サンタ・クローチェ市区とサンタ・マリア・ノヴェッラ市区の合同の市民の集団であった。ダティーニは、友人や会社の社員とともにこの集団に加わった。この巡礼団は、八月二八日、フィエーゾレの司教に先導されて出発した。コース（地図6—4「イタリア中部におけるビアンキの改悛巡礼の広がり」参照）は、まずフィレンツェの南東に位置するサン・ニッコロ門から出発し、リーポリで丘を登ってサン・ドナート・イン・コッリーナに行き、そこから丘を降り、アルノ川の流れるインチーザに達し、次にアルノ川の左岸（西側）を遡行するように、順にフィリーネ、サン・ジョヴァンニ・ヴァルダルノ、モンテヴァルキ、クァラータを経て、九月二日に最終地点アレッツォに達した。ここアレッツォで第一の巡礼団（サン・

ジョヴァンニ市区民の集団）と合流した。そして帰路は、アレッツォを出てから、今度はアルノ川の右岸（東側）を、順にラテリーナ、テッラヌオーヴァ、カステルフランコ、ポンテ・ア・シエーヴェと進んで、フィレンツェに入場した。

（四）ビアンキの改悛巡礼へのダティーニの参加

北イタリアに運動の発端をもつビアンキの改悛の巡礼は、フィレンツェ（当時の市壁内の人口約六万人）においても勢いをもち、一三九九年八月末にフィレンツェに結集したその数は三万人に及んだという。ダティーニ自身も、大勢の人びとともに、聖母マリアの「思し召し」にしたがって、まる九日間、肉を食べずに、野菜程度のもので済まし巡礼を続けたのであった。その出発時にダティーニは手紙にこう書いている。

覚書に記す――本日、一三九九年八月二八日、私ことフランチェスコ・ディ・マルコは、神とその母マリアの天佑神助のために、意を決して巡礼に出ることにした。フィレンツェの都市やコンタードや支配都市で、また周辺の他の地方でも同様に、この時、男も女も多くの人が習慣としていたように、上も下も一枚の亜麻織りの白衣を着て、足は裸足のままであった――なぜなら、この時、全世界とキリスト教の大多数の人びとが世界のために、また神への愛のために、こころを揺り動かされて、世界への巡礼に向かっていたからである（一三九九年八月二八日）(408)。

ダティーニはさらにつづけて出発の日の様子を次のように詳しく報告している。巡礼の一行は、聖母マリアの思し召しにしたがって、みな服装や食事のきまりを守って巡礼し、途中で教会に立ち寄ってミサを挙げたという。

この日、私は仲間とともに、朝早く、ピアッツァ・デ・トルナクィンチ【図9―1】にあるわが家を出発した。そして裸足のまま歩いてサンタ・マリア・ノヴェッラ聖堂へ行き、そこで敬虔な気持ちで主イエス・キリストの聖体を拝領した。それから敬虔にサン・ガッロ門を出たが、そこにサンタ・マリア・ノヴェッラ市区用の「十字架のキリスト像」とサンタ・クローチェ市区用の「十字架のキリスト像」がそれぞれ置かれていた。我々は、あらゆる信心深いキリスト教徒がおこなうように、手に鞭を持ち、鞭で自分の身を打ち、敬虔に、こころから、主イエス・キリストに我らの罪を訴えた（一三九九年八月二八日）(409)。

ピエーヴェ・ア・リーポリ［フィレンツェ近郊］では、我々の父にして偉大なる霊的指導者であるフィエーゾレ司教によって厳粛にミサが執り行われた。ミサの後で、一行はみな道や野原に散らばって、パンやチーズや果物やそうしたものを食べた。というのも、巡礼の続く九日間、我々の誰も肉を食べたり、白衣を脱いだり、寝台で寝てはいけなかったからだ。そして生活に必要なものを持っていくために、私は（荷物を載せるための）二頭の馬と、人が乗るためのラバ一頭を引いて行った。その馬の方の背に一対の小さな鞍箱をつけた。そのなかには、あらゆる種類の砂糖菓子のはいったたくさんの箱、大ろうそくとろうそくに入れる大量の臘、あらゆる種類のチーズ、焼き立てのパン、堅パン、砂糖入りと砂糖抜きのドーナツ型ケーキ、その他の人間の生活に関係するものをたくさん入れた。それらは、あまりにたくさん積まれたので、今述べた二頭の馬は荷の重さでほとんど押し潰されそうになった。このほかに、昼と夜に必要とする我々の衣服が入った大きな袋も運んでいた（一三九九年八月二八日）(410)。

ダティーニが参加したビアンキの巡礼はこの時の一度だけではなかった。翌月にもまたダティーニは参加した。ダティーニと仲間は、九日間会社を休み、行列は近くの町や村を回ったという。これについて仕事仲間のドメニコ・ディ・カンビオが報告している。

考えてもみてください――この巡礼は多くの平和をもたらしたので、そのため色々の人から巡礼の人びとに武器が贈られました――そうした剣、小刀、鉄カブトは、二頭のラバでは運び切れないほどでした。それからこの十字架は足や体の不自由な者を治し、目の見えない者を見えるようにし、多くの奇跡を起こしたのです。そうした神の恩寵を受け取った人びとは、ある者はゴンネッラ［外衣］、ある人はマント、ある人はナプキンを贈りました。考えてもみてください。あまりにたくさんの衣類があり、八人の男が四台の担架で運び切れないほどだったのですよ。……神よ、この有効なおこないを良しとしたまえ。**我々から疫病を取り除きたまえ**（一三九九年九月二十九日）(411)。

（五）一四〇〇年のペストと心性の現れとしての第二の「実行」——遺言書の作成

しかし、こうしたビアンキの改悛の巡礼団の悲壮な願いも空しく、ペストはむしろいっそう深刻な被害を及ぼした。研究者のなかには、このペストは一三四八年以来の最大のペストであったという人もいる(412)。フィレンツェにおいて、すでに一三九九年にその最初の兆候が現れ、一四〇〇年夏になって本格的に猛威を振るったこのペストは、その悲惨さがかなり具体的にわかっている——というのも、ちょうどこの一四〇〇年以降、フィレンツェの政府は、一四世紀に繰り返された疫病に対して、いよいよ行政的対処として、都市に発生した死者の人数の把握を「穀物局（Grascia）」（食料の調達担当。それゆえ都市人口の把握を任務とした）に命じていたからである。この命令のもと、穀物局は独自に『死者台帳（Grascia morti）』を作成し、そこに公証人が日々記載するようになったのである。特に一四二九年以降は、死者の埋葬に立ち会った墓掘人に対してその死者の死因の確認と報告が義務づけられ、問題とすべき疫病、つまり我々の言うペストの場合は、台帳に死因が、警戒すべきものとして「疫病」と記載された。これは当時においては、他でもない問題の「横根の疫病」を意味した。それは「P」とか《*di pestilenzia*》、あるいは《*di morbo*》《*di segno*》（「悪疫の」「印の付いた」）と記載された。死因の記載の義務づけのねらいは、ペストによる死者をいち早く発見し、行政として素早く対処するためであった。例えば、チフスの症状による死者に対しては、股《もも》の付け根に「横根」（リンパ腺の抗体反応による）がないことから、役人は鷹揚であった。

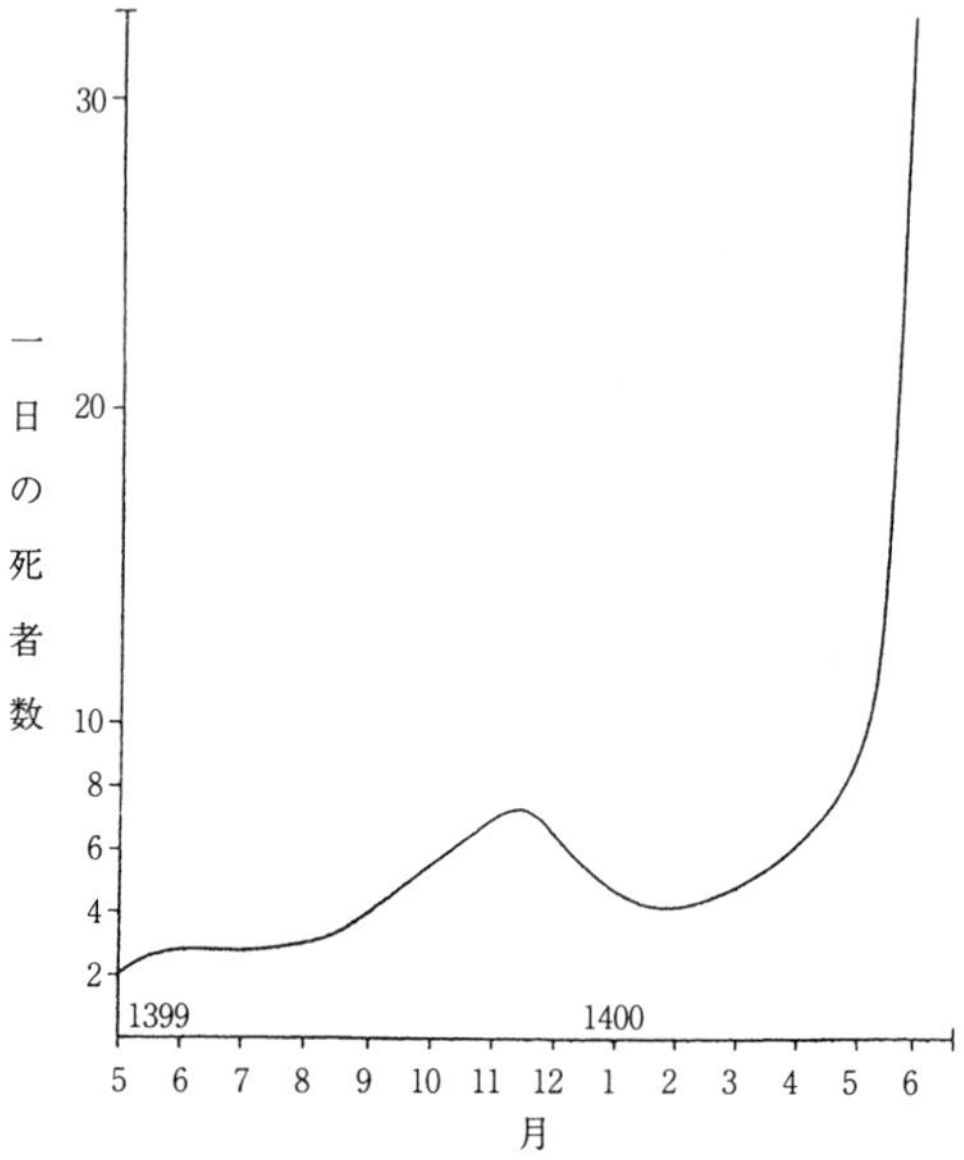

グラフ6—3　1399〜1400年の１日毎の死亡者数
Carmichael, P. 66.

この死者台帳のおかげで一年間を通じて、ペストの年もそうでない年も、死亡傾向がはっきり把握できる。グラフ6―3「一三九九～一四〇〇年の一日毎の死亡者数」（穀物局の『死者台帳』より作成）からわかるように、冬に休止していた死亡者の数は、春になって、前年の秋と同じ水準にまで再び上昇し、死亡者は毎日六～八人にまで達する。通常の年は二人程度の死亡者であるので、それを越える数名分が疫病死と考えられる。つづいて四月の最後の週になって、それが九人を越えて、ここから死者の数は急上昇し、悲劇的な疫病死の大量死が始まる。すなわち、五月中旬から末までは一日につき五〇人近くの死亡者が報告された。そして七月五日にはこの日だけで「二〇二人」の死亡者が穀物局に報告された。この日の死亡者の数について、施療院で働くセル・ラーポ・マッツェイは、フィレンツェからボローニャにいるダティーニに手紙で書いている。

　こちらでは昨日、二〇一人［なぜか穀物局が報告した人数より一人だけ少ない］が死にましたが、施療院で死んだ人たち、托鉢修道士や修道士の死亡者、それに墓堀人を呼ばずに埋葬された死者は、その数に含まれません。もっぱら私たちの施療院にはたくさんの病人がやって来ます。今日は、八人、六人、一一人と、次々とやって来ます。私たちの施療院は、今日、約二五〇人の病人を抱えています。神が我々を罰しているのです。でも私たちはまだ健康です。きのう、私は君の手紙に返事を書きましたよ。（一四〇〇年）七月六日、セル・ラーポより(413)。

人口わずか六万人のフィレンツェに毎週これだけの死亡者が出るのは想像を絶する。そして穀物局は、そのあとに続く一四日までの九日間について（これは一日毎ではなくまとめて記入されている）、一七三八人の死亡者を報告した。これは一日につき平均一九三人の死者の数である。この疫病のピークのさなかに、トスカーナでは、神に慈悲を乞いながら、再びビアンキの改悛の巡礼の行進が組まれた。こうして終息した時（一四〇〇年冬）までにフィレンツェの市内では、総人口約六万人のうち約一万五〇〇〇人が疫病死したのである。家族友人を弔いながら、明日は我が身かと思ったことだろう。幸いなる者は、生と死の境目をさまよい、かろうじて生き延びた。

表6－1　1400年のフィレンツェの春夏の週毎のペスト死亡者数（人口6万）

5月3日～10日	87人
5月11日～17日	141人
5月18日～24日	208人
5月25日～31日	278人
6月1日～7日	343人
6月8日～14日	542人
6月15日～21日	550人
6月22日～28日	887人
6月29日～7月5日	1,177人
7月20日～26日	1,015人
7月27日～8月2日	966人
8月3日～10日	746人
8月11日～17日	459人
8月18日～24日	253人
8月25日～31日	233人

このペストでダティーニは多くの知人を失った。仕事関係では、プラートの羊毛貿易の共同経営者のニッコロ・ディ・ピエーロとフランチェスコ・ベッランディ、公証人のスキアッタ・ディ・ミケーレ、ピサ支社ではファルドゥッチョ・ディ・ロンバルド、マンノ・ダルビッツォ、ジェノヴァ支社では、アンドレーア・ディ・ボナンノ、フィレンツェの幹部社員のバルザローネ、銀行業の共同経

営者バルトロメーオ・カンビオーニなどである。これらの人びとの死はダティーニには痛烈な衝撃であるとともに、宗教的な教訓――「死を忘れるな」（メメント・モリ）――を痛感させる出来事であった。このことから、ダティーニさえも、同僚に次のように「君は死ななければならないことを忘れている！」と（生意気にも）諭すほどになったのである（一四〇一年二月二十七日の手紙）。これは、マッツェイから何度も戒められたことばの丸写しにほかならない。

君は死ななければならないことを忘れている。……君は、今年死んだうちの仲間の五人のことが頭から飛んでいるのだ――ファルドゥッチョとマンノ、ニッコロ・ディ・ピエーロ、アンドレーア・ディ・ボナンノ、バルトロメーオ・カンビオーニ、その他にも数えきれないほどの人たちのことを。……しかし、私は君とは全く反対だ。この世の人生のことよりも、死後私のことがどうなるかについて最もよく考えている(414)。

一四〇〇年のペストは、ダティーニの仕事関係の知人だけでなく、最も敬愛する親友の子どもの命も奪った。すなわちマッツェイが二人の息子とひとりの娘を失ったのである。ペストが荒れ狂っていた夏の手紙のなかで、マッツェイは、悲嘆にくれながら、ダティーニにこう書いている。

私は、一番上の息子と真ん中の息子の二人が死んでいくのを、二人を腕に抱いたまま、見守りました。二人は数時間のうちに死んだのです。私がどれほど長男に期待をかけていたことか――これは神がご存じです。長男は、すでに私の仲間として一緒に動いてくれ、他の者に対して、私と一緒になって、父親のように指導的に動いてくれました。……また、彼が、何年もの長い間、朝も昼も、部屋で跪いていつもの祈りを怠らなかったことも、神はご存じです。私は、寒い日や暑い日のために、何度も、何度も彼に同情を感じました。……同じ時に、娘アントニーアは病んで死の床にあり、二番目の息子も、同じひとつのベッドで、病気で死にかけていました。そして彼は、長男に続いて息を引き取りました（一四〇〇年七月三一日）(415)。

ダティーニは、ペストがフィレンツェで猛威を振るっていた一四〇〇年六月、ついに遺言書の作成に踏み切った。作成には友人のマッツェイ公証人があたった。これが、ビアンキの巡礼につぐダティーニの第二の実行であった。遺言書は、この時代において、死が近いと意識した時や、元気な時でも急死を恐れた時に、ほとんど皆が作成したと考えられている。ダティーニの場合も一般的理由によるものであり、ひとつの理由は、（病床にあったわけではないが）自分にもいよいよ死が迫っているという覚悟、またひとつに、キリスト教徒として死後に備えなくてはならないという自覚によるものである――死後に備えるとは、具体的には、慈善行為や喜捨や供養ミサための寄付をすることで、死後の煉獄での劫罰の苦しみ（これが現世で犯した罪の贖いであった）の期間を短縮しようとするものであった（そしてオリーゴによると、遺言書執筆の直接的契機になったことが、同年春、ダティーニがジョヴァンニ・ドミーニチ修道士の説教を聞いて、それから刺激を受けたことであったという）。ダティーニは遺言書に署名をしてから、荒れ狂う疫病を逃れて、家族や仕事の関係の者とともに二日間のボローニャへの旅に出たのであった。

一四〇〇年六月二七日の今日、我々は、家族全員とともに、フィレンツェから出発した。フィレンツェの大きな疫病を逃れるためである。ここボローニャには一四〇〇年六月二九日に到着。神のご加護で我々は皆無事である(416)。

都市からのこの逃亡こそが、富裕市民が持っていた最終的な切り札であった。――こうしてダティーニはボローニャに逃げ、そこで一年間暮らした。その後、フィレンツェでの第一線での活動を退いて、残る晩年の九年間はプラートに戻り、余生を過ごしたのである。

おわりに——時代を支配した《峻厳な神》

以上、述べてきた本論から、ペストの発生によって取られたダティーニらの行動——ビアンキの運動への参加と遺言書の作成——が、その手紙などから、意味づけられ、人がペストに対してどのように感じ、どのように反応したか、ある程度心性史的に把握できたと言えるのではないだろうか。《心性》を《行動》から推論するとともに、《行動》を《心性》から推論し、それぞれを相互補完的なかたちで結びつけ、ダティーニやその周辺の人びとが抱いていたペストへの宗教的心性やペストに関わる行動のあり方が理解されたのではないだろうか。そこには神観念として《峻厳な神》のイメージが君臨していたのである。

第三部　中近世の黒死病の形態——概観

第七章　イタリアの一五世紀の黒死病と中近世の黒死病

第一節　ペストの周期性

第四部で一五世紀の人びとのペスト的心性を論じる前にその導入として、一五世紀のペストの新しい傾向・特徴について触れたい。その際にこれまであまり触れることができなかった中近世のペストの傾向、特に一五世紀から一七世紀のペストの特徴について概観しておきたい。

一三四七年に始まったペストは、基本的には西欧では一七二一年にマルセイユで消滅し、東欧ではロシアで一七七二年に消滅する。このペストの特徴のひとつは、その周期性である。この周期性は本書巻頭の表A「イタリアにおけるペスト発生の年と地域」で示される。これは、イタリアの疫病の歴史の研究者デル・パンタの研究成果(417)をもとに、疫病の「発生した年」と「発生しなかった年」が年毎に視覚的にわかるように工夫したものである。ただ、「ペストが流行した」という事実確認は、史料にペストの記載があることに基づくものなので、実際はペストが流行していても、関係の史料やペストの記載記事がなかったり、それを見落とした場合、「流行しなかった」と見な

表7―1　ペストの回数と発生年数

時期	第1期 1347-1400	第2期 1401-1451	第3期 1452-1498	第4回 1499-1550	第5期 1551-1600
発生回数	6回	6回	5回	4回	4回
発生年数	25年間	25年間	16年間	23年間	11年間

されてしまうかもしれない。また、史料は都市に集中するので、都市はペストの発生が認識しやすく、農村は、ペストが流行してもその証拠が残らないかもしれない。この表はあくまで大体の目安になればと思う。また、ペストが流行していたといっても、その他に別の天然痘やインフルエンザなどが併発していた場合もあった（一三八五～九三年のペスト）。

表7―1「ペストの回数と発生年数」は、ほぼ五〇年をひとつの期間としてまとめ、第1期（一四世紀後半）から第5期（一六世紀後半）までのペストについて、各期の発生回数と発生年数を示してみたものである。デル・パンタにしたがって、複数年にまたがって連続して発生した同質のペストをまとまった一回のペストとして扱っている。ここではイタリア全体を見たもので、地域差は無視されている。これによると、その「第1期」である一四世紀後半の約五〇年間にペストはイタリアでは六回、「第2期」に六回、「第3期」に五回のペストがそれぞれ周期的に発生しており、その頻度は一四世紀から一五世紀を通じてほとんど変わらないことがわかる。ただ発生年数に違いが認められ、第5期は少なくなっている。

こうしたペストの周期性はイタリアに限らず、ほかの国や地域でもある程度まで似たようなことが言える。史料を綿密に調べ、ペストの流行年を加えるほど、ペストの頻度は高まる。巻頭の表B「プロヴァンス地方のペストの発生」は、J・シフォローが作成した表から「ペストの発生」を抽出して簡略化したものである(418)。この表からプロヴァンス地方（アヴィニョンとその周辺）のペストの発生年がわかる。これによると、ペストは、一三四八年から一四九七年の一世紀半の間に「三二回」も発生している。周期は「四・五年」、つまり四年から五年に一回の頻度でペストが発生している。複数年にわたり連続して発生したペストをひとつのペストとして数えても、周期は「五・五年」、つまり五年から六年に一回の頻度で発生している。これは主に史料を綿密にあさったことによるものである。

このプロヴァンス地方（現在の南東フランス）の頻度はトリノやミラノにも当てはまるかもしれない。というのは、プロヴァンス地方からイタリアの北西部へと海岸線を東へ進んで行くと、隔てる自然の障壁は何もなく、実際に人的、物的交流は盛んであったであったからである。このことを考えると、このプロヴァンス地方のペストの頻度は、そのまま西北イタリアについても当てはまる。

実際、シフォローと同様に、精緻にペスト関係の史料をあさって、単年のペストを一回と数えて頻度の多さを示したG・カルヴィは、イタリア全体、ナポリ、ミラノのペストの周期についてこう述べている(419)——

イタリアではペストは、一三四九年から一五三七年の間に様々な地域において「二年毎か三年毎に」発生した。ナポリは一五世紀の間に「九回」ペストに見舞われた。そしてその一五世紀の後半にはますます短い間隔で見舞われた。すなわち、一四七八年、一四八一年、一四九三年、一四九五～九七年である。またミラノについては、一六世紀には「一八回」にも及んでペストに見舞われた。ミラノは、一五二八年までは平均して「二年毎」に、一五五八年までは平均して「四年毎」に、ペストに見舞われたのである。

フランス全体やパリのペストの周期性はどうか(420)。J・ドリュモーは、これについて言う——「フランスでは一三四七年から一五三六年の一九八年のあいだに、J・N・ビラバンが主要なものの他に二次的、あるいは付属的なものを含めて「二四回」のペストの突発を識別したが、これは「ほぼ八年毎に一回」の割合になる」(421)。「一五三六年から一六七〇年にわたる第二の時期には「一二回」（一一年毎に一回）の突発」である。パリについては、「一三四八年から一五〇〇年の間に、「四年に一度以上」の頻度でペストに遭っている」(422)。また表C「ドイツ中世都市のペスト流行」からわかるように、ドイツもイタリアやフランスとほぼ同様のペストの周期性が認められる。

このように見ると、地域・時期にもよるものの、人びとは、十年程度か五年前後の周期で常にペスト死の危機にさらされていたと言える。ペストは直接に生死に関わる病気であったから、それが心性に及した影響は想像を絶するものであったはずである。

ダメージについて言えば、周期的に襲い来るペストによって、人は、たとえみずからは生き残ったにせよ、そのペストで身内や友人を失ったかもしれない。幸い自分は生き残った場合においても、不幸にも間近に肉親のペスト死に立ち会い、激痛を伴うペストの断末魔、異様な腫物・黒ずんだ膚、狂乱を伴う異常な死に様を見て、その胸に刻まれた精神的痛手やペストによる死の恐怖の念は、生涯忘れ得ないものとなっただろう。

イタリアの一七世紀のペストについては表には含めていないが、頻度は五七年間で発生回数は、わずか「三回」である。「島」を除けば、事実上「二回」だけである。しかし、一七世紀のペストは、頻度はずっと低くなるもの の（ペスト菌の性質や生態系・環境が変化したのかもしれない）、一度発生すると大規模ペストとして猛威を振るい、信じられないほどの、地獄のような世界を現出した。カルヴィはこう言う(423)。一五世紀や一六世紀の多くのペストとは打って変わって壮絶な被害である――

一六三〇年のペストによって、ヴェネツィアでは人口の「三三パーセント」、ミラノでは人口の「五一パーセント」、クレモナとヴェローナでは人口の「六三パーセント」、マントヴァでは人口の「七七パーセント」が失われた。全体として、一七世紀前半の間に、イタリアでは人口の「一四パーセント」（「一七三万人」）が失われた。そして当時四〇～四五万人という並外れた人口を抱えていたナポリだけが、その人口のうち「二四万人～二七万人」もの人びとを一六五六年のペストで失った。これは人口の「半減」どころではない、それ以上の減少であった。同じ年にジェノヴァでは一〇万人の人口のうち、「三万人」が生き残り、「下層民は、その一〇パーセントしか救われなかった」と、同時代のある年代記作家は言葉少なげに語っている。

このような社会への絶大な影響を西洋に及ぼしたペストが、日本の西洋史研究や世界史教科書であまり扱われないのは社会史への無関心というほかない。

第二節　イタリアのペストの形態と動き——北部から南部に移動する

アジアなど外来からもたらされた疫病であった大黒死病が、その進行方向が南から北であったのに対して、風土病と化した第二回目以降のペストは、イタリアでは北部から流行した。デル・パンタによれば、最初にフリウーリ地方（ここはアルプス越えの地域から感染したのかもしれない）など、北部からペスト発生の知らせが伝わる(424)。あるいは、場合によっては、北方から海を渡ってやって来た船舶によってヴェネツィアやジェノヴァの港に運ばれる。そしていずれの場合もふつうイタリア半島を北から南へと進んで行く(425)。だから、プラートの商人ダティーニは、フィレンツェなどの中部イタリアの人びとは、イタリアの北部でペストが発生したという知らせを聞くと、ペストが近々自分たちの住む中部にやって来るのを予感し、覚悟と警戒の念を強めたのであった。一五世紀初頭、フィレンツェの商人ジョヴァンニ・モレッリは、息子のために、生きる教訓として『リコルディ』を書いたが、そのなかでこう述べている(426)。

私としてはお前に以下の助言を与えたい。お前も、他のどの話よりも真っ先に聞いているだろうが、来年か再来年には疫病がフィレンツェにやって来るのだ。なぜなら疫病は我々の都市よりも先にまずロマーニャとロンバルディーアを襲う。そしてたいていの場合、翌年にフィレンツェにやって来るからだ。あるいは遅くともその年の冬には都市のコンタードか都市郊外に疫病の徴候がはじめて感じられるだろう。

このように見ると、巻頭の表Ａ「イタリアにおけるペスト発生の年と地域」を見る際に気をつけるべきことであるが、ひとつのペストは表で記載された複数の地域において同時に発生したわけではない。例えば、「一三七一年〜一三七四年」のペストは、表では「北部　中部　南部」とあるが、これらの地域において同時発生したわけではない。このペストは四年間に及びながらも、有機的なひとつのまとまったペストと見なされるために、このように記載されているのであって、実際にはこのペストは北部から少しずつ南下して汚染地域を移動していったのである（時には、北部や中部で停滞し、二〜三年反復して襲うこともあった）。だから、ペストが北部を中心に襲ったばかりの時には、ふつう南部は汚染されていなかった。このことは留意すべきことである。

イタリアのペストは基本的に腺ペストであり、春から夏を中心に流行した。冬になるとペストは休息する。冬にはペスト菌がペストノミの胆嚢で冬眠するといわれる。ペストが大流行して猛威を振るった後は、ペストノミやクマネズミも、寄生したペスト菌によってほとんど死滅させられるので、ペスト菌は居場所（宿主）を失い終息する。わずかに残ったペスト菌は、クマネズミやペストノミの増殖を待って、そこに寄生先を見出す。再び勢力を回復するのに、例えば数年から一〇年前後時間を要する。これが、ペストに周期性があるゆえんである。

次にこの表Ａ「イタリアにおけるペスト発生の年と地域」によってわかることは、北部から発生したペストは、その勢いの度合いに差があったということである。ペストによっては北部で流行するだけに留まるものもあれば、南部や島（島嶼）にまで達するものもある。もしそのペストが非常に強い勢いのペストであれば、北部に達してから、さらに中部を汚染し、突き進んで南部や島嶼に達する。それほど勢いがない場合、中部に達してそこで終わる。あるいは——これは一五五五年以降、特に目立つようになる——その北部だけで終息してしまい、全く南下しない。ところが、中部・南部に達せずに北部だけに留まったペストであっても、時に大量の死者をもたらしたペストもあった。一五七五〜七七年の「サン・カルロの疫病」がその例である。このペストは、都市を中心に猛威を振るった。ヴェネツィアで「二七パーセント」、ジェノヴァで「三六パーセント」の死亡率。ブレーシャで「四四パーセント」の死者。一六三〇〜三一年の大規模ペストの被害に迫るものである。対照的に農村部では被害が少なかった点でも特徴的であった。

ごくまれに南から北へと逆行するペストもあった。一四二二年にシチリアと南イタリアに発生したペスト（おそらく船舶によって運ばれた）は、次第に北上していき、全イタリアに広がった。また珍しいペストとして、一六二四年のペストのようにシチリア島で発生したものの、それ以後北上せずに、半島には波及しなかったものもあった。

また、奇妙なのは一五七五年のペストであった。ペストはイタリアの北端（トレント）と南端（シチリア島）の両方からそれぞれ中部に迫った。二つの異なるペストであった。南からのペストは、当時の年代記によると、この疫病は、北アフリカのバルベリアから来た海賊船から運ばれた。その船は絨毯や羊毛の毛織物を積んでいたという。シチリア南西部シャッカの港から流行し、島全体に伝染した。島の東北部メッシーナでは一五七八年に流行が記録されている(427)。

ペストの進行の速度はどうであったか。ペストの進行の速さは様々であった。最も速い例が一三九九年のペストである。一三九九年にフリウーリ地方で最初に記録されてから、わずか数カ月でナポリにまで達したという。一方、進行が遅い例は一三六〇年〜六三年のペストであった。このペストは、一九世紀の研究者A・コッラーディ（一八三三〜一八九二）によると、半島の南端に達するのに約四年間もかかったという(428)。

第三節　一五世紀のペストの特徴的傾向——小規模ペスト

カーマイケルは、一四世紀のペストと比べて、一五世紀のペストの特徴として——

（一）死亡率の低下したこと

（二）ピークとなる時期が遅くなったこと

（三）疫病死する者が地区によって偏りが出たこと

——この三つを挙げている（さらに周期が短くなった）。実際、当時の人びとも「疫病の感染力が弱まった」と感じていた。知識人はペストが流行すると、それについて記録したが、なかには記録されないペストも出て来た。一五世紀のペスト（黒死病）はほとんど「小規模ペスト」であった。

グラフ7—1「穀物局におけるフィレンツェの死者の記録」(429)は、フィレンツェ穀物局の『死亡者台帳』から割り出したフィレンツェでの全死亡者数の推移である。これによると、一五世紀前半では一五一七年のペストを除けば、すべて小規模ペストであり、どの小規模ペストにおいても死亡者の総数は三〇〇〇人を越えることはなかったことがわかる。「小規模ペスト」は人口の五〜六パーセント以内の死亡率のペストについていう。

一五世紀においてペストが小規模ペストになったことに関連して、流行の形態にひとつの特有の傾向が認められるようになった。まず都市を形成する「市区」（「クァルティエーレ」「四区分」の意）について言うと、この頃、フィレンツェの市壁内は行政上、四つの「市区」に分割されていた。すなわち、サン・ジョヴァンニ（大聖堂周辺）、サント・スピリト（アルノ川以南・左岸）、サンタ・マリア・ノヴェッラ（北）、サンタ・クローチェ（東）である。大

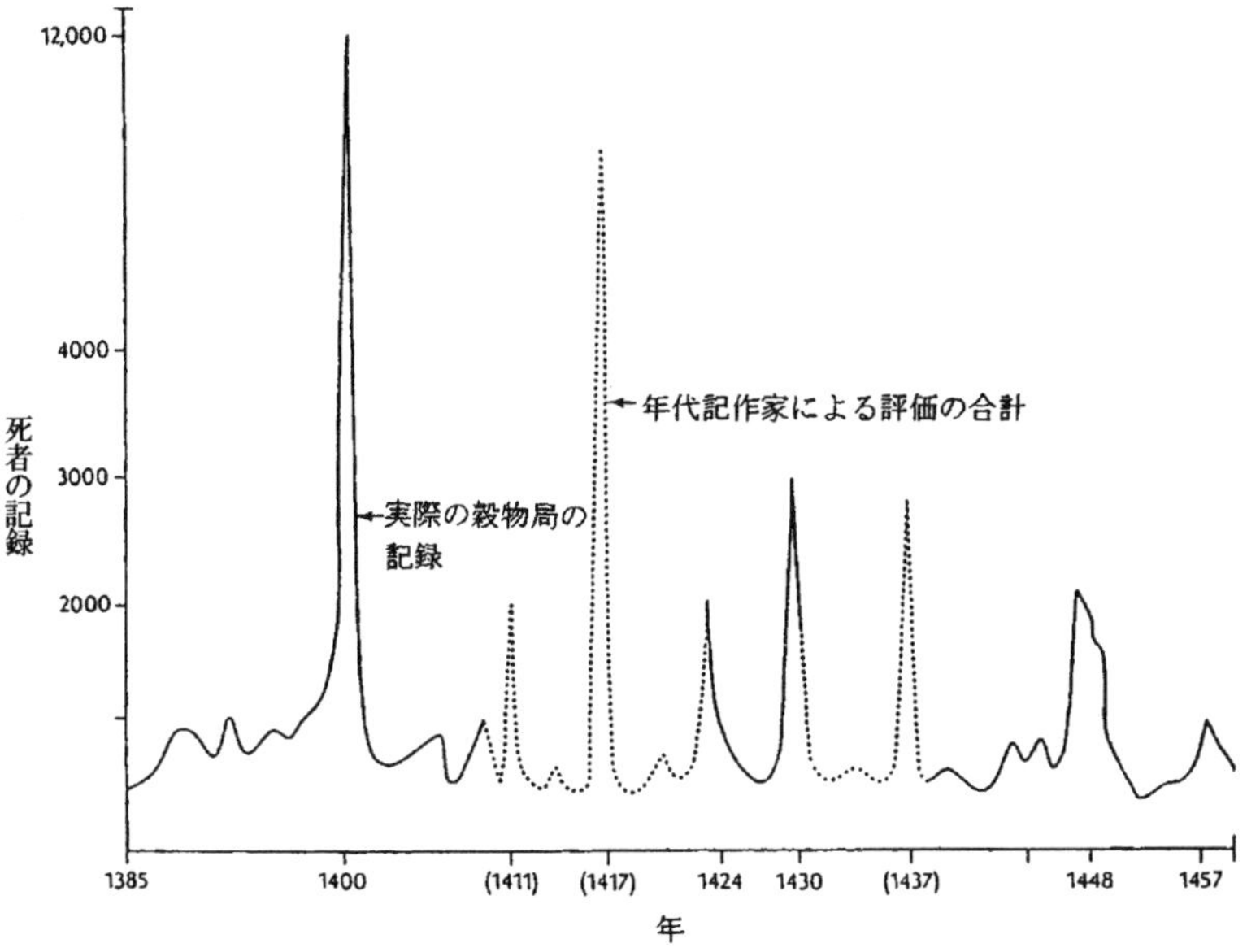

グラフ7―1　穀物局におけるフィレンツェの死者の記録

規模ペストの場合は、これらの四つの市区のうちひとつの特定の市区が、割合として突出して死亡者を多く出したということはあまりなかった。それに対して、小規模ペストの場合では、死亡者は四市区のなかのひとつの特定の市区（主にサン・ジョヴァンニ市区〈人口集中区〉）またはサント・スピリト市区（貧民区）に偏り、そのひとつの市区だけで全市区の死亡者の半数前後の高い割合を占めるようになったのである。

まず比較するために一四〇〇年の「大規模ペスト」の場合について見よう。

表7―2「一四〇〇年の全市死亡者数とサン・ジョヴァンニ市区、サント・スピリト市区の死亡者の割合」[430]は、五月から一〇月までの死亡者が集中した時期について、市内の全死亡者数とサン・ジョヴァンニ市区、サント・スピリト市区の死亡者の割合を示したものである。

これまで何度か紹介したが、このペストによって、総人口が六万人であったフィレンツェ市（市壁内）の人口のうち、二〇パーセントの一万二〇〇〇人もの命が奪われ、その総人口が四万八〇〇〇人にまで減少した。このペストでは死亡者数がピークであった七月あたりでは一週間に一〇〇〇人を越える死亡者が出ている。その前後の時期も恐るべき死亡者数である。遺族の悲鳴と嗚咽《おえつ》の声が聞こえるようである。このペストにおいて、サン・ジョヴァンニ市区やサント・スピリト市区の死亡者が全市の死亡者においてどの程度の割合を占めたかを見ると、発生初期は別として、サン・ジョヴァンニ市区で平均して三七・四パーセント、サント・スピリト市区で二九・〇パーセントであり、いずれも五〇パーセントにはほど遠いことがわかる。

表7—2「一四〇〇年の全市死亡者数とサン・ジョヴァンニ市区、サント・スピリト市区の死亡者の割合」

	全市死亡者人数	サン・ジョヴァンニ（%）	サント・スピリト（%）
5月3〜10日	87	58.6	20.7
5月11〜17日	141	57.4	19.8
5月18〜24日	208	51.9	18.3
5月25〜31日	278	50.7	28.4
6月1〜7日	343	44.9	28.6
6月8〜14日	542	37.6	37.3
6月15〜21日	550	42.3	30.5
6月22〜28日	887	39.3	31.3
6月29〜7月5日	1,177	35.5	31.9
7月20〜26日	1,015	34.3	28.1

7月27～8月2日	966	32.5	25.3
8月3～10日	746	32.4	32.6
8月11～17日	459	36.1	22.2
8月18～24日	253	33.2	32.0
8月25～31日	233	30.0	26.2
9月1～15日	341	33.4	28.7
9月16～30日	203	40.4	25.1
10月1～15日	118	41.5	22.0
10月16～31日	92	35.9	21.7
	9,486	37.4	29.0

次に表7―3「フィレンツェ全市区におけるサン・ジョヴァンニ市区の死亡者の割合」[431]を見てみよう。ここでは一四五七年に発生した小規模ペストにおいて、サン・ジョヴァンニ市区が都市の全死亡者のうちで占めた割合が示されている。その割合は五一・八パーセントであり、一市区だけで半数の死亡者を出していることがわかる。

表7―3「フィレンツェ全市区におけるサン・ジョヴァンニ市区の死亡者の割合」

時期（一四五七年）	
6月後半～7月	62

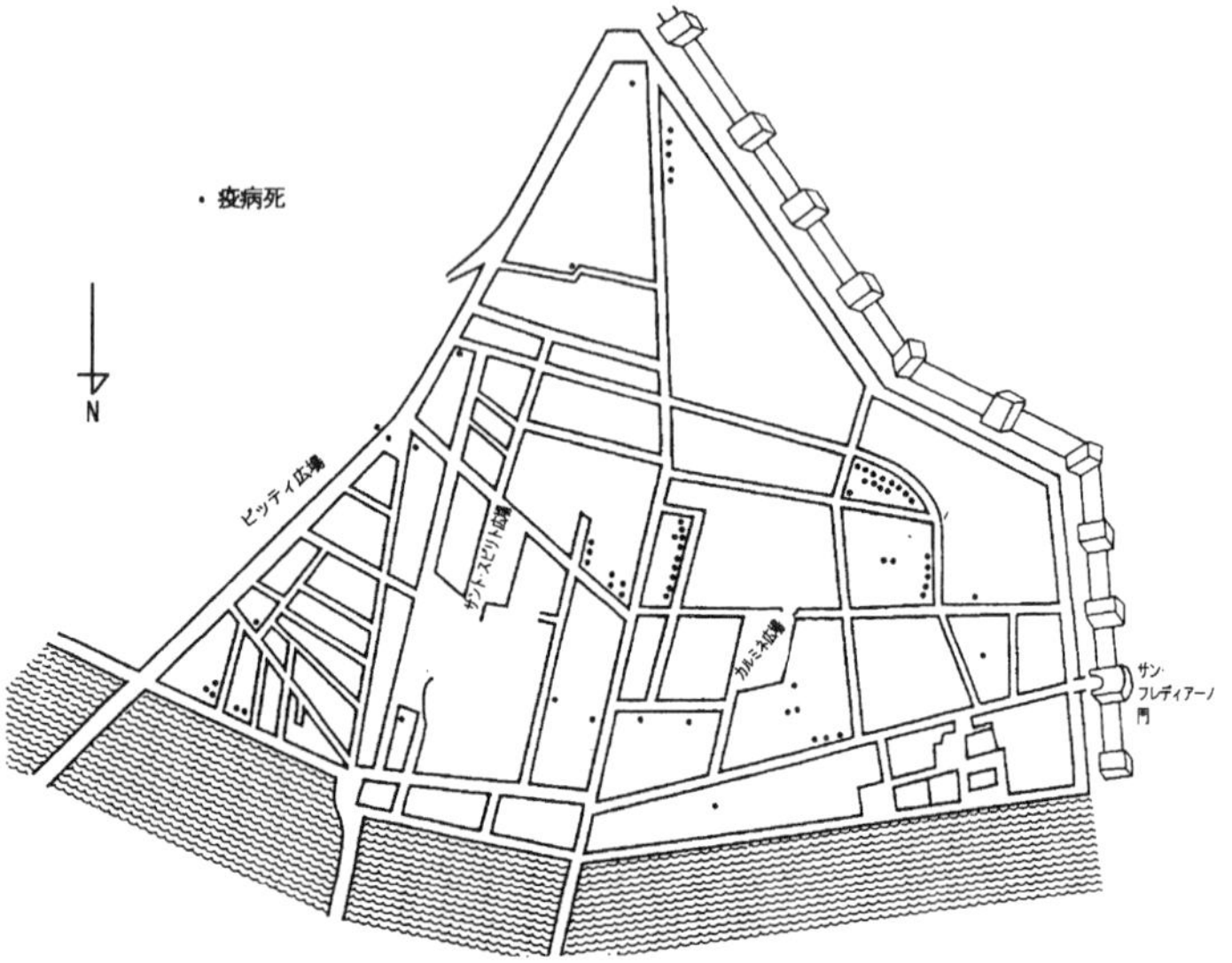

地図7―1a　サント・スピリト地区での死亡場所　1430年6月1日～15日

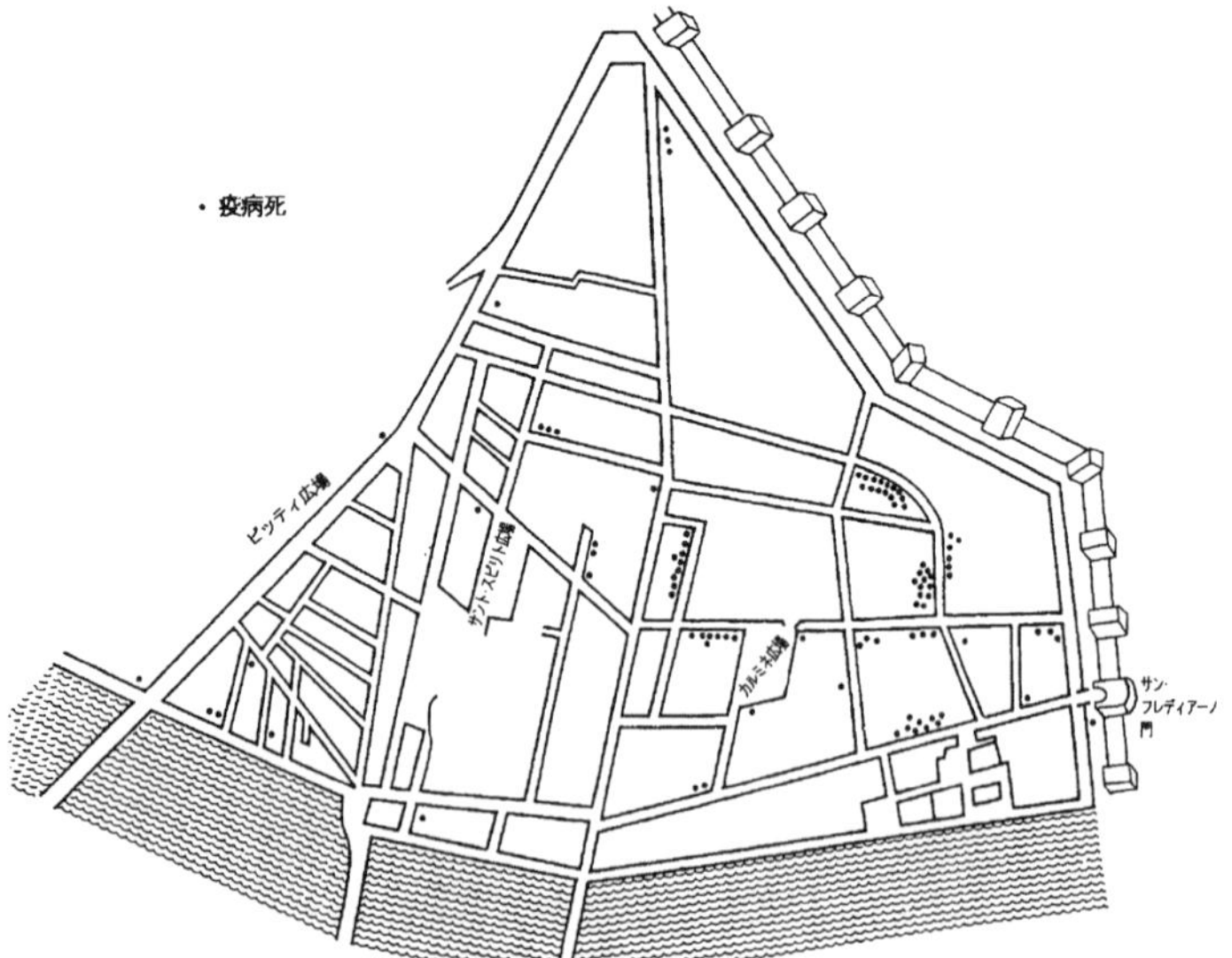

地図7―1b　サント・スピリト地区での死亡場所　1430年6月15日～30日

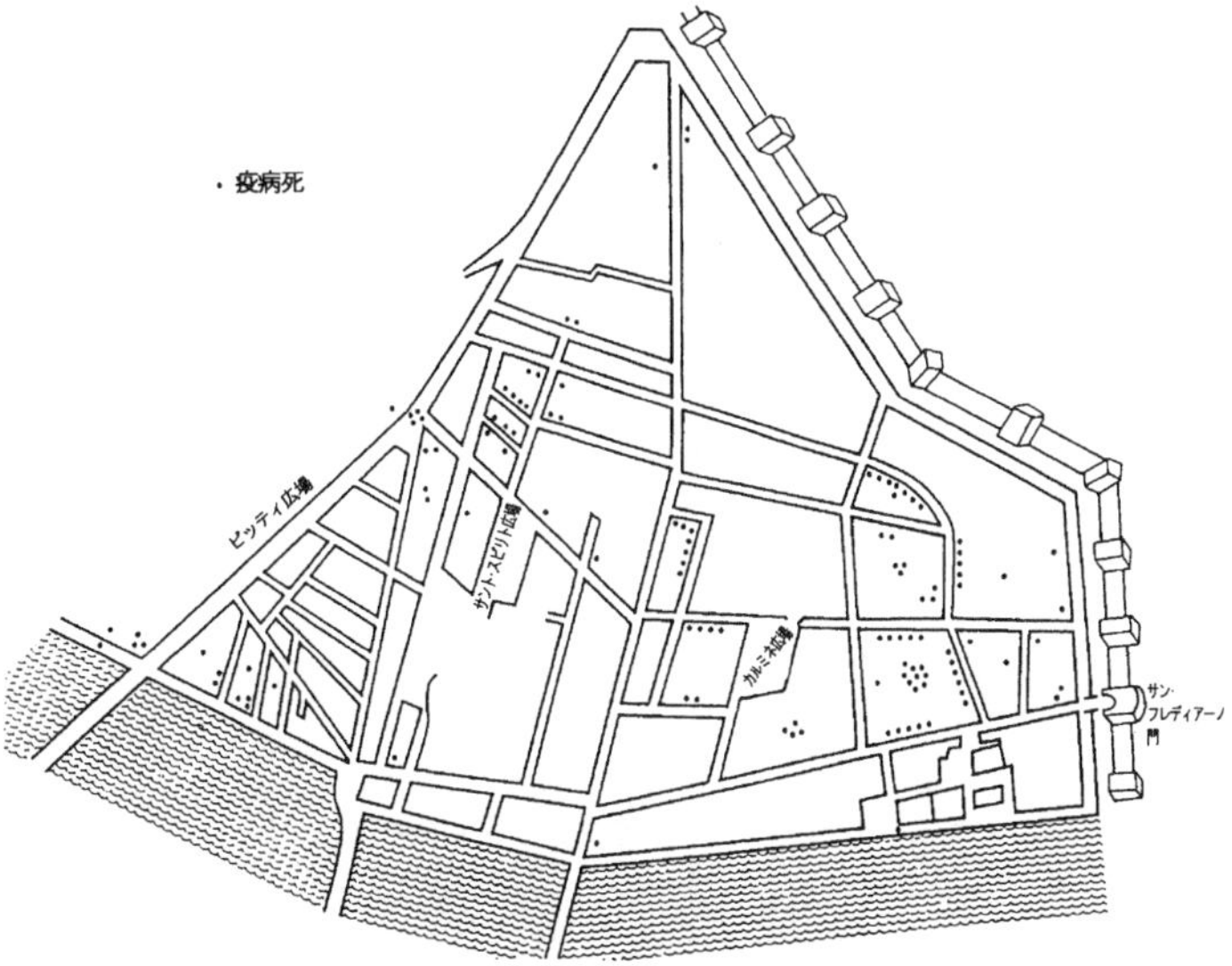

地図７－１ｃ　サント・スピリト地区での死亡場所　1430年７月１日～15日

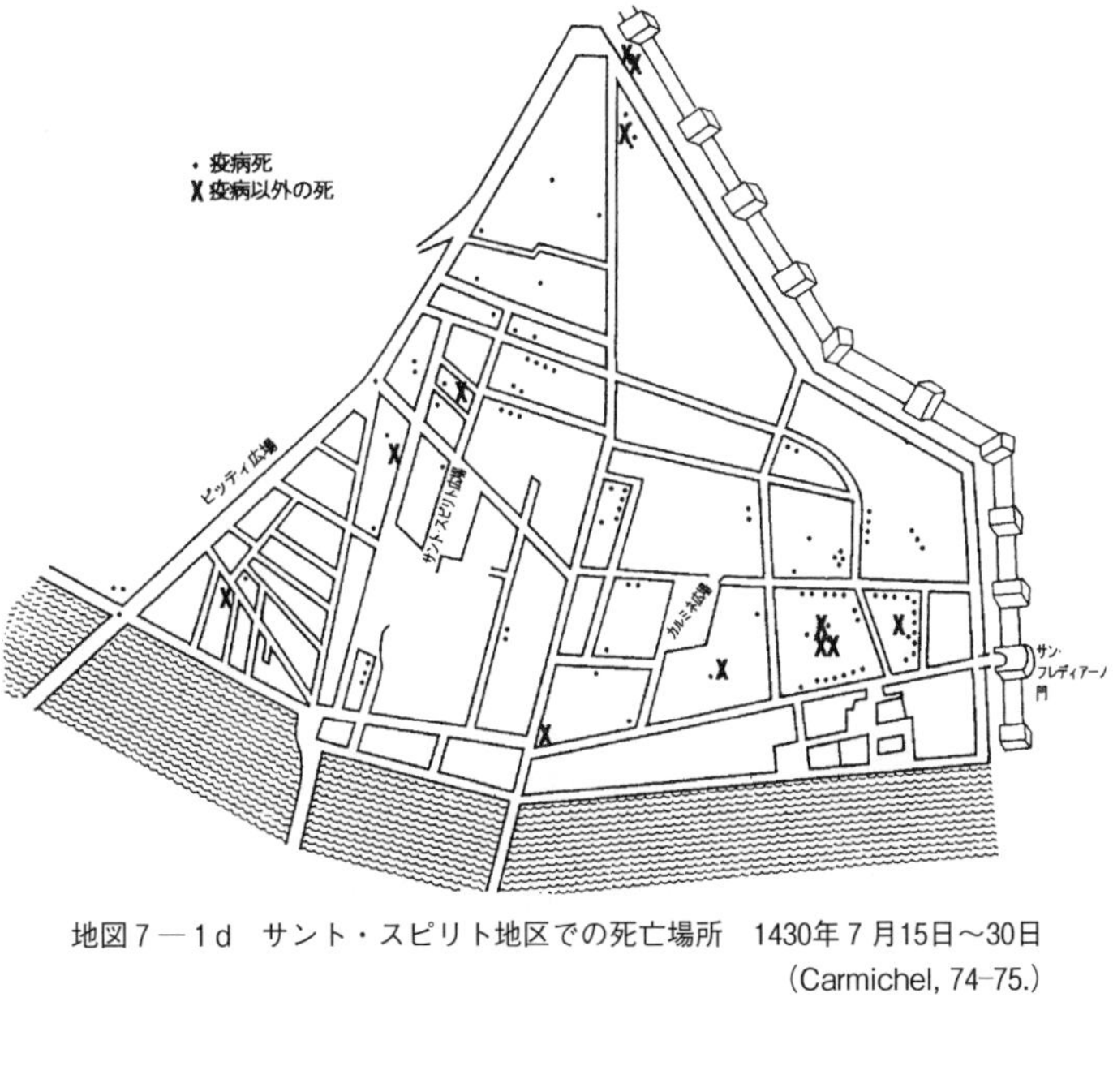

地図７－１ｄ　サント・スピリト地区での死亡場所　1430年７月15日～30日

(Carmichel, 74-75.)

8月	50
9月	46
10月	51
11～12月	50

このように小規模ペストでは、同じひとつの市区にペスト死が多く発生する傾向（集中化）が認められたが、実はこの傾向はそのままその市区におけるペスト発生地点周辺でのペスト死の集中化の傾向と平行した。言い換えると、その市区内の同じ町内のなかで次々とペスト死が発生する傾向――ペストが飛び火せずに同一家族の他のメンバーや隣近所にそのまま拡散する傾向――が認められた。四点の地図は一四三〇年の小規模ペストがサント・スピリト市区において六月から七月に広がっていく様子を示したものである（地図7―1a「サント・スピリト地区での死亡場所　一四三〇年六月一日～一五日」、地図7―1b「サント・スピリト地区での死亡場所　一四三〇年六月一五日～三〇日」、地図7―1c「サント・スピリト地区での死亡場所　一四三〇年七月一日～一五日」、地図7―1d「サント・スピリト地区での死亡場所　一四三〇年七月一五日～三〇日」）[432]。地図をa→b→c→dと見ていくと、ペスト死亡者が同じ町内で、隣近所に広がるように少しずつ増加していく様子がわかる。フィレンツェの都市のなかの最も大きなブロックである「市区」に集中化があったように、市区のなかのさらに細分化（四区分）された最も小さなブロック（「旗区」、町内）のなかでも集中化があったのである。大規模ペストが、一気に飛び火して、ひとつの市区を越え、全市にペスト死をもたらしたのと対照的である。

第四節　一五世紀頃の医学理論とペスト

人びとはペストが繰り返されるようになるにつれ、おそらく理論と現実とで二つに分化した対応・対策を講じるようになったと思われる。それは医学理論としての従来の古代からの病因論にもとづく対応（理論対応）と、疫病の流行の際の身の回りの経験にもとづく現場の知恵にもとづく対応（現実対応）のかたちを取った。まず前者を見る。

医学界の公式の理論として支配的であったのは、この一四～一五世紀の時代においても、大学の医学部で学んだ内科医が信じていた理論であった。ヒッポクラテス（前三七五年頃没）やアリストテレス（前三二二年没）やガレノス（一九九年没）やその一派による古代医学は、元素や体液など、根本をなすとされるものにもとづく観念的な病理の構造理論であり、その要素から病気と健康が規定された。それにアリストテレスの影響を受けた天体重視のイスラーム医学がラテン語訳され、西欧に流入した。

こうした医学理論を支配していたのは、体液病理学、大気汚染説、体液天体支配論ともいうべきもの（大宇宙と小宇宙の照合理論）であった。それによると、病気は体液・元素の不均衡、悪しき大気（瘴気、ミアズマ）の支配、悪しき食事、睡眠不足、血液の過多などによるとされ、健康は、アリストテレスの中庸の論理に従って、体液・元素のバランスが重視され、さらに、移動して良い大気を吸うこと、よい食事を摂ること、十分な睡眠、瀉血、こころを和ます音楽などによって得られるとした。

古代ギリシャの普遍的追求にもとづいて、「人間」（ミクロコスモス）の健康に影響を及ぼすものが、大気を支配する「天体」（マクロコスモス）の動きであると理解され（占星術的医学理論）、健康と病気に作用する天体の動きを把握することの重要性が説かれた。四元素・体液と天体（太陽・月・惑星・黄道十二宮）の動きは呼応しているとされた。この考え方からボローニャ大学は、一四〇五年、医学部生に四年間にわたって占星術を学ぶことを義務づけ、彼らを「医学と占星術の学生」と呼んだ。これはエアフルト大学、ウィーン大学、クラクフ大学、ライプツィヒ大学などの北方の大学にも波及。パリは「占星術医学」の中心地となり、それは一五三七年まで続いた。

ここに天体、とりわけ太陽、月、惑星、一二星座への高い関心が生まれた。体の各部分は一二星座のそれぞれに支配されているとされた。一三四八年にペストが流行した時も、その原因は天体の異変に探し求められ、それは「合」（コンジャンクション）によるとされた。しかし、こうした天体の動きを究極的に支配するのは神であるとされたので、キリスト教との乖離はなかった。古代の医学思想やアラビアの医学にキリスト教を接ぎ木して、整合性をもたせたのである。「宇宙の支配者であり天界の経路の支配者である神は、星座の位置をいつでも好きなように神の判断に合致させせてしまう」とG・ヴィッラーニは言っている(433)。

内科医は、個々の症例よりも観念的な原理を絶対的に重視し、修辞学・哲学・歴史・音楽その他の万学に通じた一種の観念論者であった。治療に決して重たい道具を持たなかったし、また、治療で手を汚すこともしなかった。しかしながら、体液等の身体の状態を知ることは重視されていたので、痰・膿・血・汗・便・尿・体温等の観察はなされ、尿は丸いガラス瓶に入れて、色や沈殿物・粘度・臭いやその他の性質が調べられた。

内科医は、自分の振る舞いや風変わりな衣服、専門的能力を印象づけるために衒学的でわかりにくい用語を用いた。診察の前に天体の複雑な動きや体液説を講釈し患者を煙に巻いた。病室をもったいぶって綺麗にし、患者に医学の神秘をイメージづけたという。

予防や治療として内科医によって瀉血や浣腸、テリアカ（毒消し）の飲用、酢による消毒などがおこなわれていたが、これは、今日から見れば、ペストに対する全く的外れな処法であった。それは、内科医の権威のもとに、有効なものとして多くの人びとに受け入れられ実践されていたのであった。

モレッリ（一四四四年没）が『リコルディ』で言うように、一般に内科医への信頼は高く、「優れた医師に助言を仰ぐことは必要なことである。医師から書面の形で処方箋をもらうべきである。そしてそれを熱心に実践すべきである」といっている(434)。さらにモレッリは、疫病で多くの人が亡くなった一方で、「多くの医師の助言のおかげで人びとが生き延びることができたと私は信じている」という(435)。今日から見れば、おかしな話だが、当時は、疫病で死ななかった人がいたこと自体が医師の力量の成果と見なされていたのである。ペストで医学が地に落ちたとは言えない。

第五節　民間での接触感染説の支配

しかし人びとは巷では現実には体液病理学・大気腐敗説にしたがっていたわけでなかった。こと生死のかかった疫病をめぐっては、医師の教えに従うだけではなく、実際に身の回りから得た経験的知識をも採用して行動していたのであった。その行動は理論的体系をもたないものの、この疫病を一種の接触感染による病気として把握していた。確かに、理論的には、接触感染で病人から他の者にいったい何がどのように伝わるのかということになると、フラカストロ（一四七八〜一五五八）は別として、当時の人びとには説明がつかなかった。古代のガレノス自身も眼に見えない粒子のようなもの（実は今日の「細菌」）の存在を否定していた。巷の人びとは、接触感染説に、頭や理論ではなく身体で反応したというべきであろう。彼らは身近の数々の事例から経験的に、たとえば、人の集まりに近づくことが疫病の発病につながり、非常に危険であることなどを理解していた。疫病が発生した家に立ち入ることの危険性を理解していた。

この意味で人びとは、一方で大気の状態を重んじる伝統的、権威的な「医師の理論」、他方で身近な接触可能なものから距離を置く「経験的知識」、この対立し矛盾する二つの見方の間を行き来していたのかもしれない（このほかに食物によって発病するという見方もあった）。例えば、ピストイアの疫病条例（『黒死病関係史料集』第一四章「疫病時の衛生法」）(436)を見ると見事に両者が併存していることがわかる。

すなわち、条例では、たしかに一方で医師の大気腐敗説に従って、大気への悪影響から肉屋に対して市内での皮なめしを禁じたり、悪臭による疫病の蔓延を恐れて遺体の埋葬の必要な深さについて厳しく規定したが、他方において、経験から学んで、疫病感染地域からの物品・商品の持ち込みや旅行者の立ち入りを禁止していたのである。たしかに、この持ち込みの禁止の根拠について、大気腐敗説にもとづいて説明するのは無理がある。「接触感染」を前提にしていると考えた方が自然である。一四世紀後半からの疫病に関する多くの情報から、死者の持ち物に触れたおかげで多数の者が死んでしまったことを知っていたのである。

さらに、一部の知識人についていえば、前章で紹介したように、医師の医学的能力に不信感を抱いていた人文主義者サルターティは、ピサの疫病の状況に着目して、説得力ある考えを提示した。すなわち、同じ大気のもとにあるはずなのにピサでは市壁一枚隔てられただけでその内と外とで疫病の有無が全く違う状態にあることから、大気腐敗説に大きな疑問を投げかけた。サルターティのような知識人のみならず、一般の人びとも、医師の理論には一般の常識的な疑問に明快に回答できない弱さがあることを感じていたかもしれない。日常的経験、たとえば、同じ家に住む家族のなかで次々と死者が出る実態など、当時目の前で日常的に起こった数々の事例から、接触感染の見方は、因果関係が直接的でわかりやすく、納得がいくように思われたであろう。

ミラノの君主ジャンガレアッツォ・ヴィスコンティ（一三五一〜一四〇二）は、すでに一三四八年の時点でいわば直観的に接触感染を確信し、ペストの罹病者を市壁から排除することで、一三四八年のペストからミラノをイタリアの都市で最低限の被害に抑えることに成功していた。さらに一三九九年には、彼の命令のもと、疫病にかかった（と思われる）病人を容赦なく隔離病棟に運び込む荷馬車が走りまわったのである。

もちろん事実としてペストはふつう接触感染しない。第二章第三節で述べたように、ネズミノミ（ケオプス・ネズミノミ）は、ペスト菌（イェルシニア・ペスティス）を含んだクマネズミに寄生する。ところがペスト菌に侵されたことから多くのクマネズミは死に至る。そこでネズミノミは、養分の取れない死んだクマネズミを離れて、養分を得るべく次の寄生先の人間にとびつく。だが、ネズミノミの消化器官（前胃）も冒されており、そこはペスト菌とその血のかたまりによって塞がれてしまっている。そしてネズミノミは空腹のために人間の皮膚に刺咬する――この時、人間はペストに感染する(437)。人はこの感染のルートに一九世紀末まで、全く気づかなかったのである。

ただ、おもしろいことに、疫病の犯人を特定したかのようにネズミを殺せと訴えたジェノヴァ貴族（マリア・ステーファノ・リヴァローラ）がいた。すなわち、疫病からの予防措置として衛生的忠告を歌にして訴えた――《疫病の流行している時には家をあらゆるゴミからきれいにせよ。そして、ネズミを捕るためにネズミ取りを仕掛けよ。そして、ネズミを捕まえたら、害を与えないようにすぐに熱湯で殺さなくてならない》(438)。

ペストは、梅毒などと異なり、ふつう接触感染しない病気なので、たとえ健康な人がペスト患者に接触しても（肺ペスト患者からの飛沫感染によらなければ）、それだけではふつう感染しない。しかし、接触感染を恐れて、患者から距離を保つことは、多くの場合、結果的にペストノミから距離をおくことになるわけで、罹病防止につながりやすく、現実には一定有効だっただろう。つまり接触感染を信じて、ペスト患者に「接触」することを恐れ、彼らとその持ち物から距離をおき、彼らの住んでいた家を燻蒸したりすることは、多くの場合、結果的にペストノミを回避することになったからである。次々とやって来るペストを前にして、大気腐敗説のようなあいまいな見方よりも、人びとは経験的に接触感染を避けようとしたと思われる。

この意味において、都市の富裕市民が都市に疫病が発生すると、いち早く都市を逃れたが、彼らのこの行動は、接触感染を避けた行動といえるかもしれない。そして何度も疫病を経験するうちに、彼ら富裕市民はこの退避が有効なものであると確信するようになり、それは習慣化していった（この習慣は、ペストはネズミノミの活動の活発な夏に流行することから、ふつう夏の習慣であった）。都市内に留まった者たち（すなわちほとんど貧民であった）の罹病や疫病死の多さを見るに、富裕市民は、疫病から距離を置くことの措置の正しさは立証されたと思ったことだろう――このことは一五世紀のペストが小規模だったことに作用するひとつの要因かもしれない。しかし絶対的なものではない。一七世紀にはとんでもない大量死を招くペストがやって来るからである。

この富裕層市民の都市からの逃亡に対して、フィレンツェやヴェネツィアの都市政府は、結局のところ、都市生活のこの放棄を非難するよりも（前章で見たようにサルターティは一三八三年に声を大にして非難した）、むしろ是認し、一五世紀には彼らの留守中の財産の保護のために夜警人や兵士を置いて管理システムを制度化したのであった(439)。

さらについでにいえば、接触感染からの逃避は、いわば富裕市民の特権であり、その逃避は時に貧民の見殺しとして機能した。一四世紀のフィレンツェ書記官長サルターティが富裕市民に対して、「都市に留まり貧民の暴動と騒動から共和国を守れ」と叫んでいたが、一五世紀の富裕層の市民は、我が身の安全からみずから都市を離れるとともに、貧民への慈善による施しも、彼らが生きるための職も与えることなく（富裕市民が都市にいなければ日雇い労働者は失業した）、貧民を置き去りにし、むしろ好んで貧民を疫病の犠牲にさせ、「厄介者」（イタリア語の「ペスト」にはこの意味がある）である貧民の数が減少することを望んだ。それによって都市の治安が、貧民の暴動と騒動から守られると考えたのである。

一五世紀において次第にペスト対策として定着し、確立していったものが、「隔離病棟」（ラッザレット）の設立や船舶の「検疫期間」であった(440)。当初はいずれも別の考え方に支配されたものであったが、最終的には接触感染の見方によって支配され、定着していくことになる。すなわち、隔離病棟の設置は、当初の考え方において（それ以後もある程度そうであったが）、人が今こそ直ちに取り組むべきは慈善行為と考えられておこなわれた。その措置に際しては、ダニエル書からは「罪を悔いて施しを行い、悪を改め貧しい人に恵みを与えなさい」、トビト書からは「施しは死から解放してくれる。罪を清めるのは施しである」ということばが引用された。ここでは聖職者が指導的な役割を果たし、修道院や教会の施設が利用され、あるいは慈善活動に積極的な信心会（兄弟会）が大いに関与した。「疫病」は、当時の人びとの共通した見方として、不義で不信心な人間に対する「神の怒り」にほかならず、人ができることはそれに対して慈善行為をもって神をなだめることだと考えられたのである。フィレンツェの大司教アントニーノ（アントニヌス）**Antonino Pierozzi**（一三八九～一四五九）は、病人（＝貧民）に対して安定した食料を供給し、適切な治療を施す必要をシニョリーア（都市政府）に訴えて、隔離病棟のために三〇〇〇フィオリーノを拠出させた。彼の設立の申請書を貫く意図は、決して接触感染への恐れではなく、疫病がもたらしたキリスト教的慈善の欠如を憂い、貧民への援助によってそれを回復することであった（なお、疫病が流行していない時は、隔離病棟は貧民収容所として、あるいは乞食収容所として機能した）。

しかしながら次第に隔離病棟は、事実上、疫病患者を救うというより疫病患者を市内から文字通り隔離・排除して、健康な者を守る機能に傾斜した。逆説的にいうと、隔離病棟の設立は健康な人のための施設であった。すなわち隔離病棟を設置するのは、事実上市内から疫病患者を排除し、接触感染から健康な市民を守るためとなった。疫病による死者や死直前の疫病患者のあふれかえる恐るべき病棟では、治るかもしれない者をも死の淵へと追いやった（それどころかランドゥッチの一四九八年五月一二日の日記には、施療院から市外にほうり出すフィレンツェの疫病役人の非情さが描かれている）。疫病病棟のすさまじさは、小説ではあるが、マンゾーニの『いいなづけ』（一八二七年）に極めてリアルに描かれている(441)。ミラノでのその惨状はまさしく悪夢のようである。ドラマのクライマックスにおいて最高の描写力をもつ小説家によって描写されたリアルさから、逆に「小説は事実より奇なり」――といいたくなるほどである。

ヴェネツィアで「サン・カルロの疫病」（死亡率は約三〇パーセントの大規模ペスト）が猛威を振るっていた一五七五年から七七年、ここには「旧隔離病棟」と「新隔離病棟」の二つ隔離病棟（ラッザレット）があった。次の報告者の公証人ロッコ・ベネデッティは、母、兄弟、甥の三人をペストで失ったのち、四〇日間の自宅での隔離を経て隔離病棟に移された。彼は、それぞれの隔離病棟を「地獄」と「煉獄」にたとえて、当局の高官にこう報告している(442)。

一方において「旧隔離病棟」は、実に「地獄」そのもののようでした。どこを向いても悪臭がし、それは実に誰にも耐えがたいものでした。うめき声や嘆息が絶え間なく聞こえ、そして死体の焼却によってもうもうと立ちこめる煙が一日中ずっと空中に高く昇っていくのが見えました。奇跡的にその場から生きて帰った者の報告によると、とりわけ疫病患者の流入数がその極値に達した時には、ひとつのベッドに三、四人もがあてがわれたということです……。

もう一方で、「新隔離病棟」は、まだ「煉獄」に過ぎないように思われました。そこでは哀れな状態のもと、みじめな人びとが、親族の死、みずからの不幸な惨状、そして家族の離散に苦しみ、嘆いていました。

「旧隔離病棟」では、疫病が最もひどい時には七〇〇〇人から八〇〇〇人の罹病者がでみじめに暮らしていたのです。閣下［本報告書の相手］、どうぞお考えください――いったいどれだけの薬、砂糖水、硬膏、軟膏、布地が彼らを治療するために必要とされることか。またどれほどのスープ、パンがゆ、蒸留水やその他の物資が彼らを回復させるために必要とされたか、お考えください。多くのものが必要の割には供給されるものがあまりに少なすぎて、これほど多くの人びとに与えるにはほんのわずかしかありませんでした。かろうじて一〇人にひとりが生き残ろうとも、毎日何百人もの人が悪臭を放ち、煙で黒くなった寝床の上で亡くなろうとも、驚くべきことではないのです。そして、新隔離病棟では、建物の内と外の床にいる人びと（ちょうど艦隊に乗っている人びとのようであった）も数えると、時にはゆうに一万人はいた。その数は一万人を越えて、もう疫病病棟に収容できないほどにまで膨れあがってしまいました。

第四部　ペストによる心性を都市政府のレベルから見る

――一五世紀フィレンツェの立法・政策・判決に心性を読む

第八章　《峻厳な神》とペスト的心性の支配――総論的考察

失政をおこなえば、その結果、神の激怒や偶発事件がもたらされ、それによって我々は破滅しかねないと思う。私は、神の激怒を引き起こしかねない我々の行動を熟慮している。
（一四一三年のフィレンツェの議事録より）(443)

第一節　ペストは政策に影響を与えた

トレチェントの半ばに始まる黒死病の周期的な打撃は絶大であった。この、絶大な打撃を与えた黒死病による苦難が、人びとの心性に刻み込まれ、その行動様式に影響を及ぼさないはずはない。

これまで何度か見たように、黒死病の勃発は一度きりのものではなかった。黒死病はトレチェント後半から約一〇年ごとに発生し(444)、さらにクァットロチェント（一五世紀、一四〇〇年代）にも同じように周期的に発生した。黒死病は「イタリア・ルネサンス」と呼ばれる時代（厳密ではないが、便宜的に一四世紀・一五世紀とする。一六世紀も加えてもよい）において絶えず発生したのである。ふつうルネサンス文化の特徴として「世俗主義」が指摘されるが、それとともに、この黒死病の流行によって、通説に反してルネサンス文化は、非常に高い「宗教性」をも帯びざるを得なかった。人びとは、黒死病・飢饉の発生に「神の手が働いた」（マキャヴェッリ）(445)と見たことから、当時の人びとにとって、すでに繰り返したように、黒死病の勃発は、まさに一種の「宗教的事件」であった。私は以前、中世カトリシズムと教会が、相次いで勃発した黒死病をうまく受容し、それを追い風として、ルネサンスの時代の人びとをある種の高い宗教生活へと導いたと指摘して論じた（「カトリシズムによる黒死病の受容」）(446)。

付記　ルネサンス二元論

この時代において、「キリスト教」（中世カトリシズム）と「ルネサンス文化」は、人びとの心性において、まさに同時進行していたと考える。これは、ルネサンス期に俗語が重視されてばかりでなくラテン語もまた重視されたのと似ている。ひとことで言えば、ルネサンス期において、「世俗的栄光」（この世の栄光）が追求されるとともに、「天国の栄光」（あの世の栄光。救済）もまた追求されたのである（「ルネサンス二元論」〈ルネサンスの「二元的価値」の追求〉）。そして、この時代、世俗的栄光が重視された背景には、まず都市の「市壁空間」が心性に作用したと考えられる。すなわち――

この市壁空間では、キリスト教的な考え方とは全く無縁の、別個の価値観、すなわち世俗的な価値観が芽生え、一人歩きし、形成・発展していった――それというのも、この狭い空間においては、「都市に価値的なもの」こそが、価値的とされたからである。「都市に価値的なもの」は、ふつう宗教とは無縁のものであった――それは、主に、都市に多大な富をもたらし、都市に力を与えてくれもの、すなわち世俗での経済活動であった。多くのイタリア・コムーネの場合、ヨーロッパやそれを越える規模で展開される大商業活動・毛織物および絹織物産業・金融業がそれであった。そして大商人・産業家・金融業者らの富裕市民（大市民、「ポーポロ・グラッソ」、大アルテ組合員）は、その財力から都市の政治の実権を握った。ここにおいて、事実上、財力と納税額にほぼ比例して政治権力が付与される社会が形成された。財力で他の者を圧倒する者が優位に立つ「都市的価値観」の世界が、ここに形成されたのである（イタリア都市が「近代」の先駆けになったとすれば、それはイタリア都市がこの価値観の世界を最初に歩んだからであろう）。聖職者もそれに従わざるを得なかった。次に紹介するフィレンツェ共和国のカピターノ・デル・ポーポロを務めたステーファノ・ポルカーリ（一四五三年没）のことばは、都市的価値観の基礎である「富の価値」について、それが都市と人間を支える力であることを、胸を張って堂々と賛美している。

「我々の家やパラッツォ（館）はどこからもたらされるのか——富からだ。我々の衣装はどこから来るのか——。また、我々の食事や子どもたちは、どこから？——富からだ。子どもを育て、有徳な人間にする手段はどこから来るのか——富からだ。装飾された教会、市壁、塔、防御塀、パラッツォ、住居、最も高貴な建築物、橋、通り——これらは富から得られなければ、それを保持する手段をどこから手にいれるのか」。

こうした見方をしながら、都市民は、それでいて伝統に従って、来世の至福、キリスト教的救済をも追求したのである。この二元的な都市的な考え方（心性）は、「世俗的栄光を追求せよ」と言った初期の知的指導者ペトラルカに刺激されたのかもしれないが、むしろペトラルカは都市世界の風潮をひとつの価値観として言語化したのかもしれない（彼自身が都市の新しい心性を誰より強く感じていたのかもしれない）。彼もまた先頭に立って「キリスト教信仰」のうえに「人文主義研究」を重ね合わせて、二つの異質なものを比較的バランスよく追求していた（時に、ペストによって彼の身近な人びとが数多く疫病死するのを目の当たりにしてバランスは揺れて「キリスト教的真理」の方へ強く引き付けられることはあったが）。

また、ペトラルカ（一三七四年没）の後輩でありキリスト教人文主義者であったサルターティ（一四〇六年没）は、著作『都市からの逃亡について』（『黒死病関係史料集』第一五章）において、「キリスト教」と「市民としての務め」(世俗的価値観)の両方を主張したが、それはまさに人文主義の父ペトラルカに従ったものである。ペトラルカとサルターティの二人は、キリスト教信仰を根底に据えながら、人文主義者として、古代ローマのキケロの生き方に習って、この世の世界において社会参加と世俗的栄光の追求を理想としたのである。それは、矛盾なき「二元的追求」ともいうべきものであった。

都市コムーネの時代は、「キリスト教的価値観」と「世俗的価値観」、水と油の異質なものをかきまぜ続けてミックスしたとも思われる共存・妥協――二元的世界――の時代であったといえる。都市の富裕な人びとの多くは、神を愛しかつ神を怖れたキリスト教徒であったが(当時、キリスト教自体もそれほど厳密に理解されていたわけでもなかった。ルターさえも二〇歳になるまで聖書を見たことがなかった)、同時に「世俗」をも愛したのである。富裕市民は、自己の霊魂の救済に向けて、生前の栄光を豪華な葬儀に托しつつ、供養ミサ・慈善・墓などに対して金に糸目を付けなかったのであった。「金で救済が買える」と思っていたのかもしれない。そして、そのお墓には現世で達成した業績や世俗的栄光が刻まれたのである。

日本の世界史の教科書を開けると、かなりの教科書が一種の俗説を採用して、「ルネサンス」について――

「**神を中心とするキリスト教的世界観**よりも人間を中心とする……」(447)

「一四世紀、イタリアでは、**神中心の伝統的な権威**にとらわれずに……。**神の束縛からの解放**……」「**ローマ＝カトリック教会の権威が行きわたっていた中世の社会を否定**……」(448)

「**ローマ＝カトリック教会の権威が行きわたっていた中世の社会を否定し**、古代ギリシア・ローマの文化を理想として人間らしさを表現する新しい文化運動がおこる」(449)

――といった記述が見られる。これは近世・近代が宗教を払拭する歴史に違いないという日本人的な、あるいは、ある種の進歩史観的な先入観の産物である。おそらくそのように教える方が、「中世」に対して「ルネサンス」を際立たせて、公式好きの高校生に受けいれられやすいのだろう。しかし、ルネサンスの文化は、実際にはキリスト教から解放されたものでもなければ、教会から訣別したものでもない。なおも宗教は人びとの精神的支柱のひとつでありつづけた（世俗性と救済の二元的追求）。それは、ひとつに、繰り返すが、ルネサンス時代は同時に黒死病時代でもあったことによる。黒死病の相次ぐ勃発は宗教に追い風となって、有無を言わせず神の怒りの手を痛感させる宗教的出来事となったのである。

反復される黒死病の脅威によって、ヨーロッパ社会は、私見によれば、黒死病前の時代よりもその宗教的要素が強まった――あるいは、少なくとも黒死病前とは異なった側面において宗教的要素は強まりさえした――のである。私の見方と同じ意味において宗教改革の研究者A・E・マクグラスもこう言う――「宗教改革の背景に関する昔の研究書は中世末期を宗教が衰退した時代のように描く傾向があった。これは部分的にそのような研究書が一五世紀の教会に対して批判的であった文献を無批判に受け入れた結果である。現在の研究書はもっと信頼のできる基準を用いて、状態がまったく反対であったことを暗示している」。こう述べてから、さらにマクグラスは、「民衆の宗教的信心が大いに増大していた」と述べている(450)。そこで本章では、黒死病を視点にすえることで（マクグラスは黒死病については何も言っていない）、俗説や高校世界史の認識とは反対に、ルネサンスや近世の市民社会そのものが高いレベルで宗教的であることを実証的に確認し、いかに黒死病が一五世紀の人びとの心性を支配していたかについて、都市社会と「シニョリーア」（都市政府）のレベルから確認したいと思う。

黒死病を中心軸に据えると、この社会の人びとの心性、宗教的心性は、一等三角点に立ったかのように、その奥底まで展望されるであろう。そして、この三角点に立ってみると、個人や家族の心性に刻まれた高い宗教性にとどまらず、フィレンツェなどの都市国家が取った政策の高い宗教性まで、有機的なつながりをもって鮮明に見渡されるであろう。従来、誰にも総合的には指摘されなかったが、――これが本稿の目指す結論の方向性であるが――黒死病の衝撃はまさに都市国家の政策・制度にもはっきりと影響を刻み込んでいるのである。このことを、できるだけ総合的に社会の多くの分野から見ていきたい。具体的、実証的に論証するために、諸政策・制度・判決などの文字史料を中心に見ていきたい。

第二節　ペストによる諸領域における影響――信仰・諸芸術・学問・社会への影響

心性史的に見ると、《峻厳な神》のもたらしたペストは、ごく普通の市民の場合でも、フランチェスコ・ダティーニからもわかるように、一人ひとりの個人の内面と宗教的行動に大きく作用した。とりわけ信仰の強い人の場合、神への畏怖・畏敬から敬虔な祈りに導かれて、神的な内面世界に没頭した人もいたと考えられる（ここに神秘主義的思想の土壌が形成された）(451)。また、集団的に見ると、聖人を崇敬する信心会（兄弟会）（*confraternita*［コンフラテルニタ］）などの場合、強い救済志願から信心会内の諸行事、慈善活動（施療院での病人・貧民の救済）、巡礼、宗教的行事などに熱心に向かう傾向が強まっていった(452)。それは、確かにルーツとしてはペスト以前から存在したが、大きな程度の差から本質的ともいえる新しい動きといえるものであった――これは、しばしば、いわゆる「市民的宗教」や「市民的キリスト教」と呼ばれるものの興隆となった(453)。こうした個人的、ないし集団的な宗教性の特徴のひとつは、「直接的信仰」（とりなしを介さず直接的に神に向う）ともいうべき傾向を帯びていたと言える――確かに従来通りにローマ・カトリック教会を尊重し、その秘跡を受け、教会への喜捨や遺贈を積極的におこない、死後の供養ミサも要求したが、もはやそれだけでは十分とは思われず、それとともに、教会や聖職者をほとん

歌を歌って行列を組んで、練り歩きながら半裸の体を鞭打つ「鞭打ち苦行団」の運動は、ペスト直後の典型的な運動である。疫病は、人間が犯した罪に対して神が与えた罰であると解釈されたので、苦行者は、非常に強い自責の念から、神に向かっておのれの罪の赦しを乞うのである。その集団に刺激されそれに参加する者も出て、それが大きな広がりとなり、1348年のペスト直後の場合、年代記によると、北ヨーロッパでは、80万人の運動となった地域もあるという。時に狂信化してユダヤ人のポグロムにつながった。また大量死をもたらしたペストが、人びとの終末意識を刺激した面もある

図8―1　鞭打ち苦行団

ど介さずに、つまり、パウロの差し伸べる教会の鍵にほとんど忘れて、直接みずから天国への道を目指して、神からポイントを稼ごうとするのである(454)。マクグラスのいう「民衆の宗教的信心が大いに増大していた」とは、そういうものであろう。私は、先の小書でも述べたが、実はルターの宗教改革の提起は、民衆の信心の高まりという宗教的背景と直結しており、民衆とルターの両者に共通して作用したものがペストであったと断言できる。

民衆の宗教的信心の高まりにおいて、隣人愛や慈善が、以前にも増して浮上する。従来（特に一三四八年頃のドイツで）、多くの信徒は、犯した罪の改悛の念から、贖罪行為である「自傷行為」――鞭打ちや苦行――に向かった（図8―1「鞭打ち苦行団」）。しかし、その後、それよりも病人や貧民の苦しみを緩和する「慈善行為」に力点が移されるようになった。そうしたかたちの信心会（兄弟会）活動が、ペストの洗礼を受けた多くの地域で展開されたのである。そこでは、たとえ信心会の名前になおも「鞭打ち」ということばがあったとしても、それは実際に肉体的な痛みを伴うものではなく、象徴的な意味を持つものでしかなかった。

もともと、富裕化した社会の人びと、特に都市の富裕層の人びとの前には、福音書のことばが大きく立ちはだかっていた——「貧しい人々は幸いである。神の国はあなたがたのものである」（ルカ、第六章第二〇節）。「金持ちが神の国に入るよりも、らくだが針の穴を通る方がまだやさしい」。つまり、貧しい者は天国へ行ける。しかし、金持ちは天国へ行けないというのだ。しかし、金持ちが天国へ行く道はただひとつある。貧しい者を助けること（慈善）によって天国への道が開けると教えられたのである。さらに、慈善が個人的なものであるより、集団的なものである方が、神は喜ばれると信じたのである。そして、金持ちの前には、幸い、実に大勢の、多種多様の「貧者」——誰が「貧者」なのも問題であるが(455)——が存在していた。無知で不潔で軽蔑すべき存在であるとともに、みずからの救済の鍵を握る存在としての「貧者」が。こうして、都市の金持ちにおいて、ここ都市に新しい傾向の信仰生活が盛んになったのである。こうした信心会の集団活動に対する研究者の関心と注目は高く、J・ヘンダーソンなどによって多くの個別研究が展開されている(456)。

美術史的には、フィレンツェやシエナなどの美術の場合、ペスト以後は大きな変化が確認されている(457)。ジョットの初期ルネサンス様式に認められる合理的な構図（個と全の調和、安定的構図）、一種の初期的遠近法、好まれた人間的な暖かみのあるテーマ（母と子の情愛）は、ペスト以後、この世を超越した厳格な宗教性のより強い一種のビザンツ的様式の表現、そして、鋭い視線で我々をまっすぐに見据える正面性の表現に、いわば逆行してしまったのである（図8—2「オルカーニャ《ストロッツィ家礼拝堂》」）。（これには地域差に着目した異論もある）(458)。また、フランスの美術史家E・マールによると、一五世紀の絵画は、一三世紀の絵画に比べ、ペストによってその美にむしろ色濃い苦悩が刻まれるようになったという。一三世紀の大聖堂の彫刻家が「愛徳」と「愛」を表現したのに対して、「突然一五世紀の美術に足を踏み入れると、異様な驚きに打たれる」。一五世紀の作品の大半は「陰鬱で悲劇的

図8－2　オルカーニャ《ストロッツィ家礼拝堂》

である。もはや苦しみと死のイメージしか私たちに提供しない。もはやイエスは教えを説かない。彼は苦しんでいる」(459)。

　同様のことは、大黒死病の後に、さらに繰り返し襲った一連のペストが及ぼした神の峻厳な表情についても言える。すなわち、図0－1「メナブオーイ《全能の神》」は、ダティーニと同世代の女性（パドヴァ君主の妻フィーナ・ダ・カッラーラ、一三七八年没）の遺言書により完成された天井画の様式である。このフレスコ画は、この世を超越した厳格な宗教性の強い一種のビザンツ的様式の図8－3「チェファル大聖堂《全能の神》（モザイク、一一四八年）」に回帰した感があった。この女性は、おそらく押し寄せるペストの荒波を経験するなかで、《峻厳な神》を痛感し、煉獄を恐れ、来世の救済を切に祈願したのであろう。遺言書を読むと、パドヴァの洗礼堂（一二世紀建）への莫大な喜捨、供養ミサ、慈善行為などに惜しみない金が注がれている。特に洗礼堂の装飾のための喜捨は破格のものであった。すなわち、「パドヴァ礼拝堂とそのなかにある祭壇の装飾のため、ただそれのみのために、死を迎えたときに所有しているすべての銀とすべての衣装を先の礼拝堂に遺贈する」。そこでは、フィレンツェ出身の画家ジュスト・デ・

図8―3　チェファル大聖堂《全能の神》（モザイク、1148年）

メナブオーイ・ダ・パドヴァ（一三九三年没）が制作したこの洗礼堂を埋め尽くす約一〇〇の場面を描いた絵画が我々を圧倒する(460)（図0―1《全能の神》）。そこには、キリストが「大鎌」を持って人を威嚇する（図0―2《十字の光輪を持つキリストの前の天使》）。「大鎌」は、他でもない、ペスト期に入ってから、人を疫病死させる象徴的道具として、「矢」と共に、盛んに描かれるようになったものである。――パドヴァは、ペスト前の画家ジョットのスクロヴェーニ礼拝堂で有名だが、それを鑑賞した後に、大規模ペスト期の、この極めて対照的な作品も是非鑑賞するべきだろう(461)。

こうして、疫病の流行を背景に、ひとつの美術のテーマの傾向として、その庇護にすがろうとして、疫病の聖人を描いた絵画や彫刻が好まれるようになった。聖人崇拝は古くからあったが、それを視覚化して崇拝するのは、一五世紀以後の傾向である。実際、具体的に聖人を視覚化して崇拝しようとする経緯を伝える史料がある――それがイタリアのトスカーナ地方のサン・ジミニャーノのコムーネ古文書館に残っている。

それが、守護聖人セバスティアヌスの制作依頼の関係史料である（全一四点、拙訳）（図8―4a、8―4b「サン・ジミニャーノのポーポロ評議会による聖セバスティアヌスの絵画の制作の決議」）(462)。

また、ペスト期において親は、生まれた子どもを疫病から守ってほしいと願って、しばしば疫病の守護聖人の名前を子どもに付け、親としての一種の心性を表出している(463)。ヨーロッパでこんにち定着している命名法、すなわち、子どもに聖人の名前をつける習慣は、興味深いことに、ペストの相次ぐ勃発を契機にしている。これは史料解析から立証されている(464)。

では、時代の代表や象徴とも言うべき哲学はどうだろうか。哲学史的には、トマス・アクィナス（一二七四年没）のスコラ哲学（神学）の整然とした巨大な合理主義的体系――Ｅ・パノフスキーによってゴシック建築との構築的な類似性が指摘された体系(465)――は、今や不可解なペストの不条理な頻発によって動揺をきたし、そこで唯名論者による不可知論的な再構築の道が始まるという(466)。すなわち、予測されず突発するペスト、非合理的な神による「み業《わざ》」を前にして、神とこの世界は、アリストテレスのいうような理性と自然法（自然の法）と合理主義によってはもはや説明できなくなったのである。一六世紀になると、アクィナスはルターによって露骨に嫌悪される(467)。また、イタリアでは、ロレンツォ・ヴァッラ（一四〇七～五七）は、ルターよりすでに半世紀前に、万能の神の前では人間の理性は無能であると主張し、人間の救済には努力ではどうにもならないと、自由意思を否定する(468)。

ここに理性や知性への信頼は崩壊の翳りが認められる。この世はもはや人間理性への信仰から説明しにくくなる。「きれいごと」は通用しにくくなる。そうした理性への懐疑からうまれたものの典型がマニエリスム（ハウザー(469)）である。マニエリスムは――これは誰も提起していない私の密かな仮説であるが――その背後に黒死病がもたらしたいいいいいいいいい不安や不条理が作用している可能性がある（ハウザーの頭には黒死病の存在は全くない）。これは今後の研究を要す

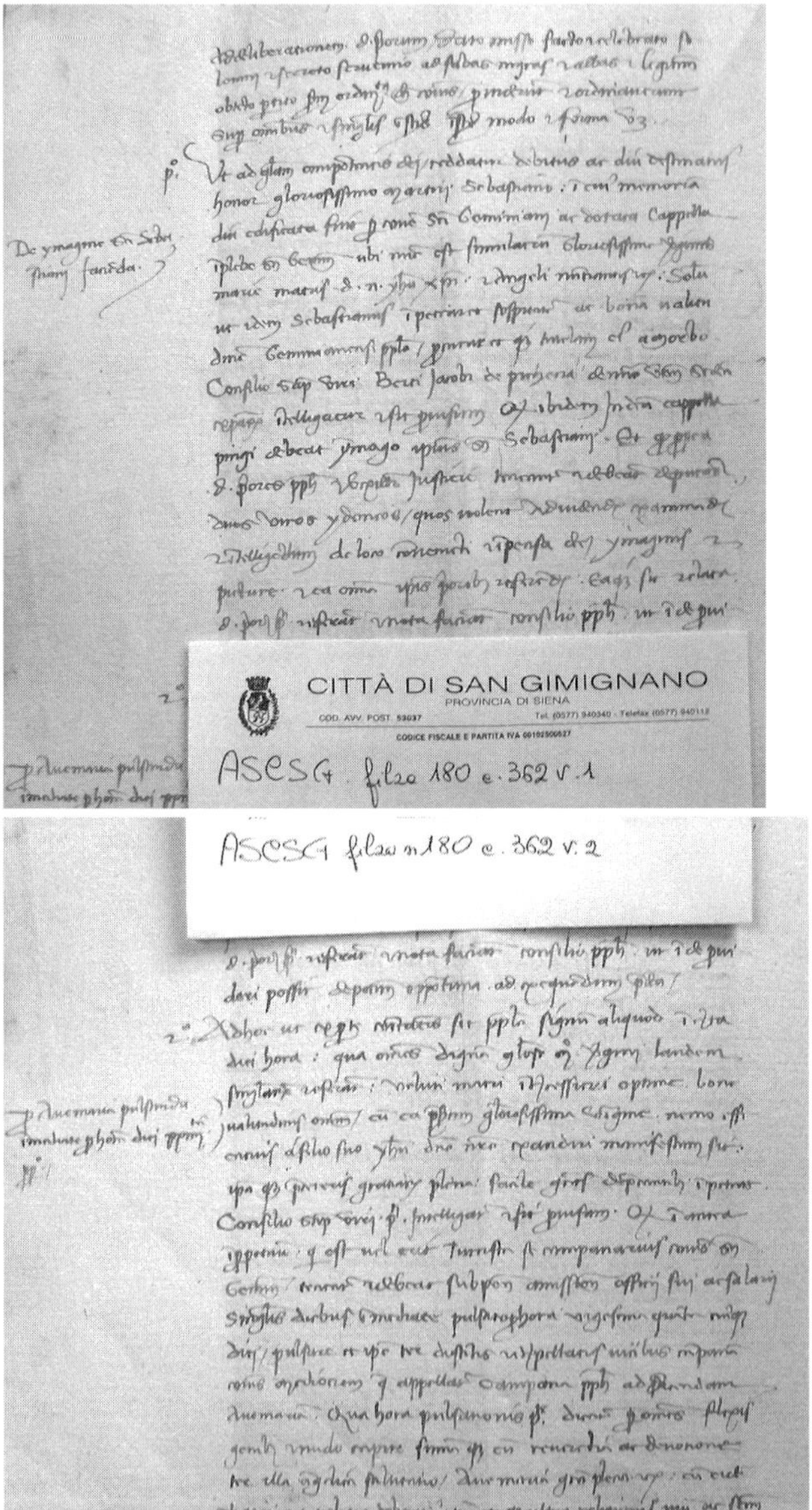

図８－４ａ（上）、図８－４ｂ（下）　サン・ジミニャーノのポーポロ評議会による聖セバスティアヌスの絵画の制作の決議

るけれども、ことによると、時代の変化がもたらした心性の変化が新しい芸術的、思想的傾向の成立に作用したのかもしれない。そうしたなかから、マニエリスム美術、ハムレット的人間、マキャヴェッリ思想、モンテーニュの『随想録』が生まれたのかもしれない。すなわち――

ルネサンス古典主義の典型であり、H・ヴェルフリン(470)のいう「構築的絵画」である図8―5「マザッチョ《聖三位一体》」（一四二六～二八）においては、磔刑台の十字架の「垂直線」と「水平線」――古典主義の「理性」の象徴――は、絵画を明快に構築し、左右対称・均衡・安定の中心軸になっているのに対して、ぴったり一〇〇年後のマニエリスムの画家ポントルモの図8―6《十字架降下》（一五二六～二八）では、その題目にかかわらず、まず中心軸となるべき十字架の柱――精神的支柱――がなくなる。そこでは意図的に「自然」に反した表現がなされ、人には力なく、人は軟体動物のように不自然に絡み合う。ここには合理主義や合理性からの美の自立がある。これは従来の古典的な美とは異なる。そこには、淡いパステルカラーによるけだるい、黄昏の憂鬱さが漂う――それはちょうどパリの万国博覧会に背を向け、孤独に世紀末を生きたサティ（一八六六～一九二五）のピアノ曲《ジムノペディ》のような憂鬱さが漂う。理念としての中心軸を失ったポントルモの世界は、ちょうどハムレットが「この世の関節が外れてしまったのだ」（第一幕第五場）と嘆く、正義の通らない世界である。『ハムレット』（一六〇二年）のマニエリスム世界は、人がよって立つ普遍的支柱が失われた世界である。そこでは、復讐する者も、復讐される者も、ともに滅ぶ世界である。同様に、「きれいごと」では政治はやっていけないといって道徳を払拭し、政治の自立を説いたマキャヴェッリ（一四六九～一五二七）、さらには、道徳や行為から信仰を自立させたルター（一四八三～一五四六）(471)、普遍的真理を懐疑するモンテーニュ（一五三三～一五九二）(472)などの思想が生まれる。神学においては、ルターはアリストテレスの合理主義に依拠するスコラ神学を罵倒する――すなわち、「アリストテレス抜きでは神学者になれない」と主張するスコラ学者に対して、ルターは、その正反対であるという――「むしろアリストテレス

この絵の堅固な安定感は、十字架を中心に据えた構築的構図と、それに対応して人物や柱などの事物をことごとく左右対称に設定したことによる。アルベルティのいうように、人間の顔や体の配置にならって、一つあるものは中央に、二つあるものは左右に並べるという「自然の法」が守られている。一番手前にいる左右の向かい合う男女は、この絵を寄進した夫婦である。従来、寄進者は極端に小さく描かれたが、遠近法的意識から、その伝統を拒否している。また、キリストをはさんだ二人、聖母と福音史家ヨハネとは、身分的に同格の存在ではないので、このように両者を対等に並べてしまうのも「自然」重視のルネサンス的配置によるものだろう。ルネサンス絵画は床のタイルなどを遠近法効果に格好の対象として描いたが、ここでは天井のヴォールトがその機能を果たしている。三位一体は神、キリスト、聖霊である。聖霊はふつう鳩で象徴されており、ここではキリストの頭上を飛ぶ白い鳩が描かれている。サンタ・マリア・ノヴェッラ聖堂（フィレンツェ）。フレスコ画。667×317 cm

図8－5　マザッチョ《聖三位一体》（一四二六～二八）

マザッチョから100年後のこの絵には伝統的な古典主義への懐疑と反抗がある。マザッチョの《聖三位一体》とは対照的に、十字架に象徴された中心軸が意図的に欠落している。ここではすべてが意図的な「不自然」によって支配されている。中心軸をもとにしたマザッチョのように人物を対比的、対称的に並べずに（そういう型にはまった古典主義にはもう飽き飽きしたのだろう）、空間をただ埋めるように「不自然」に並べている。人物は「不自然」に接触して絡み合い、「不自然」に上へと積み上げられているが、彼らの足場はどうなっているのか、これも「不自然」である。地に足が着いていないのだ。また、死を悲しむ聖母と、一番上にいる受胎告知の聖母が同時に存在しているが、これは破格の「不自然さ」である。力学的にも「不自然」である。一番手前の中腰の男性は、キリストを担いでいるが、キリストの重みが男に掛かっているはずなのに、爪先だけで支えるという、ありえない「不自然」な姿勢である。また、「不自然」なライトの当たり具合によって、影が消えてしまい、反射した明るい部分が「不自然」な非現実感を起こす。同様に、学芸会の書き割りのような、実景には見えない雲も非現実感を醸し出す。力なく落とした肩、だらりとした腕の動き、うつろな眼、黄昏時の光の具合、ピンクと薄い緑の偏った色彩の配色から、ここでは物憂いさ、生気なさが支配している。各人の視線の方向は、ばらばらで、不安感を醸し出す。理念の喪失であろうか。この画家は、親方から優れた描写力を教わっていて、すべてわかっているのに、こうするところに、よって立つ理念を失った時代の不安を感じさせるものがある。サンタ・フェリチタ聖堂（フィレンツェ）313×192 cm

図8―6　《十字架降下》（一五二六～二八）

抜きでなければ、神学者になれない」と[473]。これらの人たちの間では、「自然法」や「自然」は、もはや絶対的な価値観ではなくなっている。ほぼ同時期にこれだけ「反自然」、「反理性」、「反道徳」「反秩序」がそろうのは偶然ではない。思想形成にはおのずと時代の精神や心性が作用する。学問と芸術の世界において従来の見方で説明できない新たな状況に置かれていたのかもしれない。時代を覆う新たな変化に対応する見方が求められたのかもしれない。

ひとつとして、この時代、人は生涯において何度も無防備なままに疫病死の恐れにさらされた。黒死病は、精神史的には、それ自体の一度の打撃よりも、むしろそれが不定期に反復されることから来る不安ゆえにこころにずしんとこたえるのだろう。これまで誰も指摘していないが、ポントルモの黄昏にはそれが感じられるかもしれない――ひとは、一回きりのものには耐えられるものだ（その記憶は次第に薄れる）。だが、反復される恐怖には、事前に不安を駆り立て、不安を増幅させることから、こたえるのである。それが神のせいである以上、神にすがるしかなかった。「度重なるペストのせいで人は神から離れた」――そう考えるのは、日本人的発想である。自分の宗教観を時代に一方的に投影する前に、まずその時代に入り込んで時代の心性を見なくてはならないだろう。ペスト期においては、たとえは悪いが、虐待されてもひたすら母親にすがる子のように、人はひたすら神にしがみついた。

――このほかにもペストが、経済（荘園経済の動揺など）、医学（外科医学の重視など）[474]、社会（農民・労働者の反乱）[475]、教育・研究・文学・芸術、さらに時間観念・労働時間の意識など、ここではひとつひとつ具体的には触れないが、多くの領域で何らかの根本的な影響を及ぼしたことはすでに指摘されている。これまで述べてきた、宗教、信仰、美術、哲学その他に対する影響が、心性の働き・変化と無縁に作動することはない。

しかし、ペストが及ぼした影響に関して、まだ残された領域がある。そのひとつが、ペストは当時の政府や都市国家が打ち出した国策――立法・政策・司法の判断――に対してどのような影響を与えたかという問題である。これがここでの主題である。国策においてペスト前とペスト後では傾向の違いはないのだろうか。これについて研究は皆無である。研究者はこれについて沈黙している。この沈黙は、何によるものであろうか。

この研究者の沈黙は、ヨーロッパの研究者が、政府や為政者の処理した個々のばらばらの事象だけに目を奪われてしまい、そのために国家の政策全般を眺望しようとする意識・意欲が欠如していることに起因するのかもしれない。たとえば、ペスト以後、特に一五世紀にソドミーの摘発が強まったが、研究者はその分野の研究はおこなうものの、それを他の多くの事象と関連づけ、社会や行政全体の文脈で俯瞰して見ようとはしない。一方、敢えて言うなら、幸い、極東の日本からヨーロッパ史を眺める我々は、時代的な距離のみならず、地理的に遥か遠い距離ゆえに、それを逆手に取って、一四世紀・一五世紀の歴史事象の全体をひとつのものとして視野に入れるだけの一定の距離を保つことができる。そのため、あまりに多い細部の情報に近視眼的に埋もれることなく（「木を見て森を見ず」に陥らずに）、政府や役職者のおこなった全体像を眺望できる、距離を置いた好位置に立っている。我々は何よりも、ペストを背景にして取られた国家の措置の軌跡の全体像と、それを動かす本質的な心性に関心がある。そして、全体像は、京都府の大山崎山荘美術館のモネの《睡蓮》のように、離れた方がはっきり見えることがある。

また、研究者の先の沈黙については、ことによると、国策に与えたペストの影響を実証的、具体的に立証することはもともと困難であるとの判断に起因しているのかもしれない。しかし、時代の苦難の只中であがいた為政者や市民が示した反応（政策・国策）にこそ、ペストやペストがもたらした問題へのこころのあり方が率直に認められるはずであり、その国策の具体的措置の奥底に、まさに当時の市民のものの見方・感じ方――心性――が本質的に存在しているのではないか。ふつう法令や判決にはその理由が明文化されていることから、好都合にも、一定の考え方を読み取ることが可能かもしれない。そして、ばらばらの法令や判決文に共通する動機を有機的につなぎ合わせることで、国策の全体像が得られるのではないか。さらには、国策のあり方を全体的に知ることは、為政者や市民の胸の内に秘められた、彼らを行動へと駆り立てたり、あるいは、行動を思いとどめたりする本質的なもの、すなわち心性を知る鍵になるのではないか。

第三節　キリスト教徒の「神罰の受容」

私見をはっきりと言うならば、繰り返されるペストによって、キリスト教徒の心性は《ペスト的心性》とも呼べる心性にますます傾斜していった高い可能性がある――たんに個人や家庭のレベルに留まらずに、社会・国家の大きなレベルにおいて《ペスト的心性》が支配的となった高い可能性がある。《ペスト的心性》とは何か――それは《ペストを「神罰」であると見なして、「峻厳な神」を畏怖する心性》と言うことができる。そして、私の視点、あるいは方法論的な主張を手短に言えば、「このペスト的心性が為政者や市民の国策に強く反映したはずであり、その見地から政策全体を結びつけて考えるべきである」ということである。以下、この想定で考察を進めるが、その考察の対象は広くは西ヨーロッパ・キリスト教世界、具体的な事柄については、フィレンツェを中心とする中部イタリアの舞台を念頭に置いている。個人による研究では、実証性のためにある程度、対象地域を絞らざるを得ない。

ペスト的心性、すなわち《ペストなどの苦難を「神罰」と見なし、「峻厳な神」を畏怖する心性》について説明する。ペスト期の人びとは、まずペストを「神罰」と見なしたのである。そして、罪を繰り返す罪深い人間に対して、大量死という過酷な処置でもって罰する神は、ほかならぬ《峻厳な存在》であり、人びとはそれを大いに畏怖したのである。この畏怖の念は、次に人間が対処すべきこととして、この峻厳な神を怒らせないような措置として、法令による措置、行政的措置、裁判での判決などの措置を導く。その措置は、敢えてややわかりにくく言うならば、《人間の立場から》取られたというより、《神の立場から》取られたものである。厳密に言い換えると、《人間が想起した神の立場から》取られたものである。これでもまだあいまいであるので、次に具体的に見ていこう。

まず始めに、キリスト教徒がペストを神罰と見なし、神罰を受容した背景について論じよう。

年代記や生活史料を読むと、しばしばペストを神罰と認識する記述が認められる。この記述は、聖職者のみならず、俗人にも等しく認められる。そうした記述をできるだけ集めたものが本書の「はじめに」で紹介した表0―1「疫病を神罰と認めた文書――同時代人の史料から――」である。これらの記述のなかには、ペストの発生の直接の原因――つまり「近因」――を天体の動きや大気の汚染を指摘するものがあるが、そうした見方であっても、その奥にある究極的な原因、つまり「遠因」については、神の作用、つまり「神罰」を認めているのである。天体の動きが原因と主張する医師の考えがどこまでそれを貫くものなのかわからないが、私が直接・間接に見出したどの史料においても、「疫病は神罰ではない」と言明したことばは、どこにも見つけることができなかった。

付記

やや気になるのが、マルサス主義的な見方である。その一例がマキャヴェッリである。一六世紀初頭の著作『ディスコルシ』の一節（第二巻第五章）において、マキャヴェッリは、疫病・飢饉・洪水の災厄を「神の手の働き」であると、はっきり言明している――だが、それは「神罰」というよりも（それもある程度あるかもしれないが）、厳密にはアダム・スミス的な「神の見えざる手」である。そこには、善悪を超越したものとして、自然の自立的な作用（人口過剰になれば、おのずとそれを制御する作用が働く）という、マルサス主義的な冷めた視点も認められるように思われる。ただし疫病死するのは多くは下層民であるので、そこには下層階級への冷徹な蔑視もあるだろう。このマキャヴェッリの見方と同様の見方をするのが、ジェノヴァの医師バルトロメーオ・パスケッティである。彼は、一五八〇年、疫病は、自然が過剰な人口を排除するために、火や洪水と同じように用いる手段であると考えた（Cipolla 1988：300）。（p. 106）。おそらく当時においてマキャヴェッリのような見方は、特殊なものではなく、一般的に抱かれていたのかもしれない(476)。

そもそも疫病や天災を神罰と見る見方は、キリスト教の初期から、いやそれ以前から存在した。さらにいえば、災難を神罰に帰す見方は、洋の東西を問わずに、ひとつの傾向としてしばしば人びとに抱かれていた見方であろう。日本でも、昔から何か悪いことが降りかかった場合、「罰《ばち》が当たった」と説明されてきた。

加えて一種の文化人類学的な想定をいえば、およそ大昔の古代人など、人類の初期の人びとにとって、地震・雷・嵐・洪水など、天変地異に満ちたこの世は、あまりに不可解な、畏怖すべき世界であっただろう。四方八方この世は恐怖すべき世界であった。無防備な人びとにとって安心の余地などどこにもなかった。ところが、「神」を想定し、そうした破壊的な事象（さらには豊作など好ましい事象）をすべて「神」のせいにすると、もはや人びとを四方八方から、いわば世界全体から威嚇をもって迫る不可解さは、解消できた。しかし、今度は、「神」そのものが恐るべき存在として眼前に迫ってきたのである。今や「神」こそが、ありとあらゆる種類の罰や被害を与える存在として眼前に迫ってきたのである。

また、「神罰」は、旧約聖書にしばしばその記載が認められる。旧約聖書の神罰の考えは、キリスト教徒にどう受容されたのだろうか。

旧約聖書は、ユダヤ民族の歴史、預言者の言動、終末論など、実に様々な内容を有するもので（新約聖書の約三倍の分量）、キリストの隣人愛・清貧などの福音やキリストの受難などを伝える新約聖書と比べると、関心方向の違い、旧約との思想的な対立や矛盾などが非常に多く存在する。このことから、キリスト教徒はその内容をあまり受容しなかったのではないかとも思えるが、必ずしもそうとはいえない。初期キリスト教時代に生きた教父たちも、旧約聖書の存在をずっと重視し、そこに認められる新約との対立・矛盾の調停に尽力し、そうした試みのなかで、たとえば、「予型論」（タイポロジー）（旧約聖書を新約聖書の教えの予表〈予告〉と解釈）などを導入して両者を結びつけた(477)。一六世紀のルターも、旧約を重視している。新約聖書のなかのキリストのことば、「（旧約）聖書を究めよ。それは私（キリスト）について証す」を引用して(478)、旧約聖書を重視すべしと述べている(479)。

旧約聖書のなかには、不徳の者や神に逆らう者に対する神罰がしばしば記述されている。例えば、旧約聖書の「申命記」第二九章では、神の怒りによってなされた神罰、すなわち「主がくだされた災害と病」（第二二節）や「全土は硫黄と塩で焼けただれ、種は蒔かれず、芽は出ず、草一本生えず、主が怒って覆されたソドム、ゴモラ、アドマ、ツェボイムの惨状」（同第二三節）が生々しく描かれている。また、同じく「申命記」第三〇章第一七節では――

もしあなたが心変わりして聞き従わず、惑わされて他の神々にひれ伏し仕えるならば、わたしはあなたたちに宣言する。あなたたちは必ず滅びる。

旧約聖書の「詩篇」第七章（第一二～一四節）では――

正しく裁く神
日ごとに憤りを表す神。
立ち返らない者に向かっては、剣を鋭くし
弓を引き絞って構え

殺戮の武器を備え炎の矢を射かけられます。

こうした旧約聖書の教えの背景から、ペスト期の絵画は、疫病が神から射られた矢（時には悪魔の槍もある）としてしばしば象徴的に描かれたのである。図8—7《疫病の神罰と聖母の慈悲》や図8—8《神罰とキリストと聖母の慈悲》の絵画は、天上から疫病死させる矢が投げ下ろされている絵画であり、疫病が神罰であることを信徒にわかりやすく視覚的に示したものである。図8—7《疫病の神罰と聖母の慈悲》の絵は、一四二四年ドイツのゲッティンゲンのフランチェスコ会の教会で制作されたものである。絵の下方、地面に多くの者が死んでいるが、言うまでもなく、これは疫病死によるものである。

このように絵画に「矢」（疫病死させる矢）が表現されるようになるのも、ペスト以後の傾向である。例えば、シチリア州立美術館（パレルモ）のフレスコ画の大作《死の勝利》（図8—9「シチリア州立美術館の《死の勝利》」）は、《死を思え》と「死の平等性」を教えるものであるが、数多くの矢が様々な人びと（老若男女、色々な身分の人）に生々しく突き刺さっていることから、ペスト期に制作された典型的な作品である(480)。

一方、ピサのカンポサントのフレスコ画の大作《死の勝利》（図8—10「カンポサントの《死の勝利》」）は、従来その制作年代はペスト期——「一三五〇年頃」（M・ミースによる）あるいは「一三六〇年頃」（ロンギによる）——と思われてきたが、様式と史料の研究からペスト前の作品（「一三三六年」または「一三四二〜四三年」）とみなされるようになったという(481)。もしそうなら、このフレスコ画に矢が描かれていないこともひとつの根拠に加えてもいいかもしれない（なお、カンポサントの作品の解説には、いまだに「《死の勝利》一三六〇年〜八〇年」と書かれたままである）。

しかし、歴史研究の立場から言わせてもらうなら、その美術作品が《一三四八年》以前か以後の問題は、あまり大きく扱うべき問題ではない。と言うのは、《一三四八年》は分水嶺の年ではないからだ。一三四八年の黒死病に先立つ時期、すなわちトレチェント前半において、相次ぐ飢饉と、とりわけ一三四〇年の疫病（フィレンツェで一万五〇〇〇人死去）による苦難（「神の罰」）が、非常に厳しく人びと苦しめていたので（プラートでは一三〇五年からの三五年間で人口の三分の一が失われた）、必ずしも《一三四八年》の時点が、すべてを二分する分水嶺とはいえないからである。つまり、一三四八年よりも早い時期から厳しい絵画表現はありえたのである。

神罰に関して、次に旧約聖書の「ヨブ記」を読むと、神はいっそう過酷な存在として記述される（この記述の背景には、紀元前六世紀のバビロン捕囚など、ユダヤ教徒が被った歴史的な苦難があるだろう）。すなわち、神は、人間が神に対して抱く信仰心が本物であるかどうかを試す、ただそれだけのために「神罰」を科す。「ヨブ記」は、ひとつに「故なき苦しみというテーマの難解さ」(482)（手島勲矢）などから解釈がむずかしい書とされるが、神はここにおいて信仰を試すためだけのために、罪なき義人ヨブに対して様々な苦難を与える――すべてサタンを通じておこなわれるが、神は、ヨブの全身に腫れ物を与え、その家畜を奪い滅ぼし、その下僕を殺し、その子どもたちを竜巻によって死なせるなど、次々と様々な過酷な苦難を与える（――それでも最終的には、苦難に耐え抜いたヨブは神から最高の栄光を与えられるのだが）。

こうしたことから、キリスト教徒、とりわけペスト期のキリスト教徒は、この世の苦難は神から一方的な試練として与えられるものであると考えるか、あるいは、自分はヨブのような非の打ち所のない義人ではないのだから、この苦難は、これまでおのれの犯してきた罪の当然の報いに違いないと考えて、苦難を甘受したのである。特にペスト期では、ペストに特徴的な抗体反応であるリンパ腺の腫れ物は、まことに旧約聖書に記されたヨブの腫れ物と二重写しになったことから、ヨブは今やペスト期の人びとの身近な存在となり、苦難を耐える力、励みとなったのである（図8―11《ヨブ》）。

また、前近代においては、我々が再認識すべきことであるが（第五章第三節）、疫病やその他の病気のために、

図８－７　《疫病の神罰と聖母の慈悲》

図８－８　《神罰とキリストと聖母の慈悲》

作者不詳。制作年代不明（15世紀)。600×642 cm

図８―９　シチリア州立美術館の《死の勝利》

部分。ブオナミーコ・ブッファルマッコ作。560×1500 cm

図８―10　カンポサントの《死の勝利》

幼児や子どもの死はあまりに多かった(483)。親、とりわけ母親はこの苦難にじっと耐えねばならなかった。次の一七世紀の記録は、イングランドの大使の妻であったファンショー夫人（一六二五～七九）が書き残した記録である。夫が大使職という裕福な身分にありながら、身分を越えて容赦なく死（おそらく幼児特有の病気・疫病）は、次々と子どもたちを襲う。約二三年間の結婚生活で一四人の子どもを授かったが、成人に達したのは、わずか五人だけであった。次に紹介する文は、ファンショー夫人の『回想録』からのものである。驚くべき悲惨な事実を淡々と語る母親のことばは、かえって我々の胸を突くものがある(484)。

私の三男リチャード、四男ヘンリ、そして五男リチャードは皆亡くなった。次男はパリのプロテスタント教会墓地のブリストル伯の父親のそばに埋葬されている。長女のアンは、彼女が死んだヨークシャーのタンカースレーにある教区教会に埋葬されている。エリザベスは生後十日で熱のために死んでマドリッドのフランス施療院の礼拝堂に埋葬されており、次の娘、同じ名前のエリザベスは、ケントのフッツ・クレイ教区に埋葬されている。……そして娘のメアリーは長男のヘンリとともに、私の父親の地下納体堂に安置されている。

ハンス・フォン・ゲルスドルフ作（1540年）
図8―11 《ヨブ》

同様にペスト期を生きたフィレンツェ商人・歴史叙述家・役人グレゴーリオ（ゴーロ）・ダーティ Gregorio Dati（一三六二～一四三五）も、その一種のリコルディのなかに娘たちの死を記している(485)。

> あらゆるよきことを支配される神が、そう意図されたように、疫病は我が家にやって来て、一四二〇年六月末に、まず我々の使用人のバッティーノから冒し始めた。そして三日後に女奴隷のマルタ、七月一日には娘のサンドラ、七月五日にはアントーニアが病気にかかった。それから、皆で家を出て向かいの家に移った。そしてほんの数日後、ヴェロニカが死んだ。その後、我々はそこを後にして、キアーラ通りへ行った。そこでバンデッカとピッパが病気にかかった。そして二人とも、八月二日に天国へ行った。すべての者に疫病の痕跡があった。それから疫病は終息し、我々は家に戻った。

ダーティもまたこのように次々と娘を失った。ついでに言えば、ダーティのように、家族から疫病患者が出る度に住む家を変えるのは、疫病がいったん発生した場所（家）は、すでにその大気が冒されていて、そこを出るのが賢明と考えたからである。ところが、悲しいかな、ペストノミも、衣服や寝具にしがみつき、共に引っ越していたのである。

このように、乳児や幼い子どもは、ほとんど罪を犯す間さえもないままにしばしば死んでいった。図8—12「ハンス・ホルバイン《死が農民の子どもを連れ去る》」（一五三八年）は、そうした日常よく起こった悲劇を描いた象徴的な版画である。この版画は二つのことを象徴的に教えてくれる。すなわち疫病は、第一に大人より子どもの方を好んで多く襲ったこと、第二に都市民より農民の方を好んで多く襲ったことである。そうした悲劇的な現実においても、キリスト教徒は、それがヨブの場合のように、神からの「試練」であると理解したり、あるいは、親が以前犯した罪が、子にまで及んだに違いないと理解してみずからの罪を責めたりして、その神罰に耐えようとしたのである。しかし、その場合でも、ピサの説教師カヴァルカの例話にあるように(486)、子どもはその短い生涯において罪を犯さなかったのだから、必ずやそのまますぐに——つまり煉獄での苦痛に満ちた長い年月の償いを経ずに——天国に召されたと信じて、親として、そこにこころの安らぎを得ようとしたのである(487)。いずれにせよ、キリスト教徒においては、多くの物事は原則として罪と罰によって説明されるのであった。だが、ただひとり人類全体の贖罪者キリストの受難のおかげで、キリスト教の洗礼を受けた者、すなわちキリスト教徒は、神とつながる一種のパイプを得て、降り注ぐ聖霊のもと、告解などの「秘跡」を通じて、みずから犯した罰に対する「赦し」と、さらに無償の至上の「恩寵」が与えられると考えたのである。

第四節　神の法の支配——神の視点からつくられた法令

図8—12　「ハンス・ホルバイン《死が農民の子どもを連れ去る》」（一五三八年）

罪深い人間に対して、ペストの大量死をもって過酷に罰する恐るべき神を前にして、キリスト教徒はただ畏怖し、信仰生活のなかで個人的に改悛したり、慈善活動に出るなどした。その一方、為政者（フィレンツェの場合は市民の代表）や指導的な市民は、どうにかしてこの峻厳な神を怒らせないような（できれば神に喜んでもらえるような）措置——法令による措置、行政的措置、裁判での判決措置——に出たというのが私の仮説である。そして、政府によってここで取られた措置は、「人間の視点」から取られたと言うより、神のご機嫌を気にして「神の視点」「神の法理」を意識して取られたものである。こうして、《ペスト的心性》は、《神の法の支配》を導くのである。この種の支配は、この時代の多くの国家的、行政的措置に認められるというのが私の見方である。

神を恐れ、神のご機嫌を損ねまいという心性から法令を制定するなどといったことは、現代の日本や欧米ではありえないことである。ふつう犯罪は「人の法理」に反するがゆえに法令で罰せられるのである。人を傷つけた者は、人の法理に従って罰せられる。ところが、この時代の法令には「人の法理」によらず、「神の法理」にもとづいて人を罰したものがある。それは、《峻厳な神を恐れる心性》から制定された法である。つまり、峻厳な神のご機嫌を損ねるからこそ、神によって人間世界に不幸がもたらされる――そう恐れて立法がなされたのである。怒れる神を恐れて、神の基準から法がつくられる。それは一種の「神の法」である。しかし、それは一三世紀のトマス・アクィナスの『神学大全』に書かれた「神の法」とは違う。アクィナスの「神の法」は、「人定法」や「自然の法」の上位に位置してそれを上から統括する究極的なキリスト教的な規範でしかない。

我々は思うのだが、誰にも知られない密室においてふつう合意でなされるソドミーは、殺人や傷害など、善良な市民に対して直接危害を加える類いの、反社会的な犯罪行為とは違う。それは人に迷惑を掛ける性質のものでない。社会的に無害であろう。しかし、当時、問題にされたのは、《人間に直接危害を加える反社会的性の度合い》ではなく、神の法に対する冒瀆、つまり《神に対する冒瀆性の度合い》であった。ソドミーなどの行為は、たとえ人に直接的には無害であっても、神を冒瀆し、神を怒らせ、結局は天災や疫病を引き起こし、そのために大量の人びとの命が奪われることになるという見地から、重大な反社会的行為と考えられ、厳しく罰せられ、時に死刑が科せられたのである。この心性は根強く、一九世紀末のイギリスのオスカー・ワイルドさえその罪で二年間投獄された。

何が冒瀆行為であるかは、あくまで時代の価値判断にもとづくものであった。この頃、「冒瀆行為」は「苦難」

（「神罰」と認められた）を背景に増えたかもしれない。苦難の一七世紀において、飢饉の増加は魔女の摘発をいっそう刺激したと思われる（一般にそう認識されている）。ともかく基本的には、「冒瀆行為」は、歴史的に形成されたキリスト教神学の価値判断によって規定された。四～五世紀のアウグスティヌスに始まり、一三世紀のスコラ神学者トマス・アクィナスらによって確立された中世キリスト教神学の価値判断にもとづいて、「冒瀆行為」の度合いが規定されたのである――(488)

すなわち、後世に絶大な影響力を及ぼした教父アウグスティヌス（四三〇年没）の考え方――禁欲重視の考え法――においては、とりわけ色欲（性欲）は悪であった。

そうした色欲を悪とする見方から帰結されたものが、カトリックに特徴的な考え方や行事であった――たとえば、「聖母マリアの無原罪の宿り」（聖母マリアが母親の胎内に宿った瞬間から原罪の汚れから守られていたこと。「聖母マリアの処女懐妊」とは別のもの）、「マリアの処女懐妊」、聖職者の独身制、修道院制とその修行生活などであった。キリストの荒野の苦行の四〇日間にならった「四旬節」（四〇日間）の期間には、結婚は、性交と結びつくことから、おこなわれなかった。また、四旬節には、肉を食べることもいけなかったが、それでも魚は構わなかった――それというのも、魚は交尾で生まれる生き物ではないとされたからであった。

そして、俗人の生活においても、色欲は人の魂が清らかな姿で「神の国」（天国）に入ることを妨げる最大の障壁と見なされた。ただ許容されうるのは生殖機能であった。《産めよ、増えよ》（「創世記」第一章第二八節）の機能として生殖は許容されたが、性欲に導かれた快楽の享受は赦されなかった。「結婚は善であり、欲は悪である。そして夫婦間の行為は善と悪の混合である」（J・モレイ）(489)。つまり、性欲は夫婦が子どもをつくる手段としてのみ許された（つまり性交は「快楽」を「目的」にしてはならなかった）。そして、避妊行為、精子の無駄づかいは殺人行為と見なされた。この考えが中世の神学理論の基礎のひとつとして冒瀆の程度をはかる尺度となった。

　こんにち我々は、寝室の二人の行為などは表だって話題にすべきではないと考える。しかし、この時代、これは明らかにしておくべき重要問題であったのだ(490)。というのは、「色欲」は七つの大罪のひとつであり、神学的指導者からの公式の指針が望まれたのである。「色欲」は、「貪欲」が《経済倫理》から規制されるべきであるように、《性倫理》から規制されるべきであった。「貪欲」（過度な営利追求）の場合、それは社会の富・財政と関係し、都市や国家において経済的、社会的問題にまで発展する――たとえば、「近代資本主義」は、マックス・ウェーバーによれば、価値を転換したまさに新しい宗教的な《経済倫理》によってうまれたという(491)。一方、「色欲」は主に男女の個人的な、ある意味内密な問題に留まるようにも思われるかもしれないが、「天国への妨げ」という意味では、キリスト教徒にとって同程度の問題であったと言える。

　色欲の問題は、信徒のみならず、在俗の告解聴聞師にとっても日常的問題であった。

　たとえば、女性が告解場に来て聴聞師に向かって、寝室での性的な告白や悩みを打ち明けてきた場合（「神父様、夫が寝台でこんなことをしてきますが、構わないですか。神を冒瀆する行為ではありませんか」など）、それにうろたえずに、毅然と対処しなければならなかったからである(492)。そもそもキリスト教で最も忌むべきものが、七つからなる「大罪」であったから――「大罪」とは、イタリア語で *peccato mortale*（「ペッカト・モルターレ」）といい、これは文字通りには「致命的な、命取りの（！）罪」の意味である――、そのひとつ、色欲の問題、つまり性の問題は、キリスト教徒にとって《天国行き》か《地獄行き》かの岐路にある重大問題であったといえる(493)。俗人たちは、男と女からなるこの世俗世界――それは修道院のように、異性から隔絶された安全地帯の世界とは違ったあぶない世界である――において、常に罪にさらされて生きているのである。そうした信徒に対して、「霊魂の治癒」をして、罪人を罪から救い出す最も重要な秘跡が、聴聞師による《告解の秘跡》であったから、信徒が必死になって性に関わる内密のことを打ち明けてくることは少なくなかったと考えられる。

実際、この問題は聴聞師を悩ませたようで、『告解手引書』のなかにおいても、そうした信徒への対応はデリケートな問題であるから、特に配慮して、信徒が恥ずかしさから黙り込むことのないように共感と愛情を持って接し、できるだけ性的な悩みと罪を聞き出すべきであると書かれている(494)。一四世紀の説教例話のなかでも、恥ずかしくて聴聞師に告白しなかった女性が、来世の入り口で「罪を全部告白していないので天国へは行けない」と追い返され、この世で再度告解を受け直した話がある(495)。

性的行為をめぐるスコラ神学者の分析と考察において、色欲を悪とする態度とともに、大きな判断基準のポイントとなったものは、古代からの伝統的な「自然の法（自然法）」の考え方であった(496)。すなわち男と男の性的行為（肛門性交など）、女と女の性的行為などについては、それが何であれ、「自然の法」に反するがゆえに許されなかった。自然の法とは、古代ギリシャ・ローマの思想を継承したものであった。自然法とは、「自然がすべての動物に教えているもの」（アクィナス）であり、遵守すべき絶対的な規範であった――動物において雄《おす》と雌《めす》が交わるように、人間において男女の交わりのみが「自然の法」にかなう絶対的な規範とされたのであった。これに反する行為は神を冒瀆するものとして断罪されるべきであった(497)。

状況は心性を形成する――すなわち、中近世においてペストが猛威を振るう状況では、神は峻厳な存在として観念された。人びとは神を峻厳な存在と見て、恐れ、そして、神をないがしろにする不届き者の冒瀆行為に対して、政府としてどのような政策をもって講ずるべきかを思案した。まさに神の法理を想定して思案した。もともとキリスト教においては、旧約聖書の記述にしたがって、物事の因果関係、すなわち、人間世界と自然世界の一切における事件・出来事・現象に決定的に作用するものこそ、神であると考えられた。「世界の始まり」（天地創造）も「世界の終末」も神の思し召し次第であると考えられた。したがって、神のご機嫌を損ねるならば、再び疫病が神罰として降りかかり、大量の人びとの命が奪われると考えられたのである。これは旧約聖書のソドムとゴモラの滅亡の解釈（反ソドミー的解釈）以来、伝統的な見方として定着し、九世紀のウェッティヌス修道士などを経て、一三世紀のアクィナスの反ソドミー観に至る。例えば、八二四年一一月四日に死んだ修道士ウェッティヌスは、死の前日に見た夢を語るなかでこう述べたと伝えられる(498)。

威厳ある主は、もし彼［ウェッティヌス］が良き教えを説き、良き規範を示して、彼が悪に引き入れた人々を正すならば、彼の願いは聞き届けられよう、と言われた。そのとき天使は彼に次のように説明した。**人間の犯すありとあらゆる恐るべき悪徳の中で、とりわけ神に背く悪徳は、自然に反する罪、男色である、と。**

神は全能ですべての出来事の支配者であった。疫病・地震・雷・洪水などの災厄だけでなく、人間同士の争い、たとえば戦争が生じることとさえも、神のご意思のもとにあり、神がその原因と考えられた。だから人びとは、しばしば神を宥めようと集団で行動に出たのである。例えば、一四五三年の地震の際には、その原因である神の怒りを宥めようとフィレンツェの人びとは四日間に及んで行列を組んだと記されている——「全住民がこぞって神に祈り、四日間にわたって男も女も加わった行列がおこなわれた。下層民は教区司祭のもとに集い、夜になるとサンタ・トリニタ聖堂まで、賛美歌を歌ったり、安全を祈ったりしながら行進した」(499)。

実に旧約聖書には、神が引き起こす病気や災害が次々と登場する。すなわち、神は大洪水を引き起こし（「創世記」第六章「ノアの物語」）、エジプトの王ファラオの圧政に対して疫病や腫れ物や様々な災害で懲らしめる（「出エジプト記」第九章）。一五世紀においても、人びとは、疫病が神から与えられる罰であると思い、そう信じて疑わなかった。一五世紀の文献を見ると、人びとのなかには、疫病は《みずからの罪を浄化するもの》と考える者が認められる――「みんな、この疫病のおかげで罪を清めてもらえるんだといっていた」(500)（ランドゥッチの『日記』一四九七年六月一日）。実際、ランドゥッチの『日記』を読むと、この時代の人びとの神観念がよくイメージできる。ランドゥッチの『日記』を最初から最後まで飛ばし読みせずに、その一語一句を丁寧に読むと、この時代の人びとの心性が、その息づかいと肌のぬくもりとともに、伝わってくるような気がする。次に、一五世紀において周期的に発生するペストのさなかに書かれたこの書から、当時の人びとの心性に光を当ててみよう（なお、この書の翻訳に多大な労力を払った訳者は称讃に値する）。

第五節　ランドゥッチの『日記』に見る神への恐れの心性

これまで述べてきた、二つのポイント、すなわちキリスト教徒における「神罰の受容」と「神の法の支配」をよりいっそう具体的に理解するために、一五世紀に書かれたランドゥッチの『日記』をひもといてみよう。この『日記』には、この時代の為政者や市民が抱いた宗教的心性と共通するものが、随所に認められ、それは第九章で各論として扱う個々の法令・政策・判決の考え方・心性とも合致する。

ランドゥッチの『日記』は、ひとりの個人が、朝起きてから寝るまでの個人的な事柄を記述するタイプのふつうの日記というよりも、年代記のようにもっと関心を社会・政治に広げており、一種の日付付きの《リコルディ》（書き記すもの）である。そこでランドゥッチはまれに個人的なこと（弟の死、息子の受けた傷害など）も書くが、記載された事柄は、彼がみずからの関心をもって取捨選択した（つまり、彼独自のレンズを通して見た）フィレンツェでの出来事の報告である。彼の脳のなかの仕組みがどのようなものか、彼の関心がどのようなものか、試みとして、一四九七年六月から翌年二月までの九カ月間（記載した総日数は五五日）について、彼の日記に記載された事柄をすべて一覧にしてみた（表8―1「ランドゥッチの関心事」、グラフ8―1「ランドゥッチの関心事（1497年）」）。

ランドゥッチは出来事の報告において、しばしば自分なりのありのままの感想を吐露する（一種の「生活記録」に近い）。そして、出来事の発生や結果に関連して、神について語る姿勢は、都市の立法者の姿勢と見事に一致する。すなわち、彼の頭には、全能の神こそは、この世界の創造者で、この世でこれまで起きたことも、これから起きることも一切神の意思（ご意向）によるものであるとの意識が強く、この信念に揺らぎは感じられない。ランドゥッチにとっては、物事がうまくいくと、それは神の思し召しであるがゆえに神に感謝すべきであり、一方、物事がうまくいかない場合、それは罪深い人間への神の思し召しであるがゆえに、厳粛に甘受すべきことであった。それはレトリックや常套句ではない。彼にとってあらゆることが神の支配下にあった。それを示すことばは、彼の日記の随所に認められる。次にランドゥッチが神のご意向、思し召しに触れている例を示す。疫病が発生した時や、疫病が終息に向かいつつあった時に、そのいずれの場合においても神の思し召しによると見て、次のように述べている。なお、以下、ランドゥッチの翻訳書である中森義宗・安保大勇訳『ランドゥッチの日記』（近藤出版社）から引用した場合、（　）に頁を示している。また、『黒死病関係史料集』第二二章「ルーカ・ランドゥッチの『フィレンツェ日記』より（一四九七年）」から引用した場合、注で示すか『黒死病関係史料集』とその頁数を示している。

「このころ悪疫が死人を大勢出していた。これも神の思し召しなのだ」（一四七八年一二月二四日）（三三一頁）。
「疫病がぐっと弱まった。神がほめたたえられますように」（一四七八年二月四日）（三三二頁）。

ランドゥッチにとって、神の思し召しは、人間の取った行動が成功するか失敗するかの鍵である。たとえば、戦争の勝敗も神の思し召し次第であった。フィレンツェがカラブリア公とおこなった戦争についてランドゥッチはこ

表8－1　ランドゥッチの関心事

1497年6月1日から1497年2月18日までの9カ月間（フィレンツェ暦）に記述された話題とその日を示す（記述総日数は55日間）。　A：宗教的要素のあるもの　B：その他

政治・行政
1　教皇やヨーロッパの諸国の国際関係・戦争の動き…………B
6/18　6/19　7/11
2　イタリアのなかの諸々のコムーネ間の問題・戦争、フィレンツェ軍の動き…………B
10/5　11/1　11/6　11/13　11/26　2/15
3　フィレンツェの政治問題・勢力争い（メディチ家と反メディチ家、サヴォナローラ派とその反対派など）…………B
6/18　7/9　7/23　8/5　8/6　8/10　8/13　8/16　10/1　10/16　1/6　2/11　2/15　2/18
4　フィレンツェの協議会や執政府等が決めたこと…………B
7/1　7/23　8/17　8/24　9/17　12/16
5　フィレンツェの委員会・役人などがしたこと…………B
11/15　11/18
6　都市での世俗的行事・催し物・他国からの来賓…………B
6/10　12/2
7　新築・改築された建築物、美術活動…………B
8　物価の動き…………B
6/10　6/24　7/3　7/13　8/16　11/18　2/17

社会
9　殺人・刑事的問題等…………B
11/15
10　社会問題（疫病による都市からの逃亡・大学移転）…………B
7/29　11/9
11　宗教的な行事・祝祭、教会での儀式・免罪（贖宥）・催し物、宗教行為（巡礼等）…………B
11/26

個人
12　個人的な出来事・行為・事柄…………B

宗教
13　世俗的な事柄についての言及・見解…………B
14　信仰や信仰心や宗教問題についての言及・見解…………A
6/1　6/16
15　事故（A：宗教的意味のある事故、B：非宗教的意味の事故）…………A・B
A 11/3　B 6/23
16　奇跡や不吉な出来事、注目すべき自然現象（地震・雷・河川氾濫・雹など）…………A
6/13　7/29　11/3
17　神への言及…………A
6/11　8/17　10/1
18　病気・疫病…………A
6/1　6/13　6/28　6/30　7/2　7/3　7/9　7/29 11/16　7/20　7/29　10/18　10/19　10/29　11/7　2/11

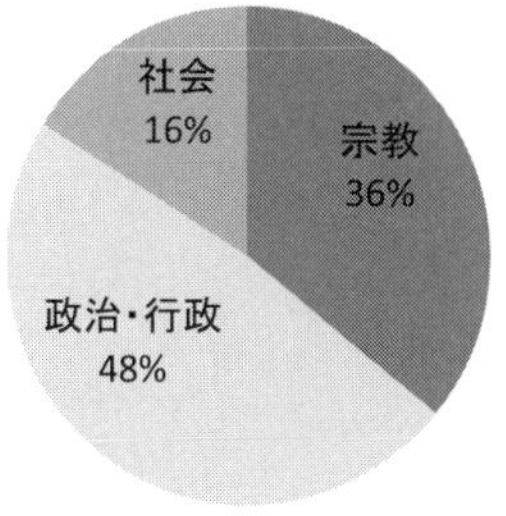

グラフ8―1　ランドゥッチの関心事（1497年）

ういう。

「だからわれわれは（カラブリア公との戦で）勝利者になれないのだ。これもわれわれが罪深いための神の思し召しなのだ」（一四七九年四月一八日）（三四頁）。

偶発的な事故についても、それが引き起こす結果の善し悪しは神の思し召しと信じられた。次は、フィレンツェが誇るサンタ・マリア・デッラ・フィオーレ大聖堂で起こったことである。ここで二つの事が起こった。すなわち最初の件は、ブルネッレスキが難工事で載せたクーポラ（丸屋根）から石が落ちてきたこと、第二の件は、大聖堂に落雷があったことについてである。

「教会はもう人で一杯だったが、人には被害を与えなかった。これは不思議なことだった。われわれを助けてくださる神の思し召しによるものだ」（一四九〇年九月二一日）（六五頁）。

「もし説教がある朝だったら（毎朝、当時は一万五千人の聴衆を集めて説教していたのだから）何百人と人が死んだにちがいなかった。しかしそれは神がお許しにならなかったのだ」（一四九二年四月五日）（六七頁）。

さらに、ランドゥッチの日記全体を読んで気づかれることがある。それは、これから起こる世界のあらゆる出来事の支配者である神、この全能の神に対するランドゥッチの強い意識と関心は、自然（自然現象）への過敏なほどの観察となってあらわれているということである。すなわちランドゥッチは、日々の出来事のなかに神が自然現象などを通じて我々に発信するメッセージを、これから起こる何か重要な前触れと見て――これは中世の年代記作家と共通する心性である――、いわば耳をそばだてて、それをキャッチしようとして神経を尖らせる。この心性はおそらく中近世に共通するものと思われる。例えば、ランドゥッチの日記では、事件が起きたその日が新月であったとか、下弦の月であったとか、月の満ち欠けの状態がよく報告されており、それもまた彼には深い意味を秘めているように思われたのである――「下弦の月にあったこの日、施療院と町中の両方を合わせて一二〇人の人がこの病気にかかったといわれた」（一四九七年六月六日）（『黒死病関係史料集』六五六頁）。

また、特に月食や日食は不吉な悪い出来事と重ね合わされて記述されている。――「月に食が起こった。……この日に三人の人［少年一名、少女一名、公証人一名］が不意に死んだ。この日はフィレンツェでは異常な日だと考えられた。月が強力な影響を及ぼしたのだと考えられた」（一四八三年四月二三日）[501]。「太陽に食が起こった。疫病と熱病で大勢の人びとが死んだため、都市から市民がいなくなり、町が空っぽになった」（一四九七年七月二九日）。

こうして彼は自然界に起こる現象や天変地異、さらには人間界におきる奇妙な事件、奇跡的な出来事、不吉な出来事の知らせに耳をそばだて、そこに神の思し召しを読もうとする。たとえば、一四八九年年四月一二日の日記には、ヴェネツィアとパドヴァで人間から化け物が生まれたこと、ヴェネツィアで六〇歳になる女が三つ子を産んだことが不吉な事件として詳しく報告されている。そして、その日の日記の最後にこう述べている――「こんな変なことがつづくのはその都市に大きなわざわいがふりかかる前触れになっているものだ」（六二～六三頁）。そして、注意すべきは、そうした出来事の情報（うわさ）については、決してみずから確認しようとはせずに、事実としてそのまま受容れてしまうのである。これと類似したものについて、二人の年代記作家の記述を紹介しよう。

まず、ジョヴァンニ・ヴィッラーニは、伝聞情報として、疫病の発生前にセバスティアという地で起こった出来事を伝える。

セバスティアでは八本の足をもつ一ソメッソ［握りこぶしに、立てた親指を加えた長さ］の長さの虫が大量に天から降ってきたという。そしてその虫の色は黒かったという。降ってくる虫のなかには生きている虫もあれば死んだ虫もあった。その虫は、その地域の至るところで悪臭を放ち、その虫の姿は見るもおそろしげであった。そしてその虫は人を刺し、有毒であった(502)。

また、ジャン・ド・ヴェネット（一三六九年頃没）は、その『フランス年代記』において、一三四八年にフランスで発生した疫病について報告したのちに、こう付け加える。彼もまた伝聞情報をそのまま信じて、その出来事の意味するところを深く思案する(503)。

そして驚いたことがあった――というのも、疫病の前に生まれた子どもは、歯が出揃った年齢には、上の歯と下の歯を合わせて三二本あったのに、疫病後に生まれた子どもは、二〇本とか二二本しかなかったのだ。疫病の後の時代に生まれた者たちのこの歯の数の減少は、いったい何を意味するのだろうか――この歯の数の減少は、そういわれているように、あれほど限りないほどの大勢の人びとが死んで、生き残った者たちがそのあとを引き継ぐことで、この世界がどうにかして一新され、新しい時代が始まったということ――このことを意味するのでなければ、そのほかに何を意味するるか。そう考えて、私はただ呆然とするのである。

さらに、この心性において重要なことは、ひとつの異変はそれだけで孤立して存在するのではなく、神を通じて他とむすびついていると考えられたことである。これも世界の事象への中世的な心性によるものである。つまり、ランドゥッチにおいては、「自然界の出来事」も「人間世界の出来事」も同次元で並列して語られるべきことであった。これは人びとが神が万物の支配者として君臨していたことを前提にしてようやく理解できることである。神は、その手で万物の糸を同時に引き、何かの意図を発信する。日記の次の箇所では、フランス王の死去、雷の発生、皇帝の落馬、スルタン（サルタン）の到来などが、同時に別々の地域で起こったことに注目している――こうしたことは、究極の存在、つまり万物を根源から操作し、そこにその何らかの思し召しを発信する創造主を念頭に据えて、ようやく有機的、合理的に説明できることなのであった。その発信を記録しつづけることは、中世的心性にとって大きな意味を構築するものと信じられたのであった。ここには《世界の終末》が意識されていたのであろう。

フランス王が死んだという知らせがあった。同じ月の七日に死んだのだった。七日といえば、すごい雷が鳴って荒れ模様に鳴り、空が怒り狂ったように見えて雨が降った日だった。私は今でも覚えているが、火による試験［サヴォナローラ派修道士とフランチェスコ派の修道士が火のなかを渡る試験をしようとしたこと］を見ようとして私はずぶ濡れになったのだった。そしてその同じ日に、皇帝が馬から落ちて脛を折ったという知らせもあったのだ。それに、同じ日に、サルタンがオトラントにきたのだった。それから、やはりその同じ日に、ミラーノ公を毒殺しようとした貴族二人が首をはねられた（一四九八年四月一三日）（一八九頁）。

このように不安げにこの世の自然現象や人間世界の出来事を注意深く観察するランドゥッチや当時の人びとにとって、実に神以上に恐るべき存在はなかった。一切の事柄の支配者である神を冒瀆するような者がいれば、それは絶対許されるべきことではなかった。神を冒瀆する不届き者に対して、当時の人びとがいかに激しく怒ったか――このことを示す事例がランドゥッチの日記のなかに記述されている。それは聖母を冒瀆した男を人が寄って集ってリンチで殺してしまうというすさまじい出来事である。

一四九七年八月一七日、こんなことがあった。ある不届き者がキリスト教徒へのいやがらせに、というより気が変になって、フィレンツェの聖母像を台なしにしてまわった。なかでも、オルト・サ・ミケーレ教会の外側の柱形の中に納められた大理石の聖母像がひどかった。幼児キリストと聖オノフリの目にひっかき傷をつけ、聖母の顔に糞を投げつけたのだった。このため、子供たちがこの男に石を投げはじめたが、大人もこれに加わった。そして怒り狂うあまり大きい石を投げて殺してしまい、そのあと、口汚くののしりながら男を引きずりまわした（一四九七年八月一七日）（七〇頁）。

さらに言えば、このリンチ事件の裏側にはもうひとつの注目されることがある。それは、男をリンチで殺した者たちに対して都市当局が殺人の罪で追及しなかった（と思われる）ことである。また、このほかにさらに恐るべき出来事が起こったとある。ランドゥッチの『日記』によると、ある「極悪非道」の不届き者たちが、降誕祭（クリスマス）の日の夜、フィレンツェの神聖な大聖堂のなかで一頭の駄馬を追い回し刀で傷つけ瀕死の状態にして、大聖堂を馬の血と汚物で汚した。ランンドゥッチと人びとは、この仕業を神に対する冒瀆行為と見て、それに対して下されるかもしれない神の怒りを大いに恐れ、震えおののいたのであった。ランドゥッチはこう書いている――

その仕業を見て、善良で思慮深い人たちは偉大な神の裁きを恐れて震え上がっていた（一四九八年一月二五日）（一九七頁）。

付記　ヴェネツィアの執政官の布告

こうした神を恐れる心性はヴェネツィアにも認められる。一六一二年一一月二日、ヴェネツィアの執政官（esecutore）は布告を出して、神や聖母や聖人を侮辱した者に対して罰する規定している（「神の冒瀆に対して罰するとした執行官の布告」）(504)。

このヴェネツィアの都市とそのディストレット（従属都市）においても、たとえ外国の地域にいたとしても、ヴェネツィア都市政府の人民の所有するいかなる船、平底荷船、円形船、その他の大型船に乗っていようと、神の最も神聖な名前や、最も神聖な聖母マリアの名前やさらに男女の聖人の名前やほかのいかなる神聖な存在の名前に対しても、単にはっきりしたことばだけでなく、神や聖母を上記の聖人を中傷して、不快感を与えるかもしれない、ほかの考えうる形のことばにおいて冒瀆する者どもは、ガレー船の苦役、投獄、追放あるいは身体切除によって必ずや罰せられるべきものであり、またこの憎むべき忌わしい犯罪の性質が要求するように、死刑判決さえ下されるかもしれない。そしてそれを告発した者に対して四〇〇リラの支払いをさせ、告発者は秘密のままにされるものとする。

どのような教会や修道院や、他の神聖な場所、この都市の信心会館のなかで武器を出した者たちや、他の方法によってこれらの神聖な場所においてげんこつの一撃、強打、あるいは他のふさわしくない行為に訴えることによって、ことばや行いにおいて不祥事を行う者たちは、違反の重さによって追放、投獄、ガレー船での労働、そして他のより一層残酷な罰によって罰せられるべきものとする。

この時代のフィレンツェにおいてランドゥッチのような神を恐れる人はごく当たり前の存在であった。彼のような人が格別に宗教心が強い人間であったわけではない。むしろごく一般的な存在であったように思われる。というのも彼は日記において、例えば、深い敬虔な念をもって、日記に福音書のことばを引用して、教えを説くようなこともなければ、また、彼がみずから特に積極的に宗教的活動（慈善の喜捨、施療院で貧民・病人の世話、巡礼などの）に参加し、その重要性を格別に訴えるわけでもないからである。日記を読む限り、その信仰心はおそらく標準的なものであっただろう。確かに彼は全盛期のサヴォナローラに心酔したが、それは当時のフィレンツェ市民のほとんどの者について言えたことである。そしてサヴォナローラに心酔していたものの、一度サヴォナローラが教皇から破門されるや、ほかの多くの者と同様に、サヴォナローラから距離を取り、その没落――火刑――を眺めていたのである。

現在のトルナブオーニ通り。正面の建物が、現在「フェラガモ」の店舗が入っている「パラッツォ・スピーニ・フェローニ」Spini Feroni（Ferroni）。その裏側がアルノ川。「トルナクィンチ通り」（現トルナブオーニ通り）は、その右の通りで、《正義の柱》のある「サンタ・トリニタ広場」を経て、左後方のストロッツィ家に続く。今も昔もフィレンツェのいわば銀座通りである。数多くのブランドの店が並んでいる

図8―13　トルナクィンチ通り

政治への意識や関心についてもランドゥッチは、ふつうの市民、どちらかというと上層の市民とそれほど変わらなかったように思われる。彼が結婚の際に受け取った嫁資（それを資金に店舗を開いた）の額からすると、所属する階層は市民階級の中層程度だったかもしれない。しかし、彼が薬種商として医師薬種商組合（大組合）に属していたこと（そして、息子をボローニャ大学に入学させて医師にしたこと）、また、彼の住む家がストロッツィ家やトルナブオーニ家などの非常に有力な上層市民（シニョリーアに参加した市民）の住むトルナクィンチ通り（現トルナブオーニ通り）（図8―13「トルナクィンチ通り」）にあったこと、日記には政治的事件の詳しい情報が認められ、この情報は有力家族との親交から得られたのかもしれないこと――こうしたことから推測して、ランドゥッチはシニョリーアで活躍する上層の市民の政治意識に近かったかもしれ

ない（ただ、フィレンツェの役職には就いたことはなかったようである。おそらくその候補にも挙がっていなかったかもしれない）。

そうしたランドゥッチは、晩年、当時スルタンがヨーロッパに企みをもって迫って来ているというわさに触れ、面と向かってスルタンに武器を持って対決する以前に、まずもって我々キリスト教徒がやるべきことがあると真っ当な主張をして、こう記述している（一五〇九年一〇月二八日、三〇四頁）。このことばは、おそらく宗教的心性の中見やレベルにおいて、一五世紀のフィレンツェにおいて立法・政策・司法に関わった人たちと比べて、遜色のないものだったと思われる。

> 悪徳キリスト教徒の堕落ぶりを取り除いて清めておかねばならないからなのだ。神を冒瀆する者。姦通する者。口にも出されない悪癖〔ソドミーのこと〕に巻き込まれている者。全能の神をまったく畏れない、神の被造物を損なってもなんとも思わない、自分も神によってつくられたものだということを考えてもみない人殺し。こんな不信心な大勢のキリスト教徒たちの堕落ぶりを清めておく必要があるからなのだ。おお、なんたる粗暴さだろうか。人間を殺しても、貧乏生活にかかりきりで人さまにどんな害も与えたことがない貧乏人のものや人を略奪しても、まったく良心の痛みを感じない連中が大勢いるなんて！　人を殺すなんて。家を焼くなんて。生娘を淫売宿に連れ去るなんて。ぶどうの木を切り倒すなんて。神が人間に送ってくださる沢山のみごとな果実を切り落としてしまうなんて。……主よ、どうか、かれらを赦してやってください。かれらは粗暴さの深い闇夜にいるのですから。かれらは神の偉大な不思議な御業がなんであるのか、一度も考えてみたことがないのですから。そして私をお赦しください。私はだれにも増して赦していただかなければならない身なのですから。

このランドゥッチのことばには、悪徳や犯罪に対する強い憤り、強い正義感が感じられる。それとともに、神への畏敬の念にあふれ、人間の罪に対する神の怒りを恐れ、神に寛大さを乞い、不徳な者への怒りから神罰を我々に下さぬようにと神に乞うている。さらにはみずからおごることなく、自分の罪深さを進んで認めてキリスト教的な謙遜さをも示しているのである。また、ランドゥッチは日記の別の日に、高徳の聖職者であるアントニーノ大司教に対して高い尊敬の念を記している（「福者と呼ばれていい人だ」一二頁）。そうはいっても、この程度の信仰心や正義感は、この時代、このフィレンツェにおいて特別なものではなかっただろう。おそらくシニョリーアの役職者や司法機関の関係者なども同程度のものを抱いて政務に就いたことであろう。逆に言えば、ランドゥッチが政府の役職に就く機会を与えられても、このような正義感や信仰心から、シニョリーアで法令の制定や社会制度の設立に当たったとしても少しもおかしくなかったであろう。

もっと言えば、この程度の思いは、フィレンツェのほとんどの市民（上層か中層かを問わず）が抱いていたのではないだろうか。ランドゥッチは、フィレンツェの市民全般と心性を共有していたといって良いだろう。実際、一四一三年一二月六日のフィレンツェの議事録（『コンスルテ・エ・プラティケ』）には次のような注目すべき発言があるが、この発言者（ベルナルド・ディ・ブオナッコルソによる。諮問会議委員か）は、信仰心と正義感において、神の法を意識したランドゥッチと同じ次元にある。すなわちこの発言者は、責務を持った為政者として、神の激怒を恐れ、神の法に従って、真剣に政治に携わる姿勢を述べているのである（一四一三年のフィレンツェの議事録より）(505)――

失政をおこなえば、その結果、神の激怒や偶発事件がもたらされ、それによって我々は破滅しかねないと思う。私は、神の激怒を引き起こしかねない我々の行動を熟慮している。そして、我々の祖先のおこないと我々のそれとを比べる。というのも、過去において多くの者たちは、栄光と名声のために政治権力を獲得しようと努めたが、今日では私利私欲のためだけにしか政治権力を追求しない。……もしそうしたことが抑制されなければ、市民の間に軋轢が生じて、我々は破滅に導かれることになるだろう。害悪が我々のもとに降りかかるであろうと、皆が言っている。だが、それでいて誰ひとりとして救済策を提供しようとしない。安全への唯一の望みは、皆が一致することにある。不和は抑圧しなくてはならない。

ここでいう「失政」とは何か。まず「私利私欲」に流れる政治である。この時代において「私利私欲の追求」は、疫病の流行のなかで走りやすい悪徳として要因として非難された――この非難は、例えば、メディチ家の独裁と私利私欲を非難したサンタ・マリア・ノヴェッラ聖堂のドミニコ会修道院長ジョヴァンニ・カローリ（一四二九～一五〇三）の疫病論に認められる(506)。

また、「失政」とは、正義感をもたず罪を見逃し神の怒りを買う政治である（さらに不和を許す政治である）。どうもこの時代、為政者に強く正義感が求められたようである。たとえば、しばしば奢侈禁止令が発布されたが、あまり決定的な効力のないものの、都市の政府に着任したプリオーレ――二カ月ごとに次々と着任した――は、人びとに奢侈を許さないという強い姿勢と意気込みで、根気よく望んで禁止を発布したようである。法令の性質もあったが、「悪」への強い姿勢を常に自覚していたのかもしれない。最初の発布から一四九七年までの間に全部で六一回も発布されたのである（後出の表9―2「イタリア諸都市における奢侈禁止令の制定年と合計回数」参照）。

さらにいえば、一五世紀の末のフィレンツェにおいて、どうしてサヴォナローラ（一四五二～九八）が宗教的指導者としての地位だけで（つまり説教だけで）、フィレンツェを統治できたかが理解されるであろう。サヴォナローラの政治的台頭はここで述べたこの時代の宗教的心性の背景のなかでようやく理解できるのである。たかが修道士でしかない武器をもたざる「預言者」サヴォナローラが、説教のみによってフィレンツェの独裁者の地位にのし上がり、政治を自在に支配できたのは、これまで述べたような人びとの宗教的な心性――神を恐れる心性――を共有することで、それを踏み台にしてこそ可能であったのである。フィレンツェの大聖堂にフィレンツェの成人男子のほとんどである一万五千人を集めて、人びとの現在の罪深い生活、疫病に象徴される神罰、キリスト教的な真理であるこの世の終末を強く熱弁をもって予告した。そして、人びとを震撼させ、「改革せよという神の叫び声」を訴え、それによって政治権力を掌握したのである。これは宗教と宗教的心性、ペスト的心性が時代の中核をなすものだったこと――このことを前提にしてようやく理解できることである。

サヴォナローラは、人びとの宗教的心性に乗じて、神からのメッセージと考えられた雷などの現象を実に巧みに利用した。彼は一四九二年四月六日の説教で前日の雷のことに触れて《主の剣がすぐに、確実に地上の民に振るわれるであろう》と説教し、聴衆を震えあがらせたのである(507)。雷は中世的心性においては、何らかの危機の予兆と考えられていたのである(508)。また、一四九七年六月から疫病が発生したことも、もともと世界の終末を示唆して市民に危機感をもたせ、教会と世界の改革を訴えていたサヴォナローラにとってまことに好都合であった。ランドゥッチは、一四九七年七月一六日の日記に、この疫病の発生に触れて、サヴォナローラ修道士のいうとおりになったと書いて、いっそうサヴォナローラへの信頼を深めている。実際、この時期はシニョリーアにおいてもサヴォナローラ派が多数を占めて、シニョリーアは教皇庁にサヴォナローラの破門の撤回を求めたほどだったのである(509)。研究者ブラッカーも、トレチェント期からクァットロチェント期のフィレンツェの人びとの意識において神罰の意識が強かったと述べている(510)。

目を転じてヴェネツィアを見ると、ここでもまたペストは神の脅威と見なされ、その観点からの対処が本質的なものであった。一四五六年～一五二八年までの七三年間に、ヴェネツィアでは一四回もペストが流行した。すなわち、五年に一回の頻度であった。その後一六世紀半ばから一七世紀には、ペストの頻度はずっと減少するが、しかし、死亡率ははるかに高い水準に達した。一五七五年～一五七七年（サン・カルロの疫病）によって都市人口の約二五パーセント、一六三〇年〜一六三一年には都市人口の三〇パーセント以上が疫病死した。このヴェネツィアの惨状において一方で行政側の必死の隔離対策等が講じられたが、フィレンツェと同様に、神の怒りを鎮めることを意図した宗教的儀式がおこなわれ、さらに、バロック様式の傑作サンタ・マリア・デッラ・サルーテ聖堂（一六三一〜八七）やパッラーディオの傑作レデントーレ教会（一五七七〜九二）などの大規模な教会の「奉納」が有効なものと考えられ、元老院によって巨額の費用が投じられたのであった(511)。

第九章　ペスト的心性の対応をフィレンツェの法令・制度・判決に見る
——各論的考察

はじめに

《峻厳な神》のイメージが人びとの間に刻み込まれたことから、ひとつの認識が定着した——すなわち、この世で発生する疫病や天災は、人間に対する「神罰」にほかならないとする認識が定着したのである（「神罰の受容」）。そして、神罰の発生を防ぐためのものとして「神の法」が想定され、それが人びとの行動を規制するものとして機能した（「神の法の支配」）。この考え方はペスト発生以前から存在するものであるが、反復されるペストによる悲劇的な大量死を体験して、それ以前とは比べものにならない次元において人びとの間でいっそう強く、いっそうリアルなかたちで浮上したと考えられる。

本章では、その「神の法」から打ち出された国家の政策を全体的かつ個別的に見ることで、《黒死病》という病気と、《心性》という人びとの意識と、《政策》という社会的な措置——この三者の間に、広範囲でかつ深い関連性が存在したことを立証しようと思う。この三者の関係については、『黒死病関係史料集』のほかに、G・ブラッカーやD・チャンバーズなどが紹介するフィレンツェやヴェネツィアの国立古文書館の史料（法令・政策・判決）などから立証したい。フィレンツェの「シニョリーア」すなわち都市政府を構成するプリオーレ（プリオーリ）（最高行政官。任期二カ月で次々と交代）や、それに準じた政治的指導者の示した立法的、行政的、司法的な措置のなかに、ペストや天災をもたらす《厳粛な神》を恐れ、怒れる神を刺激するまいとする思いから打ち出された規範・判決――神の法の支配――が多いことを確認していこうと思う。

ここでは為政者の規範意識を心性的に見るが、フィレンツェ共和国の場合、為政者は、周辺から独立・孤立した存在ではなかった。彼らの提出する法案が成立するには、「アルテ」（職業組合）を母体とする広汎な市民層からなる二つの大きな評議会（協議会）において、その三分の二の賛成が必要であった。特に共和国の政治の頂点に立つ役職プリオーレの選出は、フィレンツェの各市区から公平に選出されるものであり、恣意的に同一の人物に権力が集中することをできるだけ避けるものであった。一四・一五世紀の共和国の体制は、確かに多くの動揺と変動を体験した。すなわち、トレチェントのチョンピの乱（一三七八年）と、その鎮圧以後の寡頭体制（一三八三～一四三四）、メディチ家体制（一四三四～一四九四）、さらにはサヴォナローラ派の体制（一四九四～九八）というように。しかし被選出者は、（体制によっては候補者が操作で限定されたものの）原則的にはあくまで抽選で選出された。プリオーレの構成員（議長を含め九人）の配分は、大アルテの組合員が多かったが、チョンピの乱を経て小アルテの組合員にも配分された（二名）(512)。こうしたことから、プリオーレたちが全体として抱いた規範意識（心性）は、フィレンツェの狭い都市空間（人口五～六万人）のなかにおいて、ごく一部の限定されたエリートの規範意識（心性）の結果というよりも、広く市民全般の規範意識を反映したものということができるだろう――この時代において、とりわけ宗教的心性については、所属する階層とは無縁に広く人びとの間でかなり共有されたものであったと判断されるだろう。

付記　フィレンツェの立法・行政システム、官職・委員について

一五世紀のフィレンツェ共和国の立法・行政システム、主要な官職はどのようなものであったか。本章で登場するものについて若干補足しておきたい。

法令（条例）は、まずシニョリーア（都市政府）で法案が検討され、作成される。シニョリーアは、九名の「プリオーレ（シニョーレ）」（最高行政官）からなり、フィレンツェの都市政府として、立法のほかに行政・司法にも直接・間接に担当した。この九名は、市壁に囲まれたフィレンツェの都市内の各「クァルティエーレ」（「四分の一」の意）、すなわち文字通り四つの地区から選ばれた（一三四三年までは六地区に分割されていた）。その地区は、サン・ジョヴァンニ市区（中部・北部）、サンタ・クローチェ市区（東部）、サンタ・マリア・ノヴェッラ市区（西部）、サント・スピリト市区（南部）であり、この各市区から二名ずつの計八名（「シニョーレ」）が選ばれ、次に九人目として市区から交替で一名「正義の旗手」（「ゴンファロニエーレ・ディ・ジュスティツィア」）。大アルテ［大組合］所属の者）が加わり、議長となる。「プリオーレ」（シニョーレ）の任期は、権力の乱用を回避するためにわずか二カ月であった（この間外泊せずにずっと市庁舎〈政庁〉にて活動）。この役職はもともと豪族（マニャーティ）に対する政治的制限をねらった「正義の規定」を施行するために設置された役職である。法案は、まずシニョリーアによって検討され、そこで承認されると、今度は二つの「協同機関」（「コレッジョ」、「団体」）、すなわち「一二人の善人委員会」（「一二人会」）と「一六人のコンパニーアのゴンファロニエーレ（組合の旗手）委員会」（「一六人会」）とで合同で審議される。「一二人の善人委員会」は、フィレンツェの四市区からそれぞれ三名ずつ計一二名が選ばれる。フィレンツェの四市区のなかには、さらにそれぞれに分割された四つの小区画――「旗区」と呼ばれる――があるが、「一六人のコンパニーアのゴンファロニエーレ委員会」は、その四つの市区のなかの四つの旗区から一名ずつ計一六人が選ばれたものである。シニョリーアと二協同機関（合わ

せて「三大機関」による審議には有識者が招かれ意見が交わされることもあった。こうした審議の後に法案を投票にかけ、賛成表は黒豆、反対票は白豆が投ぜられた（満票が三七票）。こうして法案の賛否の数が「豆の台帳」に記録される。もし法案が「三大機関」によって可決された場合、次は二つの立法評議会（協議会）に移される――すなわち、まず最初に「ポーポロ評議会」で審議にかけられ、通過すれば、次に「コムーネ評議会」（議長はポデスタ「司法長官」）で審議にかけられた（時代の体制によって時に評議会は廃止され、「大評議会」が代わることもあった）。この二つの「通常評議会」の議員の数は、時期によって政治的意図から縮小されたが（これは「元老院化」とも見られる）(513)、決められた配分にしたがって、各旗区から選ばれたアルテ（組合）加入者（大アルテが多数）を中心として（一部豪族も加わる）構成されていた。この二つの立法評議会には、法案の提出権は与えられなかったので、受動的な存在であるかもしれないが、もしここで法案がそれぞれ三分の二の多数にとって承認されなければ、無効となってしまった。そこでシニョリーアは、法案が評議会に広く受け入れられる内容になるように配慮や工夫がなされた。法案が可決すると、フィレンツェ共和国の書記官長によって法令の台帳にラテン語で記載される。奢侈禁止令など、人びとへの周知徹底を要する場合、これとは別にイタリア語訳（口語、トスカーナ語）が用意されることがあった。

このほかに、一五世紀のフィレンツェは、時期・状況によって会議や委員会が置かれた。「プラティカ（pratica）」（文字通り「会議」の意）と呼ばれる会議は、特別に設置されたシニョリーアの諮問会議である。このほか、時期・体制によって色々な「八人会」が存在した。風紀・治安などを取り締まる委員会の「監視八人会（*Otto di Guardia*）」、外交・戦争・防衛を担当する「バリーア八人会（*Otto di Balìa*）」など（「バリーア」は「大権」の意）などがあった。バリーア八人会は、当初、一三六二年にピサ戦争に対処して創設されたもので、その後一三八四年にはアレッツォ戦争に対処し、さらに、拡大されて「一〇人会」となることもあった。また一四九四年に設置されたバリーア委員会のように、迫り来る疫病への緊迫感から、特に「疫病対策のための目的で」設立されることもあった。このほかロレンツォ・デ・メディチの体制下では、「プラティカ八人会」などもつくられた(514)。以上のほかに、疫病を防止する「保健委員会」、「施療院委員会」(515)（一四六四年）、ソドミー（同性愛、特に男性同士）の摘発のために特別に創設された「夜の役人（ufficiali di notte）」（「夜のシニョーレ」（Signori di Notte）などがあった。なお、フィレンツェ共和国の体制においては、行政機関であるシニョリーアがしばしば司法（裁判）の機能を果たし、処刑・国外追放を執行する裁量をもった。

第一節　都市政府の中心的課題としての人口問題

フィレンツェの為政者が抱えた問題にはどのような問題があったのだろうか。《対外的な問題》と《国内問題》に分けると、《対外的な問題》については、外交・戦争・領土に関わる問題があった。交渉や争いの相手としては、教皇国家、神聖ローマ帝国、フランス王国、ナポリ王国などのほかに、イタリア中・北部においてしばしば敵対・対立した有力な都市国家ミラノ、ヴェネツィア、シエナなど、さらにそのほかに、「ディストレット」（従属都市としてフィレンツェが支配下に置く都市ピサ、アレッツォ、ヴォルテッラ、コルトーナ、リヴォルノなど（どこも抵抗して反乱を起こした）があった。次に、《国内問題》については、「政治的な問題」と「その他の一般的な、主に社会的な問題」とに分類できる。「政治的な問題」とは、フィレンツェに渦巻く有力家族の派閥・勢力争い（「メディチ家」対「反メディチ家」など）や階級的争い（豪族・大市民・小市民・下層民の争い）である。そうした問題を除いたものをここでは「その他の一般的な、主に社会問題」と分類しよう。

以上のうち、《対外的な問題》と、《国内問題》における「政治的な問題」とは、いずれも利害の対立する敵や対抗者など、特定の相手が存在し、みずからの意思だけでは処理できない問題である。一方、国内の「政治的な問題」を除いた問題、すなわち「その他の一般的な、主に社会的な問題」はシニョリーアやその他の司法機関が、みずからの意思で対処できる問題であった。そこで、ここでは「その他の一般的な、主に社会的な問題」についてシニョリーアなどがどう対処して国策を展開できたか、そこにペスト的心性がどう認められるか見ていこう。

クァットロチェントは、トレチェントの継続として同じく黒死病に苛まれた時代であり、そこにペスト的心性が色濃く刻まれていることが確認できるかもしれない。クァットロチェント期が次々とペストによって悩まされたことについては、第七章第一節のほかに、巻頭の表A「イタリアにおけるペスト発生の年と地域」からおよそわかるであろう(516)。これはおおまかな目安でしかない（各ペストの死亡率もはっきり示すことはできない）。ペストの到来が比較的少ないのは一五三一年から一五七四年の期間、一五八一年から一六五五年の期間ぐらいのものであった。

次に示す一見相互に無関係と思われるような一一点の事柄（法令・政策・判決）は、トレチェントから持続された心性の産物であり、本質的に相互に深いところにおいてこの時代の重要課題として結びつきあっている。それはフィレンツェのどのシニョリーアにおいても、党派を超えて共有された課題であったものである。それらは、同じくペストに苦しんだトレチェントから受け継がれた課題であり、いずれの時代においても本質的に共有された課題である。

一五世紀の措置として非常に特徴的であるとともに、同様にペスト期に極めて本質的なものなのである。

（a）嫁資公債制度の設置（一四二五年）
（b）奢侈禁止令の発布（一四三四年ほか）
（c）ソドミー取締令の発布（一四一八年）

（d）公営売春宿の設立（一四一五年）
（e）女子修道院への男子の立ち入り禁止令の発布（一四三五年）
（f）キリスト教徒の女性と肉体関係をもったユダヤ人の処刑（一四三四年、一四三五年）
（g）近親相姦の罪を犯した者の死刑の執行（一四一三年）
（h）魔女の処刑（一四二七年）
（i）賭博行為者への処罰の執行（一四三五年）
（j）インノチェンティ捨子養育院の設立（一四一九年?～一四二一年）
（k）疫病病棟の設立（一四四〇～五〇年頃）

これらの措置は、どれもその広い意味において、「人口問題」に対する措置である。人口問題はこの時代においてまさに都市の為政者、すなわち都市の政府を担う有力支配層が力を合わせて必死で取り組むべき中心課題であった。人口が減れば税収は減り、財政規模は縮小する。財政規模の減少は国力の低下を意味する。それを周辺領域への侵略で補おうとして戦争が仕掛けられることもある（しかしこれは傭兵への給与の支払いのために多大な出費を要し、租税改革を促す要因となった）。この意味では人口問題は単に内政問題にとどまらなかった。実際にヨーロッパのほとんどの都市や国家でそうであったが、この時代のフィレンツェにおいても人口の減少を食い止めること、さらには、人口を回復させることは最も大きな課題となった。

これまで繰り返したことであるが、ここでまず具体的にフィレンツェの場合を例に取ってトレチェントからクァットロチェントの人口変遷（減少）を再確認したい――

一三三八年には一二万人（ハーリヒーによる）(517)の人口を誇ったフィレンツェは、一四世紀初頭から飢饉などによって減少し、一三四〇年の疫病（これはペストではなかった）によって打撃を受け(518)、一三四八年のペスト直前の人口はすでに約九万二〇〇〇人にまで落ち込んでしまった。しかも、その人口も一三四八年のペストによって六〇パーセントを失い、約三万八〇〇〇人にまで激減してしまった。それから都市の政府は、周辺の都市と農村から人びとを都市に招き入れることで、一三五〇年には約五万人にまで人口を回復させたのである。そして、続いて繰り返されるペストにもかかわらず、さらに周辺から人びとを招き入れて、一四〇〇年のペスト直前の時点において約六万人にまで回復させた。しかし、一四世紀の六度目となる一四〇〇年ペストによる人口喪失によって約四万八〇〇〇人にまで減少してしまった。そして続く一五世紀に入ってもペストは継続された。『カタスト』（租税調査）がおこなわれて正確な人数が把握できる一四二七年の時点で、クァットロチェントはすでに三度のペストを体験していた。すなわち一回目が一四一〇年～一一年、二回目が一四一六年～二〇年、三回目が一四二二年～一四二五年のペストである。こうして三万七〇〇〇人（一四二七年）にまで再び落ち込んでしまった。そして、さらにそれ以後も、一四二八年から一五〇〇年までの間に少なくとも九回ものペストに見舞われることになるのである(519)。

この深刻な、かなり慢性的な人口減少に直面するなかで、直接、間接に打ち出されたのが（a）～（k）であった。これを二分類するならば、次の二つとなる。

一、「人口を増やして回復させようという見地」から講じられた対策・措置・判断（「人口増加策」）

………（a）（i）（j）

二、「都市の人口減少を食い止めるための見地」から講じられた対策・措置・判断（「人口減少防止策」）

………（b）（c）（d）（e）（f）（g）（h）

前者、すなわち①「人口増加策」は、人口を積極的に増加させようとする前向きの対処である。この積極的な措置として、先の一一点のなかには挙げなかったが、人口誘致策、つまり他都市の市民や農村の人びとをフィレンツェに誘致し住まわせる措置が打ち出されていた。その後それを何回か更新して都市人口の回復を目指した。例えば、クァットロチェント末におこなわれた更新について紹介すると、一四八九年五月、シニョリーアは市の美観を整え、あわせて市内に住みたい者の必要を満たし、これに便宜を与えるため、「まだ家が存在せず建築も始まっていない場所に」五年以内に新築される家に対して、向こう四〇年間一切税金を免除する優遇措置を与えたのである。この期限は一四九四年三月になって、さらに一四九七年いっぱいまで延長されたという[520]。加えてシニョリーアは、若い男女の結婚を促進しようと対処したのであった（次節）。

後者の②「人口減少防止策」は、人口減少を防ごうとする、受け身的な、やや消極的な措置ということができる。これは、その意識において、神の怒りを買う行為を許さず、さらには、神に喜んでもらう事業を推進して、神罰であるペストを防ごうという趣旨にもとづく措置ということができる。この趣旨から、現代の我々には理解しがたいところだが、宗教的要素の濃い対処が展開されるところとなった。

この人口減少防止策は、同時に衛生面に策を講じた。疫病の直接の原因と考えられた大気の汚染――これもまたその奥でそうさせる神の力が作用しているわけだが――に対処すべく、肉屋や皮革業者など、屠殺や衛生に関わる職業に対する規制をおこなった。また、遺体は大気を汚染するとされたので、埋葬する際の墓の深さに対する規定も加えた。その一方で、神罰としてのペストを発生させないために、神の怒りを買うような行為、すなわち神を冒瀆するような行為を厳しく規制し、さらには、コムーネとしても神を喜ばすような、慈善などの敬虔な宗教的行為に向けて積極的に乗り出したのである。すでに触れたように、当時、政治において宗教なしには――つまり神のご加護なしには――善政はなしえないと考えられ、宗教行事もコムーネによって主体的におこなわれた。

こうした分類から、先の一一点の史料が示す措置を具体的にみていこう。

第二節　嫁資公債制度——結婚の促進をめざして

まず「嫁資公債制度の設置」（一四二五年）は、人口回復を目指す、積極的な「人口増加策」である。

この措置は、黒死病で失った人口を若い男女に結婚させて、子ども産ませて人口の回復をねらった一種の「社会事業」である。しかし、忘れてならないことは、この時代では「嫁資（持参金）」*dote*（「ドーテ」）を援助すること自体が、一種の慈善行為と考えられた。つまり、この事業は宗教的要素を含んでいたのである。例えば、この時代の遺言書を見ると、宗教的慈善行為として、特定または不特定の女性に対して「嫁資」を援助する遺贈が認められ、それはみずからの霊魂の救済、すなわち天国へ行くための功徳とみなされていたのである。

次に示す二つの事例は、遺言書における嫁資の遺贈を記したものである。（a）は、北イタリアのローディのごく一般的な市民が作成した遺言書（一三五七年）であり、自分の若い姪のために嫁資またはそれに準ずる遺贈をおこなった事例である。一方、（b）は、かなり特殊な事例で、パドヴァ君主フランチェスコ・ダ・カッラーラ（一三八八年没）の妻であったフィーナ・ダ・カッラーラ（一三七八年没）が作成した遺言書（一三七八年）であり、非常に高額の嫁資の遺贈が記されている。

（a）遺言者は、遺言者の兄弟バッシアーノ・オルゾーノの娘であるコンフォルティーナとボシアに、また将来、合法的な結婚によってこのバッシアーノから生まれるほかの娘にそれぞれ一〇帝国リラを遺贈した。また、同様に遺言者は**みずからの霊魂の救済のために**、亡きペリーニ・ペロリーニの娘フロルドミーナが結婚する際のために五帝国リラを遺贈した(521)。

（b）遺言者は、**みずからの霊魂の救済のために**、ピエートロ・カポディヴァッカの未成年の娘にその嫁資として一〇〇〇フィオリーノを遺贈する(522)。

こうした嫁資の遺贈の数と割合は、注目すべきことに、黒死病以後、急増した。イタリアの中部・北部の古文書館に残された三三八九通を分析したS・コーンによれば(523)、黒死病以後、それも二度目の黒死病以後に、遺言書に嫁資の急増の傾向が認められるという(524)。おそらくこれは一三四八年の黒死病による大量死に対する反発として、マルサス主義的現象として若い男女の間で結婚が数多くおこなわれたことと共に(525)、一般の人びとの間でも人口回復の必要性が意識づけられたせいかもしれない。コーンは次のようにいう。

シエナの場合と同じように、他の都市においても、黒死病が再発するまでは、遺言書における嫁資基金の遺贈は、存在しないか、あっても無視してもいいほどの数であった。……しかし、一三六三年以後、不特定の貧者に分け与える遺贈とともに、嫁資基金として与える遺贈の割合が高まり始めた。敬虔な行為である嫁資基金は上昇した(526)。

このように見ると、この都市政府の嫁資公債の事業は、社会事業の要素のみならず、多かれ少なかれ、慈善行為として宗教的な要素を帯びたものであり、ここには都市の為政者が打ち出した、神を喜ばす慈善活動の側面が認められるであろう（なお、本書では ***dote*** は「持参金」とも訳しうるが、「金《かね》」に限らず、動産・不動産・有価証券を含んだので、「嫁資」と称している）。

基本的にこの制度は、娘が嫁ぐときに父親が娘に持たせる嫁資に対して、国家が公債（国債）制度を設けて援助し、父親の負担を軽減しようとする制度である。ペストで激減した人口を回復するには、多くの若者が結婚し、彼らが子どもをたくさん産むことが一番の策であると考えた。そこで、都市政府は、人口回復政策のひとつとして、この嫁資基金制度を導入したのである。

付記　嫁資について(527)

当時、結婚する娘に嫁資を持たせるのは、父親が背負った法的義務であった。当時は、父親が死んだ際にその遺産は息子のみが相続し、娘を相続から排除していたが、この父親の法的義務は、その娘への代償であった。また、嫁資には、父親が嫁に行く娘に持たせた一種の食い扶持（食費）の要素もあった。また、夫にとっては、預かった（もらったわけではない）嫁資は、事業の拡大や新たな事業のための資金などに使えた。その額は、働き手の年収の数年分かそれ以上に及ぶものであることから、富裕な上層階級の場合、うまく使えば都市で経済的な上昇を得るきっかけにもなり、それはさらには政治的な浮上にもつながりうるものであった。その意味では、嫁資は、都市のなかでは同じ派閥の家同士で結婚を交わすのが一般的であった(528)。

この時代において結婚は、今日のような婚家への、名目・実質をともなった、永続的な「入籍」とはいいきれず、むしろ夫婦の片方が死ぬまでの「契約」であった。そして実際に公証人を介して「契約書」も交わされ、嫁資の金額などもそこに記載された。そもそも嫁は夫の家系の子どもを産みに来た側面が強かった。だからこの時代の父系社会にあっては、生まれた子どもは当然に夫の家系に属し、母と子は別の家系のままであった。このことから、モレッリ家の家系図を見るとわかるように(529)、この時代の家系図では、嫁に来た妻の名前は記載されず、また、一家の娘が結婚し嫁いで行ってもその相手の家の名前は記載されず、さらに、娘から生まれた子どもの名前も、通常、記載されないのである。

結婚は「契約」であったから、夫婦の片方が死ねば解消された。「マタイの福音書」のキリストのことば［第一九章第六節］から、存命中の結婚の解消、つまり離婚はふつうの場合、認められなかった（一方、旧約聖書「申命記」は離縁状を認める）。ペストなどで夫が早く死んだ場合、妻（寡婦）は若ければ――つまり子どもが産める年齢なら――再婚する場合もあった。この場合、――非情の母親として――幼い子どもを先の婚家に残して再婚したのである。また、実家に帰る場合も、子どもを連れて実家に帰るようなことはありえなかった（その子は当然に婚家に帰属するものであった）。

実家に帰る場合も、再婚する場合も、いずれの場合も、原則として嫁資は妻側に返還された。しかし何らかのトラブルや行き違いで一部や全部が返還されない場合もあり、この場合、妻（寡婦）側の家は、嫁資の返還を求めて法廷で争わねばならなかったが、ふつうその訴訟の相手は「亡き夫の相続者」、つまり何と自分の実の息子（！）であった（やはり両者は他人同士なのである）。

夫が先に死んで実家に帰ることを望む老いた妻（寡婦）の場合、嫁資を返してもらうことは、余生を生きるための食い扶持を得ることであり、非常に大切なことであった。しかし、女性が嫁入りしてから、夫よりも先に死んだ場合、嫁資は通常妻の実家に返還されなかった。このことから、当時よく起こったことだが、疫病死による急死が考えられた。それが恐れられたこの時代、用心深いダティーニ（プラートの商人）は、嫁資を持たせる際の契約書に、娘が結婚して二年以内に死去した場合については、嫁資を返還するようにと特別に条件をつけている。また、もっと特殊な事例として、契約書を完成させ、嫁資を渡し、結婚が成立したものの、その直後、輿入れ、床入りしないうちに花嫁が亡くなった場合、嫁資は返還すべきか否かについて、当時の法学者は議論している(530)。

夫が先に死んで寡婦がまだ若い場合、まだ幼い子どもの養育を考えて婚家にそのまま残る女性もいた。この場合、嫁資は返還されなかったが、夫の遺言書には、その場合に備えて「死ぬまで扶養するように」という指示がきちんと記されていた。次の例はローディの都市に住んでいた市民（カラベッロ）の遺言書（一三五七年）の一節である。後々のトラブルを回避するために、このように夫のなかには遺言書で、結婚した時に預かった嫁資についてきちんと触れて、関わった公証人の名前も示して、その返還義務を記載しているものがあった。そして老いた妻（寡婦）がそのまま息子とともに婚家に留まった場合、妻の生活の資のために自分の遺産の一部（農園からの毎年の収益など）を遺贈することを記したのである。こうした場合、夫はほとんど忘れずに条件として「妻が操を守る限り」と添えた。つまり、妻が再婚をしない限りという但し書きが加えられた。

遺言者カラベッロ氏は、妻ビアトレクシーナから嫁資の名目として八〇帝国リラを受け取ったことを表明した。すなわち七七・五リラは動産で、五〇帝国ソルディは現金であった。その金によって先に述べたカラベッロ氏との嫁資の契約がなされた。その契約はグリエールモ・ボルドーニによって作成された。グリエールモは一三五一年ローディの都市の公証人であった(531)。

なお、嫁資の額の決定をめぐって婿側の家と嫁側の家との間（両者はふつう政治的な仲間）で、お互いに商人魂をさらけ出して、激しい交渉があったことが、ストロッツィ家のアレッサンドラが息子に書いた手紙（七二通残存）からわかっている(532)。この交渉では一般に嫁は露骨に「商品 *mercatanzia*（「メルカタンツィーア」）」と呼ばれているのである(533)。名門ストロッツィ家を支えたもののひとつが、このような慎重な人的な選抜であったことは興味深い。ストロッツィ家はランドゥッチと同じくトルナクィンチ通りに位置している（図9－1「パラッツォ・ストロッツィ」）。ランドゥッチの日記の情報もそこから得られたのかもしれない。

図9―1　パラッツォ・ストロッツィ

ルネサンス期には嫁資は高騰化して結婚の障害になっていた。裕福な、ステータスの高い家であればあるほど、女性の父親は、みずからのプライドとして、あるいは婿側の要求があって、それだけいっそう高額化した嫁資を積まねばならなかった。社会的にその家柄に応じた相場のようなものが存在していたのである。そして、父親（側）から高額な嫁資を積んでもらえなければ、女性は多くはやむなく女子修道院に入り、「キリストと結婚した」のである。しかも、修道院に入る時にも、一種の「結婚」として、ふつうそれなりの「嫁資」（例えば本来の嫁資の半額から一割程度）が要求された（ゆえに修道女になれるのはしばしば裕福な家の娘であった）。こうして一五世紀のフィレンツェの女性の「約一二パーセント」が、主に嫁資の高騰のために、嫁に行けずに母親になる夢を断たれていたのである(534)。その場合、もともと宗教的情熱から修道女になったわけではないので、G・ブラッカーが指摘するように、すべての修道女が修道院での生活に満足して霊的生活に専念できたか疑問の現実であった。それは時として修道院内の風紀の問題として目に見える「妊娠」「出産」のかたちで顕在化した(535)。当時、そうした事態は、神の怒りを招き、疫病の発生の原因のひとつと思われたのである。

嫁資の高騰のために、嫁に行けない現実を前にしてフィレンツェで嫁資公債制度が導入されたのである。父親はまず娘がまだ幼い時に一定の基金を出して、娘が適齢期になって、晴れて嫁に行くとき、すなわち満期の時に――実はそれまで娘が生きているかも問題であった――、コムーネは元金に高額の利子をつけて嫁資の資金として支払われたのである。例えば、幼児の時に拠出した一〇〇フィオリーノが、嫁入りの時に五〇〇フィオリーノになって返ってきた(536)。これによって娘を嫁にやる父親の経済的負担を軽減しようとしたのである。当時、フィレンツェでは戦費や強制公債の利子の支払い等のために財政が逼迫していたことから、国家としても、多くの父親から預かった現金は、財源として好都合であった（これはこの制度の成立のむしろ本質的な背景のひとつでもあった）。

ところが、この嫁資公債制度の設置だけでは男女の結婚の促進にはまだ不十分であった。何より、この制度を利用できる富裕な父親は実際には全体のごく一部でしかなかった。何よりも、若い男に結婚を躊躇させ、一家の家長に余分な出費を強いている女性の側の問題、すなわち、奢侈、すなわち華美なものへの過度の志向が男性の側の結婚への躊躇として作用していると、当時考えられ、それを阻止することが肝要であると認識されたのである。その認識は、次のように、法令（奢侈禁止令）のなかにはっきりと認めることができる。

第三節　奢侈禁止令の発布――結婚を阻止するものとしての奢侈

女性の奢侈を規制するものとして、「奢侈禁止令」が打ち出された。

奢侈禁止令の打ち出された背景・理由について、研究者はそれぞれが扱う国・地域・政治体制のなかで様々に論じているが(537)、奢侈禁止令が頻繁に発布されるようになった時期は、イタリアについては（おそらく他のヨーロッパの地域もほぼ同じであろう）、基本的にトレチェントの苦難以後（飢饉・疫病・ペスト以後）といえる（表9－1「イタリア諸都市における奢侈禁止令の制定年と合計回数」、表9－2「イタリア諸都市における奢侈禁止令の年代別分布」、グラフ9－1「イタリア諸都市における奢侈禁止令の年代別分布」）。特に、人口の激減をもたらした一三四八年のペスト以後、生き残った者たちは、死者の財産を一手に掌握して富裕化し、奢侈に走ったのである。それに対して、為政者や聖職者などの指導的な人びとは、「謙虚」や「清貧」や「節制」というキリスト教美徳を打ち出して、それの正反対のもの――傲慢・うぬぼれ――をやり玉に挙げ、奢侈や無駄遣いの行為を追及し始めたのである。こうして、その他の経済的、財政的理由なども加わって、多くの都市で（それもヨーロッパ全体で）何度も奢侈禁止令が発布されるようになったのである。

ムッシスは『疫病の歴史』（一三五〇年頃）のなかで、疫病による悲惨な情景を記述するとともに、疫病の原因が神の怒りに触れたせいであるとして、その怒りの原因を広く悪徳――七つの大罪――に走った人びとのせいにしている。貧民に施しをしない守銭奴の貪欲、好色家、大食漢の貪食、怠惰など。しかし、とりわけ彼が強調して悪辣さを強調するのが、奢侈行為に走った女性の高慢さ（傲慢さ）である。我々にとって、奢侈品で身を飾る行為は、個人の問題であり、傷害・殺人に比べれば、犯罪性は感じられないが、ここでは神を怒らせ、疫病を引き起こすがゆえに最大の罪と見なされているのである。ムッシスは、「イザヤ書」の一節を引用して、女性の奢侈と傲慢さを激しく責める。

我々が知っているとおり、我々が受ける苦しみはどれひとつ取っても、我々が犯した罪に対する正当な報いである。だから、主が激怒されている時は、正しき道からはずれて身を滅ぼさないために甘んじて罪の償いを受けなくてはならない。高慢な者をして謙虚たらしめよ。貧民に施しを与えない守銭奴をして恥辱の念から赤面せしめよ。好色家をして

表9―1　イタリア諸都市における奢侈禁止令の制定年と合計回数

アグリジェント Agrigento	1426	[計1]
アンコーナ Ancona	1500頃	[計1]
ラクィラ Aquila	1375頃	[計1]
アレッツオ Arezzo	1327	[計1]
アスプラ・サビーナ Aspra Sabina	1417	[計1]
バッサーノ Bassano	1259, 1295	[計2]
ベルガモ Bergamo	1331, 1343, 1352, 1374, 1391, 1482, 1491	[計7]
ボローニャ Bologna	1233, 1250, 1260, 1276, 1289, 1294, 1299, 1301, 1309, 1310, 1313, 1335, 1352, 1357, 1376, 1394, 1398, 1401, 1453, 1474, 1476	[計21]
ブレーシャ Brescia	1200-76, 1277, 1442, 1466, 1473, 1477, 1481, 1492, 1495, 1497, 1499	[計11]
カステル・フィオレンティーノ Castel Fiorentino	1305	[計1]
コモ Como	1335	[計1]
クレモナ Cremona	1297, 1300, 1387	[計3]
ファブリアーノ Fabriano	1299, 1415	[計2]
ファエンツァ Faenza	1410	[計1]
フェッラーラ Ferrara	1287, 1420, 1434, 1447, 1453, 1456, 1460, 1467, 1476	[計9]
フィレンツェ Firenze	1281, 1290, 1299, 1301, 1307, 1318, 1322-5, 1330, 1334, 1338, 1339, 1341, 1345, 1348, 1349（×2）, 1351, 1352, 1354, 1355, 1356, 1357, 1359, 1363, 1364, 1366, 1373, 1376, 1377, 1379, 1384, 1388（×2）, 1392, 1393, 1396, 1402, 1406, 1412, 1415（×2）, 1419, 1420, 1427, 1433, 1439, 1449, 1456, 1459（×2）, 1463, 1464, 1467, 1472（×3）, 1473（×2）, 1475, 1483, 1497	[計61]
フォルリー Forlì	1359	[計1]
ジェノヴァ Genoa	1157, 1402, 1403, 1413, 1440, 1443, 1445, 1449, 1450, 1452, 1453, 1474, 1484, 1487（×2）, 1488（×2）, 1489, 1494	[計19]
グッビオ Gubbio	1371, 1469, 1484	[計3]
イーモラ Imola	1334	[計1]
ルッカ Lucca	1308, 1331, 1337, 1342, 1346, 1350, 1362, 1372, 1380, 1382, 1440, 1458, 1473, 1482, 1484, 1489, 1498	[計17]
マントヴァ Mantova	1302	[計1]
ミラノ Milano	1343頃, 1351, 1396, 1421, 1498	[計5]
モデナ Modena	1327-36	[計1]
モンタルボッド Montalboddo	1366	[計1]
オルヴィエート Orvieto	1398	[計1]
パドヴァ Padova	1277, 1287, 1398, 1440, 1460	[計5]
パルマ Parma	1258-66, 1316-25, 1421, 1422, 1424	[計5]
ペルージャ Perugia	1266, 1279, 1318, 1322, 1342, 1366, 1400, 1402, 1416, 1445, 1460, 1469, 1472, 1475, 1485	[計15]
ペーシャ Pescia	1262頃, 1339	[計2]
ピサ Pisa	1286, 1302, 1305, 1350, 1386, 1486, 1463	[計7]
ピストイア Pistoia	1332, 1333, 1360, 1439	[計4]
プラート Prato	1283	[計1]
ラヴェンナ Ravenna	1331	[計1]
レッジョ Reggio Emilia	1242, 1277, 1313	[計3]
ローマ Roma	1429, 1469, 1473, 1487	[計4]
サッコムッロ Saccomurro	1311	[計1]
サン・ジミニャーノ San Gimignano	1251, 1267	[計2]
サルツァーラ Sarzana	1330	[計3]
サヴォナ Savona	1325, 1430, 1452	[計3]
シチリア Sicilia	1272, 1290（& Puglia）, 1309（& Puglia）, 1330, 1340, 1383, 1421（×4）, 1423, 1426, 1437, 1451	[計14]
シエナ Siena	1249, 1277, 1284, 1292, 1306, 1324, 1330, 1339, 1343, 1348, 1349, 1374, 1411, 1412, 1424, 1426, 1433, 1460, 1471, 1472, 1473	[計21]
ティヴォリ Tivoli	1305, 1308	[計2]
トレヴィーゾ Treviso	1432	[計1]
ヴェッラーノ Vellano	1367	[計1]
ヴェネツィア Venezia	1299, 1306, 1334, 1336, 1339, 1348, 1356, 1360, 1365, 1400, 1403, 1420, 1421, 1425, 1430, 1433, 1437, 1441, 1443（×2）, 1445, 1450, 1453, 1454, 1456, 1459, 1460, 1463, 1465, 1466, 1472（×2）, 1475, 1476, 1480, 1483, 1488, 1489, 1494, 1495, 1497, 1499	[計42]
ヴェローナ Verona	1295, 1328, 1332, 1441, 1446, 1450, 1460, 1490, 1499	[計9]
ヴィテルボ Viterbo	1237, 1251, 1444, 1449, 1469, 1472, 1485, 1488	[計8]

C. K. Killerby, ***Sumptuary Law in Italy 1200-1500***, Oxford, 2002, PP. 28–29.

表９－２　イタリア諸都市における奢侈禁止令の年代別分布

	北　部	中　部	島	計
12c	Gen.			1
1231-1240	Bol.	Vit.		2
1241-1250	Bol. Reg.	Sie.		3
1251-1260	Bas. Bol.	SaGi. Vit.		4
1261-1270		Per. Pes. SaGi.		3
1271-1280	Bol. Bre. Pad. Reg.	Per. Sie.	Sic.	7
1281-1290	Bol. Fer. Pad.	Fir. 2 Pisa. Pra. Sie.	Sic.	9
1291-1300	Bas. Bol. 2 Cre. 2 Ven. Ver.	Fab. Fir. Sie.		10
1301-1310	Bol. 3 Man. Ven.	CaFi. Fir. 2 Luc. Pisa. 2 Tiv. 2 Sie.	Sic.	15
1311-1320	Bol. Reg.	Fir. Per.		4
1321-1330	Sar. Sav. Ver	Are. Fir. Per. Sie. 2	sic.	9
1331-1340	Ber. Bol. Com. Imo. Ven. 3 Ver.	Fir. 3 Luc. 2 Pist. 3 Sie.	sic.	18
1341-1347	Ber. Mil.	Fir. 2 Luc. 2 Per. Sie		8
1348-1360	Ber. Bol. 2 For. Mil. Ven. 2	Fir. 10 Luc. Pisa. Pist. Sie. 2		23
1361-1370	Ven. 2	Fir. 3 Luc. Mon. Per. Vel.		8
1371-1380	Ber. Bol.	Aqu. Fir. 4 Gub. Luc. 2 Sie.		11
1381-1390	Cre.	Fir. 3 Luc. Pisa.	Sic.	7
1391-1400	Ber. Bol. 2 Mil. Pad. Ven.	Fir. 3 Orv. Per.		11
1401-1410	Bol. Fae. Gen. 2 Ven.	Fir. Per.		7
1411-1420	Fer. Gen. Ven	Fab. Fir. 5 Per. Sie. 2		12
1421-1430	Mil. Par. 3 Ven. 3 Sav.	Fir. Rom. Sie. 2	Agr. Sic. 6	19
1431-1440	Gen. Fer. Pad. Ven. 2	Fir. 2 Luc. Pist. Sie. Tre.	Sic.	12
1441-1450	Bre. Fer. Gen. 4 Ven. 5 Ver. 3	Fir. Per. Vit. 2		18
1451-1460	Bol. Fer. 3 Gen. 2 Pad. Sav. Ven. 5 Ver.	Fir. 3 Luc. Per. Sie.	Sic.	21
1461-1470	Bre. Fer. Ven. 3	Fir. 3 Gub. Per. Pisa. Rom Vit.		13
1471-1480	Bol. 2 Bre. 2 Fer. Gen. Ven. 5	Fir.6 Luc. Per. 2 Rom. Sie. 3. Vit		25
1481-1490	Ber. Bre. Gen. 6 Ven. 3 Ver.	Fir. Gub. Luc. 3 Per. Rom. Vit. 2		21
1491-1500	Ber. Bre. 4 Gen. Mil. Ven. 4 Ver.	Anc. Luc. Flo		15
				316

（表9-1より石坂が年代別に作成。グラフ9-1も同様）

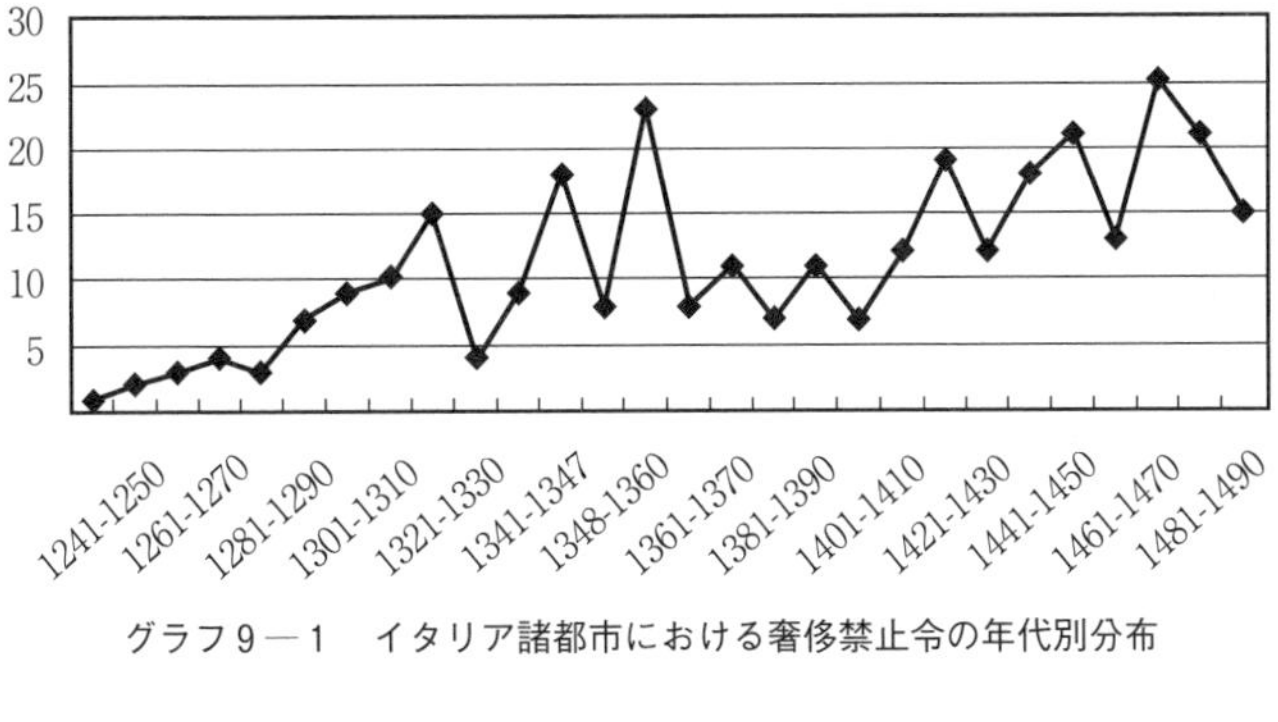

グラフ９－１　イタリア諸都市における奢侈禁止令の年代別分布

その不潔な習慣を捨てさせ、清廉な生き方で際立たしめよ。激怒する者をして暴力を自粛させよ。大食漢をして断食で食欲を適度にせしめよ。怠惰に服した奴隷をしてよき労働で従事せしめよ。青少年をして流行を追い求める喜びを放棄せしめよ。信義、裁判の公平さ、商人の間での法の尊重を存在せしめよ。ペテンやごまかしをする弁護士をして彼らが書類を作成する前に、彼らによく調べさせ賢明な人間たらしめよ。修道会の人たちをして偽善を放棄せしめよ。高位聖職者をしてもっと世の役に立たしめよ。あなたがたすべての者をして急いで救済の道に足を踏み込ませよ。

身分の高い女性が示す傲慢な虚栄心を抑制せしめよ――それはいとも容易に性的な挑発と化すからである。預言者イザヤが激しく非難したのはそうした女性の傲慢さであった。「シオンの娘らは高慢で、首を伸ばして歩く。流し目を使い気取って小股で歩き足首の飾りを鳴らしている。主はシオンの娘らの頭をかさぶたで覆い、彼女らの額をあらわにされるであろう。その日には、主は彼女らの飾られた美しさを奪われる。足首の飾り、三日月形の飾り、首輪、腕輪、ベール、頭飾り、すね飾り、飾り帯び、匂袋、お守り、指輪、鼻輪、晴れ着、肩掛け、スカーフ、手提げ袋、紗の衣、亜麻布の肌着、ターバン、ストールなどを。

芳香は悪臭となり、帯は縄に変わり、編んだ髪はそり落とされ、晴れ着は粗布に変わり、美しさは恥に変わる。シオンの男ら（美貌の男ら）は剣に倒れ、勇士は戦いに倒れる。シオンの城門は嘆き悲しみ、奪い尽くされて、彼女は地に座る」［「イザヤ書」第三章第一六・二六節］。――これは、婦人や若者の傲慢に対して向けられたものであった(538)。

奢侈と疫病などの災厄を結びつけるムッシスの認識は、決して個人的なものではない。それはこのキリスト教世界に生きる人々に共有された認識であった。とりわけ指導的な人たちは、女性などの傲慢さと奢侈が神を怒らせて、それゆえに疫病などの災害が引き起こされると、信じて疑わなかったのである。ジョヴァンニ・ヴィッラーニも、女性の奢侈と一三三三年のアルノ川の大洪水と結びつけて年代記に記述している。この年、フィレンツェは水浸しになり、サン・ジョヴァンニのドゥオーモでは祭壇の上にまで浸水したと言って、それが「女の虚栄と乱費と装飾」によるものだと非難している(539)。この大洪水の出来事は、ヴィッラーニをして旧約聖書のソドムとゴモラの出来事を想起させたのであった。

奢侈と疫病などの災厄との関連は、ムッシスやヴィッラーニに限らず、ヴェネツィアの人びとの間でも認められる。一六世紀のヴェネツィアの公証人ロッコ・ベネデッティは、一五七五年から七七年の疫病の惨状について詳しく報告するなかで、疫病が奢侈に対する神罰であると示唆している。この時の疫病は、疫病患者に献身的な活動をしたカルロ・ボッロメーオ（ボロメーオ）（一五三八〜八四）（一六一〇年列聖）にちなんで「サン・カルロの疫病」と呼ばれる疫病であり、一六世紀においてその死亡率の高さから際立っていた（ブレーシャで四四パーセント、ジェノヴァで三五・八パーセント、ヴェネツィアで二六・五パーセント、ミラノで一八・二パーセントなど）[540]。次の文は、サン・カルロの疫病の流行するなかでヴェネツィアの公証人によって書かれた報告である。

> 疫病はやむことがなく、毎時間ごとにさらに多くの人を死にいたらしめながら、また日ごとにより大きな恐怖と、その不幸にも感染した罹患者へのあわれみを抱かせながら、疫病は続いた。……疫病が発生したしるしとして、木製の板がかけられた戸口の家が何千も都市のいたるところで見られたのは、恐ろしい光景であった。しかし、さらに恐ろしかったことは、おびただしい数の船が絶えず行ったり来たり往復する光景であった。すなわち、ある船は新隔離病棟で隔離するために他の船によって引かれていった。また、ある船は気の毒で不幸な、死を待つのみの状態の犠牲者を詰め込み、ある指定された場所へと出発した。また、ある船は隔離期間を終えて、哀れで不幸な寡婦や孤児を乗せて都市へと戻って来る船であった。生き延びて、元の生活に戻れることは奇跡と考えられていたため、彼らは天に向け賞讃と神への感謝を捧げることをやめなかったのである。これら全てのことは悲しみと哀れみに満ちた死の勝利を表していた。**こうした状況下での恐ろしく、また残酷なことの全ては、至高のカトリック教徒であるフランス王を歓待するために贅沢で豪奢な式典が開かれたことの硬貨の裏側として、神から下された罰であるように思われた**[541]。

奢侈と疫病との間に関連があるという認識は、ドイツ人の間にも認められる。たとえば、南ドイツのウルムの一四二六年の「衣服条例」は、「人間の傲慢と自惚れを具現する奢侈が、神の怒りを買って様々な災厄を地上にもたらし、共同体に損害を与えるというものであった」（相沢隆）という。この条例には、好都合なことに前文があり、その制定の理由がはっきりと述べられている。つまり、条文の前文によると、ウルムにおいてこの「衣服条例」が制定されたのは――

「神が過度の自惚れや、そのために費やされる余計な出費を常に何よりも先に懲らしめ給うてきたことを考え……俗世で死をもたらす災厄や他の災厄とともに生じてきた重大な諸事件に鑑みて、神の栄誉と共同の利益と善のため」

であった(542)。さらに、ドイツ西部のシュパイアーにおいて制定された一三五六年の「衣服条例」も冒瀆に怒った神の災厄を恐れて制定された旨が明記されている。

我々は現在、損害がもたらされているのを認めた。この罪は神を冒瀆し、人々に有害であり、今やそのことは地震や大いなる災厄によって遍く明らかになり、その結果都市や農村の人々は苦しみ、肉体も財産も被害を被っているのである(543)。

衣装のみならず、富裕な一族のおこなう結婚式や葬儀についても同じように奢侈化の傾向があった。それは都市での一家の権勢を示すためである。特に花嫁の華やかな行列は一家の権勢を最も誇示する場であった（家具のカッソーネ、つまり長持ちもそうであった）(544)。そうした一連の奢侈行為に対しても為政者は抑制を試みた。たとえば、婚礼の宴会で出される豪華な料理、葬儀での豪華なミサが禁止され、葬儀で使用するろうそくの種類や量にも制限が加えられた。衣服・装身具に関しては、特に女性に向けて数多くの規制が出され、実際に罰則（罰金）もしばしば科された。なお、フィレンツェの葬儀関係の奢侈禁止令（一四七三年）については、『黒死病関係史料集』（第二〇章）にその全訳が紹介されている。

およそ衣装・装身具の規制・制限などについては、それが具体的でなければ、合法・違法の判断がむずかしい。そのため法令では、身につけてはいけない装身具の形や材質を細かく規定したが、女性の側はその規定をくぐり抜ける新たな特殊な衣装・装身具を仕立屋や細工職人につくらせて対抗した――そして、今度はそれが流行してしまうのだ。すると、それに対抗して都市政府は新たな規制を加える――こういった具合に「いたちごっこ」の様相は、当時の作家サッケッティ（サケッティ）（一三三三頃～一四〇〇）が描写しているとおりである(545)。ここには背景として、狭い都市空間ゆえに、富裕化した女性たちがお互いに刺激しあって流行を追う風土があった。

重要なことは、この時代において、奢侈は結婚の抑止力として作用していると考えられていたことである(546)。すなわち、ふつう花嫁のための衣装や嫁入り道具等の費用は嫁資から引き出されたが、奢侈によってあまりに高額になった衣装代その他の出費を差し引いた時に、残額がほとんど残らない場合があった。つまり、夫が婚姻によって嫁資を手にしたとしても、そこには資本として当てにできる額はほとんどなくなってしまうのである。例えば、プラートの商人のフランチェスコ・ダティーニによると、娘のジネーヴラのために一〇〇〇フィオリーノという非常に高額の嫁資を持たせた。当時、商社の中堅の外国駐在員の年収が一〇〇～二〇〇フィオリーノであったことを考えると、それがいかに高額なものであるかがわかる(547)。ところが、ジネーヴラの場合、高額の嫁入り道具の出費のために、一〇〇〇フィオリーノ中、残ったのはわずか一六一フィオリーノだったという。これは事業の資金を当てにしていた夫にとって大変なダメージである。

こうしたことから、夫になるはずの者のなかには、結婚前から必死になって嫁入り道具や衣装の出費を管理する者が出てきた。奢侈による出費から嫁資を守ろうとしたのである。当時、立法者はすべて男だったので、こと衣装・装身具については、男たちは意気投合して女性——妻・娘・花嫁——の奢侈をターゲットにして、厳しく取り締まろうとしたのである。この時代の男たちも、自分の家では、自分の妻や娘に対しては、いうことを聞かせることができなかった。そこで立法の場で結束して、法令を通じて間接的に従わそうとしたのである。

こうして都市政府は、奢侈禁止令によって結婚の障害を取り除こうとした。一四三四年の奢侈禁止令は、これまで発布された奢侈禁止令を無視してきた女性による奢侈を責めて、それこそ結婚を阻止するものであると述べている。

［奢侈禁止令がこれまで有効に実施されなかったので］多くの結婚が延期され、遅らされた。女性の莫大な出費とふしだらで耐え難い装飾が抑制されなければ、フィレンツェの若い男性が結婚に踏み切るのを期待するのはむだである(548)。

次は、都市政府（シニョリーア）が一四三三年におこなった決議である。

女性の装飾を取り締まる役人は、女性の無作法で抑えのきかない獣のような性質を抑制しようと願って大いに真剣である。しかし女性の側についていうと、その性《さが》の弱さも自覚しないで、夫に従うことも忘れて、そのひん曲がった感覚を、堕落した悪魔のような性質に変えて、甘い毒をもって夫たちを服従させている。このような女性は、いけないことに、夫が仕込んだ子どもを出産することが自分たちの義務であること、子どもが生まれるように夫が仕込んだ種を小袋のように大事にすることが自分たちの義務であることを忘れてしまっているのだ。さらに、**女性は、あまりに高価な装飾で飾ることは自然に反するということ、世の男性が、女性による高価なものの出費が原因で結婚という絆を回避して**

いることを忘れてしまっている。こうして男性の欲求はかなえられずにいるのである。こういうのも、女はこの自由都市を人で満たすようにつくられたからであり、金銀・衣装・宝石に金を出費するようにはつくられたわけではないのだ。というのも、自然の主である神ご自身がこういわれたではないか――「産めよ、増えよ、地に満ちて地に従わせよ」と。プリオーレ閣下は以下に記録された規定についてよく検討し、都市がよき習慣をもって改革され、女性の獣のような厚かましさが抑制されるように、それを承認し批准する……(549)。

まことに、女に対する憤りに満ちたこのシニョリーアの議事録の図式では、「男」と「女」の対立が鮮明である――すなわち、奢侈に走る女（妻・娘・花嫁）に対して、経済的に家庭生活を損なわれる一家の「世帯主の男」や、結婚を躊躇せざるをえない「若い男」、そして何としても奢侈禁止令を実効あるものにして若者の結婚を促進し人口増加をねらう「立法者の男」との対立が鮮明である。

そして注目すべき重要なことばは、この文中の「こうして男性の欲求はかなえられずにいるのである」ということばである。これは極めて意味深長である。実は、その意味するところは掘り下げていうとこうなるだろう――《奢侈に走る女のために、若い男性が結婚できずに、合法的な性生活が営めず、そのために欲求不満を募らせている。彼らが、売春宿に通うならまだましだが、ソドミー（男性の同性愛、肛門性交）の悪習に走ってしまっている》。

この見方、つまりソドミーの防止の必要悪として売春宿の位置づけ方がしっかりと公認されていたのである（だから公営であった）。売春宿という「下水溝」を取り除いてしまえば、家々は汚物にまみれて、世の中はソドミーであふれてしまうというのである。

そして、このソドミー（伊語 ***sodomia, soddomia*** 「ソドミーア」）こそ、キリスト教において、自然に反する悪習であり（新約聖書「ローマの信徒への手紙」〈第一章第二六～第二七章〉参照）、「獣姦」と同様に嫌悪されるべきものと理解されていた。ランドゥッチによると、「口に出すのもはばかれる」悪徳であった。このソドミーは次に示すようにフィレンツェにおいてかなり広がっていたのである。

第四節　ソドミー取締令の発布（一四一八年）

一五世紀のフィレンツェについて、実際におこなわれたソドミーの告訴や有罪判決の数を見ると、それは恐るべき数に及ぶ。一四三二年にソドミー摘発の専従の役人である「夜の役人」が設置されてから、それが廃止される一五〇二年までの期間に（この時期の都市人口は四万人から五万人）、約一万七〇〇〇が告発され、そのうち約三〇〇〇人が有罪判決を受けているという(550)。一四七八年から一五〇二年の期間については被告人（全部で一二五二人）の年齢が記録されていて、その「約九四パーセント」が四〇歳以下であった。能動的役割の者（七七七人）は一八歳以上四〇歳以下がほとんどで全体の「約七三パーセント」である。受動的役割の者（四七五人）の年齢は六歳から二六歳で、一三歳から二〇歳までがほとんどで「約七三パーセント」を占めているという。これはあくまで表面に現われた数値であって、その陰には相当の数の該当者がいたと推定される。ルネサンス期の有名な画家にソードマ Sodoma（本名ジョヴァンニ・アントーニオ・バッツィ）（一四七七～一五四九）がいるが、それはソドミーをおこなう者を指したあだなである(551)。また、ダンテに文学的影響を与えたブルネット・ラティーニ Brunetto Latini（一二三〇～一二九四）もそうした一人とされて、『神曲』のなかでその罰を受けている(552)。また、修道院においてさえも、修道士が寝るときに二人の間に距離を置くように指示されていたことから、この罪の恐れが意識されていたのであろう。こうしたソドミーの風潮はフィレンツェに限らず、イタリアの他の都市やネーデルラントなど(553)、ヨーロッパの多くの地域でも認められる。実際にその罰として執行された死刑の記録も数多く残っている。こうした深い背景から、ペスト期に人気を得て崇敬された疫病除けの聖人セバスティアヌスは、貴族出身の若く美しい青年であったと

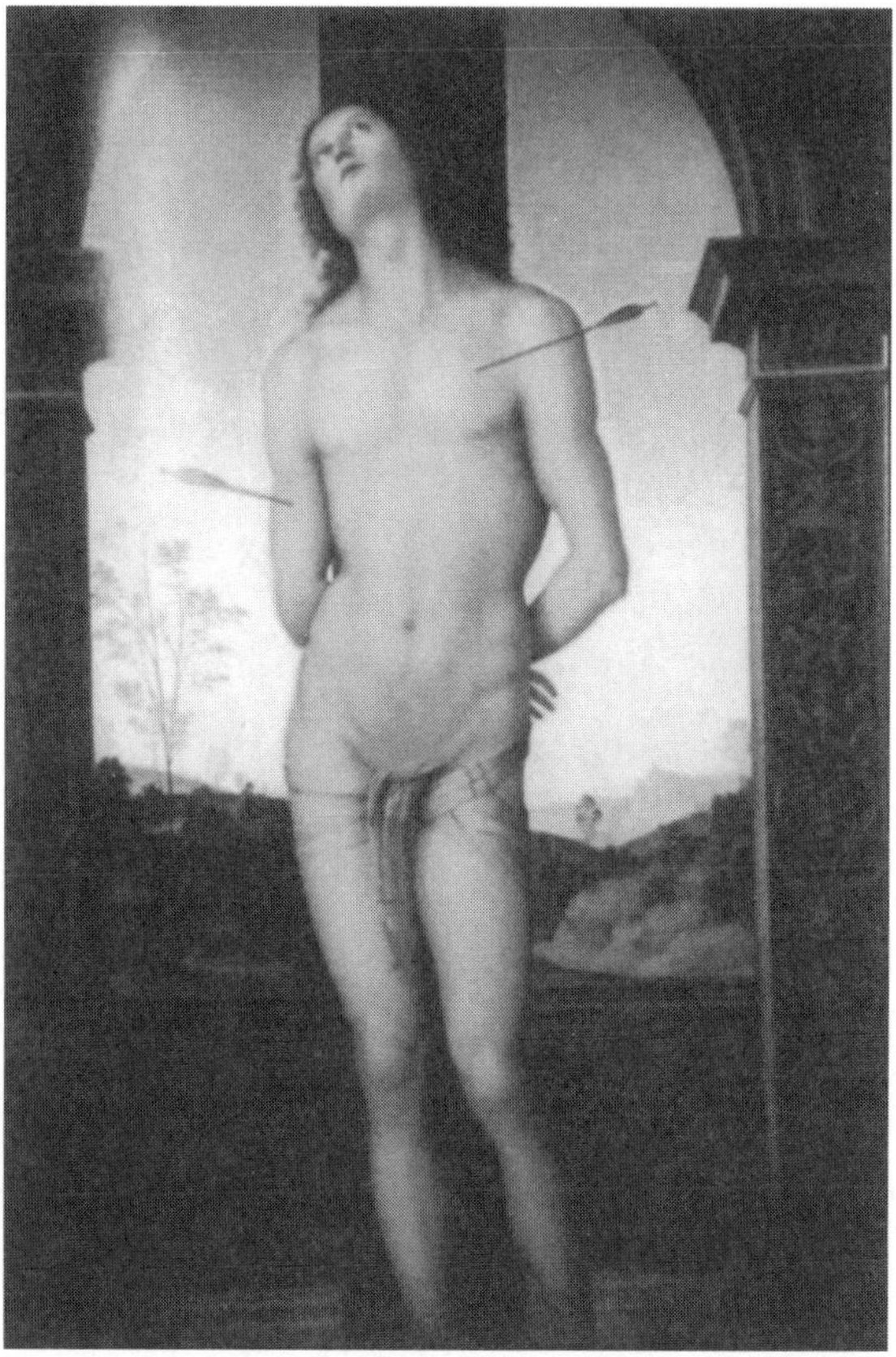

図9－2　ペルジーノの《聖セバスティアヌス》（1490～95）
（ルーヴル美術館）

の伝承から、また、おそらく聖人としてはほとんど唯一裸で描くことが許されたことから、暗に同性愛の対象として描かれたといわれる（図9－2「ペルジーノの《聖セバスティアヌス》」）（おそらくその風潮の背景には、古代からつづくヨーロッパの深い様々な文化的要因が作用していたのであろう）。ヴェネツィアの場合、ドージェ自身がヴェネツィアのソドミーについて詳しく述べている。

付記　ヴェネツィアにおけるソドミーの存在について

一五五九～六七年までドージェを勧めたジローラモ・プリウーリ Girolamo Priuli（一四八六～一五六七）は、その日記に以下のような恐るべき実態報告（一五〇九年）を述べている[554]。

私はさらに、もう一つのみだらで有害な行為について述べなければならない。それはこの町で広く行われ、非常に重んじられていたものである。それはソドミーと呼ばれる自然に反する行為である。昔の記述から読み取れるように、この行為のために偉大なる神が二つの都市〔ソドムとゴモラ〕に炎を放ったのである。この悪習はヴェネツィアにおいて羞恥心なしに公然と行われた。事実としてこの行為は、あまりに常習的であったため、自分自身の妻と性交渉をすることよりも高く重視された。またヴェネツィアの若い貴族や市民は、非常に多くの装飾品、胸元のはだけた衣服、非常に多くの香水で自らを飾り立てた。今やヴェネツィアの若者のけばけばしい装飾、華美な衣服、装飾品、そして贅沢でみだらな情欲にまみれた行為と比較されるようなものは、この世に決してなかった。実際のところ、彼らは若者でなく女性と見なされるかもしれない。彼らは罰に値したにもかかわらず父親や親戚から大目に見られた。もしも年長者が、息子や親戚による、このみだらな衣服、ふしだらで不道徳なふるまい、女々しい行為を取り締り、禁じたならば、事態は違った風に進んだだろうに。そして**神が私たちに降りかかるこのような大惨事を引き起こすことはなかっただろうに。**しかし、父親の子どもへの愛情があまりに大きいので、彼らは破滅に盲目的であり、彼らはこの憎むべき悪習にふけっていたときに、身を沈ませてしまい、それに溺れてしまったのである。お金の力によって、これらの若者は男性から女性へと変わった。そしてこの災難のあとでお金が不足するようになったので、お金を手に入れようと彼らはいっそう悪いことをおこなおうとするのである。というのは、お金を持たずしては得ることのできないような、手の込んだ好色的な工夫を弄するように駆られたからであった。そして彼らはそうしたことに抵抗することができないのである。

　賢明なる読者よ、私はヴェネツィアの貴族と元老院、すなわち白髭をたくわえた年長者であり知恵が豊かである人たちについて何を語るべきだろうか。彼らはあまりにもゴモラの悪習にのめり込んで溺れているので、その結果、その歳で彼らは受動的な同性愛者となり、この堕落の中で、若い男を満足させるためにお金を払っていたのである。そして、彼らの父親や元老院議員は、すでに述べたように受動役を差し出す者となったのである。もちろん、これは、不道徳で忌まわしい行為である。とりわけ高齢の男性の間ではそうである。私たちの時代では耳にすることのない高齢者側のこの受動的役割の悪習は、ローマから伝わったものと言われた。というのは、聖職者と他の高齢者はローマでは受動的役割を与えられたからである。受動的な同性愛者がローマ教皇の宮廷に存在したのである。ともかく、それは最も恥ずべき忌まわしい行為であり、すべての年代の人々において非難されるべきものである。しかし、高齢者においては特にそうである。そしてそれは神によって赦されえない恐るべき罪であり、ましてや人間の法廷によっても同様である。ヴェネツィアの都市には、この忌まわしい性的逸脱の処罰に関する法令・法律・条例があまりに多いために、書物はそれらの規則であふれていた。そして、そのような罪を犯したものには火あぶりの刑を科した。しかし、これらの法律や条例、命令は尊重されることもなければ強要されることもなかった。なぜなら、この処罰の責任者は、自分自身がその罪に関係しており、その刑を実行する気がなかったためである。というのは、同じ罪が彼ら自身やその子どもたちに降りかかることを恐れたからである。これらの理由から、事態は隠蔽され、犯罪に値する業火は水を浴びせられて消されてしまった。昔、書かれた本に書かれているように——私が思うに——このソドミーの悪習への処罰は、恐怖と震えをかりたてるために、十人評議会に委ねられたというのは本当のことであった。というのも、ヴェネツィア共和国には十人評議会ほど大きな権威、学識、判断力を持つものがなかったからである。しかしながら、この悪習は今では非常に習慣になっており、誰にとっても身近になっている。

ソドミーは神の怒りを買い、当時、ペストの原因と考えられたことから、フィレンツェの都市政府はその摘発に真剣に乗り出したのである。こうしたことを背景にして、托鉢修道会の説教師もこの悪徳をしばしば話題にして説教をおこなったのである(555)。

ペストこそは、まさに《峻厳な神》が怒り、それゆえに科される「罰」であると考えられた以上、いかに神のご機嫌を損ねず対処するか、できることなら、いかに神を喜ばすことができるかを思案しながら、為政者は真剣に立法に取り組み、司法や裁判において神の怒りを招く不届き者を罰したのである。不届き者を許せば、その罰はみずからに及ぶと考えたのである。ランドゥッチの意識と同様に、都市政府を構成したプリオーレ（都市政府行政官）もそのことを強く意識していて、その短い任期において神を宥めるべく、立法活動に関わったといえるのである。

こうしたなか、中世後期において、色欲が常軌を逸したかたちであらわれたものこそ、この世で最も邪悪な行為とされた――それが「五つの淫乱行為」であり、それは「悪魔の手の五本の指」であった。それがすなわち、処女の堕落、瀆神行為、夫婦の不義、近親相姦、そして「自然に反する行為」である(556)。この最後の「自然に反する行為」が最も重罪とされ、その最も典型的なものが「ソドミー」(「ソドミーア」)であった。「ソドミー」とは、旧約聖書(「申命記」)の悪徳都市の「ソドム」――神の怒りに触れて神によって硫黄の火で焼き払われた町である――に由来することばである。この時代では、ふつう男性同士で肛門性交をおこなう者を指す。

次の史料は一四一五年の議事録の一部であり、ソドミー摘発を改めて提起したものである。ここではソドミーの再摘発の発端は聖職者からの宗教的動機によるものであったようである。

議事録に見る反ソドミーの見解(一四一五年)(557)

パオロ・ディ・ベルナルド・ボルドーニが、「一六人会」(「一六人のコンパニーアのゴンファロニエーレ〈組合の旗手〉委員会」)に賛成して演説していたとき、ソドミーの悪徳に関して書いた聖職者が褒められるべきだと述べた。都市は甚だしくソドミーによって頽廃していたからだ。すでにソドミーについて述べた法令が存在するのだから、シニョリーアはそうした頽廃した人びとを起訴することに励む行政官を召喚すべきである。シニョリーアはまた、協同機関の構成員の召集とともに、各市区からまじめで正直で、この悪徳に染まっていない者をそれぞれ二名ずつ召集して協議すべきである。

一二人会［一二人の善人委員会］に賛成してアントーニオ・ディ・ニッコロは、いかにそのような振る舞いが神に嫌悪感をもたらすものであるか、また、それを撲滅することがいかにシニョリーアと都市に名誉と名声をもたらすものであるかを喚起させてくれた。……ソドミーに対する法令は、その施行は損なわれているが、なおも存在している。シニョリーアはそれを執行する準備をすべきである。

次はソドミーを摘発することを他国人――他国人は中立な立場を取ることができると考えられた――の行政官に委ねることを規定したものである。この規定では、特に最初の数行において、自然に反する悪徳者ソドミーに対して極めて厳しい態度が認められる。

ソドミーに対する法令（一四一八年）(558)

プリオーレ閣下は、ソドムとゴモラの悪徳を根絶することを強く望む。その悪徳はあまりにも自然に反するものゆえに、全能の神の怒りは、ひとり人の子らだけでなく、コムーネや、命を持たぬものにまで及んでいる。それゆえにプリオーレ閣下は、以下のことを決議した。すなわち、プリオーレ閣下は、月に少なくとも一回、他国人の行政官を招き、ソドミーと極悪な悪徳によって汚された者たちを告発する法律を適用し、その罪に走った者たちを取り調べ、起訴し、処罰させるべきである……。

ひとつ、プリオーレは、この行政官に命じて次のことを阻止してはならない。すなわち、ソドミーの悪徳を犯すか、あるいは未遂に終わった者に対して、行政官が取り調べをしたり、起訴することを阻止してはならない。これに反すれば、……プリオーレひとりにつき五〇〇リラ以下の罰金を科すものとする。……

ひとつ、在職中のプリオーレは、協同機関とともに、ゲルフィ党であり、市民権を有する八人の市民を選出するものとする。その八人は一年任期で、この悪習に染まっていない有徳の人物と見なされる者でなければならない。その選出の目的は、フィレンツェの都市とコンタードからこの悪徳を根絶する方法と措置を考えるためのものである。……

次の史料（一四二九年）は、検挙した同性愛者（ピエーロ・ディ・ヤーコポ）を実際に火刑に処した事例である。ここでは一〇歳の男の子バルダッサーレが被害者として受動的役割を強いられ、その暴行によって発病し、それが発覚の要因となっている。双方の合意によるものでなく、一方的な加害行為であった。

ソドミーに対する火刑執行（一四二九年）(559)

ボローニャ出身であり、現在はフィレンツェのサン・ロレンツォ教区に住んでいる銅細工師、悪名高い男色者で、卑しい身分、悪しき生活ぶり、悪評の者、ピエーロ・ディ・ヤーコポに我々は有罪を宣告する。……

今年［一四二九年］の八月、サン・ロレンツォ教区の一〇歳の少年、バルダッサーレ・ディ・アンジェロがピエーロの家の前の通りを渡ってきた。そしてピエーロは少年に家に入るよう声を掛けた。少年を家に入れると、彼はドアを閉め、バルダッサーレを寝台に投げ、少年が大声を出せないようにその口に猿ぐつわをした。**それから、無理矢理に力づくで、ソドミーの行為を犯した。そして、バルダッサーレがピエーロの家を出るとき、彼が泣くのを止めろと言って、ピエーロは二クワットリーノを与えた。この嫌悪すべき罪を犯した結果、バルダッサールは数日間重病に罹り、医師の治療を受けた。……ピエーロによって犯されたこの行為は、フィレンツェの法令を破り、良き習慣、神の法、人間の法、自然の法を破る行為である。**

［ピエーロは罪を認めた。彼は火刑の判決を受け、執行された］（編訳者ブラッカーによる）。

なお、ヴェネツィアについて言えば、妻に「性的偽装」、つまりわざわざ妻に「男装」をさせて、夫がソドミーをおこなっているかのような、一種の興奮を得ようとしている現状があるとして、十人評議会がそれを禁じる措置に出たのであった（一四八〇年三月一五日）(560)。

また、興味深いことに、ヴェネツィアの日記作家M・サヌートの日記によると、ヴェネツィアの総大司教（アントーニオ・コンタリーニ）は、「ソドミーの流行」と「地震の発生」と「売春宿の不景気」と「告解を受ける信徒の減少」という、全く次元が異なると思える次元の四者を結びつけて以下のように述べている（一五一一年三月二七日）。この四者は、実は《峻厳な神》のイメージのもとに結びつけられるものである。フィレンツェと同様、ヴェネツィアにも《峻厳な神》の心性が浸透していたことが窺える。

M・サヌートの日記より（一五一一年三月二七日）(561)

ヴェネツィアの総大司教のドン・アントーニオ・コンタリーニが協同機関に訪れ、**地震は神からのお告げであり、災難は悪徳から起こっていると言った**。ヴェネツィアは、罪の数々、とりわけソドミーであふれている。ソドミーは至る所で横行している。そのため売春婦は、総大司教に手紙を送って、これでは自分たちは生計を立てることができないと伝えた。ソドミーがとてもはびこっており、誰も売春婦のもとへやって来ないというのである。老人でさえもソドミーにふけっている。総大司教が告解聴聞師から聞いたところによると、父親が娘と交わり、兄弟が姉妹と交わっているなどという。ヴェネツィアでは今や信仰をないがしろにされているのだ。

説教師たちは総大司教に、この四旬節に神の言葉を説教しないのは間違っていると言った。ヴェネツィアで現在、疫病が流行していないからといって、説教を止めることは間違いである。今、四旬節の半ばにある。いつもの年だったら、告解聴聞師は、この時期にはヴェネツィア人の半分が告解を済ませていたことだろう。しかし、今では聴聞司祭たちは、女性の第三会員やごくわずかの他の人以外は誰からも告解を受けていないのだ。そこで総大司教は以下のことを命じたいと述べた――すなわち、神の怒りを宥めるために、三日間サン・マルコ地区で宗教行進をすること、そして三日間パンと水だけの節食をすること、夕方に教区で宗教行進をすること、このことを命じたいと言った。また総大司教は他のことも述べた。これに対してドージェと協同機関の委員も、総大司教を援助した。そして、彼らは、神への冒瀆に対して対策を講じ、法令を施行することなどについて確認した。今日、十人評議会において、評議会議員たちはソドミーに対して対策を講じるだろう。

第五節　神の冒瀆としての女子修道院への立ち入り

ふつうどの都市においても、多くの場合市壁の外側に、まれに都市内に、娼婦がいたという。しかし、同時にその都市の周辺部に、自然界から都市を保護するという役割を担って女子修道院が建てられていた(562)。娼婦は「色欲」で生きた一方、修道女は「キリストの花嫁」になって「禁欲」で生きた。そして、キリスト教的に見て、神に対しては、後者によって都市全体でバランスが保てて、ようやく神から赦しが得られると考えていた――つまり、神に仕え「禁欲」に生きる聖なる修道女の存在は、都市に住む人びとの罪深さ――売春婦や都市の男の犯した「色欲」など、多くの罪を緩和してくれる存在と見なされていた。カトリックの聖俗二元論の考え方として、世俗世界で罪深い人間がいたとしても、都市政府が修道女を保護して、修道女が神聖で敬虔な世界で身を清めてし、神に俗人の罪の赦しを乞い、日々のとりなしの祈りがおこなわれるならば、神はそれで赦してくださるだろうと考えたのである。これこそカトリックを支配した心性である。修道女は、いわば悪に対する善として、カウンターバランス（つりあい）として位置づけられたのである[563]。だから、修道院の世界のこの神聖さが、欲情をもって侵入する男によって汚されたならば、神の怒りは、いかばかりか。疫病などの鞭を持って激しく罰すると考えられたのである。こうした見方、一種の心性にもとづく例話がある。一三世紀初頭、ハイスターバッハのカエサリウスは、『奇跡についての対話』（一二二三年頃）のなかで次のような例話を書いている（第一一巻第五八章）[564]。

二、三年前に下ユトレヒトである聖職者が死んだ。これはその聖職者の仲間である聖堂参事会員から聞いた話である。その聖職者は、頭巾をかぶった修道女を堕落させたのだ。そこでキリストは、キリストの花嫁になった女性を強姦した罪がいかに重大なものであるかをわからせるために、その男の性器に大きな印を付けた。そのためそれを見たり聞いたりした人は、皆恐れ戦いた。

神を冒瀆する者を厳しく処罰する都市政府の姿勢は色々な方面で認められた。次の一四三五年の法令は、女子修道院に男子が立ち入ることは、神への冒瀆であるとして厳罰をもって対処すべきであると規定している。今や修道女は、その色欲によって神への崇敬を失ってしまったという。その結果、神の摂理が損なわれたために、この世は、「戦争と混乱と疫病とその他の災難・騒乱による諸悪に苦しみ喘いでいる」という。これらの諸悪を回避するため、いかなる者であっても女子修道院への立ち入りを厳禁すると規定する。神に対して冒瀆行為をおこなえば、「創造主の激怒たるや、いかばかりであろうか」と極めて強い口調である。

この時代、女性は教会へ行く以外はほとんど家にこもっていて、若い男性は女性と接する機会があまりなかった。実際、一四二一年、フィレンツェの三人の若い貴族三人は、夜になってから、はしごを掛けて女子修道院の塀を乗り越え、求める女性を探したという(565)。同様に『デカメロン』第三日第一話のように、実際に女子修道院に入り込む若者がいたことが、刑事事件の詳細な訴状からわかる。また、他方で、女性の側にも修道院に入る動機は純粋に宗教的なものと限らなかった。ここには例の嫁資の高額化があった。すなわち、十分な嫁資を蓄えることができなかった父親は、まだ安価な出費で済むことから、娘を修道院にやる場合が多かったのである。この場合、娘は必ずしも高い宗教心を抱いていたとは限らなかったのである。実際、カマルドリ会総長トラヴェルサーリの旅日誌によると(566)、女子修道院の場合、厳格な宗教生活に励む修道院もあれば、「売春宿」同然の修道院もあり、その格差が激しかったという。事実、修道女の妊娠・出産という歴然とした証拠が時の教皇にまで伝わり問題視されたのである（一四五二年の教皇ニコラウス五世の書簡）(567)。

修道院の純潔さを守るための法令（一四三五年）(568)

救い主キリストの名において、アーメン。

神のラッパと天の声は、最後の審判の日に響き渡ることになろう。「片や神に祝福されし者よ、来たれ。そして片や無価値な者どもよ、ああ、お前どもは永遠の業火に入れ……」［マタイ二一・三四・四一］。すなわち上の方には怒りの審判があり、下の方には混沌があるだろう。右手には罪を責められし者ども、左手には無数の悪魔がいるだろう。地上の外も内も炎上している。……これらすべては教会博士であるアウグスティヌスによって記述されているとおりである。

自然の法によって定められたように、人類が増えるべきであり、また男女は神聖な婚姻によって結びつけられるべきであり、さらに、この神聖な婚姻はすべての者によって尊重されるべき厳粛かつ威厳なものであるべきである。神にとって結婚生活が維持されることほど喜ばしいものはない。一方、神にとってその結婚生活が冒瀆されることほど不快なものはない。**そしてもし、人間がこの冒瀆によって神の怒りを買うならば、生きとし生けるものの父である創造主の激怒たるや、いかばかりであろうか。**

神に捧げた、神の花嫁であるあまたの修道女がいる。彼女らはその貞潔をもって神に仕えるために、女子修道院に囲われている。しかし、彼女たちは、色欲によって神への崇敬を失ってしまった。**この結果、神の摂理はかき乱され、この世は、諸悪、すなわち、戦争と混乱と疫病とその他の災難・騒乱による諸悪に苦しみ喘いでいる。**これらの諸悪を回避するため、フィレンツェの人びとは、その厳格さにもとづいて、何人たりともいかなる女子修道院にも立ち入ることは許されないと規定した。そして、それに違反する者には重い罰を与えると規定した。女性は弱い存在であることから、修道女が、安全と栄誉に守られ、女子修道院が自由のなかで栄えるように、修道女との肉体関係はいうに及ばず、女子修道院に近づくことも禁止される。これによって、これらの修道女たちは、邪悪な男たちのあつかましさによって、美徳から不名誉へ、貞節から好色へ、そして慎みから恥辱へと変えられるようなことはもはやないだろう。

第六節　「神を冒瀆した」ユダヤ人に対する死刑判決

「神に対する冒瀆」は様々な領域に及んで指摘され、追及された。そのひとつがユダヤ人との親交に関するものである。ユダヤ人と親しくすることは神の冒瀆とされた。もともと中世初期からキリスト教徒とユダヤ人との親交は、神を激怒させる冒瀆行為であるとして禁じられていた。そして親交を結んだ罰則はユダヤ人の方に科された。

当時、ふつうユダヤ教徒は、規制を受けるかたちでフィレンツェに住むことができた。一四六三年のフィレンツェの規定ではユダヤ人共同体は七〇人を超えてはならなかった(569)。様々な規定や条件を突きつけられた上で、なおもその存在がキリスト教徒から強い敵対意識をもって見られ、彼らは不浄の存在と見なされ、様々な面で差別された。もともと中世初期から、キリストの殺害者であるユダヤ人は許されざる存在として位置づけられていた。そのためユダヤ人に対してしばしば不当な暴行が加えられたが、六世紀末にローマ教皇になったグレゴリウス一世（在位五九〇〜六〇四年）以来、教皇は逆説的な意図からユダヤ人を一定保護した。すなわち、ユダヤ人はイエス殺しの生き証人であるから、彼らを生かしておき、キリスト教徒の日々の信仰を自覚する手段にすべきである。そう考えて、彼らの人命、宗教儀式、墓地、シナゴーグを保護し、それを存続させるべきであるとしたのである。この原則はその後の公会議でも繰り返し確認され、一二世紀初頭のカリストゥス二世（在位一一一九〜二四）のユダヤ教徒の保護教書でも明記された。しかし、この保護の背後には、実際には、反感を抱いたキリスト教徒によってしばしばユダヤ人が襲われて、その命や物品が不当に奪われ、彼らの儀式、墓地、シナゴーグが荒らされていた事実があったことを示すものである。

こうしてユダヤ人に対する敵対意識と、それにもとづく逆説的な保護のなかで、一二世紀末と一三世紀初頭のラテラノ公会議（第三回一一七九年、第四回一二一五年）によって、キリスト教徒がユダヤ人と親交を結ぶこと――すなわち交友、食事、結婚等――があらためて禁じられたのである。

次の二つの事例は、いずれもキリスト教徒の女性と肉体関係を結んだユダヤ人の男性に対する判決である。いずれにおいてもユダヤ人は、その行為が「神の冒瀆」に当たるとしてフィレンツェ当局から死刑判決が下された。第一の事例は、あるユダヤ人が個人的に親しくしていた女性と、合意のもとに何回かにわたって肉体関係をもったものである。そして、第二の事例は、盗みや恐喝などを犯したことのある（これは余罪というべきかもしれない）ユダヤ人がフィレンツェの公営売春宿に行き、キリスト教徒の売春婦と性交渉し、それが神の冒瀆であるとしてポデスタから火刑宣告が下されたものである。前者のユダヤ人はフィレンツェから逃亡し、本人不在のままの死刑判決であったが、後者のユダヤ人は、実際に処刑が執行された事例である。なお、第一の事例では、最初の審議では「罰金刑」であったが、フィレンツェ滞在中の教皇の圧力のもとに死刑宣告に変更されたものである。

(一) 第一の事例(一四三四年)――親しくしていたキリスト教徒の女性と肉体関係をもったユダヤ人に対して(570)

ユダヤ人であるグリエールモ・ダッターリ・ダ・モンテファルコーネに有罪を宣告する。彼は、ミケーレなにがしというフィレンツェの「コローナ」という宿屋に勤める使用人の助けを借りて……マジーナ・ディ・ボーノ・ダ・フィレンツェと肉体関係を結ぼうと思った。ミケーレは、宿屋の台所の隣室でマジーナと会う手配をした。そしてグリエールモは、何度かその宿屋やマジーナの家でこのキリスト教徒の女性であるマジーナと肉体関係を結んだ。……これはキリスト教に対して恥辱を与え、キリスト教を貶めるものであり、カトリック信仰に対する侮辱であり、神聖なる教会法に反するものであり、フィレンツェのコムーネの法令に反し、よき慣習に反するものであり、あらゆる理法に反するものである。……

高貴で賢明なる監視八人会は、フィレンツェ市のユダヤ人、グリエールモ・ダッターリ・ダ・モンテファルコーネが犯した極悪で忌むべき様々な犯罪に注意を払われた。この犯罪は、最も神聖なるキリスト教信仰に対する侮辱である。また、現在、随行員とともにフィレンツェ市に滞在されている教皇エウゲニウス四世に対する侮辱でもあり、さらに、フィレンツェのコムーネに対する侮辱である。教皇はグリエールモが厳しく処罰されなければ、心中穏やかならざることを仰せになった。監視八人会は、フィレンツェのコムーネを罵倒し、その名誉を傷つけるグリエールモの犯罪について審議した。……監視八人会は、グリエールモの行為が、フィレンツェの現在のコムーネの体制を混乱させるものであり、さらに、プリオーレ閣下に対抗する意図のものであると。このグリエールモは、カトリックの信仰とフィレンツェのコムーネの良き習慣を乱し、その名誉を傷つけ、邪悪な行為を絶えず繰り返す治安の妨害者であり、神の冒瀆者である。

［グリエールモは本人不在のまま法廷で死刑判決が下された］（編訳者ブラッカーによる）。

（二）第二の事例（一四三五年）――キリスト教徒の売春婦と交わったユダヤ人に対して(571)

ヴィツェンツァのユダヤ人であるジュゼッペ・マンニに有罪を宣告する。彼は八年ほど前に約四フィオリーノ相当の黒いマントをヴィツェンツァのユダヤ人であるベンヤミンから盗んだ。……

ひとつ、およそ八年前、彼はヴィツェンツァ市民であるニッコロ・チエッキーニという人の所有であった革製の胸当てを持ってヴィチェンツァから逃亡した。……

ひとつ、昨年一四三四年一二月、フィレンツェ市内において、ジュゼッペは……聖書を盗んで利益を得ることをもくろみ、フィレンツェの両替商マルティーノ・チーニにその聖書を八ドゥカートの値で売った。……

ひとつ、一四三五年八月、ジュゼッペは、以下のユダヤ人を中傷し、金をゆすり取るねらいでマエストロ・ジョヴァンニ・デ・ガッレショに告訴状を作成させた。……すなわち、このユダヤ人によってカトリック信仰に反して犯された犯罪に対して訴訟を起こすものであった。……これらのユダヤ人は、その罪状やそれに関する告訴状にひどく脅されて、また、恐怖心を駆られて、ジュゼッペが企てをやめるのであれば、二〇〇フィオリーノを支払うという約束を交わした。……それからジュゼッペは二〇〇フィオリーノ金貨を現金でソロモン・ダ・チッタ・ディ・カステッロから受け取った。……そして一四三五年六月、この告訴状を撤回した。

ひとつ、このユダヤ人ジュゼッペはフィレンツェ市内のサン・サルヴァトーレ教区に位置する公営売春宿へ行き、そこで彼はキリスト教徒の売春婦（彼は彼女の名前を覚えていなかった）と肉体関係を持った。ユダヤ人と彼女との肉体関係はこの都市の法令に反し、キリスト教信仰と神聖なる法令と教会法への侮辱である。

〔ジュゼッペは白状し処刑された〕（ブラッカー）。

第七節　近親相姦をおこなった者に対する死刑判決（一四一三年）——「自然」に反するおこないを罰す

近親相姦は、「自然に反する」行為であり、神を冒瀆する行為とされた。次の事例は一四一三年、近親相姦の罪で処刑された男アントーニオの事例である。もともと、近親相姦は旧約聖書の十戒の第六戒に含まれるものであり、その戒めは新約聖書でも「マタイの福音書」（第五章）で踏襲されている。なお、近親相姦の禁忌はあらゆる文化社会において忌避されている習慣であるといわれる(572)。

近親相姦と買春の罪を犯したアントーニオに対する死刑判決（一四一三年）(573)

我々は……アントーニオ・ディ・トーメ・ダ・カストロ・トレモレーティに有罪を宣告する。彼は、身分の卑しい男であり、卑しい振る舞いと卑しい生活をする男である。そして卑しい家族の出身の男である。**また、神の威厳を冒瀆する者であり、近親相姦と買春の罪を犯した者であり、処女の凌辱者である。**……一四一三年三月、アントーニオはサンタ・ルチーア司祭代理教区のネッラ・バンボルッチを無理やり力ずくで押さえ込んだ。彼女は彼と二親等の血縁関係であった。そしてアントーニオは、処女で血縁関係にあるネッラと肉体関係を結んだ。この行為は、ネッラとその家族に対して多大な危害と汚名と恥辱を与えるものである。それは、また、**世俗の法と教会法を侵害するだけでなく、神の法をも侵害するものである。**さらに、それはフィレンツェやピサのコムーネの良き習慣と法令をも侵害するものである。

さらにまた、アントーニオはこれだけで満足せず、その同じ年に悪魔と組んで色々な機会に色々の場所でネッラと肉体関係を持った。そして、彼女とこの恐るべき近親相姦の行いを犯し、忌わしい犯罪行為を重ねて、ついにネッラは妊娠するに至った。この下劣な関係の結果、ピサの都市にあるセル・シモーネ・デ・ファルネートの家で女児が生まれた……。

一四〇六年五月、アントーニオは仕事でピサに赴いたが、そこで賭けを始め、およそ三フィオリーノを失った。そのすぐあと、彼はその都市を去って、コッレ・アルベルティの村に宿泊した。……彼は家に入って、主イエス・キリストとその母である聖母マリアの権威に対して冒瀆をしようと思い、また金を失った腹いせから、マリアとその聖なる幼子イエスが描かれている板絵を手に取り、この絵に向かって、口汚い、破廉恥な忌まわしい言葉を吐いて、こう言った――「恥さらしな聖母マリアよ、おれはあんたを粉々にしてやる……」。そして、すべてのキリスト教徒の良き習慣と完璧で敬虔な信仰を侮って、さらに、神と人の法に背いて不信心な言葉を吐いた。これに満足することなくいっそう下劣に振る舞って、持っていたナイフを取って、非常に厳粛に描かれたキリストと聖母の板絵を四つに切り裂いてしまった。……

一四一二年九月、アントーニオは、ピサのコンタードにあるアニャーノの町でマルゲリータという少女を自分の家に連れて来た。この少女は、ゴーロ・ディ・アンドレーア・ブカーキの孤児であり、アントーニオの姉の娘であり、姪にあたる。彼は、まるで神の愛のためであるかのように、彼女が正しい道を踏み外さないようにするために彼女の世話をしたいと強く申し出た。

彼はカステッロ・ベッキオと呼ばれる森にいて、そこで木を切っていた時のことである。そこへこの少女が彼のためにワインとパンを持って来たが、その時、彼は処女であるマルゲリータを捕まえ、地面に押し倒した。彼女は、叔父が情事を犯す用意をするのを見た時、やめさせようと思い、この淫らなねらいに抵抗しようとした。そして神を恐れ、世間の恥となるのを恐れて、こう言った。「そばへ来ないで！　私に触らないで！　私はあなたの姪なのだから、こんなことをしようというのは恥さらしよ」。するとアントニは……「黙らないのなら、殺すぞ」と言った。……それから彼は、マルゲリータの処女を奪い、強引に力ずくで肉体関係を結んだ……。

その年の一〇月、マルゲリータがアントーニオの家にいる時、彼女を力ずくで乱暴に寝台に押し倒し、再び関係を持った。また、今年の四月、彼は彼女が抵抗するにもかかわらず、脅していいなりになるように従わせた。そして、この忌むべき近親相姦の罪のことをお上に言ったら承知しないぞと警告した。……彼はここ何カ月で、色々な場所で、何度かにわたって、彼の姪であるマルゲリータとソドミー［ここでは肛門性交のこと］の罪を犯した。これは、自然の摂理や自然の法に反し、彼女の意志に逆らっておこなったものである。また、彼女にまことに甚大な害と侮辱と恥辱を加えるものである。そして、それは人と神の法に反し、神の尊厳と人間性をはなはだしく損なうものである。

［アントーニオは自白し、木の檻の中での火刑に処されることが宣告された。この刑罰は後に断首刑に変えられ、執行された］（ブラッカーによる）。

第八節　魔女の処刑（一四二七年）

次の事例は、「魔女」と見なされたジョヴァンナという女性の罪状である。それによると、ジョヴァンナは、自分の肉欲を満たすために「黒魔術」を利用して数人の男性の健康を損なったという。当時、どの程度の者が「魔女」と見なされたかよくわかる判決である。ここで魔女の存在は神の冒瀆として罰せられる。

黒魔術を用いて男の性欲を刺激した魔女ジョヴァンナに対する死刑判決（一四二七年）(574)

我々はジョヴァンナを有罪とする。ジョヴァンナは、エル・トーゾと呼ばれるフランチェスコの娘であり、カテリーナと呼ばれている。父親エル・トーゾは、フィレンツェのサンタンブロージョ教区の住民である……。

ジョヴァンナは魔法使い、魔女、魔術師、黒魔術師である。サン・ヤーコポ・トラ・レ・フォッセ教区に住むジョヴァンニ・チェレサーニが、ある日、ちょうどジョヴァンナの家の前を歩いていた時に、ジョヴァンナをじっと見つめた。この時、彼女は黒魔術を使って肉欲的な目的のために、ジョヴァンニの純潔な魂を引きよせようと考えた……。

彼女は薬種業者のモンナ・ジリーアの店へ行き、鉛を少し購入した……。そしてそれから、彼女はひとつの鉢を取り出し、そこに鉛を入れて、鉛が融けるように火を入れた。その融けた鉛で小さな鎖をつくり、そして、この魔術的で邪悪な術に重要な意味をもつある言葉をとなえた（その言葉は、人に知られないようにするためにここには記すべきではない）。……

ジョヴァンナは、ジョヴァンニの健康を損なうことになる行為を色々とおこない、またあらゆることを話したが、それはあまりに強烈なものだったので、今やジョヴァンニの純潔な魂は彼女に恋い焦がれるようにしむけられてしまった。そのため否応なしにジョヴァンニは何度もジョヴァンナの家に行き、そこで彼女の不誠実な欲望を満たすに至った……。

ジョヴァンナは黒魔術を利用してジョヴァンニの健康をさらに害そうという欲求を抱いて、自分が始めたことを繰り返すことに固執した。そして、少量の金、乳香、没薬を入手し、そして真っ赤に燃える木炭が入った小さな鉢を持ってきた。そして、これらの材料を準備し、左手に握ったろうそくに火をともした。そして、絵の前にひざまずき鉢を絵のそばに置いた。彼女はジョヴァンニの名前を叫んでから木炭の上に金、乳香、没薬を投げ入れた。そして、木炭から出る煙で絵が完全に覆われた時、ジョヴァンナはある言葉を唱えた。そのことばの主旨は下劣で忌まわしいもので、人がその知識を得て罪を犯すことのないように、ここではそれについて黙して葬り去るべきである……。

ジョヴァンナはジョヴァンニの健康を損なうべくおこなったことが、果てることなき彼女の欲情をまだ十分には満足させるものでないとわかった。そこで彼女はある司祭から、もし死者の頭蓋骨から液体が抽出され、それを少量のワインに混ぜて与えたならば、どんな男性に対しても非常に効力のある薬になると教わった。……それから、昼も夜もこの女はいったいどうやったらその液体をジョヴァンニに飲ませることができるものか、そのことしか考えなかった。……

彼女はその司祭のもとを訪れ、司祭からその液体を少量買った……そしてその呪われた女はワインを混ぜたその液体をジョヴァンニに与えて飲ませた。ジョヴァンニがそれを飲んだ後、彼はジョヴァンナとの肉欲を満たすことしか考えられなくなった。そして彼の健康は、善良で立派な人たちの意見によればいくらか害されてしまったという。

ジョヴァンナが月経のときに、邪悪な儀式に必要とされる分の少量の自分の月経の血をとり、それを小さな器に入れ……そしてそれをワインで満たされた別のビンに注いだ……そしてそれをジョヴァンニに飲ませたのである。そしてこのことと先に述べたことなどのために、ジョヴァンニは過去にしていたようにはもはや仕事をする時間がなくなり、家庭と妻子のもとを去ってしまった……そしてジョヴァンナを満足させることのみをするばかりであった……

ジョヴァンナは、サン・ニッコロ教区に住んでいるダブレット職人ヤーコポ・ディ・アンドレーアという男と数回にわたって肉体関係をもった。ジョヴァンナは彼女の肉欲を満足させ、彼の健康を損なうために彼の純潔な魂を完全に手中におさめようと望んで……ヤーコポに少量の月経の血を与えようと考えた。というのも、彼女はそれには月経がとても有効なものであると知っていたからである……。いくつかの悪魔の儀式を行った後、彼女は月経の血入りのコップを取り、……それをヤーコポに与えて飲ませた。彼が飲んだ後、彼女はこれらの言葉などを発した。「お前が逃げないように、私の網の中にお前をつかまえておくつもりだよ……」。二人が性行為に熱中している時、ジョヴァンナは彼の手を陰部に置き、……そしてある悪魔的な言葉を発した後で指をヤーコポの唇の上に当てた……。それ以降、彼が言うにはヤーコポの健康は悪化し、彼は何度もどうしても彼女に従わざるをえなくなった……。

数年前に、ジョヴァンナはサン・ジョルジョ教区のニッコロ・ディ・セル・カシオットの内縁の妻であった。そして彼女は彼と三人の子どもをもった。ニッコロはそのときハンガリーにいたが、彼女はニッコロをとても愛していたので、彼女はフィレンツェにいる自分のところに戻ってきてほしかった。……そこで彼女はニッコロの健康を害することで、悪魔を呼び起こすことで悪魔的な実験をすることを計画した……。彼女は、特定すべきでないある男の人のもとへ行き、もう一人の悪魔的な女のところに行くように頼んだ。その女は妖術師（その人の名前は公共善のために公表されるべきではない）であり、そしてその女にジョヴァンナのために女性の形をしたロウ人形を作るように頼み、さらに、この悪魔の実験に必要ないくつかのピンや他の道具も頼んだ。……ジョヴァンナは、そのロウ人形を持って帰って家の長持ちのなかに入れた。数日後に彼女が家を離れ、別の家に引っ越しをしなければならなかった時、その人形を長持ちのなかに置いた。のちにそれはその家の住人によって発見され、住人はそれを燃やした……。

ジョヴァンナが集めたのは、九つの豆、一枚の布切れ、幾らかの木炭、聖母マリア像の前に生えていた聖別された数枚のオリーヴの葉、十字架の付いた貨幣、少量の塩であった。それらを手にもって、聖母の前にひざまずいた……そして三度、主の祈りとアヴェ・マリアを唱え、神とその聖母マリアへの賛美のために作られた神聖な祈りのことばを踏みつけた。これをおこなった後、これらの道具を一枚のリネンの布切れの上に置き、三夜その上で過ごした。そしてその後、彼女はそれらの道具を手に取り、主の祈りとアヴェ・マリアを三度繰り返した……。こうしたことから、ジョヴァンナは夫が彼女を愛すことはないことがわかった。そして、実際そのとおりになった。というのはお祝いと性交による結婚の成立の後、彼女の夫であるジョヴァンニは数日の間だけ彼女と共に過ごしただけで、それから彼女を捨てて、もう二度と戻ってこなかったからである。

［ジョヴァンナはこれらの罪を自白し、斬首された］（ブラッカー）。

見方をひとつ変えてみれば、我々にとって、この程度の女性は、決して「魔女」ではない。男の方も劣らず歩調を合わせ楽しんだ。男の側の独善的な言い分が合理化されているにすぎない。ジョヴァンナは、愛を享受し合うことはあっても、誰も殺したり、傷つけたりしておらず、我々には、死刑はあまりにかわいそうな気がする。男を憔悴させたこと（これも男の勝手な言い分であろう）と神の「冒瀆」とを当局が強引に結びつけたところに女性の悲劇の要因がある。なお火刑は灰しか残らないが（魔女や異端の場合の刑はふつう火刑である）、断首は遺体が残され供養されうる点、罪が軽かった。

第九節　全能の神の冒瀆者としての賭博者（一四三五年）

賭博に対しては、ふつう罰金刑が科されたが、その罪の重さは神の冒瀆から導かれた。次の文はカピターノ・デル・ポーポロに審判を仰いだ申請文である。

［一四三五年一二月二日］恭順の念をもって法の擁護者にお知らせします。サン・ピエーロ・ガットリーノのポーチで定期的に以下の者が集まっている。すなわち、古着販売商のアントーニオ・ディ・パオロ、布伸張業者ネンニ・

ディ・ゲラルド、通称フォルティーノと呼ばれるステーファノ・ディ・ナンニ、織布工の通称エル・ツィーオと呼ばれているアントーニオ（以上四人はすべてサン・ピエーロ・ガットリーノ教区民である）、さらに、油売りのチェッコ・ディ・ナンニ・ジュベッティ、靴下製造業のリドルフォ、ピエーロ・ディ・ザノービ・ダ・サン・ガッジョ（この三人はサン・ピエーロ・ガットリーノ門の外部の地区に住む）、そしてロンバルドと呼ばれ、サン・ジョルジョ門の外に住むマリアーノ・ディ・ナンニ——上記の者たちは、カードで賭をし、ペテン師や細工をしたさいころを転がす者を集め、神と天国を呪っている。そして、誰であれ、最悪のことをおこなう者を最善のことをおこなう者と見なしている。**全能の神が、この泥棒どもの温床を受け入れていることで、我々の都市に疫病やその他の害悪が送り込まないのは不思議なくらいである。……私どもは、上記の賭博者、冒瀆者に処分を下さるようにお願い申し上げます。**

［通称エル・ツィーオことアントーニオに二五リラ、他の者すべてに一〇リラの罰金が科された］(575)（ブラッカー）。

第一〇節　慈善事業、インノチェンティ捨子養育院の設立（一四二一年）

フランチェスコ・ダティーニ（一三三五〜一四一〇）は、一三四八年のペストで両親を失った。しかし、周囲の慈愛で育てられ、成人してから事業が大成功し、巨万の富を得た。この生育から、彼の遺言にもとづいて、彼が残した一部の金、一〇〇〇フィオリーノもの大金は、フィレンツェのカリマーラ組合［毛織物組合］を通じて、捨子養育院の設立に有効に活用された。それが、図9－3「インノチェンティ捨子養育院」であった。この捨子養育院は、親がいない場合のほか、親が貧しかったり、生まれた子どもが庶子とか、奴隷女の子どもであるなどの理由から、子ども受容れる施設であった。創設当初は、「洗礼盤」を通じて親が子どもを手渡ししたが、数世紀も経つと「ルオータ（*ruota*）」と呼ばれる回転盤のような装置（図9－4「ルオータ」）が設置され、それを通じて渡すこともできるようになったという。日本で賛否が分かれた熊本の慈恵病院の「赤ちゃんポスト」（「こうのとりのかご」）は、この流れを

図９－３　インノチェンティ捨子養育院

図９－４　ルオータ

くむものである。

インノチェンティ捨子養育院は、ペストの直接の産物といえる施設であり、また、ペストの時代の心性が直接反映される施設である。ペストによって多くの人びとが亡くなったが、時には親が死んで子どもが生き残ることがあった。その例としてダティーニやネーデルラントのエラスムス（一四六六頃〜一五三六）などがいた。疫病や戦争など、親が急に命を落としかねない多難な時代において、そうした生き残った子どもを受け入れる専門の施設が必要とされた。ここに養育院設立の第一の直接的な意味がある。また、人口が激減した時代において、失われた人口を回復させるには、幼い子どもを大切にして、大人に成長させることが肝要であった。将来彼らが大人になって結婚して、彼らから子どもが生まれて人口回復につながると考えられた。「黒死病は、都市の社会的変化によって引き起こされる諸問題に対して、慈善活動がいかに展開されなければならないかを、都市政府、施設や兄弟会のメンバーに考えさせる契機となった」(576)（高橋友子）。

そして何よりも、ペストが怒れる神の罰であると理解した当時の人びとによって、神を喜ばし、神の恩寵を得る慈善行為こそが最も効果的な急務の措置と考えられた。キリスト教的な隣人愛の実践は、社会的弱者――たとえば障害者、寡婦、病人、貧民など――に向けられるべきであったが、「罪なき《インノチェンティ》」捨子の養育こそ、それに立ち向かうべき最もふさわしいものであった。捨子の救済こそ、最も慈愛に満ちた慈善措置として神にアピールできるものと考えられたのである。都市の政府がこれまでおこなってきた措置の多くは、神の怒りを買う悪しき行為者を懲らしめたり、裁いたり、予防したりする性質のものであり、一種の「消極的な措置」であった。一方、進んで慈善行為の一大慈善事業に向かう措置は、神を喜ばせる「積極的な行為」であり、胸を張って立ち向かえる、他都市に自慢できる画期的な措置と思われていたであろう。

ここにはペストが拍車を掛けた人びとの心性の変化が認められる。それまでずっと捨子の養育の施設は「教会」

に委ねられていた。ところが、敢えて都市の公共事業として、また組合の慈善事業として、とにかく主体が世俗で積極的におこなわれるようになったのである。ここに、捨子の養育という極めて宗教的な行為に対して、フィレンツェの人びとがいかに使命感を感じ、強い意欲で慈善に立ち向かったかが、象徴的に現われているといよう。

インノチェンティ捨子養育院の設立の法令の申請（一四二一年）

［一四二一年一〇月二〇日］この請願は、ポル・サンタ・マリアの組合［絹織物組合］の敬虔な息子たちとその商人、組合員のために、あらゆる恭順の念を抱いて、あなた方プリオーレ閣下に提出されるものである。フィレンツェのすべての人びとに十分によく知られているとおり、この組合は、その敬虔なおこないを通じてフィレンツェ共和国とみずからの保持と推進のために尽力してまいりました。この組合は、フィレンツェの都市のサン・ミケーレ・ヴィズドーミニ教区（この教区は「セルヴィ修道士」と呼ばれる広場に隣接しています）に非常にすばらしい建物の建築の着工を開始しました。この建物は「サンタ・マリア・デッリ・インノチェンティ」と呼ばれる養育院です。そこには、父親や母親が、自然の法に背いて見捨てた者たち、つまり、俗語で「ジッタテッリ」［捨て子］と呼ばれる幼い子どもが受け入れられることになる施設です。慈悲深いあなた方閣下の援助とご厚意がなければ、この賞賛すべき事業を実行することは不可能でしょう。

そして、諸閣下とすべての人びとは慈善活動に関わることが非常に大きいことを存じておりますがゆえに、あなた方の慈悲にすがり、以下に述べるすべての事柄を恭しく要請することをここに決定いたした次第であります。そこで上記の組合のために法令を制定することを請願いたします。そして、この法令にもとづいて、この施療院の創設者、開始者、支配人として、ポル・サンタ・マリアの組合とその組合員が、フィレンツェの市民とコムーネの名において、その両者の代表として、永続的にこの養育院の唯一の庇護者、擁護者、保護者、扶養者であると理解されるものであります。

さらにひとつ、組合の理事は、この養育院と子どもたちと使用人の管理者、施療院長を選ぶ権限を有するものと致します(577)。

第一一節　疫病病棟の設立（一四四〇〜五〇年頃）

中近世において、疫病に対して最も早く効力がある対処のひとつは、神や聖母や聖人に祈願するプロセッション（行列）であると考えられていた。疫病の原因である神の怒りを鎮めるために最も直接的であると考えられた（それも参加する者の数が多ければ多いほど有効であると信じられた）(578)。

伝承によると、六八〇年にイタリアに疫病（中世最初の「ペスト」）が流行した時に、ローマの市民は聖セバスティアヌス――パウロ、ペテロに次ぐローマの第三の守護聖人――に祈願し、行列をして、そのとりなしを願った。すると疫病はたちまち終息したという。同じ疫病に対して同じ頃、北イタリアのパヴィーアでもこれと同じ祈願がなされ、同じく奇跡的終息を見たという。キリスト教徒にとって、これは守護聖人のもつ即効力を確認する事例となった。疫病や病気に対するこうした「奇跡」は、実際その後も認められたという認識から、都市当局は、貧民救済にお金を使うよりも、都市としてプロセッションを企画、実行することの方を優先しがちであった（サヴォナローラの集団重視と同様に後に、一六三〇年、ミラノのペストの時も、まず優先的に聖カルロ・ボッロメーオへの祈願の行列がおこなわれた）。しかし、しばしばペストはますますひどくなっていった。しばしば効果が認められないことがあった。

こうした取り組みのほかに、本腰を入れて慈善の実践によって神からの評価を得ようとする動きも認められた――

フィレンツェは、クァットロチェントの半ばの時点になってようやく「疫病病棟の設立」を考えた。この時、一三四八年の最初の大黒死病からすでに一世紀も経過していた。我々にとってこの新しい措置は、見たところ、病原菌の保菌者である疫病患者を、ほかの健康な者から隔離しようというわけであるから、極めて医学的な措置に思われるかもしれない。しかし、その主たる動機においては、実際は極めて宗教的な行為であった。それは提案者である大司教アントニーノ・ピエロッツィ Antonino Pierozzi（一三八九～一四五九）（一五二三年に列聖される）が都市の政府に訴えた設立の趣旨からわかることである――

大司教アントニーノによれば、都市で疫病が流行している時、疫病にかかった貧民ほど悲惨な状態に置かれた者はない。疫病時には、貴族から中層の市民まで非常に多くの人びとが、疫病を恐れて都市から逃げ出し、そのため都市には稼ぐ仕事もなく、富裕な人びとからの慈善的配給もなくなり、貧民は飢えと、かかった疫病の苦しみもだえるのである。アントニーノは、そうした貧民のみじめな生活に胸を痛め、この窮地の事態こそ、まさに慈善が最も必要とされる時であると考え、隔離病棟設立という新しい取り組みを企画したのである。アントニーノは、その設立の費用に三〇〇〇フィオリーノを要請したのである。アントニーノ・フィレンツェ大司教は、ドミニコ会修道士の神学者であり、サン・マルコ修道院を創設し、その院長に就任した人であった。

この病棟では、慈善として、疫病患者に食べ物と治療が保証されるはずであった。これこそ、最も神を喜ばせる行為であると訴えたのである。こうしてアントニーノの要請を受けて、シニョリーアが提案した隔離病棟の設立の法令は、一四六四年に都市の評議会に提案されたのである（なお、「疫病病棟」は、一四九七年に *spedale del morbo*（「スペダーレ・デル・モルボ」）と呼ばれ、「ラッザレット」（ラザレット）という通称で定着した。「ラッザレット」とは、語源的には、ルカの福音書（第一六章）に登場する「ラザロというできものだらけの貧しい男」に由来することばである。

全能の神をなだめて、神に説いてどうかこの都市の人びとに対して慈悲を賜りますようにと願い、さらに、疫病から保

護してくださるよう願うものである(579)。

この隔離病棟の設立のための法令では、その主たる目的は、疫病病棟の設立によって病人に慈善をおこなうものであったが、実は、同時にその付随的な目的として、疫病患者を他の人びとから隔離することも明記されていた。当時、一般的な施療院としては、以前からあったフィレンツェには「サンタ・マリア・ヌオーヴァ施療院」が最も大きかった。この施療院はフォルコ・ポルティナーリ Folco Portinari（ダンテの永遠の恋人ベアトリーチェの父親）が一二八八年に大聖堂のすぐ西側に創建したものである（現在も病院として機能）。これは、プラートの商人ダティーニの友人ラーポ・マッツェイ公証人が勤務していたところである。この施療院は、一六世紀初頭の記録では、フィレンツェに三五あった施療院のひとつであり、二六〇台のベッドを備えていた(580)（通常一台のベッドは二人で使用したので、五二〇人の収容が可能であった）。この施療院は、疫病が流行していた時期には、疫病患者を同じ施療院のなかで、他の病人から一時的に隔離して収容していたが、やはり無理があったようである。「同じ場所にこれらの疫病にかかった人を受け入れて治療を施すことは、他の病気の人を疫病の危険にさらす」ことであると法令は述べている(581)。こうして、この法令は可決され、五人の担当の市民が、サンタ・マリア・ヌオーヴァ施療院の院長と一緒になって、一五年に及ぶ疫病病棟の建設に取りかかることになったのである。

早速、可決した同じ年の一四六四年、フィレンツェのシニョリーアは、疫病病棟の設立場所の決定に向け取りかかった。設置場所は、フィレンツェの支配する都市ピサとリヴォルノが考えられた。というのは、この二つの都市は、港町であり、北方から入港する船舶を通じて、フィレンツェよりも先に疫病患者を出しやすい所であった。

このように前向きに取り組むフィレンツェの都市の政府のプリオーレ（最高行政官）は、高らかにフィレンツェの慈善のこころを称えてこう述べている――

《まさにフィレンツェこそが、他のどの都市よりも慈悲深く、病人や健康な者のために、また、流浪者のために、さらに、あらゆる種類の悲惨な人びとのために、彼らを扶養する都市であることを世界に知らしめることになるだろう。たとえ疫病が統治者にとって危険なものであるとしても、またフィレンツェがすべてのものに見捨てられようとも、フィレンツェは疫病患者を受け入れていくことだろう》(582)。

なお、このような神の慈悲を意識して慈善の実践行為によって神の怒りを鎮めるための疫病病棟の設立についての考え方は、ヴェネツィアにおいても認められる。一四六四年四月一七日に制定されたヴェネツィアの元老院の法令は、疫病病棟の整備を決定したものであるが、その最初のところに次のように書かれている(583)——

疫病に対して出来得る限りの対策が講じられなければならない。そして、その救済策の第一の措置は、我らの神にして救世主イエス・キリストの恩寵と慈悲を請うことである。それゆえに以下のことが制定されるべきである。すなわち我々の最も敬われる総大司教様には祈禱者たちに絶えず祈りを唱え続けさせることを求める。というのは、このような恐ろしい疫病の襲来から我々の都市を救済するためである。

ここではペストが神罰であると確信されている。私見をはっきりというならば、繰り返されるペストによって、キリスト教徒の心性は《ペスト的心性》とも呼べる心性にますます傾斜していった高い可能性がある——たんに個人や家庭のレベルに留まらずに、社会・国家の大きなレベルにおいて《ペスト的心性》は支配的となった高い可能性がある。

第一〇章　結　語

歴史において天変地異、自然災害や疫病などの苦難は、人間のこころにどう響いて、人びとはそれにどう反応したのだろうか。心性史研究としてそれを把握することは、それが内面的なものなので、かなりむずかしいことである。本書では、疫病、ただこれのみを扱った。

私見のアウトラインと方向性を示した「まえがき」では、「苦難と心性の深い結びつき」、「ペストの社会史的重要性」、それゆえの「近世の高い宗教性の認識の必要性」などの観点から、従来の研究の無関心・無認識に対して再考を提起した。それに続いて、実証的な検討に入った。最初に、疫病という苦難が、「どのような社会」に、「いかなる被害」をもたらしたかを論じた（第一部）。そこには、私見にもとづくオリジナルな展開もあるが（第五章）、基本的に西洋の研究者の豊かな先行研究に負うところが大きかった。疫病そのものの病理学的性格の大きさとともに、それがもたらす社会的作用の大きさ（社会階層による被害の相違）が再確認された。

次に、その疫病が人びとのこころに「どのように受けとめられたか」（「心性的受容」）を扱った（第二部と第四部）。確かに苦難に際して、人びとが受けたこころのあり方とその反応を把握することはあいまいなところがあり、容易でない。そのためにヨーロッパの研究者においても、これに正面から立ち向かった研究は、あまりないように思う

（日本においては、そもそも疫病を専門にする研究者が、特にイタリアにおいて、ほとんどいない）。心性史のアプローチのむずかしさがあり、それゆえ西洋においても研究実績もあまり認められないように思われる。しかしながら、イタリアのトレチェントの時代の都市社会に始まる「文字の市民化」によって、そうした疫病とこころの関係、そのこころと行動の関係は、第一に、「私的文書」、すなわち、「生活史料」――手紙や生活記録（「リコルディ」）――の「発掘」・収集、また、第二に「公的文書」、すなわち、法令の条文、議事録、判決文等の公刊、史料集（翻訳）を有機的に利用して、（極東に位置するゆえのハンディを逆手に取り）幅広いスタンス・視野から、ある程度まで解明することができた。

本書は、うまくいったかはわからないが、その試みである。本書のオリジナリティーの価値があるとすれば、ここにあるかもしれない。ただ、今日まで残された史料（中上層市民の所産）からは、すべての者が、疫病に対してすべて同じような反応をしたかどうかは、はっきりとはわからない。おそらく反応は一様だったと思われるが、文字を持たぬ最下層の人びと（貧民）については、はっきりしたことは言えない。

そして、その解明において重要なモメントとして着目されたのは、当時の宗教的な心性や価値観であった。この心性や価値観から、疫病を神からの罰として受けとめる姿勢――《峻厳な神》のイメージ――が、個人においても、また政治的指導者においても、いずれにおいても広く浸透していたこと、そこからある種の宗教的要素の強い行動（反応）が一般的傾向として打ち出されたことが示された。ペストを端緒に生じたこころと反応の関係が一定、明らかにされた。

同じような《峻厳な神》のイメージは、ドイツにおいても、ルターの宗教改革前夜において言えることも示唆した（「まえがき」第四節、拙著『どうしてルターの宗教改革は起こったか――ペストと社会史から見る――』）。さらに、私の推測によれば、我々は、当時の史料さえ綿密にあさるなら、おそらくフランスやスペインやイングランドについても同様のことが言えるだろう。時代の心性の共通性から、心性のある種の普遍的傾向が存在するように思われる。当時のヨーロッパは、キリスト教社会として統一性と共通性が存在するからである。

ふつう心性は見えにくいものである。そうした心性は、人間の内面の奥底にどっぷりと潜んでいる。例えば、古代末期や中世初期の時代の場合、社会はかたちとしてはすでに「キリスト教社会」になっていても、キリスト教以前に培った心性はなおも奥底に生きていて、権力者の命令やキリスト教聖職者の指導によってもそう簡単に払拭され得ないところがある。それは習慣や風習のなかに潜んでいる場合がある。水面に現われないので論理や理屈によって説得できにくい部分がある。それは、奥深く蓄積された性格が特徴であろう。

しかし、心性は、時に人を行動に駆り立てるものでもある。すなわち、思想や考えやイメージが人びとの心性を揺さぶった時である。断っておくと、「思想」そのものでは人を動かすことはできない。思想が心性を刺激し、それにこころから納得できて、初めて人は行動に出ることができる。

生死に関わるような強烈な、不可解な衝撃が突如として社会集団を襲った時、人びとの心性は強烈に刺激を受けた。その衝撃こそが、一四世紀のペストという疫病であった。そして、そこで心性が感じた神罰という認識は、直接的にはキリスト教的な考え方にもとづくものであるが、ふつうもともと古代の時代からどこにおいても神罰の考えは心性において蓄積されていたものである。しかも、最初の衝撃の一四世紀から、ペストはほぼ四世紀の間、周期的に繰り返されたのである――これは我々の日本では決して体験されなかったことで、イメージしにくいものである。神罰意識が充満したその心性ゆえに、その観点から人びとを行動に駆り立て、その行動様式に作用した。ペストの被害について言えば、多数の人びとを死に至らしめた人的被害のインパクトの大きさとともに、生き残った人びとが受けた心性的インパクトも大きく、それこそが以後の人びとの行動様式に大きな影響を及ぼした。ペストによって激痛で死ぬ家族の悲劇を間近に見つつ、みずからは生き残った者の場合、彼らが受けるその心的外傷の強烈さから、その外傷は本人のみならず子孫にも受け継がれていったような気がする――この、私の言う子孫への心性の伝播の部分は仮説にすぎないけれども、次のように、科学がその可能性があることを示唆している。

付記

事実、それに関連した興味深い実験と仮説がある。ペストの強烈な恐怖体験ゆえに、ペストの恐怖の念が子孫にまで受け継がれ、行動に作用したかもしれない。

アメリカの科学誌「ネイチャー・ニューロサイエンス」電子版が、興味深い研究結果を伝えている（二〇一三年一二月四日、朝日新聞）。「マウスは、身の危険を感じると、その《記憶》は精子を介して子孫に伝えられる――。マウスを使った実験で、個体の経験が遺伝的に後の世代に引き継がれる現象が明らかになった。……実験は、オスのマウスの脚に電気ショックを与えながらサクラの花に似た匂いをかがせ、この匂いを恐れるように訓練。その後、メスとつがいにして生まれてきた子どもに様々な匂いをかがせた。すると、父親が恐怖を感じたサクラの匂いの時だけ、強くおびえるしぐさをみせた。孫の世代でも、同様の反応が得られた。父マウスと子孫の精子のＤＮＡを調べると、嗅覚を制御する遺伝子変化の跡があり、脳の嗅覚神経細胞の集まりが大きく発達していた」。

これを人間にあてはめて考えると、四世紀間続いたペストの恐怖体験は、子孫に遺伝し、それは人びとの心性に共有されていたかもしれない。そこで培われた神への恐れの念や宗教意識は、持続し、次世代のまだペスト体験のない者にさえ作用して、近世の人びとの高い宗教意識（ペストの神罰の認識）と行動様式に作用したのかもしれない。

この意味でヨーロッパにおいて《峻厳な神》のイメージは、いっそう持続して生きていったのかもしれない。この奥底に潜んだ心性――もともと宗教的要素が強い――に視点を据えて、人間の行動を見ると、中世末も近世も類似した性質のものによって支配されているように思われる。「ペスト期」としてまとめ得るかもしれない。政治史、経済史から見ると、二つの時代はそれぞれ明確な違いが認められるかもしれないが、ペストは、「社会の全階層」を激しく襲った「社会そのものの大事件」であった。まさに「社会史的な出来事そのもの」であった。その不可解さ、過酷さ、大量死が、ペストが宗教的事件であることを人びとにいっそう痛感させたのかもしれない。ペストの視点、すなわち、「二等三角点」から見ると、中世末においても、また近世においても、ペストのもつ一様なその重大な社会的モメントのゆえに、そこにある程度まで同質の部分の存在を認めざるを得ないのかもしれない。

付　録

付録一　ベネディクトヴによる共同体の死亡率一覧（1348年の黒死病）

表１：ヨーロッパにおける黒死病死亡率のわかる共同体の一覧

表２：イングランドにおける黒死病死亡率のわかる共同体の一覧

付録二　フィレンツェのサンタ・マリア・ノヴェッラ聖堂の『死者台帳』による年代順死亡者リスト

付録一　ベネディクトヴによる共同体の死亡率一覧（1348年の黒死病）

表１：ヨーロッパにおける黒死病死亡率のわかる共同体の一覧

ID	地方	共同体	○都市・△村	調整死亡率	黒死病前人口	黒死病後人口	未調整死亡率	史料	主な研究者
1	トスカーナ地方	フィレンツェ　Firenze	○都	60%	92,000 人(1348 年)	37,725 人(1349 年)	−	租税他	A. Falsini(1971)
2	トスカーナ地方	プラート：1 Prato	○都	45%	1,243 人(1339 年)	685 人(1349 年)	−	食糧調査	E. Fiumi(1968)
3	トスカーナ地方	プラート：2 prato	△村	45%	7,723 人(1339 年)	4,180(1349 年)	−	食糧調査	E. Fiumi(1968)
4	ピエモンテ地方	スーザ：アントーニオ　San'Antonio	△村	52.5%	50 世帯(1335 年)	40 世帯(1356 年)	20%	世帯登録	R. Comba(1977)
5	ピエモンテ地方	スーザ：フォッキアルド　Focchiardo	△村	52.5%	116 世帯(1335 年)	61 世帯(1356 年)	48%	世帯登録	A. Rotelli(1973)
6	ピエモンテ地方	スーザ：ジョルジョ　San Giorgio	△村	52.5%	129 世帯(1335 年)	70 世帯(1356 年)	46%	世帯登録	R. Comba(1977)
7	ピエモンテ地方	スーザ：キアノッコ　Chianocco	△村	52.5%	71 世帯(1335 年)	45 世帯(1356 年)	36%	世帯登録	A. Rotelli(1973)
8	ピエモンテ地方	スーザ：ブッソレーノ　Bussorleno etc.	△村	52.5%	217 世帯(1335 年)	159 世帯(1356 年)	27%	世帯登録	R. Comba(1977)
9	ピエモンテ地方	スーザ：ボルゴーネ　Borgone	△村	52.5%	66 世帯(1335 年)	31 世帯(1356 年)	53%	世帯登録	A. Rotelli(1973)
10	ピエモンテ地方	スーザ：ディエゴ　San Diego	△村	52.5%	20 世帯(1335 年)	9 世帯(1356 年)	55%	世帯登録	R. Comba(1977)
11	ピエモンテ地方	スーザ：ブルゾーロ　Bruzolo	△村	52.5%	71 世帯(1335 年)	44 世帯(1356 年)	38%	世帯登録	A. Rotelli(1973)
12	トスカーナ地方	サン・ジミニャーノ：1 San Gimignano	○都	66%	7,296 人(1332 年)	2,500 人(1349 年)	−	塩税	E. Fiumi(1962)
13	トスカーナ地方	サン・ジミニャーノ：2 Prato	△村	52.5%	4,145 人(1332 年)	1,968 人(1349 年)	−	塩税	E. Fiumi(1962)
14	トスカーナ地方	シエナ　Siena	兵士数	60%	1,207 人(1347 年)	783 人(1349 年)	35%	兵役 I 男子	W. Bowsky(1964)
15	ナバラ	リベラ　Ribera	△村	65%	6,538 世帯(1347 年)	2,408 世帯(1350 年)	63%	世帯主台帳	M. Berthe(1984)
16	ナバラ	サングエサ　Sangüesa	△村	55〜60%	2,933 世帯(1348 年)	1,792(1350 年)	39%	世帯主台帳	M. Berthe(1984)
17	カタルーニャ地方	グルブ・サン・アンドレウ　St Ándreu	△村	74%	160 世帯(−)	42 世帯(−)	74%	世帯主台帳	A. Pladevall(1963)
18	カタルーニャ地方	グルブ・タラデル　Taradell	△村	66%	111 世帯(−)	37 世帯(−)	66%	世帯主台帳	A. Pladevall(1963)
19	カタルーニャ地方	バルセロナ　Barcelona　司祭	司祭	60%	616 人(1344 年)	380 人(1349 年)	(60%)	叙階台帳	R. Gyug(1983)
20	(カタルーニャ地方)	ペルピニャン　Perpignan　法曹	法曹	58〜68%	125 人(1348 年)	45 人(1349 年)	64%	叙階台帳	R. W. Emery(1967)
21	プロヴァンス地方	エックス　Aix	○都	54.5%	1,486 世帯(1345 年)	810 世帯(1349 年)	45.5%	世帯台帳	E. Baratier(1961)
22	プロヴァンス地方	グラース　Grasse	○都	54.5%	1,360 世帯(1340 年)	738 世帯(1350 年)	45.5%	世帯台帳	E. Baratier(1961)
23	プロヴァンス地方	アプトゥ　Apt	○都	54.5%	926 世帯(1345 年)	444 世帯(1355 年)	52.0%	世帯台帳	E. Baratier(1961)
24	プロヴァンス地方	リエ　Riez	○都	54.5%	680 世帯(1340 年)	213 世帯(1354 年)	69.0%	世帯台帳	E. Baratier(1961)
25	プロヴァンス地方	ヴァランソール　Valensole	○都	54.5%	660 世帯(1340 年)	213 世帯(1354 年)	66.0%	世帯台帳	E. Baratier(1961)
26	プロヴァンス地方	ムティエ　Moustiers	○都	54.5%	622 世帯(1340 年)	204 世帯(1354 年)	67.0%	世帯台帳	E. Baratier(1961)
27	プロヴァンス地方	フォルカルキエ　Forcalquier	○都	54.5%	600 世帯(1340 年)	280 世帯(1350 年)	53.0%	世帯台帳	E. Baratier(1961)
28	プロヴァンス地方	ディーニュ　Digne	○都	54.5%	444 世帯(1340 年)	260 世帯(1355 年)	41.5%	世帯台帳	E. Baratier(1961)
29	プロヴァンス地方	リアン　Rians	○都	54.5%	300 世帯(1340 年)	213 世帯(1352 年)	29.0%	世帯台帳	E. Baratier(1961)
30	プロヴァンス地方	シガル　Sigale	△村	54.5%	144 世帯(1340 年)	75 世帯(1352 年)	48.0%	世帯台帳	E. Baratier(1961)
31	プロヴァンス地方	コンセグードゥ　Conségudes	△村	54.5%	40 世帯(1345 年)	12 世帯(1349 年)	70.0%	世帯台帳	E. Baratier(1961)
32	プロヴァンス地方	ロケステロン　Roquestéron	△村	54.5%	110 世帯(1345 年)	49 世帯(1352 年)	55.5%	世帯台帳	E. Baratier(1961)
33	プロヴァンス地方	サンタンドレ　Saint-André-d'Amirat	△村	54.5%	40 世帯(1345 年)	11 世帯(1349 年)	72.5%	世帯台帳	E. Baratier(1961)
34	プロヴァンス地方	サン・ポール　Saint-Paul	△村	54.5%	92 世帯(1345 年)	40 世帯(1349 年)	72.5%	世帯台帳	E. Baratier(1961)
35	プロヴァンス地方	カンゾン　Quinson	△村	54.5%	122 世帯(1345 年)	66 世帯(1354 年)	46.0%	世帯台帳	E. Baratier(1961)
36	プロヴァンス地方	エスパロン　Esoarron	△村	54.5%	29 世帯(1340 年)	22 世帯(1354 年)	24.0%	世帯台帳	E. Baratier(1961)
37	サヴォア地府	ウジヌ　Ugine	○都	60%	333 世帯(1331 年)	156 世帯(1353 年)	53%	上納金簿	B. Demotz(1975)
38	サヴォア地方	コンス　Cons	△村	60%	31 世帯(1331 年)	17 世帯(1353 年)	45%	上納金簿	B. Demotz(1975)

39	サヴォア地方	マランス Marlens	△村	60%	120 世帯(1331 年)	32 世帯(1353 年)	73%	上納金簿	B. Demotz(1975)
40	サヴォア地方	ケージュ Queige	△村	60%	174 世帯(1331 年)	111 世帯(1353 年)	36%	上納金簿	B. Demotz(1975)
41	サヴォア地方	エリ Héry	△村	60%	163 世帯(1331 年)	84 世帯(1353 年)	48%	上納金簿	B. Demotz(1975)
42	サヴォア地方	クズ・エ・ヴィミンズ Couz et Vimines	△村	60%	129 世帯(1348 年)	64 世帯(1349 年)	50%	薪採集税	R. Brondy(1988)
43	サヴォア地方	サン・ジャン Saint-Jean d'Arvey	△村	60%	147 世帯(1348 年)	48 世帯(1349 年)	67%	薪採集税	R. Brondy(1988)
44	サヴォア地方	サン・スルピス Saint-Sulpice	△村	60%	127 世帯(1348 年)	72 世帯(1349 年)	43%	薪採集税	R. Brondy(1988)
45	サヴォア地方	エレンヌ Ste-Hélène-du-Lac	△村	60%	108 世帯(1347 年)	61 世帯(1349 年)	44%	橋利用税	P. Duparc(1965)
46	サヴォア地方	コアズ Coise	△村	60%	195 世帯(1347 年)	81 世帯(1349 年)	59%	橋利用税	P. Duparc(1965)
47	サヴォア地方	サン・ピエール Saint-Pierre	△村	60%	108 世帯(1347 年)	55 世帯(1349 年)	49%	橋利用税	P. Duparc(1965)
48	サヴォア地方	プラネーズ Planaise	△村	60%	(303 世帯)(1347 年)	(142 世帯)(1349 年)	52%	橋利用税	P. Duparc(1965)
49	サヴォア地方	ヴィラール・デリ	△村	60%	(303 世帯)(1347 年)	(142 世帯)(1349 年)	52%	橋利用税	P. Duparc(1965)
50	サヴォア地方	ピエ・ゴティエ Pied-Gauthier	△村	60%	(303 世帯)(1347 年)	(142 世帯)(1349 年)	52%	橋利用税	P. Duparc(1965)
51	サヴォア地方	オトヴィル Hauteville	△村	60%	(303 世帯)(1347 年)	(142 世帯)(1349 年)	52%	橋利用税	P. Duparc(1965)
52	サヴォア地方	シャトーヌフ Châteauneurf	△村	60%	(303 世帯)(1347 年)	(142 世帯)(1349 年)	52%	橋利用税	P. Duparc(1965)
53	サヴォア地方	ラ・シャヴァンヌ La Chavanne	△村	60%	(303 世帯)(1347 年)	(142 世帯)(1349 年)	52%	橋利用税	P. Duparc(1965)
54	サヴォア地方	ヴォレージュ Vollèges	△村	55%	150 世帯(1339 年)	76 世帯(1356 年)	49.5%	上納金簿	P. Dubuis(1990)
55	サヴォア地方	バーニュ Bagnes	△村	55%	411 世帯(1339 年)	236 世帯(1356 年)	42.5%	上納金簿	P. Dubuis(1990)
56	サヴォア地方	オルシエーレ Orsières	○都	55%	402 世帯(1339 年)	259 世帯(1356 年)	35.5%	上納金簿	P. Dubuis(1990)
57	サヴォア地方	リド Liddes	△村	55%	160 世帯(1339 年)	90 世帯(1356 年)	44.0%	上納金簿	P. Dubuis(1990)
58	サヴォア地方	モンテイ Monthey	○都	52.5%	264 世帯(1339 年)	152 世帯(1352 年)	42.5%	小作税	P. Dubuis(1979)
59	サヴォア地方	トロアトラン Troistorrents	○都	52.5%	270 世帯(1339 年)	142 世帯(1352 年)	47.5%	小作税	P. Dubuis(1979)
60	サヴォア地方	コロンベイ Collombey	△村	52.5%	150 世帯(1339 年)	110 世帯(1352 年)	27.0%	小作税	P. Dubuis(1979)
61	サヴォア地方	グルニ Grenis	△村	65～70%	10 世帯(1346 年)	4 世帯(1348 年)	64.5%	上納金簿	M. Gelting(1991)
62	サヴォア地方	サン・ジュリアン St Julien	△村	65～70%	82 世帯(1347 年)	35 世帯(1349 年)	57%	上納金簿	M. Gelting(1991)
63	サヴォア地方	サン・ミシェル Saint-Michel	△村	65%	307 世帯(1347 年)	132 世帯(1349 年)	57%	上納金簿	M. Gelting(1991)
64	プロヴァンス地方	サントゥ・マリ Maries-de-la-Mer	△村	60%	205～215 人(1347 年)	90～92 人(1349 年)	55～58%	集会記録	L. Stouff(1962)
65	ミディ＝ピレネー	ミヨー Millau	○都	52.5%	6,164 人	3,213 人	48%	人頭税	P. Wolff(1957)
66	ミディ＝ピレネー	アルビ Albi	○都	62.5%	2,669 世帯	1,225 世帯	54%	財産調査	G. Prat(1952)
67	オーヴェルニュ地方	サン・フルール 1 St Flour	○都	51.5%	843 世帯	543 世帯(1356 年)	35%	人頭税	G. Audisio(1968)
68	オーヴェルニュ地方	サン・フルール 2 St Flour	△村	51.5%	697 世帯	257 世帯(1356 年)	63%	人頭税	G. Audisio(1968)
69	デヴォン	エクセター exeter 司祭	司祭	58.5%	19 人(－)	11 人(－)	－	叙階記録	R. Pickard(1947)
70	リンカーンシャー	リンカン Lincoln 司祭	司祭	60%	－	－	－	叙階記録	A. Thompson(1911)
71	ウスターシャー	ブリストル Bristol 司祭	司祭	44.5%	18 人	10 人(－)	－	叙階記録	C. Boucher(1938)
72	ヨークシャー	ヨーク York 司祭	司祭	81%	21 人	17 人(－)	－	叙階記録	Shrewsbury(1971)
73	エセックス	グレート・ウォルサム Great Watham	△村	44.4%	187 人(男・1346 年)	104 人(男・1351 年)	－	十人組	L. R. Poos(1985)
74	エセックス	ハイ・イースター High Easter	△村	53.3%	199 人(男・1346 年)	92 人(男・1351 年)	－	十人組	L. R. Poos(1985)
75	エセックス	チャッタム・ホール Chatham Hall	△村	46.6%	56 人(男・1345 年)	31 人(男・1356 年)	－	十人組	L. R. Poos(1985)
76	エセックス	マーガレット Margaret Roding	△村	25.6%	39 人(男・1347 年)	29 人(男・1352 年)	－	十人組	L. R. Poos(1985)
77	エセックス	チャッタム・ホール Chatham Hall	△村	46.4%	56 人(男・1345 年)	30 人(男・1355 年)	－	十人組	L. R. Poos(1985)
78	エセックス	ホードン・オン・ザ・ホール Hordon	△村	50.0%	16 人(男・1349 年)	8 人(男・1355 年)	－	十人組	L. R. Poos(1985)
79	エセックス	シーバーロー・ホール Seaborough	△村	16.7%	12 人(男・1349 年)	10 人(男・1355 年)	－	十人組	L. R. Poos(1985)
80	サマセット	ハイ・ハム (荘園) High Ham	△村	42%	65 人(男・1348 年)	38 人(男・1348 年)	－	人頭税	Ecclestone(1999)

81	サマセット	ディチート（荘園） Ditcheat	△村	54%	46 人(男・1348 年)	21 人(男・1348 年)	–	人頭税	Ecclestone (1999)
82	サマセット	ピルトン（荘園） Piton	△村	61%	75 人(男・1348 年)	29 人(男・1348 年)	–	人頭税	Ecclestone (1999)
83	サマセット	バットクーン（荘園） Batcombe	△村	54%	39 人(男・1348 年)	18 人(男・1348 年)	–	人頭税	Ecclestone (1999)
84	サマセット	メルズ（荘園） Mells	△村	58%	79 人(男・1348 年)	人(男・1348 年)	–	人頭税	Ecclestone (1999)
85	サマセット	ウォルトン（荘園） Walton	△村	61%	31 人(男・1348 年)	12 人(男・1348 年)	–	人頭税	Ecclestone (1999)
86	ドーセット	マーンハル（荘園） Marnhull	△村	36%	28 人(男・1348 年)	9 人(男・1348 年)	–	人頭税	Ecclestone (1999)
87	ウィルトシャー	ダマーハム（荘園） Damerham	△村	64%	156 人(男・1348 年)	56 人(男・1348 年)	–	人頭税	Ecclestone (1999)
88	ウィルトシャー	イドミストン（荘園） Idmiston	△村	50%	58 人(男・1348 年)	21 人(男・1348 年)	–	人頭税	Ecclestone (1999)
89	ウィルトシャー	ウインターボーン（荘園） Winterbourne	△村	38%	24 人(男・1348 年)	15 人(男・1348 年)	–	人頭税	Ecclestone (1999)
90	ウィルトシャー	キングストン（荘園） Kington	△村	56%	57 人(男・1348 年)	9 人(男・1348 年)	–	人頭税	Ecclestone (1999)
91	ウィルトシャー	ネトルトン（荘園） Nettleton	△村	48%	62 人(男・1348 年)	32 人(男・1348 年)	–	人頭税	Ecclestone (1999)
92	ウィルトシャー	グリトルトン（荘園） Grittleton	△村	63%	43 人(男・1348 年)	16 人(男・1348 年)	–	人頭税	Ecclestone (1999)
93	ウィルトシャー	クリスチャン・マルロルド（荘園）Malfold	△村	66%	79 人(男・1348 年)	27 人(男・1348 年)	–	人頭税	Ecclestone (1999)
94	バークシャー	バッドベリー（荘園） Badbury	△村	76%	45 人(男・1348 年)	11 人(男・1348 年)	–	人頭税	Ecclestone (1999)
95	バークシャー	アシュベリー（荘園） Ashbury	△村	55%	20 人(男・1348 年)	9 人(男・1348 年)	–	人頭税	Ecclestone (1999)
96	バークシャー	バックランド荘園 Buckland	△村	60%	70 人(男・1348 年)	30 人(男・1348 年)	–	人頭税	Ecclestone (1999)

表２：イングランドにおける黒死病死亡率のわかる共同体の一覧（注：一部司祭も含む）

ID	司教区・所領	州	荘園	英語	死亡率	主な研究者
1	エクセター	コーンウォール、デヴォンシャー	司祭	–	51.5%	Pickard (1947)
2	バス、ウェルズ	サマセット（エイボン川まで）	司祭	–	47.6%	Lunn (thesis lost)
3	ウィンチェスター	ハンプシャー、サリー	司祭	–	48.8%	Lunn (thesis lost)
4	イーリー	ケンブリッジシャー	司祭	–	57～60%	Wood-Legh (1948)
5	ノリッジ	サフォーク、ノーフォーク	司祭	–	48.8%	Lunn (thesis lost)
6	ウスター	ウスターシャー、グロスターシャー、ウォリックシャー	司祭	–	44.5%	Lunn (thesis lost)
7	ヘレフォード	ヘレフォードシャー、シュロップシャー（セヴァン川まで）	司祭	–	43.2%	Lunn (thesis lost)
8	リンカン (a) (b) (c)	(a) オックスフォードシャー、バッキンガムシャー	司祭	–	40.2%	A. H. Thompson (1911)
9	同	(b) ハートフォードシャー、ベッドフォードシャー、ハンティンドン	司祭	–	40.2%	A. H. Thompson (1911)
10	同	(c) ラトランド、ノーサンプトンシャー、レスターシャー、リンカンシャー	司祭	–	40.2%	A. H. Thompson (1911)
11	コヴェントリー／リッチフィールド (a) (b)	(a) シュロップシャー、スタフォードシャー、ダービーシャー、チェシャー	司祭	–	40.1%	Lunn (thesis lost)
12	同	(b) ランカシャー（リブル川まで）	司祭	–	40.1%	Lunn (thesis lost)
13	ヨーク (a) (b)	(a) ノッティンガムシャー、ヨークシャー（ティーズ川、ハンバー川まで）	司祭	–	44.2%	J. Shrewsbury (1972)
14	同	(b) ランカシャー（リブル川から）	司祭	–	44.2%	J. Shrewsbury (1972)
15	ウスター	ウスターシャー	アルベチャーチ	Alvechurch	43%	C. Dyer (1980)

16	ウスター	グロスターシャー	アストン	Aston	80%	C. Dyer (1980)
17	ウスター	グロスターシャー	ビベリー	Bibury	76%	C. Dyer (1980)
18	ウスター	ウスターシャー	ブロックリー	Blockley	54%	C. Dyer (1980)
19	ウスター	グロスターシャー	ブレトン	Breton	60%	C. Dyer (1980)
20	ウスター	ウスターシャー	クリーヴ	Cleeve	35%	C. Dyer (1980)
21	ウスター	ウスターシャー	ハンベリー	Hanbury	64%	C. Dyer (1980)
22	ウスター	ブリストル	ハートルベリー	Hartlebury	19%	C. Dyer (1980)
23	ウスター	ウスターシャー	ヘンベリー	Henbury	19%	C. Dyer (1980)
24	ウスター	ウスターシャー	ケンプシー	Kempsey	50%	C. Dyer (1980)
25	ウスター	ウォリックシャー	リプル	Ripple	55%	C. Dyer (1980)
26	ウスター	グロスターシャー	トレディントン	Tredington	45%	C. Dyer (1980)
27	ウスター	ウスターシャー	ウィットストーン	Whitstone	21%	C. Dyer (1980)
28	ウスター	グロスターシャー	ウィック	Wick	36%	C. Dyer (1980)
29	ウスター	グロスターシャー	ウイジングストン	Withington	60%	C. Dyer (1980)
30	コーンウォール公所領	コーンウォール	カルストック	Calstock	62%	Hatcher (1970)
31	コーンウォール公所領	コーンウォール	クリムスランド	Climsland	42%	Hatcher (1970)
32	グラストンベリー大修道院所領	サマセット、ウィルトシャー、バークシャー、ドーセット（グラストンベリー修道院所領）	17の荘園	–	57%	Ecclestone (1999)
33	ウィンチェスター司教所領	ハンプシャー	ビショップズ・ウォルサム	Bishop's Waltham	65%	Tittow (1969)
34	ウィンチェスター司教所領	オックスフォードシャー	ウィットニー	Witney	65%	Tittow (1969)
36	ティッチフィールド大修道院所領	ハンプシャー	コーハンプトン	Corhampton	54.5%	James (1999)
37	ウィンチェスター司教所領	ウィルトシャー	ダウントン	Downton	66%	Ballard (1916)
38	ウィンチェスター司教所領	バークシャー	ブライトウェル	Brightwell	29%	Ballard (1916)
39	マートン・カレッジ所領	オックスフォードシャー	クックスハム	Cuxham	65%	Harvey (1965)
40	クローランド大修道院所領	ケンブリッジシャー	コッテンハム	Cottenham	57〜49%	Page (1934)
41	クローランド大修道院所領	ケンブリッジシャー	オーキングトン	Oakington	70%	Page (1934)
42	クローランド大修道院所領	ケンブリッジシャー	ドライ・ドレイトン	Dry Drayton	47%	Page (1934)
43	オックスフォード伯領	エセックス	フィングリス	Fingrith	63%	Fisher (1943)
44	サフォーク伯領	サフォーク	ウォルシャム・ル・ウィローズ	Walsham-le-Willows	60%	Lock (1992)
45	レー領主	ノーフォーク	ヘイクフォード・ホール	Hakeford Hall	+50%	Campbell (1984)
46	ヘールズオーエン大修道院	ウスターシャー	ヘールズオーエン	Halesowen	40〜46%	Campbell (1984)
47	ウスター司教所領	ウスターシャー	15の荘園	–	(+)50%	Dyer (1980)
48	マートン・カレッジ（オックスフォード）	レスターシャー	キブワース・ハーコート	Kibworth hartcourt	64〜70%	C. Howell (1983)
49	ダラム大聖堂修道院所領	ダラム	ビリングハム	Billingham	55%	T. Lomas (1984)
50	ダラム大聖堂修道院所領	ダラム	ニュートン・バーリー	Newton Bewley	59%	T. Lomas (1984)
51	ダラム大聖堂修道院所領	ダラム	ウォルヴィストン	Wolviston	41%	T. Lomas (1984)
52	ダラム大聖堂修道院所領	ノーサンバーランド	ウィリングトン	Willington	20%	R. A. Lomas (1989)
53	ダラム大聖堂修道院所領	ダラム	ウォールズエンド	wallsend	43%	R. A. Lomas (1989)
54	ダラム大聖堂修道院所領	ダラム	サウス・シールズ	South Shields	50%	R. A. Lomas (1989)
55	ダラム大聖堂修道院所領	ダラム	ウェストー	Westoe	56%	R. A. Lomas (1989)
56	ダラム大聖堂修道院所領	ダラム	ハートン	Harton	45%	R. A. Lomas (1989)
57	ダラム大聖堂修道院所領	ダラム	ジャロー	Jarrow	78%	R. A. Lomas (1989)

58	ダラム大聖堂修道院所領	ダラム	マンクトン	Monkton	21%	R. A. Lomas (1989)
59	ダラム大聖堂修道院所領	ダラム	ヘッドワース	Hedworth	27%	R. A. Lomas (1989)
60	ダラム大聖堂修道院所領	ダラム	オーヴァー・ヒーワース	Over Heworth	36%	R. A. Lomas (1989)
61	ダラム大聖堂修道院所領	ダラム	ネザー・ヒーワース	Nether Heworth	72%	R. A. Lomas (1989)
62	ダラム大聖堂修道院所領	ダラム	フルウェル	Fulwell	56%	R. A. Lomas (1989)
63	ダラム大聖堂修道院所領	ダラム	サウスウィック	Southwick	53%	R. A. Lomas (1989)
64	ダラム大聖堂修道院所領	ダラム	マンクウェアーマウス	Monkwearmouth	67%	R. A. Lomas (1989)
65	ダラム大聖堂修道院所領	ダラム	ダルトン・ラ・デール	Dalton-le-Dale	69%	R. A. Lomas (1989)
66	ダラム大聖堂修道院所領	ダラム	イースト・レイントン	East Rainton	29%	R. A. Lomas (1989)
67	ダラム大聖堂修道院所領	ダラム	ウェスト・レイントン	West Rainton	34%	R. A. Lomas (1989)
68	ダラム大聖堂修道院所領	ダラム	ムアースレー	Moorsley	45%	R. A. Lomas (1989)
69	ダラム大聖堂修道院所領	ダラム	ノース・ピッチントン	North Pittington	56%	R. A. Lomas (1989)
70	ダラム大聖堂修道院所領	ダラム	サウス・ピッチントン	South Pittington	52%	R. A. Lomas (1989)
71	ダラム大聖堂修道院所領	ダラム	マンク・ヘズレーデン	Monk Hesleden	44%	R. A. Lomas (1989)
72	ダラム大聖堂修道院所領	ダラム	ミドルストン	Middlestone	70%	R. A. Lomas (1989)
73	ダラム大聖堂修道院所領	ダラム	ウェスタートン	Westerton	61%	R. A. Lomas (1989)
74	ダラム大聖堂修道院所領	ダラム	エイクリフ	Aycliffe	61%	R. A. Lomas (1989)
75	ダラム大聖堂修道院所領	ダラム	ニュートン・バーリー	Newton Bewley	48%	R. A. Lomas (1989)
76	ダラム大聖堂修道院所領	ダラム	ウォルヴィストン	Wolviston	47%	R. A. Lomas (1989)
77	ダラム大聖堂修道院所領	ダラム	ビリングハム	Billingham	45%	R. A. Lomas (1989)
78	ダラム大聖堂修道院所領	ダラム	ニュートン・ケットン	Newton Ketton	42%	R. A. Lomas (1989)
79	ダラム大聖堂修道院所領	ダラム	バードン	Burdon	64%	R. A. Lomas (1989)
80	バス・ウェルズ	サマセット	ハイ・ハム	High Ham	42%	Ecclestone (1999)
81	バス・ウェルズ	サマセット	ディチート	Ditcheat	54%	Ecclestone (1999)
82	バス・ウェルズ	サマセット	ピルトン	Pilton	61%	Ecclestone (1999)
83	バス・ウェルズ	サマセット	バットクーン	Batcombe	54%	Ecclestone (1999)
84	バス・ウェルズ	サマセット	メルズ	Mells	58%	Ecclestone (1999)
85	バス・ウェルズ	サマセット	ウォルトン	Walton	61%	Ecclestone (1999)
86	ソールズベリー	ドーセット	マーンハル	Marnhull	36%	Ecclestone (1999)
87	ソールズベリー	ドーセット	ダマーハム	Damerham	64%	Ecclestone (1999)
88	ソールズベリー	ウィルトシャー	イドミストン	Idmiston	50%	Ecclestone (1999)
89	ソールズベリー	ウィルトシャー	ウィンターボーン	Winterbourne	38%	Ecclestone (1999)
90	ソールズベリー	ウィルトシャー	キングトン	Kington	56%	Ecclestone (1999)
91	ソールズベリー	ウィルトシャー	ネトルトン	Nettleton	48%	Ecclestone (1999)
92	ソールズベリー	ウィルトシャー	グリトルトン	Grittleton	63%	Ecclestone (1999)
93	ソールズベリー	ウィルトシャー	クリスチャン・マールフ	Christian Malford	66%	Ecclestone (1999)
94	ソールズベリー	ウィルトシャー	バッドベリー	Badbury	76%	Ecclestone (1999)
95	ソールズベリー	バークシャー	アシュベリー	Asbury	55%	Ecclestone (1999)
96	ソールズベリー	バークシャー	バックランド	Buckland	60%	Ecclestone (1999)

付録二　フィレンツェのサンタ・マリア・ノヴェッラ聖堂の『死者台帳』による年代順死亡者リスト

凡例
（1）ヴィッラーニなどの年代記の記述から、疫病死の可能性が高い者には網掛けをした。また、「疫病死」の項目に●を付けている。
（2）妻・寡婦の場合、「＊」を付けて婚家の名字を示した。
（3）女性の「家庭的身分」が空欄の者は、「不明」を意味する。
（4）「－」は、台帳のなかで項目に記載がない場合、「・・・」は文字が判読できない場合に付けている。
（5）台帳は「フィレンツェ暦」（3月25日から年号が変わり、新年になる）を採用しており、ここでもそれをそのまま採用した。したがって12月につづく1月・2月は、12月と同じ年号であり、この3カ月は一続きの「同じ冬」である。このリストにおいて12月のあとに同年の1月、2月が来ているのはそのためである。

（1）1299年～1333年

年号	月	日	季節	疫病死	下の名	名字	男	女	家庭的身分	教区
1299	06	13	夏		カンビオ	アルデロッティ	男			ノヴェッラ
1302	07	10	夏		トゥーラ	－		女	寡婦	パオロ
1304	08	15	夏		チェッカ	ボカージ		女	独身	ノヴェッラ
1308	06	13	夏		ジャコモ	アルトヴィーティ	男			－
1310	06	19	夏		ビリア	パラディージ＊		女	妻	－
1310	02	15	冬		ギータ	サルヴィ		女	独身	－
1310	02	15	冬		ターナ	ストラッチャベンデ		女	寡婦	パンクラ?
1314	01	05	冬		チェッコ	マンネッリ	男			ノヴェッラ
1314	01	14	冬		ギゾーラ	バルッチ＊		女	寡婦	ノヴェッラ
1315	01	08	冬		ビンド	マッチ	男			－
1316	02	15	冬		ラーペ	オルランディーニ＊		女	寡婦	ノヴェッラ
1317	02	12	冬		テルダ	リッチ		女	独身	－
1320	08	08	夏		ボーナ	ヌーティ		女	寡婦	ノヴェッラ
1324	12	15	冬		グイドット	ドナーティ	男			ノヴェッラ
1324	02	23	冬		サルヴァージャ	ヴェンチヴェンニ		女	寡婦	ノヴェッラ
1325	06	11	夏		ギーナ	リッチ		女	独身	－
1325	08	24	夏		バルトロ	オルランディーニ	男			ノヴェッラ
1325	12	20	冬		ピエートロ	ジョヴァンニ	男			ノヴェッラ
1325	02	10	冬		マーリ	オルランディーニ		女	独身	－
1325	02	15	冬		ルスティコ	リコーヴェロ	男			ロレンツォ
1326	01	16	冬		キーノ	アンギエーリ	男			ノヴェッラ
1327	02	15	冬		ヌート	－	男			ノヴェッラ
1328	07	05	夏		アゴスティーノ	バルデーシ	男			フェリチタ
1330	06	24	夏		ニコローザ	バロンチェッリ＊		女	寡婦	－
1330	07	13	夏		フランチェスコ	ストラッチャベンティ	男			パオロ
1330	08	17	夏		アパルド	ドナーティ	男			－
1330	08	24	夏		チェッカ	オルランディーニ＊		女	寡婦	ノヴェッラ
1330	12	15	冬		ラディズラーオ	リッチ	男			－
1331	06	06	夏		アマート	ダルトパシオ	男			－
1331	06	16	夏		サンドロ	－	男			－
1331	06	22	夏		スコラーロ	ネーリ	男			ルチーア・バルディ
1331	06	22	夏		タッデーオ	アルベルティーノ	男			カンポ
1331	06	22	夏		リストリーノ	オッタヴィアーニ	男			パンクラ
1331	06	22	夏		ジョヴァンナ	ルチェッラーイ＊		女	寡婦	パンクラ
1331	06	26	夏		デッカ	マルティヌッツィ＊		女	妻	ロレンツォ
1331	07	04	夏		シルヴェストロ	リーティオ	男			マッジョーレ
1331	07	12	夏		ブッチェッロ	ボナイウート	男			ノヴェッラ
1331	07	25	夏		バンカ	カヴァルカンティ＊		女	妻	－
1331	07	28	夏		マーザ	トーザ＊		女	妻	－
1331	08	15	夏		バルデーラ	ドゥッチ		女	独身	ノヴェッラ
1331	08	21	夏		ジョヴァンナ	スピーナ＊		女	妻	ロフェッリ
1331	01	12	冬		ヴァンニ	ドゥッチ	男			ノヴェッラ
1332	08	07	夏		ヌッチョ	サンカッシアーノ	男			ロレンツォ
1332	12	30	冬		ケーゼ	ピラストリ		女	独身	－
1332	02	03	冬		－	アルマーティ	男			マッジョーレ
1333	07	14	夏		アンドレーア	サルタレッリ	男			－
1333	07	21	夏		ビーチェ	－		女	妻	ノヴェッラ
1333	08	03	夏		テッサ	バルデージ＊		女	寡婦	フェリチタ
1333	08	09	夏		コジーナ	サルテレッリ		女	独身	ミケーレ
1333	08	10	夏		バルトロ	コッキ	男			－

（2）1333年～1337年

年号	月	日	季節	疫病死	下の名	名字	男	女	家庭的身分	教区
1333	08	17	夏		ピエートロ	ヴィーノ	男			ノヴェッラ
1333	12	16	冬		ロート	クイント	男			ロレンツォ
1333	12	19	冬		ジョヴァンナ	ピーリ＊		女	寡婦	ミニアート
1333	12	23	冬		エリザベッタ	ジローラモ		女	寡婦	サンタンドレーア
1333	12	29	冬		ディアーナ	―		女	寡婦	ノヴェッラ
1333	01	03	冬		ギータ	ストロッツィ		女	寡婦	―
1333	01	08	冬		テッサ	ネルリ＊		女	妻	フレディアーノ
1333	01	11	冬		ヴァンニ	リンバルデージ	男			パオロ
1333	01	23	冬		バルトラ	ベッカヌージ＊		女	寡婦	ベルテルデ
1333	02	02	冬		クラーラ	ダーティ＊		女	寡婦	ステーファノ
1333	02	05	冬		タチーナ	ストロッツィ		女	寡婦	ミニアート
1333	02	14	冬		ゲッタ	カステルヴェッキオ＊		女	寡婦	トリニタ
1333	02	14	冬		プッチャ	―		女		ノヴェッラ
1333	02	18	冬		ビーチェ	メディチ		女	寡婦	サルヴァトーレ
1333	02	19	冬		オッティネッロ	コンパーニ	男			ノヴェッラ
1333	02	21	冬		ラーベ	リナルディ＊		女	寡婦	ノヴェッラ
1334	07	02	夏		ボルグッチョ	ボルギ	男			ノヴェッラ
1334	07	03	夏		ブランダーニオ	ビレンキ	男			ノヴェッラ
1334	07	28	夏		テッサ	カヴァルカンティ＊		女	寡婦	―
1334	08	06	夏		シモーネ	ドゥランテ	男			アポーストリ
1334	02	14	冬		ベルナルド	ミケーレ	男			ノヴェッラ
1334	02	17	冬		マンヌッチャ	ヴィッラヌッチ		女	独身	パンクラ
1335	06	11	夏		ピエートロ	ボーニ	男			ノヴェッラ
1335	07	05	夏		ダルダーノ	アッチャイウオーリ	男			アポーストリ
1335	01	15	冬		エリザベッタ	―		女	独身	―
1335	01	21	冬		ブロカッチョ	アルフィエーリ	男			ノヴェッラ
1335	01	21	冬		ジョヴァンナ	ジュオーキ		女	独身	マルゲリータ
1335	01	21	冬		ターナ	カンビ＊		女	寡婦	ノヴェッラ
1335	01	22	冬		ジョヴァンニ	ガッリ	男			ノヴェッラ
1335	01	25	冬		バンデッカ	ゲラルディーニ＊		女	寡婦	ベルテルデ
1335	01	30	冬		テッサ	ソルダニエーリ		女	独身	パンクラ
1335	02	07	冬		マッフィア	―		女	独身	トリニタ
1335	02	20	冬		ピーア	ベッカヌージ＊		女	寡婦	ベルテルデ
1336	06	01	夏		ニッコロ	コムッチ	男			ノヴェッラ
1336	06	02	夏		ヴァッジャ	グィーディ＊		女	寡婦	ステーファノ
1336	06	07	夏		ペーラ	フィリッピ		女	寡婦	フェリーチェ
1336	06	07	夏		ジョヴァンナ	グランドーニ＊		女	妻	オニッサンティ
1336	06	09	夏		テッサ	―		女	寡婦	―
1336	06	25	夏		グイーダ	ヴィア・マッジョーレ		女	寡寡	フェリーチェ
1336	07	06	夏		フランチェスコ	フェーイ	男		寡婦	パンクラ
1336	07	09	夏		ペトルッチョ	ガルヴァーノ	男			フェリチタ
1336	07	24	夏		・・・	ナルド＊		女	妻	ノヴェッラ
1336	08	17	夏		ピエートロ	ナルド	男			ノヴェッラ
1336	12	09	冬		カンビーノ	―	男			ノヴェッラ
1336	01	04	冬		ローレ	―		女	独身	ノヴェッラ
1336	01	09	冬		ピッキーナ	ソンマーイア＊		女	妻	オニッサンティ
1336	01	24	冬		ビリア	ブエリ	男			ノヴェッラ
1336	01	25	冬		カルヴィーノ	ボスティーキ	男			ノヴェッラ
1336	01	31	冬		セニーノ	バルデージ	男			ノヴェッラ
1336	02	25	冬		イザベッラ	ヴィッラヌッツィ		女		パンクラ
1337	06	05	夏		ジョヴァンナ	テリーニ＊		女	妻	ロレンツォ
1337	06	05	夏		アニェーゼ	リナルディ＊		女	妻	ウーギ
1337	06	09	夏		ピーノ	トーザ	男			ノヴェッラ
1337	07	07	夏		ミーナ	タッデーオ		女	寡婦	ノヴェッラ
1337	08	01	夏		ラーベ	ベッケヌージ＊		女	寡婦	ミケーレ・ベルテルデ
1337	08	05	夏		メリウス	バルディ	男			ノヴェッラ
1337	08	20	夏		チョーネ	ピラーストリ	男			―
1337	08	27	夏		ジェーリ	ソデリーニ	男			フレディアーノ
1337	08	29	夏		ジョヴァンニ	チェルキ	男			ローモロ
1337	12	07	冬		ベニンカーサ	ファルキ	男			ルッフィッロ
1337	12	07	冬		ジャンドナート	―	男			ノヴェッラ
1337	12	31	冬		フリーニョ	フェスラーリ	男			ヴィズドーミニ
1337	01	09	冬		ヴァンニ	ヴィズドーミニ	男			ヴィズドーミニ
1337	01	10	冬		アルドルーダ	マーゾ		女	寡婦	ノヴェッラ
1337	02	01	冬		ナーラ	ユーディ		女	独身	パオロ

(3) 1337年〜1340年

年号	月	日	季節	疫病死	下の名	名字	男	女	家庭的身分	教区
1337	02	07	冬		ドゥーティ	ケスティ	男			パオロ
1337	02	08	冬		ジェンマ	ミネルベルティ＊		女	妻	パンクラ
1337	02	18	冬		ー	ステーファニ		女		ー
1338	06	13	夏		チョーネ	ジャンニアンニ	男			フィレンツェ
1338	06	18	夏		ジョヴァンニ	カヴァルカンティ	男			ポルタ
1338	07	04	夏		ティンゴ	ゲラルドゥーニ	男			ステーファノ
1338	07	22	夏		ジェランド	ルチニャーノ	男			トリニタ
1338	12	29	冬		テスタ	トルナクィンチ	男			ー
1338	01	04	冬		・・・	ロンチャーノ＊		女	妻	ヴィズドーミニ
1339	08	24	夏		シモーネ	ストロッツィ	男			ウーギ
1339	08	30	夏		バルトロ	ー	男			ロレンツォ
1339	12	21	冬		マンノ	カヴィッチュオーリ	男			コエロールム
1339	02	01	冬		ピエーロ	コンビアーテ	男			ノヴェッラ
1339	02	24	冬		アンドレーア	マッフェイ	男			ロレンツォ
1339	02	24	冬		ジョヴァンニ	ベニヴィエーニ	男			ノヴェッラ
1339	02	29	冬		ガスディーナ	ボルギ＊		女	妻	ノヴェッラ
1340	06	01	夏	●	フランチェスコ	ベルナルディーニ	男			ジーリョ
1340	06	01	夏	●	ミーノ	ー	男			ミニアート
1340	06	01	夏	●	レーナ	アミエーリ＊		女	妻	サンタンドレーア
1340	06	02	夏	●	ヤーコポ	パラディージ	男			トリニタ
1340	06	02	夏	●	キーノ	ー	男			ブオンコンシッリョ
1340	06	02	夏	●	ガーレ	ボスティーキ		女	独身	トリニタ
1340	06	03	夏	●	ニッコロ	ー	男			ノヴェッラ
1340	06	03	夏	●	ルッフォーロ	カウテッラーニ	男			ルッフィッロ
1340	06	03	夏	●	フランチェスコ	サンカッシーノ	男			ドナート
1340	06	03	夏	●	ジョヴァンニ	ウベルティ	男			パンクラ
1340	06	03	夏	●	バルトロ	ディエティサールヴィ	男			サンタンドレーア
1340	06	03	夏	●	ピエートロ	キーニ	男			カンポ
1340	06	03	夏	●	ピヴァンナ	ネーラ		女	独身	ノヴェッラ
1340	06	03	夏	●	ネーラ	ベルノッティ＊		女	妻	ステーファノ
1340	06	04	夏	●	フランチェスキー	アルビッツィ	男			コエロールム
1340	06	04	夏	●	バルトロ	パラディージ	男			トリニタ
1340	06	04	夏	●	スコッタ	グィード＊		女	妻	ベルテルデ
1340	06	05	夏	●	ルッジェーロ	ボナグラーツィア	男			ノヴェッラ
1340	06	06	夏	●	グイドット	マンネッリ	男			パオロ
1340	06	06	夏	●	チャンポロ	カヴァルカンティ	男			ポルタ
1340	06	06	夏	●	マルッチョ	カヴァルカンティ	男			ポルタ
1340	06	06	夏	●	フィリッポ	ブルネレッスキ	男			レオーネ
1340	06	06	夏	●	バルラアム	ストロッツィ	男			ウーギ
1340	06	06	夏	●	タンチャ	アミエーリ		女	独身	サンタンドレーア
1340	06	06	夏	●	フィリッパ	パラディージ＊		女	妻	トリニタ
1340	06	07	夏	●	グリエルミーノ	アッリーギ	男			ノヴェッラ
1340	06	08	夏	●	アンドレーア	ミネルベッティ	男			パンクラ
1340	06	08	夏	●	レルモ	ブラッチーノ	男			ブローコロ
1340	06	08	夏	●	バニョッツォ	トルナクインチ	男			パンクラ
1340	06	08	夏	●	アンドレーア	ベッティ	男			パンクラ
1340	06	08	夏	●	ー	ライヌッチ	男			ノヴェッラ
1340	06	08	夏	●	ギルダ	カント＊		女	妻	ロレンツォ
1340	06	09	夏	●	カンビーノ	ブルネレッスキ	男			ルッフィッロ
1340	06	10	夏	●	ヤーコポ	ドゥベルト	男			パンクラ
1340	06	10	夏	●	マッフィア	ー		女	妻	ヴィスドーミニ
1340	06	10	夏	●	リーザ	サッセッティ＊		女	妻	ブオンコンシッリョ
1340	06	11	夏	●	チャンゲーノ	ベッケヌージ	男			ベルテルデ
1340	06	11	夏	●	サッセッティーノ	サッセッティ	男			ブオンコンシッリョ
1340	06	12	夏	●	ジェーリ	アンジョリーニ	男			フェリチタ
1340	06	12	夏	●	ジョヴァンニ	マンフレーディ	男			ブオンコンシッリョ
1340	06	12	夏	●	ラーパ	ベックーティ＊		女	妻	マッジョーレ
1340	06	12	夏	●	・・・	ー		女	独身	ノヴェッラ
1340	06	12	夏	●	キアリーナ	ー		女	独身	パオロ
1340	06	17	夏	●	チリア	ー		女	妻	トリニタ
1340	06	17	夏	●	・・・	アメーリ		女	独身	サンタンドレーア
1340	06	17	夏	●	ビーチェ	ベローニ		女	独身	スケラッジョ
1340	06	17	夏	●	ジェンマ	ストラッチャベンティ		女	独身	パンクラ
1340	06	19	夏	●	ドメニコ	インブージ	男			パンクラ
1340	06	19	夏	●	カロッフォ	カロナージ	男			ローモロ

（4）1340年～1346年

年号	月	日	季節	疫病死	下の名	名字	男	女	家庭的身分	教区
1340	06	19	夏	●	テッサ	ドンニーノ		女	独身	ロレンツォ
1340	06	20	夏	●	プリメラーノ	トリンチャヴェッリ	男			ウーギ
1340	06	21	夏	●	ベネデット	パーチェ	男			ノヴェッラ
1340	06	21	夏	●	ピエーロ	アディマーリ	男			ヴィズドーミニ
1340	06	21	夏	●	ラーパ	メディチ＊		女	妻	フィレンツェ
1340	06	22	夏	●	パッラ	アンセルミ	男			ノヴェッラ
1340	06	23	夏	●	コスタンツァ	カペッキ＊		女	妻	パンクラ
1340	06	23	夏	●	ラーパ	キアラモンテージ＊		女	妻	ローモロ
1340	06	24	夏	●	ベンギ	アディマーリ	男			—
1340	06	24	夏	●	リザベッタ	ラバッタ＊		女	妻	—
1340	06	25	夏	●	ピエーロ	カヴァルカンティ	男			トリニタ
1340	06	26	夏	●	ジェンマ	ヴィッラヌッツイ＊		女	妻	パンクラ
1340	07	03	夏	●	ジョヴァンニ	チンギエッティ	男			ノヴェッラ
1340	07	07	夏	●	ラッゾ	オルランディ	男			ノヴェッラ
1340	08	15	夏	●	アンドレーア	ディエティサールヴィ	男			ウーギ
1340	12	08	冬		バルド	セッコ	男			—
1340	01	24	冬		ジョヴァンニ	ボンファンティーニ	男			ロレンツォ
1340	01	25	冬		バルトロ	—	男			ノヴェッラ
1340	01	29	冬		ガズディーナ	—		女	独身	—
1340	02	03	冬		ティニョシーノ	マッチ	男			バルトロ
1340	02	16	冬		ピエーロ	ベッカヌージ	男			ベルテルデ
1341	06	05	夏		アメリーゴ	ソンマーイア	男			ロレンツォ
1341	06	12	夏		ギータ	オダルド＊		女	妻	ロレンツォ
1341	06	13	夏		ジェンマ	オルランディーノ		女	独身	ノヴェッラ
1341	06	15	夏		ジョヴァンナ	ルチニャーノ＊		女	妻	トリニタ
1341	06	16	夏		ヤーコポ	ジゥオーキ	男			マルゲリータ
1341	06	18	夏		ネーリ	ヴィズドーミニ	男			ヴィズドーミニ
1341	06	18	夏		ベルト	ブルネッティ	男			パンクラ
1341	06	18	夏		ラーパ	コンビアーティ＊		女	妻	—
1341	06	18	夏		ニッコローザ	コルナッキーニ		女	独身	ヴィズドーミニ
1341	06	18	夏		リザベッタ	ファルコーニ＊		女	妻	ルッフィッロ
1341	06	27	夏		ジョヴァンニ	グランドーニ	男			ロレンツォ
1341	07	01	夏		—	スピリャート	男			ヴィズドーミニ
1341	12	06	冬		ジョヴァンナ	インブージ＊		女	妻	パンクラ
1341	01	26	冬		ジエーラ	ヴィズドーミニ		女	独身	ヴィズドーミニ
1342	08	05	夏		ヤーコピ	カヴァルカンティ	男			ポルタ
1343	06	03	夏		アディマーリ	ゲラルド	男			クリストーフォロ
1343	06	03	夏		アンジオーラ	ボンチャーニ＊		女	寡婦	ノヴェッラ
1343	07	07	夏		マッテーオ	オルランディ	男			ノヴェッラ
1343	08	01	夏		ダンテ	ディエティサールヴィ	男			サンタンドレーア
1343	12	04	冬		ドラーゾ	ピーリ	男			ミニアート
1343	12	08	冬		ビンド	アッリ	男			マッジョーレ
1343	12	08	冬		ナッド	カンピ	男			カンポ
1343	12	14	冬		ジャンニ	トルナクィンチ	男			パンクラ
1343	12	18	冬		リッパ	オルランディ＊		女	寡婦	ノヴェッラ
1343	01	11	冬		ナッド	ルチェッラーイ	男			—
1343	02	22	冬		ツッケッラ	—		女		パオロ
1344	06	17	夏		ファルコーネ	ルチニャーノ	男			トリニタ
1344	07	08	夏		ブラッチーノ	ジョヴァンニ	男			フェリチタ
1344	12	17	冬		ベルタ	ファルコニエーレ＊		女	寡婦	パオロ
1344	12	31	冬		ヤーコポ	ジャンボーノ	男			—
1345	08	16	夏		チェッカ	グァルディ		女	寡婦	—
1345	01	04	冬		—	スピーナ＊		女	妻	—
1345	01	05	冬		ウベルト	ジュオキエ	男			—
1345	01	14	冬		フランチェスカ	リガレッティ＊		女	妻	ヴィズドーミニ
1345	01	24	冬		リッパ	チカリーニ＊		女	妻	マルゲリータ
1345	01	26	冬		ルチーア	ベッティ＊		女	妻	ロレンツォ
1345	01	27	冬		フランチェスカ	ベンキアーリ＊		女	妻	トリニタ
1345	02	16	冬		ゼノービョ	バルッチ	男			ロレンツォ
1345	02	24	冬		デッカ	—(パチーノの妻)＊		女	妻	ロレンツォ
1345	02	26	冬		ジョヴァンナ	サン・カシアーノ		女	妻	—
1345	02	27	冬		ピエートロ	フィリッポ	男			トリニタ
1346	06	09	夏		シモーナ	デリンチーザ		女	寡婦	—
1346	08	05	夏		ナンヌッチョ	ルッカ	男			ノヴェッラ
1346	08	05	夏		テスタ	トルナクィンチ		女	独身	—

(5) 1346年～1348年

年号	月	日	季節	疫病死	下の名	名字	男	女	家庭的身分	教区
1346	12	03	冬		レーナ	ゲッレターニ		女	独身	マッジョーレ
1346	12	13	冬		ズガーリオ	トルナクィンチ	男			パンクラ
1346	12	20	冬		ピエーロ	パッラ	男			ブオンコンシッリョ
1346	12	25	冬		ベンチヴェンニ	ルチェッラーイ	男			―
1346	02	08	冬		ジョヴァンニ	トシンギ	男			―
1346	02	09	冬		ラージャ	トシンギ		女	妻	―
1347	06	01	夏		ジェンティーレ	ソンマーイア	男			パンクラ
1347	06	03	夏		テッサ	アルベルティ		女		ノヴェッラ
1347	07	16	夏		グァルテロット	ディエティサールヴィ	男			サンタンドレーア
1347	07	17	夏		バルトロ	ボスティーキ	男			―
1347	07	18	夏		ラーポ	―	男			ノヴェッラ
1347	07	18	夏		ニッコロ	カレンザーノ	男			ロレンツォ
1347	07	23	夏		ドナート	オルランディーニ	男			パンクラ
1347	07	24	夏		バルトロ	コッキ	男			―
1347	07	27	夏		ヴィンチ	コーニ	男			ロレンツォ
1347	08	01	夏		カテリーナ	オブリアーキ＊		女	寡婦	パオロ
1347	08	04	夏		ミリオーレ	ラーピ	男			ノヴェッラ
1347	08	15	夏		ジョヴァンニ	ネッロ	男			ドナート
1347	08	16	夏		トンマーゾ	リッキ	男			ウーギ
1347	08	17	夏		ジョヴァンニ	トルナクィンチ	男			パンクラ
1347	08	17	夏		ヤーコパ	ボンファンティーニ		女	独身	ニポテコーザ
1347	08	17	夏		テッサ	ピエーリ		女	独身	パンクラ
1347	08	17	夏		テッサ	ベルト		女	独身	パンクラ
1347	08	18	夏		ベルナルディーノ	ボスティーキ	男			ポルタ
1347	08	20	夏		マーザ	ベネヴェンティ＊		女	妻	ノヴェッラ
1347	08	21	夏		ラーパ	―		女	妻	ノヴェッラ
1347	08	23	夏		カルヴァーノ	―	男			カンポ
1347	08	23	夏		ウルサ	マッツェ		女	独身	パオロ
1348	06	01	夏	●	アンドレーア	ファルコーネ	男			―
1348	06	04	夏	●	フランチェスコ	パンタレオーネ	男			―
1348	06	07	夏	●	ダニエッロ	アッリグッチ	男			ノヴェッラ
1348	06	07	夏	●	アニェーゼ	ヴィチェンツァ＊		女	妻	パンクラ
1348	06	10	夏	●	ジョヴァンニ	オットリーニ	男			―
1348	06	10	夏	●	ラーパ	サント・ウゼービオ＊		女		―
1348	06	11	夏	●	ウバルディーノ	アルディンゲッリ	男			トリニタ
1348	06	13	夏	●	バルトロ	リッチ	男			―
1348	06	13	夏	●	マルコ	リッチ	男			―
1348	06	14	夏	●	ルーカ	ストロッツィ	男			―
1348	06	14	夏	●	ラーポ	マリンギ	男			ノヴェッラ
1348	06	14	夏	●	シモーネ	―	男			―
1348	06	14	夏	●	・・・	ゲラルディーニ＊		女	妻	―
1348	06	15	夏	●	ボナッコルソ	アルベルト	男			ロレンツォ
1348	06	17	夏	●	フリンニョ	カンピ	男			―
1348	06	17	夏	●	パオロ	ブオーノ	男			―
1348	06	17	夏	●	トンマーゾ	ミネルベッティ	男			―
1348	06	17	夏	●	ニッコロ	カステルフィオレンティーノ	男			―
1348	06	17	夏	●	シモーネ	オルランディ	男			―
1348	06	17	夏	●	シモーネ	クレーディ	男			ブオンコンシッリョ
1348	06	18	夏	●	サンドラ	アディマーリ		女	独身	―
1348	06	19	夏	●	シモーネ	―	男			パオロ
1348	06	20	夏	●	バルトロ	リッチ	男			―
1348	06	20	夏	●	―	リッチ	男			―
1348	06	20	夏	●	パオロ	ブオーノ	男			―
1348	06	21	夏	●	フィリッポ	トルナクインチ	男			―
1348	06	21	夏	●	ネーリ	トルナクインチ	男			―
1348	06	21	夏	●	シモーネ	ダルトメーナ	男			ノヴェッラ
1348	06	21	夏	●	フィリッポ	バルディ	男			―
1348	06	21	夏	●	レーナ	カント		女		―
1348	06	23	夏	●	ドゥッチョ	スケラッジョ	男			―
1348	06	24	夏	●	ピエーロ	ボナッコールシ	男			ロレンツォ
1348	06	24	夏	●	ドメニコ	ヴェッキエッティ	男			―
1348	06	24	夏	●	ピーノ	コッリーナ	男			―
1348	06	24	夏	●	ボナッコルソ	コッリーナ	男			―
1348	06	24	夏	●	ジョヴァンニ	オットリーニ	男			ノヴェッラ
1348	06	24	夏	●	セルヴィ	ディーニ	男			―

（6）1348年～1355年

年号	月	日	季節	疫病死	下の名	名字	男	女	家庭的身分	教区
1348	06	24	夏	●	バルトラ	リッチ＊		女	妻	―
1348	06	27	夏	●	イッポリート	リッチ	男			―
1348	07	01	夏	●	アッリーゴ	グッリエールモ	男			ウーギ
1348	07	01	夏	●	ヤーコポ	―	男			ピエール・マッジョーレ
1348	07	01	夏	●	チェンナ	ベッティ		女	独身	パンクラ
1348	07	03	夏	●	プッチーノ	パスクイーノ	男			パオロ
1348	07	04	夏	●	リッポ	グイダロッティ	男			マッジョーレ
1348	07	04	夏	●	フランチェスコ	ソンマーイア	男			―
1348	07	04	夏	●	フランチャ	マルティヌッティ		女	独身	―
1348	07	04	夏	●	グイード	プッチ	男			ウーギ
1348	07	04	夏	●	チーノ	ミーキ	男			パンクラ
1348	07	04	夏	●	マーザ	グイダロッティ＊		女	妻	マッジョーレ
1348	07	05	夏	●	ニッコロ	ベルノッティ	男			トリニタ
1348	07	07	夏	●	ヤーコポ	ストロッツィ	男			ウーギ
1348	07	08	夏	●	チャンピ	トーザ	男			―
1348	07	08	夏	●	ピエーラ	ダイダロッティ＊		女	妻	マッジョーレ
1348	07	08	夏	●	バルトラ	リッチ＊		女	妻	アルベルギ
1348	07	09	夏	●	ビンド	トーザ	男			―
1348	07	13	夏	●	フランチェスカ	―		女		マッジョーレ
1348	07	16	夏	●	ルチーア	マッチ		女	独身	ノヴェッラ
1348	07	16	夏	●	チリア	―		女	寡婦	フレディアーノ
1348	07	17	夏	●	ラーポ	ポッリーニ	男			パオロ
1348	07	17	夏	●	・・・	ラバッタ＊		女	妻	―
1348	07	19	夏	●	ティーノ	リストーリ	男			ルッフィッロ
1348	07	22	夏	●	グッチョ	ブゲッティ	男			ロレンツォ
1348	07	25	夏	●	マーザ	ブルネレッスキ＊		女	妻	―
1348	07	26	夏	●	ジョヴァンニ	アルドブランディーニ	男			ミケーレ
1348	07	28	夏	●	ネロッツォ	コッキ	男			トリニタ
1348	07	30	夏	●	―	コッキ	男			トリニタ
1348	07	31	夏	●	サーリチェ	カヴァルカンティ	男			ソープラ・ポルタ
1348	07	31	夏	●	ズッケラ	ロッシ＊		女	妻	―
1348	08	02	夏	●	ナルド	ルチェッラーイ	男			パンクラ
1348	08	08	夏	●	ニッコロ	ベルノッキ	男			アポーストリ
1348	08	12	夏	●	ディーノ	リナルディ	男			ミニアート
1348	02	09	冬		フランチェスコ	コンピアーテ	男			ノヴェッラ
1349	06	11	夏		アンドレーア	ルチェッラーイ	男			―
1349	06	19	夏		ディアーナ	トルナクィンチ＊		女	妻	パンクラ
1349	06	20	夏		サルヴィ	ディーニ	男			―
1349	07	08	夏		マネット	ポントルメ	男			―
1349	08	25	夏		レカート	アッリンゲッリ	男			―
1350	01	27	冬		バルトラ	トンギエッティ＊		女	妻	ノヴェッラ
1351	08	19	夏		サルヴェストロ	アルトヴィーティ	男			―
1351	01	27	冬		フランチェスコ	カヴァルカンティ	男			―
1352	06	20	夏		フィリッポ	カレンザーノ	男			マッジョーレ
1352	07	04	夏		テッサ	スピーニ＊		女	妻	―
1352	08	10	夏		コンテッサ	グッチ＊		女	妻	ヴィズドーミニ
1352	08	25	夏		パオラ	モシアーノ(スピネッロ)＊		女	妻	―
1352	01	03	冬		ジョヴァンニ	サッセッティ	男			―
1352	01	04	冬		フランチェスコ	ヴィーチェ	男			カンポ
1353	07	02	夏		コンシッリョ	ウーギ	男			ノヴェッラ
1353	07	06	夏		ザノービ	スコラーイオ	男			ロレンツォ
1353	01	01	冬		マルティーノ	オンピアーテ	男			ノヴェッラ
1353	01	26	冬		バルトロメーア	ダル・カント＊		女	妻	―
1353	02	16	冬		マルゲリータ	ソンマーイア＊		女	妻	ロレンツォ
1355	07	05	夏		モリジア	マッツィンギ＊		女	妻	パオロ
1355	07	07	夏		ルイージ	ベルト	男			フェリチタ
1355	07	18	夏		・・・	―		女	妻	ブオンコンシッリョ
1355	07	18	夏		ベッラ	―		女	妻	ノヴェッラ
1355	07	23	夏		・・・	ピーリ＊		女	妻	―
1355	07	28	夏		フラスカ	ヴァローレ＊		女	妻	パオロ
1355	08	06	夏		ヤーコポ	ルチアーノ	男			―
1355	08	10	夏		ディアーナ	ピーリ＊		女	妻	―
1355	01	10	冬		ネロッフォ	コッキ	男			トリニタ
1355	01	15	冬		ターナ	ロッキ		女	独身	マルゲリータ
1355	01	18	冬		ボナヴェントゥーラ	セスト	男			ノヴェッラ

(7) 1356年〜1363年

年号	月	日	季節	疫病死	下の名	名字	男	女	家庭的身分	教区
1356	08	25	夏		ヤーコポ	オッタヴィアーニ	男			パオロ
1356	01	18	冬		ロッソ	ブオノーミニ	男			—
1356	02	02	冬		カラタリーナ	チェッキ＊		女	妻	—
1357	07	21	夏		バルトロ	—	男			パオロ
1357	08	09	夏		ドナート	ガッリ	男			パオロ
1357	08	14	夏		ネーリ	トルナクィンチ	男			パンクラ
1357	08	21	夏		ペートラ	リッチ		女	独身	—
1357	08	22	夏		リーチェ	パガネッリ＊		女	妻	ロレンツォ
1357	08	26	夏		グイード	ストロッツィ	男			ウーギ
1358	07	22	夏		ナルド	マリーニ	男			パンクラ
1358	07	23	夏		ラーポ	マズオーリ	男			ロレンツォ
1358	07	23	夏		ニッコロ	モンタリアーニ	男			ブオンコンシッリョ
1358	08	31	夏		カンテ	ピーリ	男			—
1358	02	04	冬		フィリッパ	—	男			ノヴェッラ
1358	02	04	冬		シモーナ	ゴッティ		女	独身	ノヴェッラ
1358	02	26	冬		ピエーロ	メッゾ	男			パオロ
1359	07	13	夏		ジョヴァンナ	—		女	妻	ノヴェッラ
1359	07	20	夏		パオロ	アッタヴィアーニ	男			パンクラ
1360	06	25	夏		アゴスタンツァ	サッセッティ＊		女	妻	—
1360	07	04	夏		マッテーア	シーニャ＊		女	妻	—
1360	07	15	夏		ヌート	ドゥベルト	男			パンクラ
1360	07	15	夏		・・・	ニッコリ＊		女	妻	ベルテルデ
1360	07	20	夏		サンドロ	—	男			サンタンドレーア
1360	07	27	夏		ニッコロ	リッチ	男			アルベルギ
1360	07	27	夏		ガーイオ	マッチ	男			—
1360	01	16	冬		カステッロ	ベックーティ	男			マッジョーレ
1360	01	29	冬		マルゲリータ	ストロッツィ＊		女	妻	パンクラ
1360	02	15	冬		ニッコロ	パンタレオーニ	男			—
1361	06	05	夏		サルヴェストラ	アルトヴィーティ＊		女	妻	—
1361	06	14	夏		ジョヴァンナ	アルディンギ＊		女	妻	—
1361	06	15	夏		ヴァレンツァ	パーパ＊		女	寡婦	ノヴェッラ
1361	06	19	夏		マルティーノ	モンテ・ディ・クローチェ	男			—
1361	07	08	夏		エルメッリーナ	—		女	妻	ノヴェッラ
1362	06	16	夏		ローザ	ヴィターレ		女	独身	—
1362	06	23	夏		ニッコローザ	アルディンゲッリ＊		女	妻	—
1362	06	28	夏		フランチェスコ	—	男			ウーギ
1362	07	28	夏		チャンチャ	ソンマーイア＊		女	妻	パンクラ
1362	08	02	夏		マッテーオ	ピーリ	男			ブオンコンシッリョ
1362	08	09	夏		フレスカ	ノッディ		女	独身	ノヴェッラ
1362	12	26	冬		ジョヴァンニ	アッリ	男			ベルテルデ
1362	01	08	冬		ヴァローレ	ブオンデルモーンティ	男			—
1362	02	11	冬		トンマーゾ	アルカンジェリ	男			パンクラ
1363	06	06	夏	●	トンマーゾ	サッセッティ	男			—
1363	06	07	夏	●	ヤーコポ	メディチ	男			—
1363	06	07	夏	●	ボナジューンタ	メディチ	男			—
1363	06	09	夏	●	ナンナ	ベルディ＊		女	妻	ロレンツォ
1363	06	10	夏	●	ベネデット	ストロッツィ	男			—
1363	06	11	夏	●	サルヴェストラ	アルトヴィーティ		女		—
1363	06	14	夏	●	バンディーノ	ラーピ	男			パンクラ
1363	06	14	夏	●	ギーノ	サッセッティ	男			—
1363	06	14	夏	●	カルディナリーノ	トルナクインチ	男			—
1363	06	14	夏	●	フランチェスコ	マージ	男			マッジョーレ
1363	06	14	夏	●	ピエロッツォ	ヴィズドーミニ	男			—
1363	06	14	夏	●	ジョヴァンニ	ファルコーネ	男			ノヴェッラ
1363	06	15	夏	●	マルコ	ストロッツィ	男			—
1363	06	17	夏	●	バルトロメーオ	ネッロ	男			マッジョーレ
1363	06	22	夏	●	バルトロメーア	メディチ＊		女	妻	—
1363	06	24	夏	●	クリストーファノ	リッチ	男			—
1363	06	25	夏	●	トンマーゾ	ストロッツィ	男			—
1363	06	26	夏	●	リナルディ	ジョヴァンノッツォ	男			ドナート
1363	06	26	夏	●	ニッコロ	ジョヴァンノッツォ	男			ドナート
1363	06	26	夏	●	トンマーゾ	フェーデ	男			ヴィズドーミニ
1363	06	28	夏	●	アンドレーア	パッサーノ	男			—
1363	06	28	夏	●	スコラーイオ	ソンマーイア	男			—
1363	06	28	夏	●	ローモロ	カヴァルカンティ	男			—

（8）1363年

年号	月	日	季節	疫病死	下の名	名字	男	女	家庭的身分	教区
1363	06	28	夏	●	ロッタ	―		女	寡婦	―
1363	06	28	夏	●	チョネッラ	グァルディ		女	独身	ノヴェッラ
1363	06	29	夏	●	ザノービ	アミエーリ	男			―
1363	07	01	夏	●	フランチェスコ	メディチ	男			―
1363	07	01	夏	●	バルトロ	チーニ	男			―
1363	07	01	夏	●	フランチェスコ	クイント	男			―
1363	07	02	夏	●	フランチェスコ	カンポーリ	男			ベルテルデ
1363	07	02	夏	●	ネーリ	ボンダルモンティ	男			―
1363	07	02	夏	●	バルトロ	カメリーニ	男			―
1363	07	03	夏	●	アンドレーア	カヴァルカンティ	男			―
1363	07	03	夏	●	ルーカ	アッタヴィアーニ	男			パオロ
1363	07	03	夏	●	マンティーナ	リッチ＊		女	寡婦	―
1363	07	03	夏	●	マルゲリータ	ボンダルモンテ＊		女	妻	―
1363	07	03	夏	●	ナンナ	バロンチ＊		女	寡婦	マッジョーレ
1363	07	04	夏	●	ジョヴァンニ	ジーリョ	男			―
1363	07	04	夏	●	―（姉妹の姉）	ジーリョ		女	独身	―
1363	07	04	夏	●	―（姉妹の妹）	ジーリョ		女	独身	―
1363	07	04	夏	●	ベニンカーサ	ファルキ	男			ルッフィッロ
1363	07	05	夏	●	フランチェスコ	トルナクインチ	男			―
1363	07	05	夏	●	ナンナ	リッポツォ＊		女	寡婦	―
1363	07	05	夏	●	アゴスタンツァ	バルディ		女	独身	ノヴェッラ
1363	07	06	夏	●	バルトロ	コルシ	男			ロレンツォ
1363	07	06	夏	●	ウーゴ	トルナクインチ	男			パンクラ
1363	07	06	夏	●	ナンナ	ボスティーキ＊		女	寡婦	―
1363	07	07	夏	●	ティエーリ	ディエティサールヴィ	男			―
1363	07	08	夏	●	ビリジャルド	トーザ	男			―
1363	07	08	夏	●	ニッコロ	ベッティ	男			―
1363	07	08	夏	●	ピヌッチョ	ボンチャーニ	男			―
1363	07	08	夏	●	リーザ	ペートリ＊		女	妻	コエロールム
1363	07	09	夏	●	ギータ	アッチャイオーリ＊		女	寡婦	―
1363	07	10	夏	●	ラーポ	ファルコーネ	男			トリニタ
1363	07	11	夏	●	ジャンノッツォ	フェーデ	男			ヴィズドーミニ
1363	07	11	夏	●	ジョヴァンニ	グァスコーニ	男			―
1363	07	11	夏	●	ヤーコポ	ブルネッティ	男			―
1363	07	12	夏	●	チョネット	ジュオーキ	男			マルゲリータ
1363	07	12	夏	●	リッチャルド	ストロッツィ	男			―
1363	07	12	夏	●	ルーカ	シーリョ	男			シモーネ
1363	07	12	夏	●	ピエーロ	ドナーティ	男			―
1363	07	12	夏	●	ギータ	パンタレオーネ		女	寡婦	―
1363	07	13	夏	●	ヤーコポ	ヌート	男			ノヴェッラ
1363	07	13	夏	●	ニッコロ	アルディンゲッリ	男			トリニタ
1363	07	14	夏	●	バルラ	バルトリ	男			ノヴェッラ
1363	07	14	夏	●	ヤーコポ	ペーリ	男			ロレンツォ
1363	07	14	夏	●	アッタヴィアーノ	ブルネレッスキ	男			レオーネ
1363	07	14	夏	●	ヤーコポ	ボンダルモンティ	男			―
1363	07	14	夏	●	ジョヴァンニ	ギーニ	男			パオロ
1363	07	15	夏	●	ドメニコ	ルチェッラーイ	男			パンクラ
1363	07	16	夏	●	ピエーロ	プッチ	男			ドナート
1363	07	16	夏	●	マッゾーロ	マッゾーリ	男			―
1363	07	16	夏	●	トンマーザ	テッキーニ＊		女	寡婦	―
1363	07	17	夏	●	アントーニオ	バルドゥッチョ	男			ノヴェッラ
1363	07	17	夏	●	ロッセリーノ	―	男			ノヴェッラ
1363	07	18	夏	●	ドメニコ	ジョヴァンニ	男			ノヴェッラ
1363	07	19	夏	●	ルチノッツォ	トレント	男			―
1363	07	19	夏	●	ヴァンニキーノ	ストロッツィ	男			トリニタ
1363	07	19	夏	●	ビアージョ	ドルソ	男			―
1363	07	19	夏	●	ナンナ	ピーリ＊		女	妻	ソープラ・ポルタ
1363	07	22	夏	●	ルーカ	コッキ	男			―
1363	07	26	夏	●	リナルド	ロンディネッリ	男			ロレンツォ
1363	07	26	夏	●	グイダッチョ	フラスカ	男			レパラータ
1363	07	28	夏	●	ジョヴァンニ	ロンディネッリ	男			ロレンツォ
1363	07	28	夏	●	メーア	ドナーティ		女	独身	―
1363	08	04	夏	●	ステーファノ	スカーリ	男			―
1363	08	05	夏	●	リッカルド	バルディ	男			―
1363	08	06	夏	●	アンドレーア	コルシーニ＊		女	妻	―

(9) 1363年～1372年

年号	月	日	季節	疫病死	下の名	名字	男	女	家庭的身分	教区
1363	08	06	夏	●	ヤーコポ	チョーニ	男			—
1363	08	08	夏	●	ピエーラ	セーニ＊		女	寡婦	ノヴェッラ
1363	08	12	夏	●	ピエーロ	ボナグラーツィア	男			パンクラ
1363	08	14	夏	●	トンマーゾ	—	男			シモーネ
1363	08	15	夏	●	ナンナ	フラスカ＊		女	妻	レパラータ
1363	08	20	夏	●	ゼノービョ	—	男			コエロールム
1363	08	22	夏	●	ディエタイウーティ	ジョヴァンニ	男			ノヴェッラ
1363	08	26	夏	●	ジェーリ	ペラーリャ	男			ロレンツォ
1363	12	01	冬		ニッコロ	カーボンサッキ	男			パンクラ
1363	12	28	冬		ベルナルド	ストロッツィ	男			—
1363	12	31	冬		ベルナルド	マンフレーディ	男			カンピドーリョ
1364	06	21	夏		アンドレーア	—		女	独身	—
1364	08	09	夏		カンビオ	ヌッチョ	男			ロレンツォ
1364	08	10	夏		ビーナ	ロンディネッリ＊		女	妻	—
1364	08	17	夏		ジョヴァンニ	ストロッツィ	男			パンクラ
1364	01	01	冬		グイード	トルナクィンチ	男			—
1365	08	18	夏		テダルディーノ	リッチ	男			ノヴェッラ
1365	01	11	冬		ヤーコポ	リッチ	男			コエロールム
1365	01	27	冬		テッサ	ラーピ＊		女	妻	ミニアート
1366	06	02	夏		ピヌッチ	ダイダロッティ	男			マッジョーレ
1366	06	13	夏		ヌータ	プラート＊		女		マッジョーレ
1366	06	13	夏		サルヴァジーア	アモデイ		女	独身	ロレンツォ
1366	06	19	夏		ルドヴィーコ	ピーニ	男			マッジョーレ
1366	06	20	夏		ミケーレ	・・・	男			パオロ
1366	07	04	夏		ピエーロ	カンビ	男			パオロ
1366	08	01	夏		フランチェスコ	パチエ	男			サンタンドレーア
1366	12	08	冬		ダーダ	シミネッティ＊		女	寡婦	ポルタ
1367	06	07	夏		—	ディエティサールヴィ＊		女	寡婦	サンタンドレーア
1367	06	29	夏		バルトロメーオ	トルナクインチ	男			パンクラ
1367	07	01	夏		ディアノーラ	フォルティーニ＊		女	妻	ロレンツォ
1367	07	04	夏		トンマーゾ	アッチャイオーリ	男			アポーストリ
1367	12	16	冬		・・・	グラッツィーニ＊		女	妻	ノヴェッラ
1367	02	01	冬		テッサ	マルティヌッツィ＊		女	寡婦	—
1367	02	20	冬		バルトロメーア	リッチ＊		女	妻	アルベルギ
1368	07	20	夏		ニッコロ	ヴィズドーミニ	男			カンポ
1368	08	07	夏		ラニエーリ	グイドーニ	男			ノヴェッラ
1369	08	24	夏		サンドラ	コッキ＊		女	妻	トリニタ
1369	01	14	冬		ルドヴィーコ	チッチョーニ	男			ミニアート
1369	01	14	冬		ビアージョ	チッチョーニ	男			ミニアート
1369	01	14	冬		フィリッポ	ボッロメイ	男			ミニアート
1369	01	14	冬		ナルド	マルチニャーナ	男			ミニアート・テデスコ
1369	01	14	冬		アントーニオ	マガニーニ	男			ミニアート・テデスコ
1369	01	14	冬		ニッコロ	—	男			ミニアート・テデスコ
1369	01	14	冬		サルヴィ	グイドゥッチーニ	男			ミニアート・テデスコ
1369	01	22	冬		マルゲリータ	アルファーニ		女	独身	レパラータ
1369	01	31	冬		ディエティフェーチ	ミケーレ	男			アポーストリ
1370	06	19	夏		テッデーオ	ナッド	男			レパラータ
1370	06	20	夏		ウミーリャ	—		女	妻	ノヴェッラ
1370	06	26	夏		ヤーコポ	ベッティ	男			ロレンツォ
1370	07	11	夏		ジェンティーレ	ブオーノ＊		女	妻	パンクラ
1370	08	05	夏		マッテーオ	—	男			ノヴェッラ
1370	08	31	夏		チリア	カヴァルカンティ＊		女	妻	—
1370	12	04	冬		ニコラ	ラーピ	男			ミニアート
1370	12	09	冬		ジェンマ	ペーコラ＊		女	妻	サルヴァトーレ
1370	12	29	冬		ロレンツァ	ストロッツィ＊		女	妻	—
1370	01	03	冬		マルガリータ	マンフレーディ		女	独身	ブオンコンシッリョ
1370	01	23	冬		ボーナ	シモーネ＊		女	寡婦	ノヴェッラ
1371	06	20	夏		オリンガ	アルフィエーリ＊		女	妻	カンピドーリョ
1371	06	25	夏		ビーリャ	フィオレンティーニ＊		女	妻	レオーネ
1371	07	11	夏		ピエートロ	ヴァローレ	男			ベルテルデ
1371	07	18	夏		ベネッタ	グェルフォ＊		女	妻	ロレンツォ
1371	07	24	夏		ビンド	グァスコーニ	男			ロレンツォ
1371	12	11	冬		リッパ	アンセルミ＊		女	妻	ブオンコンシッリョ
1371	02	27	冬		フランチャ	ペコーラ＊		女	妻	クリストーフォロ
1372	07	15	夏		オルサ	—		女	妻	パオロ

（10）1372年～1374年

年号	月	日	季節	疫病死	下の名	名字	男	女	家庭的身分	教区
1372	01	07	冬		ドメニコ	カヴァルカンティ	男			—
1372	01	13	冬		トンマーゾ	ラーピ	男			パオロ
1372	01	13	冬		リーザ	—		女	妻	フェリチタ
1372	01	22	冬		ヤコパ	ブルギ＊		女	妻	—
1372	01	28	冬		ロメーオ	マリンギ	男			ロレンツォ
1372	01	30	冬		ジェンティーレ	レッチョ＊		女	寡婦	ロレンツォ
1372	01	30	冬		フランチェスカ	コッポーリ＊		女	妻	ノヴェッラ
1372	02	08	冬		ゼノービャ	レジナルド		女	寡婦	マッジョーレ
1372	02	13	冬		ジェンマ	—		女	妻	パオロ
1372	02	14	冬		ドナート	シーニャ	男			パオロ
1372	02	22	冬		ラジェッラ	—		女	妻	ノヴェッラ
1373	06	01	夏	●	マイナールド	カルド	男			—
1373	06	15	夏	●	フィリッポ	ピエロッツィ	男			—
1373	06	27	夏	●	ランドゥッチョ	ダレッツォ	男			—
1373	06	29	夏	●	フリードリヒ	スコンバック	男			—
1373	07	01	夏	●	ザノービ	リヌッチ	男			ロレンツォ
1373	07	08	夏	●	バッチョ	ヴェンヴェヌーティ	男			パオロ
1373	07	10	夏	●	アントーニア	ベンヴェヌーティ＊		女	妻	フェリチタ
1373	07	14	夏	●	アンジェロ	ルーカ	男			ステーファノ
1373	07	18	夏	●	アンジョロ	マンフレーディ	男			ブオンコンシッリョ
1373	07	26	夏	●	リストーロ	フェーイ	男			ロレンツォ
1373	07	26	夏	●	フィリッパ	ミケーレ＊		女	妻	ノヴェッラ
1373	07	30	夏	●	トゥッツィオ	ジョヴァンニ	男			トリニタ
1373	08	05	夏	●	ジョヴァンナ	グァルディ＊		女	妻	ノヴェッラ
1373	12	28	冬		アントーニア	サッセッティ＊		女	妻	—
1373	01	08	冬		ジョヴァンナ	グイダロッティ		女	寡婦	マッジョーレ
1373	01	09	冬		ジョヴァンニ	アゴラーイオ	男			ロレンツォ
1373	02	02	冬		ニッコローザ	ヴィンチ＊		女	妻	ノヴェッラ
1373	02	12	冬		ミニアート	ビアンクッチョ	男			ノヴェッラ
1373	02	13	冬		メリオーラ	ルーチーニ＊		女	寡婦	ベルテルデ
1374	06	09	夏	●	フフランチェスカ	ヤーコピ		女	妻	ノヴェッラ
1374	06	13	夏	●	シルヴェストラ	ゴンディ＊		女	妻	ウーギ
1374	07	11	夏	●	ネーザ	カステッリ＊		女	妻	パオロ
1374	07	13	夏	●	ラジエッタ	ロッシ＊		女	妻	フェリチタ
1374	07	13	夏	●	カテリーナ	アッタヴァンティ＊		女	妻	ロレンツォ
1374	07	15	夏	●	サンドラ	—		女	妻	ノヴェッラ
1374	07	20	夏	●	ドメニコ	ボッリーニ	男			パオロ
1374	07	21	夏	●	ジョヴァンニ	ピーニ	男			ルッフィッロ
1374	07	21	夏	●	ロムロ	ピーニ	男			ルッフィッロ
1374	07	23	夏	●	ネーラ	ヴェッキエッティ＊		女	妻	—
1374	07	24	夏	●	ジョヴァンニ	ボミーノ	男			ルッフィッロ
1374	07	27	夏	●	ドメニコ	シルヴェストロ	男			ノヴェッラ
1374	07	27	夏	●	トンマーゾ	アルトヴィーティ	男			アポーストリ
1374	07	29	夏	●	ピエートロ	スルモーナ	男			—
1374	08	08	夏	●	シモーネ	ストロッツィ	男			ミニアート
1374	08	09	夏	●	ガラッソ	アミエーリ	男			パオロ
1374	08	10	夏	●	ベルト	ラービ	男			ミニアート
1374	08	11	夏	●	ジョルジョ	カルッチ	男			ロレンツォ
1374	08	11	夏	●	ウベルティーノ	ストロッツィ	男			ウーギ
1374	08	12	夏	●	ジョヴァンナ	バルトリ＊		女	妻	ロレンツォ
1374	08	12	夏	●	トンマーゾ	ルチェッラーイ	男			ノヴェッラ
1374	08	13	夏	●	ピエーラ	メディチ＊		女		アポーストリ
1374	08	14	夏	●	バルトロメーア	ブラート(実家:リドリフィ)＊		女	妻	ノヴェッラ
1374	08	14	夏	●	ナンナ	マリンギ＊		女	妻	パンクラ
1374	08	16	夏	●	ニッコローザ	ベルティ		女	寡婦	ノヴェッラ
1374	08	16	夏	●	ピエートロ	ケルッチ	男			ノヴェッラ
1374	08	18	夏	●	ベルタ	モンテファルコ		女	独身	ノヴェッラ
1374	08	19	夏	●	ギータ	ジョヴァンニ＊		女	妻	パオロ
1374	08	19	夏	●	フランチェスカ	ボラッチョ(ボナッチョ)		女		ロレンツォ
1374	08	21	夏	●	ジネーヴラ	アンテッラ＊		女	寡婦	パオロ
1374	08	22	夏	●	ピエートロ	サバティーニ	男			フレディアーノ
1374	08	24	夏	●	カテリーナ	ストロッツィ＊		女	妻	パンクラ
1374	08	25	夏	●	ヤーコポ	アッリグッチ	男			レイ
1374	08	25	夏	●	ニッコロ	モレッリ	男			パンクラ
1374	08	26	夏	●	ナンナ	パーニ＊		女	妻	ロレンツォ

(11) 1374年～1381年

年号	月	日	季節	疫病死	下の名	名字	男	女	家庭的身分	教区
1374	08	29	夏	●	サンドロ	—	男			チェチーリア
1374	12	04	冬		ルッジェーロ	ブルネレッスキ	男			—
1374	12	21	冬		ペーラ	グァスコーニ＊		女	寡婦	ロレンツォ
1374	01	02	冬		ニッコローザ	アディマーリ＊		女	妻	カンポ
1374	01	31	冬		—	ヴィンチ	男			ノヴェッラ
1374	02	02	冬		カテリーナ	ノッド	男			パオロ
1374	02	03	冬		パーチェ	チーニ	男			ノヴェッラ
1374	02	04	冬		—	チーニ	男			ノヴェッラ
1374	02	07	冬		マルゲリータ	リッピ		女	独身	パオロ
1375	06	28	夏		ザノービ	フラスカ	男			クリストーフォロ
1376	06	16	夏		トンマーザ	アラマンニ＊		女	妻	—
1376	07	07	夏		アンジョラ	ジャンブッラーリ＊		女	妻	—
1376	02	14	冬		ジョヴァンニ	フィニグエッラ	男			パオロ
1377	08	04	夏		ロベルト	ピーリ	男			ミニアート
1377	08	15	夏		ニッコロ	デッリ	男			トリニタ
1377	08	22	夏		リッコ	アッリーギ	男			—
1377	12	31	冬		トンマーゾ	トルナクインチ	男			パンクラ
1377	01	01	冬		リーザ	トルナクインチ＊		女	妻	ベルテルデ
1377	01	02	冬		ビッリャ	—(故ベルノットの妻) ＊(実家ボスティーキ)		女	寡婦	ステーファノ
1377	01	21	冬		フィリッパ	ストロッツィ＊		女	妻	パンクラ
1377	01	27	冬		トンマーゾ	リッコ	男			パンクラ
1377	01	30	冬		ジョヴァンニ	ファントーニ	男			ベルテルデ
1377	02	14	冬		フランチェスキーノ	アッリグッチ	男			レオーネ
1377	02	15	冬		ガスディーア	マンチーニ＊		女	妻	パンクラ
1377	02	15	冬		ジェンマ	トルナクインチ＊		女	妻	—
1378	07	01	夏		ナンナ	—		女	妻	ロレンツォ
1378	08	03	夏		バルトヌプタ	ペーシャ(ペシア)		女		ペッシャ(ペシア)
1378	08	26	夏		ステッラ	ブルチ＊		女		ロレンツォ
1378	12	30	冬		グレゴーリオ	トルナクインチ	男			パンクラ
1378	01	20	冬		バンコ	カヴァルカンティ	男			ポルタ
1378	01	20	冬		チリア	ニッコリ＊		女	妻	ロレンツォ
1378	01	28	冬		マンフレーディ	ジャンブッラーリ	男			ベルテルデ
1378	02	10	冬		ヴァンナ	—(居酒屋ナッドの妻)＊		女	妻	パオロ
1378	02	13	冬		デーア	ボッチ＊		妻	妻	サンタンドレーア
1379	06	14	夏		ボナジュンタ	ボナジュンティ	男			ノヴェッラ
1379	08	17	夏		フィリッポ	アメリイ	男			サンタンドレーア
1379	12	22	冬		カルロ	マンジョーニ	男			ベルテルデ
1379	12	22	冬		フィリッポ	ストロッツィ	男			ミニアート
1379	12	22	冬		ジョヴァンニ	アンセルミ	男			パンクラ
1379	12	23	冬		バルトロ	シミネッティ	男			ポルタ
1379	12	23	冬		チプリアーノ	マンジョーニ	男			ベルテルデ
1379	12	26	冬		パオロ	ディエティサールヴィ	男			サンタンドレーア
1379	12	27	冬		グッレールモ	リッチ	男			アルベルギ
1379	01	09	冬		ビーチェ	ケスティ＊		女	寡婦	パオロ
1380	06	22	夏		ニッコローザ	ロンディネッリ＊		女	妻	ロレンツォ
1380	06	23	夏		アンドレウオーラ	ロンディネッリ＊		女	妻	ロレンツォ
1380	07	01	夏		ドメニコ	ミケーレ	男			ノヴェッラ
1380	01	11	冬		ジェンマ	グァスコーニ＊		女	妻	ロレンツォ
1380	01	15	冬		グァルテロット	ブルネレッスキ	男			レオーネ
1380	01	17	冬		パオロ	ソルディーニ	男			ノヴェッラ
1380	01	29	冬		ターナ	—(ベルナルドの妻)＊		女	妻	ノヴェッラ
1380	01	29	冬		ドメニカ	チョネッリ＊		女	妻	ロレンツォ
1380	01	29	冬		デーア	ドナーティ		女	独身	パンクラ
1380	02	01	冬		アンジェロ	カント	男			ロレンツォ
1380	02	02	冬		シモーナ	テッリ＊		女	妻	パオロ
1380	02	05	冬		ニッコローザ	チカリーニ		女	妻	コエロールム
1380	02	17	冬		ラーパ	—		女	妻	パオロ
1381	06	02	夏		ビーチェ	トゥルッファ＊		女	妻	ノヴェッラ
1381	06	13	夏		ジョヴァンニ	グッチ	男			ノヴェッラ
1381	06	21	夏		マルゲリータ	スカーリ＊		女	妻	トリニタ
1381	07	29	夏		ピエートロ	ペトリオーロ	男			マッジョーレ
1381	08	11	夏		カルロ	ルチェッラーイ	男			—
1381	08	15	夏		マッフィオ	ピーリ	男			—
1381	08	19	夏		ラーパ	アルトヴィーティ＊		女	妻	アポーストリ

（12）1381 年〜1383 年

年号	月	日	季節	疫病死	下の名	名字	男	女	家庭的身分	教区
1381	08	19	夏		ジョヴァンナ	ガッロ＊		女	妻	ロレンツォ
1381	12	11	冬		マルキオーネ	ペートリ	男			ノヴェッラ
1381	12	16	冬		リーザ	ディーニ＊		女	妻	パオロ
1381	12	19	冬		ビンデッラ	リッチ＊		女	妻	アルベルギ
1381	12	20	冬		ファルコ	ドッフォ	男			ノヴェッラ
1381	12	25	冬		ジョヴァンナ	—		女	妻	ロレンツォ
1381	12	30	冬		ジェルヴァージョ	トーディ	男			ノヴェッラ
1381	01	17	冬		ジョルジョ	スカーリ	男			トリニタ
1381	01	17	冬		アンジェラ	—		女	独身	ルチーア···
1381	01	19	冬		チェーザレ	ジョッキ	男			マルゲリータ
1381	02	03	冬		シモーナ	—		女	妻	ノヴェッラ
1382	07	17	夏	●	マーリ	ヴィッラヌッティ	男			パンクラ
1382	07	24	夏	●	ヤーコポ	グイドーニ	男			レパラータ
1382	07	24	夏	●	フェリーチェ	マルガリエージ＊		女	妻	ノヴェッラ
1382	07	25	夏	●	ヤーコポ	—	男			—
1382	07	25	夏	●	スタージョ	バーチェ	男			サンタンドレーア
1382	07	25	夏	●	ブオーノ	バーチェ	男			サンタンドレーア
1382	07	25	夏	●	レーナ	ストロッツィ＊		女	妻	ミニアート
1382	07	27	夏	●	マルゲリータ	—		女	妻	ノヴェッラ
1382	07	29	夏	●	ミニアート	ピーリ	男			ミニアート
1382	07	29	夏	●	バルトロ	ミケーレ	男			ノヴェッラ
1382	07	30	夏	●	バルトロメーア	—		女	独身	チェチーリャ
1382	08	06	夏	●	ボッカッチョ	ブルネレッスキ	男			—
1382	08	07	夏	●	アントーニア	ジョヴァンニ＊		女	独身	ノヴェッラ
1382	08	07	夏	●	バルトラ	ゴーロ		女	独身	パオロ
1382	08	07	夏	●	テッサ	フィニグエッラ＊		女	妻	パオロ
1382	08	25	夏	●	トンマーゾ	ジャンブッラーリ	男			ベルテルデ
1382	12	07	冬		フェーオ	フェーイ	男			ロレンツォ
1382	12	13	冬		テーア	ファルコーニ＊		女	妻	クリストーフォロ
1382	12	16	冬		テッサ	—(フランチェスコの妻)＊		女	妻	フェリチタ
1382	01	01	冬		アンドレーア	ピエーリ	男			ルチーア・オンニサンティ
1382	01	22	冬		ジョヴァンナ	ゲラルディーニ＊		女	妻	カンポ
1382	01	25	冬		フランチェスカ	カヴァルカンティ＊		女	寡婦	シモーネ
1382	02	02	冬		ピエーラ	ブラート＊		女	妻	—
1382	02	15	冬		リーザ	—		女	妻	ノヴェッラ
1382	02	17	冬		ピエーラ	—		女	妻	パオロ
1382	02	18	冬		ラーパ	アリオッティ		女	独身	ヴィズドーミニ
1382	02	22	冬		ドゥッチョ	ジョヴァンニ	男			ロレンツォ
1383	06	02	夏	●	ヤーコポ	ジャンブッラーリ	男			ウーギ
1383	06	11	夏	●	フランチェスコ	ベーコラ	男			マッジョーレ
1383	06	11	夏	●	フィリッポ	コルシ	男			ロレンツォ
1383	06	12	夏	●	アヴェナンテ	ラーピ＊		女	妻	ノヴェッラ
1383	06	21	夏	●	ニッコロ	メディチ	男			レパラータ
1383	06	22	夏	●	ウゴリーノ	グイーディ	男			ロレンツォ
1383	06	24	夏	●	タルド	ピーリ	男			ミニアート
1383	06	25	夏	●	バルトロメーア	ジョーミ＊		女	妻	ロレンツォ
1383	06	26	夏	●	ビーチェ	ベッカヌージ＊		女	妻	フェリチタ
1383	07	02	夏	●	ピエートロ	ミケーレ	男			—
1383	07	03	夏	●	ジョヴァンニ	アリオッティ	男			マッジョーレ
1383	07	03	夏	●	ヤーコポ	ファルセッターリオ	男			ロレンツォ
1383	07	04	夏	●	ヤーコポ	トーゾ	男			パオロ
1383	07	04	夏	●	タッデーオ	ヴァーイ	男			レパラータ
1383	07	04	夏	●	ピエーラ	ジャンブッラーリ＊		女	妻	—
1383	07	05	夏	●	ナンナ	バルドゥッチ＊		女	妻	—
1383	07	05	夏	●	チリア	モンダネーリ＊		女	妻	ロレンツォ
1383	07	06	夏	●	マッテーオ	グァスコーニ	男			ロレンツォ
1383	07	06	夏	●	タンチャ	パオリ＊		女	妻	ロレンツォ
1383	07	06	夏	●	ネーラ	アミエーリ＊		女	妻	—
1383	07	07	夏	●	ヤーコポ	ダティーニ	男			ノヴェッラ
1383	07	07	夏	●	フェデリーゴ	サッセッティ	男			ブオンコンシッリョ
1383	07	07	夏	●	アントーニオ	ジャンブッラーリ	男			ベルテルデ
1383	07	07	夏	●	フランチェスコ	アディマーリ	男			—
1383	07	07	夏	●	ドラゴンチーナ	ストロッツィ＊		女	妻	ドナート
1383	07	08	夏	●	ティーレ	チカリーニ＊		女	妻	コエロールム
1383	07	09	夏	●	アレッシーノ	デル・モンテ	男			ノヴェッラ

（13）1383年

年号	月	日	季節	疫病死	下の名	名字	男	女	家庭的身分	教区
1383	07	09	夏	●	マルゲリータ	セニーノ＊		女	妻	ー
1383	07	10	夏	●	アントーニア	ー		女	妻	ノヴェッラ
1383	07	11	夏	●	トゥルピーノ	ジャンブッラーリ	男			ノヴェッラ
1383	07	12	夏	●	ピエロッツォ	サッセッティ	男			ブオンコンシッリョ
1383	07	12	夏	●	バンデッカ	ー		女	妻	ノヴェッラ
1383	07	12	夏	●	バルトロメーア	ー		女	妻	ノヴェッラ
1383	07	13	夏	●	ロッソ	リッチ	男			ー
1383	07	13	夏	●	スピネッロ	ルーカ	男			ノヴェッラ
1383	07	13	夏	●	ディアーナ	マンジョーニ＊		女	妻	ー
1383	07	17	夏	●	ジョヴァンニ	ジャンブッラーリ	男			ウーギ
1383	07	17	夏	●	バルトロ	ベルティーニ	男			ベルテルデ
1383	07	18	夏	●	チーチャ	アルビッツィ		女	妻	ノヴェッラ
1383	07	19	夏	●	ギータ	ー		女	独身	パンクラ
1383	07	20	夏	●	アレッサンドロ	バルディ	男			ソプラルノ
1383	07	20	夏	●	カロッチョ	カロッチ	男			パンクラ
1383	07	21	夏	●	ピエロッツォ	オッテネッリ	男			ノヴェッラ
1383	07	22	夏	●	トンマーゾ	コッキ	男			トリニタ
1383	07	22	夏	●	ナンナ	ジャンニ＊		女	妻	カンポ
1383	07	23	夏	●	チチーリャ	ロッティ＊		女	寡婦	ノヴェッラ
1383	07	23	夏	●	ー	ロッティ		女	独身	ノヴェッラ
1383	07	24	夏	●	ネーラ	リーナ＊		女	妻	レオーネ
1383	07	25	夏	●	バルトロメーア	ー		女	妻	ルチーア・・・
1383	07	26	夏	●	タッデーオ	アッリ	男			マッジョーレ
1383	07	26	夏	●	ニッコロ	ウーギ	男			ノヴェッラ
1383	07	26	夏	●	メーオ	ドメニコ	男			ノヴェッラ
1383	07	26	夏	●	ビンデッラ	ー		女	妻	ノヴェッラ
1383	07	27	夏	●	ニッコロ	グイドーニ	男			マッジョーレ
1383	07	27	夏	●	リーザ	ゴンディ		女	独身	ウーギ
1383	07	28	夏	●	ニッコ	ゴーロ	男			ロレンツォ
1383	07	28	夏	●	タルジェット	ー	男			ー
1383	07	29	夏	●	ロレンツォ	コッキ	男			ー
1383	07	29	夏	●	ジュリアーノ	デル・モンテ	男			ー
1383	07	29	夏	●	ロレンツォ	トスキ	男			パオロ
1383	07	29	夏	●	ナンナ	ピーリ		女	独身	サンタンドレーア
1383	07	30	夏	●	クリストーフォロ	マージ	男			ノヴェッラ
1383	07	30	夏	●	ベネデット	モレッリ	男			パンクラ
1383	07	30	夏	●	ドメニコ	ボルギ	男			ノヴェッラ
1383	08	01	夏	●	ベルナルド	ビアーダ	男			ノヴェッラ
1383	08	01	夏	●	フィリッパ	サッセッティ＊		女	妻	ー
1383	08	03	夏	●	アントーニオ	カヴァルカンティ	男			ー
1383	08	04	夏	●	カテリーナ	カステッリ		女	独身	トリニタ
1383	08	04	夏	●	ウギッチョ	リッチ	男			ニポテコーザ
1383	08	04	夏	●	ニッコローザ	ジャンブッラーリ＊		女	妻	ー
1383	08	05	夏	●	フランチェスコ	ブオーノ	男			パンクラ
1383	08	05	夏	●	マルコ	ラーピ	男			ノヴェッラ
1383	08	07	夏	●	アンジェロ	バリオーニ	男			パオロ
1383	08	07	夏	●	アンニバルド	カルッチ	男			ロレンツォ
1383	08	09	夏	●	ニッコローザ	ジャンニ＊		女	妻	パンクラ
1383	08	10	夏	●	ステーファノ	ネーリ	男			ミケーレ
1383	08	10	夏	●	サンドラ	アンセルミ＊		女	妻	ー
1383	08	11	夏	●	レオナルド	ジャンブッラーリ	男			ー
1383	08	11	夏	●	ナンナ	ジョヴァンニ＊		女	妻	ノヴェッラ
1383	08	11	夏	●	ラーパ	マンネッリ		女	独身	ー
1383	08	12	夏	●	ブオーノ	ブオーニ	男			パンクラ
1383	08	12	夏	●	ジェンマ	アンドレーア＊		女	妻	ノヴェッラ
1383	08	13	夏	●	ジャーノ	ヤーコポ	男			カンポ
1383	08	13	夏	●	ナスタージア	ネーリ		女	妻	ノヴェッラ
1383	08	14	夏	●	マルゲリータ	ラーナ＊		女	妻	パンクラ
1383	08	15	夏	●	アントーニア	ルチェッラーイ＊		女	妻	ー
1383	08	15	夏	●	グリエルモ	アヴィニョネーゼ	男			ノヴェッラ
1383	08	16	夏	●	ナンニ	コッキ	男			ー
1383	08	17	夏	●	フランチェスコ	ジャンブッラーリ	男			ー
1383	08	17	夏	●	フランチェスコ	マルティヌッツィ	男			シモーネ
1383	08	17	夏	●	バルトロ	ー	男			ルチーア
1383	08	17	夏	●	・・・	ー（マルティーノの妻）＊		女	妻	ルチーア

（14）1383年〜1387年

年号	月	日	季節	疫病死	下の名	名字	男	女	家庭的身分	教区
1383	08	18	夏	●	フランチェスコ	ペノッツォ	男			ドナート
1383	08	18	夏	●	ピエートロ	パンタレオーニ	男			トリニタ
1383	08	19	夏	●	ジョヴァンニ	スカルラッティーノ	男			ノヴェッラ
1383	08	22	夏	●	ニッコロ	カヴァルカンティ	男			―
1383	08	23	夏	●	アンドレーア	ラーピ	男			ドナート
1383	08	23	夏	●	アントーニオ	アルディンギ	男			―
1383	08	23	夏	●	チェッコ	ドメニコ	男			マッジョーレ
1383	08	24	夏	●	シモーネ	サルテレッリ	男			スケラッジョ
1383	08	25	夏	●	トンマーゾ	ターニ	男			オニッサンティ
1383	08	25	夏	●	ビリア	アンブロージョ＊		女	妻	―
1383	08	26	夏	●	ベルナルド	サッセッティ	男			―
1383	08	26	夏	●	ナンナ	―		女	独身	パオロ
1383	08	29	夏	●	ボナヴェントゥーラ	ボナヴェントゥーラ	男			ノヴェッラ
1383	08	29	夏	●	フランチェスコ	ミーキ	男			ノヴェッラ
1383	12	01	冬		ペートラ	アリンギエーリ＊		女	寡婦	ノヴェッラ
1383	12	03	冬		シモーネ	トルナクィンチ/トルナブオーニ	男			パンクラ
1383	12	11	冬		ヴァロリーノ	ソンマーイア		女	独身	パンクラ
1383	12	15	冬		グイード	ランチロッティ	男			―
1383	12	27	冬		ロレンツォ	プラート	男			マッジョーレ
1383	01	10	冬		トンマーザ	アッリ＊		女	妻	マッジョーレ
1383	01	13	冬		エルメッリーナ	ニコラーイ＊		女	妻	―
1383	01	19	冬		ノフリオ	トルナクィンチ	男			―
1383	01	19	冬		ギータ	トルナクィンチ＊		女	妻	―
1383	02	07	冬		ドメニコ	ファルコーネ	男			トリニタ
1383	02	21	冬		アントーニア	ペーコラ		女	妻	サルヴァトーレ
1384	07	28	夏		バルデーゼ	―	男			―
1384	08	12	夏		フィリッポ	ボルギ	男			ノヴェッラ
1384	08	18	夏		ミケーレ	シモーネ	男			ベネデット
1384	08	22	夏		ヤーコポ	バルトリーノ	男			ロレンツォ
1384	08	30	夏		ロレンツァ	シーニャ		女	寡婦	パオロ
1384	12	03	冬		ボナッコルソ	ポミーノ	男			ルッフィッロ
1384	12	15	冬		ニコーラ	グァスコーニ	男			ロレンツォ
1384	01	25	冬		エリザベッタ	ステーファニ		女	妻	トリニタ
1385	06	25	夏		アントーニオ	ヤーコピ	男			トリニタ
1385	07	18	夏		ニッコロ	ジョヴァンニ	男			ノヴェッラ
1385	07	23	夏		テッシーナ	パンタローニ＊		女	寡婦	トリニタ
1386	08	14	夏		ジョヴァンニ	マリンギ	男			ロレンツォ
1386	08	14	夏		レオナルダ	ヤーコピ＊		女	妻	パオロ
1386	01	13	冬		ゼバイナ	ディエティサールヴィ＊		女	妻	サンタンドレーア
1386	01	18	冬		シモーネ	―	男			ベネデット
1386	01	18	冬		ピエーラ	ブルチ		女	妻	ロレンツォ
1386	01	22	冬		アンドレーア	ムッジェッロ	男			―
1386	01	23	冬		ロレンツァ	バルトリ	男			パンクラ
1386	01	28	冬		ジョヴァンニ	トルナクィンチ	男			パンクラ
1386	01	28	冬		トンマーゾ	グァルディ	男			ロレンツォ
1386	02	02	冬		ジョヴァンニ	フェッティ	男			ノヴェッラ
1386	02	04	冬		ニッコロ	ブルチ	男			ロレンツォ
1386	02	22	冬		ネロッチャ	コッレッガッリ＊		女	妻	―
1387	06	01	夏		コスタンツァ	ボルドーニ＊		女	妻	ベルテルデ
1387	07	12	夏		ラーポ	ルチェッラーイ	男			パオロ
1387	07	19	夏		ザノービ	トルナクィンチ	男			―
1387	08	01	夏		シルヴェストロ	アルトヴィーティ	男			―
1387	08	13	夏		ジョヴァンニ	マッキ	男			―
1387	12	16	冬		ジョヴァンニ	アディマーリ	男			―
1387	12	21	冬		サンタ	ペレートラ＊		女	妻	パオロ
1387	12	23	冬		ピエロッツォ	ミーキ	男			パンクラ
1387	01	24	冬		リーザ	ペーコラ＊		女	妻	サルヴァトーレ
1387	01	25	冬		ピエーラ	マテラッサ＊		女	妻	ノヴェッラ
1387	02	02	冬		バンディーノ	―	男			パオロ
1387	02	02	冬		ピエーラ	ラパッチーニ＊		女	寡婦	ノヴェッラ
1387	02	04	冬		ローザ	バンキ		女	独身	ヴィズドーミニ
1387	02	13	冬		ボンジャンニ	プッチョ	男			ノヴェッラ
1387	02	13	冬		ウベルト	ベンヴェヌーティ	男			フェリーチェ
1387	02	14	冬		マッテーア	テキーニ		女	独身	ノヴェッラ
1387	02	18	冬		リーザ	ゼノービ＊		女	妻	ノヴェッラ

（15）1388 年〜1414 年

年号	月	日	季節	疫病死	下の名	名字	男	女	家庭的身分	教区
1388	06	24	夏		ヤーコポ	トゥデルト	男			パオロ
1388	08	01	夏		ピエーロ	ディエティサールヴィ	男			サンタンドレーア
1388	08	04	夏		タッデーオ	パーパ	男			カンポ
1388	08	15	夏		ジョヴァンナ	バルデシーノ＊		女	妻	ノヴェッラ
1388	08	19	夏		ニッコローザ	ビーニ＊		女	妻	ノヴェッラ
1388	02	08	冬		ルーカ	グイダロッティ	男			マッジョーレ
1389	06	18	夏		—	リッチ＊		女	妻	—
1389	06	28	夏		ナンディーナ	プラート		女	妻	ローモロ
1389	08	16	夏		バンカ	グイダロッティ		女	独身	マッジョーレ
1391	06	23	夏		ラニエーリ	ドゥッチョリーニ	男			パンクラ
1392	07	11	夏		ジョヴァンニ	フィカッツァーイア	男			ノヴェッラ
1393	07	05	夏		チーノ	ミーキ	男			パンクラ
1393	08	28	夏		トンマーザ	ボナッコルソ		女	独身	—
1394	07	11	夏		クリストーフォラ	ソリアーニ＊		女	妻	ロレンツォ
1395	12	06	冬		フィリッポ	ウーゴ	男			ノヴェッラ
1395	12	27	冬		ストリンナート	アルフィエーリ	男			ピエール
1395	01	01	冬		ビンド	ヴェッキエッティ	男			ノヴェッラ
1397	01	11	冬		レミージョ	ロンディネッリ	男			ロレンツォ
1398	08	06	夏		シモーネ	ドゥランテ	男			ノヴェッラ
1398	08	13	夏		フランチェスコ	ルチェッラーイ	男			パンクラ
1399	08	16	夏		ベルナルド	アルベルティ	男			ノヴェッラ
1399	01	29	冬		ピエートロ	ストロッツィ	男			ウーギ
1402	06	02	夏		ヤーコポ	ヴェントゥーラ	男			パオロ
1403	06	16	夏		シモーネ	ゴンディ	男			ウーギ
1403	08	10	夏		ゲラルディーノ	カヴァルカンティ	男			—
1404	06	06	夏		アンジェラ	パンチャーティキ＊		女	寡婦	パンクラ 500
1404	02	22	冬		マッテーア	リッチ＊		女	寡婦	ノヴェッラ
1405	06	18	夏		レーオ	アッチャイオーリ	男			アポーストリ
1405	08	18	夏		ウゴレッタ	—		女	独身	ノヴェッラ
1405	01	05	冬		ゼノービオ	アゴランンティ	男	女		ノヴェッラ
1405	01	13	冬		オッド	カヴァルカンティ	男			—
1405	01	21	冬		コスタンツァ	リッピ		女	独身	ノヴェッラ
1407	06	26	夏		マイナルド	カヴァルカンティ	男			—
1407	07	14	夏		マルゲリータ	ブエリ＊＊		女		—
1407	07	20	夏		ギゼッロ	ギゼッリ	男			ソープラ・ポルタ
1407	08	29	夏		ベルナルド	カヴァルカンティ	男			—
1407	12	23	冬		アントーニオ	チェッコ	男			ノヴェッラ
1407	02	07	冬		ジョヴァンニ	トシンギ	男			—
1409	06	26	夏		リーザ	ダーティ＊		女	妻	ノヴェッラ
1409	08	13	夏		フィリッパ	セニーニ		女	寡婦	ノヴェッラ
1409	08	24	夏		マッダレーナ	リッチ		女	寡婦	ノヴェッラ
1409	12	13	冬		ネンテ	—		女	寡婦	レオーネ
1410	08	12	夏		コーラ	ジャンブッラーリ	男			パオロ
1410	08	17	夏		ベーネ	フィリッポ＊		女	寡婦	ノヴェッラ
1410	12	17	冬		リーリオ	ウゴリーノ	男			ノヴェッラ
1411	07	31	夏		ピエートロ	ゴーロ	男			ロレンツォ
1411	08	31	夏		ビンド	グァスコーニ	男			—
1411	12	16	冬		フィオレッタ	アルトローヴィ＊		女	寡婦	アポーストリ
1411	12	17	冬		レオナルダ	—		女	寡婦	ノヴェッラ
1412	07	01	夏		ニッコロ	ナポリ	男			—
1412	08	03	夏		ベネデット	カストロ・フィオレンティーノ	男			—
1412	08	18	夏		バルトロメーオ	ポポレスキ	男			ノヴェッラ
1412	08	20	夏		フィリッポ	ラニエーリ	男			マルゲリータ
1412	08	26	夏		リーザ	パオリ＊		女	妻	ノヴェッラ
1412	08	26	夏		ゼノービョ	ラパッキーノ	男			ノヴェッラ
1412	08	31	夏		テッサ	—		女	妻	パオロ
1413	06	17	夏		ヤーコポ	ピーリ	男			チェチーリャ
1413	06	25	夏		ジョヴァンニ	リッチ	男			—
1413	08	13	夏		リドルフォ	ソマーリア	男			ロレンツォ
1413	08	17	夏		グレゴーリオ	ビオンディ	男			ノヴェッラ
1413	01	02	冬		ジョヴァンニ	ストロッツィ	男			フェリチタ
1413	01	03	冬		ジョヴァンニ	ストロッツィ	男			フェリチタ
1413	02	26	冬		ピエーロ	トルナクインチ	男			ミケーレ
1414	07	09	夏		ロレンツォ	トージ	男			ノヴェッラ
1414	07	19	夏		ザノービ	ドゥッチ	男			ノヴェッラ

（16）1414年～1491年

年号	月	日	季節	疫病死	下の名	名字	男	女	家庭的身分	教区
1414	08	11	夏		ジョヴァンニ	ジョヴァンニ	男			ノヴェッラ
1415	07	25	夏		トンマーゾ	ルチェッラーイ	男			パンクラ
1415	08	10	夏		アッリーゴ	マッツィンギ	男			パンクラ
1415	12	29	冬		グイード	ヴェッキエッティ	男			ドナート
1416	07	20	夏		ウルソラ	―		女	妻	―
1416	07	21	夏		スピネッロ	アディマーリ	男			―
1416	08	30	夏		ピエートロ	ストロッツィ	男			―
1416	12	15	冬		フィリッポ	ウグッチョーゾ	男			ノヴェッラ
1417	07	21	夏		レオナルダ	リッチ		女		―
1436	07	01	夏		ジョヴァンニ	カサノヴァ	男			―
1436	02	01	冬		フランチェスコ	トルナブオーニ	男			―
1463	01	09	冬		アルフォンツ	トルナブオーニ	男			―
1471	08	07	夏		ジョヴァンニ	ガッリ	男			ノヴェッラ
1480	07	20	夏		リザベッタ	ジーリョ		女	独身	―
1491	12	04	冬		ミケーレ	ポッジーニ	男			ノヴェッラ

あとがき

私を黒死病研究に導いたものは、学生だった。教室でのその眼の輝きであった。

高校の教師をしていた時に、余暇を見つけてこつこつ書いた「ルネサンス人文主義」の論文で学位（博士）を取得することができた（一九九四年）。思想史を選んだのは、原典そのものをひたすら講読し、それに主要な研究書の講読をして、それで自分なりの見方を出して、論文が作成できると考えたからである。当たり前であるが、すべて紙の上の文字、つまり、紙媒体での勝負だった。

その後、大学で専任として教える機会を与えられた（一九九五年、四七歳）。そこで、さっそくルネサンス人文主義の学識を活かして講義を始めてみた。だが、学生の眼はとろんとしていた。これではいけない、と思った。

私は現実的な人間で、現実対応を考えた。素材自体のおもしろさを考えた。そこで、試みに黒死病の話をしてみると、その眼に輝きが感じられた。実際、黒死病の話は、その恐るべき被害の規模の大きさもあってインパクトがあった。学生の眼の輝きを灯台の「ともしび」として、次第に黒死病を本格的に研究するようになった。講義も半期一五回すべて黒死病となった。こうして最初の黒死病の論文を書いた時、すでに五二歳であった（一九九九年）。この時、ようやく本書の出発点に立った。

その出発点からこれまでほとんどすべて黒死病関係の著述だけに専念して、その数は四二点、延べ三〇〇〇頁以上になる。しかも、それは、研究書の講読と著述という、以前のような紙媒体だけの勝負だけでなく、社会史の研究として（大学の専任ゆえに、それが可能となった）、フィールドワークの活動も展開できた。すなわち、ペストの傷跡を求めて、自分の足でイタリアとヨーロッパの他の国々を回った――イタリアだけで約二〇〇都市、「七三〇」の教会に行き、そこに所蔵された疫病美術を調査した（この成果はいずれまとめたい）。本書に掲載された写真はすべてその時に自分で撮影したものである。そして、イタリア以外において黒死病の死亡率が特定出来る地域を自分の眼で確認し、地形や風土を体感した。このフィールドワークを、夏休みを中心に、ここ二〇年間、毎年欠かさずおこなった。さらに、イタリアのすべての大聖堂に郵便で黒死病関係の美術の調査アンケートを数回にわたって依頼した。これにはミラノ在住の娘（麗）が力になってくれた。

そうした足で稼いだデータや写真・ビデオは講義を新鮮なものにしてくれた。学生に「取れ立てのビデオ」を見せ、関心を引いた。例えば、ひとつのテーマ――「スポレートの黒死病美術」というテーマなど――で「イタリア旅行案内」風に五分程度に編集して見せた。それはまるで中世・ルネサンス都市にタイムスリップしたような雰囲気を醸し出した。このように手作りで作成したビデオ――例えば、アリエスの「飼い慣らされた死」のテーマのもとに作成したチェコのクトナーホラの《骸骨教会》のビデオなど――は、その数一五〇本程度になるだろう。そうしたちょっとした誠意・工夫は学生には通じるものである。これで「聞く」だけの講義だけでなく、「見る」（視聴する）講義ともなり、学生の眼の輝きを刺激したかもしれない。

こうして、毎年、夏のボーナスは、前著『イタリアの黒死病関係史料集』で書いたように、イタリアの先生（コモ音楽博物館館長アレッサンドロ・ピッキ氏）との史料講読会のために使った滞在費用と、このフィールドワークの費用とでほとんど飛んでしまったと思う（家内はそれについてひとことも文句は言わなかった）。ことによると、私ほど、もらった給料をそのまま教育（講義）と研究に注いだ者も少ないかもしれない。

同志社大学では学生諸君からの知的な刺激は研究の推進力となった。講義では受講者全員に配って私の書いた抜き刷りを率直に批判してもらった。外国書講読の授業では、班に分かれて精読して、訳文をワードで集めて、年度末に合わせて「翻訳冊子」のかたちにした。本書で利用できたフィレンツェの史料集やヴェネツィア史料集やベネディクトヴの研究書もその翻訳の成果である。これまで二三年間のゼミの諸君の楽しい思い出は、話せば尽きることがない（それは毎年出した卒業論文集のなかでも書いてきた）。また、大学院生には美那川雄一君や井谷直義君や土屋直之君（すべて静岡出身）、井上江理奈さん、岡本崇君、萩原愛美さんなどの立派な論文が思い出される。学生については、いい思い出しか全く思い出されない。


「ペストをやるなら、イタリアだ」――永井三明先生は常々そう言っておられた。事実、私が後任として先生から受け継いだ研究室には、ペスト関係の本が少なからず所蔵されていた。先生のご専門はヴェネツィア近世史であったから、ヴェネツィアとペストとの、切っても切れない関係は、歴史研究から痛感されていたのだろう。先生は、五〇年も前から、心性――意識――というものを歴史の中心軸に据えておられたように思う。奇しくも本書の最初の注（1）は、永井先生の著書の引用である。ペスト以後、ヴェネツィアの人びとがペシミズムに陥った様子が述べられている。さらに、先生は、ペスト以前のフィレンツェの年代記作家ジョヴァンニ・ヴィッラーニに比べて、ペスト以後のマッテーオ・ヴィッラーニの筆のタッチには厭世観がみなぎっていると言っておられた。こうした心性――意識――重視の見方において、私の視点と先生のそれとが重なり合う部分があるのは、決して偶然ではないと思う。

永井先生は、大正デモクラシーのピークであった大正一三年（一九二四年）のお生まれで（その風が漂っている）、現在九三歳の高齢である（家系はＮＨＫの《ファミリー・ヒストリー》にうってつけの古い名門家系である）。もともと若い頃、病弱だったお体のせいで、さらに、確か二〇センチほどの爆弾の炸裂を間近に受けた戦争体験（九死に一生を得た）もあって、物事を達観して、鷹揚に構えて生きてこられ、それがこの長寿の所以かもしれない（普通、ありがちな大学の役職を、研究そっちのけで、ちまちま求める研究者の姿を、ことによると、軽蔑すらしておられたかもしれない）。しかも退職後も研究に精を出して、筑摩書房の『マキァヴェッリ全集』の出版において中心的な活躍をされた。この長寿と幸せの生活には、私が人生で知り得たなかで最も上品で知的な奥様富久子様（故人）と、翻訳賞（渋沢・クローデル賞）を受賞されたひとり娘の眞貴子さんの及ぼした愛情も大きいと思う。

また、その周囲にはいつも先生を尊敬し、慕う多くの教え子（ゼミの卒業生）が集っている。その中心には、公文喜代子さん、杉本洋子さんそのほかの多くの人たちや、ゼミを越えた鈴木幸三さんたちがいる。数回の受賞、還暦、古稀、傘寿、米寿、卆寿、そして（毎年の）誕生パーティー、春の花見など、様々なイベントが催されてきた。次は白寿である。これはすべて先生の魅力的なお人柄によるものにほかならない。また、先生は優秀な研究者を育てられて、フィレンツェ史の松本典昭さん、ヴェネツィア史の和栗珠理さん、東北大学客員教授の橋場錬太郎さんなどがいる。シエナ研究をされた鹿児島の黒川智世さんもそのひとりである。

本書は、そうした永井三明先生（同志社大学名誉教授）に捧げ、学恩の一端とさせて戴きたいと存じます。

昨年度に引き続いて刀水書房から研究書を出版できるのは、文化史学会・西洋中世学会でお世話になった池上俊一先生のおかげである。先生には刀水書房を紹介していただいた。おかげで、昨年度の『イタリアの黒死病関係史料集』と今年度の本書『苦難と心性――イタリア・ルネサンス期の黒死病――』とでセット（姉妹作）になった。先生にはここに深く感謝申し上げます。こうして、一昨年度の『地獄と煉獄のはざまで――中世イタリアの例話から心性を読む――』（知泉書館）と今年度の『どうしてルターの宗教改革は起こったか――ペストと社会史から見る――』（ナカニシヤ出版。新書）と合わせると、三年間で四冊の一連の「心性史研究」となった（全部でおそらく約二〇〇〇頁にもなろう）。

また、この著名な刀水書房は、恩師永井三明先生が主著『ヴェネツィア貴族の世界――社会と意識――』（一九九四年）を出された出版社であり、在職中の永井先生から、好感度の高い中村文江さんのことはうかがっていた。中村文江社長には、助成金にもとづく出版のために、年度内の発行期日が厳守されていることから、日曜返上で社長直々に忙しく勤務していただいた。ここに感謝申し上げます。

こうして、五二歳から始まったライフワークを、内容は別にして、ともかくかたちにすることができた次第である。

二〇一七年一〇月三日

石坂　尚武

本書は二〇一七年度同志社大学研究成果刊行助成を受けて刊行される。直接お世話になった同志社大学研究支援課の井村祥子課長・青山弘和係長に特にお礼申し上げます。これまでの三年連続となった拙著の刊行助成について、同支援課ならびに研究開発機構の皆さまに感謝申し上げます。

注

（1）ヴェネツィア史の永井三明は、おそらくペスト期に入ってから人びとの間から漏れ聞こえる苦難のことばを紹介している――「ヴェネツィアをめぐる不幸は公然とのべられるようになった。《このみじめな世の中において、苦難は多く、絶えることがないほどなので……》というのは一三八四年のあるヴェネツィア人の遺言書の書き出しなのである。あるいは《今の世の中はいかなるよいこともない。……》とルッカから来た人物はくりかえし、さらにはルッジェーロ・コンタリーニ Ruggero Contarini もまた、《人間が一時間たりとも快楽の時を楽しむこともない、この悲惨で不幸な世の中》と歎いている。今や憂鬱 Malinconia は人びとの心に重くのしかかっていた。死への怖れ、神の裁きへの怖れが通常のこととなったのはよく説かれるところである」（永井三明『ヴェネツィア貴族の世界――社会と意識』刀水書房　一九九四年　二二三頁）。

（2）S. Chambers, B. Pullan and J. Fletcher, *Venice: A Documentary History, 1450–1630*, University of Toronto Press in association with the Renaissance Society of America, Toronto, 2001, p. 118.

（3）宇津徳治「関東大震災」『世界大百科事典』（改訂新版）平凡社　二〇〇七年。家屋については、分類してこう記述されている。「家屋全壊一二万八二六六、半壊一二万六二三三、焼失四四万七一二八、流失八六八を数えた」。

（4）小田切進『昭和文学の成立』、勁草書房　一九六五年　二四～四五頁。

（5）黒田博『紀子　小津安二郎の戦後』、文藝春秋企画出版部　二〇一五年　九七頁。

（6）六九頁。

（7）ドイツの鞭打ち苦行団の歴史については次を参照。P. Ziegler, *The Black Death*, Penguin, Harmondsworth, 1969, pp. 86–96.

（8） D. Herlihy, *The Black Death and the Transformation of the West*, Harvard University Press, Cambridge, Mass., 1997, pp. 72–73.

（9） M. Mollat, *I poveri nel Medioevo*, Roma-Bari, 1982, p. 170.

（10） ジャック・ル・ゴッフ（渡辺香根夫訳）『中世の高利貸――金も命も――』、法政大学出版局、一九八九年、五一頁。

（11） Caesarii Heisterbacensis monachi ordinis cisterciensis : *Dialogue miraculorum* / ［Caesarius］; textum ad quatuor codicum manuscriptorum editionisque principis fidem accurate recognovit Josephus Strange. Coloniae, 1851, Volumen Secundum, Distinctio Duodecima, Capitulum I.

（12） 煉獄の誕生以後の幽霊の出没については、パッサヴァンティの『真の改悛の鑑』の第一一話「煉獄での《女狩り》の責め苦」（拙著『地獄と煉獄のはざまで』一九一～一九四頁）。杉崎泰一郎『沈黙すればするほど人は豊かになる――ラ・グランド・シャルトルーズ修道院の奇跡』 幻冬舎新書 二〇一六年 六五～六八頁。ジャン・ゴビ（池上俊一訳）「死者との対話」 ヨーロッパ中世史研究会編『西洋中世集』三七五～三七七頁。

（13） 稲垣良典「解説 トマスの「罪」理解について」トマス・アクィナス（稲垣良典訳）『神学大全』XII 創文社 一九九八年 四二六頁。

（14） P. Dinzelbacher, "La divinità mortifera," *La peste nera : dati di una realtà ed elementi di una interpretazione*, Atti del XXX Convegno storico internazionale, Todi, 10–13, ottobre. 1993, p. 142.

（15） p. 143.

（16） J. P. Byrne, *Encyclopedia of pestilence, pandemics, and plagues*, Greenwood Press, Westport, Conn., 2008, vol. 1, p. 56.

（17） p. 143.

（18） A. M. Spiazzi（ed.）, *Giusto de' Menabuoi nel battistero di Padova*, Trieste, 1989, pp. 13–22.

"Testamento di Fina da Carrara, 1378," Archivio di Stato, Padova, Archivio notarile, reg. 35, fols. 95–98v; B. G. Kohl, "Giusto de'Menabuoi e il mecenatismo aristico in Padova," in *Giusto de' Menabuoi nel battistero di Padova*, A. M. Spiazzi（ed.）Trieste, 1990, pp. 24–26.

（19） Gottfried, *The Black Death : Natural and Human Disaster in Medieval Europe*, New York, 1983, p. 9.

（20） ミース（中森義宗訳）『ペスト後のイタリア絵画――一四世紀中頃のフィレンツェとシエナの芸術・宗教・社会――』

中央大学出版会　一九七八年　一〇三頁。

(21) 一〇三頁。

(22) J. Chiffoleau, *La comptabilité de l'au-delà*, Albin Michel, Paris, 2011, pp. 126–149.

(23) 徳善義和「解説（ルター「カノンと呼ばれる私誦ミサの悪どさについて　一五二五年」）」『ルター著作集　第一集　第六巻』一九六三年　聖文舎　四頁。

(24) *Fifty earliest English wills in the Court of Probate*, London : A. D. 1387–1439 : with a priest's of 1454. Church of England. Province of Canterbury. Prerogative Court. Furnivall, Frederick James, 1825–1910, ed. London, New York, Toronto : Oxford University Press, 1964, p. 105.

(25) Caesarii Heisterbacensis monachi ordinis cisterciensis : *Dialogue miraculorum* / [Caesarius] ; textum ad quatuor codicum manuscriptorum editionisque principis fidem accurate recognovit Josephus Strange. Coloniae, 1851, Volumen Secundum, Distinctio Duodecima, Capitulum XXXIX.

(26) A・E・マクグラス（高柳俊一訳）『宗教改革の思想』教文館　二〇〇〇年　五〇～五一頁。

(27) デカルト（谷川多佳子訳）『方法序説』岩波文庫　一九九七年　一一頁。

(28) 佐々木力は、「私（デカルト）は存在しているが、この私を存在させている究極の作動因として神は存在していなければならないであろう。ゆえに、神は存在していなければならないのである」として、こう言う――「デカルトによれば、誠実な神を信ずるキリスト教徒のみが、数学についての真の知識を保持することができるのである。というのも、数学者が神を知るなかでは、いかなる知識も完全には保証されるということはないからである」佐々木力「〈われ惟う、ゆえにわれあり〉の哲学はいかにして発見されたか」『思想』七六〇号　岩波書店　一九八七年　四二頁。

(29) Byrne, *Encyclopedia of the Black Death, Santa Barbara, California*, 2012, p. 141. D・デフォー（栗本慎一郎訳）『ロンドン・ペストの恐怖』小学館　一九九四年　一〇一頁。

(30) 一六六五年のロンドンにおけるペットの処分について。犬や猫は、ペストという病気を原則的にはクマネズミと共有していないので、犬や猫はペストにかからない。大量のペスト死を出した一六六五年のロンドンのペストにおいて、人間は、ペストで死なない犬や猫を見て、それらがペストの原因だと判断して、猫や犬を殺してしまった。ロンドン当局は猫がペストの原因であるとして、約二〇万匹の猫、約四万匹の犬を処分してしまったのであった（Byrne, *Encyclopedia*

of pestilence, 1, p. 372)。実は、これは誤った対処であった。猫はクマネズミを駆逐し、人間のペストへの感染から守ってくれる非常に有用な存在であった。一九〇八年、日本へ来たコッホ（一八四三～一九一〇）は、ペスト防止のために積極的に猫を飼うことを勧めたのである。

（31）田中一郎「ニュートン」『世界大百科事典』改訂新版　平凡社　二〇〇七年。

（32）河辺六男編訳『世界の名著三一　ニュートン』一九七九年　中央公論社　五六二～五六四頁。

（33）F・E・エマニュエル（竹本健訳）『ニュートンの宗教』法政大学出版局　二〇〇七年　一一九頁。

（34）一七五～一七九頁。

（35）カルダーノ（青木靖三・榎本恵美子訳）『わが人生の書』現代教養文庫（社会思想社）一九八九年　一七三頁。D・ヘイ、H・ウェイシンガーほか『ルネサンスと人文主義』平凡社　一九八七年　五六頁。

（36）デフォー　八四頁。

（37）拙著『地獄と煉獄のはざまで――中世イタリアの例話から心性を読む――』知泉書館　二〇一六年　二三八頁。

（38）宗教問題を中心軸にして西洋の一四世紀から一八世紀半ばをひとつのまとまった時代として見る本書の立場は、拙著『地獄と煉獄のはざまで』（二〇一六年）、同『どうしてルターの宗教改革は起こったか――ペストと社会史から見る』（二〇一七年）でも示されている。前者の著書の「おわりに」でコンパクトにペストを中心とした幅広い心性史的な展望が示されているが、この展望に近い歴史観は、二人の宗教改革史の研究者ニコラス・タイアック、ピーター・ウォレスのそれに認められるかもしれない（甚野尚志、踊共二編著『中近世ヨーロッパの宗教と政治――キリスト教世界の統一性と多元性――』ミネルヴァ書房　二〇一四年　一一～一二頁。

（39）A. I. Pini, *La società italiana prima e dopo la «peste nera»*, Pistoia, 1981, pp. 1-2.

（40）J. Larner, *Culture and Society in Italy：1290–1420*, London, 1971, pp. 31-32.

（41）De Bernardi, S. Guarracino, *I tempi della storia, primo volume：Dalla civiltà del Medioevo all'Europa dell'assolutismo*, Milano, 1989, p. 10.

（42）M. L. Bacci, *La popolazione nella storia d'Europa*, 1999, Roma-Bari, p. 34.

（43）モンタナーリ『ヨーロッパの食文化』（山辺規子、城戸照子訳）平凡社　一九九九年　七七頁。

（44）Ole J. Benedictow, *The Black Death, 1346–1353：The Complete History*, Woodbridge, 2004, p. 310.

(45) 竹内裕二『イタリア中世の山岳都市』彰国社　一九九一年　一八五頁。
(46) Società editrice romana, *I Borghi più d'Italia: il fascio dell'Italia nascosta*, 2010, p. 424.
(47) G・プロカッチ（斎藤泰弘他訳）『イタリア人民の歴史　I』未来社　一九八四年　六四頁。
(48) De Bernardi, Guarracino, p. 35.
(49) J. Z. Titow, "Evidence of Weather in the Account Rolls of the Bishopric of Winchester, 1209–1350," *Economic History Review*, 2nd series, 1960, pp. 360–407; H. S. Lucas, "The Great European Famine of 1315, 1316, and 1317", *Speculum*, 5, 1930, pp. 343–377; J. Aberth, *From the Brink of the Apocalypse: Confronting Famine, War, Plague, and Death in the Later Middle Ages*, second edition, New York, 2010.
(50) Gottfried, p. 25.
(51) De Bernardi, S. Guarracino, p. 116.
(52) R. Black, *Benedetto Accolti and Florentine Renaissance*, Cambridge, 1985, pp. 5–7.
(53) パレストラッチ『フィレンツェの傭兵隊長ジョン・ホークウッド』（和栗珠里訳）白水社　二〇〇六年　七八～八二頁ほか。A. Molho, *Florence Public Finance in the Early Renaissance, 1400–1433*, Cambridge, 1971, pp. 60–61.
(54) パレストラッチ　四四～四六頁。
(55) 同書　七九頁。
(56) G., Alfani, *Il Gran Tour dei cavalieri dell'Apocalisse. L'Italia del « lungo cinquecento »（1494–1629）*, Venezia, 2010, p. 39.
(57) pp. 142–143.
(58) p. 39.
(59) 白幡俊輔『軍事技術者のイタリア・ルネサンス』思文閣出版　二〇一二年　三八頁。
(60) Brucker, *A Documentary Study*, chap. 104.
(61) chap. 113.
(62) 森田義之『メディチ家』講談社　一九九九年　四五～四六頁。
(63) Brucker, *A Documentary Study*, chaps. 58, 56, 33, 49.

(64) シェイクスピア『ロミオとジュリエット』（福田恆存訳）新潮社　一九六四年　九頁。

(65) なお、ルネサンス期の都市空間のありかた（整然とした配置、中心に位置する教会、規模など）の個別例や歴史的な経過については以下を参照。E. A. Gutkind, *Urban Development in Southern Europe: Italy and Greece*, 1967, chap. 4.

(66) レオン・バッティスタ・アルベルティ『家族論』（池上俊一、徳橋曜訳）講談社　二〇一〇年。*Mercanti Scrittori: Ricordi nella Firenze tra Medioevo e Rinascimento*, ed. Vittore Branca, Milano, 1986; Merchant Writers of the Italian Renaissance: from Boccaccio to Machiavelli, ed. V. Branca, tras. M. Baca, New York, 1986. ジョヴァンニ・モレッリの『リコルディ』については部分訳がある――『黒死病関係史料集』第一四章「一市民の疫病対策と健康法――ジョヴァンニ・モレッリの『リコルディ』」、第一七章「モレッリ家の人びとの疫病死――ジョヴァンニ・モレッリの『リコルディ』」。

(67) 〈リコルディ〉は、ブランカの言うように、立派な伝統的な文学様式となり、チェッリーニ（『チェッリーニ自伝――フィレンツェ彫金師一代記』（古賀弘人訳）上・下　岩波書店　一九九三年）。グィッチャルディーニ（永井三明訳『フィレンツェ名門貴族の処世術　リコルディ』講談社　一九九八年）などによって継続されていくものである（Branca, Introduzione IX, in *Mercanti Scrittori*）。

(68) 敵対する家族への燃えるような強い反感と復讐の意識は、当時の家族の残した史料に強く認めることができる（Brucker, *A Documentary Study*, chaps. 31, 51, 53.）。一方、フランチェスコ会士のベルナルディーノ（一三八〇～一四四四）は、多くの都市を巡って平和を説き、都市内の数々の家族間の争い（派閥争い）を調停したことで有名である。また、一四〇〇年に北部・中部イタリアを席巻したビアンキの改悛巡礼も「平和」をアピールしていた。

(69) 『黒死病関係史料集』第二二章「ルーカ・ランドゥッチの『フィレンツェ日記』より」六六二頁。Luca Landucci, *Diario fiorentino dal 1450 al 1516, continuato da un anonimo fino al 1542*, pubblicato sui codici della Comunale di Siena e della Marcellina con annotazioni da Iodoco Del Badia, Fiorenze, Samsoni, 1883, p. 156. 中森義宗・安保大勇訳『ランドゥッチの日記』近藤出版社　一九八八年　一六五頁。

(70) Brucker, chap. 46.

(71) マレー（長尾重武訳）『イタリア・ルネッサンスの建築』鹿島出版会　一九九一年　九〇～九一頁。

(72) 『黒死病関係史料集』第一八章「サンタ・マリア・ノヴェッラ聖堂の『死者台帳』」四五一～四五二頁。'Il "Libro dei Morti" di Santa Maria Novella (1290-1436)', a cura di C. C. Calzolai, *Memorie Dominicane*, ns XI, 1980, pp. 184-185.

(73) Kitagawa, H. and E. Matsumoto, "DELTA.13C records of Japanese cedars from Yakushima Islandand past atmospheric CO2", Geochemical Journal, 27, 1993, pp. 397–402.

(74) 既出のティトーの研究（J. Titow, "Evidence of Weather in the Account Rolls of the Bishopric of Winchester, 1209–1350,"）にもとづいて次の研究者の言及がある。ル＝ロワ＝ラデュリ『気候の歴史』（稲垣文雄訳）藤原書店　二〇〇〇年　六一～六四頁。

(75) 『黒死病関係史料集』第一六章「ジョヴァンニ・ダ・パルマの『トレント年代記』」二四五～二四六頁。"Cronaca inedita di Giovanni da Parma canonica di Trento", A. Pezzana, *Storia della città di Parma*, I, Appendice, Parma, 1837, p. 50.

(76) 「ジョヴァンニ・ダ・パルマの『トレント年代記』」四六頁。"Cronaca inedita", p. 51.

(77) 『黒死病関係史料集』第一二章「ペトラルカの『老年書簡集』より「ジェノヴァ大司教宛書簡」」一七四頁。F. Petrarca, *Le Senili*, a cura di Guido Martellotti. Traduzione Italiana di Giuseppe Fracassetti, Torino, 1976, pp. 96–97.

(78) 『黒死病関係史料集』第一二章「ペトラルカの『老年書簡集』より「ジェノヴァ大司教宛書簡」」一七四頁。*Le Senili*, p. 97.

(79) H. D. Foster, "Assessing Disaster Magnitude : a Social Science Approach," *Professional Geographer*, 28, 1976, pp. 241–247.

(80) フォスターによれば各出来事の時期・場所とそのマグニチュードは以下のとおりである（Foster, p. 245）。第二次大戦（一九三九～四五年）：11.1。黒死病（一四世紀）：10.9。第一次大戦（一九一四～一八年）：10.5。ペルー地震ユンガイの氷河雪崩（一九七〇年五月三一日）：8.1。ニカラグアのマナグア地震（一九七二年一二月二三日）：7.9。イラクの水銀殺菌剤集団中毒（一九七一年）：7.4。ハリファックスの軍用船大爆発（カナダ）（一九一七年）：7.1。サイクロン・トレーシー（オーストラリア、ダーウィン）（一九七四年一二月二五日）：6.6。タイタニック号沈没（一九一二年四月一四から一五日）：6.1。モダーヌ・トンネル脱線事故（フランス）（一九一七年一二月一二日）：5.2。青木湖スキーバス転落事故（日本）（一九七五年一月一日）：4.1。

(81) 現代のペスト患者（死亡者）の症状の画像については次を参照。http : //beckham.cocolog-nifty.com/patriot/2009/05/post-2414.html

(82) Luigi Capasso, & Arnaldo Capelli, *Le epidemie di peste in Abruzzo dal 1348 al 1702*, 1993, p. 6.

(83) Benedictow, p. 382.

(84) D. Herlihy, *The Black Death and the Transformation of the West*, p. 19 ; *The Black Death*, ed. and tr. R. Horrox, Manchester, 1994, p. 4 ; H. Hearder, *Italy : A Short History*, Cambridge, 1990, p. 97 ; *Encyclopedia of Pestilence, Pandemics, and Plague*, ed. J. P. Byrne, London, 2008, vol. 1, p. 56.

(85) Hearder, p. 97.

(86) ボッカッチョ（平川祐弘訳）『デカメロン』河出書房新社　二〇一二年　二四頁。「股の付け根や腋の下に腫物ができました。そのぐりぐりのあるものは並の林檎ぐらいの大きさに、また中には鶏の卵ぐらいの大きさにふくれました。大小多少の違いはあるが、世間はそれをガヴォチョロと呼びました。俗にいうぐりぐりで、医者が横根と呼んだものです」。

(87) さらに、少しややこし説明をすることになって恐縮だが、ここでいう「横根の疫病」（「腫物の疫病」）すなわち英語でいう ***bubonic plague*** は、「腺ペスト」（症状は後述）と訳すべきではない。「腺ペスト」とは「肺ペスト」などと対比されることばである。「横根の疫病」とは、「肺ペスト」や「肺ペスト」（後述）なども含んだこの恐ろしい疫病の総称のことである。当時の人は、「横根の疫病」に少なくとも二種類の症候（すなわち、後に我々の考える「腺ペスト」と「肺ペスト」）があることは知っていたが、我々のようにそれぞれを区別した名称を与えることはしなかった。

(88) A. G. Carmichael, *Plague and the Poor in Renaissance Florence*, Cambridge, 1986, p. 62.

(89) p. 62.

(90) A. Corradi, *Annali delle epidemie occorse in Italia dalle prime memorie fino al 1850*, Bologna, 1972, vol. I, IV, V ; Carmichael, p. 15.

(91) ただ、一五世紀の後半になるとチフスなどが発生し事情が変わり、ペストを他の疫病と区別するために再び「横根の疫病」の表現が増えていると思われる。すなわち「一四五一～九五年」は「疫病」二一四回、「横根の疫病」一三〇回となる（Carmichael, pp. 18–19）。

(92) チポッラ『シラミとトスカナ大公』（柴野均訳）白水社　一九九〇年　七九頁。

(93) N. Haward-Jones, “Kitasato, Yersin, and the Plague Bacillus,” *Clio Medica*, vol. 10, No. 1, 1975, pp. 23–27.

(94) p. 25.

(95) 例えば、マダガスカルについていえば、「外務省在外公館医務官報道」によれば、「マダガスカルは世界有数のペスト汚染国であり、二〇〇九年の統計によれば、年間九六名の感染が確認され、二〇名が死亡しています」。(http://www.mofa.go.jp/mofaj/toko/medi/africa/madagas.html)。

(96) この時代の年代記作家の記述には「地震の発生」と「ペストの発生」に深い結びつきを認める記述が多い。その見方は二つの考えによるものであろう。ひとつは、いずれの発生もその究極的原因として神の支配があるというものである。神は、天体での彗星の出現と同様に、地震を起こすことで疫病の発生の予兆を示したと見る。二つ目の見方は、地震によって地中の爬虫類が地面に姿を見せ、そのために大気が汚染され、疫病が流行したと見る（この見方も究極的には神のなせる業、思し召しと見ることができる）。

(97) 『黒死病関係史料集』第一六章「ジョヴァンニ・ダ・パルマの『トレント年代記』」二四五〜二四七頁。"Cronaca inedita di Giovanni da Parma canonica di Trento", A. Pezzana, *Storia della città di Parma*, I, Appendice, Parma, 1837, p. 50.

(98) 『黒死病関係史料集』第二章「ミケーレ・ダ・ピアッツァの『シチリア年代記』」三七頁。Rosarius Gregorio, *Bibliotheca Scriptorum qui res in Sicilia gestas sub Aragonum imperio retulere*, I, Palermo, 1791, p. 567.

(99) Gottfried, p. 37.

(100) 『黒死病関係史料集』第二章「ミケーレ・ダ・ピアッツァの『シチリア年代記』」二二〜二三頁。A. W. Henschel, "Document zur Geschichte des schwarzen Todes", in *Archiv für die gesammte Medicin*, ed. Heinrich Haeser, II, Jena, 1841, S. 55-56.

(101) 『黒死病関係史料集』第二章「ミケーレ・ダ・ピアッツァの『シチリア年代記』」三七頁。R. Gregorio, p. 567.

(102) 『黒死病関係史料集』第二章「ミケーレ・ダ・ピアッツァの『シチリア年代記』」二九頁。Gregorio, p. 562.

(103) Herlihy, *The Black Death and the Transformation*, p. 23.

(104) 『黒死病関係史料集』第二章「ミケーレ・ダ・ピアッツァの『シチリア年代記』」二八頁。Rosarius Gregorio, p. 562.

(105) Gottfried, p. 9.

(106) チポッラ『シラミとトスカナ大公国』二八頁。

(107) Horrox, p. 7.

(108) 『黒死病関係史料集』第一章　ムッシスの『疫病の歴史』一六頁。A. W. Henschel, "Document zur Geschichte des schwarzen Todes", in *Archiv für die gesammte Medicin*, ed. Heinrich Haeser, II, Jena, 1841, S. 147-148.

(109) 中央档案館、松村高夫ほか『証言人体実験——七三一部隊とその周辺』同文舘出版 一九九一年。松村高夫編『〈論争〉731部隊』晩聲社 一九九四年。

(110) 酒井シズ『病が語る日本史』講談社 二〇〇八年 一八一～一八二頁。

(111) G. Twigg, *The Black Death : a biological reappraisal*. London, Batsford Academic and Educational, 1984.

(112) Alfani, p. 137.

(113) D. Paul, *Eyam Plague Village*, Amberley, 2012 ; F. Race, "Some Further Consideration of Plague in Eyam 1665/66", 1995 ; J. Clifford, *Eyam Plague 1665–1666*, J. Clifford, Derbyshire, 2003.「イーム博物館」には、このペストの犠牲になってペスト死した村人も、またペスト死しなかった村人も、そのすべての村人について、その氏名・洗礼日・死亡日、その家族構成などを克明に記録した史料が保存されている。このイーム村は、ドイツのバイエルン州のオーバーアマガウ村（一六三三年のペストに生き残ったことで「神への奉納」として一〇年毎に村人が受難劇を上演していることで有名）とともに、一七世紀のペストが「村」という「小世界」に及した人間ドラマの場である。いずれの村も、ペストが大流行した最後の世紀であることから、詳細な記録が多く残され、ペストの傷跡——心性の傷跡——を痛感させる村である。

(114) カミュ（宮崎嶺雄訳）『ペスト』新潮文庫 一九六九年 二三三頁ほか。

(115) Alfani, p. 139.

(116) pp. 140–141.

(117) 三省堂『世界史B 改訂版』（二〇〇九年）は、黒死病については、当時の飢饉の流行とセットにして触れ、この両者による人口減少の影響を領主の荘園経営の立場から触れる程度である（ただ地図「ペストの流行と農民反乱」を添えて、黒死病と反乱の関係を示唆している）。黒死病そのものによる死亡率には言及せずに、人口が「激減」したと述べる。すなわち——「西ヨーロッパ全域で黒死病（ペスト）の流行や飢饉がたびたびおこって、人口が激減すると、領主は労働力確保のためにも、農民の待遇を改善せざるをえなくなった」（九七頁）。ここでの黒死病についての記述は一〇行程度。また、シェアーの非常に高い教科書である山川出版『詳説世界史B』（二〇一一年）は、人びとが黒死病で埋葬される図版やユダヤ人の迫害の図版を示し、「この病気により、当時の西ヨーロッパの人口の三分の一が失われたという」（一四八頁）。ここでは黒死病についての本文での記述は八行程度。また、同じ山川出版社は、このほかに二冊の教科書を出しており、そのひとつが『新世界史B 改訂版』（二〇〇九年）である。そこでは、一一世紀からの社会の流れを展望するなかで黒死病を詳しく位置づけ、死亡率については、他の教科書と若干異なった表現をしている。「イギリス・フランスでは人口の半分近くが死亡し、西ヨーロッパの人口はほぼ三分の二に減少した」（一二〇頁）。黒死病についての記述はやや詳しく一七行程度。以上の教科書と比べて、非常に詳しく黒死病の影響を記述している教科書のひとつが、東京書籍『世界史B』（二〇一一年）である。黒死病がもたらした宗教絵画《死の舞踏》（同図版を添える）について半ページにわたって詳しく紹介し、当時の宗教的心性にも触れている。さらに、季候史的な背景や黒死病の流行の経緯にも触れる。「全般に低温多湿であった一四世紀から一五世紀にかけてのヨーロッパでは、天候不順の年が多く、しばしば凶作や飢饉に見舞われた。さらに事態を悪化させたのは、黒海沿岸部との交易からイタリアに入り、一三四八年にはヨーロッパ全域に流行したペスト（黒死病）であった。三年あまりの流行で、全人口の三分の一が失われたと推定されている」（一六一頁）。黒死病についての記述は約二七行にも及ぶ（図版三点。うち一点は黒死病の拡大の地図）。このほか、清水書院『世界史B』（改訂版）（二〇一一年）も非常に詳しい。そこでは「民衆の歴史」という「コラム」で一頁全面を使ってペストを扱う（図版三点。一点は「隔離病院」）。ペストの生物学的原因のほかに、古代から現代までの疫病の流行の歴史、中国や日本での疫病の歴史にまで触れており、「一四世紀の黒死病」というよりも、「ペストと人類の歴史」という大きな観点から記述している（一四世紀の黒死病の死亡率については何も触れていない）。しかし、あくまで「コラム」のなかで紹介するにとどまる。それに対して通史のなかでペストとその影響を、有機的に、またバランスよく扱い、地理感覚も高いのが、帝国書院『新詳世界史B』（二〇一二年）である（本文二箇所、一五行。コラム三箇所、絵画二枚、《死の舞踏》《ユダヤ人迫害》。商業路とペスト拡大の相関を示す大きな地図）。「ペスト（黒死病）は、交易ネットワークを通じて広い範囲に流行し、ユーラシア西方を襲って、西ヨーロッパの人口の三分の一を奪った」（一〇三頁）。また、一七世紀のペストについてもコラムで触れている（一三八頁）。以上に示した行数は、教科書の大きさや版組の違いがあるため、字数を正確に反映したものではない。なお、二〇一二年度高校教科書採択状況は第一位から順に以下の通り。①山川出版『詳説世界史　改訂版』五〇・六パーセント。②東京書籍『新選世界史B』一二・九パーセント。③東京書籍『世界史B』一〇・四パーセント。④帝国書院『新詳世界史B』六・八パーセント。⑤山川出版『高校世界史　改訂版』六・〇パーセント。⑥第一出版『高等学校改訂版世界史B　人、暮らしがあふれる歴史』五・五パーセント。実教出版『高校世界史B』一・九パーセント。⑨三省堂『世界史B　改訂版』一・五パーセント。⑩山川出版社『新世界史　改訂版』一・四パーセント。⑪清水書院『高等学校　世界史B　改訂版』〇・五パーセント。

(118) 「三分の一」程度の死亡率を提示する有力な研究者としてW・H・マクニールがいる（原著は一九七六年刊行。邦訳は最初一九八五年に新潮社より刊行）。以下のように述べている。「一三四七年から五〇年まで四年間のヨーロッパ全体のペストによる死亡者数をなんとか出そうとすれば、全人口の約三分の一が死んだということが言えよう。・・・英国諸島については、二世代にわたる多くの学者の努力によって、次第に確実と思われる数字の可能性が狭められ、人口減は二〇パーセントから四〇パーセントの間の或る数値というところまで分かっているのである」（マクニール、『疫病と世界史』（下）中央公論社　二〇〇七年　三六頁）。このほかに、「四分の一から四分の三」までと、かなり幅がある権威的な書として次の書がある。*Encyclopedia of Plague and & Pestilence, from Ancient Times to the Present*, revised edition, ed. G. C. Kohn, New York, p. 27.

(119) 同時代の人による推定を紹介すると、クレメンス六世に宛てた使節による推定は、キリスト教徒のうち「二三八四万人」が死亡したという（もし七五〇〇万人がその総人口なら「三一パーセント」となる）。ただこの数値は各地域を実証的に調査したものではなく、当てにならない。同時代の年代記作家フロアサールも、「世界の三分の一の人びとが死んだ」と推定している（J. Froissart, *Chronicles*, ed. and tr. B. Brereton, London, 1968, p. 111）。しかしながら、同時代人によるこうした「三分の一説」には聖書の権威的記述が作用したかもしれない。すなわち、旧約聖書「エゼキエル書」第五章　第一一～一二節の「わたし［神］は憐れみの目をかけず、同情もしない。お前の中で三分の一は疫病で死んだり、飢えで息絶えたり……」、新約聖書「ヨハネ黙示録」第九章第一五節の「四人の天使は、人間の三分の一を殺すために解き放たれた」など。

(120) J. F. D. Shrewsbury, *A History of Bubonic Plague in the British Isles*, Cambridge, 1971, p. 36.

(121) ミース（中森義宗訳）『ペスト後のイタリア絵画――一四世紀中頃のフィレンツェとシエナの芸術・宗教・社会――』中央大学出版会　一九七八年。

(122) Ole J. Benedictow, *The Black Death, 1346–1353*, p. 380.

(123) pp. 395–413.

(124) pp. 242–384.

(125) ドイツのペスト死亡率を補足する。一三四八年頃のペストによってイングランドの場合（Benedictow, p. 343）、司祭の死亡率が「四五パーセント」であるのに対して、司教の死亡率は「一八パーセント」である（フランスも同様という）。

それに対してドイツの高位聖職者の死亡率は「三五パーセント」であり、「よく保護された慎重な高位聖職者に当てはめるなら、これは驚くべき数値」である（Ziegler, P., *The Black Death*, Penguin, Harmondsworth, 1969, p. 85）。また、ハンブルクでは住民の二分の一から三分の二が死亡し、ブレーメンでは七〇パーセントが死亡したと、研究者H. Reinche（*Hansische Geschichtsblätter*. Vol. 72, 1954）は推測しているという（Ziegler, p. 86）。

(126) 拙稿「黒死病でどれだけの人が死んだか——現代の歴史人口学の研究から」『人文学』第一八九号　二〇一二年　二三九〜二四三頁。

(127) ベネディクトウは、“social mobility”, “socio-demographic movement”（「社会人口学的動向」）などと呼んでいる（Benedictow, p. 319）。

(128) ミース　一〇〇〜一〇一頁。類似した指摘は、フレデリック・アンタルにも認められる（アンタル『フィレンツェ絵画とその社会的背景』岩崎美術社　一九六八年　二五三頁）。

(129) M・ミースはこういう——「周辺の町村から都市へ多数の人々が流入した上に、黒死病がもっと別の方法でフィレンツェ社会の性格に影響した。不法な遺産相続その他の異例の事情によって、俄《にわか》成金」階級が同市に起こり、人口の激減したシエナでも生じた。……これらの新市民、移住者、成金、成上がり者は、全体から見て、一四世紀前半における新文化に密着したものではなかった。彼らはどちらかといえば、伝統的な思考パターンと感情パターンを固執し、おそらく彼らが理想とする宗教美術は依然として一三世紀後期の美術であり同市のほとんどあらゆる場所に、また、近隣の教会堂では、なお一層よく見られた美術であっただろう」（ミース　一〇一頁）。

(130) 『カタスト』を解析したハーリヒーとクラピッシュ＝ズベールは、一五世紀初頭のフィレンツェの移動労働者についてこう言う——「移動労働者の現象を特定するのは、いっそうむずかしいが、地域間の行き来や、農村部から都市部への人の移動は、非常に多くの人びとがどうやら関係していたようだ。一四二五年の登録から、フィレンツェのコンタードの南西部からフィレンツェの都市の中心部への流れがわかる。しかしまた、目立った割合の人びとが、西の高地の農村部から、ずっと先のピサのマレンマ［湿地帯］まで移動した。人びとは、季節ごとにけもの道をたどってアッペニーノ山脈と沿岸部の間を移動してきたようだ。貧しい山地からもっと豊かな低地への移動は、地中海に生きる人びとの絶えることのない生活の特徴であるようだ」（p. 112）。

(131) ブラッカー　七一頁。

(132) 関哲行『旅する人びと』岩波書店　二〇〇九年　二四六〜二四九頁。
(133) Brucker, chap. 70.
(134) Benedictow, p. 381.
(135) p. 326.
(136) p. 250. ベネディクトウは《中世のヨーロッパの平均余命は二五年以上にならない》と指摘して前近代社会と近代社会の相違を強調し次のようにいう。「昔のヨーロッパの人口は、二〇世紀前半の発展途上国の人口統計と大いに共通していることに留意すべきである。コールとデミニーの二人は、一九一一年のインドでの国勢調査に関して、《(昔のヨーロッパの人口は) 不確定なところは明らかに存在するものの、誕生時の平均余命が、最大で二二年から二四年であったという見込みは正当なものとされる》と考えている。たとえば、一七〇〇年頃のフランスでの誕生時の平均余命が二五年であったが、一方フランス革命時には二九年にまで著しく増えていた。同様に、一八世紀のイタリアにおいて、平均余命は二〇年から二五年の間を上下しており、三〇年の境界に達することはめったになかった。このことは、中世の人口の体制がイタリアでずっと長く続いたことを示している。たぶん、その理由は、近世イタリアにおいて、経済的、社会的な後退があったからであろう。T・ベームは、一六六〇年代に行われたノルウェーのすべての男性の国勢調査を含む記録を研究した。そして記録中に含まれる大まかなデータに基づいて、誕生時の平均余命は二六年であったことを明らかにした。もし、乳児や幼少期の子供の重大な登録もれや、年齢の明らかな切り上げ (というのは、高齢は当時では名誉なことであり、ある年齢層では、兵役資格者であることを除外するためにも、年齢の切り上げは利用されただろう) があることが考慮されるならば、ここで明らかになることだが、平均余命は二五年を越えたはずはなく、もっと低くなったかもしれないのである」(Benedictow, p. 250)。
(137) 産褥死は中近世の既婚女性の死亡率を高めた最も大きな要因ひとつであった。以下、一五世紀初頭のトスカーナ地方についてのハーリヒーとクラピッシュ＝ズベールの研究を紹介する――「出産時の危険性は特筆に値する。我々の手元にある埋葬者のリスト［墓堀人の報告から作成されたフィレンツェの『死者台帳』のこと。死者の数や死因が報告された］について、記載が失われた時期を調整することで可能な推定をすると、一四二四年、一四二五年、一四三〇年の三年間では、女性の出産時における死亡者数は五二人であった。これは、年間の平均死亡者数として、平均一七・三人である。この三年間において、どの年も大まかに一二〇〇人の赤ん坊が生まれていたと想定しよう (ただし、一四二七年には、一〇八八人の赤ん坊が、一歳未満の乳児としての一覧に記録されていたが、この数字は、赤ん坊が死産であった場合に記録されなかったことや、生後一〇カ月や一一カ月でも「一歳」と報告する傾向があった理由から、実際にはもっと多めに修正されねばならない）。この頃のフィレンツェ市の母親の死亡率は、一〇〇〇人の出産に対して一四・四人だっただろう。出産する女性の六九人にひとりが、分娩時の困難さのために命を落としている。フィレンツェの既婚女性のうちその死亡の約五分の一は、出産がらみであったようだ」（David Herlihy and Christiane Klapisch-Zuber, *Toscans and Their Families. A Study of the Florentine Catasto of 1427*, New Heaven and London, 1985, p. 277）。

(138) P・グベール（遅塚・藤田訳）『歴史人口学序説　一七・一八世紀のボーヴェ地方の人口動態構造』岩波書店　一九九二年　二四～二五頁。

(139) A. J. Coale and P. Demeny, with B. Vaughan, *Regional Model Life and Stable Populations*, New York, 1983. コールとデメニーは、年齢別死亡率や平均寿命を知る手段として標準生命表を作成した。余命は人種、民族によって異なると考え、そのパターンを大きく四つ（北型・南型・東型・西型）に分類し、さらに地域や国や男女の傾向を反映させて標準生命表を三二六種類作成した。コールとデメニーはいう――「数年前に「人口調査研究所」でこれらの生命表の予備的な版を計算した時の直接の目的は、ともかく、不完全で不正確でしかない資料ばかりが存在する人口調査において、出生率・死亡率・大まかな年齢分布を推定することだった。オイラーは、先に挙げた項目においてそのような方式による推定を提案した。ロトカは、生命表によって意味された「一定年齢」とイングランドとウェールズの自然増加率がいかに密接に一致しているかに気づいた。そして、第二次世界大戦以来、いわゆる開発途上国において年齢配分が「一定年齢分布」とあまり違わないという証拠が認められたので、「一定人口（stable population）」（一定の出生率および死亡率による人口分布）への関心が復活したのである」（*Regional Model Life*, p. 31）。こうした目的から出発したコールとデメニーの研究について、ベネディクトヴは中近世の人口に役立つものとしてこう評価する――「この二人の研究者は、人口統計学者が遭遇した発展途上国に関する問題の対処が念頭にあったにもかかわらず、二人の研究は、歴史人口学の研究にも役立つものである。その研究は、不完全あるいは不正確な近世または中世の人口統計学的資料を補い、それらの資料をより全体的な人口統計学の展望に組み込み、たいていは幼児や子どもたちに関する、人口についての年齢の範囲における空白を補い、有効に知られている人口統計学のシステムを用いて、たとえば五〇歳から五四歳の同年代のコーホートにある男性の割合のような、社会における具体的な年齢の人口の割合を示してくれる」（Benedictow, p. 249）。

(140) E・カルパンティエは、以下の論文においてペストによる富者・貧者の関係の複雑さについてについて言及する。カルパンティエ（池上俊一訳）「黒死病をめぐって——十四世紀の歴史における飢饉と疫病——」二宮宏之他編『医と病い』藤原書店　二〇一一年　六一～六二頁。

(141) 松本典昭は、「組合に組織化されない《市民》にあらざる」「下層労働者の大群」が「都市人口の約四分の三」いたという（G・スピーニ〈森田義之・松本典昭訳〉『ミケランジェロと政治：メディチに抵抗した《市民＝芸術家》』刀水書房　二〇〇三年　一一五頁）。

(142) G. Villani, Lib. XI, XLIV.

(143) S. K. Cohn, *The Laboring Classes in Renaissance Florence*, New York, 1980, p. 71.

(144) G. A. Brucker, "The Florentine Popolo Minuto and Its Political Role, 1340–1450," in *Violence and Civil Disorder in Italian Cities*, ed. Lauro Martines, Berkerley, 1972, p. 157.

(145) Herlihy and Klapish-Zuber, p. 101.

(146) ブラッカー（森田義之、松本典昭訳）『ルネサンス都市フィレンツェ』岩波書店　二〇一一年　六三頁。

(147) G. Villani, Lib. XII, LXXXIV.

(148) G. Villani, Lib. VI, XCIV.

(149) G. Villani, Lib. VI, CLXII. 拙著『地獄と煉獄のはざまで』一三九～一四〇頁。

(150) ピュランはこう言う——「ここでは《貧民》とは、弾力的に用いられるであろう。すなわち、乞食、浮浪者、ずっと寝たきりの施療院の収容者から、隠れた貧民の集団、つまり貧苦にあることをあからさまにされるのを嫌がる《恥を知る者たち》まで広く解釈されるだろう。それは、《職人にせよ労働者にせよ、労働によってこの町で日々のパンを得る》すべての人びと、さらに、ほんのわずかな蓄えしか貯め込めなかったすべての人びと、そして、彼らとその扶養者にまで広げて解釈されるだろう。結局、これらの人びとは、都市の人口の三分の二を形成するのである」(B. Pullan, "Plague and Perceptions of the Poor in Early Modern Italy", in *Epidemic and Ideas: Essays on the Historical Perception of Pestilence*, ed. T. Ranger and P. Slack, Cambridge, 1992, p. 107)。

(151) A. Corradi, I, p. 314; Carmichael, p. 16. ヴェネツィアの乞食と疫病については、永井三明『ヴェネツィアの歴史——共和国の残照——』刀水書房　二〇〇四年　一四五頁。

(152) 三四八頁。
(153) 阿部謹也『蘇える中世ヨーロッパ』日本エディタースクール出版部　一九八七年　一四七頁。
(154) G. Calvi, *Storie di un anno di peste: comportamenti sociali e immaginario nella Firenze barocca*, Milano, 1984, pp. 33–34.
(155) 『黒死病関係史料集』』第一五章「フィレンツェ書記官長サルターティの『都市からの逃亡について』」二二七頁。Francesco Novati, ed, *Epistolario di Coluccio Salutati*, 4 vols. Roma, 1891–1911, 2: p. 90.
(156) ピュランはこう言う――「感染の恐れは、浮浪者やおそらくは売春婦をも周縁的地位に追いやる力のひとつであり、その地位においては、同情は全く許されなかったのである。そして、疫病が続いている間、彼らは排除、または隔離、監禁の際だった候補者となった。後に梅毒を広めたという理由で非難されることになる前から、イタリア、フランスでは売春宿は、疫病の感染の潜在的中心として襲撃されたのだ」(Pullan, p. 113)。
(157) Corradi, I, p. 183.
(158) pp. 222–223.
(159) p. 229.
(160) Herlihy, *Medieval and Renaissance Pistoia. The Social History of an Italian Town, 1200–1430*, New Haven and London, 1967, p. 105.
(161) G. Ripamonti, *La peste di Milano del 1630*, Bologna, 2003, Libro Primo, pp. 25–40.
(162) ハーリヒーは、A・アップルビーなどの特異な考え方を紹介して、栄養失調とペストの関係に言及している。飢饉がもたらす栄養失調が、かならずしもペストと直結するものではないと考えて、次のようにいう――「〈飢饉と黒死病〉、〈栄養失調と病気〉――この両者の間に直接的な連鎖は存在しないように思われる。ある状況において、栄養失調は感染に対する予防として働くことさえありうる。バクテリアは、その宿主である人間と同じくらいに栄養物を多く必要とする。これらの栄養となる食べ物が不足した時、細菌は増殖できない。説得力をもって証明はできないにしても、次のように言うことができる。すなわち、主に月経中の女性や成長期の子どもなど、貧血の傾向にある人は、伝染病に対する免疫をもっており、血液中に十分な鉄分がないために、細菌はすばやい増殖をおこなうことができないのである」(D. Herlihy, *The Black Death and the Transformation of the West*, pp. 33–34) G. Alfani, pp. 78–79.

(163)　『黒死病関係史料集』第一四章「一市民の疫病対策と健康法」一八七頁。Giovanni di Pagola Morelli, *Ricordi*, ed. V. Branca, Firenze, 1956, p. 208.

(164)　*Cronaca di Matteo e Filippo Villani*, tomo. I, cap. II, Roma, 1980.

(165)　Pullan, p. 114.

(166)　Luigi da Porto, *Lettere storiche dall'anno 1509 al 1528*, ed. Bartolomeo Bressan, Firenze, 1857, p. 328；Pullan, p. 114.

(167)　ボッカッチョ（野上素一訳）『デカメロン』（一）岩波書店　一九七一年　六〇頁。

(168)　「プロヴァンスの人びとの六〇パーセントが黒死病で死んだ。その死者は、主に黒死病に感染したことで死んだが、ある程度の者は、黒死病による二次災害の影響によって死んだのである」（Benedictow, 313.）

(169)　Benedictow, p. 382.

(170)　W・H・マクニール『疫病と世界史』（下）中央公論新社　四一～四二頁。

(171)　四一頁。

(172)　Carmichael, p. 101.

(173)　『黒死病関係史料集』第一三章「医師トンマーゾ・デル・ガルボの『疫病に対処するための勧告』」一八〇頁。Tommaso Del Garbo, *Consiglio contra a pistolenza*, Firenze, 1978, pp. 13–14.

(174)　隔離病棟に至ってはなおさらであった。一五七五年から七七年のペスト（サン・カルロの疫病）の時、病棟担当の公証人ロッコ・ベネデッティは、隔離病棟での物資の不足をヴェネツィアの政府高官に訴えた。*Venice：A Documentary History*, p. 119.

(175)　『黒死病関係』第一五章「フィレンツェ書記官長サルターティの『都市からの逃亡について』」二二七頁。Francesco Novati, ed, *Epistolario di Coluccio Salutati*, p. 89.

(176)　『黒死病関係史料集』第一七章「モレッリ家の人びとの疫病死——ジョヴァンニ・モレッリの『リコルディ』」二九六～三一四頁（バルトロメーオ・ディ・モレッロの疫病死からモンナ・アンドリウオーラの子どもたち疫病死まで）。Giovanni di Pagola Morelli, *Ricordi*, ed. V. Branca, Firenze, 1956, pp. 133–151.

(177)　Alfani, p. 167.

(178)　P. Preto, *Peste e società a Venezia nel 1576*, Neri Pozza, Vicenza, 1984, p. 122.

(179) Pullan, p. 113.
(180) p. 110.
(181) pp. 109–110.「ジェノヴァの隔離病棟の監督者アンテーロ・マリア・サン・ボナヴェントゥーラ神父は、疫病は貧民が多産であったことの結果であり、結婚を抑制することによって金持ちの例に従うことができなかったことの結果であった。それだから、疫病は余剰人口を減らすのに必要な神の手段として必要なものであると考えられた」（B・ピュラン）。
(182) Preto, p. 72.
(183) Venice：*A Documentary History*, p. 107.
(184)『黒死病関係史料集』第一五章「フィレンツェ書記官長サルターティの『都市からの逃亡について』」二一八〜二二〇頁。*Epistolario di Coluccio Salutati*, pp. 85–86.
(185) Carmicael, p. 101.
(186)「禄付き教区司祭が、一般民衆よりもはるかにいい家に住んでいたという事実の重要性は、一般的に見過ごされているが、これは重要な疫病学的側面を持っている。というのは、禄付き教区司祭は、石造りの家に住んでいる限り、また、その家がたとえ半木造の家であった場合でも、かなりの程度まで、その住居には小作農の家ほどにはネズミの群れは住み込んでいなかっただろう。こうしたことから、疫病の流行時において、司祭は夜や食事の時や、また余暇や休息の時に、家にいた時も、小作農ほどにはネズミノミにさらされることはなかっただろう。この点もまた、年代記のなかでフォーダンのジョンが述べたこと、すなわち、スコットランドにおいて《貧しい者や民衆は等しく疫病に襲われた一方、有力者はめったに襲われることはなかった》という趣旨の記述と一致する」（Benedictow, p. 349.）。
(187) Herlihy and Klapisch-Zuber, *Tuscans and their families：a study of the Florentine catasto of 1427*, Yale University Press, New Haven, 1985, p. 100.
(188) 柴田治三郎責任編集『ブルクハルト』（世界の名著　四五）中央公論社　一九六五年　四五九頁。
(189) Benedictow, p. 342.
(190) p. 343.
(191)『黒死病関係史料集』第七章２（iii）「ジャン・ド・ヴェネットの『フランス年代記』九二頁。H. Geraud（ed），

Chronique Latin de Guillaume de Nangis avec les continuations de cette chronique, 2 vols, Paris, 1843, II, p. 214.

(192) Herlihy and Klapisch-Zuber, p. 95.

(193) 「(奉公に来た) 少女たちは、ほかの何よりも、嫁資を貯めようと努めた。彼女たちの雇い主は、《必要となる年齢になったら》《その身分》に見合った嫁資を支払ってあげるとしばしば堅く約束していた。雇い主は、時には、彼女たち奉公した年月の期間によって、給料の代わりに必要となる寝台や嫁入り道具を与えた」(Herlihy and Klapisch-Zuber, pp. 136–137)。

(194) p. 113.

(195) Morelli, pp. 181–182.

(196) p. 113.

(197) p. 284.

(198) Canter, *In the Wake of the Plague : Black Death & the World it Made*, New York, 2001, p. 13.

(199) Benedictow, p. 302.

(200) Baratier, *La demographie provencale du XIIIe au XVIe siècle*, Paris, 1961, p. 82.

(201) p. 348.

(202) 「コウルタン (G. G. Coulton, *The Black Death*, New York, 1930) は、ペストによって引き起こされた人口減少のなかに《銀色の裏地》があると感じていた。すなわち、その銀色の裏地とは、生き残った者に与えられた大きな頭割りの財産であり、この富の力こそが、ルネサンスとプロテスタント宗教改革をもたらすのに役だった力であると、感じていた」(Gottfried, xiv)。

(203) 黒死病と廃村との関係・無関係の問題については、以下のE・カルパンティエの『アナール』掲載論文「黒死病をめぐって——一四世紀の歴史における飢饉と疫病」(池上俊一訳) を参照。学説史的な考察を展開している (二宮宏之他編『医と病い』八三〜八四頁)。

(204) A. Cipriani, *A peste, fame et bello libera nos. Domine. Le pestilenze del 1348 e del 1400*, Pistoia, 1990, pp. 10–11.

(205) D. Herlihy, *Medieval and Renaissance Pistoia. The Social History of an Italian Town, 1200–1430*, New Haven and London, 1967, pp. 106–107.

(206) P. Pirillo, "Peste nera, prezzi e salari," *La peste nera: dati di una realità ed elementi di una interpretazione*, pp. 205–206; Horrox, p. 240; W. Bowsky, "The Impact of the Black Death upon Sienese Government and Society", *Speculum*, XXXIV, 1964, p. 30.

(207) 『黒死病関係史料集』第二一章「葬儀費用抑制のための条例」。W. Bowsky, p. 72.

(208) W. Bowsky, p. 31.

(209) Herlihy and Klapisch-Zuber, p. 114.

(210) Benedictow, pp. 360–302.

(211) ボースキーは「ペストの後では新しい市民の半数以上がコンタードから来て、残りのほとんどが近隣のトスカーナ諸国から来た」という（W. Bowsky, p. 31）。

(212) アレッツォの荒廃については次を参照。拙著『ルネサンス・ヒューマニズムの研究』晃洋書房　一九九四年　二七二～二七四頁。

(213) 井谷直義「中世末期トスカーナ地方におけるメッザドリーアの普及――都市民の土地取得とブドウ栽培の拡大による」『文化史学』六〇号　二〇〇四年　一七一～一九二頁。

(214) ブラッカー　四四頁。

(215) 第六章「マルキオンネの『フィレンツェ年代記』」六四頁。Marchionne di Coppo Stefani, *Cronica fiorentina*, ed. N. Rodolico, Rerum Italicarum Scriptores n. e. 30/1, 1903–55, p. 230.

(216) パーゴロ・モレッリを結婚に導いたものは、三人の兄の疫病死（一三六三年のペスト）であった。パーゴロは、一家の存続のために妻を迎えなくてはならなかった（『黒死病関係史料集』第一七章「モレッリ家の人びとの疫病死――ジョヴァンニ・モレッリの『リコルディ』」二七一～二七二頁）。

(217) 『黒死病関係史料集』第六章「マルキオンネの『フィレンツェ年代記』」七〇～七一頁。Marchionne, p. 230.

(218) Benedictow, p. 312.

(219) G. Villani, XI, ICIV.

(220) A. B. Falsini, "Firenze dopo il 1348. Le conseguenza della peste nera", *Archivio Storico Italiano*, 129, pp. 425–496.

(221) Herlihy and Klapisch-Zuber, pp. 67–69. なお、日本においてハーリヒーとクラピッシュ＝ジュベールの見解を支持する研究として次のものがある。齋藤寛海『中世後期イタリアの商業と都市』知泉書館 二〇〇二年 三七二〜三七五頁。ハーリヒーらは、新生児の洗礼堂での受洗者の数（出生率）、兵役可能男子の数、当時の年代記や著述などから総人口を推定する。

(222) 齊藤寛海『中世後期イタリアの商業と都市』知泉書館 二〇〇二年 三七二〜三七五頁。

(223) この後者の結婚のブームについては、イタリアに限らず黒死病後に多くの国で認められた現象であり、当時の年代記にもしばしば指摘されていることである。ここではフランスの年代記の例を紹介する。「疫病というか、悪疫というか、この流行病《はやりやまい》が終息すると、生き残った男と女は互いに結婚した。生き残った女はことのほか早く妊娠した。不妊の女など一人もいなかった。それどころか、あちこち至るところで妊娠している女が見受けられた」（『黒死病関係史料集』第七章「比較参考史料」九二頁）。

(224) E. Fiumi, *Demografia, Movimento urbanistico e classi sociali in Prato dall'età comunale ai tempi moderni*. Firenze, 1968.

(225) *Cronaca di Matteo e Filippo Villani*, tomo. I, cap. II.

(226) W. M. Bowsky, "The impact of the Black Death upon Sienese Government and Society", *Speculum*, 39, 1964 : 1–34,

(227) L. Del Panta, *Le epidemie nella storia demografica italiana*（*secili XIV–XIX*）, Torino, 1980 ; M. Livi Bacci, *La société italienne devant les crises de mortalité*, Firenze, 1978.

(228) 『黒死病関係史料集』第五章 アーニョロ・ディ・トゥーラの『シエナ年代記』五九頁。Agnolo di Tura il Grasso, *Cronaca Senese*, in *Rerum italicarum scriptores*, IIed., xv, voll, 1–II, p. 555.

(229) E. Fiumi, "La popolazione del territorio volterrano-sangimignanese ed il problema demografico dell'età comunale", *Studi in onore di Amintore Fanfani*, 1968 : 249–290.

(230) 『黒死病関係史料集』第一八章「サンタ・マリア・ノヴェッラ聖堂の『死者台帳』」三六一〜三六九頁。

(231) E. Fiumi, *Demografia, Movimento urbanistico e classi sociali in Prato dall'à comunale ai tempi moderni*. Firenze, 1968.

(232) ベネディクトヴは具体的にこの数値（黒死病前人口）を明示していない。（ ）に入れて示したこの数値は私が死亡率から逆算して出した数値である。

(233) J. Rotelli, *Una campagna medievale. Storia agraria del Piemonte fra il 1250 e il 1450*, Torino, 1973 ; Comba, R. Comba, "Vicende demografiche in Piemonte nell'ultimo medioevo", *Bollettino storico-bibliografico subalpico*, 75, 1977 : 39–125.

(234) 『黒死病関係史料集』第一六章「ジョヴァンニ・ダ・パルマの『年代記』」二四九頁。"Cronaca inedita di Giovanni da Parma canonica di Trento", p. 52.

(235) 『黒死病関係史料集』第一八章「サンタ・マリア・ノヴェッラ聖堂の『死者台帳』」。'Il "Libro dei Morti" di Santa Maria Novella（1290–1436）', a cura di C. C. Calzolai, Memorie Dominicane, ns XI, 1980：15–218.『黒死病関係史料集』第一八章「サンタ・マリア・ノヴェッラ聖堂の『死者台帳』」。

(236) 『黒死病関係史料集』第一八章「サンタ・マリア・ノヴェッラ聖堂の『死者台帳』」三五八〜三七七頁。

(237) A. Carmichael, pp. 37–38.

(238) 表18―5からは、冬にインフルエンザと思われる女性の死が少し認められる程度で、ほかの死について男女差をもたらすような配慮すべき病気はあまり認められない。

(239) A. Carmichael, p. 90, 155. 一三六〇年のヴェネツィアのペストの死亡率を研究したステファン・エルは、このペストが女性の間で劇的な被害があったことを発見した。

(240) G・ミノワ（大野朗子・菅原恵美子訳）『老いの歴史　古代からルネサンスまで』筑摩書房　一九九六年　二七九頁。

(241) 二七二頁。

(242) 二七三頁。

(243) 二七三頁。

(244) A. I. Pini, *La società italiana prima e dopo la «peste nera»*, Pistoia, 1981, p. 9.

(245) p. 9.

(246) 実証的な根拠を示さずに、子どもの死亡率が低かったと述べる研究者もいる。「ドイツ全土にペスト、頑丈な男たちが死んだ。女たちに死者は少なく、子供の死者数はさらに少ない」（E・フリーデル（宮下啓三訳）『近代文化史　1　ヨーロッパ精神の危機／黒死病から第一次世界大戦まで』みすず書房　一九八七年（原著一九二七年）七一頁。

(247) Herlihy and Klapisch-Zuber, p. 273.

(248) D. Herlihy, *Medieval and Renaissance Pistoia. The Social History of an Italian Town, 1200–1430*, New Haven and London, 1967, pp. 109–112.

(249) R. C. Trexler, *Public Life in Renaissance Florence*, Cornell University Press, Ithaca, 1998, p. 131.

(250) 現代の研究者によると、シエナでは一三四八年のペストで半数の人びとが死亡したという（Bowsky, p. 11; S. Gottfried, p. 45）。一方、通説的な見地から判断して「あり得ない伝説的、文学的表現」（G・ザネッラ）ともいうべき、ペストによる死亡についての年代記作家の報告例を次に示す。五人中四人死亡（アーニョロ、シエナ）、七五％死亡（ヴェネツィア）、「五人中三人以上」死亡（マッテーオ・ヴィッラーニ、フィレンツェ）、九万六千人死亡（マルキオンネ、フィレンツェ）、一〇万人死亡（ボッカッチョ、フィレンツェ）シチリア島で五三万人死亡。サルデーニャ島で九〇％死亡。ジェノヴァで四万人死去。マルセイユ生存者なし。しかしながら、そのすべてがオーバーに報告しるとは限らず実証的に検証されるべきである。マッテーオ・ヴィッラーニの数値（「五人中三人以上」）は、やシエナの一三四八年の死亡率は、ベネディクトヴによって有力なものとして注目されている（Zanella, p. 75. 拙稿「黒死病によってどれだけの人が死んだか」『人文学』一八九号　二〇一二年　一八二頁）。

(251) A. G. Carmichael, p. 94. ただ断っておくと、子どもの死亡率が高いといっても、時期によって全体での子どもの割合が違う場合がある。例えば、ペストがほんの数年の周期で繰り返された場合、すでに前のペストで多くの子どもが亡くなっていて少なくなっている場合、子どもの死亡率は高くはならない。だから、機械的に加算できるわけではないだろう。

(252) A. G. Carmichael, pp. 93–95.

(253) カーマイケルは、「これとは対照的に一四三九年には、子どもの死亡者のたった一一・三パーセントが疫病の犠牲者だった」と述べて、一四三九年のすべての子どもの死亡原因を示しており、「熱・天然痘・下痢による病気が死んだ子どもの三〇パーセント以上を占めたことを示し、またその同数がまったく診断されなかったことを説明している。早産、新生児の期間での死、そしてマラリアは残りの一〇パーセントを説明した。ペストの流行期に、このすべての子どもの他の病気が消えてしまったことはありそうにないので、特に子どもの疫病による死亡者は誤って診断されたか、あるいは疫病とは確認されない症例であった。五〇〇年のレベルの視野で見ると、ペストの大発生による破壊的な結果はいまだにすさまじいものであるが、多くの死が直接イェルシニア・ペスティスによるものではなかったという認識は強調するべきである」（A. G. Carmichael, pp. 93–95）。

(254) Witt, *Crossroads*, p. 19.

(255) K・ベルクドルト（宮原啓子・渡邊芳子訳）『ヨーロッパの黒死病——大ペストと中世ヨーロッパの終焉』国文社

一九九七年。

(256) Gottfried, p. 68.

(257) E. Breede, *Studien zu den lateinischen und deutschsprachlichen Totentanztexten des 13. Bis 17. Jahrhunderts*, Halle, 1931.

(258) 永井三明『ヴェネツィア貴族の世界　社会と意識』刀水書房　一九九四年　二一二〜二一三頁。

(259) 拙稿「黒死病除け絵画「聖セバスティアヌス像」の様式分析序説――三〇〇点のセバスティアヌス像の点検項目――」『文化史学』第五八号　二〇〇二年　一一一〜一三四頁。同「「イタリアの聖セバスティアヌス像」の所蔵状況一覧」『文化学年報』第五二輯　二〇〇三年　一〜二九頁。同（調査報告）「イタリアの教会におけるセバスティアヌス像の分布状況」『文化史学』第五八号　二九三〜三一三頁。同「イタリアにおけるペストの発生とセバスティアヌス像との相関」『人文学』第一七五号　二〇〇四年　二八〜四九頁。同（調査報告）「イタリアにおけるセバスティアヌス像の制作年代順一覧」『人文学』第一七五号　二〇〇四年　五〇〜八一頁。同（調査報告）「イタリアの大聖堂におけるセバスティアヌス像の所蔵状況――第一回アンケート――」『文化史学』第一七五号　二〇〇四年　一九三〜二〇三頁。同「イタリアの美術館における「イタリアのセバスティアヌス像」の所蔵状況の報告」『人文学』第一七七号　二〇〇五年　二三〜三九頁。同（調査報告）「イタリアの大聖堂におけるセバスティアヌス像の所蔵状況――第二回アンケート――」『文化史学』第一七五号　二〇〇七年　一五五〜一七〇頁。

(260) A. Cipriani, *A peste, fame, et bello, libera nos, Domine. Le pestilenze del 1348 e del 1400*, Pistoia, 1990 ; E. Coturri, *Pestilenze e pandemie a Pistoia fine all'eta dei lumo*, Pistoia, 1990 ; A. I. Pini, *La società italiana prima e dopo la«peste nera»*, 1981.

(261) É. Carpantier, *Une ville devant la peste. Orvieto et la peste noire de 1348*, deuxième èdition, revue, Bruxelles, 1993.

(262) L. Capasso, A. Capelli, *Le epidemie dei peste in Abruzzo dal 1348 al 1702*, Abruzzo, 1993.

(263) A. Cipriani, p. 9.

(264) Gelting, M., "The Mountain and the Plague : Maurienne, 1348", *Collegium Medievale*, 4, 1991, pp. 7–45.

(265) *Encyclopedia of Pestilence, Pandemics, and Plague*, ed. by J. P. Byrne, London, 2008, vol. 1, 56.

(266) 「ベネディクトヴはペストの人口学的側面についてのみ焦点を据えている。その結果、ほかの著作ではしばしば中心的な舞台を占める派生的なテーマはほとんど論じられない。だから、「完全な歴史」を表わそうというこの著作の主張は不当なものとなっている。視覚芸術や文学に対するペストの衝撃はその最も明らかな副産物であるが、それが見過ごされている」(M. Goodich, "Reviews 146", in *Speculum. A Journal of Medieval Studies*, vol. 81, 2006, p. 146)。なお、ベネディクトヴの著書に対するこの書評ではベネディクトヴのタイトルに関わって難をつけているが、これは当たらない。これは、ベネディクトヴがヨーロッパでの黒死病の波及とその死亡率の問題に絞ってそれだけで大部の著作を著したことへの理解に欠くものである。

(267) アーロン・グレーヴィチ(川端香男里・栗原成郎訳)『中世文化のカテゴリー』岩波書店　一九九九年。

(268) 齊藤寛海「商業の発展と商業技術」齊藤寛海・山辺規子・藤内哲也編『イタリア都市社会史入門　一二世紀から一六世紀まで』所収　昭和堂　二〇〇八年　第四章(八五〜八六頁)。*Cronica di Giovanni Villani*, Roma, tomo VI, lib. XI, cap. XCIV.

(269) ジャック・ル＝ゴフ(福井憲彦訳)「中世フランスにおける托鉢修道会と都市化」二宮宏之・樺山紘一・福井憲彦責任編集『都市空間の解剖』所収　新評論　一九八五年　九四〜九八頁。

(270) Touring Club Italiano, *Abbazie e monasteri d'Italia. Viaggio nei luoghi della fede, dell'arte e della cultura*, Milano, 1996, p. 11.

(271) Michel Mollat (Introduzione di O. Capitani, Traduzione di M. C. De Matteis e M. Sanfilippo), *I Poveri nel Medioevo*, Bari, 2001, pp. 143–143.

(272) p. 143.

(273) 「心性は深層にあってきわめてゆるやかに胎動している。歴史の奥深くに息づくそうした心性に光を当て、ある社会をその内実から理解しようとする人類学的歴史学の研究が近年ひとつの新しい潮流となりつつある」(芝紘子『スペインの社会・家族・心性 —— 中世盛期に源をもとめて』ミネルヴァ書房　二〇〇一年　芝二〇五頁)。

(274) 小田切進『昭和文学の成立』勁草書房　一九六五年　一三〜四八頁。

(275) 徳橋曜「解説」イリス・オリーゴ(篠田綾子訳・徳橋曜監修)『プラートの商人　中世イタリアの日常生活』白水社　一九九七年　四九七頁。

(276) このほか、日本での研究に次のものがあり、インノチェンティ捨子養育院の成立について多くを教えてくれる。前乃園幸一郎「『プラートの商人』：フランチェスコ・ディ・マルコ・ダティーニとインノチェンティ捨て子養育院の成立」

『青山学院女子短期大学総合文化研究所年報』六　一六一～一八〇頁　一九九八年。高橋友子『捨子たちのルネッサンス　15世紀イタリアの捨子養育院と都市・農村』名古屋大学出版会　二〇〇〇年　二七～三四頁。

(277) Ser Lapo di Mazzei, *Lettere di un notaro a un mercante del secolo XIV*, per cura di Cesare Guasti, Firenze, 1880.

(278) およそ収益一〇万ユーロの出費の内訳（概算）は、慈善の受益者に二万ユーロ、維持費に四万五〇〇〇ユーロ、協力者に一万五〇〇〇ユーロ、消費税に二万ユーロである（この数値は二〇一〇年、ダティーニ館の慈善財団のプレジデンテであるロレンツォ・ラーピ氏（Lorenzo Lapi）から口頭でご教示いただいたものである）。

(279) ダティーニの生まれた年は、これまでは「一三三五年頃」とされていたが、近年の研究書では「一三三五年」に特定されているので、それにしたがった。

(280) "tavernieri" は古いイタリア語で「商店主」の意味であった。そのように考えると、少年フランチェスコが、父を助けて、市場で肉の切り売りをしていたという話とつじつまが合う。

(281) F. Melis, *Aspetti della vita economica medievale : studi nell'archivio Datini di Prato*, Siena, 1962, p. 45.

(282) E. Bensa, *Francesco di Marco da Prato. Notizie e documenti sulla mercatura italiana del secolo XIV*. Milano, 1928, p. 20.

(283) Melis, *Aspetti*, p. 46.

(284) Ser Lapo di Mazzei, XIV.

(285) E・H・ウィルキンス（渡辺友市訳）『ペトラルカの生涯』東海大学出版会　一九七〇年。近藤恒一『新版　ペトラルカ研究』知泉書館　二〇一〇年　七七～九六頁。「教皇の捕囚」の地としてそれへの憎しみも語っている（Petrarch, *The First Modern Scholar and Man of Letters : A Selection from his Correspondence with Boccaccio and other Friends, Designed to Illustrate the Biginnings of the Renaissance. Translated from the Original Latin, together with Historical Introductions and Notes*, New York, 1969, p. 69）。

(286) Richard C. Trexler, *Public Life in Renaissance Florence*, p. 12.

(287) オリーゴ『プラートの商人』四七頁。

(288) Livi, p. 3.

(289) 齋藤寛海「地中海商業―通信の問題を中心に」清水廣一郎・北原敦『概説イタリア史』所収　有斐閣　一九八八年。

(290) オリーゴ『プラートの商人』三七頁。

(291) 四一、九八、一〇八、一二七頁。

(292) ポッジョ・ブラッチョリーニ（拙訳）「貪欲論」『原典　イタリア・ルネサンス人文主義』所収　池上俊一翻訳監修　名古屋大学出版会　二〇一〇年　二一五～二六九頁。

(293) オリーゴ『プラートの商人』五三頁。

(294) マルゲリータ（没年不明）については次を参照。Enrico Bensa, "Margherita", *Archivio Storico Pratese*, 1926：1–14.

(295) A. Crabb, *The Marchant of Prato's Wife：Margherita Datini and Her World, 1360–1423*, Ann Arbor, 2015, p. 6.

(296) Melis, *Aspetti*, p. 50.

(297) G. Livi, *Dall'archivio di Francesco Datini, mercante pratese*, Firenze, 1910, p. 42.

(298) オリーゴ『プラートの商人』六一頁。

(299) 七三～七四頁。

(300) 八四頁。

(301) Crabb, *The Marchant of Prato's Wife*, p. 2.

(302) オリーゴ『プラートの商人』二一八～二二七頁ほか。

(303) Oligo, *Il Mercante*, p. 271.

(304) 拙著『地獄と煉獄のはざまで』四七九～四八〇頁。

(305) 四三一頁。

(306) Richard C. Trexler, *Public Life in Renaissance Florence*, p. 132.

(307) Ser Lapo di Mazzei, p. 132.

(308) *«Padre mio dolce»：Lettere di religiosi a Francesco Datini, Antologia*, a cura di Simona Brambilla, Roma, 2010.

(309) Trexler, *Public Life in Renaissance Florence*, pp. 135–137.

(310) Comune di Prato, *Francesco di Marco Datini*, p. 12.

(311) コルッチョ・サルターティについては、以下を参照。拙著『ルネサンス・ヒューマニズムの研究―「市民的人文主義」の歴史理論への疑問と考察―』晃洋書房　一九九四年　第一章～第三章。コルッチョ・サルターティ（米田潔弘訳）「僭主論」『原典　イタリア・ルネサンス人文主義』九五～一三〇頁。

(312) Ronald. G. Witt, *Hercules at the Crossroads. The Life, Works, and Thought of Coluccio Salutati*, Durham, North Carolina, 1983, 274n.

(313) Ser Lapo di Mazzei, XLV ; Bensa, pp. 34-35 ; Melis, p. 54.

(314) Trexler, *Public Life in Renaissance Florence*, p. 134.

(315) Livi, pp. 42-44.

(316) オリーゴ『プラートの商人』第二部第一章「夫婦」参照。

(317) 高橋友子『捨子たちのルネッサンス』一一九頁。

(318) オリーゴ、『プラートの商人』、一二二頁。

(319) Melis, *Aspetti*, p. 55.

(320) 拙著『ルネサンス・ヒューマニズムの研究』二七二～二七四頁。R. Black, *Benedetto Accolti and the Florentine Renaissance*, Cambridge, 1985, pp. 6-7.

(321) 星野秀利（齊藤寛海訳）『中世後期フィレンツェ毛織物工業史』名古屋大学出版会　一九九五年　一九〇頁。

(322) Livi, p. 3.

(323) Oligo, *Il Mercante*, p. 143.

(324) Trexler, *Public Life in Renaissance Florence*, p. 134.

(325) フィレンツェの友人ドメニコ・ジューニ（Domenico Giugni）は、フィレンツェが租税に関して公平な扱いをするだろうといって、ボローニャに滞在するダティーニにフィレンツェに帰ることを手紙で訴えている（一四〇一年）――「フィレンツェのコムーネが君にこれまで課してきた過度の税負担の理由と、君の考えでは今後も軽減されることはないだろうという理由から、君はフィレンツェに戻るつもりはないと言う。コムーネがずっと混乱状態にあるのは確かではあるが、現在、秩序が回復してきていると私は感じている。毎日、支出を減らし収入を増やすための措置は取られているのだ。我々のコムーネは、誰もが自分自身の分だけを支払うだけですむように、税の公平を必要なものとしている。思うに、神の恩寵によって、私の同僚が、この平等化を成し遂げるためにあらゆる手立てをするだろう。そして私はこれがうまくいくと信じている。そして誰もがみな祖国に義務を負い、祖国を捨てるべきではないこと――特に逆境の時にはそうである――、また、私こそは、自分の祖国を見捨てることのないように君に忠告するひとりであると言いたい。

もし君が祖国を見捨てるならば、神と世間から責められることになるだろう。なぜなら君には有力な理由はないからである。税金の徴収をする人々は、君を公平に扱うことを望んでいたと言っている。そして私は彼らがそう望んでいたと信じている。また、君がその反対の証拠をつかむまでは、不平を言うべきではない。」（Brucker, *A Documentary Study*, chap. 32）

(326) Melis, *Aspetti*, p. 57 n.

(327) pp. 57–58.

(328) pp. 61–71. ダティーニの遺産のうち、不動産物件は、メリスの著書で示された一覧によると、著書のなかで一二ページにも及ぶ驚くべき多さである。それによると全部で七三の物件があり、そのうち二七の物件がプラートに、その他の四六の物件がプラートの周辺にあった。家屋は全部で二五軒あり、そのうち「小家屋」（casette）が八軒、商館（fondaco）が二軒。樹木等の栽培用の土地が三五区画、森や林が七点、ほかに別荘、労働者用家屋、塔がそれぞれ一点。前者の家屋関係の資産総額は約二・八四八フィオリーノ、後者の土地関係は約六九九二フィオリーノに評価されるという。

(329) オリーゴ『プラートの商人』、四四九頁。

(330) 以下、ダティーニの出生年を「一三三五年」として年齢計算する。「一三三〇年」（C・グァスティ）という仮説があったが、E・ベンサ以後の研究では、例外（S・カヴァチョッキの「一三三七年」「一三三八年」など）はあるものの、「一三三五年」とする傾向が主流にある（*Francesco Marco Datini: L'uomo il mercante*, a cura di Giampiero Nigro, Firenze, 2010, p. 5）。

(331) *Cronica di Giovanni Villani*, I.

(332) ジョヴァンニ・モレッリはこの年に熱病による死者も出たと言っている（Morelli, p. 132.）。

(333) プラート市がおこなっていた世帯調査は、コムーネの飢饉の対策措置として評価されるべきものであるかもしれない。サン・ジミニャーノ市と比べて、プラート市の黒死病による死亡率が低かったことは、サン・ジミニャーノ市がおこなっていた世帯調査と飢饉への対応によると指摘する研究者もいる（Benedictow, p. 302）。

(334) Enrico Fiumi, "La popolazione del territorio volterrano-sangimignanese ed il problema demografico dell'età comunale", in *Studi in onore di Amintore Fanfani*, 1968, p. 286.

(335) "Il Testamento di Marco Datini", *Archivio Storico Pratese*, aprire 1925, pp. 74–78.

(336) オリーゴ『プラートの商人』四〇二頁。

(337) S. K. Cohn, *The Black Death Transformed : Disease and Culture in Early Renaissance Europe*, London, 2002, chap. 8. コーンの研究は、遺言書・埋葬記録を駆使して一四世紀・一五世紀に発生したペストの比較、地域差に強い関心が払われている。

(338) アヴィニョンへの一度目のペストについての研究は次を参照。Heather Para, “Plague, Papacy and Power : The Effect of the Black Plague on the Avignon Papacy”, *Saber and Scroll* , Volume 5, April 2016.

(339) Samuel K. Cohn, *The Black Death Transformed*, p. 194. 二度目のペストの被害について、「この疫病は、先の疫病に勝るとも劣らない深刻な疫病であった」(『黒死病関係史料集』第一六章「ジョヴァンニ・ダ・パルマの『トレント年代記』二五〇頁)と伝える者もいるが、最初のペストによって人口がすでに激減していたことや免疫を持った者もいたこともあって、その死亡者の総数や死亡率は最初のペストほどではなかったはずである。だが、以後のペストと比べて、死亡率は決して低くなく、二〇パーセント程度の高さであったことも考えられる。

(340) R. S. Gottfried, p. 50. オリーゴ、三三頁。

(341) R. Horrox (ed.), *Black Death*, p. 85.

(342) G. Zanella, “Italia, Francia e Germania : una storiofrafia a confronto”, *La peste nera : dati di una realit à ed elementi di una interpretazione, Atti del XXX Convegno storico internazionale*, Todi, 1993, p. 79.

(343) 「シエナの研究からわかったことは、遺言書作成における第一の主要な変化(統計的に観察される)は一三四八年の黒死病ではなく一三六三年の黒死病であっただろうということである。一三四八年の黒死病の大量の死亡は教会財産と貧者の必要物に徹底的な変化をもたらさなかったのに対して、個々の遺言者の心性は変わらなかった。彼らは一三世紀末にさかのぼる過去から伝わったやり方に相変わらず従っていた。つまり托鉢修道士がその頃説教していたことを実行に移したのである。財産を整理し分割し、多くの教会に対して遺贈することで世俗的な利得と訣別する努力をしたのである」(Cohn, 1992, p. 17)。そして、トレチェント後半の時期には、遺贈者は、一方で天国を目指す遺贈、つまり救済志向を示す遺贈、他方で、墓の建造などに力を尽くして自分がこの世でおこなったことを訴える世俗的な記念行為(“the Cult of Remenbrance”)を示す遺贈に特徴を見せるようになるという(Cohn, 1992, p. 17)。

(344) Melis, p. 53.

(345) Corradi, 1, p. 233.
(346) p. 229.
(347) p. 231.
(348) Ann G. Carmichael, p. 231.
(349) p. 100.
(350) 第一五章「フィレンツェ書記官長サルターティの『都市からの逃亡について』」一九八～二〇四頁。
(351) Ann G. Carmichael, p. 157. Piero Buoninsegni, *Historia fiorentina*,1581, pp. 665–6.
(352) Oligo, *Il Mercante*, p. 271.
(353) p. 271.
(354) Corradi, p. 237
(355) p. 237
(356) Melis, p. 55.
(357) p. 271.
(358) Oligo, *Il Mercante*, p. 271.
(359) pp. 272–273.
(360) 『黒死病関係史料集』第四章「ジョヴァンニ・ヴィッラーニの『フィレンツェ年代記』」五一頁。Cronica di Giovanni Villani, tomo VI, cap. CXIV.
(361) 拙著『地獄と煉獄のはざまで』四八一～四八四頁。
(362) W. C. Jordan, *The Great Famine : northern Europe in the early fourteenth century*, Princeton, 1996, p. 43.
(363) カヴァルカ（拙訳）『十字架の鑑』『人文学』一七二号　二〇〇二年　八〇頁。
(364) Oligo, *Il Mercante*, p. 282.
(365) p. 124.
(366) Oligo, *Il Mercante*, XXIV.
(367) pp. 272–273.

(368) 大黒俊二『嘘と貪欲　西欧中世の商業・商人観』名古屋大学出版会　二〇〇六年　一〜二頁。

(369) 『黒死病関係史料集』第二二章「葬儀費用抑制のための条例（一四七三年）」六二二〜六二三頁。

(370) オリーゴ、四四六頁。

(371) アウグスティヌス『自由意思論』第三巻一七・四八。

(372) ポッジョ・ブラッチョリーニ（拙訳）「貪欲論」、『原典　イタリア・ルネサンス人文主義』

(373) Oligo, *Il Mercante*, p. 131.

(374) p. 123.

(375) p. 122.

(376) p. 18.

(377) 当時、天国や地獄の存在は、まれに疑われたかもしれないが、その疑いを文章にして、理論化したもの（証拠）はまだ見出せない。ただ、パッサヴァンティ（拙訳）『真の改悛の鑑』第十八話「ある娼婦の改悛と贖罪」のなかに次のような話がある。ある徳の高い聖職者は、不信心な行為（売春）をしている女（娼婦）に向かって、こう尋ねた――「お前は神の存在を本当に信じているのかね」。この問いこそは、神の存在が誰にとっても自明であったわけでないことを示唆している。だが、その娼婦はこう答えている――「はい、信じております。また、天国があることも信じております。神は義《ただ》しい人びとを天国へ導かれるでしょう。また、地獄堕ちした人たちは、地獄でもだえ苦しむことでしょう」。なお、私の知る限り、聖母マリアを「冒瀆した」例は少なくとも二点存在する。一点目、一四一〇年三月、アントーニオ・ディ・トーメは硬貨に描かれた聖母マリアの目をえぐり取ろうとしてナイフを突き刺した（Brucker, *A Documentary Study*, chap. 69）。二点目、「フィレンツェの聖母像を台なしにして回った。……（教会の聖母像）の顔に糞を投げつけた」（『ランドゥッチの日記』（中森義宗・安保大勇訳）近藤出版社　一九八八年　七〇頁。ただし、前者は悪事に走る悪辣な男の行動の描写として、後者は「頭がおかしくなった」男の描写として記されている。

(378) 三森のぞみ「教会と聖人崇拝」齊藤寛海・山辺規子・藤内哲也編『教会と聖人崇拝』一八〇〜一八四頁。

(379) Brucker, *A Documentary Study*, chap. 39.

(380) B. Guenée, *Storia e cultura storica nell'occidente medievale*, Milano, Il Mulino, 1980, pp. 22-23.

(381) J・モレイ「現代における聖トマスの性倫理の意義」『トマス・アクィナス研究――没後七百年記念論文集――』創

文社　一九七五年　三二八頁。

(382)「妻との性行為は快楽ではなく生殖を目的として遂行されねばならず、また妻の妊娠中は行為を控えねばならない」（八二九年、皇帝ルイ敬虔王に提出された司教からの諮問の一項目）（デュビー（篠田勝英訳）『中世の結婚——騎士・女性・司祭——』新評論一九九四年五八頁）

(383) ハイネマン、二四二頁、二六三頁、二六四〜二六六頁、二七二〜二八六頁他。

(384)「おまえは自分の妻が月経のときに、妻と結びあわなかったか。もしそのようにしたのなら、おまえはパンと水だけの一〇日間の苦行をせねばならぬ」（ヴォルムスのブルヒャルト『法令集』「結婚の錯誤」より）（福井憲彦、松本雅弘訳『愛と結婚とセクシュアリテの歴史』新曜社一九九三年一六〇頁）。

(385) 拙著『地獄と煉獄のはざまで』三七三〜三七九頁。

(386)『神の国』第一四巻第一六章、ジャン・ドリュモー『罪と恐れ』四〇八〜四一〇頁。

(387) マッシモ・モンタナーリ（山辺規子・城戸照子訳）『ヨーロッパの食文化』五八頁、一一三頁。ハイネマン、二一七〜二一八頁。

(388) **Trexler, *Public Life in Renaissance Florence*, p. 74.** 土曜日には「神は土曜日には注意を払っていない」ということわざから、人びとは罪を免れることができると考えられたという。

(389) M・モラ、Ph・ヴォルフ（瀬原義生訳）『ヨーロッパ中世末期の民衆運動―青い爪、ジャック、チオンピ―』ミネルヴァ書房　一九九六年　一五三頁。

(390) リーヴィの前掲の論文（G. Livi, *Dall'Archivio di Francesco Datini, mercante pratese*, Firenze, 1910.）では、付録として二〇通の手紙が掲載されている。それらは、ダティーニの友人やその仕事の関係者からダティーニやその他の人びとに宛てた手紙であり、内容は公私様々である。以下、試みとして、（一）から（二〇）までのそれらの手紙が全部で何行からなるか、それぞれに「神」ということばが何回出て来るか示してみた（＊は「業務上の性格の強い通信文」）。（一）一一行中〇回、（二）一九行中〇回、（三）九行中一回、（四）四一行中四回、（五）二六行中二回、（六）＊六行中〇回、（七）二二行中三回、（八）＊六一行中四回、（九）七〇行中五回、（一〇）一一行中三回、（一一）二六行中三回、（一二）二七行中二回、（一三）＊一五行中〇回、（一四）五行中二回、（一五）一〇行中一回、（一六）＊二〇行中三回、（一七）＊七行中一回、（一八）＊一六行中〇回、（一九）＊五三行中一回、（二〇）＊四四行中一回。以上、平均すると、「神」

ということばは、一四・六行中に一回の割合で登場し、「業務上の性格の強い通信文」を除くと、一〇・六行に一回の割合で登場する。手紙に一〇行に一度「神」が登場するのは、極めて高い頻度と思われる。

(391) オリーゴ『プラートの商人』四〇五～四〇六頁。

(392) Elizabeth Carpentier, *Un ville devant la peste noire de 1348*, Bruxelles, 1993.

(393) ビアンキの改悛巡礼については次の書を参照。池上俊一『ヨーロッパ中世の宗教運動』名古屋大学出版会、二〇〇七年、四七〇～四七六頁。

(394) Barbara Wish, Diane C. Ahl（eds.）, *Confraternities and the Visual Arts in Renaissance Italy. Ritual, Spectacles, Image*, Cambridge, 2000, p. 26.

(395) 怒れる神キリストが、罪深い人類を全滅させるという考え方、また、疫病はその手段であるという考え方は、一般的な認識であった。「イエス・キリストが宙に舞う姿が見えた。キリストは最後の審判の日に取るようなしぐさで手に矢を三本の槍を持っていた。そしてその槍を音を立てて振り回し、下界とそこに住む人びとに向かって今にも槍を投げ降ろし、この世を破滅させるぞ、というそぶりであった」（拙著『地獄と煉獄のはざまで』、第一六話「托鉢修道会――聖ドミニコの幻覚――」）。また、本史料集第一三章「ムッシスの『疫病の歴史』」一六一頁を参照。

(396) Daniel E. Bornstein, *The Bianchi of 1399 : Popular Devotion in Late Medieval Italy*, Ithaca, 1993, p. 56.

(397) この教会分裂の問題は、ヴェネツィアの一角にささやかに暮らすひとりの修道女、ドミニコ会系の女子修道院の修道女によって、キリスト教世界の深刻な問題として受け止められて、詳しく記述されており、この問題への人びとの関心の高さを示す一例となっている（Sister Bartolomea Riccoboni, *Life and Death in a Venetian Convent : the Chronicle and necrology of Corpus Domini, 1395–1436*, ed. tra. Daniel E. Bornstein, Chicago, 2000, Introduction.

(398) 神への恐れは、生活史料だけでなく、絵画史料からも補足的に裏づけできる（P. Dizelbacher, *"La divinitamortifera" La peste nera : dati di una realit à ed elementi di una interpretazione, Atti del XXX Convegno storico internazionale*, Todi, 1993）。

(399) Bornstein, p. 62.

(400) p. 63.

(401) pp. 45–46.

(402) Bornstein, Chap. 3.
(403) p. 86.
(404) pp. 84–87
(405) p. 88.
(406) pp. 88–90.
(407) pp. 91–93.
(408) Oligo, *Il Mercante*, p. 279.
(409) pp. 279–280.
(410) p. 280.
(411) p. 281.
(412) Melis, *Aspetti*, p. 55.
(413) Ser Lapo di Mazzei, I, pp. 243–244.
(414) Oligo, *Il Mercante*, p. 291.
(415) *Lettere di un notaro*, pp. 247–248.
(416) Melis, pp. 56–57. この時、ダティーニは、ボローニャへ旅立った同伴者一八人の名を記録している。これには会社の仲間も含まれているが、これは当時富裕商人が移動する時の大家族集団であったと考えられる。同じことは、ジョヴァンニ・モレッリの大家族についても言える（Giovanni Pagolo Morelli, *Ricordi in Mercanti Scrittori : Ricordi nella Firenze tra Medioevo e Rinascimento*, ed. Vittore Branca, Milano, 1986, pp. 147–148）。
(417) Lorenzo Del Panta, “La ricomparsa della peste e la depressione demografica del tardo Medioevo,” *Morie di peste : testimonianza antiche e interpretazioni moderne della «peste nera» del 1348*, ed. Ovidio Capitani, Bologna, 1995, p. 80.
(418) Chiffoleau, J., *La comptabilité de l'au-delà*, Albin Michel, Paris, 2011, pp. 455–460.
(419) G. Calvi, *La peste*, Firenze, 1987, p. 7.
(420) ヨーロッパの諸都市でのペストの周期性については、宮崎揚弘『ペストの歴史』山川出版社会　二〇一五年　一三五～一三六、一三八～一三九頁。

(421) ドリュモー（永見文雄、西澤文昭訳）『恐怖心の歴史』新評論　一九九七年　一八九頁。
(422) ドリュモー（佐野康雄、江花輝明ほか訳）『罪と恐れ』新評論　二〇〇四年　一九三頁。
(423) G. Calvi, *La peste*, p. 7.
(424) Del panta, p. 79.
(425) pp. 79–89.
(426) 『黒死病関係史料集』　第一四章「一市民の疫病対策と健康法」一八八頁。Giovanni di Pagola Morelli, *Ricordi*, p. 210.
(427) G. Alfani, p. 145.
(428) Del Panta, p. 86.
(429) A. G. Carmichael, p. 63.
(430) p. 72.
(431) p. 72.
(432) pp. 74–75.
(433) 『黒死病関係史料集』第四章「ジョヴァンニ・ヴィッラーニの『フィレンツェ年代記』」（一三四八年）五一頁。*Cronica di Giovanni Villani*. A Miglior Lezione Ridotta, coll'aiuto De'Testi a Penna, tomo VII, Multigrafica Editrice, Roma, 1980, cap. LXXXIV.
(434) 『黒死病関係史料集』第一四章「一市民の疫病対策と健康法」一八七頁。Giovanni di Pagola Morelli, p. 210.
(435) 『黒死病関係史料集』第一四章「一市民の疫病対策と健康法」一八八頁。Giovanni di Pagola Morelli, *Ricordi*, p. 210.
(436) 『黒死病関係史料集』第一〇章「疫病時の衛生法」（一三四八年）一四四～一五四頁。A. Chiappelli（ed.）, “Gli Ordinamenti Sanitari del Comune di Pistoia contro la Pestilenza del 1348”, *Archivio Storico Italiano*, quarta serie, XX, 1887, pp. 7–16.
(437) Luigi Capasso, Arnaldo Capelli, *Le epidemie di peste in Abruzzo dal 1348　al 1702*, 1993, pp. 9–13.
(438) Grazia Benvenuto, *La peste nell'Italia della prima età moderna : contagio, rimedi, profilassi*, Bologna, 1996, p. 28.
(439) A. G. Carmicael, p. 103.
(440) Pullan, p. 106.

(441) アレッサンドロ・マンゾーニ（平川祐弘訳）『いいなづけ　一七世紀　ミラーノの物語』河出書房新社。マンゾーニが利用した文献は以下のもの。Giuseppe Ripamonti, *La peste di Milano del 1630*, Sala Bologna, 2003.

(442) *Venice*: *A Documentary History*, pp. 118–119.

(443) Brucker, *A Documentary Study*, chap. 37. G・ブラッカーは、フィレンツェの国立古文書館等の文書から見出した史料集、約一五〇点をこの書に収めている。特に第二章で利用する多くはこの書による。

(444) イングランドの場合、一四世紀のペストによる人口減少率は、J・C・ラッセルによって次のように推定されている――「最初の疫病（一三四八年）………二五％。第二回目（一三六〇年）………二二％。第三回目（一三六九年）……一三・一％。第四回目（一三七五年）………一二・五％」（カルパンティエ（池上俊一訳）「黒死病をめぐって――一四世紀の歴史における飢饉と疫病――」二宮宏之ほか責任編集『医と病い』藤原書店　二〇一一年　七九～八〇頁）。

(445) マキァヴェッリ（永井三明訳）『ディスコルシ「ローマ史」論』ちくま学芸文庫　二〇一一年　三〇六頁。

(446) 拙稿「中世カトリシズムによる黒死病の受容」（『文化史学』五六号、二〇〇二年。

(447) 向山宏他『高等学校　改訂版　世界史B　人、暮らしがあふれる歴史』第一学習社、二〇一二年　一三六頁。省略せずに紹介すると、以下のとおり。「それは神を中心とするキリスト教的世界観よりも人間を中心とする現実的世界観を中心とした運動で、一四世紀にイタリアにはじまり、その後ヨーロッパ全体で展開した」（第一学習社　二〇一二年　一三六頁）。

(448) 西川正雄ほか『世界史B　改訂版』三省堂　二〇〇九年　一四〇頁。省略せずに紹介すると以下のとおり。「一四世紀、イタリアでは、神中心の伝統的な権威にとらわれずに、自由にかつ合理的に人間や世界の現実を表現する動きがおこった」。

(449) 川北稔他『新詳　世界史B』帝国書院　二〇〇九年　一二七頁。「……ペトラルカがその（＝人文主義の）さきがけであった。これをきっかけにして、個性の自由な発揮と神の束縛からの解放が、文学だけではなく、学芸・思想・科学といった人間生活にかかわるあらゆる分野で引きおこされた」（同）。実は、ペトラルカほどキリスト教的な思想家はいない。もちろん、それと同時に豊かな人間的情感を表現したのも事実である。これは、私の言う「ルネサンス二元論」によってしか説明できない。

(450) マクグラス、五〇頁。

(451) H. O. Evennett, *The Spirit of the Counter-Reformation*, New York, 1968, pp. 32–36.

(452) 池上俊一『イタリア・ルネサンス再考　花の都とアルベルティ』講談社学術文庫　二〇〇七年　六四～六八頁。

(453) N. Terpstra, *Lay Confraternities and Civic Religion in Renaissance Bologna*, Cambridge, 1995; Cohn,*The Cult of Remembrance*, p. 32; D. Herlihy, *Medieval and Renaissance Pistoia*, pp. 241–258; Brucker, G. *Renaissance Florence*, 2d ed. Berkeley, 1969, pp. 108–109.

(454) R. S. Gottfried, p. 85.

(455) 河原温『中世フランドルの都市と社会　慈善の社会史』中央大学出版部　二〇〇一年　二九～三二頁。

(456) J. Henderson, *Piety and Charity in Late Medieval Florence*, New York, 1994. 日本では、河原温前掲書の密着した綿密なフランドルの慈善の研究がある。坂上政美「中世末期フィレンツェの兄弟会」『史林』八二（四）一九九九年　一〇五～一三五頁。

(457) ミース（中森義宗訳）『ペスト後のイタリア絵画――一四世紀中頃のフィレンツェとシエナの芸術・宗教・社会――』中央大学出版会　一九七八年。岡田温司『ミメーシスを超えて　美術史の無意識を問う』勁草書房　二〇〇〇年　第三章。

(458) D. Norman, "Change and continuity: art and religion after Black Death" in *Siena, Florence and Padova: Art, Society and Religion 1280–1400*, Vol. I: Interpretative Essays, ed. Diana Norman, p. 179.「一四世紀の他の地域で制作された美術にはペストの与えた衝撃があるのかどうかという問題が残っている。こうして見ると、たとえばパドヴァでは黒死病の前と後では描かれた宗教美術において、見たところ様式的な亀裂がないということは重要である」。

(459) E・マール（柳宗玄他訳）『ヨーロッパのキリスト教美術』（上・下）岩波書店　一九九五年　上巻　四七～四八頁。

(460) A. M. Spiazzi（ed.）, *Giusto de' Menabuoi nel battistero di Padova*, Trieste, 1989. "Testamento di Fina da Carrara, 1378," Archivio di Stato, Padova, Archivio notarile, reg. 35, fols. 95–98v; B. G. Kohl, "Giusto de'Menabuoi e il mecenatismo artistico in Padova," in *Giusto de' Menabuoi nel battistero di Padova*, A. M. Spiazzi（ed.）Trieste, 1990, pp. 24–26.

(461) フィーナの遺言書は全訳されている（『黒死病関係史料集』第二〇章）。

(462) Diane Cole Ahl, "Due San Sebastiano di Benozzo Gozzoli a San Gimigniano: un contributo al problema della pittura per la peste nelQuattrocento", in *Rivista d'Arte*, XL, serie IV, vol. IV, Firenze, 1988, pp. 31–62, Biblioteca Comunale di San

Gimignano（以下ＢＧＳＧ）, Archivio del Comune（以下ＡＣ）, NN 126, Libro di deliberazioni e riformesegnato G, 1459–1462, CC. 355–356；Id., 52–53.BCSG, AC, NN 126, c. 356 v；Id., 53–54. BCSG, AC, NN 126, c. 362 v；Id., 54.BCSG, AC, NN 126, c. 366 v；Id., 55；BCSG, AC, NN 127, c. 366 v. Libro di deliberazioni e riformesegnato K, 1462–1465, c. 213；Id., 55–56. 拙稿「西欧の聖人崇拝のあり方と疫病の守護聖人セバスティアヌス像」『説話・伝承学』第一六号二〇〇八年。拙稿「イタリア美術の旅と黒死病——なぜセバスティアヌスが崇拝されたか——」星美学園短期大学日伊総合研究所報七二〇一一年。

(463) 『黒死病関係史料集』第一八章「サンタ・マリア・ノヴェッラ聖堂の『死者台帳』」三二一～三二五頁。

(464) Ildefonso di San Luigi, "Nomi di uomini e di donne seppelliti in S. Maria Novella, tratti da un Libro di cartapecora esistente nelle mani de' Fratri di detta chiesa," 9：123–203, *Necrologio*, 1955；D. Herlihy, *The Black Death and the Transformation of the West*, pp. 73–79.

(465) Ｅ・パノフスキー（前川道郎訳）『ゴシック建築とスコラ学』平凡社、一九八七年。

(466) D. Herlihy, *The Black Death and the Transformation of the West*, pp. 72–73.

(467) 拙著『どうしてルターの宗教改革は起こったか——ペストと社会史から見る』ナカニシヤ出版　二〇一七年　一二〇頁。

(468) *The Renaissance Philosophy of Man*, eds., E. Cassirer, P. O. Kristeller, and J. H. Randal, Chicago and London, 1948, p. 153. ルター「奴隷的意志について」『ルター著作集　第一集　第七巻』一七五頁。

(469) ハウザー（若桑みどり訳）『マニエリスム』（上）（中）（下）岩崎美術社一九七〇年。

(470) ヴェルフリン（梅津忠雄訳）『美術史の基礎概念　近世美術における様式発展の問題』慶應義塾大学出版会　二〇〇〇年。

(471) 「信仰は、単に論理を否定するだけではない。それは、道徳をも否むのである」（ハウザー（上）三二頁）。

(472) ハウザー（上）八四～八七頁。

(473) ルター「スコラ神学反駁　討論」『ルター著作集　第一集　第一巻』聖文舎　五四頁。

(474) D. Herlihy, *The Black Death and the Transformation of the West*, p. 72.

(475) Ｍ・モラ、Ｐｈ・ヴォルフ　近江吉明『黒死病時代のジャクリー』未来社　二〇〇一年。

(476) マキャヴェッリのマルサス的な分析は以下のとおりである――「このような洪水や黒死病、飢饉がこれからは起こるまいとは、私は考えていない。というのは、これらの現象は、これまでの歴史に充満しているし、またこれらの天災がもととなって、過去の記憶があいまいになっていることもわかっているからだ。しかも天災が起こるというのも、ちゃんとした理由があってのことだからである。なぜなら、あたかも一つの肉体が、体内に過剰の物質が蓄積されるようになると、何度も何度も体をゆすって浄化作用《カタルシス》をくり返し、肉体の健康を維持していくのと同じように、自然もまた同じ営みを続けるものだからである。このような人間の肉体がいくつも混ざりあって出来上がった人類全体の場合でも、同じようなことが起こる。例えば、どの地方に行っても、住民が殖えすぎて人口過剰になり、すべての人が暮らしていける余地などなく、さりとて、どこもかしこもすでに塞がっているために、移動しようにも動きのとれない状態となっている。さらに加えて、人間はずるがしこく陰険この上もない情況になると、世界は、［黒死病、飢饉、洪水という］三つの天災のうちの一つの力を発動して、自らこの世界を浄化することは避けられない。このようにして人口が減り、心を入れ替えることになって、これまでよりもずっと安楽に、また善良に暮らしていくようになる」（マキァヴェッリ（永井三明訳）『ディスコルシ――「ローマ史」論――』筑摩学芸文庫　二〇一一年　三〇七頁）。Alfani, p. 105.

(477) B. Guenée, *Storia e cultura storia nell'occidente medieval*, Bologna, 1991, p. 22.

(478) 聖パオロはテモテに「聖書を読むことを続けよ［Iテモ四・一三］と命じ、またローマの信徒への手紙一第一五章［三節］では「キリストが聖書にあるとおり、ダビデの血筋から出て、死に、死から復活した」と言っている。聖ペテロも再々聖書を指し示している」（ルター「旧約聖書序文（一五二三年）」徳善義和・伊藤勝啓訳『宗教改革著作集』第四巻　教文館　二〇〇三年一一～一二頁）。

(479) A. G. Carmicael, p. 101.

(480) ペスト期には神罰は矢に象徴されて突き刺さった。

(481) 岡田温司、九六頁。

(482) 手島勲矢「ヨブ記」『岩波キリスト教辞典』岩波書店　二〇〇二年

(483) 拙稿「黒死病でどれだけの人が死んだか――現代の歴史人口学の研究から――」『人文学』第一八九号二〇一二年一二六～一二七頁、一五九～一六三頁。

(484) Byrne, p. 70.

(485) Carmicael, p. 101; Gregorio Dati, *Il libro segreto*, ed. C. Gargiolli, Bologna, 1869, p. 96.

(486) 一四世紀初頭のピサのドミニコ会説教師カヴァルカは、その例話のなかで、少年を失った父親を慰めるために父親に幻覚を見させた――「[幻覚のなかの] 総大司教は、彼［父親］にこういった――《いやむしろまさにお前の願いは聞き入れられたのだ。なぜなら息子は、もし長生きをしていたら悪い人間になって地獄に堕ちただろう。ところが、彼は今救済されたのだ。なぜなら神は我々と聖徳な人びとが祈りをし、まだほとんど罪を犯していない少年のままこの世から連れ去られ、お前が望み求めた以上の形で救済されたのだ。だから元気を出してお前に神がしてくれたことで神に感謝しなさい》。目が覚めた善良な男は非常に慰められてもう悲しむことはなかった。そして朝、起きてから総大司教のところへ行って自分が見た幻覚を話した。そして男は信心深い人間になった」。拙訳「ドメニコ・カヴァルカ説教例話集」（一）九四頁。

(487) Byrne, p. 22.

(488) トマス・アクィナス（渋谷克美訳）『神学大全』創文社第二二冊五一～九七頁。

(489) J・モレイ「現代における聖トマスの性倫理の意義」『トマス・アクィナス研究――没後七百年記念論文集――』創文社　一九七五年　三二八頁。

(490) 「妻との性行為は快楽ではなく生殖を目的として遂行されねばならず、また妻の妊娠中は行為を控えねばならない」（八二九年、皇帝ルイ敬虔王に提出された司教からの諮問の一項目）（デュビー（篠田勝英訳）『中世の結婚――騎士・女性・司祭――』新評論　一九九四年　五八頁）

(491) ウェーバー（梶山力他訳）『プロテスタンティズムの倫理と資本主義の精神』上巻　岩波文庫　一九五五年　一五一頁。

(492) ジャン・ドリュモー（福田素子訳）『告白と許し』言叢社　二〇〇〇年　二七頁。

(493) ウタ・ランケ・ハイネマン（高木昌史他訳）『カトリック教会と性の歴史』三交社　一九九六年　第一六章。

(494) 「特に悔悛者が肉欲の罪を告白している時は、できるなら、唾を吐くのも差し控えたほうがよい。相手が、自分の罪に対する嫌悪のせいだと解釈し、恥と当惑から、せっかく始めた告白を最後まで続けられなくなるのを恐れるからである」（ジャン・ドリュモー『告白と許し　告解の困難、13～18世紀』二七頁）。

(495) 拙著『地獄と煉獄のはざまで』二八四～二八五頁。

(496) アウグスティヌス『神の国』(三) 岩波書店 一九八三年 第一四巻 第一六章~第二四章。

(497) アクィナス、九三~九七頁。ダントレーヴ、五七~五九頁。ハイネマンはわかりやすくこういう――「トマスによれば、自然がすべての生物に教えることこそが拘束力を持っている。人は動物の行動からそれを最も良く読み取れる。……動物は生殖のためにのみ(ともあれ神学者たちの見解では)性交するのである。そこに人は性行為の意味を見出すことができるのだ。動物は避妊具を用いない。それゆえ、避妊具は自然に反することが分かる」(二六八頁)。

(498) ル・ゴッフ『煉獄の誕生』一七五頁。

(499) ブラッカー『ルネサンス都市フィレンツェ』二四六~二四七頁。

(500) 中森義宗・安保大有訳『ランドゥッチの日記』近藤出版社 一九八八年 一六二頁。この文では、ランドゥッチは *"onesta"* ということばを使っている。この語の翻訳はむずかしい。原文《**Qest'e è una moria onesta.**》は、邦訳(中森義宗・安保大有訳)では「この疫病のおかげで罪を清めてもらえる」と訳されている。ここでは、形容詞 *"onesta"*(英語の **"honest"**)は「罪を清める」として訳されている。同じ文を石坂は『黒死病関係史料集』第一二章「ルーカ・ランドゥッチの『フィレンツェ日記』より」では、「これは正当な裁きの疫病である」と訳し、その語を「正当な裁きの」としている。両者はかなり文意が異なっている。いずれにしてもこの語は、罪や罰を意識した宗教的な意味合いが強い語である。

関連していうと、「疫病(病気)」と「罪」の関係をカヴァルカは、その説教例話のなかでこう書いる。当時の考えを示唆するものなので引用する――「病気にかかったことについて愚痴をこぼすのは愚かなことである。このことは病気の方がしばしば健康よりも役に立つことからわかる。なぜなら病気は、適当なところで述べるが、ふさわしい例話のなかで述べられているとおり、我々を罰し我々の罪を浄めたり、その他の多くのよいことをおこなってくれるからである。それだから『聖教父の生涯』のなかにもこう書いてある。ある聖教父はある人から三日熱を治してくれるように頼まれた。そこで聖教父はこう言った。《お前はわしに病気を治してほしいと望んでいるが、病気は必要なものなのだ。なぜなら薬が病んだ体を治してくれるように、病気は罪深い霊魂を浄めてくれるからだ》」(拙著『地獄と煉獄のはざまで』四八一頁)。

(501) 編訳(石坂)「イタリアの黒死病関係史料集」(五)『人文学』(同志社大学) 二〇〇七年 一二〇頁。

(502) 『黒死病関係史料集』第四章「ジョヴァンニ・ヴィッラーニの『フィレンツェ年代記』より」五二一~五二三頁。

(503)『黒死病関係史料集』第七章「比較参考史料――イタリア以外における一三四八年の黒死病」2（iii）ジャン・ド・ヴェネット『フランス年代記』（一三五九〜六〇頃）」九二頁。H. Geraud（ed), *Chronique Latin de Guillaume de Nangis avec les continuations de cette chronique*, 2 vols, Paris, 1843, II, pp. 210.

(504) *Venice : A Documentary History*, pp. 128–129.

(505) Brucker, *A Documentary Study*, chap. 37.

(506) カローリ（一四二九〜一五〇三）は「疫病の流行」によってもたらされたものとしてフィレンツェの人びとの「私利私欲の追求」をあげる。そこで、私利私欲を追求する同時代の人びとやメディチ家を厳しく批判する。カローリは、フィレンツェの人びとが、一三世紀にもっていた公共善の精神を失い、メディチ家の支配を許したと指摘する。カローリは具体的には「一三四八年」・「一三六三年」・「一三七四年」・「一四〇〇年」の疫病が与えた社会的影響を論じフィレンツェ人のモラルの荒廃とメディチ家の独裁的支配による私利私欲の風潮に対して鋭い批判の矢を放っている。カローリの『修道士伝』（一四七四／七五〜八〇／八一）によると、一連の疫病は一時代の終わりを画したという――《一三四八年の疫病、一三六三年ならびに一四七四年の疫病、また、一三四八年の疫病と同じ位に流行し壊滅的な被害をもたらした一四〇〇年の疫病によって人口が激減し、大量死は、正常な世代のつながりを損ない、結果として市民社会、宗教社会の文化的、精神的な連続性を破壊した》。カローリ研究家のサルヴァトーレ・カンポレアーレによると、カローリはメディチ家の批判者であったとしてこう述べている。「疫病によって引き起こされた亀裂は、フィレンツェにおけるコムーネの時代の終焉を意味し、その文化的、市民的な衰退期を意味していた。カローリにとって、同時代のフィレンツェはメディチ家による寡頭体制にあり、ここではかつての独特の個性を決定づけた価値がもはや機能していないひとつの頽廃した社会であった。カローリは、「コムーネ時代の商人」と、一五世紀後半の有力貴族とを比較する。前者は、厳格な基準（彼自身と彼の家族の両方の基準）に従い、コムーネの利益という見方を保って商業をおこなっていた。一方、後者すなわち富裕な同時代の商人は、利益や政治的支配、彼や彼の一族の社会的優位のみに関心を抱いた。商業をおこなう方法は、全く変化していた。商取引は、道徳の退化を経験し、これらの要因が市民や政治生活のすべての範囲に影響し、結果として生き様や嗜好の変化につながったのである」（Salvatore Camporeale, “Giovanni Caroli: Dal Libel dierum’ alle ‘Vitae fratrum,’” *Memoria domenicana*, n. s. 16, 1985, pp. 218–233）。

(507) 須藤祐孝・油木兵衛編著『読む年表・年譜ルネサンス・フィレンツェ、イタリア、ヨーロッパサヴォナローラ、マキャヴェッリの時代、生涯』無限社（岡崎）二〇〇二年一三一頁。

(508) Gabriele Zanella, "Italia,Francia e Germania：una storiografia a confronto," *La peste nera：dati di una realtà ed elementi di una interpretazione, Atti delXXX Convegno storico internazionale*, Todi, 1993, p. 55.

(509) 須藤他編著　一五六頁。

(510) ブラッカー『ルネサンス都市フィレンツェ』二〇八～二一〇頁。

(511) *Venice：A Documentary History*, pp. 113–114.

(512) M・モラ、Ph・ヴォルフ（瀬原義生訳）『ヨーロッパ中世末期の民衆運動―青い爪、ジャック、チオンピ―』ミネルヴァ書房　一九九六年　一五三頁。

(513) 石黒盛久『マキアヴェッリとルネサンス国家言説・祝祭・権力』風行社　二〇〇九年　一六～一七頁。

(514) "otto di pratica," *Dizionario Enciclopedico italiano*, vol. VIII, 1958.

(515) A. G. Carmichael, *Plague and the Poor in Renaissance Florence*, p. 104.

(516) この表は次の書を参考に作成した。Lorenzo Del Panta, "La ricomparsa della peste e la depressione demografica del tardo Medioevo", *Morie di peste：testimonianza antiche e interpretazioni moderne della «peste nera» del 1348*, ed. Ovidio Capitani, Bologna, 1995, pp. 67–97.

(517) David Herlihy, Christiane Klapisch-Zuber, *Toscans and Their Families：A Study of Florentine Catasto of 1427*, New Haven and London, 1985, pp. 68–69.

(518) *Cronica di Giovanni Villani*, libro undecimo, cap. CXIV.

(519) 拙稿「黒死病でどれだけの人が死んだか」『人文学』（同志社大学）一八九号　二〇一二年　一七七～一八三頁。齋藤寛海『中世後期イタリアの商業と都市』知泉書館　二〇〇二年　三七二～三七五頁。Enrico Fiumi, 'La demografia fiorentina nelle pagine di Giovanni Villani', *Archivio Storico Italiano*, 129, pp. 425–496；Ole J. Benedictow, *The Black Death 1346–1353：The Complete History*, Woodbridge, 2004, chap. 29；Carmichael, chap. 3；Del Panta, *Le epidemie nella storia demografica italiana*（*secoli XIV–XIX*）, Torino, 1980；Giuseppe Parenti, 'Fonti per lo studio della demografia fiorentina：I libri dei morti', *Genus*, 5–6, 1943–9, pp. 281–301；David Herlihy, Christiane Klapisch-Zuber, *Toscans and Their Families：A Study of Florentine Catasto of 1427*, New Haven and London；Aliberto B. Falsini, "Firenze dopo il 1348. Le conseguenza

della peste nera”, *Archivio Storico Italiano*, 129, 1971.

(520)『ランドゥッチの日記』七六頁。

(521)『黒死病関係史料集』第二〇章「大規模ペスト期の遺言書」の第3遺言書「一三五七年、ローディ市民カラベッロ・オルゾーノ（Carabello Orzono）の遺言書」五三六頁。

(522)『黒死病関係史料集』第二〇章「大規模ペスト期の遺言書」の第4遺言書「一三七八年、パドヴァのシニョーレ、フランチェスコ・ダ・カッラーラの妻フィーナ・ダ・カッラーラ（Fina da Carrara）の遺言書」五四八頁。

(523) S. K. Cohn., *The Cult of Remembrance and the Black Death Six Renaissance cities in Central Italy*, Baltimore & London, 1992, pp. 66–67.

(524) コーンの遺言書研究の成果の紹介とその批判については以下を参照。拙稿「ペスト期史料としての年代記と遺言書の解釈の問題性」『文化史学』第五五号一九九九年。なお、コーンはシエナの遺言書についても研究している。これは五世紀間の遺贈傾向の変化を追うものである。Cohn, *Death and Property in Siena, 1205–1800*, Baltimore & London, 1988.

(525) 大黒死病の後の盛んな結婚について年代記は証言している――「疫病というか、悪疫というか、この流行病《はやりやまい》が終息すると、生き残った男と女は互いに結婚した。生き残った女は殊のほか早く妊娠した。不妊の女など一人もいなかった。それどころか、あちこち至るところで妊娠している女が見受けられた。また、多くの女が双子を出産した。なかには同時に三人の子どもを無事に出産する女もいた」（ジャン・ド・ヴェネット『フランス年代記』より）（『黒死病関係史料集』「第七章　比較参考史料」九二頁）。「疫病、ペスト、死は終り、生き残った男女は競いあって結婚したと、ギョーム・ド・ナンジの『ラテン文年代記 *chronique latino*』は断言している」（M・モラ、Ph・ヴォルフ　一一五頁）。

(526) S. K. Cohn, *The Cult of Remembrance and the Black Death Six Renaissance cities in Central Italy*. シエナについては、Id., *Death and Property in Siena, 1205–1800*, Baltimore & London, 1988.

(527) 清水廣一郎『イタリア中世の都市社会』岩波書店一九九〇年第六章。同「中世末期のフィレンツェにおける嫁資」『地中海論集』九号一九八四年。亀長洋子「中世後期フィレンツェの寡婦像 Alessandra Macinghi degli Strozzi の事例を中心に」『イタリア学会誌』第四二号　一九九二年。

(528) 中世スペインを中心とした嫁資・婚資の優れた考察については、芝紘子『スペインの社会・家族・心性』（第五章）を参照。男性（夫）側からの婚資の提供の大きな比重も指摘される。

(529)『黒死病関係史料集』（九）「第二三章　大規模ペスト期における家族の疫病死――モレッリ『リコルディ』より――」一八七～一八九頁

(530) レプシウス（松本尚子訳）「婚姻と嫁資と死」『上智法学論集』五二巻　四号　二〇〇九年

(531)『黒死病関係史料集』第二〇章「大規模ペストの遺言書」五三七頁。

(532) G. A. Brucker, *Living on the edge in Leonardo's Florence : selected essays*, University of California Press, Berkeley, 2005, chap. 10.

(533) Brucker, *A Documentary Study*, chap. 19 ; A. Crabb, *The Strozzi of Florence ; Widowhood and Family Solidarity in the Renaissance*, Ann Arbor.

(534) ブライアン・プラン「女性の地位」J・R・ヘイル編（中森義宗監訳）『イタリア・ルネサンス事典』東信堂　二〇〇三年。

(535) ひとつの女子修道院で修道女が子どもを二人出産したことからわかるように（一四五二年）、フィレンツェの女子修道院が必ずしも崇高な純潔の場とは限らなかったようである。それは若い男女の双方に問題があったという。高額化した嫁資は富裕な家柄ほど重くのしかかり、娘は敬虔な宗教心とは無縁に、不本意に修道院に送られた場合が多かった。本来の額の十分の一程度の「嫁資」で「キリストの花嫁」として修道院に送られたのである。また、「フィレンツェの血気盛んな若者たちにとって、修道院の壁に挑むことがいかに抗いがたい魅力であったかは、刑事裁判所の詳細な記録からわかる」（G・A・ブラッカー（森田義之・松本典昭訳）『ルネサンス都市フィレンツェ』岩波書店　二〇一一年　二三二～二三三頁）。

(536) 清水廣一郎『イタリア中世の都市社会』二一二頁。

(537) 例えば、ドイツについては、相沢隆「奢侈条令と中世都市社会の変容――南ドイツ帝国都市の場合――」『史学雑誌』九七巻六号　一～三八頁。スペインについては、芝紘子『スペインの社会・家族・心性』一一～一六頁。

(538)『黒死病関係史料集』第一章「ムッシスの『疫病の歴史』」二一～二三頁。

(539) Cronica di Giovanni Villani, tomo VI, cap. I.　M・ミースによれば、一三二七年、ヴィッラーニは弟マッテーオとともに、妻たちが犯した奢侈禁止令の違反で罰金を科されたという（ミース　二七五頁）。

(540) Alfani, pp. 145–149.

(541) *Venice: A Documentary History*, p. 117.

(542) 相沢隆、一八～一九頁。

(543) 七～八頁。

(544) 萩原愛美「ルネサンス期フィレンツェにおける上流階級の結婚と社会――カッソーネとその主題から見る――」同志社大学文学研究科二〇〇〇年度提出修士論文。カッソーネの研究については以下を参照。Graham Hughes, *Renaissance Cassoni: Masterpieces of Early Italian Art: Painted Marriage Chests, 1400–1550*, London, 1997; Ellen Callman, *Apollonio Di Giovanni*, Oxford, 1974; Paul F. Watson, *Garden of Love in Tuscan Art of the Early Renaissance*, London, 1979: Anne B. Barriault, *Spalliera Paintings of Renaissance Tuscany: Fables of Poets for Patrician Homes*, Pennsylvania, 1994.

(545) F. Sacchetti, *Trecentonovelle*, no. 137; C. K. Killerby, *Sumptuary Law in Italy 1200–1500*, Oxford, 2002, pp. 122–123.

(546) 永井三明『ヴェネツィア貴族の世界――社会と意識』刀水書房　一九九四年　二一五頁。

(547) I・オリーゴ『プラートの商人中世イタリアの日常生活』白水社　一九九七年　二四四頁。

(548) E. R. Rainey, "Sumptuary Legislation in Renaissance Florence," Ph. D. thesis, Columbia Univ., 1985, p. 479.

(549) 『黒死病関係史料集』第二一章「葬儀費抑制のための条例」六三六頁。E. R. Rainey, p. 548.

(550) M. Rocke, *Forbidden Friendships: Homosexuality and Male Culture in Renaissance Florence*, New York, 1996, pp. 625–652. 高橋友子「一四―一五世紀イタリア諸都市における反ソドミー政策――フィレンツェとヴェネツィアを中心に――」『立命館文学』五五八号一三四～一三五頁。

(551) L・D・エトリンガー「ソードマ」『ルネサンス百科事典』。

(552) ダンテ『神曲』　地獄編　第一五歌。

(553) ネーデルラントのソドミー対策については、M・ボーネ（ブルゴーニュ公国史研究会訳）『中世末期ネーデルラントの都市社会：近代市民性の史的探究』八朔社　二〇一三年）の第三章「社会的統制、行動の統制：都市共和政における「共通善」の夢は不可能か?」に詳しい。一部を紹介する。「男色についての一連の告発・・有罪判決・処刑のうち、一三八五―一五一五年のブルッヘだけで、死刑九〇件、罰金刑三件、身体刑九件となる」（一五二頁）。「直ちに衝撃を与えるのは、男色の抑制がブルゴーニュ時代にどんどん増大していることである」（一五九頁）。

(554) *Venice: A Documentary History*, p. 124.

(555) 木村容子「シエナのベルナルディーノの説教にみる「自然に反する罪」」『イタリア学会誌』五三号二〇〇三年。F. Mormando, *The Preacher's Demons*: Bernardino of Siena and the Social Underworld of Early Renaissance Italy, pp. 121–142.

(556) グレーヴィチ（中沢敦夫訳）『同時代人の見た中世ヨーロッパ一三世紀の例話』平凡社　一九九五年　三九四頁。

(557) Brucker, *A Documentary Study*, chap. 93.

(558) chap. 94.

(559) chap. 96.

(560) 一四八〇年のヴェネツィアでは、ソドミーを模して、妻に男装させ、夫がソドミーの性的満足を得ようとしたという。この性的偽装を禁じるための法令の内容（一部）は以下のとおりである——

「昨今、ヴェネツィアの女性がしている髪型は、神や男性から見て、ふしだら以外の何物でもない。なぜなら、この髪型によって女性がその性別を隠し、男性を装って男を満足させようという、一種のソドミーがあるからである。それゆえに以下のことが決議されるものとする。この評議会の権威によってこの議長団もしくはそのうち少なくとも二名が、大司教のもとへ行き、告解聴聞司祭によって、また全教区内において公布される教令によって次の事柄をおこなわせるように説得する。ひとつは、女性たちが現在取り入れている「キノコ」と呼ばれる、額を隠す髪型を禁止すること。二つ目に、髪の毛を後ろに流し、後頭部で結び、そして額と顔に一切髪の毛がかからないよう命じることである。この新たに命じられた髪型により、彼女たちは女性であることがわかるようになり、また神が彼女たちを創造したままのかたちとなる。それによって、現代の堕落した時代以前の髪型に戻るのである……」（一四八〇年三月一五日）。

(561) *Venice: A Documentary History*, p. 189.

(562) 「女子修道院は都市社会から離れたところ建っているという点で特異であった。俗人庇護者は修道女を支援し、競って修道院の壁に家紋を取り付けた。女子修道院は、功徳をする機会を俗人に与えてやった。そして、俗人はその見返りに修道女から祈禱をしてもらったのである。だが、俗人は修道院を世俗世界から隔離するためにこうした支援をしたのであり、修道院を取り込むためではなかった。女子修道院という聖なる場所で執りおこなわれるこの継続的な儀式は、公生活の継続を保証してくれるものと考えられた。修道院は都市の聖なる飛び地であった。……修道女の聖性は、彼女たちの個人や女子修道院そのものにあるというより、彼女たちの儀礼的活動にあった」（R. Trexler, "Ritual Behavior in

Renaissance Florence”, *Major Problems in the History of the Italian Renaissance*, eds. B. G. Kohl, A. A. Smith, Toronto, 1995, p. 394)。

(563) J・ロシオ（阿部・土浪訳）『中世娼婦の社会史』筑摩書房　一九九二年　一五六〜一五七頁。同じ意味でル・ゴッフはこういう――「要するに寛容なキリスト教であり、それは聖職者、特に修道士――キリスト教とその価値に対する完全な崇敬はこの選り抜きの《聖者》にこそ似つかわしい――に対しては、例えば、のすべての人々のために贖罪の苦行を行うことを要求するが、聖職者は一定の条件のもとに、人々の皮相のキリスト教信仰を大目に見てやるのである」（ジャック・ル・ゴッフ（渡辺香根夫訳）『中世の高利貸――金も命も――』法政大学出版局　一九八九年　八〇頁）。ル・ゴッフは、煉獄のあり方について、私が問題とするような心性の問題として、ペスト期とそれ以前との比較はおこなっていない。

(564) Caesarii Heisterbacensis monachi ordinis cisterciensis: *Dialogue miraculorum* / [Caesarius]; textum ad quatuor codicum manuscriptorum editionisque principis fidem accurate recognovit Josephus Strange. Coloniae, 1851, Volumen Secundum, Distinctio Undecima, Capitulum LVIII.

(565) ブラッカー『ルネサンス都市フィレンツェ』二三二頁。

(566) 二三八頁。

(567) 二三三二頁。

(568) Brucker, *A Documentary Study*, chap. 97.

(569) chap. 118.

(570) chap. 120.

(571) chap. 121.

(572) 満留功次「近親相姦」『新カトリック大辞典』第二巻一九九八年。

(573) Brucker, *A Documentary Study*, chap. 69.

(574) chap. 132.

(575) chap. 44.

(576) 高橋友子『捨子たちのルネッサンス　一五世紀イタリアの捨子養育院と都市・農村』二七頁。

(577) Brucker, *A Documentary Study*, chap. 44.

(578) Giuseppe Ripamonti, *La peste di Milano del 1630*, Sala Bologna, 2003, pp. 47–84.「ともに集まろう。というのは、我々の徳は小さいからだ。それが結集されると大きな力を得るのだ」（サヴォナローラのことば）（Louise Marshall, "Confraternity and Community. Mobilizing the Sacred in Times of Plague", in *Confraternities and the Visual Arts in Renaissance Italy*, p. 26）。

(579) A. G. Carmichael, p. 102.

(580) Byrne, p. 137.

(581) A. G. Carmichael, p. 102.

(582) p. 102.

(583) *Venice : A Documentary History*, p. 122.

《著者紹介》

石坂尚武　いしざか　なおたけ

1947年千葉県生まれ。同志社大学大学院文学研究科修士課程修了
現在同志社大学教授。博士（文化史学，同志社大学）
〔著書〕『ルネサンス・ヒューマニズムの研究』晃洋書房　1994年，『新・西洋史講義：ルネサンスへの道・ルネサンスからの道』晃洋書房　1997年，『歴史と教育』（共著）講談社　1981年，『地獄と煉獄のはざまで』知泉書館　2016年，『イタリアの黒死病関係史料集』刀水書房　2017年，『どうしてルターの宗教改革は起こったか：ペストと社会史から見る』ナカニシヤ出版　2017年
〔主要論文〕「ロレンツォ・ヴァッラの人文主義と『快楽論』」『史林』74巻5号　1985年，「イタリアの黒死病関係史料集」（1）－（10）同志社大学『人文学』174-194号　2003-2016年，「イタリアにおけるペストの発生とセバスティアヌス像制作の相関」平成16年『人文学』第175号，「西欧の聖人崇拝のあり方と疫病の守護聖人セバスティアヌス」『説話・伝承学会』16号　2008年，「黒死病でどれだけの人が死んだか：現代の歴史人口学の研究から」『人文学』189号　2012年，「《峻厳な神》とペスト的心性の支配：15世紀フィレンツェの立法・政策・判決に心性を読む」『人文学』191号　2013年，「近世におけるペストの苦難と《峻厳な神》の支配：16世紀の宗教改革の一要因」『人文学』195号　2015年

参考文献目録

欧文関係

Aberth, J., *The Black Death: the great mortality of 1348–1350: a brief history with documents*, Bedford/St. Martin's; Boston, Mass.; New York, 2005.

Ahl, D. C., "Due San Sebastiano di Benozzo Gozzoli a San Gimignano: un contributo al problema della pittura per la peste nel Quattrocento", *Rivista d'Arte*, XL, serie IV, 1988, 31–62.

Alfani, G., *Il Gran Tour dei cavalieri dell'Apocalisse. L'Italia del « lungo cinquecento » (1494–1629)*, Marsilio, Venezia, 2010.

Angelozzi, G., *Le confraternite laicali: un'esperienza cristiana tra Medioevo e età moderna*, Queriniana, Brescia, 1978.

Atzeni, S. e P. Mazzarelli, *Gli anni della grande peste*, Sellerio, Palermo, 2003.

Avery, C. B. (ed.), *The New Century Italian Renaissance Encyclopedia*, Prentice-Hall, Englewood Cliffs, 1972.

Azario, P., "Liber gestorum in Lombardia", a cura di F. Cognasso, *RIS*, n. e. 16/4, 1525–39.

Bacci, M. L., *La siciété italienne devant les crises de mortalité*, Firenze, 1978.

Bacilieri, C., *I borghi più belli d'Italia: il fascino dell'Italia nascosta: guida*, Società editrice romana, Roma, 2010.

Bailey, M. and S. H. Rigby, *Town and countryside in the age of the Black Death: essays in honour of John Hatcher*, Brepols, Turnhout, 2012.

Balestracci, D. e G. Piccinni, *Siena nel Trecento: Assetto urbano e strutture edilizie*, Edizioni Clusf, Pisoia, 1977.

Baratier, É., *La démographie provençale du XIIIe au XVIe siècle: avec chiffres de comparaison pour le XVIIIe siècle*, S.E.V.P.E.N., Paris, 1961.

Barbi, S. A. (a cura di), *Storie Pistoresi, RIS*, n.e. 11/5 (1907–27).

Baron, H., *In search of Florentine civic humanism: essays on the transition from medieval to modern thought*, Princeton University Press, Princeton, 1988.

Barriault, A. B., *Spalliera Paintings of Renaissance Tuscany: Fables of Poets for Patrician Homes*, Pennsylvania, 1994.

Battagli da Rimini, M., "Marcha (AA. 1212–1354)", a cura di A.F. Massèra, *RIS*, n.e. 16/3 (1912–13).

Bean, J. M. W., "Plague, Population and Economic Decline in the Later Middle Ages", *The Economic History Review, Second Series,* XV, No. 3, 1963, 423–437.

Bec, C., *Cultura e società a Firenze nell'età della Rinascenza*, Salerno editrice, Roma, 1981.

Becker, M. B., *Florence in transition*, 2 vols., Johns Hopkins Press, Baltimore, 1967.

Bellosi, L., *Buffalmacco e il trionfo della morte*, Giulio Einaudi editore, Torino, 1974.

Belotti, F. e G. L. Margheriti, *Milano segreta: Un percorso originale e coinvolgente, fatto di storia, cronaca, leggende, per conosvere il lato nascosto di una città dai mille volti*, Roma, 2008.

Belozerskaya, M., *To wake the dead: a Renaissance merchant and the birth of archaeology*, W. W. Norton, New York, 2009.

Benedictow, O. J., *The Black Death 1346–1353: The Complete History*, Boydell Press, Woodbridge, 2004.

Bensa, E., *Francesco di Marco da Prato. Notizie e documenti sulla mercatura italiana del secolo XIV*, Milano, 1928.

———, "Margherita Datini", *Archivio Storico Pratese*, Maggio, 1926.

Benvenuti, M., "Come facevasi giustizia: Nello stato di Milano dall'anno 1471 al 1763", *Archivio Storico Lombardo*, IX, 1882, 442–482.

Benvenuto, G., *La peste nell'Italia della prima età moderna: contagio, rimedi, profilassi*, CLUEB, Bologna, 1996.

Bergadani, R., "La peste del 1630–31 in alcuni villaggi del Piemonte", *Rivista di storia, Arte, archeologia per le province di Alessandria e Asti*, 57/58, 5–81., 1948/49.

Berthe, M., *Le comté de Bigorre. Un milieu rural au bas Moyen Age*, Paris, 1976.

Bertolli, F., *La peste del 1630 a Busto Arsizio: riedizione commentata della "Storia" di Giovanni Battista Lupi, (biblioteca reale di Copenaghen)*, Comune di Busto Arsizio ; Bramante, Busto Arsizio, 1990.

Binski, P., *Medieval death: ritual and representation*, Cornell University Press, Ithaca, 1996.

Biraben, J.-N., "Plague and the Papacy", *The Papacy: An Encyclopedia*, ed. P. Levillain, vol. 2, Routledge, 2002.

Bizot, B., D. Castex, P. Reynaud and M. Signoli (eds.), *La saison d'une peste: avril-septembre 1590: le cimetière des Fédons à Lambesc (Bouches-du-Rhône)*, CNRS éditions, Paris, 2005.

Black, R., *Benedetto Accolti and the Florentine Renaissance*, Cambridge University Press, Cambridge, New York, 1985.

Booker, J., *Maritime quarantine: the British experience, c.1650–1900*, Ashgate, Aldershot, 2007.

Bornstein, D. E., *The Bianchi of 1399: popular devotion in late medieval Italy*, Cornell University Press, Ithaca, 1993.

Borromeo, F., G. Ravasi, I. Solari ed A. Torno, *La peste di Milano del 1630*, Rusconi, Milano, 1998.

Borsch, S., *The black death in Egypt and England: a comparative study*, University of Texas

Press, Austin, 2005.

Bouwsma, W. J., *Venice and the defense of republican liberty: Renaissance values in the age of the Counter Reformation*, University of California Press, Berkeley, 1968.

Bowsky, W., "The Impact of the Black Death upon Sienese Government and Society", *Speculum*, XXXIV, 1964, 1–34.

Boyle, T. C., *After the plague*, Penguin Books, New York, N.Y., 2003.

Braet, H. and W. Verbeke, *Death in the Middle Ages*, Leuven University Press, Leuven, 1983.

Branca, V., *Boccaccio medievale e nuovi studi sul Decameron*, Sansoni, Firenze, 1986.

———, (a cura di), *Mercanti scrittori. Ricordi nella Firenze tra Medioevo e Rinascimento. Paolo da Certardo, Giovanni Morelli, Bonaccorso Pitti e Domenico Lenzi, Donato Velluti, Goro Dati, Francesco Datini, Lapo Niccolini, Bernardo Machiavelli*, Rusconi, Milano, 1986.

Branca, V., *Merchant writers: Florentine memoirs from the Middle Ages and Renaissance*, tr. M. Baca, University of Toronto Press, 2015.

Breede, E., *Studien zu den lateinischen und deutschsprachlichen Totentanztexten des 13. bis 17. Jahrhunderts / von Ellen Breede*, Niemeyer, Halle (Saale), 1931.

Brondy, R., *Chambéry. Historie d'une capital, vers 1350–1560*, Lyon, 1968.

Brossollet, J., "Il flagello di Dio", *KOS*, 2(18), 1985–11–00, 49–62.

Brozzi, M., J. Strazzolini and Università degli studi di Udine. Istituto di storia, *Peste, fede e sanità in una cronaca cividalese del 1598*, A. Giuffrè, Milano, 1982.

Brucker, G. A., *Renaissance Italy: was it the birthplace of the modern world?*, Rinehart, New York, 1958.

———, *Renaissance Florence*, Wiley, New York, 1969.

———, *The Civic World of Early Renaissance Florence*, Princeton University Press, Princeton, 1977.

———, *Florence, the golden age, 1138–1737*, University of California Press, Berkeley, 1998.

———, *The society of Renaissance Florence: a documentary study*, University of Toronto Press, Toronto, 1998 (reprint, 2001).

———, *Living on the edge in Leonardo's Florence: selected essays*, University of California Press, Berkeley, 2005.

Brucker, G. A. e M. Maresca, *Firenze: 1138–1737, l'impero del fiorino*, A. Mondadori, Milano, 1983.

Brucker, G.A. and J. Martines (eds.), *Two memoirs of Renaissance Florence: the diaries of Buonaccorso Pitti and Gregorio Dati*, Harper & Row, New York, 1967.

Burke, P., *Culture and society in Renaissance Italy, 1420–1540,* Batsford, London, 1972.

Butters, H. C., *Governors and government in early sixteenth-century Florence, 1502–1519,*

Clarendon Press, Oxford, 1985.

Byrne, J. P., *Daily Life during the Black Death*, Westport, Greenwood Press, Westport, 2006.

———, *Health and wellness in the Renaissance and Enlightenment*, Greenwood, Santa Barbara, Calif., 2013.

Byrne, J. P. and E. A. Congdon, "Mothering in the Casa Datini", *Journal of Medieval History*, 25, 1999, 35–56.

Byrne, J. P. and A. S. Fauci, *Encyclopedia of pestilence, pandemics, and plagues*, Greenwood Press, Westport, 2008.

Caesarius of H., tr. H.v.E. Scott and C.C.S. Bland with an introduction by G. G. Coulton, *The dialogue on miracles*, G. Routledge, London, 1929.

Calvi, G., *Histories of a plague year: the social and the imaginary in baroque Florence*, University of California Press, Berkeley, 1989.

———, *La peste*, Giunti, Firenze, 1986.

Calzolai, C. C. (a cura di), "Il 'Libro dei Morti' di Santa Maria Novella (1290–1436)", *Memorie Dominicane*, ns XI, 1980, 15–218.

Campbell, A. M., *The Black Death and men of learning*, AMS Press, New York, 1966.

Camporeale, S., "Giovanni Caroli: Dal « Libel dierum » alle « Vitae fratrum »", *Memoria domenicana*, n.s. 16, 1985, 218–233.

Canosa, R., *Tempo di peste: Magistrati ed untori nel 1630 a Milano*, Roma, 1985.

Cappelli, A., *Cronologia, cronografia e calendario perpetuo: dal principio dell'èra cristiana ai nostri giorni / Adriano Cappelli*, U. Hoepli, Milano, 1998.

Capponi, G., *Il Rinascimento: Della civiltà: Nella storia di Firenze*, G. Barbèra, Firenze, 1909.

Cardini, F., "Nota sulla tradizione della Danza Macabra", *Immagini della Danza Macabra nella cultura occidentale dal medioevo al novecento*, 1995, 21–71.

Carmichael, A. G., *Plague and the poor in Renaissance Florence*, Cambridge University Press, Cambridge; New York, 1986.

———, "Plague Legislation in the Italian Renaissance", *Bulletin of the History of Medicine*, vol. 7, No. 1, May, 1942, Firenze, 1978, 509–525.

Cecci, R., *Saggi romani*, Edizioni di storia e letteratura, Roma, 1956.

Chamberlin, E. R., *The world of the Italian Renaissance*, Book Club Associates, London, 1982.

Chambers, D. S., B. S. Pullan and J. Fletcher, *Venice: a documentary history, 1450–1630*, University of Toronto Press in association with the Renaissance Society of America, Toronto, 2001.

Chastel, A., *The Renaissance: essays in interpretation*, Methuen, London, 1982.

Chiffoleau, J., *La religion flamboyante: France (1320–1520)*, Editions Points, Paris, 2011.

Cipolla, C. M., *La peste a Pistoia nel 1630–31*, Pistoia, 1983.

Cipriani, A. e Societá pistoiese di storia patria, *A peste, fame et bello, libera nos, Domine: le pestilenze del 1348 e del 1400*, Società pistoiese di storia patria, Pistoia, 1990.

Clough, C. H. (ed.), *Cultural aspects of the Italian Renaissance: essays in honour of Paul Oskar Kristeller*, Manchester University Press; A. F. Zambelli, Manchester; New York, 1976.

Cochrane, E. W.. *The late Italian Renaissance, 1525–1630*, Macmillan, London, 1970.

———, *Historians and historiography in the Italian Renaissance*, University of Chicago Press, Chicago, 1981.

Cochrane, L. G. and C. Klapisch-Zuber, *Women, family, and ritual in Renaissance Italy*, University of Chicago Press, Chicago, 1985.

Cohn, S. K., *The laboring classes in Renaissance Florence*, Academic Press, New York, 1980.

———, *Death and Property in Siena, 1205–1800, Strategies for the Afterlife*, Johns Hopkins University Press, Baltimore, 1988.

———, *The Cult of Remembrance and the Black Death: Six Renaissance Cities in Central Italy*, Johns Hopkins University Press, Baltimore & London, 1992.

———, *The Black Death transformed: disease and culture in early Renaissance Europe*, Arnold; Oxford University Press, London, 2002.

———, *Cultures of plague: medical thinking at the end of the Renaissance*, Oxford University Press, Oxford, 2010.

Cohn, S. K., S. Epstein and D. Herlihy, *Portraits of Medieval and Renaissance living: essays in memory of David Herlihy*, University of Michigan Press, Ann Arbor, 1996.

Connell, W. J., *Society and individual in Renaissance Florence*, University of California Press, Berkeley, Calif., 2002.

Convegno storico internazionale, Accademia tudertina e Centro di studi sulla spiritualità medievale, *La peste nera: dati di una realtà ed elementi di una interpretazione: Atti del XXX Convegno storico internazionale, Todi, 10–13 ottobre 1993*, Centro italiano di studi sull'alto medioevo, Spoleto, 1994.

Cordero, F., *La fabbrica della peste*, Bari, 1985.

Corradi, A., *Annali delle epidemie occorse in Italia dalle prime memorie fino al 1850*, a cura di S. Ugo, Bologna, compilati con varie note e dichiarazioni, v. 1; v. 2; v. 3; v. 4; v. 5; Forni, Bologna, 1973.

Coturri, E., *Pestilenze e pandemie a Pistoia fino all'età dei lumi.*, Pistoia, 1990.

Courtenay, W. F., "The effect of the Black death on English Higher Education", *Speculum*, 55, 4, 1980, 696–714.

Crabb, A., *The Strozzi of Florence: widowhood and family solidarity in the Renaissance*, University of Michigan Press, Ann Arbor, 2000.

———, *The Merchant of Prato's Wife: Margherita Datini and Her World, 1360–1423*, Uni-

versity of Michigan Press, Ann Arbor, 2015.
Crawfurd, R., *Plague and Pestilence*, The clarendon Press, Oxford, 1914.
Crum, R. J. and J. T. Paoletti, *Renaissance Florence: a social history*, Cambridge University Press, Cambridge, 2008.
Da Calice, R., *La grande peste: Genova 1656–1657*, Nova Scripta, Genova, 2004.
Daniell, C., *Death and burial in medieval England, 1066–1550*, Routledge, London, 1997.
Davies, R. A., "The effect of the Black Death on the parish priests of the medieval diocese of Coventry and Lichfield", *Historical Research*, LXII, 1989, 85–90.
D'Avray, D. L., *Death and the prince: memorial preaching before 1350*, Clarendon Press; Oxford University Press, Oxford; New York, 1994.
Dean, T. D., "Plague and crime: Bologna", 1348–1351, *Continuity and change*, 30, 2015.
Deaux, G., *The Black Death 1347*, Hamish Hamilton, London, 1969.
Debby, N. B.-A., *The Renaissance Florence in the Rhetoric of Two Popular Preachers: Giovanni Dominici (1356–1419) and Bernardino da Siena (1380–1444)*, Brepols, Turnhout, 2001.
Debus, A. G., *Man and nature in the Renaissance*, Cambridge University Press, Cambridge; New York, 1978.
Decorro, C., *Exemplum e Letteratura tra Medioevo e Rinascimento*, Il Mulino, Bologna, 1989.
Del Garbo, T., *Consiglio contro a pistolenza per maestro Tommaso del Garbo*: conforme un codice della Marciana già Farsetti, a cura di P. Ferrato, Commissione per i testi di lingua, Bologna, 1968.
Del Panta, L., *Le epidemie nella storia demografica italiana: (secoli XIV–XIX)*, Loescher, Torino, 1980.
De Luca, P., *La strage dei pettinai*, Rubbettino, Soveria Mannelli, CZ, 1986.
Demigneux, M. R., *Saint-Sébastien*, Éditions du Regard, 2000.
Denley, P., C. Elam, N. Rubinstein and Westfield College. Committee for Medieval Studies, *Florence and Italy: Renaissance studies in honour of Nicolai Rubinstein*, Committee for Medieval Studies, Westfield College, London, 1988.
De Smet, J-J. (ed.), "Breve Chronicon Clerici Anonymi", *Recueil des Chroniques de Flandre*, III,1856.
Di Napoli, G., *Lorenzo Valla, filosofia e religione nell'umanesimo italiano*, Edizioni di storia e letteratura, Roma, 1971.
Dollo, C. and A. Giarrusso, *Peste e untori nella Sicilia Spagnola: Presupposti teorici e condizionamenti sociali*, Morano Editore, Napoli, 1991.
Dols, M. W., *The Black Death in the Middle East*, UMI Dessertation Service, Ann Arbor, 1971.
Eckstein, N. A., "Florence on foot: an eye-level mapping of the early modern city in time of

plague", *Renaissance Studies*, 30, 2015, 273; 273–297; 297.

Emery, Richard W., "The Black Death of 1348 in Perpignan", *Speculum*, 42, 1967, 611–623.

Epstein, S., *Wills and Wealth in Medieval Genoa, 1150–1250*, Harvard University Press, Cambridge, Massachusetts, and London, 1984.

Errico, G. e A. Clarizia, *Contagio: peste, arte e pregiudizio*, V. Pironti, Napoli, 1995.

Etienne, de B., *An alphabet of tales: an English 15th century translation of the Alphabetum narrationum of Etienne de Besançon. From Additional ms. 25,719 of the British Museum*, ed. M. M. Banks, Published for the Early English Text Society by Kegan Paul, Trench, Trübner, London, 1904.

Falsini, A. B.,"Firenze dopo il 1348. Le conseguenza della peste nera", *Archivio Storico Italiano*, 129, 1971, 425–496.

Farmer, S. A., *Surviving poverty in medieval Paris: gender, ideology, and the daily lives of the poor*, Cornell University Press, Ithaca, 2002.

Ferrua, A., *La Basilica e la catacomba di S. Sebastiano*, Pontificia Commissione di Archeologia Sacra, Città del Vaticano, 1990.

Fiumi, E., "La demografia fiorentina nelle pagine di Giovanni Villani", *Archivio Storico Italiano*, 129, 1950, 425–496.

———, "La popolazione del territorio volterrano-sangimignanese ed il problema demografico dell'età comunale", *Studi in onore di Amintore Fanfani*, 1968, 249–290.

Foa, A., *The Jews of Europe after the black death*, University of California Press, Berkeley, 2000.

Foster, K., *Petrarch: poet and humanist*, Edinburgh University Press, Edinburgh, 1987.

Franceschi, F., *Oltre il "Tumulto": i lavoratori fiorentini dell'Arte della lana fra Tre e Quattrocento*, L.S. Olschki, Firenze, 1993.

Freeman, H., *The Black Death: A History from Beginning to End*, Createspace Independent Publishing Platform, Middletown, DE, 2016.

French, K. L., *The good women of the parish: gender and religion after the Black Death*, University of Pennsylvania Press, Philadelphia, 2008.

Freytag, H., "Ein Klever Totentanz aus dem 15. Jahrhundert: Über Beziehungen der jüngst entdeckten Fragmente zum Totentanz der Marienkirche in Lübeck und dem Totentanz der Nikolaikirche in Reval", *Zeitschrift für Deutsche Philologie*, 116(1), 1997, 90–93.

Friedell, E., C. F. Atkinson and A. Polger, *Renaissance and Reformation: from the Black Death to the Thirty Years' War: introduction*, Vision Press, London, 1950.

Fubini, R. and M. King, *Humanism and secularization from Petrarch to Valla*, Duke University Press, Durham, 2003.

Furlan, F., *La donna, la famiglia, l'amore: tra Medioevo e Rinascimento*, L.S. Olschki, Firenze, 2004.

Gamberini, A. and I. Lazzarini, *The Italian Renaissance State*, Cambridge University Press, Cambridge, 2012.

García-Ballester, L. (ed.), *Practical medicine from Salerno to the Black Death*, Cambridge University Press, Cambridge; New York, 1994.

Gasquet, F. A., *The great pestilence (A. D. 1348 to 1349): now commonly known as the Black Death*, Kessinger, Whitefish, Mont., 1893.

Gelting, M., "The Mountain and the Plague: Maurienne, 1348", *Collegium Medievale*, 4, 1991, 7–45.

Gertsman, E., *The dance of death in the Middle Ages: image, text, performance*, Brepols, Turnhout, 2010.

Gilbert, F., *Machiavelli and Guicciardini: politics and history in sixteenth-century Florence*, Princeton University Press, Princeton, 1965.

Godman, P., *From Poliziano to Machiavelli: Florentine humanism in the high Renaissance*, Princeton University Press, Princeton, 1998.

Goldthwaite, R. A., *The building of Renaissance Florence: an economic and social history*, Johns Hopkins University Press, Baltimore, 1980.

———, *Wealth and the demand for art in Italy, 1300–1600*, Johns Hopkins University Press, Baltimore, 1995.

———, *The economy of Renaissance Florence*, Johns Hopkins University Press, Baltimore, 2009.

Gottfried, R. S., *The Black Death: Natural and Human Disaster in Medieval Europe*, Macmillan, London, 1983.

Gottlieb, B., *The family in the Western world from the Black Death to the industrial age*, Oxford University Press, New York; Tokyo, 1993.

Gramegna, L., *Il barbiere di sua altezza: racconto storico: la peste di Torino, 1630: testo annotato e illustrato*, A. Viglongo, Torino, 1999.

Green, L., *Chronicle into History: an Essay on the Interpretation of History in Florentine Fourteenth-Century Chronicles*, Cambridge University Press, Cambridge, 1972.

Gulisano, P., *Pandemie: dalla peste all'aviaria: storia, letteratura, medicina*, Ancora, Milano, 2006.

Gurevich, A. I., *Medieval popular culture: problems of belief and perception*, Cambridge University Press; Maison des sciences de l'homme, Cambridge; New York; Paris, 1990.

Gyug, R., "The effects and extent of the Black Death of 1348: New evidence for clerical mortality in Barcelona", *Medieval Studies*, 45, 1983, 385–398.

Hale, J. R., *Renaissance Venice*, Faber and Faber, London, 1974.

Hays, J. N., *The burdens of disease: epidemics and human response in western history*, Rutgers University Press, New Brunswick, 1998.

Heldesheimer, F., *Fléaux et société: de la Grande Peste au choléra XIVᵉ–XIXᵉ siècle*, Ha-

chette, Paris, 1993.

Heller, A.（tr. R. E. Allen）, *Renaissance man*, Routledge & K. Paul, London; Boston, 1978.

Henderson, J., *Piety and charity in late medieval Florence*, Clarendon Press; Oxford University Press, Oxford; New York, 1994.

———,*The Renaissance hospital: healing the body and healing the soul*, Yale University Press, New Haven, 2006.

Henschel, A. W., "Document zur Geschichte des schwarzen Todes", in *Archiv für die gesammte Medicin*, ed. Heinrich Haeser, II, Jena, 1841, 45–57.

Herlihy, D., "Population, plague and social change in rural Pistoia, 1201–1430", *Economic History Review, Second Series*, 18, 1965, 225–244.

———, *Medieval and Renaissance Pistoia: the social history of an Italian town, 1200–1430*, American Council of Learned Societies, New Haven and London, 1967.

———, *The Black Death and the transformation of the West*, ed. S.K. Cohn, Harvard University Press, Cambridge, 1997.

Herlihy, D. e C. Klapisch-Zuber, *I toscani e le loro famiglie: uno studio sul catasto fiorentino del 1427*, IL Mulino, Bologna, 1988（*Tuscans and their families: a study of the Florentine catasto of 1427*, Yale University Press, New Haven, 1985）.

Hollingsworth, M., *Patronage in Renaissance Italy: from 1400 to the early sixteenth century*, John Murray, London, 1994.

Holmes, G., *The Florentine enlightenment, 1400–50*, Weidenfeld & Nicolson, London, 1969.

Horrox, R.（ed. and tr.）, *The Black death*, Manchester University Press, Manchester; New York, 1994.

Howard, P. F., *Beyond the written word: Preaching and theology in the Florence of Archibishop Antoninus 1427–1459*, Leo S. Olschiki Editore, Città di Castello, 1995.

Hughes, G., *Renaissance cassoni: masterpieces of early Italian art: painted marriage chests, 1400–1550*, Starcity Publishing; Art Books International, Polegate; London, 1997.

Huppert, G., *After the black death: a social history of early modern Europe*, Indiana University Press, Bloomington, 1998.

Ibs, J. H., *Die Pest in Schleswig-Holstein von 1350 bis 1547/48: eine sozialgeschichtliche Studie über eine wiederkehrende Katastrophe*, P. Lang, Frankfurt am Main; New York, 1994.

Istituto dell'Enciclopedia fondata da Giovanni Treccani, *Dizionario Enciclopedico Italiano*, Treccani Roma, 1957.

Janelle, P., *The Catholic Reformation*, Collier-Macmillan, London, 1971.

Jedin, H., *A history of the Council of Trent*, v. 1, T. Nelson, London, 1957.

Jordan, W. C., *The great famine: northern Europe in the early fourteenth century*, Princeton University Press, Princeton, 1996.

Kaborycha, L., *A short history of Renaissance Italy*, Prentice Hall, Upper Saddle River, 2011.

Kaminsky, H., "J. Chiffoleau, La compatibilite de l'au-dela: Les hommes, la mort et la religion dans la region d'Avignon a la fin du moyen age (vers 1320–vers 1480)", *The American historical review*, 87, 1982, 1073–1074.

Kedar, B. Z., *Merchants in crisis: Genoese and Venetian men of affairs and the fourteenth-century depression*, Yale University Press, New Haven, 1976.

Kellehear, A., *A social history of dying*, Cambridge University Press, Cambridge, 2007.

Killerby, C. K., *Sumptuary Law in Italy 1200–1500*, Oxford, 2002.

Kiple, K. F., *The Cambridge world history of human disease*, Cambridge University Press, Cambridge; New York, 1993.

Kitagawa, H. and E. Matsumoto, "DELTA.13C records of Japanese cedars from Yakushima Islandand past atmospheric CO2", *Geochemical Journal*, 27, 1993, 397–402.

Klaniczay, T. e R. Scrivano, *La crisi del Rinascimento e il manierismo*, Bulzoni, Roma, 1973.

Kohl, B. G., R. G. Witt and E. B. Welles (eds. and tr.), *The Earthly Republic: Italian humanists on government and society*, University of Pennsylvania Press, Philadelphia, 1978.

Kohl, B. G. and A. A. Smith, *Major problems in the history of the Italian Renaissance*, D.C. Heath and Co., Lexington, 1995.

Kohn, G. C., *Encyclopedia of plague and pestilence*, Facts on File, New York, 1995.

Kohn, G. C. and M. Scully, *Encyclopedia of plague and pestilence: from ancient times to the present*, Checkmark Books, New York, 2001.

Kuehn, T., "Ann Crabb. The Merchant of Prato's Wife: Margherita Datini and Her World, 1360–1423", *The American historical review*, 121, 2016, 663.

Landucci, *Diario fiorentino dal 1450 al 1516, continuato da un anonimo, fino al 1542*, a cura di A. Lanza ed I. D. Badia, Sasoni, Firenze, 1985.

Larner, J., *Culture and society in Italy, 1290–1420*, Batsford, London, 1971.

Lehfeldt, E. A., *The Black Death*, Houghton Mifflin, Boston, 2005.

Leonij, L.,"La peste e la compagnia del Cappelletto a Todi nel 1363", *Archivio storico italiano*, IV s., vol. 2, 1878, 3–11.

Livi, G., *Dall'Archivio di Francesco Datini, mercante pratese*, Firenze, 1910.

Logan, O., *Culture and society in Venice, 1470–1790: the Renaissance and its heritage*, Batsford, London, 1972.

Lopes, R. and H. A. Miskimin, "The Economic Depression of the Renaissance", *Economic History Review*, 14, 1962, 408–427.

Lopez, P., *Napoli e la peste, 1464–1530: politica, stituzioni, problemi sanitari*, Jovene, Napoli, 1989.

Lucas, H. S., "The Great European Famine of 1315, 1316, and 1317", *Speculum*, 5(4), 1930, 343–377.

Mancini, G., *Cortona nel Medio Evo*, Multigrafica Editrice, Roma, 1969.

Manconi, F., *Castigo de Dios: La grande peste barocca nella Sardegna di Filippo IV*, Donzelli editore, Roma, 1994.

Martelli, F., "Bologna e la peste del 1630: un caso di «unzione» a Borgo Tossignano e la cultura politica e medica del XVII secolo nell'Italia Settentrionale", *Strenna Storica Bolognese*, Bologna, 1991, 199–246.

Martin, J. and A.R. Ascoli, *The Renaissance world*, Routledge, New York, 2009.

Martin, S., *The Black Death*, Chartwell Books, Edison, 2007.

Martines, L., *The social world of the Florentine humanists*, 1390–1460, Routledge & K. Paul, London, 1963.

———, *Lawyers and statecraft in Renaissance Florence*, Princeton University Press, Princeton, 1968.

———, *Violence and civil disorder in Italian cities, 1200–1500*, University of California Press, Berkeley, 1972.

———, *Power and imagination: city-states in Renaissance Italy*, Allen Lane, London, 1980.

Marusig, G. M., *Il diario della peste di Giovanni Maria Marusig (1682): edizione del testo e delle illustrazioni originali dell'autore*, a cura di M. C. Cergna e R. Pellegrini, Edizioni della Laguna, Mariano del Friuli, 2005.

Marzi, D., *La cancelleria della repubblica fiorentina: con una presentazione di Giovanni Cherubini*, Le Lettere, Firenze, 1987.

Masson, G., *Courtesans of the Italian Renaissance*, Secker & Warburg, London, 1975.

Mauri, L. C.,"Testamenti lombardi in tempo di peste: alucune riflessioni," *Peste nera: dati di una realtà ed elementi di una interpretazione, Atti del XXX Convegno storico internazionale, Todi, 10–13 ottobre 1993*, Centro italiano di studi sull'alto medioevo,1994.

Mazzei, L. di, *Lettere di un notaio a un mercante del secolo XIV con altre lettere e documenti*, voll. I e II, a cura di Cesare Guasti, Firenze, 1880.

———, *«Padre mio dolce» : Lettere di religiosi a Francesco Datini, Antologia*, a cura di S. Brambilla, Roma, 2010.

Mazzi, M. S., *Salute e società nel Medioevo*, La Nuova Italia Editrice, Firenze, 1978.

Meier, M., *Pest: die Geschichte eines Menschheitstraumas*, Klett-Cotta, Stuttgart, 2005.

Mirabile, A., "Visual Intertextualities in Gabriele D'Annunzio's Le Martyre de Saint Sébastien", *MLN*, 128, 2013, 124.

Mirto, C., *Dalla nascita (1282) alla peste del 1347–1348*, EDAS, Messina, 1997.

Molho, A. and J. A. Tedeschi (eds.), *Renaissance: Studies in honor of Hans Baron*, Northern Illinois University Press, Dekalb, Illinois, 1971.

Mollat, M., *Les pauvres au Moyen Âge*, Editions Complexe, Bruxelles, 2006.

Mollat, M. and P. Wolff, *The popular revolutions of the late Middle Ages*, Allen & Unwin, London, 1973.

Mommsen, T. E., *Medieval and Renaissance studies*, Cornell University Press, Ithaca, 1959.

Moote, A. L. and D.C. Moote, *The great plague: the story of London's most deadly year*, Johns Hopkins University Press, Baltimore, 2004.

Morelli, G. di P., *Ricordi*, a cura di V. Branca, Le Monnier, Firenze, 1956.

Mormando, F., *The preacher's demons: Bernardino of Siena and the social underworld of early Renaissance Italy*, University of Chicago Press, Chicago, 1999.

Muzzarelli, M. G., *Il denaro e la salvezza: l'invenzione del Monte di Pietà*, Il mulino, 2001.

———, *Pescatori di uomini: predicatori e piazze alla fine del Medioevo*, Il Mulino, Bologna, 2005.

Naphy, W. G., A. Spicer e G. Arganese, *La peste in Europa*, Il Mulino, Bologna, 2006.

Nigro, G. (a cura di), *Francesco di Marco Datini: l'uomo il mercante*, Firenze University Press; Fondazione istituto internazionale di storia economica "F. Datini", Firenze; 2010.

Norman, D., *Siena, Florence, and Padua: art, society, and religion 1280–1400*, Yale University Press in association with the Open University, New Haven, 1995.

———, *Siena and the Virgin: art and politics in a late medieval city state*, Yale University Press, New Haven, 1999.

Novati, F., "Milano prima e dopo la peste del 1630: Secondo nuove testimonianze", *Archivio Storico Lombardo*, XVIII, 1912, 5–54.

O'Malley, M., *The business of art: contracts and the commissioning process in Renaissance Italy*, Yale University Press, New Haven; London, 2005.

Origo, I. (tr. N. Ruffini), *Il mercante di Prato: la vita di Francesco Datini*, Corbaccio, Milano, 2005.

Orlandi, S. (a cura di), *'Neclologio' di S. Maria Novella*, 2 voll., Leo S. Olschki, Firenze, 1955.

Ormrod, W. M. and P. G. Lindley (eds.), *The Black Death in England*, Paul Watkins, Stamford, Lincolnshire, 1996.

Pandimiglio, L., "Giovanni di Pagolo Morelli e la ragion di famiglia", *Studi sul Medioevo cristiano offerti a R. Morghen*, Roma, 1974, 553–608.

———, "Giovanni di Pagolo Morelli e le strutture familiari", *Archivio Storico Italiano*, CXXXVI, 1978, 3–88.

———, "Giovanni di Pagolo Morelli e la continuità familiare", *Studi Medievali*, III, XXII, 1981, 129–181.

Parenti, G., "Fonti per lo studio della demografia fiorentina: I libri dei morti", *Genus*, 5–6 (1943–9): 281–301.

Parets, M. (tr. J.S. Amelang), *A journal of the plague year: the diary of the Barcelona tanner Miquel Parets, 1651*, Oxford University Press, New York; Oxford, 1991.

Parma, G. da, "Cronaca inedita di Giovanni da Parma canonico di Trento", a cura di A. Pezzana, *Storia della città di Parma*, Appendice, Parma, 1837.

Passavanti, I.,"Specchio di vera penitenza", a cura di G. Varanini e G. Baldassarri, *Racconti esemplari di predicatori del Due e Trecento*, tomo II, Roma, 1993, 493–626.

Pastore, A., *Crimine e giustizia in tempo di peste nell'Europa moderna*, Laterza, Roma, 1991.

Paxton, F. S., *Christianizing death: the creation of a ritual process in early medieval Europe*, Cornell University Press, Ithaca, 1990.

Pecoraro, M., "I Ricordi di Giovanni di Pagolo Morelli", *Rinascimento*, VIII, 1957, 143–149.

Pender, S. and N.S. Struever, *Rhetoric and medicine in early modern Europe*, Ashgate, Farnham, Surrey,; Burlington, 2012.

Pepys, S., *The diary of Samuel Pepys*, eds. R. Latham and W. Matthews, University of California Press, Berkeley, 1970.

Perrez, C., *La poblacón de Navarra en el siglo XIV*, Universidad de Navarra, Pamplona, 1973.

Petrarca, F., *Petrarch's view of human life*. ed. Mrs. Dobson, Printed for John Stockdale, 1791.

———, *Le familiari*, a cura di V. Rossi ed U. Bosco, G.C. Sansoni, Firenze, 1968.

———, *Petrarch, the first modern scholar and man of letters: a selection from his correspondence with Boccaccio and other friends, designed to illustrate the beginnings of the Renaissance*, ed. and tr. J. H. Robinson and H. W. Rolfe, Greenwood Press, New York, 1969.

———, *Le senili*, a cura di G. Martellotti e G. Fracassett, Giulio Einaudi, Torino, 1976.

———, *Opere, Canzoniere - Trionfi. Familiarium Rerum Libri con testo a fonte*, Sansoni Editore, 1993.

Pifferi, E., G. Scotti, *Gallio Collegium Comense*, ed. A. Spallino, coedizione E.P.I. e Collegio Gallio, Como, 1983.

Pini, A. I., *La società italiana: prima e dopo la «peste nera»*, Società pistoiese di storia patria, Pistoia, 1981.

Pini, A. I. e R. Greci, "Una fonte per la demografia storica medievale: le venticinquine bolognesi (1248–1404)", *Rassegna degli Archivi di Stato*, 36, 1976, 337–417.

Pinto, S. e M. Lafranconi, *Gli storici dell'arte e la peste*, Mondadori Electa, Milano, 2006.

Pirillo, P., "Peste nera, prezzi e salari", *La peste nera: La peste nera: dati di una realtà ed elementi di una interpretazione: Atti del XXX Convegno storico internazionale*, Todi, 10–13 ottobre 1993, 175–214.

Pladevall, A., "La disminucio de poblament a la Plana de Vich a mijans del segle XIV", *AUSA*, 4, 1961, 361–373.

Plat, C., *King Death: the Black Death and its aftermath in late-medieval England*, UCL Press, London, 1998.

Pocino, W., *Le confraternite romane*, Edilazio, Roma, 2000.

Pollitzer, M. D., *Plague*, World Health Organization, Geneva, 1954.

Pontificia Università lateranense. Istituto Giovanni XXIII, *Bibliotheca sanctorum*, Città nuova editorice, Roma, 1968.

Preto, P., *Peste e società a Venezia nel 1576*, Neri Pozza, Vicenza, 1984.

Prosperi, A., *Dalla peste nera alla guerra dei trent'anni*, G. Einaudi, Torino, 2000.

Pullan, B. S., *Crisis and change in the Venetian economy in the sixteenth and seventeenth centuries*, Methuen, London, 1968.

———, *Rich and poor in Renaissance Venice: the social institutions of a Catholic state, to 1620*, Basil Blackwell, Oxford, 1971.

———, *A history of early Renaissance Italy: from mid-thirteenth to the mid-fifteenth century*, Allen Lane, London, 1973.

———, "Plague and Perceptions of the Poor in the Early Modern Italy", eds., T. Ranger and P. Slack, *Epidemics and ideas: essays on the historical perception of pestilence*, Cambridge University Press, Cambridge, 1992.

Rainey, R. E., *Sumptuary legislation in Renaissance Florence*, UMI Dissertation Services, Ann Arbor, 1985.

Ranger, T. O. and P. Slack (eds.), *Epidemics and ideas: essays on the historical perception of pestilence*, Cambridge University Press, Cambridge; New York, 1995.

Rath, R., "Die Pest", *Ciba Zschr*, 73, 1955, 2406–2432.

Ressouni-Demigneux, K., *Saint-Sébastien*, Éditions du Regard, 2000.

Ricci, S., *S. Sebastiano*, Roma, 1924.

Riccoboni, B. *Life and death in a Venetian convent: the chronicle and necrology of Corpus Domini, 1395–1436*, ed. D. E. Bornstein, University of Chicago Press, Chicago, 2000.

Ripamonti, G., *La peste di Milano del 1630*, a cura di E. Paccagnini e F. Cusani, A. Forni, Bologna, 2003.

Rocchetta, M. R., "Castell'Arquato nel 1348: dai testamenti rogati dal notaio Oberto del Borgo", *Bollettino storico piacentino*, LXXXVIII, 1993, 25–53.

Rocke, M., *Forbidden friendships: homosexuality and male culture in Renaissance Florence*, Oxford University Press, New York, Oxford, 1997.

Rubinstein, N., *The government of Florence under the Medici (1434 to 1494)*, Clarendon Press, Oxford, 1966.

———, *Florentine studies: politics and society in Renaissance Florence*, Northwestern Univ. Press, Evanston, 1968.

Rubinstein, N. and D. Hay, *The Age of the Renaissance*, Thames & Hudson, London, 1986.

Rusconi, C. e V. Rusconi (a cura di), *Storia della parrocchia di S. Agata in Como*, Documenti D'archivio, Como, 1983.

Salmons, J. and W. Moretti, *The Renaissance in Ferrara and its European horizons*, University of Wales Press, M. Lapucci, Edizioni del Girasole, Cardiff; Ravenna, 1984.

Sangiorgi, M. e N. Simonetti, *I giorni della peste*, Schena, Fasano, 1994.

Sardo, R., *Cronaca di Pisa di Ranieri Sardo*, a cura di O. Banti, *Fonti per la Storia d'Italia*, 99, Roma, 1963.

Scott, R., *Death by design: the true story of the Glasgow Necropolis*, Black & White, Edinburgh, 2005.

Seigel, J. E., "'Civic Humanism' or Ciceronian Rhetoric ? ", *Past & Present*, 34, 1966, 3; 3–48.

———, *Rhetoric and philosophy in Renaissance humanism: the union of eloquence and wisdom, Petrarch to Valla*, Princeton University Press, Princeton, 1968.

Shrewsbury, J. F. D., *A history of bubonic plague in the British Isles*, Cambridge University Press, Cambridge, 2005.

Simonelli, M., *Sesto Sebastian: trittico per scampata peste*, Lieto Colle, Faloppio, 2004.

Siraisi, N. G., "Some Current Trends in the Study of Renaissance Medicine", *Renaissance Quarterly*, 37, 1984, 585–600.

Sisto, P., *"Quell'ingordissima fiera": letteratura e storia della peste in terra di Bari*, Schena, Fasano di Brindisi, 1999.

Sorokin, P. A., *Man and society in calamity: the effects of war, revolution, famine, pestilence upon human mind, behavior, social organization and cultural life*, Dutton, New York, 1942.

Spiazzi, A. M. (ed.), *Giusto de' Menabuoi nel battistero di Padova*, Lint Editoriale Associati, Trieste, 1989.

Stefani, M. di C., "Cronaca fiorentina", a cura di N. Rodolico, *RIS*, n. e. 30/1, Citta di Castello, S. Lapi, 1903–55.

Steinhoff, J. B., *Sienese painting after the Black Death: artistic pluralism, politics, and the new art market*, Cambridge University Press, Cambridge, 2007.

Struever, N. S., *The language of history in the Renaissance: rhetoric and historical consciousness in Florentine humanism*, Princeton University Press, Princeton, 1970.

Tarquini, A. o. p. (a cura di), *Santa Maria Novella*, Firenze, 2000.

Tenenti, A., *Il senso della morte e l'amore della vita nel Rinascimento: (Francia e Italia)*, G. Einaudi, Torino, 1989.

Terpstra, N., *Lay confraternities and civic religion in Renaissance Bologna*, Cambridge University Press, Cambridge, 1995.

———, *Abandoned children of the Italian Renaissance: orphan care in Florence and Bologna*, Johns Hopkins University Press, Baltimore, 2005.

———, *Cultures of charity: women, politics, and the reform of poor relief in renaissance Italy*, Harvard University Press, Cambridge, 2013.

Thayer, A. T., *Penitence, preaching and the coming of the Reformation*, Ashgate, Aldershot, 2002.

Thompson, H., "Registers of John Gynewell, Bishop of Lincoln, for the years 1347–50", *Ar-*

chaeological Journal, LXVIII, 1911, 300–360.
———, "The pestilences of the 14th century in the dioces of York", *Archaeological Journal*, LXXXI, 1914, 97–154.
Titow, J., "Evidence of Weather in the Account Rolls of the Bishopric of Winchester, 1209–1350", *The Economic History Review*, 2nd series, 12, 1960, 360–407.
Tocco, F., *La quistione della povertà nel Secolo XIV: secondo nuovi documenti*, F. Perrella, Napoli, 1910.
Tononi, A. G.,"La peste dell'anno 1348", *Giornale Ligustico*, 11, 1884, 144–152.
Torre, S., *San Sebastiano: tradizioni del culto in Sicilia*, A&B Editrice, Acireale, 2005.
Trexler, R. C., "Death and Testament in the Episcopal Constitutions of Florence (1327)", eds. A. Molho and J. Trdeschi, *Renaissance Studies in Honor of Hans Baron*, Dekalb, 1971.
———, *Public Life in Renaissance Florence*, Cornell University Press, Ithaca, 1998.
Tuchman, B. W., *A distant mirror: the calamitous 14th century*, Ballantine Books, New York, 1979.
Tura del Grasso, A. di, "Cronaca maggiore attribuita a Agnolo di Tura del Grasso", a cura di A. Lisini e F. Iacometti, *Cronache senesi, RIS* (ser. II), tomo XV, parte VI, Bologna, 1931–1939.
Università degli studi di Firenze. Istituto di storia economica, *Aspetti della vita economica medievale: atti del Convegno di Studi nel X Anniversario della morte di Federigo Melis Firenze–Pisa–Prato, 10–14 marzo 1984*, Università degli studi di Firenze. Istituto di storia economica, Firenze, 1985.
Valice, da R., *La Grande Peste Genova 1656–1657*, Nova Scripta Edizioni, Genova, 2004.
Valla, L., *On pleasure = De Voluptate*, eds. A. K. Hieatt and M. D. P. Lorch, Abaris Books, New York, 1977.
Van Os, H., "The Black Death and Sienese Painting: A Problem of Interpretation", *Art history*, 4, 1981, 237–249.
Vannucchi, V. (a cura di), *Francesco di Marco Datini: Storia di un mercante pratese*, noèdizioni, Firenze, 2004.
Varanini, G. and G. Baldassarri (a cura di), *Racconti esemplari di predicatori del due e trecento*, Salerno, Roma, 1993.
Vasold, M., *Pest, Not und schwere Plagen: Seuchen und Epidemien vom Mittelalter bis heute*, C. H. Beck, München, 1991.
Vetruccio, V., *La Chiesa di San Sebastiano in Ruffano*, Congedo, Galatina, 2002.
Villani, G., *Cronica di Giovanni Villani: a miglior lezione ridotta coll'aiuto de'testi a penna*, Multigrafica, Roma, 1980.
Villani, G., *Nuova cronica*, a cura di G. Porta, Fondazione Pietro Bembo, Milano, 2007.
Villani, Matteo e Filipo Villani, *Cronica*, a cura di G. Porta, Fondazione Pietro Bembo: Ugo

Guanda, Parma, 1995.

Waitz, G.(ed.), *Scriptores rerum langobardicarum et italicarum saec. VI IX*, Hahn, Hannover, 1964.

Waley, P., "Personal Names in Siena, 1285", *Florence and Italy: Renaissance Studies in Honour of Nicolai Rubinstein*, eds. P. Denley and C. Elam, The University of Chicago Press, 1988, 187.

Watkins, R. N., "Petrarch and the Black Death: From Fear to Monuments", *Studies in the Renaissance*, 19, 1972, 196 223.

Watson, P. F., *Garden of Love in Tuscan Art of the Early Renaissance*, Art Alliance Press, London, 1979.

Watts, S. J., *Epidemics and history: disease, power, and imperialism*, Yale University Press, New Haven, 1997.

Westfall, C. W., "Siena nel trecento: Assetto urbano e strutture edilizie. Gabriella Piccinni, Duccio Balestracci", *Speculum*, 55, 1980, 97; 97 98; 98.

White, A. and M. Lewis, *Plague and pleasure: the Renaissance world of Pius II*, Catholic University of America, Washington, D.C., 2014.

Williams, B. and J. McIlwain, *The Black Death*, Jarrold, Norwich, 2006.

Witt, R. G., *Hercules at the Crossroads: The Life, Works, and Thought of Coluccio Salutati*, Duke University, Durham, 1983.

Wollesen-Wisch, B. and D.C. Ahl, *Confraternities and the visual arts in Renaissance Italy: ritual, spectacle, image*, Cambridge University Press, Cambridge; Tokyo, 2011.

Worboys, M., *Spreading germs: disease theories and medical practice in Britain, 1865 1900*, Cambridge University Press, Cambridge, 2006.

Wray, S. K., *Communities and crisis: Bologna during the Black Death*, Brill, Leiden, 2009.

Ziegler, P., *The Black Death*, Penguin, Harmondsworth, 1969.

Zupnick, I. L., "St. Sebastian, The Vicissitudes of Hero as Martyr", *Concepts of the Hero in the Middle Ages and Renaissance*, eds. N. T. Burns and C. J. Reagan, State University of New York Press, Albany, 1975.

邦文関係

相沢隆「奢侈条令と中世都市社会の変容：南ドイツ帝国都市の場合」，『史學雜誌』，第97巻，第6号（1988年），1025～62頁。

アットウォーター，D.／ジョン，C.R.（山岡健訳）『聖人事典』，三交社，1998年。

アリエス，Ph.（杉山光信・杉山恵美子訳）『〈子供〉の誕生：アンシァン・レジーム期の子供と家族生活』，みすず書房，1980年。

―――（成瀬駒男訳）『死を前にした人間』，みすず書房，1990年。

アルベルティ，L.B.（相川浩訳）『建築論』，中央公論美術出版，1982年。

——（池上俊一・徳橋曜訳）『家族論』，講談社，2010 年。

アンタル, F.（中森義宗訳）『フィレンツェ絵画とその社会的背景』, 岩崎美術社, 1968 年。

アントネッティ，P.（中島昭和・渡部容子訳）『フィレンツェ史』，白水社，1986 年。

池上俊一『シエナ：夢見るゴシック都市』，中央公論新社，2001 年。

——『イタリア・ルネサンス再考：花の都とアルベルティ』，講談社学術文庫，2007 年。

——『ヨーロッパ中世の宗教運動』，名古屋大学出版会，2007 年。

——（監修）『原典イタリア・ルネサンス人文主義』，名古屋大学出版会，2010 年。

——『公共善の彼方に：後期中世シエナの社会』，名古屋大学出版会，2014 年。

石川清「フィレンツェのドメニコ派修道院サンタ・マリア・ノヴェッラにおける“architectus”について（1）～(4)」,『学術講演梗概集 F-2, 建築歴史・意匠』（1993～96 年）。

石黒盛久『マキアヴェッリとルネサンス国家：言説・祝祭・権力』，風行社，2009 年。

石坂尚武「反宗教改革時代における教皇外交：公会議外交の導入と展開」，『文化史学』，第 34 号（1978 年），48～66 頁。

——「アルベルティ『家族論』」，酒井忠雄編『歴史と教育』，講談社，1981 年，39～58 頁。

——『ルネサンス・ヒューマニズムの研究：「市民的人文主義」の歴史理論への疑問と考察』，晃洋書房，1994 年。

——「ルネサンス人文主義教皇と改革問題」，『ルネサンス研究』，ルネサンス研究会，1996 年，27～76 頁。

——「書評 *La peste nera*：*dati di una realtà ed elementi di una interpretazione, Spoleto, 1994.*」，『ルネサンス研究』VI(1999 年)，154～98 頁。

——「中世・ルネサンス時代におけるイタリア諸都市の新年の開始時期について：A・カッペッリの暦の研究より」，『文化史学』，第 57 号（2001 年），193～209 頁。

——「黒死病除け絵画「聖セバスティアヌス像」の様式分析序説：三〇〇点のセバスティアヌス像の点検項目」，『文化史学』，第 58 号（2002 年），111～34 頁。

——「ドメニコ・カヴァルカ説教例話選集（1）（2）：一四世紀黒死病前のドミニコ会士説教例話集」，『人文学』，第 172，178 号（2002，2005 年）。

——「調査報告 イタリアの教会におけるセバスティアヌス像の分布状況」，『文化史学』，第 59 号（2003 年），293～313 頁。

——「「イタリアの聖セバスティアヌス像」の所蔵状況一覧」，『文化学年報』，第 52 号（2003 年），1～28 頁。

——「イタリアにおけるペストの発生とセバスティアヌス像制作との相関」,『人文学』，第 175 号（2004 年），28～49 頁。

——「イタリアの大聖堂のセバスティアヌス像の所蔵状況：第一回アンケートの調査報告」，『文化史学』，第 60 号（2004 年），193～203 頁。

——「イタリアの美術館における「イタリアのセバスティアヌス像」の所蔵状況の報告」，『人文学』，第 177 号（2005 年），23～39 頁。

——「イタリアの大聖堂のセバスティアヌス像の所蔵状況：第二回アンケート調査報

告」,『文化史学』, 第 63 号（2007 年）, 155～70 頁。

―――「近年における日本のイタリア・ルネサンス史学界の展望」,『イタリア学会誌』, 第 57 号（2007 年）, 289～317 頁。

―――「西欧の聖人崇拝のあり方と疫病の守護聖人セバスティアヌス」,『説話・伝承学』, 第 16 号（2008 年）, 52～73 頁。

―――「イタリア美術の旅と黒死病：なぜセバスティアヌスが崇拝されたか（イタリア文化講座 イタリア文化への招待）」,『星美学園短期大学日伊総合研究所報』, 第 7 号（2011 年）, 35～40 頁。

―――「黒死病でどれだけの人が死んだか：現代の歴史人口学の研究から」,『人文学』, 第 189 号（2012 年）, 111～272 頁。

―――「一四世紀イタリアの時代状況とペスト」,『人文学』, 第 190 号（2012 年）, 181～248 頁。

―――「《峻厳な神》とペスト的心性の支配：一五世紀フィレンツェの立法・政策・判決に心性を読む」,『人文学』, 第 191 号（2013 年）, 31～142 頁。

―――「ルターの宗教改革はどうして起こったか：《キリスト教信仰》と《学問・理性》の関係から見る」,『文化学年報』, 第 63 号（2014 年）, 155～91 頁。

―――「近世におけるペストの苦難と《峻厳な神》の支配：一六世紀の宗教改革の一要因」,『人文学』, 第 195 号（2015 年）, 111～94 頁。

―――「書評 ルネッサンス史 西本晃二著」,『日伊文化研究』, 第 54 号（2016 年）, 96～101 頁。

―――『地獄と煉獄のはざまで：中世イタリアの例話から心性を読む』, 知泉書館, 2016 年。

石鍋真澄『聖母の都市シエナ：中世イタリアの都市国家と美術』, 吉川弘文館, 1988 年。

井上雅夫「パタリア-1-」,『人文学』, 第 136 号（1981 年）, 1～33 頁。

―――「パタリア-2-」,『文化学年報』, 第 30 号（1981 年）, 56～88 頁。

―――「パタリア-3-」,『人文学』, 第 137 号（1982 年）, 29～66 頁。

―――『西洋中世盛期の皇帝権と法王権：ハインリヒ三世・グレゴリウス七世・ハインリヒ四世をめぐって』, 関西学院大学出版会, 2012 年。

―――『カノッサへの道：歴史とロマン』, 関西学院大学出版会, 2013 年。

印出忠夫「「永遠のミサ」を保証する「永遠の収入」：14 世紀アヴィニョン司教座参事会管理下のシャペルニーをめぐって」,『西洋中世研究』, 第 8 号（2016 年）, 209～28 頁。

ヴァッラ, L.（近藤恒一訳）『快楽について』, 岩波文庫, 2014 年。

ウィットコウワー, R.（中森義宗訳）『ヒューマニズム建築の源流』, 彰国社, 1971 年。

ウィルキンス, E.H.（渡辺友市訳）『ペトラルカの生涯』, 東海大学出版会, 1970 年。

ヴィローリ, M.（武田好訳）『マキァヴェッリの生涯：その微笑の謎』, 白水社, 2007 年。

ヴォヴェル, M.（池上俊一監訳・富樫瓔子訳）『死の歴史：死はどのように受けいれられてきたのか』, 創元社, 1996 年。

ウォラギネ（前田敬作・今村孝・山口裕，他訳）『黄金伝説』，人文書院，1979～87年。

臼田昭『ピープス氏の秘められた日記：17世紀イギリス紳士の生活』，岩波書店，1982年。

エックハルト（中山善樹訳）『エックハルト ラテン語著作集』Ⅰ～Ⅴ，知泉書館，2004～12年。

オヴェット，H.（大久保昭男訳）『評伝ボッカッチョ：中世と近代の葛藤』，新評論，1994年。

大黒俊二『嘘と貪欲：西欧中世の商業・商人観』，名古屋大学出版会，2006年。

大貫隆・名取四郎・宮本久雄他編集『岩波キリスト教辞典』，岩波書店，2002年。

岡田温司『ミメーシスを超えて：美術史の無意識を問う』，勁草書房，2000年。

オーラー，N.（一條麻美子訳）『中世の死：生と死の境界から死後の世界まで』，法政大学出版局，2005年。

樺山紘一『ルネサンスと地中海』，中央公論社，1996年。

亀長洋子「中世後期フィレンツェの寡婦像：Alessandra Macinghi degli Strozziの事例を中心に」，『イタリア学会誌』，第42号（1992年），80～104頁。

――― 『中世ジェノヴァ商人の「家」：アルベルゴ・都市・商業活動』，刀水書房，2001年。

――― 『イタリアの中世都市』，山川出版社，2011年。

ガレン，E.（清水純一・斎藤泰弘訳）『イタリア・ルネサンスにおける市民生活と科学・魔術』，岩波書店，1975年。

―――（近藤恒一・高階秀爾，他訳）『ルネサンス人』，岩波書店，1990年。

―――（近藤恒一訳）『ルネサンスの教育』，知泉書館，2002年。

河口明人「予防概念の史的展開：中世・ルネサンス期のヨーロッパ社会と黒死病」，『北海道大学大学院教育学研究院紀要』，第102号（2007年），15～53頁。

河田淳「ペスト流行期の慈悲：《慈悲の聖母》のイコノロジー」，『人間・環境学』，第20号（2011年）。

――― 「太ももの「傷」：15世紀末イタリアにおける聖ロクス信仰の発展」，『ディアファネース：芸術と思想』，第3号（2016年），83～104頁。

河原温『中世ヨーロッパの都市世界』，山川出版社，1996年。

――― 『中世フランドルの都市と社会：慈善の社会史』，中央大学出版部，2001年。

――― 『都市の創造力』（池上俊一・河原温編集「ヨーロッパの中世」第2巻），岩波書店，2009年。

河原温・池上俊一編『ヨーロッパ中近世の兄弟会』，東京大学出版会，2014年。

神崎忠昭『ヨーロッパの中世』，慶應義塾大学出版会，2015年。

――― 編『断絶と新生：中近世ヨーロッパとイスラームの信仰・思想・統治』，慶應義塾大学出版会，2016年。

カンター，N.F.（久保儀明・楢崎靖人訳）『黒死病：疫病の社会史』，青土社，2002年。

木村容子「シエナのベルナルディーノの説教にみる「自然に反する罪」」，『イタリア学会誌』，第53号（2003年），55～81頁。

———「15 世紀イタリア都市における平和説教：ベルナルディーノ・ダ・フェルトレを中心に」,『西洋史学』, 第 245 号（2012 年）, 17〜30 頁。

ギャンペル, J.（坂本賢三訳）『中世の産業革命』, 岩波書店, 1978 年。

蔵持不三也『ペストの文化誌：ヨーロッパの民衆文化と疫病』, 朝日新聞社, 1995 年。

クリスティアンソン, G.E.（林大訳）『ニュートン：あらゆる物体を平等にした革命』, 大月書店, 2009 年。

クリステラー, P.O.（佐藤三夫監訳・根占献一・伊藤博明・伊藤和行訳）『イタリア・ルネサンスの哲学者（新装版）』, みすず書房, 2006 年。

ケリー, J.（野中邦子訳）『黒死病：ペストの中世史』, 中央公論新社, 2008 年。

小池寿子「死の舞踏の成立と伝播」,『死生学年報』, 2009 年, 97〜127 頁。

———『「死の舞踏」への旅：踊る骸骨たちをたずねて』, 中央公論新社, 2010 年。

———「ブルゴーニュ公国における「死の舞踏」の受容と表現形態：「死者のための聖務日課」挿絵を中心に」（特集 ブルゴーニュ公国と宮廷：社会文化史をめぐる位相）,『西洋中世研究』, 第 8 号（2016 年）, 62〜88 頁。

児玉善仁『〈病気〉の誕生：近代医療の起源』, 平凡社, 1998 年。

近藤恒一『新版 ペトラルカ研究』, 知泉書館, 2010 年。

齊藤寛海「中世イタリア社会経済史史料としての年代記　ジョヴァンニ・ヴィルラーニの「年代記」の中の統計的データの信憑性についての考察」,『信州大学教育学部紀要』, 第 32 号（1974 年）, 41〜50 頁。

———『中世後期イタリアの商業と都市』, 知泉書館, 2002 年。

齊藤寛海・山辺規子・藤内哲也編『イタリア都市社会史入門：12 世紀から 16 世紀まで』, 昭和堂, 2008 年。

斎籐泰弘「無原罪の聖母の祭壇画になぜ幼児の洗礼者ヨハネが登場するのか？：ベルナルディーノ・デ・ブスティの『マリアーレ』とレオナルドの「岩窟の聖母」の関係について」,『京都大學文學部研究紀要』, 第 49 号（2010 年）, 101〜85 頁。

サヴォナローラ, G.（須藤祐孝編訳）『〈出家〉をめぐる詩と手紙：ルネサンス・イタリアにおける〈政治的〉修道士の胎動』, 無限社（岡崎）, 2010 年。

佐々木英也監修・森田義之責任編集『NHK フィレンツェ・ルネサンス』1〜6, 日本放送出版協会, 1991 年。

佐々木博光「黒死病の記憶：十四世紀ドイツの年代記の記述」,『人間文化学研究集録』, 第 13 号（2003 年）, 1〜17 頁。

———（訳）「ペスト対話に見える近世ヨーロッパ（1）史料翻訳」（作者不詳『医薬に関する対話。いま猛威を振るっているペストについて書く医師, 彼らの薬について, 身分の高い学のある市民と一介の手工業者の間で交わされた会話, ザクセンの名の知られた都市にて』〈1607 年〉の翻訳）（1）,『人間科学：大阪府立大学紀要』, 第 5 巻（2009 年）, 123〜135 頁。

———「ペスト観の脱魔術化：近世ヨーロッパの神学的ペスト文書」,『人間科学：大阪府立大学紀要』, 第 7 巻（2011 年）, 59〜91 頁。

―――「ペスト対話に見える近世ヨーロッパ (2) 史料翻訳」,『人文学論集』, 第29巻 (2011年), 17～37頁。

サッソ, G. (須藤祐孝・油木兵衛訳)『若きマキァヴェッリの政治思想：その生成と展開』, 創文社, 1983年。

佐藤公美『中世イタリアの地域と国家：紛争と平和の政治社会史』, 京都大学学術出版会, 2012年。

佐藤三夫訳編『ルネサンスの人間論：原典翻訳集』, 有信堂高文社, 1984年。

―――『ヒューマニスト・ペトラルカ』, 東信堂, 1995年。

佐藤彰一『中世世界とは何か』(池上俊一・河原温編集「ヨーロッパの中世」第1巻), 岩波書店, 2008年。

―――『禁欲のヨーロッパ：修道院の起源』, 中央公論新社, 2014年。

佐藤眞典『中世イタリア都市国家成立史研究』, ミネルヴァ書房, 2001年。

サンドライユ, M. 他 (中川米造・村上陽一郎監訳)『病の文化史』上・下, リブロポート, 1984年。

芝紘子『スペインの社会・家族・心性：中世盛期に源をもとめて』, ミネルヴァ書房, 2001年。

―――『地中海世界の〈名誉〉観念：スペイン文化の一断章』, 岩波書店, 2010年。

清水廣一郎『イタリア中世都市国家研究』, 岩波書店, 1975年。

―――『中世イタリアの都市と商人』, 洋泉社, 1989年。

シャー, R. P. (夏伯嘉) (佐々木博光訳)『トレント1475年：ユダヤ人儀礼殺人の裁判記録』, 昭和堂, 2007年。

シュメルツァー, H. (進藤美智訳)『ウィーン ペスト年代記』, 白水社, 1997年。

白幡俊輔『軍事技術者のイタリア・ルネサンス：築城・大砲・理想都市』, 思文閣出版, 2012年。

甚野尚志・踊共二『中近世ヨーロッパの宗教と政治：キリスト教世界の統一性と多元性』, ミネルヴァ書房, 2014年。

杉崎泰一郎『12世紀の修道院と社会』改訂版, 原書房, 2005年。

―――『修道院の歴史：聖アントニオスからイエズス会まで』, 創元社, 2015年。

須藤祐孝「サヴォナローラの時代, 生涯, 思想 (1)～(14)」,『愛知大学法学部法経論集』, 第145, 149, 172, 182, 183, 188, 189, 191, 192, 195, 198, 201, 205, 206号 (1997～2016年)。

スピーニ, G. (森田義之・松本典昭訳)『ミケランジェロと政治：メディチに抵抗した《市民＝芸術家》』, 刀水書房, 2003年。

関哲行『旅する人びと』(池上俊一・河原温編集「ヨーロッパの中世」第4巻), 岩波書店, 2009年。

関哲行・踊共二『忘れられたマイノリティ：迫害と共生のヨーロッパ史』, 山川出版社, 2016年。

瀬原義生『ドイツ中世後期の歴史像』, 文理閣, 2011年。

———『大黒死病とヨーロッパ社会：中・近世社会史論雑編』，文理閣，2016 年。

高階秀爾『ルネッサンスの光と闇：芸術と精神風土』，中央公論社，1987 年。

高田京比子「サン・マルコ財務官と中世ヴェネツィア都市民：遺言書史料に見る行政機構の発展」，『史林』，第 84 巻，第 5 号（2001 年），34〜65 頁。

高橋友子『捨児たちのルネッサンス：15 世紀イタリアの捨児養育院と都市・農村』，名古屋大学出版会，2000 年。

———『路地裏のルネサンス：花の都のしたたかな庶民たち』，中央公論新社，2004 年。

———「1378 年フィレンツェ都市動乱：「チォンピの反乱」をめぐって」，『立命館文學』，第 475 号（1985 年），186〜220 頁。

———「八聖人戦争期フィレンツェにおける政争と社会不安」，『イタリア学会誌』，第 35 号（1986 年），60〜79 頁。

———「中世後期フィレンツェにおけるヴェンデッタ」，『西洋史学』，第 153 号（1989 年），58〜72 頁。

———「中世末期フィレンツェにおける捨児とその社会的背景：サン＝ガルロ病院の事例を通して」，『西洋史学』，第 159 号（1990 年），165〜180 頁。

高山博『中世シチリア王国の研究：異文化が交差する地中海世界』，東京大学出版会，2015 年。

武田好『君主論：マキャベリ』，NHK 出版，2012 年。

ダ・ビスティッチ，V.（岩倉具忠・岩倉翔子・天野恵訳）『ルネサンスを彩った人びと：ある書籍商の残した『列伝』』，臨川書店，2000 年。

ダントレーヴ，A.P.（久保正幡訳）『自然法』，岩波書店，1952 年。

近見正彦『海上保険史研究：一四・五世紀地中海時代における海上保険条例と同契約法理』，有斐閣，1997 年。

チポッラ（チポラ），C.M.（柴野均訳）『シラミとトスカナ大公』，白水社，1990 年。

———（日野秀逸訳）『ペストと都市国家：ルネサンスの公衆衛生と医師』，平凡社，1988 年。

ディアコヌス，P.（日向太郎訳）『ランゴバルドの歴史』，知泉書館，2016 年。

ディキンズ，A.G.（橋本八男訳）『ヨーロッパ近世史：ユマニスムと宗教改革の時代』，芸立出版，1979 年。

ディンツェルバッハー，P.／ホッグ，J.L.（朝倉文市監訳）『修道院文化史事典』，八坂書房，2008 年。

デフォー，D.（栗本慎一郎訳）『ロンドン・ペストの恐怖』，小学館，1994 年。

デュビィ，G.（池田健二・杉崎泰一郎訳）『ヨーロッパの中世：芸術と社会』，藤原書店，1995 年。

徳井淑子『涙と眼の文化史：中世ヨーロッパの標章と恋愛思想』，東信堂，2012 年。

徳橋曜編著『環境と景観の社会史』，文化書房博文社，2004 年。

徳橋曜「地中海世界における救貧概念の地域性と普遍性を見直す：長谷部史彦編著『中世環地中海圏都市の救貧』をめぐって」，『比較都市史研究』24（1）（2005 年），29

～49頁。

ドリュモー，J.（永見文雄・西澤文昭訳）『恐怖心の歴史』，新評論，1997年。

―――（福田素子訳）『告白と許し：告解の困難，13-18世紀』，言叢社，2000年。

―――（佐野泰雄・江花輝昭，他訳）『罪と恐れ：西欧における罪責意識の歴史／13世紀から18世紀』，新評論，2004年。

永井三明『ヴェネツィア貴族の世界：社会と意識』，刀水書房，1994年。

―――『ヴェネツィアの歴史：共和国の残照』，刀水書房，2004年。

西本晃二『ルネッサンス史』，東京大学出版会，2015年。

二宮宏之・樺山紘一・福井憲彦（責任編集）『都市空間の解剖（新版）』，藤原書店，2011年。

―――『医と病い（新版）』，藤原書店，2011年。

根占献一『ロレンツォ・デ・メディチ：ルネサンス期フィレンツェ社会における個人の形成』，南窓社，1997年。

―――『共和国のプラトン的世界』，創文社，2005年。

―――『フィレンツェ共和国のヒューマニスト』，創文社，2005年。

―――『ルネサンス精神への旅：ジョアッキーノ・ダ・フィオーレからカッシーラーまで』，創文社，2009年。

バーク，P.（森田義之・柴野均訳）『イタリア・ルネサンスの文化と社会』，岩波書店，1992年。

―――（亀長洋子訳）『ルネサンス』，岩波書店，2005年。

ハービソン，E.H.（根占献一監訳）『キリスト教的学識者：宗教改革時代を中心に』，知泉書館，2015年。

ピープス，S.（臼田昭他訳）『サミュエル・ピープスの日記』第1巻～第10巻，国文社，1987～2012年。

福田晴虔『アルベルティ』，中央公論美術出版，2012年。

フーケー，G.／ツァイリンガー，G.（小沼明生訳）『災害と復興の中世史：ヨーロッパの人びとは惨禍をいかに生き延びたか』，八坂書房，2015年。

藤代幸一『「死の舞踏」への旅』，八坂書房，2002年。

藤田孫太郎『ルター自伝：「卓上語録」による』，新教出版社，1959年。

ブラッカー，G.A.（森田義之・松本典昭訳）『ルネサンス都市フィレンツェ』，岩波書店，2011年。

フルゴーニ, C.（高橋友子訳）『ヨーロッパ中世ものづくし：メガネから羅針盤まで（カラー版）』，岩波書店，2010年。

ブルクハルト，J.C.（柴田治三郎訳）『世界の名著：ブルクハルト：イタリア・ルネサンスの文化』，中央公論社，1966年（中公文庫，1974年）。

―――（新井靖一訳）『イタリア・ルネサンスの文化』，筑摩書房，2007年。

プロカッチ，G.（斎藤泰弘・豊下楢彦訳）『イタリア人民の歴史 I』，未来社，1984年。

ヘイル，J.R.（中森義宗監訳）『イタリア・ルネサンス事典』，東信堂，2003年。

ベイントン，R.H.（青山一浪・岸千年訳）『我ここに立つ：マルティン・ルターの生涯』，聖文舎，1954年。

———（出村彰訳）『宗教改革史』，新教出版社，1966年。

ベーダ（長友栄三郎訳）『イギリス教会史』，創文社，1965年。

ベック，C.（西本晃二訳）『メジチ家の世紀』，白水社，文庫クセジュ，1980年。

ペトラルカ，F.（近藤恒一訳）『ルネサンス書簡集』，岩波書店，1989年。

———（近藤恒一訳）『わが秘密』，岩波書店，1996年。

星野秀利「十四世紀フィレンツェにおける毛織物聖生産」，『イタリア学会誌』，第28号（1980年），1～14頁。

———（齊藤寛海訳）『中世後期フィレンツェ毛織物工業史』，名古屋大学出版会，1995年。

ボッカッチョ（柏熊達生訳）『デカメロン』上・中・下，ちくま文庫，1987，88年。

———（平川祐弘訳）『デカメロン』，河出書房新社，2012年。

堀越宏一・甚野尚志編著『15のテーマで学ぶ中世ヨーロッパ史』，ミネルヴァ書房，2013年。

ホール，J.（高階秀爾監修・高橋達史，他訳）『西洋美術解読事典：絵画・彫刻における主題と象徴（新装版）』，河出書房新社，2004年。

前之園幸一郎「15世紀フィレンツェの「残酷な母親」について」，『青山學院女子短期大學紀要』，第42巻（1988年），53～74頁。

———「十五世紀のフィレンツェ絵画にみられる子ども像について」，『青山學院女子短期大學紀要』，第43巻（1989年），77～126頁。

———「15世紀フィレンツェにおける一商人の〈子どものイメージ〉：ジョヴァンニ・ディ・バゴロ・モレッリの『覚書』を中心にして」，『青山學院女子短期大學紀要』，第44号（1990年），37～64頁。

———「18世紀フィレンツェのインノチェンティ養育院における捨て子の養育について」，『青山學院女子短期大學紀要』，第50号（1996年），49～66頁。

———「フィレンツェ・インノチェンティ捨て子養育院の創設初期における子どもたち」，『青山學院女子短期大學紀要』，第52号（1998年），59～84頁。

———「『プラートの商人』：フランチェスコ・ディ・マルコ・ダティーニとインノチェンティ捨て子養育院の成立」，『青山学院女子短期大学総合文化研究所年報』，第6巻（1998），161～80頁。

マクグラス，A.E.（高柳俊一訳）『宗教改革の思想』，教文館，2000年。

マクニール，W.H.（佐々木昭夫訳）『疫病と世界史』，新潮社，1985年（中公文庫，2007年）。

松本典昭『メディチ君主国と地中海』，晃洋書房，2006年。

———『パトロンたちのルネサンス：フィレンツェ美術の舞台裏』，日本放送出版協会，2007年。

———『メディチ宮廷のプロパガンダ美術：パラッツォ・ヴェッキオを読み解く』，ミ

ネルヴァ書房，2015年。

マニュエル，F.E.（竹本健訳）『ニュートンの宗教』，法政大学出版局，2007年。

マール，E.（柳宗玄・荒木成子訳）『ヨーロッパのキリスト教美術：12世紀から18世紀まで』上・下，岩波文庫，1995年。

マルクス，ヘンリクス（千葉敏之訳）『西洋中世奇譚集成 聖パトリックの煉獄』，講談社学術文庫，2010年。

マレー，P.（長尾重武訳）『イタリア・ルネッサンスの建築』，鹿島出版会，1991年。

ミース，M.（中森義宗訳）『ペスト後のイタリア絵画：14世紀中頃のフィレンツェとシエナの芸術・宗教・社会』，中央大学出版部，1978年。

水野千依『イメージの地層：ルネサンスの図像文化における奇跡・分身・予言』，名古屋大学出版会，2011年。

三森のぞみ「十四，十五世紀フィレンツェにおける司教選出とその法規定」，『史学』，65巻第1・2号（1995年）。

ミノワ，G.（大野朗子・菅原恵美子訳）『老いの歴史：古代からルネサンスまで』，筑摩書房，1996年。

宮崎揚弘『ペストの歴史』，山川出版社，2015年。

村上陽一郎『ペスト大流行：ヨーロッパ中世の崩壊』，岩波書店，1983年。

モラ，M.／ヴォルフ，Ph.（瀬原義生訳）『ヨーロッパ中世末期の民衆運動：青い爪，ジャック，そしてチオンピ』，ミネルヴァ書房，1996年。

森田義之『メディチ家』，講談社現代新書，1999年。

モンタナーリ，M.（山辺規子・城戸照子訳）『ヨーロッパの食文化』，平凡社，1999年。

山辺規子「中世ヨーロッパの健康のための事物性格表：Tacuinum Sanitatisの3つの写本の比較」，『人間文化研究科年報』，第27巻（2012年），203〜16頁。

――「中世ヨーロッパの健康書『タクイヌム・サニターティス』の項目の比較」，『奈良女子大学文学部研究教育年報』，第11号（2014年），145〜56頁。

――「中世ヨーロッパの『健康規則』，公衆衛生と救済（特集「救済」をめぐる言説と実践：歴史の現場から考える（1））」，『歴史学研究』，第932号（2015年），14〜23頁。

湯浅赳夫『文明の人口史』，新評論，1999年
米山喜晟「ジョヴァンニ・モレッリ『家族の記録』」，『イタリア学会誌』，第23号（1975年），81〜96頁。

――「系図学的資料より見たフィレンツェ共和国の二大役職と「家」」，『イタリア学会誌』，第29号（1980年），72〜121頁。

ヨーロッパ中世史研究会『西洋中世史料集』，東京大学出版会，2000年。

ラッセル，B.（市井三郎訳）『西洋哲学史：古代より現代に至る政治的・社会的諸条件との関連における哲学史』（1）（2）（3），みすず書房，1970年。

ランケ＝ハイネマン，U.（高木昌史・高木万里子・松島富美代訳）『カトリック教会と性の歴史』，三交社，1996年。

ランドゥッチ，L.（中森義宗・安保大有訳）『ランドゥッチの日記：ルネサンス一商人の覚え書』，近藤出版社，1988年。

リドルフィ，R.（須藤祐孝訳）『マキァヴェッリの生涯』，岩波文庫，2009年。

リュスネ，M.（宮崎揚弘・工藤則光訳）『ペストのフランス史』，同文舘出版，1998年。

ル・ゴッフ（ル＝ゴフ，ルゴフ），J.（渡辺香根夫・内田洋訳）『煉獄の誕生』，法政大学出版局，1988年。

———（渡辺香根夫訳）『中世の高利貸：金も命も』，法政大学出版局，1989年。

———（池田健二・菅沼潤訳）『中世とは何か』，藤原書店，2005年。

———（池上俊一・梶原洋一訳）『アッシジの聖フランチェスコ』，岩波書店，2010年。

ルター（ルター著作集委員会訳）『ルター著作集』，第一集1～第一集10，聖文舎，1963～83年。

———（佐藤繁彦訳）『ルッターの「卓上語録」』（改訂新版），グロリヤ出版，1981年。

———（植田兼義訳）『卓上語録』，教文館，2003年。

ルーベンスタイン，R.E.（小沢千重子訳）『中世の覚醒：アリストテレス再発見から知の革命へ』，紀伊國屋書店，2008年。

ル＝ロワ＝ラデュリ，E.（稲垣文雄訳）『気候の歴史』，藤原書店，2000年。

———（稲垣文雄訳）『気候と人間の歴史・入門：中世から現代まで』，藤原書店，2009年。

歴史学研究会編『巡礼と民衆信仰』，青木書店，1999年。

ロシオ，J.（阿部謹也・土浪博訳）『中世娼婦の社会史』，筑摩書房，1992年。

和栗珠里「土地所有とヴェネツィア富裕階級のメンタリティーの変化」，『文化史学』，第45号（1989年），153～72頁。

———「ルネサンス期ヴェネツィアの貴族とスクォーラ・グランデ」，『地中海学研究』（31）（2008年），23～38頁。

渡邊昌美『異端カタリ派の研究：中世南フランスの歴史と信仰』，岩波書店，1989年。

[追補]

[欧文]

Capasso, Luigi & Arnaldo Capelli, Le epidemie di peste in Abruzzo dal 1348 al 1702, Adelmo Polla Editore, Cerchio, 1993.

Coale, A. J. and P. Demeny, with B. Vaughan, Regional Model Life and Stable Populations, New York, 1983.

Cronaca di Matteo e Filippo Villani, Roma, Multigrafica, Roma, 1980.

Fifty earliest English wills in the Court of Probate, London : A. D. 1387–1439 : with a priest's of 1454. Church of England. Province of Canterbury. Prerogative Court. Furnivall, Frederick James, 1825–1910, ed.London, New York, Toronto : Oxford University Press, 1964.

Fiumi, Enrico, "La popolazione del territorio volterrano-sangimignanese ed il problema demografico dell'età comunale", in Studi in onore di Amintore Fanfani, 1968 : pp. 85–161.

Guenée, Bernard, Storia e cultura storica nell'occidente medievale, Milano, Il Mulino, 1980.

Gutkind, E. A., Urban Development in Southern Europe : Italy and Greece, 1967.

Haward-Jones, N., "Kitasato, Yersin, and the Plague Bacillus," Clio Medica, vol. 10, No. 1, 1975.

Henschel, A. W., "Document zur Geschichte des schwarzen Todes", in Archiv für die gesammte Medicin, ed. Heinrich Haeser, Ⅱ, Jena, 1841.

Lucas, H. S., "The Great European Famine of 1315, 1316, and 1317", Speculum, 5, 1930 : pp. 343–377.

Luigi da Porto, Lettere storiche dall'anno 1509 al 1528, ed. Bartolomeo Bressan, Firenze, 1857.

Marshall L., "Confraternity and Community. Mobilizing the Sacred in Times of Plague", in *Confraternities and the Visual Arts in Renaissance Italy. Ritual, Spectacles, Image*, Cambridge, 2000,

Melis F., *Aspetti della vita economica medievale : studi nell'archivio Datini di Prato*, Siena, 1962.

Para, Heather, "Plague, Papacy and Power : The Effect of the Black Plague on the Avignon Papacy", Saber and Scroll, Volume 5, April 2016.

Società editrice romana, I Borghi più d'Italia : il fascio dell'Italia nascosta, 2010.

Wish, Barbara and Diane C. Ahl (eds.), Confraternities and the Visual Arts in Renaissance Italy. Ritual, Spectacles, Image, Cambridge, 2000.

［邦文］

石坂尚武編訳『イタリアの黒死病関係史料集』，刀水書房，2017年。

――『どうしてルターの宗教改革は起こったか：ペストと社会史から見る』，ナカニシヤ出版，2017年。

井谷直義「中世末期トスカーナ地方におけるメッザドリーアの普及 ― 都市民の土地取得とブドウ栽培の拡大による」，『文化史学』，60号，2004年。

稲垣良典「解説　トマスの「罪」理解について」，トマス・アクィナス（稲垣良典訳）『神学大全』XII，創文社，1998年。

ガレン，E.（澤井繁男訳）『ルネサンス文化史』，平凡社，2000年。

小林丈広『近代日本と公衆衛生 ― 都市社会史の試み』，雄山閣出版，2001年。

サヴォナローラ，G.（須藤祐孝編訳）『ルネサンス・フィレンツェ統治論：説教と論文』，岡崎：無限社，1998年。

白幡俊輔『軍事技術者のイタリア・ルネサンス』，思文閣出版，2012年。

甚野尚志，踊共二編著『中近世ヨーロッパの宗教と政治 ― キリスト教世界の統一性と多元性 ―』，ミネルヴァ書房，2014年。

杉崎泰一郎『沈黙すればするほど人は豊かになる ― ラ・グランド・シャルトルーズ修道院の奇跡』，幻冬舎新書，2016年。

高田京比子『中世ヴェネツィアの家族と権力』，京都大学学術出版会，2017年。

徳善義和「解説（ルター「カノンと呼ばれる私誦ミサの悪どさについて　一五二五年」）」『ルター著作集　第一集　第六巻』（1963年）聖文舎，4頁。

根占献一『イタリアルネサンスとアジア日本』，知泉書館，2017年。

萩原愛美「フィレンツェ・ルネサンスにおける上層市民の結婚と社会：祝婚品としてのカッソーネから見る」，『文化学年報』，第66輯（2017年），113～139頁。

福井憲彦，松本雅弘訳『愛と結婚とセクシュアリテの歴史』，新曜社，1993年。

ボーネ，M（河原温訳）『中世ヨーロッパの都市と国家：ブルゴーニュ公国時代のネーデルラント』，山川出版社，2016年。

マキァヴェッリ（永井三明・藤沢道郎編集）『マキァヴェッリ全集』，全6巻，補巻1，筑摩書房，1998，1999，2000，2002年。

マッシモ・リヴィ‐バッチ（速水融，斎藤修訳）『人口の世界史』，東洋経済新報社，2014年。

松本典昭『メディチ家の至宝　驚異の工芸コレクション』，勉誠出版，2017年。

マンゾーニ（平川祐弘訳）『いいなづけ　一七世紀ミラーノ物語』，河出書房，2006年。

苦難と心性 —— イタリア・ルネサンス期の黒死病

2018年3月20日　初版1刷印刷
2018年3月26日　初版1刷発行

著　者　　石坂尚武
発行者　　中村文江

発行所　株式会社　刀水書房
〒101-0065　東京都千代田区西神田2-4-1　東方学会本館
電話03-3261-6190　FAX3261-2234　振替00110-9-75805
印刷　亜細亜印刷株式会社
製本　株式会社ブロケード
 ISBN978-4-88708-441-4 C3022